KB232749

신약의 문을 여는 마음

Opening A Door of the New Testament with Heart

신약의 문을 여는 마음

Opening A Door of the New Testament with Heart

| 서인선 지음

KSI 한국학술정보[주]

본서 [신약의 문을 여는 마음(新約入門)]은 처음으로 신약을 배우는 학부의 신학전공 1, 2학년 학생들이나, 신학대학원 1년차 학생들을 염두에 두고 집필되었다. 원래 '복음서' 부분과 '사도행전 – 계시록' 부분의 2부작으로 계획한 것이었는데, 전자는 벌써 2003년에 [복음서 입문]으로 출판한 바 있으나, 나머지 부분은 이제야 손질하여 마무리 지을 수 있게 되었다. [복음서 입문]은 이미 절판이 되었기에 차제에 약간 수정하고 보완하여 본서에 합본하였다.

본서는 독창적인 학문적 연구서라기보다는 학생들을 위하여 훌륭한 학자들의 연구 결과를 취합하고, 요약하면서 필자의 판단에 따라 정리한 강의안(講義案) 편찬의 성격이 강하다. 따라서 하나하나 각주를 다는 대신에, 각 단락을 시작하기 전에 자료(참고도서) 난을 제공하여 필자가 참고한 출처들을 두루 밝히려고 노력하였다. 자료에 제시된 것 중 많은 책들이 우리말로 번역되어 있으나, 대체로 원서를 기준하였다.

필자가 바라는 것은 아무쪼록 본서가 새내기 신학도(神學徒)들에게 신약성서를 이해하는 데 조금이라도 길라잡이 역할을 하였으면 하는 것이다. 사실, 좋은 책들이 너무 많이 나와 있는데 또 하나의 책이 필요할까 하는 생각이 들지 않은 것은 아니었으나, 무거운 학문적인 책들과 가벼운 대중적인 책들 사이에 다리를 놓으면서, 신약을 공부하여 가는 과정에서 신학도로서 갖추어야 할 학문적 소양을 쌓는 데도 도움을 주는 것이 필요하다고 판단하였다. 이러한 생각에 간혹 새내기 신학도들에게는 아직 어울리지 않아 보이는 여러 가지 학문적인 논의를 이따금 소개하기도 하였다.

책을 낸다는 것은 큰 기쁨이다. 빚진 사람들에게 감사의 뜻을 표할 수 있는 기회를 얻는 것이 그 이유 중 하나다. 성결대학교 신학부, 신학대학원 학생들,

동료 교수님들, 직원 선생님들, 선후배 복음의 동역자님들, 그리고 사랑하는 가족들의 사랑과 격려가 없었다면, 이러한 책이 나올 수 없었을 것이다. 마음에 스쳐 가는 영상들을 바라보면서 그 모든 분들께 정말 감사를 드린다. 출판을 맡아 수고하여 주신 한국학술정보(주) 모든 분들에게도 심심한 사의(謝意)를 표한다.

그리고 이 모든 일을 이룰 수 있게 하신 우리 하나님 아버지께 모든 감사와 영광과 찬송을 돌린다.

본서에는 필자의 박사학위논문이 "5.6/9 특강1: 고린도전서 15장: 고전수사학을 활용한 읽기"로 요약되어 실렸음(394~445쪽)에 독자의 주의를 유도하고 싶다.

2009년 8월
수리산 아래서
서인선

차 례

신약성경을 처음으로 대하거나 진정으로 배우기를 원하는 사람에게는 마음속으로부터 절실하게 떠오르는 질문이 있게 마련이다. 즉, 신약성경은 도대체 어떠한 책인가? 신약성경은 어떤 세계 속에서 나왔는가? 신약성경을 어떻게 읽을 것인가? 신약성경을 어떻게 연구할 것인가? 하는 물음 등일 것이다. 신약성경을 대할 때 제기되는 이러한 진지하고도 심각한 물음들에 대하여 기본적인 수준에서, 부분적일지라도, 답변을 제공하려는 것이 이 책의 의도 중 일부인데, 우선 제1장에서는 신약은 어떠한 책인가? 신학에 있어 신약은 어디에 위치하는가? 신약을 어떻게 읽을 것인가? 하는 문제들에 대하여 여러 각도에서 답함으로써, 신약의 본질에 대한 이해를 돕고자 한다.

1.1 신약은 어떠한 책인가?

신약은 구약과 함께 성서를 구성하여, 측정하고 과장하기 어려운 정도의 중요한 영향력을 인류에게 끼쳐 오고 있다. 신약은 그리스도 교회 안에서 성경으로 인정을 받기 때문에 연구대상의 초점이 되고, 또 계속적으로 사람들에게 영감을 준다. 신약은 구약의 책들과 함께 예수 그리스도에 대한 결정적인 증언으로 간주되며, 그리하여 그리스도교 신앙과 실천을 형성하는 데 규범적인 역할을 한다.

1.1/1 여러 가지 명칭

기독교의 경전을 가리키는 데 사용되는 명칭이 여러 가지가 있기 때문에 이것들을 간단하게 설명하고자 한다. 곧 성경, 성서, 구약, 신약 등이다.

성경과 성서

무엇보다도 신약은 기독교 경전의 일부이다. 기독교 경전을 가리키는 데 널리 사용되는 말은 '성경'(The Holy Scriptures) 또는 '성서'(The Bible)이다. 성경이라는 명칭은 '기록된 거룩한 글'을 말한다. 신약에서 '성경' 또는 '경'이라는 말을 사용할 때 일차적으로 '구약' 성경을 가리키나(롬 1:2; 딤후 3:16), 나중에 신약도 '경'의 지위를 얻게 되었을 때, 신약과 구약을 합하여 성경이라 부르게 되었다. 성경은 또한 '책들'이라는 뜻을 지닌 라틴어 '비블리아'(biblia)라는 말에서 나온 '바이블'(Bible), 즉 '성서'라 불리기도 한다. 성경은 '그 책'이다. 책 중의 책인 성서는 곧 성경이다. 그리고 성서라는 말과 성경이라는 말을 날카롭게 구별하려는 사람들이 있으나, 우리는 성서라는 말을 사용할 때 성경으로서 그 책이 지니고 있는 본질과 가치를 훼손하거나 격하시키는 것이 아니다. 성서는 성경이다.

구약과 신약

{자료: (구약) Raymond E. Brown, *An Introduction to the New Testament*(ABRL: New York: Doubleday, 1997) xxxiv-xxxv(=김근수, 이은순 공역, [신약개론], 기독교문서선교회, 2003); Paul J. Achtemeier, John B. Green and Marianne Meye Thompson, *Introducing the NEW TESTAMENT: Its Literature and Theology* (Grand Rapids/Cambridge: Eerdmans, 2001) 45-47(=소기천 외 공역, [현대적인 방법을 적용한 새로운 신약성서개론], 대한기독교서회, 2004); (신약) Brown, *An Introduction to the New Testament*, 3-5}

구약(舊約)과 신약(新約)이라는 말에서 '약'(約)은 '언약'(言約)의 준말이다. 영어의 '테스타멘트'(Testament)는 라틴어 '테스타멘툼'(*Testamentum*)에서 왔는데, 이는 헬라어 '디아데케'(*diatheke*)를 번역한 것이다. '디아데케'는 "언약"(Covenant)이나 "유언"(Testament)으로 번역할 수 있으나, 언약이라는 말이 '디아데케'의 의미를 더 정확하게 표현한다. '구약'이나 '신약'이라는 용어는 언약하시는 하나님이라는 관계에서, 그의 말씀을 수집해 놓은 성경의 책들을 명명하고 해석하는 것이다. 다음과 같이 조금 더 자세하게 설명할 수 있겠다.

구약 곧 "옛 언약"은 시내산(山)에서 그 특성을 취하며, 신약 곧 "새 언약"은 예수에 의해서 시작되었다. 신약의 가장 독특한 특징은 그리스도 안에서 성경으로서 기능을 하는 것이다. 구약은 "옛적에 선지자들을 통하여 여러 부분과 여러 모양으로 우리 조상들에게 말씀하신 하나님이"(히 1:1)라고 한 것과 같이, 아주 먼 옛날 하나님이 이스라엘 민족을 택하셔서 그들에게 주신 언약을 담고 있는 책이며, 신약은 예수 그리스도께서 오셔서 이 옛 언약을 성취하시고, 또 새롭게 세우신 언약을 담고 있는 책이다.

그런데 사실, 구약이나 신약이라는 이름은 기독교의 관점에서 부르는 명칭이다. 기독교인들이 '구약'이라 하는 것을, 유대인들은 '히브리인의 성서', '유대인의 성경' 또는 그냥 '성경'이라 부른다. 혹은 그들이 성경을 나누는 세 구분인 '토라'(Torah), '네비임'(Nevi'm), '케투빔'(Kethuvim)의 첫 글자들을 가지고 만든 '타나크'(Tanakh)라는 명칭을 사용하기도 한다.

신약 곧 "새 언약"이라는 어구가 신약성경 자체 안에 다섯 번 나온다. 예수 그리스도께서 제자들과의 최후의 만찬에서 하신 말씀 가운데(눅 22:20; 고전 11:25), 바울이 옛 언약의 일꾼과 새 언약의 일꾼을 비교하는 가운데(고후 3:6), 그리고 히브리서에서 구약에서 선지자를 통하여 약속한 새 언약을 예수 그리스도께서 그의 죽으심으로 이루신 것을 강해하는 가운데 나오는 것이다(히 8:8; 9:15). 이 중 특히 예수 그리스도께서 최후의 만찬에서 직접 하신 말씀이 의미심장하다. 즉, "이 잔은 내 피로 세우는 새 언약이니 곧 너희를 위하여 붓는 것이라"(눅 22:20; 고전 11:25) 하는 말씀에 나오는 "내 피로", "붓는"이라는 말은 구약의 언약의 피를 가리키는 것이며, 또 그 언약의 피로써 여호와 하나님이 이스라엘과 맺으시는 언약을 가리킨다(출 24:5-8 참조). 그것은 예수께서 십자가 위에서 죽으심으로 우리를 위하여 속죄의 길을 여신 것을 의미하며(히 9:15), 구약에서는 예레미야 선지자에 의해서 새 언약이 약속되었는데(렘 31:31-34), 예수 그리스도께서 그 약속을 이루신 것이다(히 8:8). 따라서 신약성경은 예수 그리스도의 속죄 사역을 중심으로 삼는다 할 수 있다.

신약은 27권의 '문서' 또는 '책'을 모아 놓은 것이다. 8-9명의 상이한 저자들에 의해 기록된 이 "문서들" 또는 "책들"은 원래 오늘날 "신약"이라고 알려진 수집물의 일부를 형성하기 위해서 작성된 것은 아니었다. 이 이야기들과 편지들이 기록되고 있었을 때는, "신약"이나 "구약"이라는 말이 수집해 놓은 문서들을 가리키는 데 사용되지 않았다. 이 명칭들이 문서 또는 책의 수집물을 가리키는 데 사용되었음을 보여 주는 가장 이른 증거는 2세기에 비로소 나온다. 그 이전에는 우리가 "구약"이라 하는 것이 "(성)경" 또는 "율법과 선지자"와 같은 다양한 이름으로 불렸다(마 4:7; 21:42; 22:29; 눅 24:27, 44; 요 5:39; 벧전 2:6; 벧후 1:20 등).

1.1/2 신약성경이 어떻게 우리 손에 들어왔는가?

{자료: Irving L. Jensen, *Jensen's Survey of the New Testament: Search and Discover*(Chicago: Moody, 1981) 17-37}

우리들은 손에 우리말로 된 신약성경을 가지고 있다. 신약성경은 어떤 과정과 경로를 통하여 우리 손에 들어오게 되었는가? 이 물음은 신약성경뿐 아니라 구약성경에도 해당한다. 성경의 궁극적인 기원인 하나님으로 시작하여 우리 손에 우리말로 된 성경이 들어오기까지의 과정을 간단하게 살펴보자.

계시와 영감

{자료: Brown, *An Introduction to the New Testament*, 29-35}

성경은 하나님의 계시에서 비롯되었다. '계시'(啓示, Revelation)라는 말은 헬라어 '아포칼륖시스'(*apokalypsis*)를 번역한 것인데, '덮개를 벗기는 것' 또는 '베일을 거두어 내는 것'을 의미하며, 하나님께서 인간에게 자기 자신을 알려 주시고 진리를 전달하시는 것을 가리킨다. 만일 이 계시가 없었다면 인간은 하나님을 알 수 없었다. 하나님은 자신을 드러내어 주셨다(히 1:1-2). 성경이 있기 전에 하나님은 양심, 자연(롬 1:18-21), 직접적인 대화(창 3:8-19), 예언자들의 선포 등을 통하여 인간에게 자신을 계시하셨다. 그러나 이러한 것들은 일시적이며, 암묵적이며, 부분적인 것이었다. 인간에게는 영구적이며, 명시적이며, 많은 양의 계시된 진리를 보유하게 될 계시 형태가 필요하였다. 그래서 하나님은 인간의 언어로 기록된 형태를 택하셨으니, 곧 성경이다. 하나님은 모든 이어지는 세대들이 성경을 읽고, 배우고, 또 적용할 수 있게 하셨다.

하나님은 성경 저자들로 하여금 기록하기를 원하신 모든 것을 정확하게 기록하게 하셨는데, 이것을 '영감'(靈感, Inspiration)이라 한다. 이 과정을 바울은 '하나님의 숨, 또는 하나님의 숨 쉬심'이라는 말로 표현하고(딤후 3:16), 베드로는 성경의 저자들이 "성령에 의해 이끌림을 받았다."고 말한다(벧후 1:21). 성경의 저자들은 성령의 영감 사역으로 말미암아 하나님이 그들로 하여금 기록하기를 원하신 모든 것을 정확하게 기록하였던 것이다. 따라서 성경은 하나님의 계시를 정확하게 기록한 책이다. 구약과 신약을 포함하는 성경의 모든 책들은 성령의 직접적인 영감 사역에 의해서 존재하게 되었다.

원본과 사본

{자료: J. Harold Greenlee, *Introduction to New Testament Textual Criticism*(rev. ed.; Peabody: Hendrickson, 1995) 9-10; Arthur G. Patzia, *The Making of the New Testament: Origin, Collection, Text & Canon*(Downers Grove: IVP, 1995) 112-36(=서인선 역, [신약성서의 형성: 기원, 수집, 본문 및 정경], 기독교문서선교회, 2004)}

성경은 진공 상태에서 생긴 것이 아니다. 구체적인 인간 역사의 현장에서 사람들의 손을 통하여 주어졌다. 성경 저자들이 처음에 기록한 원고를 '원본'이라 하는데, 신약은 8, 9명의 저자에 의해서 약 50년의 기간에 걸쳐서 기록되었다. 신약성경 원본은 파피루스에 기록된 것이 사실상 확실하다. 파피루스는 일찍이 주전 2,400년경부터, 또는 이미 그 이전에, 이집트에서 필기 재료로 사용되었으며, 주후 3세기까지 널리 사용되었다. 파피루스 식물은 주로 나일 강 델타의 습지 지역에서 자란 갈대인데, 줄기의 겉껍질을 벗겨 내고 골이 있는 속을 얇은 조각으로 잘라서 서로 연결하고 그 위에 한 겹을 덧씌워서 필기 재료로 사용한 것이다. 자연히 파피루스는 썩기가 쉬웠고, 이집트의 건조한 모래 속에서 보존된 것들 외에는 파피루스에 기록된 문서가 남아 있는 것이 거의 없다. 신약성경 원본은 현재 존재하지 않고 원본을 복사한 사본들만이 존재한다. 사본들은 파피루스 사본, 대문자 사본, 소문자 사본 등으로 크게 구별된다. 신약은 거의 5,400개의 헬라어 사본이 존재한다.

전수와 본문비평

{자료: *Novum Testamentum Graece*(Nestle－Aland); *Greek New Testament*(UBS); 김창락, "'그리스어 신약 전서'의 서문 번역과 해설", 성경원문연구 1(1997) 34－104; J. Harold Greenlee, *Introduction to New Testament Textual Criticism*; Thomas D. Lea, *The New Testament: Its Background and Message*(Nashville: Broadman & Holman, 1996) 71－74; Bart D. Ehrman, *The New Testament: A Historical Introduction to the Early Christian Writings*(New York/Oxford: Oxford University Press, 1997) 414－21; Brown, *An Introduction to the New Testament*, 48－54; Lee Martin McDonald and Stanley E. Porter, *Early Christianity and Its Sacred Literature*(Peabody: Hendrickson, 2000), 571－99; Patzia, *The Making of the New Testament*, 137－49; Eldon Jay Epp and Gordon D. Fee, *Studies in the Theory and Method of New Testament Textual Criticism*(SD 45; Grand Rapids: Eerdmans, 1993); 브루스 M. 메쯔거, [사본학](강유중·장국원 공역; 개정증보판; 서울: 기독교문서선교회, 1999)}

신약성경은 전수의 과정을 거쳐서 우리 손에 들어오게 되었다. 즉, 성경의 원본이 기록된 이래로 여러 시대를 거쳐 내려오면서 성경 사본들이 손 아니면 기계로 복사되고 또다시 복사되어 왔는데, 이 과정을 일컬어 '전수'라 한다. 성서의 원본이 유실되고 사본만 존재하므로, 사본들을 수집, 분류, 대조하여 원문을 복원하는 작업이 필요한데, 이 작업을 가리켜 본문비평이라 한다.

사본들을 통하여 원문을 수립하는 데 사용하는 기준은 여러 가지이다. 즉, 어떤 읽기를 지지하는 증거들의 수, 증거들의 연대, 사본들의 질, 사본들의 지리적 분포, 어려운 읽기, 저자 자신의 언어, 스타일, 및 신학과의 일치 등을 고려한다. 본문비평의 결과 현재 신약의 경우 97% 이상의 정확한 원문이 구성되었고, 나머지 2－3%의 경우 기독교 신학과 신앙에 본질적인 영향을 끼치는 부분은 없다고 할 수 있다. 성경을 베끼는 사람들이 사본을 복사할 때 여러 종류의 오류를 범하기는 했지만, 교리적인 오류는 하나도 발생하지 않았으며, 성경 본문을 연구하는 학자들은 지금까지 남아 있는 신약 전체 또는 부분에 대한 수천 개의 사본들을 통하여 신약 원본을 거의 확실하게 복원해 내었다는 것이다. 성경은 오류 없이 기록되었고, 또한 교리적인 오류를 발생시키지 않고 전수되어 왔다.

현재 가장 널리 사용되는 헬라어 신약성경은 네스틀레－알란트(Nestle－Aland)가 편집한 것(*Novum Testamentum Graece*, 제27판)과 만국성서공회(United Bible Societies)에서 편집한 것(*Greek New Testament*, 제4판)이 있다. 이 두 헬라어 신약성경은 최신판에 있어서 본문은 동일하고, 다만 비평 장치만이 각각의 특성을 나타낸다.

원전과 번역

{자료: Bruce M. Metzger, *The Bible in Translations: Ancient and English Versions*(Grand Rapids: Baker Academic, 2001); 민영진, [국역성서연구](서울: 성광문화사, 1984) 329; 리진호, [한국성서백년사 Ⅰ](서울: 대한기독교서회, 1996) 94－115}

신약성경은 원래 그 당시 지중해 세계의 통용어 곧 일반 대중이 사용한 '코이네' 헬라어로 기록되었다. 기독교가 확장됨에 따라 신약성경은 여러 가지 언어로 번역되기 시작했다. 주요 고대 역본 가운데 하나는 시리아어 역본인 '페쉬타'(2세기－425년)이며, 고대 역본 중 가장 저명한 것은 라틴어 역본인 '불가타'(383－405년)이다. 종교 개혁자 마틴 루터(1483－1546년)는 독일어로 성서를 번역하였다. 1611년에 나온 '흠정역' 또는 '킹 제임스 역본' 영어 성경은 수백 년 동안 대중적인 인기를 구가해 왔다. 현재 영어 성경은 여러 종류의 좋은 번역들이 나와 있다.

한글로 된 최초의 성경은 1882년에 나왔는데, 곧 신약의 일부인 누가복음이다. 이는 만주의 봉천과 우장에서 선교하던 스코틀랜드 장로교 선교사 로스(John Ross)가 동료 맥킨타이어(McIntyre)와 한국인 동역자 서상륜, 이응찬의 도움을 입어 번역 출판한 것이었다. 우리가 현재 교회의 공예배에서 널리 사용해 온 개역 성경은 구역(舊譯, 1900년의 신약전서, 1911년의 구약전서)을 1952년에 대한성서공회가 한글 맞춤법 통일안을 채용하여 펴낸 것을 1956년에 다시 부분적으로 수정하여 만든 것으로서 개역 성경의 결정판이다. 대한성서공회는 1995

년 11월에 개역 신약전서의 개정판(改訂版)을 출판하고, 1998년 8월 31일에는 구약을 포함하여 성경전서 '개역 개정판'을 출판하였다. 이 개정판의 최종 완결 판(제4판)이 2005년 12월 1일에 발행되었다. 이에 앞서 1977년에 개신교와 가톨릭이 공동으로 '공동번역 성서'를 출판한 바 있다. 또한 개역 성경의 개정 작업과는 별도로, 대한성서공회는 새로운 성서 번역 작업을 시작하여 1993년에 '성경전서 표준 새 번역'을 출판하였으나, 통용되지 못하고, 다시 2001년 11월 10일에 성경전서 '표준 새 번역 개정판'을 출판하였다. 이 책 이름은 2004년 11월 29일에 '성경전서 새 번역'으로 개명되었다.

1.1/3 신약 정경이 어떻게 형성되었는가?

{자료: Achtemeier, Green and Thompson, *Introducing the NEW TESTAMENT*, 589−608; Lea, *The New Testament*, 65−71; Bart D. Ehrman, *The New Testament*, 7−13; Walter A. Elwell and Robert W. Yarbrough, *Encountering the New Testament: A Historical and Theological Survey*(Grand Rapids: Baker Books, 1998) 25−28; McDonald and Porter, *Early Christianity and Its Sacred Literature*, 600−33; Patzia, *The Making of the New Testament*, 102−11, 154−55; D. A. Carson & Douglas J. Moo, *An Introduction to the New Testament*(2d ed.; Grand Rapids: Zondervan, 2005) 726−43(=엄성옥 역, [신약개론], 은성, 2006); Bruce M. Metzger, *The Canon of the New Testament: Its Origin, Development, and Significance*(Oxford: Clarendon Press, 1987)(=이정곤 역, [신약정경형성사], 서울기독교문화사, 1993); Peter Bella, *Challenges to New Testament Theology*(Peabody: Hendrickson, 1998) 86−136}

성경이 우리 손에 들어오기까지의 과정에 '정경화' 단계가 포함된다. 원본과 사본들 그리고 전수의 문제와는 별도로, 주후 1, 2세기의 많은 저술들 가운데 신앙과 실천의 표준 혹은 잣대가 되는 저술들을 결정하는 문제가 있었다.

정경이라는 말

정경(Canon)이라 함은 그리스도인 공동체에 의해서 그 생활과 사상을 위하여 독특하고 규범적인 중요성이 있는 것으로 간주되는 저술들의 수집물을 가리킨다. 이 저술들은 그리스도인 공동체를 위하여 신앙과 실천의 표준 또는 규범을 대표한다. 신약 정경을 위하여 처음부터 27권의 책들만을 다룬 것은 아니었다. 2세기까지에는, 그리고 2세기 동안에도, 그리스도인 공동체 안에서 상당히 많은 양의 문학이 배포되어 있었다. 정경화의 과정은 1, 2세기에 나온 다량의 기독교 문학, 즉 복음서들, 구전들, 편지들, 행전들, 묵시록들, 사도적 교부들의 저작, 및 나그 함마디 도서에 포함된 저술들 가운데 어느 저술을 권위 있는 것으로 인정하느냐를 결정하는 과정이었다. 현재 우리가 가지고 있는 27권으로 구성된 신약성경 목록은 주후 367년에 비로소 등장한다. 이는 알렉산드리아의 감독 아타나시우스의 정경 목록과 일치하는 것이다.

정경형성 촉진의 요인들

정경형성에 영향을 끼친 내외 요인들이 있다. 내적 요인들로는, 그리스도인들이 복음을 전파하라는 교회의 사명을 인식한 것, 유대인의 성경을 사용하여 자신들을 이해한 것, 그리고 시간이 경과함에 따라 사도들이나 목격자들이 세상을 떠나게 되어 사도들이 남긴 전승들을 필요로 하게 된 것 등을 꼽을 수 있다. 그리스도인들이 전 세계에 복음을 전파하며 확장해 나갈 때 그리스도교 선포의 본래의 모습을 보존할 필요가 생겼다. 이러한 필요를 충족시키기 위하여 특히 두 종류의 문학이 생겼는데, 하나는 예수의 생애와 가르침에 대한 믿을 만한 기사요(복음서들), 또 하나는 새로운 공동체들의 신앙을 감독하고 또 그들을 보살피는 목회적인 편지들(서신들)이었다. 그리스도인들이 유대인의 성경을 사용했을 때, 신앙 공동체의 삶을 위하여 기록된 문서의 가치를 알게 되었고, 그들로 그리스도교 정경을 형성하는 일을 촉진시켰다.

정경형성을 촉진시킨 외적 요인들로는 말시온의 정경, 몬타누스와 그의 추종자들, 그리고 기타 비정통적 운동들을 들 수 있다. 말시온은 자기의 종교적 견해들과 일치하지 않는 성경 부분들을 배제하고, 누가복음과 바울의 편지들을 중심으로 자신의 정경을 만들었다. 이에 대하여 그리스도교 공동체는 그 권위의 근거를 하나의 복음서와 한 사람의 사도 곧 바울에만 두는 것이 아니라, 더 넓은 근거에 둠을 확인하게 되었다. 자기를 통하여 성령이 권위 있게 말씀하신다는 몬타누스의 주장에 대하여 그리스도교 공동체는 사도적 전승들에 의존하는 저술들만이 성령이 말씀하신다는 주장에 대한 근거가 될 수 있음을 확인했다. 또한 비정통적인 운동들도 예수의 비밀과 참된 가르침을 담고 있다는 그들의 "복음서들"을 산출하고, 그리스도교 신앙의 진리를 주장했으나, 그리스도교 공동체는 이러한 상황 속에서 권위 있는 저술로 인정할 수 있는 것들에 관하여 주장을 하게 되었다.

정경의 기준

신약의 27개 문서가 처음부터 일시에 하나의 정경으로 존재한 것은 아니었다. 정경을 형성하고 마지막으로 "닫는" 과정은 그리스도인 공동체에 의해 산출되고, 그리스도인 공동체 안에서 보존된 전통들을 수집하고, 손질하고, 책들로 결합하여 정경을 구성한 과정의 산물이었다. 많은 기독교 저술들 가운데서 하나님의 영감과 권위의 진정한 표지가 들어 있는 글들만이 정경으로 인정되어 신약성경을 이루게 되었다.

정경은 감독회의나 주교회의에서 결정된 것이 아니라, 교회가 존재한 처음 3세기 동안의 그리스도인 공동체의 삶을 통하여 집단적으로 결정된 것이다. 신약정경은 신약 자체의 신적 저작권, 즉 영감(Inspiration)과 교회에서의 인정을 통하여 이루어졌다. 그러나 개인들이나 공의회들이 신약정경을 만들어 낸 것이 아니라, 신약 저술들의 자명한 특질을 인식하고 인정하게 된 것이다. 신약 저술들이 자체를 정경으로 교회에 부과한 것이다.

정경 선정에는 그 밖에 여러 가지 기준이 작용하였다. 그중 하나는 어떤 저술이 공동체에 의해 널리 사용되었느냐 하는 것이었다(보편성, Universality). 예배나 교리 문답을 위하여 그리스도교 글을 읽는 것이 관례였다. 이러한 목적에 유용한 것을 가치 있게 보게 되었다. 원시 그리스도인 공동체에 의해 아주 이른 시기에 인용되었는가 하는 것도 중요한 잣대의 하나였다. 또한 정경 포함 여부를 결정하는 데 주요 고려사항은 사도적 기원이었다(사도성, Apostolicity). 어느 저술이 사도가 직접 저술했는지, 아니면 사도와 연관이 있는 사람이 썼는지 하는 사도적 기원을 주장할 수 있느냐 하는 것이었다. 그리고 결정적으로 작용한 요인 중 하나는 내용, 즉 '신앙의 규칙'(*regula fidei*)이었다. 그리스도교 공동체는 신앙의 규칙을 규범적으로 표현하는 글들을 선정하였다. "마침내 정경에 포함된 책들은 여러 세기에 걸쳐서 그리스도인들이 그들의 예배와 교훈에서 그 책들을 사용하고, 또 그리스도교 신앙을 일으키고, 넓히고, 교정하는 일에 있어 그 책들이 나타낸 능력에 대하여 그 책들을 존경하게 되었기 때문에 포함되었다."

신약 정경의 구성

우리가 가지고 있는 신약 정경은 예수 그리스도의 생애와 교훈, 즉 기독교의 시작을 기록한 '복음' 4권(마태, 마가, 누가, 요한), 교회의 탄생과 기독교의 확산을 기록한 '행전' 1권(사도행전), 기독교의 신앙과 관행 그리고 윤리를 기록한 '편지' 또는 '서신' 21권, 및 기독교의 완성을 기록한 '묵시' 1권(요한 계시록) 등 27권의 '책' 또는 '문서'로 구성되어 있다.

몇 가지 분류

신약에 들어 있는 편지 21권은 바울의 편지 13권, 히브리서, 및 일반서신 7권(야고보서, 베드로전서, 베드로후서, 요한 1, 2, 3서, 유다서)을 포함한다. 바울의 편지들은 초기서신(데살로니가전서, 데살로니가후서), 4대서신(로마서, 고린도전서, 고린도후서, 갈라디아서), 옥중서신(에베소서, 빌립보서, 골로새서, 빌레몬서), 목회서신(디모데전서, 디모데후서, 디도서) 등으로 분류하기도 한다.

저술 기간

신약의 '책'들 가운데 가장 일찍 기록된 것으로 여겨지는 것은 야고보서와 갈라디아서이며(40년대 말), 가장 마지막에 기록된 것은 요한 계시록이다(90년대 말). 신약은 대략 50년의 기간에 걸쳐서 기록되었다고 할 수 있다.

신약 정경(新約正經) THE CANON OF THE NEW TESTAMENT	
복음(福音) GOSPELS	마태(Matthew) 마가(Mark) 누가(Luke) 요한(John)
행전(行傳) ACTS	사도행전(使徒行傳) The Acts of the Apostles
바울서신(바울書信) PAULINE EPISTLES	교회들에게 보낸 바울의 편지들(敎會書信) Letters of Paul to churches (로마, 고린도, 갈라디아, 에베소, 빌립보, 골로새, 데살로니가)
	개인들에게 보낸 바울의 편지들(個人書信) Letters of Paul to individuals (디모데, 디도, 빌레몬)
일반서신(一般書信) GENERAL EPISTLES	히브리서(Hebrews 야고보서(James) 베드로 전·후서(1 & 2 Peter) 요한 1, 2, 3서(1, 2 & 3 John) 유다서(Jude)
묵시(黙示) APOCALYPTIC	계시록(啓示錄) The Revelation to John

(Blomberg, *From Pentecost to Patmos*, 5)

1.2 신약성경은 신학분류에 있어 어디에 위치하는가?

성경은 신학의 기초요 뿌리요 가장 중요한 일차 자료이다. 성경을 움켜잡고 신학을 시작하려는 학도에게 있어 신약성경을 배우는 것은 가장 중요한 첫걸음을 내디딘 것이다. 신약입문은 최초의 신학 길라잡이인 셈이다. 신약에 입문하는 사람은 넓디넓은 신학의 세계에 발을 들여놓는 것과 마찬가지인데, 자기가 위치하는 좌표를 아는 것이 차후의 학습에 도움이 될 것이다. 여기서는 전통적인 신학의 분류를 소개하고, 성경이 그 분류 속에서 어디에 위치하는지 말하려고 한다.

1.2/1 신학의 분류

{자료: Richard A. Muller, *The Study of Theology: From Biblical Interpretation to Contemporary Formulation*(Foundations of Contemporary Interpretation 7; Grand Rapids: Zondervan, 1991) viii−ix, x−xii, 24−26, 33−34, 62, 171−74; 헨리 디이슨, [조직신학강론](권혁봉 역; 서울: 생명의 말씀사, 1975) 66−67; Moises Silva, "Has the Church Misread the Bible?: The History of Interpretation in the Light of Current Issues", in *Foundations of Contemporary Interpretation*(ed. Moises Silva; Grand Rapids: Zondervan, 1996) 28−31}

이제는 신학이 지나치게 세분화되거나 단편화되어서 어떤 방향성이나 통일성을 찾기가 어려운 실정이나, 전통적으로 신학 교육에 있어 교과과정은 '신학 백과'라 하는 신학의 네 분야를 중심으로 구성되어 왔다. 여기서 '백과'라는 말은 신학 지식을 총망라해 놓은 것을 의미하는 것이 아니라, '가르침의 완전한 순환 또는 회로'를 의미한다. 그렇다면 전통적인 신학의 네 분야는 무엇인가? 성서신학(주경신학), 역사신학, 조직신학, 실천신학이다. 이 네 분야는 신학 연구의 영토를 이루는 요소들일 뿐 아니라, 어떤 논리가 있고, 서로 친밀한 연관성이 있고, 해석학적 통일성의 모델을 제공하고, 또 본질적인 통일성을 이루어 교회를 섬기는 역할을 수행할 수 있는 체계를 이룬다. 바꾸어 말하면, 전통적으로 신학 교육은 성서에서 출발하여 역사신학과 조직신학을 거쳐 사역의 장에서 실천하는 것을 목표로 삼아 왔고, 이것은 여전히 신학 교육의 기본 골격을 이루어야 한다. 기독교는 원래 성경에서 전수되는 계시에 의존하며, 교회에서 역사가 있고, 교리체계에서 표현을 얻고, 또 교회는 실천생활에 의하여 미래로 나아가기 때문이다.

성서신학(주경신학)

성서신학 또는 주경신학은 신학 분류 및 신학 교육에 있어 가장 근본적인 기초이다. 성서신학(Biblical Theology)이라는 말은 여기서 '성서에 기초한 신학'을 가리키는 것이 아니라, '성서를 다루는 신학분야'라는 범주적인 의미로 사용되었다. 또는 주경신학(Exegetical Theology)이라는 술어를 사용하기도 하는데 이는 경전의 주석 또는 해석을 일컫는 말이다. 즉, 주경신학은 기독교 경전인 성서(구약, 신약)의 뜻을 풀어내는 작업을 가리킨다. 주경신학은 경전 석의를 위한 준비와 석의 작업 자체와 그 결과를 종합하는 과목들을 포함한다. 성서학의 기초 위에 성서 석의가 세워지고, 석의의 결과 위에 성서신학이 세워진다. 방금 여기서 말한 성서신학은 앞에서 말한 범주적 의미가 아니라, 성서의 가르침에 기초한 신학을 가리킨다.

역사신학

기독교는 성서의 시대로 끝나지 않고, 예수 그리스도의 복음 위에 세워진 교회의 역사로 이어진다. 그러나 '오직 성경'이라는 종교개혁의 기치는 성서신학과 역사신학의 구별을 요청한다. 즉, 교회 역사는 성경의 하나님 백성의 역사와 구별된다. 역사신학(Historical Theology)은 인물, 사건, 제도, 교리의 발전, 기독교의 전파, 경건 또는 영성의 역사 등에 관심을 두고 교회의 역사를 연구한다. 전 세계의 교회나('세계 교회사'), 한 나라의 교회('한국교회사'), 또는 한 교파의 교회 역사('성결교회사')가 대상이 될 수 있다.

조직신학

신학이라는 말은 쓰임새가 다양한데, 우리가 앞에서 신학이라고 할 때 주로 넓은 의미로 사용하였다. 그러나 좁은 의미에서의 신학은 조직신학(Systematic Theology)을 가리킨다. 신학을 네 분야로 분류하는 전통적인 모델은 주경 과목들에서 시작하여 신학을 형성하는 데로 진행함을 보여 준다. 이는 성서 해석이 석의 또는 주경으로 끝나지 않고, 신학을 형성해야 함을 함의한다. 즉, 성서 해석은 성경 본문에서 시작하여, 본문과 본문의 의미가 현재에 이르는 길을 보여 주는 다양한 과목들을 거쳐서, 현대의 신학 형성에 이르게 된다. 이렇게 볼 때, 조직신학은 성경 전체의 가르침을 종합하는 야심찬 과제를 수행한다. 이는 교회 역사에서 이루어진 교의의 발전에 사려 깊은 주의를 기울이며, 현대의 문화적 철학적 관심에 적합하게 표현하는 것으로 이루어진다. 조직신학은 주로 '아는 것’과 관계되는 과목들(교리신학, 철학신학, 변증학, 윤리학 등)을 포함한다.

실천신학

실천신학은 성서, 역사, 조직 신학에서 얻은 결과들을 오늘의 일반 신도들에게 전달하고, 다양한 배경을 가진 불신자들에게 복음을 제시하고, 신앙을 예배에서 어떻게 표현하는가 하는 문제들을 다룬다. “믿고, 순종하라”는 성서의 명령은 생각(‘조직’)과 행동(‘실천’)의 과목들을 구별하게 만든다. 실천신학(Practical Theology)은 주로 ‘행하는 것’과 관계되는 과목들(전도학, 설교학, 예배학, 상담학, 목회학, 개인과 집단 경건의 실천, 즉 그리스도인의 형성, 전통적인 의미에서의 기독교 교육, 그리고 선교학 등)을 포함한다.

1.2/2 신학에 있어 성경의 위치와 중요성

기독교 신앙은 역사적으로나, 기능적으로나, 성경과 성경에 대한 묵상에서 시작한다. 성경 석의나 성경 해석의 결과들은 기독교 신학과 신앙과 실천의 다양한 영역에 영향을 끼친다. 즉, 우리가 교회 역사와 교회의 교리들을 읽고 이해거나, 조직신학을 연구하고 사용하거나, 기독교 신앙을 변증하거나 변호하는 데, 그리고 기독교 사역의 실천과 그리스도인 생활의 광범위한 영역에 있어서 성경 해석의 결과들은 지극히 중요한 영향을 끼치게 되어 있다. 또한 종교개혁의 모토 가운데 하나는 ‘오직 성경’이었다. 그리고 우리는 고백하기를 성경은 우리의 신앙과 실천의 유일한 규범이라고 한다. 그렇다면, 성경은 역사신학과 조직신학의 재료들을 평가하고 사용하는 것에 대한 토대가 되어야 하며, 모든 설교와 상담과 그리스도인의 삶의 견고한 기초가 되어야 한다.

1.2/3 성서신학(주경신학)의 과목들

신학분류의 범주적인 의미의 성서신학 또는 주경신학의 목표는 성경에 기초한 신학을 형성하는 것이다. '성경에 기초한 신학' 곧 '좁은 의미에서의 성서신학'의 기초는 성서석의, 성서주석, 또는 성서해석이다. 성서해석의 토대 위에 성서신학을 세우게 된다. 성서에 기초한 신학을 제공하려는 주경신학의 목표를 달성하는 과정에 필요한 분야 또는 과목들이 많이 있다. 성서신학에는 구약과 신약이 포함되는 것은 말할 필요도 없겠으나, 주로 '신약'의 이름으로 간단하게 살펴보도록 하자.

신약개관, 신약개론, 신약입문

{자료: "Feine-Behm" and Werner Georg Kümmel, *Introduction to the New Testament*(14th rev. ed.; tr. A. J. Mattill, Jr.; Nashville/New York: Abingdon, 1966) 25-26; Brown, *An Introduction to the New Testament*, 4-5, 16-18}

신약성서의 내용을 아는 것은 신약연구의 기본이다. 이 필요를 채워 주는 것이 신약 '개관'이다. 신약개관은 신약성서의 내용 자체를 알고 이해하는 데 더 많은 시간을 할애한다. 반면에, 신약 '개론'은 저자, 수신자, 저술 동기와 목적, 저술 연대 등 신약성서의 각 책과 관련된 역사적 문제들을 더 집중적으로 다룬다. 신약입문은 신약을 처음으로 배우는 학생들에게 신약을 읽고 연구하는 방법을 소개하는 과목이다. 기본적으로는 신약 저술들의 기원, 수집, 및 이 수집물의 본문 전승에 관한 역사적 문제들을 다루는 '신약개론'의 다른 이름이거나, 신약개론과 가장 가까운 과목이라 할 수 있을 것이다. 그러나 신약입문은 전통적인 신약개론의 범주를 넘어서, 신약개론, 신약개관, 신학학의 여러 요소들을 절충하고 융합하여 조금씩 다루면서 신약의 본질을 이해하고, 또 신약에 접근하는 여러 방법에 가능한 한 더 많이 노출시킬 수 있다.

성서역사, 성서지리, 성서배경

성서역사는 이스라엘의 역사와 신약시대의 역사를 다루게 된다. 성서지리는 성서 이야기가 전개되는 지역 특히 팔레스타인의 지리나 지형이나 기후 등에 대한 이해를 제공한다. 성서는 그냥 읽어서 이해되는 부분이 있지만, 많은 부분은 해석을 필요로 한다. 신약성서배경은 시간적으로나 공간적으로 우리와 다른 시대와 공간에서 나온 신약을 이해하고 해석하는 데 필요한 역사적·정치적·문화적·종교적 배경 지식을 제공한다. 신약은 특히 구약과 신구약 중간기, 유대교, 그리고 그리스-로마 세계를 배경으로 한다.

사본학, 본문비평

사본학은 신약 사본들을 연구하는 과목이다. 성서의 원본이 존재하지 않고 사본만이 존재하는 현실에서 사본에 대한 연구가 필수적이다. 또한 사본들을 통하여 본문의 원문을 구성하는 작업이 필요하다. 본문비평(Textual Criticism)에서 이 문제를 다룬다.

성서원어, 석의, 성경해석학

구약은 (대부분) 히브리어와 (지극히 일부분) 아람어로, 신약은 (전부) 헬라어로 기록되었으므로, 성경을 본격적으로 연구하기 위하여 성경원어를 익힐 필요가 있다. 일상생활에 사용되지 않는 언어를 배운다는 것이 쉬운 일은 아니지만, 하나님의 말씀을 원어로 읽을 수 있다는 감격을 맛본다는 생각은 진지한 성경학도들을 전율하게 한다. 성경원어 학습에는 어휘, 문법, 구문, 해석 등이 포함된다. 성서원어를 통하여 본문의 뜻을 풀어내는 실천적 작업은 석의 과목을 통하여 배우게 된다. 석의는 성서신학의 기초가 된다. 석의(Exegesis)는 보통 원어를 기초로 하여 성경을 해석하는 것을 가리킨다. 석의는 성서 해석학의 원리를 활용한다. 성서 해석은 어떤 원리에 입각해서 이루어져야 한다. 이러한 원리들을 배우는 과목이 성경 해석학(Biblical Hermeneutics)이다.

예수 그리스도, 신약의 각 책, 주요 저자들(복음서, 바울, 요한, 베드로)

신약은 복음서, 사도행전, 편지들, 및 계시록 등 다양한 장르와 본문으로 구성되어 있고, 또 신약의 가르침을 제공하는 주요 인물들이 등장한다. 예수 그리스도와 복음서에 대한 연구, 사도행전과 초대교회에 대한 연구, 바울과 그의 편지들에 대한 연구, 요한과 그의 저작에 대한 연구, 베드로와 그의 편지에 대한 연구, 또 계시록에 대한 연구를 비롯하여, 신약 각 책에 대한 깊은 연구를 위한 과목들이 있다.

신약신학, 신약윤리

신약신학은 신약해석 또는 석의에서 나온 결과들을 전체적으로 정리하는 작업을 한다. 그리스도인들이 겪는 윤리적 문제들에 대하여 성서의 해답을 얻기 위하여 '신약성서윤리'에 대한 연구도 필요하다. 성서연구는 기독교 신학의 토대를 제공한다. 성서를 연구하는 목적은 성서 주석 자체에 있는 것이 아니라, 본문에 대한 석의를 통하여 신앙과 생활의 규범을 제공하는 데 있다.

1.3 신약을 어떻게 읽을 것인가?

어떻게 성경을 읽고, 연구할 것인가? 하는 것은 신학 공부를 시작하려는 학도들이 물어야 할 가장 기본적인 물음 가운데 하나임에 틀림없다. 이미 앞에서 강조한 바 있지만, 성경은 넓은 의미의 신학을 함에 있어서 가장 중요한 일차 자료가 되기 때문이다. 무엇보다도, 성경 자체를 읽는 것은 사활적으로 중요하다. 많은 사람들이 성경을 읽지도 않으면서 성경을 공부하려고 하는 것이 놀라운 일이라면, 성경을 읽지도 않으면서 신학을 공부한다는 것은 더욱더 놀라운 일이 될 것이다. 성경을 읽는 것에는 여러 수준이 있다. 단순히 성경의 내용을 파악하는 수준에서부터, 개인적인 성경공부를 위한 읽기와 학문적으로 본문을 석의하고 해석하는 수준에 이르기까지 성경을 읽는 사람의 목적에 따라서 다양하다.

성경을 하나의 '책'으로 읽는 것, 성경연구 과정에서 '관찰'을 위하여 읽는 것, 학문적인 성경 '해석'을 위하여 읽는 것, 그리고 성경을 '경전'으로 읽는 것에 대하여 간단하게 설명하고자 한다.

1.3/1 하나의 '책'으로 읽기

{자료: 어빙 젠센, [성경공부요령](유강식 역; 서울: 생명의 말씀사, 1975) 20–51}

성경은 하나의 책이다. '성서'라는 이름이 뜻하듯 성경은 하나의 책이요 책 중의 책이다. 성서는 읽히기 위해서 기록되었다. 물론 성경은 이 세상의 다른 책과는 다른 본질의 독특한 책이라는 것이 사실이며 또 그 사실을 강조해야 하지만, 우리는 성경을 하나의 '책'으로 대할 줄 알아야 한다. 성경의 구성은 다른 보통 책과 같다. 단어들이 모여 문장을 이루고 문장들이 모여 문단을 이루며 문단들이 모여 장을 형성한다. 장들이 모여 하나의 책을 형성하고, 27권의 책이 모여서 신약성서를 형성한다. 그런데 책을 읽는 것은 저절로 이루어지지 않는다. 어떤 노력이 필요하다. 여기서 일반 독서술 훈련의 필요성이 대두된다. 성경을 효과적으로 읽기 위하여, '책을 읽는 법'을 활용할 필요가 있다.

독서술

{자료: Motimer J. Adler and Charles Van Doren, *How To Read a Book*(rev. and updated ed.; A Touchstone Book; New York: Simon & Schuster, 1972)(= 민병덕 역, [독서의 기술], 범우사, 1986, 1993^{2})}

이미 현대의 살아 있는 고전이 되어 버린 '독서법'이라는 책에서 애들러는 네 가지 수준의 읽기를 제안한다. '초등 수준'의 읽기, '조사 수준'의 읽기, '분석 수준'의 읽기, 그리고 '비교 수준'의 읽기인데, 특히 성경을 하나의 책으로 읽고 이해하는 데 있어 '분석적인 읽기'의 수준이 도움이 된다. 분석적인 읽기에서 이러한 질문들을 할 수 있다. 이 책은 어떤 종류와 주제의 책인가? 이 책은 전체로서 무엇에 관하여 말하는 것인가? 이 책은 어떤 주요 부분들이 있는가? 저자가 해결하려는 문제는 무엇인가? 저자가 사용하는 주요 술어들은 무엇이며, 또 무슨 뜻으로 사용되었는가? 저자의 주요 명제는 무엇인가? 저자는 어떻게 논증을 전개하는가? 저자가 해결한 문제는 무엇인가? 해결되지 않은 문제는 무엇인가? 분석적인 읽기에서 우리는 "전체로서의 이 책은 무엇에 관한 것인가?" "상세하게 무엇이, 또 어떻게, 말하여지고 있는가?" 하는 물음에 답을 얻는다. 이렇게 분석적으로 읽을 때, 성경을 이해하고 해석하는 데 큰 도움을 얻는다.

문학적 유형(장르)에 따라 읽기

{자료: Marshall D. Johnson, *Making Sense of the Bible: Literary Type as an Approach to Understanding*(Grand Rapids/Cambridge: Eerdmans, 2002); Gordon D. Fee and Douglas Stuart, *How to Read the Bible for All Its Worth: A Guide to Understanding the Bible*(1982)(=오광만, 박대영 공역, [성경을 어떻게 읽을 것인가] 개정 3판, 성서유니온선교회, 2008); idem, *How to Read the Bible Book by Book: A Guided Tour*(Grand Rapids: Zondervan, 2002)(=길성남 역, [책별로 성경을 어떻게 읽을 것인가] 성서유니온선교회, 2008)}

신약성경은 한 권의 책이면서 동시에 27개의 문서 또는 '책'으로 구성되었다. 27개의 책은 복음(4), 행전(1), 편지(21), 묵시(1) 등의 문학적 유형으로 구별할 수 있다. 이와 같이, 신약은 다른 지역에 사는 각종의 교회들과 개인들에게, 다양한 이유로, 여러 상이한 개인들에 의해 기록된, 다양한 양식들로 이루어진 문서들을 수집해 놓은 것이다. 이러한 의미에서 신약은 여러 가지 다양한 종류의 문학을 담고 있는 "선집"과 같다. 그러므로 각각 그 특정한 양식의 특성에 비추어서 읽고 연구해야 할 책들이다. 따라서 신약을 읽을 때 그 안에서 발견되는 다양한 문학 양식들을 인식하는 것이 중요하다. 예를 들면, 계시록과 편지는 다른 종류의 책이다. 사도행전의 내러티브('이야기')들은 바울의 짧은 빌레몬서와 같지 않다. 바울과 누가와 같은 작가들은 그들의 문화적 상황에 이미 존재하는 특정한 문학 양식을 선정하여 저술했다. 양식 또는 장르는 특정 문화 안에서 실재를 나타내는 방식이다. "편지"는 지리적 거리를 극복하고 상대적인 시간적 근접성을 유지하며 저자가 임재해 있는 기능을 발휘한다. 저자가 특정한 장르를 선택하는 것은 독자와 일종의 언약을 세우는 것이다. 저자는 그의 저술에서 어떤 프로토콜을 따른다. 독자는 해석할 때 동일한 프로토콜에 동의한다.

귀납적 성경연구의 관찰 과정으로 읽기

{자료: Robert A. Traina, *Methodical Bible Study: A New Approach to Hermeneutics*(Grand Rapids: Zondervan, 1952, 1985) 27-87; Howard G. Hendricks and William D. Hendricks, *Living By the Book*(Chicago: Moody, 1991) 64-130(=정현 역, [삶을 변화시키는 성경연구], 디모데, 1993); Kay Arthur, *How to Study Your Bible*(Eugene: Harvest House, 1994) 19-55(=한국 프리셉트 역, [귀납적 성경연구방법], 전면개정판, 프리셉트, 2005)}

단순히 성경의 내용을 파악하는 수준이 아니라, 성경을 개인적으로 좀 더 깊이 있게 연구하려고 할 때에 많이 사용되는 방법 가운데 귀납적 성경연구(Inductive Bible Study)가 있다. 이것은 보통 관찰-해석-적용(Observation-Interpretation-Application)의 단계로 이루어진다. 성경을 읽을 때 귀납법적 성경연구에서 말하는 '관찰'을 위한 읽기를 훈련하고 적용하는 것이 필요하다. 헨드릭스는 성경을 읽는 법을 배워야 함을 강조하면서, 일반적으로 세 가지 지침과 더불어 일급의 읽기 전략을 제안한다. 일반적인 세 가지 지침은 "더 잘 더 빨리 읽기를 배우고", "성경을 처음으로 읽는 것같이 읽기를 배우고", 또 "연애편지를 읽는 것같이 성경을 읽으라."는 것이다. 또 실제적으로 도움이 되는 일급의 읽기 전략 열 가지는 "생각하며 읽으라, 반복해서 읽으라, 인내심을 갖고 읽으라, 선별적으로 읽으라, 기도하며 읽으라, 상상력을 갖고 읽으라, 묵상하며 읽으라, 목적을 갖고 읽으라, 획득하려는 마음으로 읽으라, 망원경으로 보듯이 읽으라." 하는 것이다.

1.3/2 통독을 위하여 읽기

{자료: 이애실, [어? 성경이 읽어지네!](서울: 두란노, 2003) 203-300; 조병호, [성경통독 이렇게 하라: 평신도를 위한 성경통독 핸드북](서울: 땅에 쓰신 글, 2004) 397-645; 문봉주, [문본주 대사의 성경의 맥을 잡아라](서울: 두란도, 2007) 394-577}

우리가 신약을 읽을 때에 신약 전체 이야기의 큰 흐름("숲")을 알고 읽게 되면 신약 각 책("나무")들을 이해하는 데 많은 도움이 된다. 신약은 예수 그리스도의 오심으로 시작하여, 교회가 형성되어 확장되어 가는 과정, 그리고 세상의 종말에 대한 비전으로 이야기가 전개된다. 편지들은 그 이야기의 흐름 가운데 적절한 시점에 놓고 읽을 수 있다. 우리는 이것을 다음과 같이 도식화할 수 있겠다.

복음서 → 사도행전 → (행전 이후) → (후기 사도) → 계시록
(예수 그리스도) (교회의 시작과 확장) (추가적 선교활동)   (돌봄) (새 하늘과 새 땅)
　　　　　　　　야고보서　　　　　　디모데전서　　요한 1, 2, 3서
　　　　　　　　갈라디아서　　　　　　디도서
　　　　　　　　데살로니가전서, 후서　디모데후서
　　　　　　　　고린도전서, 후서
　　　　　　　　로마서
　　　　　　　　　빌레몬서　　　　　　히브리서
　　　　　　　　　골로새서　　　　　　베드로전서, 후서
　　　　　　　　　에베소서　　　　　　유다서
　　　　　　　　　빌립보서

1.3/3 학문적 또는 과학적 연구의 대상으로 읽기

{자료: Brown, *An Introduction to the New Testament*, 20 - 47}

성경을 읽는 목적 가운데 학문적 또는 과학적 연구가 있을 수 있다. 성경을 신앙과 별도로 단지 학문적 연구의 대상으로 삼는 사람들이 있다. 또한 성경을 해석하는 데 많은 방법이 있다. 신약에 접근하는 방식은 다양하고 많다. 또한 신약을 해석하는 방법도 다양하다. 문제는 하나의 방법이 유일한 방법의 지위를 가지고 성경해석과 성경 연구를 지배할 때 일어난다. 그러나 우리는 어느 하나의 방법론에 매이지 않고, 본문을 이해하는 데 빛을 던져 주는 방법들을 절충적으로 사용할 수 있을 것이다.

1.3/4 세 가지 각도에서 읽기

{자료: Achtemeier, Green and Thompson, *Introducing the NEW TESTAMENT*, 1-13; Sidney Greidanus, *The Modern Preacher and the Ancient Text: Interpreting and Preaching Biblical Literature*(Grand Rapids: Eerdmans/Leicester: IVP, 1988) 48-51, 102-21(=김영철 역, [성경해석과 성경적 설교], 여수룬, 1999); 송계성, ([귀납적 성경연구: 문학적, 역사적, 신학적 차원의 성경 해석학 이론을 응용한 전체론적인 귀납적 성경연구의 이론과 실제], 생명의 말씀사, 1996) 60-130}

다른 관점에서 말하면, 신약성경을 읽는 데 세 가지 각도가 있다. 그리스도 교회와 그리스도인들은 신약을 세 가지 각도에서 읽어 왔다. 이는 신약 연구의 초점이 신학(Theology)에서 역사(History)로, 역사에서 문학(Literature)으로, 문학에서 다시 신학으로 전환되어 온 과정을 말하는 것이기도 하다. 그러나 이 세 가지는 독립된 별개의 본질이 아니라, 하나의 전체에 대하여 세 가지 다른 국면을 설명한 것이다. 우리는 신약을 대할 때에 세 가지 국면을 종합적으로 또는 전체적으로 고려해야 하는 것이다. 문학적 및 역사적 차원에서 연구할 때 그 목표는 "신학적인" 메시지를 듣는 것에 두어야 한다.

문학적 각도

신약에 들어 있는 27개 문서들은 이야기하고, 권면하고, 교정하고, 교화하고, 해석하고, 안내하고, 격려하는 기능을 한다. 이러한 기능은 문학적 장치를 통하여 수행된다. 문학적 각도에서 신약을 읽는다는 것은 신약의 내용을 조사하는 것을 포함하며, 신약의 문학적 특성을 인식하며 읽는 것을 말한다. 신약은 첫째로 *기록된 문서*들의 수집물이기 때문에 우리는 문학으로서 또는 문자로 기록된 작품들로서의 특성과 특징에 면밀히 주의를 기울여야 할 필요가 있다. 이는 일차적으로 장르와 양식에 대한 관심을 가져야 함을 의미한다.

역사적 각도

신약을 읽을 때 이미 "장르 인식"의 중요성을 인정하는 것은 이 문서들의 역사적 특성을 강조하는 것에 다름 아니다. 신약 문서들은 다른 시대와 장소에서 왔으며, 우리들의 것과 다른 풍습, 문화, 역사, 경험을 전제한다. 신약 책들에는 21세기의 독자를 위해서, 한국어나 영어로, 또는 그리스도 교회가 전 세계에 확산된 지 20세기나 지나서 기록된 것이 하나도 없다. 교회가 그 출생지 팔레스타인 땅에서 일어나 로마 제국 전체에 퍼져 나가기 시작할 때에 1세기 사람들을 위하여 헬라어로 기록된 이 문서들은 당대의 독자들의 이해를 위하여 번역할 필요가 거의 없었다. 설명과 해석도 그렇게 필요하지 않았다. 그러나 우리는 신약을 이해하기 위해서 신약에 언급된 고대의 종교적, 철학적, 사회적 운동들과 상황들에 관하여 알아야 할 필요성이 있다. 우리는 역사적 특징들, 암시들, 즉 본문 '내부의' 역사, 곧 언어, 지리, 풍습 등에 면밀히 주의를 기울여야 한다.

또한 본문 '배후의' 역사가 있다. 신약의 문서들을 생기게 하고 형성하게 만든 역사적 운동들, 환경들, 및 사건들이 있다. 대부분의 신약의 편지들은 '우발적' 성질이 있다. 편지들은 특정한 독자들, 특정한 회중이나 회중 집단들을 위해 기록되었다. 편지들은 대단히 특정한 상황과 대단히 특정한 문제들을 다룬다. 편지들의 내용에 대한 이해는 편지들이 다루게 되는 상황을 재구성하는 능력에 의해 제고된다. 다루어지는 쟁점들을 이해하려면 초대 그리스도인들이 살았던 고대 세계에 대한 지식이 있어야 한다. 어떤 커뮤니케이션 행위의 의미라 할지라도 그 역사적 정황과 관계가 있다. 왜냐하면 실제로 사용된 단어에 의해 나타나는 의미는 어떤 발언이 의미하는 것의 작은 부분에 지나지 않기 때문이다. 저자와 독자는 말하지 않은 어느 정도 공유하는 지식이 있었다. 우리는 말하고 있지 않은 사회적 관례들과 그들이 공유하는 다른 지식의 요소들을 가능한 한 잘 알아야 한다.

신약 문서들을 초대 그리스도교의 탄생이라는 더 큰 역사적 운동의 일부로서 초점을 맞추어 볼 수도 있다. 고대 종교들에 관심을 갖는 역사가에게는 신약이 초대 그리스도교 운동의 기원의 증거를 제공한다. 우리는 신약 문서들을 통하여 초대 그리스도인들 가운데 있었던 신앙과 실천의 문제들에 관한 어떤 쟁점들, 예를 들면, 음식법과 할례 등에 대한 논쟁에 대하여 알게 된다.

정경으로 인정을 받지 못하고 신약에 포함되지 않은 다른 책들도 있다. 초대 그리스도교 문서들의 콘텍스트 속에서 신약을 읽으면, 신약이 유일한 문서들이 아님을 알게 된다. 신약은 초대 그리스도교의 발생과 전파, 신앙과 실천에 관하여 증언한다. 그러나 모든 교회에 대하여 기록하는 것은 아니다. 예를 들면, 그리스도교 초기에 번성한 이집트의 교회들에 대하여 기록하지 않는다. 신약은 초대 그리스도교의 기원들의 자료이지만, 유일한 자료는 아니다. 역사적 견지에서 신약에 관하여 이야기하는 것은 역사가들이 사용하는 모든 도구들, 곧 고대 언어와 문화 연구, 역사적 데이터를 얻기 위하여 문서들을 가려냄, 인물, 장소, 풍습, 신앙에 대한 언급들을 추적해 내려가는 시도 등을 이용하여 신약을 이해하는 데 도움을 얻으려 하는 것에 다름 아니다. 신약 문서들의 특성과 기원이 있으면, 정말 역사적 연구가 필요하다.

신학적 각도

신약(성경)은 역사적 실재물일 뿐 아니라 신학적 실재물이다. 신약을 연구할 때 역사적으로 책임 있는 방법론을 요구하는 것같이 신학적으로 책임 있는 방법론을 요구하기도 한다. 여기서 "신학적"이라는 말은 학문적인 또는 과학적인 신학을 말하는 것이 아니다. 신학 이론을 가리키거나 신학과목을 가리키는 것도 아니라, 오히려, 하나님, 특히, 하나님의 계시와 하나님에 관한 계시를 가리키는 것이다. 우리는 신약(성서)에서 하나님의 음성을 들을 수 있는 것이다. 단순히 역사적 재구성이나 언어 의미들을 넘어서 하나님의 메시지를 인식하는 것이다. 이것이 성서의 독특한 본질이요 초점인데, 신약은 신학적 하나님 중심적 메시지를 주고 있는 것이다. 성서는 하나님으로부터 오는 메시지를 제공한다고 주장한다. 또한 성서는 하나님에 관한 메시지를 제공한다. 성서는 하나님의 말씀임을 주장한다(딤후 3:16). 교회는 성서를 신앙과 실천의 표준으로 받아들였다. 즉 성서는 교회의 정경이다. 성서는 하나님에 관한 메시지, 즉 그의 행위, 그의 의지, 피조물과 그의 백성에 대한 그의 관계를 알려 준다. 성서는 예수 그리스도 안에 있는 하나님의 구속에 관하여 이야기한다. 성서는 종교적인 문학이다. 종교문학으로서의 성서는 신중심적 본질을 나타낸다. 또한 신약은 예수 그리스도가 구약역사, 약속들, 및 예언들의 성취라고 내내 주장한다. 신약의 성취는 구약을 읽는 열쇠이다. 신약 계시의 완전함을 통하여 구약 문절의 새로운 이해를 얻게 된다.

신약(성서)은 하나님이 우리에게 하시는 말씀으로 보아야 한다. 하나님에 관한, 하나님이 말씀하시는 책이다.

1.3/5 경전으로 읽기

{자료: Adler and Doren, *How to Read a Book*, 293－95; Jensen, *Jensen's Survey of the New Testament*, 76－83; John H. Leith, *Crisis in the Church: The Plight of Theological Education*(Louisville: Westminster John Knox, 1997) 49－52; Iain H. Murray, *Evangelicalism Divided: A Record of Crucial Change in the Years 1950 to 2000*(Edinburgh: Banner of Truth Trust, 2000) 202－14; Achtemeier, Green and Thompson, *Introducing the NEW TESTAMENT*, 9－13}

성경은 또한 경전(經典)이기 때문에 거기에 걸맞은 읽기가 필요하다. 성경을 단지 학문적 또는 과학적 연구의 대상으로 삼는 것은 성경을 정당하게 다루는 것이 아니다. 성경을 읽으면, 우리의 마음과 영혼이 계속 살아 있고, 또 성장하게 만든다. 이것이 성경을 읽는 궁극적인 목표이다. 성서를 읽을 때 과학적 연구를 위한 본문이 아니라, 경전으로 읽어야 한다. 경전을 연구하는 의제와 상황은 학자가 아니라, 예배하고, 믿는 공동체의 믿음에 의해서 설정되어야 한다. 성경을 하나님의 말씀으로 읽어야 한다는 말이다.

신약의 특성 자체가 문학적·역사적 특징들에 주의를 기울일 것을 요구한다. 그러나 신약을 읽는 대부분의 사람들은 신약이 문학이나 역사로서 흥미롭기 때문이 아니라, 신약이 예수 그리스도를 통하여 세상 속에서 하시는 하나님의 일에 대한 규범적 증언으로서 교회의 성경을 이루기 때문이다. 성경으로서 신약은 교회와 개인 신자들의 삶에 독특한 자리를 차지한다. 성경으로서의 신약은 집단적으로 또 개인적으로 신앙과 행위를 형성하고 하나님과의 삶을 살지게 한다.

신약은 대개 구약과 "성경전서"(聖經全書)로 합본되어 있지만, 모든 사람에게 그런 것은 아니다. 유대인들은 신약의 권위와 증언을 받아들이지 않는다. 모든 그리스도인들이 구약을 그들의 성경으로 쉽게 받아들인 것도 아니다. 예를 들면, 초대 교회의 말시온은 구약을 배척했다. 그러나 교회는 그의 인도를 따르지 않고 구약을 신약과 함께 그리스도교의 성경으로 받아들였다.

구약과 신약을 한데 묶어야 한다는 것은 신약이 무엇이며 어떻게 그것을 읽어야 하는지에 관하여 중요한 확신을 나타내는 것이다. 신약은 구약의 이야기를 계속한다. 신약 저자들은 구약의 문절들을 암시하고 인용하고 해설한다. 신약 저자들은 구약 본문을 해석하는 것으로, 또 하나님이 모든 세계의 구원을 위하여 예수 그리스도를 통하여 하신 것은, 구약에서 읽을 수 있는 일차적인 증언인 이스라엘 백성 안에서 또 이스라엘 백성을 통하여 하신 하나님의 일에 의해 예기된 것이라는 확신에 비추어서 그렇게 하는 것으로 자신들을 본다. 이스라엘의 성경에 대한 초대 그리스도교 해석은, 그리스도교에 반대하는 것으로 구약을 읽는 유대교 안의 다른 사람들과는 달리, 고대 이스라엘과, 그리하여 하나님의 목적과의 연속성의 길들을 찾는 데로 향했다. 신약에서 선포된 복음은 예수를 죽은 자들 가운데서 다시 살리신 하나님에 대한 이해를 떠나서 파악될 수 없다. 이 하나님은 고대 이스라엘 안에서 많고 다양한 방법으로 자신을 계시하신 분이다.

신약의 본질은 예수의 삶과 죽음과 부활을 둘러싼 어떤 역사적 사건들을 전제하고, 기록하고, 논의할 뿐 아니라, 또한 해석한다. 신약의 일차적인 중요성은 교회 안에서 성경으로서의 기능에 있다. 신약은 성경으로서 사람들을 그리스도교 신앙으로 설득해 오는 목적도 있다. 신약은 "교회의 성경"이다.

신약을 읽을 때 취할 수 있는 올바른 접근 방식이 있다. 신약성경은 하나님께서 우리의 삶을 위하여 주신 최종적인 교훈으로 받아들여야 한다. 신약성경은 약 2,000년 전에 기록되었지만 초시간적으로 우리의 삶에 적용이 되는 말씀이다. 신약성경을 읽을 때 나에게 하시는 말씀으로 듣고 내 삶에 적용할 때 비로소 신약성경을 올바로 읽었다고 할 수 있는 것이다. 바울은 성경에 대하여 이렇게 말한다. "모든 성경은 하나님의 감동으로 된 것으로 교훈과 책망과 바르게 함과 의로 교육하기에 유익하니 이는 하나님의 사람으로 온전하게 하며 모든 선한 일을 행할 능력을 갖추게 하려 하심이라."(딤후 3:16－17)

1.4 신약과 구약의 관계는 무엇인가?

〔자료: David L. Baker, *Two Testaments, One Bible: A Study of the Theological Relationship Between the Old & New Testaments*(Downers Grove:

IVP, 1991) 65－176(＝오광만 역, [구속사적 성경해석학: 신·구약의 관계 문제 및 그 해결들], 엠마오, 1989[초판번역]); Greidanus, *The Modern Preacher and the Ancient Text*, 119; Muller, *The Study of Theology*, 71－78; F. F. Bruce, *THIS IS THAT: The New Testament Development of Some Old Testament Themes*(Exeter: Paternoster, 1968)(＝권혁봉 역, [구약의 신약적 성취], 생명의 말씀 사, 1975); idem, *THE TIME IS FULFILLED: Five Aspects of the Fulfillment of the Old Testament in the New*(Grand Rapids: Eerdmans, 1978)}

그리스도교 성서의 본질에 근본적인 것은 성서가 구약과 신약으로 구분되는 것이다. 그리스도교가 이와 같이 구약과 신약을 경전으로 가지고 있는데, 구약과 신약의 관계는 무엇인가? 구약과 신약의 관계를 어떻게 보아야 할 것인가? 사실, 그리스도교는 그 설립자 예수 그리스도의 삶, 죽음과 부활의 기록과 증언으로서, 그리고 그리스도교 교회 형성의 기록과 증언으로서 신약을 가지고 있다. 따라서 가장 근본적인 문제 가운데 하나는 과연 기독교가 구약을 필요로 하느냐 하는 것이다. 구약은 신약과 나란히 계속적으로 유효하며 권위가 있고, 그리스도교 성서의 본질적인 일부인가?

1.4/1 네 가지 해법

예수 그리스도와 베드로와 바울은 그들의 신앙의 기초로서 구약을 전제했다. 그러나 신약 이후 교회는 신약을 그들의 신앙의 기초로 채택했다. 그런데, 구약은 문제가 되었다. 그러나 교회는 교부들 이래 구약을 신약과 함께 성경으로 받아들였다. 2세기 중엽 시노프의 말시온은 구약과 신약의 어떤 부분들을 성서에서 배제시켰다. 최근에 들어와서, 발전적 접근 방식, 즉 점진적 계시의 개념을 가지고 접근한 20세기 초의 현대 학문의 결과로 그리스도교 성서의 신약과 구약 간에 신학적 관계가 존재한다는 인식을 확실하게 갖게 되었다. 이 관계에 대하여 현대적인 네 가지 주요 해법을 다음과 같이 정리할 수 있겠다.

신약을 본질적인 성서로 보는 견해

이는 '신약해법'이다. 신약을 본질적인 성서로 보고 구약을 어떻게 해서든 열등하거나 덜 중요한 것으로 보는 것이다. 즉, 구약은 그리스도교 책은 아니지만, 간접적으로 그리스도교 신앙을 위한 계시가 될 수 있다고 취급한다. 구약은 신약과 그리스도교의 '전제'였다. 구약을 신약의 비그리스도교적 전제로 보며, 긍정적이 아니라, 부정적으로 구약을 평가하는 견해이다.

구약과 신약을 동등하게 그리스도교 성경으로 보는 견해

이는 '성서 해법'이다. 구약은 그리스도에 대하여 증거하며, 신약과 통일성을 이룬다. 예수는 구약의 그리스도이며, 예수 그리스도는 구약과 신약을 통일시켰으며, 예수 그리스도는 구약 약속들을 성취하였다. 구약은 그리스도교 성경에 속한다. 구약과 신약은 동등하게 그리스도교 성경이다. 통일성과 동일성을 포함하는 관계이다. 구약과 신약은 가치, 영감, 신학에 있어서 동일하다고 본다. 이는 18−19세기 역사비평 발생 이전에 구약에 대한 전통적인 그리스도교 접근방식이었다. '성서적 해법'으로서 구약과 신약을 동등하게 그리스도교적인 성경으로 보며, 두 책을 연합하는 열쇠는 예수 그리스도로 보는 것이다.

구약을 본질적인 성서로 보는 견해

이는 '구약 해법'이다. 구약과 신약의 관계를 '우선권'의 관계로 본다. 그리스도교 시대에서 구약이 신약에 대하여 신학적 우선권이 있다고 보는 견해이다. 구약성경은 하나님의 말씀이다. 구약성경은 그리스도교에 대한 이해를 결정하므로 결정적으로 중요하다고 생각한다. 구약은 그리스도로서의 예수를 합법화하는 것으로 그리스도교회에 필요하다. 예수는 구약의 기초이다. 예수는 구약을 인증한다. 구약은 복음의 해석을 위하여 필요하다. 신약은 구약에 기초해서 역사적으로 이해할 수 있기 때문이다. 구약은 예증을 위하여 중요하다. 그리스도는 구약의 술어 이외로는 이해될 수 없다. 구약은 예수 그리스도가 이스라엘을 다루시는 하나님의 역사의 일부임을 보여 준다. 근본적으로 중요한 것은 항상 하나님과 세상이다. 이는 구약에서 더 명백하게 보여 준다. 구약은 일차적으로 그리고 본래부터 성서이며, 신약은 구약을 해석하는 '용어풀이'로 간주한다.

구약과 신약을 하나의 구원의 역사(구속사)로 보는 견해

이는 '구원의 역사 해법'이다. 구약에서 발견되는 역사는 본질적으로 하나님의 구원하시는 행위들에 대한 고백이므로 '신앙 고백적'이다. 전승사와 구원사와 현실화의 개념들을 중심으로 모형론과 약속과 성취를 중심으로 구약과 신약의 관계를 이해한다. 신약은 인용과 암시로 구약 본문들을 현실화한다. 신약과 구약 간의 대응에 있어 주로 고려할 것은 종교적 술어 분야가 아니라, 구원역사 분야이다. 역사 속에서 하나님의 구원은 신구약 관계의 근본적인 요인이다. 신약의 구원하는 사건은 하나님과 함께하는 이스라엘 역사의 연장과 결론으로 나타난다. 신약의 구원사건은 전적으로 새로운 구원사건에 근거하지만, 동시에 구약의 구원사건을 반복하는 의미로 이해되어야 한다.

1.4/2 구약과 신약의 성서신학적인 관계

구약과 신약 간의 관계의 신학적 문제는 성경 자체 안에 있다. 구약과 신약 책들의 영감과 권위를 인정하고, 구약 중심 해법이나 신약 중심 해법이 아니라, '성서 해법'이 필요하다. 성서 자체에서 볼 때, 구약은 신약을 바라보고 있다. 미래의 신앙에 대한 구약의 관계에 관하여 적지 않게 말하고 있다. 구약은 미래에 대한 기대를 표명한다. 미래를 바라본다. 구약은 그 자체로 불완전하고 구약의 한계 밖에서 이루어지는 하나님의 행위에 의해 완전해질 것을 고대한다. 구약이 신약을 바라보는 것같이 신약은 구약을 뒤돌아본다. 예수는 구약의 소망들과 기대들을 성취한다. 구약과 신약 간의 명시적인 성서적 관계가 있다. 특별히 다섯 가지 개념을 통하여, 구약과 신약 간의 신학적 관계를 이해할 필요가 있다.

기독론

구약과 신약은 동등하게 그리스도교 성경이라는 것이다. 구약은 그리스도에 대한 증언이다. 예수의 중심성을 고려하는 것이다. 예수는 그리스도인들을 위하여 성경을 통일하는 중심이다. 예수에 대한 관계에 있어서, 구약은 앞에 나오고 예기하며, 신약은 뒤에 나오고 선포한다.

구원의 역사(구속사)

구약과 신약은 하나님의 백성의 역사 속에서 일어나는 신적 계시에 의해 결합된다. 하나님은 구약과 신약에서 함께 그의 백성의 구원을 위하여 일하셨다.

모형론(유비)

여기서 말하는 모형론은 석의나 해석의 방법을 가리키는 것이 아니라, 성서의 상이한 부분들 간의 근본적인 유비를 가리키는 것이다. 하나님이 그의 백성 가운데서 행하시는 활동의 상이한 부분들 간에 역사적 신학적 대응이 나타난다. 구약은 신약을 조명하고, 신약은 구약을 조명한다. 역사 속에서 나타난 하나님의 활동에 대한 증언들로서 구약과 신약 간에는 근본적인 유비가 있다. 구약의 옳은 이해와 사용은 신약에 의존하고, 구약의 일차적 사용들 가운데 하나는 신약의 옳은 이해와 사용의 근거가 되는 것이다.

약속과 성취

구약과 신약은 상호의존적 관계를 이룬다. 약속-성취는 역사 속에서 이루어지는 그의 백성을 위한 하나님의 계획을 표현하는 기본적인 성서적 범주이다. 약속과 성취의 패턴은 구약과 신약을 하나로 연합한다. 구원과 나라와 새 언약과 새 창조의 구약 약속들이 예수 그리스도 안에서 성취되었다(고후 1:20). "약속"이라는 술어는 정식 선언이나 동의로 표현되거나, 행동이나 태도로 함의될 수 있는, 무언가 미래에 이루어지거나, 이루어지지 않을 것에 대한 확신을 가리킨다. 약속의 개념은 신약에 대한 구약의 관계에 있어서 구약의 주요 국면을 표현하며, 대안적 술어들인 예언이나 대변보다 더 포괄적인 말이다. 약속과 성취의 주제는 구약과 신약 간의 보완적 관계, 상호의존적 관계를 가리킨다. 어느 것도 홀로 설 수 없고, 다른 것이 없으면 완전히 이해될 수 없다. 구약과 신약은 상호 관계적이며 상호 의존적이다.

연속성과 불연속성

구약과 신약은 하나님이 그의 인격과 목적들을 말씀과 행위로 계시하고 계신다는 사실에 의해 연결된다. 신구약 간의 중요한 구별은 구약이 불완전하고 미완성의 점진적인 계시를 기록하나, 신약이 완전하고 완성의 최종적인 계시를 기록한다는 것이다. 연속성과 불연속성의 관계는 통일성과 다양성의 관계를 함의한다. 구약과 신약은 연속적인 역사이면서, 동시에 불연속성이 있다(갈 6:16; 고후 5:17; 렘 31:31-34). 구약과 신약 간의 기본적인 역사적 연속성 안에 또한 불연속성의 요소들이 있다. 최대의 불연속성은 예수의 오심에 있다(히 1:1-2; 7:23-28; 8:6, 13). 구약과 신약 간에는 연속성과 불연속성, 통일성과 다양성 간의 긴장이 있다. 그리스도교 성경의 66권의 책은 하나의 성서를 형성한다. 구속사의 독특하고 계속적인 기사를 제공한다. 하나님의 본성과 그가 창조하신 세상에 대한 그의 계획에 대하여 통일되고 일관된 묘사를 제공한다. 한 성서는 두 '언약' 즉 신약과 구약으로 구성되며, 이 두 언약, 즉 구약과 신약 간에 많은 불연속성과 상당한 다양성이 있다는 것을 잊지 않아야 한다.

II. 신약성서의 세계

성서는 진공 상태에서 생성되거나 땅속에서 솟아나거나 하늘에서 뚝 떨어진 책이 아니라 인간 역사의 삶의 현장에서 나왔다. 신약성서가 나온 세계는 어떤 세계였는지 궁금하지 아니한가? 신약성서는 그리스-로마(Greco-Roman) 세계를 모체로 하여 탄생했다. 신약은 로마 제국을 배경으로 하여 기록된다. 예수와 초대교회 당시의 세계는 이방 로마가 지배했던 것이다. 신약의 모든 행위는 로마 제국의 땅에서 일어난다(행 17:6에서 '천하'란 다름 아닌 로마 제국을 가리킨다).

일반적으로 말해서, 나사렛 예수의 언행과 사역을 기록한 복음서 이야기는 유대 땅 팔레스타인, 즉 유대 속주 내부에서 일어나고, 사도행전은 유대 예루살렘에서, 중요한 대부분의 동부 속주들인 소아시아(Asia Minor)와 마게도냐와 아가야를 거쳐서 로마에 이르는 복음전파의 경로를 기록하고, 바울의 편지들과 일반서신들은 대체로 이방 그리스-로마 세계, 곧 소아시아(에베소)와 마게도냐(빌립보, 데살로니가)와 아가야(고린도)를 무대로 한다.

신약성서가 저술되어 나온 세계는 정치적으로 로마가 지배하는 시대였지만, 로마 제국의 문화는 여전히 헬레니즘(Hellenism), 곧 그리스 문화의 영향 아래에 있었다는 것은 주지의 사실이다. 유대인들과 유대교의 중심지로서 예수 그리스도께서 사시고 활동하신 무대인 팔레스타인에도 헬레니즘의 영향이 깊이 배어 있었음이 속속 드러나고 있다. 이러한 신약성서의 세계나 신약의 배경들에 대한 연구는 그 자체로 하나의 큰 연구 분야이다. 여기서는 다만 신약성서의 세계를 팔레스타인 중심의 유대 세계와 이방의 그리스-로마 세계로 나누고, 역사적, 정치적, 종교적, 철학적, 문화적 요소들을 고려하여 간단하게 기술하고자 한다.

2.1 그리스-로마 세계

{자료: Everett Ferguson, *Backgrounds of Early Christianity*(2d ed.; Grand Rapids: Eerdmans, 1993)(=박경범 역, [초대교회 배경사], 은성, 1993); 헬무트 쾨스터, [신약성서배경연구, 상권: 헬라시대의 역사, 문화, 종교](이억부 옮김; 서울: 은성, 1996); 스탐바우, 발취 공저, [초기 기독교의 사회 세계](윤철원 옮김; 서울: 한국신학연구소, 2000); Elwell and Yarbrough, *Encountering the New Testament*, 193-201; Jensen, *Jensen's Survey of the New Testament*, 38-76; 앨버트 벨, [신약시대의 사회와 문화](오광만 옮김; 서울: 생명의 말씀사, 2001); Craig L. Blomberg, *Jesus and the Gospels: An Introduction and Survey*(Nashville: Broadman & Holman, 1997) 5-71(=김경식 역, [예수와 복음서], 기독교문서선교회, 2008); Lea, *The New Testament*, 5-64; Brown, *An Introduction to the New Testament*, 55-96; Achtemeier, Green and Thompson, *Introducing the NEW TESTAMENT*, 15-51; McDonald and Porter, *Early Christianity and Its Sacred Literature*, 47-99; H Wayne House, *Chronological and Background Charts of the New Testament*(Grand Rapids: Zondervan, 1981)(=김일우 역, [신약요해; 연대 배경일람] 아가페문화사, 1992); Bruce J. Malina, *The New Testament World: Insights from Cultural Anthropology*(2d ed.; Louisville: Westminster/John Lnox, 1993); James S. Jeffers, *The Greco-Roman World of the New Testament Era: Exploring the Background of Early Christianity*(Downers Grove: IVP, 1999)}

다시 한 번 더 말하면 신약은 그리스-로마 세계에서 나왔다. 우리는 여기서 우선 그리스-로마 세계의 종교, 문학, 정치와 사회제도에 대하여 종합적으로 간단하게 기술하고자 한다. 팔레스타인 밖의 그리스-로마 세계는 초대 복음 전도자들과 그리스도인들의 활동 무대를 제공한다.

2.1/1 정치와 사회

{자료: David W. J. Gill, "The Roman Empire As a Context for the New Testament", in *Handbook to Exegesis of the New Testament*(ed. Stanley E. Porter) 389-406; David W. J. Gill and Conrad Gempf, eds., *The Book of Acts in Its First Century Setting*. II. *The Book of Acts in Its Graeco-Roman Setting*(Grand Rapids: Eerdmans/Carlisle: Paternoster, 1994); 벨, [신약의 사회와 문화], 115-490; 제임스 패커 편, [성서시대의 일상생활](노광우 옮김; 서울: 성광문화사, 1992)}

주전 제8세기에 건설된 로마와 로마 제국은 그리스도의 때까지 팽창과 평화라는 말로 그 상태를 표현할 수 있을 것이다. 제국의 건설 이래 확장의 과정을 거치면서 특히 주전 제4세기에서 1세기까지 숱한 전쟁을 치르게 되었는데, 그리스도의 탄생 때에는 로마 제국이 통일과 정치적 안정을 이루었다. 주전 27년부터 아우구스투스로 시작하는 황제들의 통치는 팍스로마나(*Pax Romana*), 곧 로마 제국 주도의 평화를 이루게 되어 제국에 법과 질서가 확립되었다. 로마 세계의 정치와 사회 제도를 간단히 살펴보자.

황제

로마 제국의 통치자는 황제였다. 그는 절대적 통치자였다. 그는 세계를 하나로 묶었다. 초기 로마 황제들의 별칭은 *가이사*(시저)였다(마 22:21; 행 25:11). 신약성경에는 아우구스투스(주전 27 – 주후 14년; 눅 2:1, 아구스도), 티베리우스(주후 14 – 37년; 눅 3:1, 디베료), 클라우디우스(주후 41 – 54년; 행 11:28, 글라우디오) 등의 황제 이름이 나온다. 로마 황제 칼리굴라(주후 37 – 41년)는 예루살렘 성전에 자신의 상을 세우려고 했었다. 클라우디우스 때에 유대에 극심한 기근이 있었다(행 11:27 – 30; 고후 8 – 9 참조). 주후 49년 클라우디우스는 로마에서 모든 유대인을 추방했다(행 18:2 참조). 주후 64년 로마 대화재 이후 네로(주후 54 – 68년)는 기독교도들을 박해했다.

속주

로마 제국의 가장 중요한 지역구조(지방구조)들 가운데 하나는 속주였다. 속주는 두 가지 주된 유형, 즉 원로원이 관장하는 속주들과 황제가 관할하는 속주들로 구성되었다. 신약에 나오는 수리아(시리아), 구브로, 아시아, 갈라디아, 마게도냐, 아가야는 로마 속주들의 이름이다. 속주를 책임지는 우두머리는 총독이었다.

총독

총독은 황제나 원로원의 임명을 받고, 그들에게 직접 책임을 지며, 지정된 영토를 총괄하는 통치자이다. 그들은 주로 세금 등 재정을 관장하고, 또한 최고의 사법적 권위를 가졌다. 총독에게는 속주의 행정과 치안을 돕는 소규모의 보좌진과 군대가 있었다. 신약에 나오는 주요 총독들은 시리아의 구레뇨(눅 2:2), 구브로의 서기오 바울(행 13:7), 아가야의 갈리오(행 18:12), 유대의 본디오 빌라도(마 27:2; 막 15:1; 눅 23:1; 요 18:28 − 29), 그리고 벨릭스와 베스도(행 24 − 26) 등이다.

유대가 로마인 총독들의 지배를 받을 때, 그들 가운데는 유대인의 풍습과 문화에 민감하지 않은 총독들이 있었다. 본디오 빌라도는 성전금고에서 돈을 꺼내어 도수관(수도) 건설에 사용하고, 밤중에 예루살렘에 황제 상을 반입하여 소요를 일으키게 하였다. 벨릭스는 유대인들에게 고압적이었으며, 그들의 군대로 하여금 유대인들의 집을 노략질하게 했다. 총독 파두스는 한때 유대인들에게 돌렸던 제사장 임명권을 다시 요구했다. 총독 쿠마누스는 유대인들을 상당히 괴롭혔다.

봉신왕국과 봉신왕

속주들과 나란히, 로마와 외교 관계를 유지한 일련의 봉신왕국들이 있었다. 봉신왕국의 왕들은 로마 제국에서 어느 일정한 영토의 최고 지역통치자였으며, 로마에 있는 황제의 중앙 권위에 복종하였다. 왕의 직책은 로마 원로원의 승인을 받았다. 신약에 봉신왕과 봉신왕국이 등장한다. 예를 들면, 다메섹에 있는 바울을 잡으려고 했던 아레다 왕은 로마의 봉신왕국인 나바태 왕국의 왕이었다(고후 11:32). 또한 유대의 헤롯 대왕과 그의 아들들이 봉신왕국과 봉신왕의 신분을 잘 예증한다. 신약시대 동안 팔레스틴의 전체 또는 일부는 헤롯 왕조의 왕들에 의해서 지배를 받았다. 헤롯 대왕(마 2:1 − 19; 눅 1:15), 헤롯 안디바(안티파스)(막 6:14 − 29; 눅 3:1; 13:31 − 35; 23:7 − 12), 아켈라오(마 2:22), 헤롯 빌립(눅 3:1), 헤롯 아그립바 1세(주후 41 − 44년; 행 12:1 − 24), 헤롯 아그립바 2세(행 25:13 − 26:32)는 모두 봉신왕이었다.

도시와 지역 엘리트

로마 제국 내의 도시들이 모두 동일한 법적 신분을 가졌던 것은 아니다. 아가야 같은 속주에는 고린도와 같은 로마풍의 로마 식민지들이 있었고, 아덴과 같은 헬라풍의 자유 도시도 있었다. 마게도냐에서 빌립보는 로마 식민지였고, 데살로니가는 자유 도시의 신분을 누리기도 했다. 도시들은 *팍스 로마나*를 누림으로 말미암아, 도시 간 경쟁을 표현할 길이 없었다. 그래서 로마 제국 기간에는 지역 엘리트들이 지원하는 경기 축제들이 번성했다(고전 9:24-27; 빌 3:14). 제국 내에서 개인들이 동일한 신분을 가진 것이 아니었다. 노예와 자유인, 부한 자와 가난한 자, 시민과 비시민 간의 구별이 이루어졌다. 로마 시민인 바울은 좋은 사례이다(행 13:9; 22:26, 28).

각 속주에서는 지역 시민 공동체, 즉 폴리스(*polis*)가 계속적으로 속주의 골격을 형성하였다. 이 공동체들의 지역 엘리트들은 특별한 위치를 차지하게 되었다. 신약 기간에, 좀 더 두드러진 폴리스의 회원들은 로마 시민이었을 것이다. 데살로니가 출신의 아리스다고는 도시 공동체의 엘리트 회원들 가운데 하나였다(행 19:29, 20:4, 27:2; 몬 24; 골 4:10). 고린도 교회 교인들 가운데 고린도 엘리트들이 있었을 것이다(고전 1:26; 롬 16:23).

이 '폴리스'들은 그들 자신의 시정 기관들 아래 시정을 계속할 수 있었다. 예를 들면, 데살로니가에서 바울은 '폴리타아르케스', 곧 시청 관원들 앞에 끌려갔다(행 17:6). 또한, 제국 아래서 헬라 도시의 법적 기관은 계속 기능을 발휘했다. 바울이 아덴에서 아레오바고 앞에서 연설을 했는데(행 17:19-34), 이것은 단순히 아덴의 지식인들 앞에서 청문회를 한 것이 아니라, 사실은 법적인 청문회였다. 아레오바고 법정(*불레*)은 하나의 시정 기관이었다(행 16:20-22; 17:6-9; 18:12-17 참조). 에베소 시의 여신 아데미 예배와 연관된 은장이들에 의해 일어난 에베소에서의 소요는 로마 제국 아래서 시 당국자들이 직면한 문제들을 예리하게 드러낸다(행 19:23-41). 바울의 동행자들이 폭도들에 의해 잡혔는데, 속주의 관리들 곧 아시아의 고관들이 바울에게 그 일에 간섭하지 말라고 조언한다. 이러한 시민들의 부당한 행동은 총독의 간섭을 불러올 수도 있으므로, 시청 서기관이 간섭하여 그들을 조용하게 하고 해산시킨다. 로마 총독은 이러한 소요를 허용하지 않았다.

노예와 자유자

고대 세계의 가장 중요한 제도들 가운데 하나는 노예제도였다. 노예들은 고대 경제의 많은 부분을 뒷받침했다. 노예가 신약의 여러 곳에서 나온다(고전 12:13; 갈 3:28; 엡 6:8; 골 3:11; 몬). 특히 로마에서, 좋은 가정의 노예들은 도시의 가난한 자들보다 상당히 더 잘살았다. 노예들은 자유를 얻고 나서, 로마 시민들이 될 수 있었다(고전 7:22-23 참조). 자유자들 가운데는 대단한 부자가 된 사람들이 있었다. 유대 총독이 된 사람도 있다. 유대 총독 벨릭스는 황제 클라우디우스의 해방된 노예, 즉 자유자였다.

로마 제국의 도로망

로마 제국은 군사적 목적과 상업적 목적을 위하여 도로망을 잘 건설하고 정비해 놓았다. 그리고 신약 성서에 반영된 기독교의 확산은 로마 제국의(육상, 해상) 도로망을 충분히 이용했음을 보여 준다. 예를 들면, 바울과 바나바는 키프로스 온 섬을 가로질러 바보까지 여행했다(행 13:6). 거기서 속주 총독 서기오 바울을 만났다. 바울은, 아우구스투스 시기에, 주전 12년 이후 언젠가 건설된 키티움(Citium)으로 향하는 키프로스 남해안을 따라 난 길을 이용했다. 또 바울이 중앙 아나톨리아(Anatolia)로 올라갔을 때 새로 건설된 도로 체계를 이용했을 것이다. 세바스테 가도(Via Sebaste)는 주전 6년에 건설되었다. 바울과 바나바는 아달리아(Attalia)에서 상륙하여 티베리우스 때에 건설된 길을 따라 버가까지 갔을 것이다. 버가에서 그들은 콜로니아 코마나(Colonia Comana)를 지나서 비시디아 안디옥까지 가는 세바스테 가도(Via Sebaste) 길을 탔다. 그들은 그 길을 따라 이고니온과 루스드라까지 갈 수 있었을 것이다. 더베로 가는 여행의 마지막 부분에서는 포장되지 않은 길이었을 것이다. 마게도냐에서 바울은 에그나티아 가도(Via Egnatia)를 이용할 수 있었다. 이 길은 주전 140년경에 건설되었고, 아드리아 해의 항구들인 드라기움(Dyrrachium)과 아폴로니아(Apollonia)를 마게도냐와 동부 속주들과 연결하였다. 이 도상에 두 개의 주요 교회가 빌립보와 데살로니가에 세워졌다. 바다 여행도 사도행전에서 큰 역할을 했다. 고린도에 있는 주요 교회는 전략적 위치에 있었다.

유대인의 종교적 자유

로마 제국에서 유대인들은 여러 가지 특권을 누렸다(Josephus, *Ant.* 14.259−61). 유대인들은 그들 자신 가운데서 송사를 판결할 수 있었다. 시장을 책임지는 관리들은 유대인들이 먹을 수 있는 음식을 시장에 가져다 놓을 의무가 있었다. 로마는 유대인 공동체들이 예루살렘에 돈을 보낼 수 있는 권리를 보장했다(Josephus, *Ant.* 16. 162−70). 또 로마 제국은 제국 안의 유대인들에게 일정한 종교적 자유를 허용했다. 유대교는 합법적 종교의 신분을 부여받았다. 각 지역의 유대인 공동체에는 종교적 지도자들이 있어서 대체로 유대인들의 개인적·종교적 삶을 형성하고 지배했다. 이들은 랍비, 서기관, 율법교사, 장로, 대제사장, 제사장, 그리고 산헤드린(공회)이었다.

로마의 권위와 기독교

로마의 권위가 신약에서 여러 곳에서 나타난다. 가장 분명한 것은 유대 속주의 총독으로서 본디오 빌라도가 한 역할이다. 유대 당국자들이 예수에 반대하여 고소하였지만, 사형 판결로 예수를 처벌하는 책임은 총독에게 있었다. 그러나 속주에서의 빌라도의 위치는 대체로 유대 당국자들의 선의에 달렸다. 제한된 수의 군대를 가지고 있는 총독으로서는 유대인을 달래는 것이 가장 쉬운 행동 과정이었다. 기독교의 법적 신분에 관한 가장 분명한 진술들 가운데 하나는 사도행전에서 발견할 수 있다. 고린도에서 유대인들이 바울을 세네카의 형제인 총독 갈리오 앞에 데려갔다. 그들은 "이 사람은 법을 어기면서, 하나님을 공경하라고 사람들을 선동하고 있습니다."(행 18:13, 표준 새 번역 개정판)라고 고발했다. 갈리오는 기독교가 유대교의 한 소집단에 지나지 않으며, 유대인과 비슷한 특권과 권리가 주어져야 한다는 결론을 내렸다. 신약에서 언급된 다른 총독들 가운데 구브로의 서기오 바울이 있다. 그는 그의 가족이 재산을 가지고 있는 비시디아 안디옥을 방문하도록 바울을 격려하여 그의 사역을 도왔을 것이다. 유대에서 바울은 총독 벨릭스 아래서 투옥되었다(행 23:35). 이 사태의 상태는 그의 후계자 베스도 때까지 계속되었다. 바울은 베스도를 황제의 대표자로 인정했다(행 25:10). 상당한 신약의 배후에는 황제라는 그림자 같은 인물이 있다. 바울은 마침내 황제에게 호소한다(행 25:12). 이로써 바울은 속주 총독 베스도의 권위에서 벗어난다.

로마 제국 아래서의 기독교 전파

로마가 이스라엘을 통치한 기간은 기독교 전파를 위하여 대체로 긍정적인 기간이었다(갈 4:4). 일곱 가지 주요 요인을 들 수 있겠다. 첫째, 헬라어가 계속하여 로마 제국의 통용어가 되었다. 둘째, '팍스 로마나'는 중동 역사에서 전에 없었던 광활한 시간과 공간에 걸쳐 제국의 중심부에 전쟁으로부터의 자유를 주었다. 셋째, 고대 세계에서 가장 진보한 수송 체계와 통신 체계의 발전이 이루어졌다. 넷째, 민족적 장벽을 뛰어넘는 세계주의 정신이 자랐다. 다섯째, 많은 교차 문화적 대화의 장벽이 제거되고 새로운 세계관들이 유포되었다. 여섯째, 기독교가 단지 또 하나의 유대 종파로 여겨지는 동안은 합법종교로서 보호를 받을 수 있었다. 일곱째, 로마는 고대에서 가장 개화되고 진보된 사법 소송절차를 이행하였다(행 16:35 − 39; 22:23 − 29; 25:10 − 11 참조).

2.1/2 문학

로마인들은 군사적·정치적 달인들이었으나, 문화적으로는 헬라인들에게 정복을 당했다. 로마 제국에서도 여전히 헬라의 문화가 영향력을 행사하고 있었다. 그래서 신약에서 그리스−로마 시대의 문학적 기교와 문학적 기법들을 발견하는 것에 놀랄 필요는 없다. 신약의 저자들은 그리스−로마 문화에 친숙했으며, 그들이 사용하는 문화 속에서 예수 그리스도의 좋은 소식을 전하고 기독교 문화를 형성하였다.

헬라어

로마 시대까지 영향력을 떨쳐 온 헬라문화, 즉 헬레니즘의 많은 영향들 가운데 가장 중요한 것은 헬라어이다. 신약 시대에 하나님의 구원의 메시지를 전 세계적으로 선포할 수 있는 길을 닦아 놓았기 때문이다.

헬라어 구약성서(Septuagint, LXX)는 알렉산더 대왕의 세계 정복으로 인하여 세계의 통용어가 된 헬라어로 히브리 구약성서를 번역한 것이다. 이집트의 유대인들에게 헬라어가 새로운 제 나라 말이 되었다. 알렉산드리아 학자들이 주전 280년까지는 모세 오경을, 그리고 주전 180년까지는 전체 구약을 헬라어로 번역하였다. 이를 70인역(LXX, Septuagint)이라 하는데, 70인역은 헬라 제국에서 널리 보급 사용되었고, 예수와 그의 사도들의 때까지에는 널리 사용되었다. 신약성경의 저자들은 구약을 인용할 때 히브리 성경보다 헬라어 성경에서 더 많이 인용하였다.

신약시대에 이르러서는 '코이네'(Koine) 헬라어가 국제 언어가 되어 있었으며, 초대 교회의 전 세계적 확장을 위한 커뮤니케이션의 이상적인 통로였다. 그리스도와 사도들과 팔레스타인의 초대 제자들은 아람어는 물론 헬라어를 말했다. 성경은 헬라어로 되어 있고, 로마 제국에 걸쳐서 전파된 복음의 청중들은 헬라어를 말하고 이해했다.

신약에 나타난 그리스 - 로마 문학의 특징들

그리스 - 로마 문학의 몇 가지 특징이 신약성서에 나타난다.

첫째, 다이아트라이브(diatribe)이다. 이는 헬라 사상을 제자들에게 가르치고 훈계할 때 쓰는 형식이었다. 이는 소크라테스의 대화술에서 유래된 것으로 논쟁의 한 방법이었다. 신약성경에서 특히 로마서 안에 많이 등장한다(롬 6장). 특징은 가상적인 대화(상상적인 대적자)를 상정하는 것이다.

둘째, 수사학(rhetoric)이다. 그리스 - 로마 세계에서 주후 1 - 2세기에 수사학이 매우 발달하였다. 아리스토텔레스(주전 484 - 422년), 씨세로(주전 106 - 44년), 퀸틸리안(주후 35 - 95년) 등이 수사학의 핸드북을 썼다.

셋째, 편지 쓰기(letter-writing)이다. 이는 세계의 문학에 그리스-로마 세계가 물려준 훌륭한 특징적인 유산이다. 그 유형을 살펴보면, 우정의 편지, 가족 간의 편지, 칭찬이나 책망의 편지, 권면이나 충고의 편지, 중재의 편지, 변호나 변증적 편지 등이 있다. 신약의 27개 문서 중에서 21개가 편지이며, 또한 사도행전 15장과 계시록 2-3장도 편지 형식으로 되어 있다. 기독교인들이 쓴 편지가 현재 약 9,000개 정도 남아 있다.

2.1/3 종교

{Lea, *The New Testament*, 43-51; Blomberg, *Jesus and the Gospels*, 28-37; Ehrman, *The New Testament*, 20-31; 벨, [신약의 사회와 문화], 227-330; *New Catholic Encyclopedia*, 710; L. M. Sweet, *Roman Emperor Worship* (Boston: The Gorham Press, 1919) 37-38; L. R. Taylor, *The Divinity of the Roman Emperor*(Middletown, CT: American Philological Association, 1931) vii-viii; W. W. Fowler, *Roman Ideas of Deity in the Last Century Before the Christian Era*(Freeport: Books for Libraries Press, 1969); J. Ferguson, *Greek and Roman Religion: A Source Book*(Park Ridge, N. J.: Noyes Press, 1980) 70}

그리스-로마 세계의 종교는 현대의 조직 종교가 소유하고 있는 특징을 거의 하나도 가지고 있지 않았다. 그리스-로마 종교의 일반적인 특징은, 유일신 대신 다신론이 지배하고, 내세보다는 현세에 더 초점을 맞추었으며, 교리보다는 의식 행위에 더 관심을 두었으며, 또 국가와 종교가 분리되지 않고 결합되는 형태를 띠었고, 기본적으로 다른 종교, 다른 신에 대하여 관용의 태도를 취하였다. 그러나 유대교와 기독교는 배타적인 종교로 남았다. 종교는 사적인 것이 아니라 사회 전체가 실행하는 것이었다. 종교와 도덕은 분리되었다. 그리스-로마 세계에서는 풍부한 종교적 선택권이 있었다. 이러한 일반적인 진술 외에 로마 제국의 종교적 배경에 대하여 일반화를 한다는 것은 어렵다. 신약 문서들 자체는 속주들의 종교 풍경에 관하여 주목할 만할 정도로 조용하다. 사도행전에 가장 명시적으로 나온다. 에베소의 아데미는 그 도시의 주요 제의였다(행 19:23-41; 20:35). 중앙 아나톨리아의 루가오니아에서 바울과 바나바는 각각 헤르메스와 제우스로 확인된다(행 14:11-13). 황제숭배(황제제의)는 속주와 도시 생활의 주요 특징이었다(고전 8:4-6 참조).

종교와 철학

그리스-로마 세계에서 철학과 종교는 조화될 수 없는 실체들이라 생각되지 않았다. 오히려 철학이 종교의 역할을 대행하는 측면이 있었다. 철학들은 사람들이 이생에서 안녕을 누리게 하는 데 관심을 두었다. 헬레니즘 시대 즉 그리스-로마 시대의 종교 역할을 한 것으로는 전통적인 신화(행 14:12; 19:23-28), 스토아주의(행 17:18, 24-26, 27, 28; 벧후 3:10), 에피큐러스주의(행 17:18, 24-31), 견유주의(막 6:7-13; 눅 10:1-8 참조), 회의주의, 신피타고라스주의 등의 철학, 마술, 그리고 밀의종교 곧 신비종교들이 있었다.

밀의제의(신비종교)

신화는 쇠퇴하기 시작하고 철학들은 대체로 소수의 엘리트를 위한 것이 된 상태에서 점점 수많은 사람들을 위한 종교적 공백을 채우고 제1세기 헬레니즘 생활의 대부분을 차지한 것은 소위 밀의(신비)종교들(Mystery Religions)이었다. 밀의종교들에는 몇 가지 공통적 특징이 있었다. 첫째, 입문자가 신 또는 여신과 영교를 갖게 했다. 둘째, 신들과 연합한 가운데 의식이 있는 영원한 생명을 약속했다. 사후의 삶에서 이루어지는 행복한 생활을 더 많이 강조했다. 셋째, 크게 계층화된 사회에서 평등성을 제공했다. 넷째, 많은 자의적 공포들이 따르는 세상에서 인생 역정을 통하여 자신의 순례를 변화시킬 수 있다는 희망을 품게 했다. 밀의 제의들은 공동체의 안녕보다는 개인의 안녕에 더 많은 관심을 두었다.

마술

로마시대에 마술이 횡행했다. 로마제국에서 마술은 큰 사업이었다. 바울은 키프로스의 바보에서 마술사를 만났다(행 13:6, 8, 10, 11-12). 유대인들 가운데도 마술이 있었지만, 마술은 로마세계의 일부였다. 에베소에서 마술을 행하던 자들은 은 5만 조각에 해당하는 책을 불태웠다(행 19:19). 마술은 정상적인 로마 종교 실천의 반대였다. 즉, 다수에 의해 인정을 받고 실천되는 것("종교")이 아니라, 소수에 의해 인정을 받고 실천되는 것을 마술이라 명한다. 마술은 종교의 어두운 면이며, 신비스럽고, 비밀스럽고, 주변적인 것이다.

영지주의

영지주의자들은 플라톤의 물질과 영의 이원론에 근거하여, 물질세계는 생득적으로 악하다고 주장했다. 영적 세계만이 잠재적으로 선하다고 주장했다. 영지주의는 둘 중 하나의 윤리체계를 조장했다. 즉, 쾌락주의 아니면 금욕주의를 조장했다(고전 6, 7장 참조). 영지주의자들에게 있어서 구원은 모든 사람의 속에 거하는 신의 불꽃을 인식하고 해방시킴으로써(즉, 영지, 지식, 그노시스를 통하여) 육체의 족쇄를 면하려는 영혼의 시도를 포함했다. 영지주의자들은 그들의 신학을 분명히 말하려고 신화를 공들여 발전시켰다. 즉, 우주에 원래의 신이 있고, 애온들(aeons)이 신격이나 신성의 충만(*플레로마*)을 형성하고(골 2:9 참조), 한 애온이 신의 계획을 거슬러서 물질계를 창조하였고, 또 하나의 애온(*Sophia*, "지혜")을 보내어 세상을 구속하도록, 즉 원래의 완전함으로 만물을 회복하도록 하였다고 한다. 밀의 제의들과 같이, 영지주의는 제도화된 형태의 종교보다 더 은사주의적이며 남녀(인류) 평등주의적인 경향이 있었다.

영지주의에 관한 지식은 제2차 세계대전 직후(1945년) 이집트에서 나그 함마디 도서가 발견됨으로 인하여 훨씬 더 풍부하여졌다. 이 나그 함마디 도서는 60개 이상의 문서들로 구성되는데, 대부분 영지주의적이며, 제2세기 중엽－제5세기 중엽에 이루어졌고, "복음서들"을 포함하고, 서신들, 소논문들, 또는 묵시록들도 있으며, 영지주의 구속자는 예수와 동일시되었다. 이 가운데 신약 연구와 특히 복음서 연구를 위하여 가장 의미 있는 발견은 콥틱어 도마 복음이다. 이것은 114개의 개별적인 말씀(어록)으로 구성되었고, 제2세기 중엽에 수집된 것으로 보인다. 제1세기의 영지주의는 완전히 발전된 영지주의라기보다는 원영지주의 또는 초기 영지주의라 할 수 있다.

그리스도 당시의 새 세계 통치자들이 전통적인 신들보다 더 위대해 보였으므로, 그들이 마침내 신격화되어야 한다는 것은 놀랄 일이 아니다. 고대 세계에는 통치자 숭배, 영웅 숭배 사상이 있었다. 허큘레스와 같은 고대 헬라 또는 로마 전사들이 신격화되었다. 또는 아스킬레피우스와 같은 치유자가 신격화되었다. 특히 알렉산더는 로마 황제 숭배의 배경에 결정적이다. 왜냐하면 그는 통치자 숭배의 현장에 근본적인 변화를 가져왔고, 그에 대한 숭배는 발달 도상의 통치자 숭배의 초석에 이바지했고, 로마제국의 정치적·종교적 생활에 상당히 중요한 역할을 하게 될 황제 숭배의 기초를 형성했기 때문이다.

로마에서 신격화된 최초의 황제는 율리우스 시저였다. 주전 27년에 아우구스투스에 의해 이루어졌다. 아우구스투스, 티베리우스, 생전에 신격화를 추구한 가이우스 칼리굴라(주후 37－41년), 네로, 자신을 주와 하나님(*Dominus et Deus*)이라 부른 도미티안 황제들이 황제 제의의 대상이 되었다. 황제 제의는 로마 제국의 여러 지역에 확산되고 실천되었다. 특히 소아시아 지역에서 그리스도인들은 황제숭배와 충돌하게 되었다. 그들에게 있어서 주와 하나님은 오직 예수 그리스도였다.

2.2 유대 세계

{자료: David Wenham & Steve Walton, *Exploring the New Testament*: Vol. I, *A Guide to the Gospels & Acts*(Downers Grove: IVP, 2001) 3－23(＝박대영 역, [성경이해1: 복음서와 사도행전], 성서유니온선교회, 2007); Elwell and Yarbrough, *Encountering the New Testament*, 43－54}

팔레스타인 땅의 유대 세계는 신약성서 가운데 특히 복음서의 직접적인 무대와 배경을 제공한다. 유대인에게서 정치와 종교를 분리하는 것은 불가능하지만, 설명의 편의를 위하여, 먼저 정치적인 역사적 배경을 기술하고, 다음에 유대교에 대하여 설명하고자 한다.

2.2/1 역사적 배경(중간기)

유대교의 역사적 배경은 저 멀리 구약 역사에서 시작하여, 신구약 중간시대를 좀 더 자세하게 설명하고, 또 신약 자체의 시기에 걸쳐진 역사를 간략하게 언급하고자 한다. 유대의 역사적 배경을 이해하는 데 필요하고, 도움이 되는 일차 자료는 구약과 신약, 나중에 더 자세하게 설명할 유대인의 자료(마카비서, 요세푸스의 저작, 필로의 저작, 사해 두루마리, 구약 외경과 위경), 그리스-로마 역사가들(폴리비오스, 디오도로스, 타키투스, 수에토니우스) 등이 있다.

구약 역사

{자료: Samuel Terrien, *The Golden Bible Atlas*(New York: Golden Press, 1957) 10-56}

구약 역사는 수천 년에 이르나, 대체로 세계의 창조와 시작, 족장시대, 이집트 체류와 탈출 시대, 시내산과 광야에서의 유랑, 가나안 정복, 사사시대, 통일왕국 시대, 이스라엘과 유다의 분열왕국 시대, 앗수르 제국과 이스라엘의 멸망(주전 722년), 바빌론 제국과 유다의 멸망과 바빌론 포로(주전 586년), 페르시아 제국과 유대인의 귀환(주전 539-333년)으로 나눌 수 있다. 특히 구약의 마지막 역사적 사건들은 앗수르인들이나 바빌론인들과 달리 타민족들을 포로로 잡아가는 대신, 그들에게 자유를 주고, 고국으로 돌아갈 것을 허용한 페르시아 제국에서, 바빌론에 포로로 잡혀갔던 유대인들이 에스라와 느헤미야의 인도 아래 예루살렘으로 돌아와서 예루살렘 성벽과 성전을 재건한 사건들이다. 이는 신구약 중간기로 이어진다.

신구약 중간시대

{자료: Blomberg, *Jesus and the Gospels*, 7-27; Lea, *The New Testament*, 5-25; Darrell L. Bock, *Studying the Historical Jesus: A Guide to Sources and Methods*(Grand Rapids: Baker Academie/Leicester: Apollos, 2002) 79-106; Josephus, *Jewish Antiquities*, 18.3.1-2; 18.4.1-2; *Jewish War*; 성서자료연구원

역, [하바드판 요세푸스](8권; 대구: 일호문화사, 1992); 구약 외경(15개의 짧은 책들); 구약 위경(60개 이상의 더 많은 책들); 외경 *마카비상, 마카비하(마카베오상, 마카베오하)*; 공동번역 성서; 번역위원회, 외경위경전서(상, 하; 서울: 기독교문화사, 1993); 요하난 아하로니, 미카엘 아비오나 공저, [아가페 성서지도](문창수 역; 서울: 아가페 출판사, 1975) 104-65; H. Jagersma, *A History of Israel from Alexander the Great to Bar Kochba*(Philadelphia: Fortress, 1985)(=배용덕 역, [신약배경사], 솔로몬, 1993}

구약의 마지막, 즉 주전 5세기의 마지막 4분기(구약의 마지막 책 말라기 저술, 주전 433년)와 신약의 처음 주후 1세기 사이의 약 400년의 기간을 보통 신구약 중간시대(Intertestamental Period)라 한다. 이 기간 동안 하나님은 그의 백성들과 세상에게 새로운 기록된 말씀을 통하여 말씀하지 아니하셨다. 400년간 침묵의 시간이 흘렀던 것이다. 그러나 역사적으로 이 기간은 격동기였으며, 하나님의 활동은 계속되었고, 정치적으로나 사회경제적으로 구약에서 찾을 수 없는 중요한 발전이 이루어지고, 또 유대교 곧 유대인의 종교에 많은 변화가 일어나서, 종종 구약 종교와는 아주 다른 일단의 신앙과 실천이 나타나게 되었다. 따라서 중간기에 일어난 이러한 변화와 발전을 이해하는 것이 신약에서 예수 당시 유대인들의 상황에 대하여 정확한 해석을 내리는 데 필수적이다. 역사 속에서 하나님의 섭리의 손길을 보려는 사람들에게 있어서는, 역사의 다른 어떤 기간들에서보다 이 신구약 중간시대에서, 제1세기의 세계가 복음의 메시지를 더 잘 받아들일 수 있도록 길을 예비하는, 많은 사건들이 일어났음을 알게 된다. 신구약 중간기의 역사적 흐름을 다음과 같이 요약할 수 있다.

페르시아 제국하의 유대인들(주전 424-331년)

신구약 중간기는 페르시아 제국에서 유대 땅으로 돌아오는 유대인들로 시작한다. 페르시아 제국은 주전 539년에 고레스에 의해 시작되었고, 페르시아 제국에서 유대인들은 느헤미야, 에스라 등의 인도 아래 고국으로 돌아올 수 있었다. 페르시아 왕 아닥사스다(에스라 7:1)가 주전 424년에 사망하였다. 주전 331년에 예루살렘이 알렉산더에게 정복되었다.

페르시아 시대 제1세에 이르러서 유대교에 변화를 가져올 씨가 뿌려졌다. 특히 세 가지 중요한 새로운 발전이 이 기간 동안에 일어났다. 유대인의 회당이 설립되기 시작하고, 구전 율법 즉 율법의 해석과 적용이 형성되기 시작하고, 또 팔레스타인(이스라엘)을 포함한 페르시아의 많은 지역에서 아람어가 사업과 국제 관계에 있어 주 언어로 사용되게 된 것이다. 1세기 예수 당시의 유대인들은 이 아람어를 일상 언어로 사용하였다.

알렉산더 대왕의 예루살렘 정복(주전 331년)과 유대인들의 흩어짐

마게도냐의 빌립 2세는 그리스의 아테네인들을 패배시키고(주전 338년) 세력을 확장해 나갔다. 그의 뒤를 이은 알렉산더(주전 356-323년)는 단 13년 만에 (주전 336-323) 페르시아 전 지역과 그리스에서 인도에 이르고, 또 남부 러시아와 북부 아프리카를 포함하는 다른 지역을 정복하였다. 페르시아의 다리오 3세(주전 336-331년)가 가우가멜라 전투에서 알렉산더 대왕에게 패배함으로써 세계의 패권은 그리스인들에게 넘어갔다.

이스라엘은 주전 331년에 알렉산더에게 정복되어 헬라의 지배 아래 들어갔다. 이 기간 중에 많은 유대인들은 자발적으로 팔레스타인 땅을 떠나 각처로 계속 흩어졌다. 알렉산드리아에는 최대의 유대인 공동체가 형성되어, 주후 제2세에 이르러서는 중요한 기독교 중심지가 되었다. 알렉산드리아에서 필로가 나왔고, 오리겐과 알레고리 석의 학파가 알렉산드리아에서 형성되었다.

알렉산더의 세계 정복과 헬레니즘 문화의 형성

알렉산더의 세계 정복으로 말미암은 수많은 결과들이 로마시대와 기독교 기원의 때까지 지속되었다. 농촌 중심이라기보다는 도시 중심이 된 제국에서 헬라의 지배는 생활수준과 행정 능률을 개선시켰고, 제국주의의 결과로 헬라화가 확산되었다(마카비하 4:10-17 참조). 의심의 여지없이 알렉산더의 정복이 가장 널리 미치는 결과는 헬라어의 확산이었다. 헬레니즘 시대의 헬라어는 코이네 ('통용의, 일반의') 헬라어였는데, 이것이 바로 신약시대의 헬라어요, 지중해 연안 지역의 '통용어'(*lingua franca*)였다.

팔레스타인의 유대인들은 히브리어, 아람어, 라틴어, 그리고 헬라어 등 적어도 네 가지 언어에 노출되었다. 히브리어 구약성경은 알렉산드리아에서 헬라어로 번역되었다. 이 70인역(LXX) 구약은 신약을 연구하는 데 필수적인 자료이다.

알렉산더의 후계자들(주전 323년 -)

알렉산더 대왕의 갑작스러운 사망으로(주전 323년) 헬라 제국은 그의 장군 후계자들('디아도키', *Diadochi*)에 의해 네 나라로 분열되었다. 처음에는 넷으로 시작하였으나, 결국 두 나라, 곧 시리아를 중심으로 한 북반부의 셀류큐스(또는 안티오쿠스) 왕조와 이집트를 중심으로 한 남반부의 프톨레미 왕조로 확립되었다. 지리적으로 그 사이에 놓인 팔레스타인은 이 두 왕국의 전투의 장이 되었으며, 각각 이집트와 시리아의 지배를 받게 되었다. 이들은 유대인들에게 헬라 문화를 이식하려고 노력했다.

이집트의 프톨레미들의 지배하의 유대인들(주전 323 - 198년)

이스라엘은 그 주변 나라의 힘에 따라 더 큰 힘을 발휘하는 나라의 왕들에게 지배를 받았다. 먼저 이집트의 왕 프톨레미들에 의해 지배를 받게 되었는데, 이스라엘은 주전 311년 이후 이집트의 프톨레미들의 손에 확실하게 장악되었다. 이 기간은 유대인들에게 비교적 평화스러운 기간이었다. 프톨레미 2세 필라델푸스(주전 285 - 246년) 때에 70인역이 나왔다.

시리아의 셀류키드들의 팔레스타인 지배(주전 198 - 167년)

이스라엘은 주전 198년에 시리아의 셀류큐스 통치자 안티오쿠스 3세에 의해 정복되고, 점령당했다. 안티오쿠스 4세 에피파네스(주전 175 - 164년)는 이스라엘에 큰 괴로움을 가져다주었다. 그는 세금을 늘리고, 헬라화를 촉진하였으며, 이집트를 2차례에 걸쳐 침공하고, 예루살렘을 약탈하고, 또 유대교를 금지시켰다. 게다가 주전 167년에는 자신이 예루살렘 성전에서 올림피아의 제우스신에

게 돼지를 제물로 드림으로써 성전을 더럽혔다(마카비상 1:54; 주전 167년 키슬
레브월[대략 12월] 15일). 점증하는 헬라화에 반대하여, 하시딤("경건한 자들")
이라는 유대인들이 생기기 시작하였다.

마카비 반란과 하스몬 왕조(주전 167 - 63년)

안티오쿠스 에피파네스가 주전 167년에 북서 유대의 작은 마을 모데인에 사
신들을 보내어 이방신에게 제사 드리도록 강요했을 때, 나이 많은 제사장 마타
디아스(Mattathias)와 그의 다섯 아들은 제사 드리기를 거부하고, 사신들을 죽이
고, 산속으로 숨어들어 가서 게릴라전을 전개하였다. 이렇게 시리아에 대항하는
마카비 반란은 시작되었다.

마타디아스가 죽자(주전 166년) 유다가 뒤를 이었다. 유다 마카비(주전 166 -
160년; Judas Maccabeus[='망치']; 마카비상 4:28 - 29 참조)는 주전 164년 키슬
레브월 25일에 이르러서는 예루살렘 성전 경내의 통제를 다시 획득하고, 더럽
혀졌던 성소를 정화시켰다. 이것이 매년 12월에 지키는 '하누카'(헌당절, '수전
절')의 기원이다(요 10:22).

요나단(주전 160 - 142년)은 대제사장이 되어 성전 제사를 관장하였다. 시몬
(주전 142 - 134년)은 '제사장 - 왕'이 되어 하스모니아 왕조를 탄생시켰다(마카
비상 14:41 참조). 시몬은 주전 142년에 시리아 군대를 이스라엘에서 완전히 철
수시킴으로써 독립을 얻고, 이 독립은 주전 63년까지 약 80년간 유지되었다. 그
러나 마카비 반역은 유대인 - 이방인 증오를 강화시켰다. 이 적대감은 그에 수
반하는 유대 민족주의와 함께, 신약 사건들을 이해하는 데 중요한 현상이 된다
(사도행전 21:27 - 29; 21:40 - 22:2; 22:3 - 21, 22 참조). 유대 독립 시대는 오래
잠자던 회복된 왕권에 대한 희망들을 다시 일깨웠다(솔로몬의 시편 17:21 - 24
참조).

요한 힐카누스(주전 134 - 104년)는 영토를 확장하고, 이웃의 이두메인들을 강
제로 유대교로 개종시켰다. 유대인과 사마리아인 사이의 적대감이 증가하게 되
었다(요 4:9, 20 참조). 그는 또 사마리아인들의 그리심산 성전을 파괴하였다.
이때 하시딤이 다시 등장하는데 바리새파가 이 하시딤에서 생겼을 가능성이 있

다. 하스몬 왕조는 아리스토불루스(주전 103년), 알렉산더 야네우스(주전 103 76년), 알렉산드라(주전 7667년)로 이어지고, 힐카누스 2세와 아리스토불루스 2세 간의 권력 투쟁의 결과로, 도움을 요청받은 로마 장군 폼페이가 주전 63년 에 예루살렘에 침입하고, 성전의 지성소에 진입하기도 한다. 폼페이의 예루살렘 입성으로 유대는 결국 독립이 종식되고 로마의 지배를 받게 되었다.

로마의 지배(주전 63년신약시대)

로마의 지배는 주전 63년에 시작되어 신약시대 전 기간 그리고 그 이후까지 에 걸친다. 로마는 주전 148년에 마게도냐를 정복하고, 주전 30년에 이집트를 정복하고, 고대 세계에서 최대의 단일 제국을 형성했다. 폼페이의 예루살렘 입 성 이후 힐카누스 2세가 대제사장에 임명되었으나, 통치권은 이두매인 안티파터 에게 넘어갔다. 안티파터는 로마의 '봉신왕'으로 유대를 통치하였다(주전 63 43년). 그는 율리우스 시저 황제 때인 주전 47년에 알렉산드리아에서 중요한 때에 황제의 군대에 도움을 주었다. 그리하여 유대교가 합법적 종교(*religio licita*) 의 지위를 얻는 데 기여했다. 안티파터의 아들 헤롯과 아리스토불루스 2세의 아 들 안티고노스 간의 권력 투쟁이 재개되었는데(주전 4240년), 주전 4037년 에는 안티고노스가 우세했었으나, 주전 37년에 이르러서는 헤롯이 최후의 승리 를 거두고, 다음 33년간 '봉신왕'으로 이스라엘을 다스렸다. 대제사장은 원래 종신직이었으나, 로마 사람이 별도로 임명을 했다(요 18:13 참조).

신약시대

신약시대는 헤롯 대왕에서 1세기 말에 이르는 기간이다. 우리는 여기서 헤롯 대왕, 그의 세 아들들, 로마인 총독들, 아그립바 1, 2세, 그리고 1, 2차 유대인의 전쟁에 대하여 간단하게 언급하려고 한다.

헤롯 대왕(주전 37 - 4년)

이두메인의 피를 이어받은 헤롯 대왕은 유대인들의 환심을 얻기 위하여 성전을 건축하는 등의 거대한 건축 프로젝트를 시행했다. 그는 예루살렘, 헤로디온, 마사다, 가이사랴 마리티마, 사마리아의 수도 세바스테 등을 건축하였다. 정치적으로 시저, 마크 안토니, 아우구스투스를 차례로 섬기며, 로마와는 좋은 관계를 유지했다. 그는 헬라화와 로마화 정책을 추진하며, 진정하고 순종하는 유대교 회심자임을 자처했다. 대다수의 유대인들은 그를 증오했다. 그를 따르는 사람들도 있었다(헤롯당; 막 3:6; 12:13). 말년에 편집증 증세를 보이고, 대단히 광포해졌다(마 2:16 참조). 그는 세 아들, 곧 아켈라오, 안디바(안티파스), 그리고 빌립에게 그의 왕국을 물려주었다.

헤롯의 세 아들: 분봉왕들

헤롯의 세 아들은 땅을 분배받아 분봉왕으로 다스렸다(주전 4년; 눅 3:1; 19:11 - 27 참조). 아켈라오(주전 4년 - 주후 6년)는 유대, 이두메, 사마리아를 분배받았다. 그는 잔인한 성격의 소유자였고(마 2:22 - 23 참조), 주후 6년에 추방당하였다. 안디바(안티파스; 주전 4년 - 주후 39년)는 갈릴리, 베레아를 분배받았다. 그는 세포리스를 재건축하고, 새로운 수도 티베리아스를 건설했으나, 신약의 복음서는 이 두 도시를 하나도 언급하지 않는다. 안디바는 예수의 성년 생활 중 복음서에 등장하는 헤롯이다(막 6:14 - 30; 눅 13:31 - 33; 23:6 - 12). 빌립은 갈릴리 바다 북쪽과 동쪽으로 나머지 지방들을 물려받았다.

로마인 총독들, 헤롯 아그립바 1, 2세

아켈라오가 유대에서 추방당한 후(주후 6년) 로마는 이스라엘의 남반부에 일련의 총독들을 임명하기 시작했다. 그들 가운데 우리에게 가장 낯익은 사람은 본디오 빌라도(주후 26 - 36년)이다. 빌라도가 총독으로 있을 때 세 가지 주요 사건이 일어났다. 첫째, 황제의 상이 실려 있는 군기와 방패를 예루살렘에 세움으로써, 십계명 중 두 번째 계명을 범했다. 둘째, 성전금고에서 기금을 취하여 도수관을 건설했다. 셋째, 사마리아인들의 봉기를 제압했다(눅 13:1−2 참조). 이로써 그에게서 유대인들은 더 멀어지게 되었다. 그의 면직의 가능성이 있었다 (요 19:12 참조).

안디바가 갈릴리에서 추방당한 후(주후 39년) 이스라엘 전체가 일시적으로 안디바의 조카 헤롯 아그립바 1세(주후 41−44년) 아래 다시 하나가 되었다. 그는 황제 갈리굴라(주후 37−41년)의 친구요 정치적으로 임명된 자였으나, 유대교에 동정적이었다. 사도행전 12장에 나오는 헤롯이다. 아그립바가 죽자 글라우디오 (주후 41−54년) 황제는 유대와 사마리아를 다시 총독들의 손에 돌려주었다. 벨릭스(주후 52−60년)와 베스도(주후 60−62년)가 신약에 등장한다. 그러나 아그립바 2세가 마침내 갈릴리에서 '봉신−왕'으로 자기 아버지 아그립바 1세의 뒤를 이어, 거의 반세기 동안 다스렸다(주후 49−92년). 사도행전 25, 26장에 나오는 아그립바이다. 그는 헤롯 대왕이 다스렸던 만큼의 영토를 거의 회복하였다.

1차 유대 전쟁(주후 66−70년)과 예루살렘 멸망(주후 70년)

신약에 등장하지는 않으나, 이스라엘을 거의 반역의 벼랑까지 몰고 간 유대 총독들이 있다. 알비누스(주후 62−64년)와 게씨우스 플로루스(주후 64−66년) 이다. 유대에서는 유대인과 로마인 간의 긴장이 고조되었다. 주후 61년 가이사랴에서, 주후 66년 거리에서 싸움이 벌어졌다. 게씨우스 플로루스가 성전 금고를 약탈하는 일이 벌어졌다. 이러한 일련의 사건들에서 66년에 1차 유대 전쟁이 발발했다(주후 66−70년). 주후 70년에 마침내 예루살렘이 로마 장군 디도에 의해 멸망당했다. 이는 유대 역사와 기독교 역사의 결정적 전환점이다. 예루살렘의 멸망으로 인하여 그 도성에서 도망한 유대인 랍비들은 얌니아(야브네)라는 해안 도시에 학교를 세우고 바리새인들의 전통을 계속 이어 나갔다. 한편 예루살렘 멸망 후에도 열심당원들의 저항은 계속되었다. 결국 이들도 주후 73년(혹은 74년) 마사다에서 최후를 마쳤다. 이때 960명이 자살했다고 전해진다.

2차 유대 전쟁(주후 132 - 135년)

요하난 벤 자카이(Johanan ben Zakkai)는 해변 도시 얌니아에서 랍비 학교를 세웠다. 80년대와 90년대에 이르러서는 회당 예식문에 '열여덟 번째 축복'(저주)이 첨가되었다. 산헤드린은 '베트 딘'(*beth din*, 심판의 집)으로 대체되었다. 랍비 유대교가 시작되었다. 신앙과 관행의 획일성이 이루어지기 시작했다. 로마 황제 하드리안(주후 117 - 138년)은 유대인의 성전 자리에 이교 신전을 세우고 유대인의 할례를 금했다. 유대인들은 시므온 바 코크바("별의 아들")의 영도하에 132년에 다시 로마인들에 대항하여 반란을 일으켰다. 유대인들은 주후 135년에 패배하고, 예루살렘에서 완전히 추방되었다. 로마인들은 예루살렘을 로마 도시로 재건하고, 유대인들이 그 도성에 들어오는 것을 금했다. 그 이후 유대 민족은 1948년에 이스라엘 국가(이스라엘 공화국)를 세울 때까지 세계 도처에 흩어져 살았다.

2.2/2 '제2성전' 유대교

{자료: J. Julius Scott Jr., *Jewish Backgrounds of the New Testament*(Grand Rapids: Baker, 1995); James D. G. Dunn, *The Partings of the Ways: Between Christianity and Judaism and their Significance for the Character of Christianity*(London: SCM Press/Philadelphia: Trinity Press International, 1991); Lea, *The New Testament*, 51 - 62; Ehrman, *The New Testament*, 32 - 39; 벨, [신약시대의 사회와 문화], 51 - 114; Wenham & Walton, *Exploring the New Testament*, 25 - 44; Martin Hengel, *Judaism and Hellenism: Studies in Their Encounter in Palestine During the Early Hellenistic Period*(tr. J. Bowden; London/Philadelphia: SCM/Trinity, 1989)}

우리는 팔레스타인의 정치적 역사를 간략하게 살펴보았다. 이제 유대교를 살펴보자. 유대교는 유대인들의 종교를 가리키는 데, 예수와 신약 특히 복음서를 이해하는 데 그리고 더 나아가서 새로 생긴 기독교를 이해하는 데 있어 가장 중요한 요소 가운데 하나이다. 예수는 자신이 유대인이었으며, 그의 가장 이른 추종자들도 유대인이었고, 또 예수 운동과 기독교는 제1세기 유대교 곧 제2성전 유대교 내부로부터 일어난 운동이라 말할 수도 있다.

제2성전 유대교(Second Temple Judaism)라는 명칭은, 주후 70년 이후에 형성된 랍비 유대교(Rabbinic Judaism)와 구별하여, 주후 70년 이전의 유대교 곧 예수와 최초의 그리스도인들이 그 안에서 활동한 유대교를 가리킨다. 제2성전은 바빌론 포로로 잡혀갔던 유대인들이 페르시아 제국 시대에 고국으로 돌아와서 지은 두 번째 예루살렘 성전을 일컫는 말이다(주전 516년 완공; 에스라 6:15).

유대인들은 팔레스타인 땅에만 산 것이 아니었다. 숫자로 보면 오히려 성지 밖에서 산 유대인들이 더 많았다. 팔레스타인 밖에서 흩어져 산 유대인들을 가리켜 디아스포라 유대인이라 한다. 주전 586년 바빌론 포로로 유대인들이 전 세계에 흩어지게 된 이후 유대교의 삶에는 바빌론, 알렉산드리아, 예루살렘 등 세 개의 중심지가 형성되었다. 따라서 유대교는 지역적으로 팔레스타인 유대교와 디아스포라 유대교로 구분하기도 한다. 유대교는 이와 같이 광범위하고 복잡하나, 신약을 이해하는 데 직접적으로 더 많은 관련이 있는 팔레스타인 유대교와 제2성전 유대교를 중심으로, 유대교 문헌, 유대교의 일반적 특징, 유대교의 다섯 가지 표지, 예수 당시 팔레스타인의 유대교 개별 집단들, 그리고 유대교의 기관과 절기 등을 살펴보도록 하자.

문헌

{자료: Blomberg, *Jesus and the Gospels*, 37 – 42; Elwell and Yarbrough, *Encountering the New Testament*, 61 – 66; Achtemeier, Green and Thompson, *Introducing the NEW TESTAMENT*, 46; Bock, *Studying the Historical Jesus*, 15 – 21, 37 – 41; Patzia, *The Making of the New Testament*, 22 – 33}

유대교 문헌에는 히브리어 성경, 헬라어 구약성경, 외경, 위경, 사해사본, 알렉산드리아의 필로의 저작, 요세푸스의 저작, 및 랍비 유대교 문헌 등이 있다.

히브리어 성경

구약성경은 원래 히브리어로 기록되었다. 히브리어 성서(MT)는 율법(*토라*), 예언자(선지자, *네비임*), 및 성문서(*케투빔*) 등 세 부분으로 구분하여 배열되었다. 율법은 모세 5경으로 구성된다(창세기, 출애굽기, 레위기, 민수기, 신명기).
예언자는 여호수아, 사사기, 사무엘, 열왕기로 구성되는 전기 예언자와 이사야,
예레미야, 에스겔, 12소예언서로 구성되는 후기 예언자로 다시 구분된다. 성문
서는 나머지 책들을 담고 있는데, 시편, 잠언, 욥기, 아가, 룻기, 애가, 전도서,
에스더, 다니엘, 에스라－느헤미야, 그리고 역대기로 구성된다.

히브리어 성경의 24권은 우리가 가지고 있는 구약성경 39권과 동일한 내용이
다. 다만 몇 가지 책을 구분하는 방식이 다를 뿐이다. 신약은 히브리어 성경을
3중으로 구분하는 방식을 반영한다(눅 24:44; 참조, 마 5:17; 눅 16:29). 히브리
어 성경의 정경은 주후 90년경에 결정되었다. 구약(*팔라이아 디아데케*)과 신약
(*카이네 디아데케*)이라는 말은 2세기 후반에 그리스도인들 가운데 널리 사용되
기 시작했다(고후 3:14 참조). 유대인들은 주로 회당에서 그들의 성경을 배웠다.

헬라어 구약성경

디아스포라 유대인들 가운데 히브리어를 알지 못하고 헬라어를 말하는 사람
이 많아지게 되어 이집트의 알렉산드리아에서 히브리어 성경을 헬라어로 번역
하는 작업이 이루어졌다. 위경이기는 하지만, 주전 275－295년경의 작품으로
추정되는 '아리스티아스의 편지'는 헬라어 구약성경(70인역, LXX, Septuagint)이
어떻게 만들어졌는지 말해 준다.

70인역에는 몇 가지 특징이 있다. 히브리 성경과 차이가 나고, 부분에 따라서
번역에 질적인 차이가 있으며, 일관성이 없다. 예를 들면, 예레미야서는 히브리
성경보다 70인역이 1/8 정도 짧고, 욥기는 1/4 정도 짧다. 또한 70인역은 히브
리 성경에 들어 있지 않는 다른 책들 곧 우리가 외경이라 부르는 것들을 포함
하고 있다. 또한 70인역에서는 책들이 제재의 유사성에 따라서 배열되었다. 모
세 5경, 역사서, 시가와 지혜서, 그리고 예언서들의 순서로 구성된다. 이는 연대
적인 순서에 더 충실한 것이다. 우리가 사용하는 성경의 배열은 본질적인 특징
에 있어 대체로 이 70인역을 따른다.

70인역은 초대 교회와 신약 저자들이 사용한 구약 역본이다. 신약에 나오는
구약의 인용 가운데 적어도 80%는 70인역에서 인용한 것이다. 그리고 20%는

히브리 성경에서 인용하였다. 70인역은 율법(노모스), 의(*디카이오쉬네*), 자비(*엘레오스*), 진리(*알레데이아*)와 같은 신약의 주요 언어와 개념을 제공한다. 유대인들은 주후 1세기 이후 70인역을 거부하였다. 기독교의 초대 교부들은 70인역 구약성경을 사용하였다.

외경

{자료: [공동번역 성서]; 번역위원회 역, [외경위경전서](상, 하; 서울: 기독교문화협회, 1993); David A. deSilva, *Introducing the Apocrypha: Message, Context, and Significance*(Foreword by James H. Charlesworth; Grand Rapids: Baker Academic, 2002)}

외경은 *아포크리파*("숨긴다, 감춘다"라는 뜻의 헬라어 형용사 *아포크리포스*의 중성 복수형)라는 헬라어를 번역한 것이다. 처음에는 일반 대중에게 공개되지 않은 것에 대하여 사용되었으나, 지금은 "가짜의, 비성경의"라는 뜻으로 쓰이고, 구약정경에 대한 어떤 책들의 관계를 가리키는 전문술어이다.

외경은 히브리어 정경에 추가된 내용들 및 다른 책들 즉 전설적인 책, 역사적이거나 신학적인 책들로 구성되며, 그 시대의 역사적인 사건들(특히 신구약 중간 시대의 역사), 악의 존재에 대한 것, 유대교 신앙을 지킬 것을 독려하는 것, 고통당하는 하나님의 백성을 위한 하나님의 격려들을 많이 기록하고 있다. 신약성경에는 외경과 위경에서 나온 사상들과 밀접하게 유사한 표현이나, 겉보기에 그 사상들을 표현하거나 암시하는 구절들이 있다(상세한 내용을 위하여, 네스틀레-알란트 헬라어 신약성경의 부록을 보라). 예를 들면, 마태복음 11:28-30은 '집회서'('시락', *Ecclesiasticus*, 혹은 *The Wisdom of Joshua ben -Sira*) 51:23-26과, 고린도후서 5:1, 4는 '지혜서'(*The Wisdom of Solomon*) 9:15와, 로마서 1:20은 지혜서 13:5와, 야고보서 1:19은 집회서 5:11과 비슷하다. 종교개혁 이후 개신교는 위경의 글들을 정경으로 인정하지 않는다. 가톨릭은 외경도 권위가 있는 것으로 보며, 성경에 포함시키고, 제2 정경으로 인정한다. 공동번역 성서에는 토비트, 유딧, 에스델, 지혜서(솔로몬의 지혜), 집회서(시락의 아들 예수의 지혜), 바룩, 다니엘(세 아이의 노래, 수산나, 벨과 뱀), 마카베오상, 마카베오하 등 9개의 외경이 들어 있다. 영어성경 '신개정표준역'(NRSV)에는 이외에 예레미야의 편지, 에스드라스 1서, 므낫세의 기도, 시편 151, 마카베오 3서, 에스드라스 2서, 마카베오 4서 등 7가지가 더 실려 있다.

위경

{자료: James H. Charlesworth, ed. *The Old Testament Pseudepigrapha*(2 vols.; Garden City: Doubleday, 1983 – 1985); 이동진 편역, [제2의 성서 아포크리파: 구약시대](서울: 해누리, 2001)}

위경이란 거짓된 서술이라는 뜻이다. 위경은 구약 정경에서 배제되고 외경에 속하지 않은 유대인의 저술들을 가리킨다. 주전 200년 – 주후 200년 사이에 저술된 책들이 대부분이다. 위경은 정경의 신분을 얻은 적이 없지만, 신구약 중간기와 신약의 유대적 배경에 빛을 비춰 주는 귀중한 자료이다. 유다서 1:14는 에녹서 1:9를 인용한 것으로 보인다. 위경은 고난당할 때 인내하는 것과 악한 환경에서도 하나님의 의로우신 성품이 증거되는 것, 그리고 조상들의 전승을 칭찬하며, 유대교를 찬양하는 것 등의 주제를 다룬다.

외경과 위경 속에는 묵시문학이 있다. 묵시문학의 특징 가운데 하나는 세상을 대적하는 우주적인 능력 즉 세상을 하나님과 사탄의 투쟁으로 보았다. 메시지의 상당 부분은 계시, 환상, 예언, 꿈, 동물들을 상징으로 사용하였다. 숫자를 가지고 비밀을 전달하는 경우들이 있다(수비학). 사탄의 지배를 받는 현세적, 일시적인 것은 하나님에 의해 압제될 것이다. 별 세계의 영역 등의 표현을 사용하여 묵시를 기록한다. 묵시문학(구약, 위경, 외경)에서 이야기하는 초기 기독교인들이 유대교에서 채용한 종말론적인 기대들을 예수가 오심으로 새로운 시대를 시작하시고 또 그가 메시아라는 신앙에 비추어 그것들을 재해석하였다. 교회는 묵시 사상을 이용해서 예수 그리스도가 오신 것을 명백히 하였다. 유대인들은 묵시문학에 대한 매력을 잃게 되고, 유대인 자신들은 기독교 사상과 분리를 갖게 하는 결과를 가져왔다.

사해 사본(사해 두루마리)

{자료: G. Vermes, *The Dead Sea Scrolls in English*(3d ed.; London: Penguin Books, 1987); Florentino Garcia Martinez, ed., *The Dead Sea Scrolls Translated: The Qumran Texts in English*(tr. Wilfred G. E. Watson; Leiden: Brill/Grand Rapids: Eerdmans, 1992); Robert H. Eisenman and Michael Wise, *The Dead Sea Scrolls Uncovered*(Shaftesbury: Element, 1992)}

1947년 키르벳("폐허") 쿰란 근처의 동굴에서 많은 항아리와 파편들이 발견되었는데, 그 안에 많은 사본들이 들어 있었다. 이는 800개 정도의 단편들로서, 주전 3세기에서 주후 1세기까지에 걸친 문서들로 구성되었다. 사해 사본은 세 집단으로 나눌 수 있다. 첫째, 히브리 성서, 탈굼들, 그리고 구약의 헬라어 번역들의 사본들이다. 둘째, 쿰란 외부에서 기원한 토빗(Tobit), 시락(Sirach), 희년서(*Jubilees*)와 에녹1서(*1 Enoch*)와 같은 외경 작품들과 위경 작품들이다. 셋째, 쿰란 종파 자체에 의해 저술된 작품들 즉 성경 본문에 대한 주석들, 공동체의 훈련(징계)과 공동체 조직의 다양한 교범('훈련 규범' 혹은 '공동체 규칙' [1QS]), '성전 두루마리'(Temple Scroll), 및 '전쟁 두루마리'(War Scroll) 등이다.

사해 두루마리의 중요한 의미 가운데 하나는 예수와 초대 교회 시대 동안에 있었던 종교 단체(쿰란 공동체, 주전 200년 – 주후 70년)의 존재에 대한 정보를 제공하는 것이다. 또한 우리가 구약 본문을 위하여 사용하는 구약성경의 사본들은 신약성경의 사본들보다 더 늦은 것이지만 쿰란 동굴에서 발견된 구약사본들(예, 이사야서 부분)은 구약성경 본문이 잘 보존되어 있음을 알게 해 주었다. 쿰란 사본 속에는 에스라서를 제외한 38권의 구약성경이 모두 인용되고 있다.

필로

{자료: *The Works of Philo: New Updated Edition*(tr. C. D. Yonge; Peabody: Hendrickson, 1993)}

알렉산드리아의 필로(Philo)는 대략 주전 30년부터 주후 50년까지 살았던 디아스포라 유대인으로서, 철저한 헬라 교육을 받았다. 그는 변증 저술들, 율법 강해, 우화적 해석, 주석, 및 기타 논문들로 구별할 수 있는 많은 저작을 남겼다. 그는 성경 주석가요, 유대교의 변증자요, 또 철학자였다. 그는 플라톤의 땅과 하늘 간의 이원론을 발전시키고(히브리서 8장 참조), 로고스에 대한 담론을 남겼다(요 1:1 - 18 참조).

요세푸스

{자료: 성서자료연구원 역, [요세푸스](하바드판; 8권; 대구: 일호문화사, 1992; *The Works of Josephus: New Updated Edition*(tr. William Whiston, A. M.; Peabody: Hendrickson, 1987)}

요세푸스(Josephus, 주후 37/38 - 110/120년?)는 제1세기 유대인 역사의 주요 자료이다. 그의 저작은 네 가지 종류가 남아 있다. 이 가운데 7권으로 된 '유대인의 전쟁'(*The Jewish War*)과 20권으로 된 '유대인 고대사'(*Jewish Antiquities*)는 유대인의 역사와 유대 종파에 관한 귀중한 자료를 제공한다. 특히 유대인의 고대사는 기독교의 기원과 관련하여 세례 요한(18.5.2), 의인 야고보(20.9.1), 그리고 예수(18.3.3)에 관한 기록을 담고 있다.

랍비 유대교 문헌: 미쉬나, 게마라, 탈무드, 미드라쉼 및 탈굼

{자료: Herbert Danby, *The Mishnah*(Oxford: OUP, 1933)}

랍비 유대교는 제2성전 유대교와 구별하여 주후 70년 예루살렘 멸망 이후의 유대교를 일컫는 말이다. 유대교는 구전을 발전시켰다. 성문 율법(모세 5경)을 삶 속에서 구체적으로 적용하기 위하여 유대 랍비들이 율법을 해석하여 구두로 전해 온 것이다. 구전 율법에는 두 가지 유형이 있다. 하나는 할라카로서, 이는 올바른 행동이 무엇인지 구별해 주는 성격의 것이며, 일상 행동을 어떻게 할 것인가 하는 규칙을 알려 주는 것이다. 또 하나는 *학가다*로서, 구전의 많은 부분을 차지한다. 이는 다양한 법적 원리들을 종종 비유들이나, 유명한 랍비들의 생애에서 따온 일화들로 예증하는 이야기 또는 내러티브를 가리킨다. 주후 70년 이후의 랍비 유대교는 이러한 구전 율법을 법전화하고, 기록하기 시작하여, 미쉬나(Mishnah), 게마라(Gemara), 탈무드(Talmud)로 집대성하였다.

미쉬나("반복")는 구전 율법을 최초로 법전화한 것으로, 주후 200년경 랍비 유다 하나시(Rabbi Judah Ha－Nasi)에 의해 이루어졌다. 주로 할라카를 법전화한 것으로서, 미세한 법적인 문제들에 집착하고, 성지 곧 팔레스타인 땅에서 사는 삶에만 관심을 가졌다. 게마라("완성")는 미쉬나에 대한 주석을 가리킨다. 미쉬나와 동시대에 존재했으나 미쉬나에 포함되지 않은 별도의 소논문들이 있는데, 이를 토세프타(Tosefta, "첨가" 또는 "보완")라 한다. 탈무드("연구, 교훈")는 미쉬나와 게메라를 합한 것이다. 탈무드는 단락별 미쉬나 본문과 미쉬나 본문에 대한 주석, 즉 게메라를 포함한다. 게메라의 크게 팽창한 자료가 주후 제4세기에 처음으로 법전화되었으며, 그 백과사전적인 결과가 바로 탈무드이다.

탈무드는 예루살렘 탈무드(주후 350－400년)와 바빌론 탈무드(주후 500－600년)의 두 가지가 있다. 바빌론 탈무드는 미쉬나의 소논문들 가운데 서른여섯 개 반(36 1/2)에 대하여 주석하고, 팔레스타인 탈무드는 서른아홉(39) 개의 소논문에 대하여 주석한다. 같은 부분에 대하여 바빌론 탈무드가 팔레스타인 탈무드보다 3－4배 더 길게 주석한다. 정통 유대교는 훨씬 더 긴 바빌론 탈무드를 권위 있는 것으로 취급하게 되었다.

미쉬나, 게메라, 탈무드 외에 유대교 문헌에 관하여 언급해야 할 것이 더 있다. 미드라쉼(Midrashim)과 탈굼(Targum)이다. 미드라쉼("강해, 찾아 나섬")은 주제별 형태로 법전화하지 않고, 성경 본문의 순서에 따라서 랍비의 율법 해석을 배열한 주석이다. 출애굽기 12－23장, 레위기, 민수기 5－35장과 신명기, 그리고 다섯 두루마리(아가, 룻기, 애가, 전도서, 에스더서) 등에 대한 미드라쉼이 있다.

탈굼("해석")은 히브리어 성경을 아람어로 의역하고 해석해 놓은 것이다. 팔레스타인의 회당에서 히브리어 성경을 읽을 때 알아듣지 못하는 사람들이 많이 생겼기 때문에, 히브리어 성경을 읽고는 아람어로 구두로 번역하고, 의역하고, 또 중간 중간에 확장한 내러티브 형식으로 자신의 주석을 삽입하는 관행에서 나온 산물이다. 탈굼도 오랫동안 구두로 전해 오다가 주후 3－4세기에 기록으로 남게 되었다.

일반적 특징

{자료: Blomberg, *Jesus and the Gospels*, 42 – 46}

신구약 중간 시대를 거쳐서 발전한 주후 70년 이전의 유대교는 주후 70년 이후의 랍비 유대교보다 훨씬 더 다양하다. 그러나 신약 특히 복음서 연구를 위해서 유의미한 중요성이 있는 일관된 경향과 발전을 확인할 수 있다. 제2성전 유대교의 일반적인 특징은 다음과 같다.

첫째, 천사론과 마귀론에 대한 관심이 주목할 만하게 증가했다. 하나님 이외의 초자연적 존재가 구약에는 희소했으나, 신구약 중간기 유대 문헌에서 크게 증가했다.

둘째, 많은 양의 시가와 지혜 문학이 신구약 중간 시대에 출현했다. 그리고 악의 문제에 대한 씨름과 지혜의 의인화가 나타났다(잠언 8장 참조). 지혜는 하나님으로부터 인간에게 이르는 '의사 신적인 사신'으로 묘사되었다. 신약에서 예수는 여러 방식으로 신적 지혜로 묘사된다.

셋째, 야훼 자신 이외의 존재들에 관해서 신격에 가까운 범주로 말하는 것이 가능하게 되었다('보좌들'이라는 복수형으로 말하는 다니엘 7:9 참조). 또한 인간본성에 대한 더욱더 긍정적인 견해가 발전하기 시작하고, 족장들의 공적이 전가된다고 보며, 공적 신학 출현의 길을 예비했다.

넷째, 기도와 선행을 동물 희생의 적절한 대용물로 보게 되었다. 이는 예루살렘 성전에 접근하는 것이 불가능할 때 죄의 용서를 위해 필요했다(호 6:6; 시 51:16 참조). 계절적인 성전 순례 대신 매주 안식일 회당 예배와 매일 기도문 또는 신앙고백 암송을 드렸다.

다섯째, 묵시적 주제들과 문학에 대한 대량의 관심이 발전되었다. 하나님에 의한 초자연적 간섭으로 메시아 시대가 시작될 것이라고 생각하고, 율법을 열심히 순종함으로써 그 앞으로 올 시대의 강림을 위해 길을 예비하는 것이 유대민족 가운데서 뽑아낸 집단의 책임이라고 믿었다(쿰란의 에세네파 사람들과 예수의 제자들은 묵시적 종파였다).

여섯째, 회당에서의 예배와 활동이 기독교회의 발전에 중심이 된 형태들을 띠었다. 회당 예배는 기도와 찬송으로 시작하고 끝났으며, 중간에 율법, 예언, 그리고 시편 낭독과 탈굼과 설교가 있었다. 회당 장로의 조수는 집사의 모델이라 할 수 있으며, 공동체의 각종 모임을 위한 장소가 되었다. 5 - 12/13세 소년의 초등학교 교육(행 4:13 참조)의 장소가 되었고, 유대인들은 세상 법정을 사용하지 못하므로, 회당이 사법 기능을 갖게 되었다.

일곱째, 서기관들이 사회에서 더욱더 현저한 역할을 맡았다. 그들은 원래 단순한 성경 필사자였으나, 내용을 잘 알게 되어 율법 전문가와 교사가 되었다. 서기관은 어떤 유대 종파에서도 발견되나, 대개는 바리새인 출신이었다. 이른 제1세기의 가장 유명한 두 명의 서기관은 힐렐과 샴마이였다(마 19:1 - 12 참조). 서기관들은 좀 더 격식을 갖춘 70년 이후의 직분인 랍비들의 선구자들이었다(마 23:7 - 8; 요 1:38, 49; 3:2, 26; 6:25 참조).

여덟째, 산헤드린이 유대인 생활 속에서 적어도 유대에서는 더욱더 현저한 역할을 했다. 이는 오늘의 대법원과 같은데, 71명으로 구성되어, 대제사장이 인도했다. 산헤드린은 자치의 자유를 누렸다. 그러나 사형 판결권은 없었다(요 18:31 참조).

아홉째, 유대교는 이방인 세계가 택할 수 있는 종교로서 더욱더 좋은 인상을 주었다(마 23:15 참조). 유일신론이 헬라 세계에서 점점 받아들여졌다. 제1세기 유대교에서 민족적 정체성을 나타내는 세 가지 배지와 그 민족주의의 세 가지 상징이 있었다. 세 가지 배지는 음식법, 안식일 준수, 할례였으며(막 2:23 - 3:6; 7:1 - 23; 갈 5:6), 세 가지 상징은 '성전'과 외국 압제자들이 없는 이스라엘 '땅'과 '토라'였다(요 2:13 - 22; 4:19 - 24; 마 5:17 - 48).

다섯 가지 표지

{자료: Dunn, *The Partings of the Ways*, 18 - 36; Paul R. Trebilco, "Jewish Backgrounds", in *Handbook to Exegesis of the New Testament*(NTTS 25; ed. Stanley E. Porter; Leiden/New York/Koeln: Brill, 1997), 359 - 71; Ehrman, *The New Testament*, 33 - 37; Wenham & Walton, *Exploring the New Testament*, 25 - 37; Bock, *Studying the Historical Jesus*, 123 - 33}

주후 70년 이전의 제1세기의 유대교는 하나의, 획일적인 유형이 아니었다. 제
2성전 유대교는 대체로 일련의 상이한 이익 집단들로 구성되었다. 주후 70년
이전의 유대교에 대하여 '정통적'이라거나 '규범적'이라는 수식어를 붙이기가
어렵다. 그럼에도 불구하고, 제2성전 유대교에 대하여, 공통적이면서 유대교를
하나 되게 하는 핵심, 즉 모든 다양한 유대교 형태들을 그 위에 건축하는 다섯
가지의 토대 또는 기둥에 관하여 이야기할 수 있다. 하나님은 한 분이시라는 유
일신론, 하나님이 이스라엘을 자기 백성으로 뽑으신 선택, 이스라엘이 어떻게
살아야 하는지를 보여 주는 토라와 언약, 하나님이 백성에게 주신 땅, 그리고
그들이 가지고 있는 미래에 대한 희망이 그것이다.

유일신론: 하나님은 한 분이시다

유일신론은 예수 당시의 유대인들에게 있어서 절대적으로 근본적이었다. 모든
유대인은 매일 '쉐마'(신 6:4)를 암송하도록 가르침을 받았다. 유대인의 의무의
기본적인 진술을 담고 있는 십계명은 분명하게 유일신에 대한 확언으로 시작한
다(출 20:3). 포로로 잡혀간 유대인들은 그 이후에 유일하신 하나님께 대한 고백
과 신앙을 확언하였다. 포로 이후의 유대인들에게 있어서 유일신론은 근본적인
도그마였다. 요세푸스는 한 분이신 하나님을 인정하는 것은 모든 히브리인들에
게 공통적임을 주목한다(Josephus, *Ant.* 5.1, 27, 112). 이 유일신론은 일반적으로
헬레니즘 종교의 정신에 현저하게 대조를 이루었다. 헬레니즘 시대의 종교는 제
설혼합주의적인 경향을 보였고, 또 동일한 하나의 신적 존재가 다른 지역이나
민족의 신으로 나타나는 것을 용인했다(마카비하서 6:1 – 2 참조). 그러나 유대
인들은 혼합주의적 유일신론자들이 아니라, 배타적인 유일신론자들이었다. 오직
그들의 야훼(여호와) 하나님만이 유일한 하나님이셨다.

선택: 언약 백성과 땅의 약속

이스라엘의 자기 이해에 동등하게 근본적인 것은 이스라엘이 야훼에 의해 특
별히 선택을 받았다는 확신이다. 즉 하나님은 특별한 계약 혹은 언약으로 자신

을 이스라엘에 묶고 이스라엘을 자신에게 묶었다는 것이다. 이는 포로 이전 기간에 이미 깊이 뿌리박힌 신앙이었다(창 12:1-3; 15:1-6, 17-21; 17:1-8; 신 6:20-25; 7:1-7; 26:5-10). 이 확신들은 포로 이후에 다시 확립되었다. 유대교(*유다이스모스*)라는 말이 헬레니즘(*헬레니스모스*)이라는 말에 반대하여 만들어졌다(마카비하서 2:21; 8:1; 14:38). 이 말은 이스라엘의 선택과 하나님이 주신 땅에서의 종교적 자유에 대한 격렬한 민족주의적 주장을 담는 말이다. 이스라엘이 하나님의 택함을 받은 백성이며 하나님께서 그들에게 땅을 주셨다는 것은 자명한 원리였다(신 30:1-10). 헬레니즘은 당시의 국제적 문화여서, 유대교가 헬라화되었음에도 불구하고, 언어와 조직의 문제를 떠나서, 신앙의 문제에 있어서는 유대인들의 하나님의 선택에 대한 확신은 변함이 없었다.

토라(율법): 하나님의 언약에 초점이 맞추어짐

제2성전 유대교의 이해에 절대적으로 중요한 것은 하나님의 택함을 받은 백성이라는 이스라엘의 자의식에 있어 토라가 차지하는 중심성을 인식하는 것이다. 하나님은 이스라엘과 이스라엘이 자기의 백성이 되리라는 특별한 언약을 맺으셨고, 그 언약에 필수적인 것으로서 이스라엘에 율법을 주셔서 이스라엘에 그 언약 안에서 사는 수단을 제공하셨다. 신명기는 이스라엘의 언약신학의 고전적 진술이다. "언약적 신율주의"(covenantal nomism)라는 말이 이것을 잘 표현한다. 토라는 이스라엘과의 하나님의 언약의 일부로서 이스라엘에게 주어졌고, 모세의 율법에 대한 순종은 하나님이 이스라엘을 자기 백성으로 선택하심에 대한 이스라엘의 응답이다. 언약 안에서 사는 방식으로서의 율법준수이다(신 4:1, 10, 40; 5:29-33; 6:1-2, 18, 24; 7:12-13; 29:1). 토라는 '율법'이다(신 4:8; 30:10; 32:46). 에스라의 개혁은 토라를 이스라엘의 삶의 중심에 다시 확고하게 놓게 했다(스 7:10). 마카비 위기는 언약 안에서의 율법 준수를 더 강화시켰다(마카비상서 1:57; 2:27, 50; 마카비하서 1:2-4; 2:21-22; 5:15; 13:14). 이 위기에 대한 응답은 율법을 위한 열심이었다(마카비상서 2:26-27, 50, 58; 마카비하서 4:2; 7:2, 9, 11, 37; 8:21; 13:14). 바울 당시의 유대교의 특징은 언약 안에서의 율법 준수라는 일반적인 모형이었다. 이는 이스라엘의 정체성 표시요, 경계선이었고(할례, 안식일, 음식법), 그들에게 특권의식을 가져다주었다.

땅: 성전에 초점이 맞추어짐

하나님은 유대인들에게 땅을 주셨고, 그 땅에는 성전이 있었다. 제2성전 유대교는 이름 그대로 그때에 성전이 이스라엘의 민족적·종교적 생활에서 중심 역할을 했다. 성전 국가 또는 성전 땅인 이스라엘에 있어서 성전은 정치적 중심지였으며, 또한 경제적 중심지였다. 그러나 가장 중요한 것으로, 성전은 종교적 중심지였다(왕상 8:48; 9:3; 시 76:1-2; 87:1-3; 137; 사 49:14-16; 60:14; 겔 43:6-7). 성전은 모든 유대인에게 그렇게 중심적이었는가? 예루살렘 성전을 버리고 외진 곳으로 간 사람들이 있었다. 하지만, 쿰란의 에세네파 사람들은 성전 자체를 비판한 것이 아니라, 거짓 제사장직에 의해 더러워진 성전을 비판했을 뿐이다. 또 예루살렘 이외의 지역, 예를 들면, 이집트의 레온토폴리스에 유대인의 다른 실제 성전이 있었으나(Josephus, *War.* 7.420-36; *Ant.* 13.62-73), 많은 유대인들은 이것을 예루살렘 성전에 경쟁이 될 만한 것으로 여기지 않았다. 성전에서 예배를 드리지 못하는 디아스포라 유대인들은 회당을 중심으로 율법을 읽고 기도를 드렸다. 그러나 이것은 성전에 대한 반대로 이해할 것이 아니었다. 예루살렘 성전은 제2성전 기간의 다양한 유대교들의 심장에 있었다. 하나님이 이스라엘을 선택하시고, 그들에게 한 분 하나님의 이름과 영광이 거하는 지상의 장소인 시온산을 중심으로 삼는 땅을 주셨다는 그 당시의 유대인들의 공통적인 확신을 성전은 구현했던 것이다.

미래에 대한 소망: 이스라엘의 회복

유대인들에게는 미래에 대한 소망이 있었다. 유대인들이 바빌론에 포로로 잡혀갔을 때, 그리고 비록 예수 당시의 팔레스타인 유대인들은 실제로 그들 자신의 땅에 갇혀 있는 형편이었으나, 대부분의 유대인들은 하나님이 그들을 구원하려고 행동하실 때 즉 이스라엘을 회복하실 미래의 때를 바라보았다(사 40-66; 예레미야, 에스겔; 느 9:36-37; 마카비하서 1:27-29; 행 1:6 참조).

유대인들의 소망에는 다섯 가지 요소가 있었다. 첫째, 이스라엘 12지파가 모두 이스라엘(팔레스타인) 땅에 회복되리라는 소망이다(사 49:6 참조). 둘째, 이방인들이 회심(개종)하거나, 정복되거나, 또는 멸망할 것이다(사 2:1−3; 49:6; 60:12; 슥 8:20−23 참조). 셋째, 이방 통치자들이 임함으로 인해서 땅이 더러워졌으므로, 정화되거나 갱신된 새로운 성전이 있게 될 것을 기다린다(사 60:13; 54:12 참조). 넷째, 땅에 살며 주인 노릇을 하는 이방인들에 의해 오염되지 않은 깨끗한 예배를 소망한다(사 60:12 참조). 다섯째, 구세주("메시아")에 대한 기대들이다.

개별 집단들 또는 종파들(예수 당시)

{자료: Blomberg, *Jesus and the Gospels*, 46−51; Paul R. Trebilco, "Jewish Backgrounds", 371−88; Ehrman, *The New Testament*, 205−11; Wenham & Walton, *Exploring the New Testament*, 37−44; Elwell and Yarbrough, *Encountering the New Testament*, 54−61; Bock, *Studying the Historical Jesus*, 133−36}

유대교는 예루살렘의 제사장들에 의해 획일적인 통제를 받은 것이 아니었다. 신약시대에 이르러서는 특별한 유대 집단들 또는 파당들이 생겼다. 제2성전 유대교 안에는 다양한 집단이나 종파가 있었던 것이다. *암−하−아레츠*("이 땅 백성", 에스라 10:2, 11; 느 10:30−31)는 "땅의 사람들"로서, 율법에 대한 관심을 가질 여유가 없고, 먹고살기에 바쁜 사람들이었다. 팔레스타인의 대다수의 유대인들은 땅의 사람들이었다. 유대교의 특별한 네 그룹 즉 바리새파 사람들, 사두개파 사람들, 에세네파 사람들, 열심당원들은 예수 당시 인구의 5% 미만을 구성했을 것으로 추정된다. 특징적인 면을 간단히 요약하면, 바리새파 사람들은 내부 개혁을 시도하고, 사두개파 사람들은 현상 유지를 고수하고, 에세네파 사람들은 사회로부터의 완전한 철수와 새로운 출발을 감행하고, 또 열심당원들은 군사적인 힘으로 압제자들을 전복하려고 했다. 각 집단에 대하여 좀 더 자세하게 살펴보자.

바리새파 사람들(바리새인들)

바리새파 사람들에 대한 일차적인 지식은 요세푸스, 신약, 및 랍비 본문들을 통하여 얻을 수 있다. 그들의 기원에 대하여 논쟁이 있으나, 대체로 하스몬 기간 초기에 요한 힐카누스의 통치 때(주전 134−104년) 하스몬 통치자들이 왕의 권세와 제사장의 권세를 결합시킨 것에 반대하여 일어난 것으로 보인다(Josephus, *Ant.* 13.288−98). "바리새"라는 말은 아마도 "분리주의자들"이라는 뜻일 것이다. 바리새파 사람들은 주로 비−제사장들로 구성되었다. 바리새파 사람들은 성문 율법("토라")과 구전 율법을 다 영감을 받고 권위가 있는 것으로 받아들였다. 그들은 율법을 정확하고 정밀하게 해석하고 또 생활의 모든 분야에 엄격하고도 헌신적으로 적용하고 순종하려고 애쓴 현저한 평신도들의 집단이었다. 이런 점에서 그들은 대중에게 인기가 있었고, 많은 사람들에게 있어서 비공식적인 사실상의 선생들이었다.

그들은 회당에서 활동하고, "토라 둘레에 울타리"를 치는 일을 했다. 그들은 "장로들의 유전"을 아주 중요하게 여기고, 구전율법을 발전시켰다(막 7:5; 마 23:2). 바리새파 사람들의 의제는 참된 조상의 전통으로 돌아가게 함으로써 이스라엘을 정결하게 하고, 독립적인 신정 상태로 이스라엘을 회복하고, 또 토라 연구와 실천으로 이러한 운동의 선도적 위치에 서는 것이었다. 사람들에게 하나님의 율법을 순종하도록 가르쳐서 하나님 자신이 그 백성의 순종에 응답하여 구세주를 보내 주시도록 힘썼다. 바리새인들에게 있어 주요 쟁점은 정결함(깨끗함)이었다. 보통 사람들보다 더 높은, 거의 성전에서 섬기는 제사장들에 가까운, 수준의 정결을 추구했다. 일반적으로는 보통 사람들과 함께 식사를 하려고 하지 않았다. 그들은 불멸한 영혼, 몸의 부활, 사람의 행위에 따른 미래의 상급과 형벌, 천사와 귀신의 존재, 그리고 예정과 자유 의지(또는 도덕적 책임)의 결합에 대한 신앙을 가지고 있었다. 바리새인들은 인간의 자유의지에 대하여 모든 것을 하나님의 손에 맡기는 에세네파 사람들과 모든 것이 인간의 자유의지의 행사에 달려 있다고 믿는 사두개파 사람들의 중간 입장이었다. 그들은 하베림(*haberim*), 즉 공동 친교와 공동 식사로 유명한 빈틈없이 율법을 지키는 자들인 제1세기의 유대인 소그룹에 참여했다.

바리새파 사람들은 반-로마적이었다. 그러나 폭력으로 외국 압제자들을 몰아내는 것은 반대했다. 복음서에 나타난 바리새인들은 주로 외식하는 위선자의 모습으로 나타난다(마 23장). 더 호의적인 모습도 있다(눅 7:36; 13:31). 니고데모(요 3:1), 아리마데 요셉(막 15:43)은 바리새인이었다. 바리새파 사람들은 대중에게 인기가 있었다. 바리새교의 복합적 묘사는 아주 다양하다. 굳이 말하자면, 예수는 여러 면에서 다른 어느 집단보다 바리새인들에게 더 가깝다. 바리새인들은 그 당시의 "보수적 복음주의 평신도 지도자들"(성경의 무오성과 생활의 모든 영역에서 안내하는 데 성경의 충족성)이라 할 수 있겠다. 그러나 그들은 율법주의에 빠지기 쉬웠다. 바리새파 사람들은 주후 70년 예루살렘 멸망 이후에도 계속 살아남았다.

사두개파 사람들(사두개인들)

사두개파에 대한 자료는 적다. 그들에 관하여 얼마간의 지식을 얻을 수 있다. 그들의 기원은 불분명하나, 하스몬 시기에, 아마도 시몬이 통치할 때 시작되었을 것이다. 사두개파 사람들이라는 이름은 설립자들이 대제사장 사독의 가족인 사독인들(Zadokites)의 일원들이었던 데서 연유했을 것이다. 사두개파 사람들은 하스몬들이 이스라엘을 헬라화시키는 데 항의하던 더 이른 정책을 뒤집고 오히려 헬라화 정책을 추구했을 때 하스몬들을 지지했다. 많은 사두개파 사람들이 제사장 가문 출신이었다(삼하 8:17 참조). 사두개파 사람들은 대제사장직과 대제사장들을 통제했다. 사두개파는 거의 전적으로 귀족과 부유한 엘리트로 구성된 작은 집단이었다. 사두개파 사람들은 바리새파 사람들을 반대하고, 또 그들의 반대를 받았다.

사두개파 사람들은 하나님이 이스라엘을 선택하셨다는 것과 이스라엘은 토라에 순종해야 한다는 것과 같은 공통적인 유대교의 필수적인 요점들을 받아들였다. 그러나 그들은 성문 율법(토라, 모세5경)만 인정하고, 구전 율법을 거부했다. 그들에게는 모세 오경에서 가르치는 교리만 구속력이 있었다. 그들은 불멸, 부활, 천사, 그리고 귀신을 부인했다(행 23:6-10 참조). 인간 의지의 자유와 이생에서 하나님의 백성으로 사는 것을 강하게 강조했다. 사두개파 사람들은 성전의식을 관리하고 거기서 이득을 얻었다. 그리스도의 사역 직전 특히 가야바 아래 그들은 예루살렘에서 또 예루살렘 근처에서 큰 재산을 모았다. 성전을 관리하는 데 있어서 그 재산을 사용함에 있어서 특히 부패해졌다. 돈 바꾸어 주는 자들을 성전 경내로 들였다(막 11:15 − 18 참조). 사두개파 사람들은 주후 6년부터 70년까지 산헤드린의 다수를 차지했다. 그들은 로마의 이스라엘 지배를 항의하지 않았다.

예수는 반복해서 사두개파 사람들을 비판하였다(막 12:18 − 27; 출 3:6 참조). 사두개파 사람들은 바리새인들보다 더 강경하게 초기 그리스도인들을 판단하고 박해하였다(행 4:1 − 6; 5:17, 33 − 39). 사두개파 사람들은 성전과 그 제식에 너무 의존하였기 때문에 주후 70년에 예루살렘이 멸망한 후에는 살아남지 못했다.

에세네파 사람들: 쿰란 공동체

에세네파 사람들에 대해서는 연장자 플리니(Pliny the Elder), 요세푸스, 및 필로를 통하여 정보를 얻을 수 있다. 요세푸스는 에세네파 사람들을 바리새파 사람들과 사두개파 사람들과 나란히 기록하고 있으나, 신약에는 어디에도 에세네파 사람이라는 이름이 나오지 않는다. 에세네라는 이름은 아람어 *하시아*(hasya, "경건한" 혹은 "거룩한")에서 왔을 것이다. 그들은 하시딤의 후손들일 것이다. 그들은 마카비들이 시리아인들에 대항하여 반란을 일으켰을 때 동참하였다(주전 165 − 155년). 그들은 바리새인들보다 더 과격하게 이스라엘의 헬라화와 로마화에 반대하여 항의했다. 에세네파 사람들은 유대 광야 근처의 사해 해변(쿰란 공동체), 예루살렘의 한 지구, 그리고 제국 여기저기 다른 주요 도시들에서 살았다.

에세네파 사람들은 두 가지 기본적인 유형으로 구별된다. 첫째, '훈련규범' 또는 '공동체 규칙'(1QS)에서 말하는 유형의 사람들이다. 이들은 다른 유대인들과 고립해서 사는 독신 남자들의 사회를 형성했다(쿰란 공동체). 이들은 유대교의 대안이 아니라 하나의 종파(분파)였다. 둘째, '다메섹 문서'(CD)에서 말하는 유형의 사람들이다. 이들은 주요 도시에서 비에세네파 사람들 가운데 떨어져서 살았다. 남자들, 여자들, 및 어린이들이 공동체를 이루었다(대부분의 에세네파 사람들). 이들은 유대교 내부에서 극단적인 파당이라 할 수 있다. 이들은 유대교의 대안이 아니다. 에세네파 사람들의 숫자는 4천 명가량으로 본다. 쿰란 공동체는 수백 명을 넘지 않았다. 에세네파 사람들은 묵시적 지향성을 가졌다.

쿰란 공동체의 기원은 주전 152년경까지 거슬러 올라갈 수 있다. 사독 계통 제사장인 의의 교사에게 경건한 사람들의 집단(*하시딤*)이 합세했다. 그들은 예루살렘과 예루살렘 성전은 절망적으로 부패해졌다고 믿었다. 의의 교사가 악한 제사장(유다 마카비의 형제들인 요나단 또는 시몬)과 충돌했다. 희생 율법과 의식 정결에 관하여 의견이 불일치하여 그들은 분리하여 쿰란으로 떠나기로 결정했다(사 40:3 참조). 그들은 현시대는 너무 악하여 곧 종말이 올 것이라고 믿었다. 그러나 그들은 사회 행동이나 혁명을 통해서가 아니라, 사회로부터 철수하고, 율법을 헌신적으로 열렬하게 지키고, 또 하늘의 군대를 동원한 하나님의 초자연적인 간섭으로 그의 나라를 세우시리라는 것을 인내심을 가지고 신뢰하게 되면 메시아 시대가 도래하게 될 것이라고 믿었다.

쿰란 공동체 사람들에는 다음과 같은 특징들이 있다. 첫째, 회원들이 함께 공동생활을 영위했다. 그들은 공동체의 규칙 곧 하나님의 뜻에 순종해야 하고, 정결(깨끗함)을 유지할 것을 강조했다. 둘째, 완전한 회원권을 허락하기 전에 긴 시험기간을 가졌다. 쿰란 공동체 안에는 회원에게 세례를 주기 위한 목욕통이 있었다. 셋째, 그들은 선택과 언약의 개념을 새롭게 해석하고, 또 자신들이 성경의 예언(사 40:3)을 성취하고 있다고 지각했다. 그들은 자신들이야말로 종말에 빛의 아들들과 어두움의 아들들 간의 전쟁이 시작될 때 하나님을 위해 싸울 이스라엘 안의 택함을 받은 소집단이라고 믿었다(*War Scroll*). 넷째, 쿰란 종파 사람들은 두 메시아의 오심을 기다렸다. 즉 왕 같은 메시아와 제사장 같은 메시아의 오심을 기대했다. 다섯째, 그들은 공동 식사를 통하여 이사야 25장 6절의 메시아 연회를 미리 보여 주었다. 여섯째, 일종의 대천사로서의 멜기세덱에 대하여 유의미한 관심을 가졌다. 일곱째, 그들은 새 성전의 청사진을 가지고 있었다. 하나의 두루마리 전체, 즉 성전 두루마리(*Temple Scroll*)가 새 성전의 청사진에 대한 개요를 제시한다. 여덟째, 그들은 하나님의 주권과 예정을 강하게 강조했다. 그들은 모든 것을 신의 섭리에 돌렸다. 쿰란 공동체는 예루살렘이 멸망할 때까지 존재했다.

요세푸스는 이들을 가리켜 제4의 철학이라 부른다. 열심당의 무리는 헤롯 대왕의 통치 기간 중(주전 6년)에 시작되었으며, 주후 73년에 마사다에서 궤멸되었다. 그들은 로마 황제에게 세금 내는 것을 반대하고, 하나님에게만 충성할 것을 주장했다. 그들은 유대인의 전통에 강하게 충성했다. 이스라엘 땅에서 헬라어 사용하는 것을 반대했다. 그들은 구원의 시간이 오고 있음을 예언했다. 그들은 때때로 칼을 들고 힘으로 로마인들을 내쫓으려고 했다. 갈릴리의 유다(주후 6년)를 비롯하여(행 5:37 참조), 드다(행 5:36), 가나안인 시몬(눅 6:15; 행 1:13)의 민란이 있었고(행 21:38 참조), 또 예수와 함께 십자가에 못 박힌 강도들(*레스타이*)도 열심당원의 부류에 속하는 사람들로 보인다(막 15:27). 50년대와 60년대에는 가슴에 단도를 품고 다니는 시카리(*sicarii*)로 알려진 사람들이 있었다. 60년대 중반에 예수 벤 아나니아(Jesus ben Ananias)의 소요가 있었다(Josephus, *Jewish War* 6.5.3). 열심당원들은 그들의 군사적 노력으로 마카비가 일으켰던 기적을 반복할 수 있기를 바랐다. 그러나 예수의 설교는 일관되게 비폭력적이었다.

기관들과 절기들

제2성전 유대교의 기관에는 성전, 회당, 산헤드린("공회")이 있고, 중요한 절기에는 유월절, 오순절, 장막절 등이 있었다.

성전

원래의 솔로몬 성전은 주전 586년에 바빌로니아의 느부갓네살 군대가 예루살렘을 짓밟고 불태웠을 때 파괴되었다. '제2성전'은 이스라엘 회복기에 재건되었다(주전 516년 완공; 에스라 6:13-15). 이 성전은 안티오쿠스 에피파네스에 의해 더럽혀지고, 마카비들에 의해 다시 정화되고, 수리되고, 봉헌되었으며, 헤롯 대왕 때까지 있었다. 헤롯은 그의 통치 제18년(주전 20-19년)에 성전을 다시 짓기 시작했다. 이 성전은 예수 당시에도 계속 건축되고 있었고(요 2:20 참조),

주후 63년에 가서야 완성되었다. 성전은 이방인의 뜰, 유대인 여자들의 뜰, 이스라엘의 뜰(유대인 남자들의 뜰), 제사장들의 뜰, 성소와 지성소로 구분되었다. 유대인들은 질서를 보존하기 위하여 경찰대를 유지했고(행 4:1; 5:24-26), 제사장들은 아침저녁으로 제사를 드렸다. 안식일과 절기와 성일들에는 추가적인 의식이 거행되었다. 제사장들은 24개의 반열로 나뉘어, 일 년에 두 차례, 한 번에 일주일 씩 섬겼다(눅 1:5-25). 성전은 유대인들의 예배 중심지였다. 예수는 성전 뜰에서 설교했다. 초대 교회는 성전 가운데 솔로몬 행각으로 알려진 곳에서 만났다(행 3:11; 5:12). 헤롯이 건축한 예루살렘 성전은 주후 70년에 디도 장군이 이끄는 로마 군대에 의해서 파괴되었다.

회당

회당의 정확한 기원은 불확실하나, 포로 기간 중 또는 포로 이후에 유대인들이 율법을 읽고 연구하려는 모임으로 시작되었다고 본다. 이스라엘과 유다가 포로로 잡혀가고 성전이 파괴되었을 때, 유대인들은 구약 율법의 연구와 적용을 강조해야 함을 깨달았고, 이러한 깨달음으로 인하여 유대교 관행의 한 기둥인 회당이 설립되게 되었다. 주후 1세기에 이르러는, 회당이 유대인들이 거주하는 도처에 생겼다. 유대인 공동체에 유대인 남자 10명이 있으면 회당을 세웠다. 회당은 유대인 공동체의 종교적, 사회적, 교육적 삶의 중심지가 되었다. 유대인들은 안식일에 회당에 모여서 예배를 드리고, 율법을 공부했다. 주 중에 어린아이들은 회당에서 신앙 교육을 받고 읽기와 쓰기를 배웠다. 회당 예배는 쉐마 암송(신 6:4-5)으로 시작하고, '쉐모네 에스레'("18개의 찬양 축도") 찬양과 전례 기도로 이어지고, 성경을 읽고, 읽은 부분에 대한 설교가 있고(눅 4:16-20), 제사장의 축복 또는 기도로 끝났다.

산헤드린(공회)

로마인들은 유대인들에게 그들 자신의 종교법과 국내법의 많은 부분을 스스로 다룰 수 있도록 허락했기 때문에, 크고 작은 법정들이 많이 존재했다. 이 법정들 가운데 가장 주요한 것이 산헤드린이었다. 산헤드린은 안식일과 중요한 성일을 제외하고는 성전 지경에서 매일 모였다. 대제사장이 회의를 주재하였다. 복음서에서 대제사장들과 장로들과 서기관들이 함께 등장하는 것은 산헤드린을 지칭한다(막 15:1). 니고데모는 산헤드린의 일원이었다(요 3:1 - 12). 신약 시대에 산헤드린은 사형 판결을 내릴 권한이 없었다(요 18:31).

절기와 축제일

유대인의 종교력에는 매주 안식일 준수, 덜 중요한 몇 가지 월례 절기들, 및 일곱 가지의 연례 절기가 있었다. 세 개의 중요한 절기 즉 유월절, 오순절(칠칠절), 장막절에는 많은 유대인 순례자들이 예루살렘에 모였다(눅 2:41; 행 2:9 - 11). 안식일을 안식하는 거룩한 날로 지키는 것은 유대인을 이방인과 구별하는 표지 가운데 하나였다. 일곱 가지 연례 절기는 다음과 같다. 유월절과 무교병절(요 13:1; 레 23:10 - 14; 니산월 14, 15 - 21일, 4월경), 오순절 또는 칠칠절(행 2:1 - 4; 5 - 6월경), 나팔절 또는 *로쉬 하사나*(9 - 10월경), 대속죄일 또는 *욤 키푸르*(행 27:9; 10월경), 장막절 또는 초막절(요 7:2 - 3; 10월경), 헌당절 또는 수전절 또는 *하누카*(요 10:22; 12월경), 부림절(에스더 9:28; 아달월 14, 15일; 3월경).

디아스포라 유대인과 유대교

{자료: 벨, [신약시대의 사회와 문화], 53 - 70; Luke Timothy Johnson, *The Writings of the New Testament: An Interpretation*(2d ed.; Minneapolis: Fortress, 1999) 73 - 87(= 채천석 역, [최신신약개론], 크리스찬다이제스트, 1998[초판번역])}

팔레스타인은 유대인들의 고국이요 고향 땅이지만, 1세기에 로마 제국의 대다수의 유대인들은 성지 경계 밖의 땅에서 살았다. 이들을 디아스포라(Diaspora, "이산, 흩어진") 유대인이라 한다. 디아스포라 유대인들은 주전 586년에 예루살렘이 멸망되었을 때 포로로 잡혀간 사람들, 또는 알렉산더의 팔레스타인 정복으로 인하여 흩어진 유대인들의 후예들, 또는 여러 이유로 팔레스타인을 떠나 다른 지역으로 삶의 자리를 옮긴 유대인들이었다. 디아스포라 유대인 가운데 히브리파 유대인과 헬라파 유대인이 있었다(행 6장). 전자는 유대인의 신앙을 유지할 뿐 아니라, 히브리어 또는 아람어와 유대 풍습을 사용한 유대인들이었다(행 22:3 참조). 후자는 그리스-로마 문화를 흡수하고, 신앙의 문제 이외에는 더 이상 유대적이 아닌 유대인들이었다(행 7:44-58 참조). 그들은 헬라어를 사용하고, 그들의 이웃의 풍습을 채용하고, 이방인 이웃들과 아주 닮았다.

III. 복음서와 예수

우리가 가지고 있는 신약성경 맨 처음에 복음서가 나온다. 복음서는 무엇보다도 예수 그리스도와 그에 대한 이야기이다. 신약에 복음서는 네 개가 있다. 각 복음서는 예수 그리스도라는 공통적인 주제를 다루면서, 독특한 시각에서 예수 그리스도를 제시한다. 복음서를 읽을 때 각각의 복음서를 독립적으로 읽을 필요가 있다. 동시에 다른 복음서와 함께 읽을 필요가 있다. 네 복음서 가운데 세 개는 아주 유사하다. 이 세 복음서는 공관복음이라 한다. 공관복음과 요한복음의 관계는 흥미롭다. 이 장에서는 나사렛 예수는 누구인가? 복음서란 무엇인가? 복음서는 어떻게 연구되어 왔는가? 각 복음서의 특징은 무엇인가? 역사적 예수의 연구란 무엇인가? 예수 그리스도의 생애와 가르침은 무엇인가? 하는 물음들을 다루고자 한다.

3.1 복음서란 무엇인가?

{자료: Wenham & Walton, *Exploring the New Testament*, 47−56; Paul Barnett, *Jesus & the Rise of Early Christianity: A History of New Testament Times*(Downers Grove: IVP, 1999) 376−99; Donald Guthrie, *New Testament Introduction*(4th ed.; Leicester: Apollos/Downers Grove: IVP, 1990) 16−27}

복음서에 대한 이해를 돕기 위하여 복음이라는 말, 복음서 집필과 수집, 정경복음과 외경복음, 그리고 복음서의 문학적 장르에 대하여 간단하게 살펴본다.

3.1/1 복음이라는 말

{자료: BDAG, 402-3(유앙겔리조, 유앙겔리온, 유앙겔리스테스); Brown, *An Introduction to the New Testament*, 99-101; Achtemeier, Green and Thompson, *Introducing the NEW TESTAMENT*, 62-67}

복음(福音, *유앙겔리온*)이라는 말은 "좋은 소식, 기쁜 소식"을 의미한다. 원래 "좋은 소식에 대한 보상"을 의미했었으나, 나중에는 단순히 "좋은 소식"을 의미하게 되었다.

그리스-로마 문학에서

그리스-로마 문학에서는 새 황제의 즉위와 같은 것을 알리는 데 사용되었다. 예를 들면, 로마 황제 아우구스투스를 찬양하는 한 비명에는 "신(즉, 아우구스투스)의 생일은 세계에서 그의 오심으로 말미암아 좋은 소식이 시작된 날이었다." 라는 글귀가 나온다. 또한 헬라어 구약성경(70인역)에서 동족어 동사인 *유앙겔리조마이*는 야훼께서 그의 백성을 구원하려고 오시는 것을 알리는 데 사용되었다(사 40:9; 52:7; 욜 2:32; 나 1:15).

신약에서

신약에서 복음(*유앙겔리온*)이라는 말은 "예수 그리스도 안에서 행하신 하나님의 행동에 관한 좋은 소식"이라는 의미로만 사용되었다. 조금 더 구체적으로 말해 보자.

첫째, 인간에게 주시는 하나님의 좋은 소식을 가리킨다. 선포로서의 좋은 소식이다. 신약의 가장 이른 저술들인 바울의 편지들에서 복음은 바울과 다른 사람들이 전파하는 예수의 오심과 삶과 죽음과 부활에 관한 메시지를 의미한다(롬 1:1-4, 16; 고전 15:1; 고후 2:12). *유앙겔리조마이*("내가 좋은 소식을 전하다.")라는 동사는 이 메시지를 구두로 알리는 것에 사용된다(롬 1:15; 고전 1:17; 9:16).

둘째, 예수 그리스도에 관한 구두 전승을 이용하여 최초로 기록된 형태의 복음을 만든 작가인 마가에 있어서 복음은 예수께서 전하신 하나님의 나라가 가까이 왔고, 모든 족속에게 선포되리라는 좋은 소식을 가리킨다(막 1:15). 마태는 복음이라는 말에 하나님의 나라 또는 천국과 같은 어떤 수식어를 사용하고(마 4:23), 누가는 사도의 설교에 대하여 복음이라는 말을 사용한다(행 15:7; 20:24).

셋째, 이렇게 복음은 원래 '말로 전달하는 메시지'와 연관된 말이었고, 마태, 마가, 누가, 및 요한(복음)이 글로 처음 나타났을 때 '복음'이라는 이름표가 붙지 않았었다. 그러나 눈길을 끄는 것은 마가복음 1장 1절이다. "예수 그리스도의 복음의 시작"이라는 어구에서 복음은 '예수의 생애와 사역에 관한 자세한 내용'을 의미할 수 있다. 이러한 용법에서 한 걸음 더 나아가 '복음'은 예수의 생애와 가르침을 다루는 '복음기사' 혹은 '책'을 의미하게 되었다. 기록된 문서에 복음이라는 제목을 붙이기 시작한 것은 2세기 때의 일이다. 네 개의 책이 함께 수집되었을 때, 각각 예수의 한 복음(메시지)을 표현하는 것으로서 "에 따른, 에 의한"이라는 말을 붙여서 구별을 하게 되었다. 책이름으로서 복음이라는 말은 복음 '메시지'를 의미한다. 복음서 기자들은 '복음을 전하는 사람들'이었다(엡 4:11; 행 21:8; 딤후 4:5 참조).

3.1/2 복음서의 집필과 수집

{자료: Patzia, *The Making of the New Testament*, 35−67; Elwell and Yarbrough, *Encountering the New Testament*, 69−76; Brown, *An Introduction to the New Testament*, 107−11}

복음서는 어떻게 형성되었는가? 복음서 형성의 개괄적인 과정을 이렇게 말할 수 있을 것이다. 무엇보다도 먼저, 나사렛 예수의 삶과 죽음과 부활이 있었다. 그는 말씀과 행위의 기록을 남기지 않았다. 초대 교회에서 그의 말씀과 행위에 대한 구전이 형성되고 유포되었다. 이러한 구전과 다른 자료들을 근거로 복음서가 기록되었다. 복음서들을 저술하게 된 주된 동기는 독자들에게 예수의 인격과 가르침에 대한 어떤 역사적·신학적 시각을 제공하려는 저자의 의도에 있다. 네 개의 복음서 외에도 많은 외경복음들이 있었다. 교회는 복음서를 수집하고,

네 개의 복음을 정경으로 받아들였다.

집필의 필요성

왜 복음서를 기록하게 되었을까? 일반적으로 몇 가지 이유를 상정할 수 있다.

첫째, 교회의 확장에 따른 기록의 필요성이다. 유대인들에게는 구전이 통하였으나, 이방인들에게는 구전 방식이 효력이 없었다. 그리스-로마 세계는 유대인들과 달리 구전이 아니라 저술의 세계였기 때문이다.

둘째, 1세기 중엽에 목격자들이 별세하기 시작했다. 사람들은 예수의 목격자들로부터 모두 들을 수 없게 되었다(눅 1:2). 그래서 기록을 남기게 되었다.

셋째, 외부적인 위협과 같은 새로운 도전들에 대한 응답으로 기록하게 되었다. 다른 종교 체계와 철학 체계로부터 기독교를 옹호할 체계를 만들기 위해서 복음서가 기록되었다. 복음서의 기록을 통해서 역사적 증거와 역사적 토대를 만들어 주는 것이다. 기독교는 나사렛 예수에 기초하며, 뿌리를 두고 있다는 것을 알리기 위한 것이다.

넷째, 복음을 전하기 위한 이유를 들 수 있다. 아직 신자가 아닌 자들에게 복음 메시지를 전달하기 위하여 집필했다(요 20:31 참조). 목격자들의 증언을 더 멀리 유포하기 위하여, 또 예수를 따른 자들을 가르치기 위하여, 그들의 신앙에 관하여 더 알려 주기 위하여, 그리고 믿음 안에서 자라도록 돕기 위하여 집필한 것이다(눅 1:3-4).

또한 복음서를 기록하게 된 내부적인 요인도 고려할 수 있다.

첫째, 이제 갓 태어난 교회에 그릇된 가르침의 형태로 위협들이 태어났다. 그래서 이러한 상황 속에 예수 그리스도의 인격에 관한 표준적 가르침이 필요했다.

둘째, 기독교 공동체 자체 내부에 목회적인 필요성이 있었다. 예를 들면, 마가복음의 주제는 신자들은 고난을 받도록 부름을 받았다는 것이다.

셋째, 표준적인 교훈이 필요해졌다. 교회가 점점 성장해 감에 따라서 신자들을 교훈하고 강화시킬 필요성이 생겼다.

수집의 필요성

복음서들이 집필되고 유포됨에 따라서 교회 전체를 위하여 권위의 규범이 될 복음서들을 수집할 필요가 생겼다. 최소한 네 개의 복음서가 최초에는 특별한 공동체의 필요를 충족하기 위하여 기록되었지만 시간이 지나면서 로마 제국 전역에 보급되었다. 이에 따라 교회도 확장되어 갔고, 이러한 상황에서 교회는 복음서를 '하나만 택할 것인가, 4개 모두 택할 것인가' 하는 문제에 당면하게 되었다. 또한 교회 전체에서 유포되고 있는, *도마복음, 진리복음, 빌립복음, 야곱복음*과 같은 다른 복음서들이 있었다. 또한 교회는 소위 말시온의 정경에 대하여 반응을 하게 되었다. 말시온은 유대적이며 구약적인 것을 매우 싫어하여서, 누가복음과 바울의 편지 10개를 모아서 정경이라고 편찬하였다. 비정통적인 견해로 출교를 당한 말시온의 목록에 대하여 교회는 반응을 하여야 했다. 어떤 의미에서 말시온은 교회가 정경을 결정하는 데 의미 있는 역할을 한 것으로 평가할 수 있다. 교회는 복음서를 수집하여, 사도적인 기원을 가지고 있으며, 사도시대에 기록된 네 개의 복음을 정경으로 받아들였다.

3.1/3 정경복음과 외경복음

{자료: Ehrman, *The New Testament*, 171-84}

초대교회(원시 기독교) 시대에 복음이라는 이름이 붙은 '책'(글)들이 많이 있었다. 그중에 신약에 들어온 것도 있고, 그렇지 못한 것도 있다.

정경복음

주후 2세기부터 그리스도교 전통은 마태, 마가, 누가, 요한 등 네 개의 복음서를 예수에 관한 중요하고 권위 있는 기사로 받아들였다. 그러나 신약에 들어 있는 네 개의 정경복음(Canonical Gospel) 이외에, 이른바 외경복음이라 하는 것들이 있다.

외경복음(Apocryphal Gospel)들은 주로 주후 2세기에 저술되었는데, 역사적으로 가치가 거의 없다. 외경복음은 정경복음에 없는 내용들을 채워 넣으려고 시도하며 기괴한 이야기들로 가득 차 있다. 그중 특히 관심을 끄는 외경복음들은 *나사렛 사람들의 복음*, *에비온파 사람들의 복음*, *히브리 사람들의 복음*, *베드로 복음*, *마가의 비밀 복음*, 및 *도마복음* 등이다. 이 가운데 도마복음은 1945년에 이집트의 나그 함마디 콥틱 도서관에서 발견된 도서들 가운데 들어 있으며, 114개의 예수 어록을 수집해 놓은 것이다. 이는 내러티브 형태의 정경복음과 대조된다. 대체로 주후 2세기 이후의 영지주의적 작품으로 본다. 외경복음들은 2세기 이후의 기독교의 다양성을 이해하는 데 중요성이 있다. 최근에, 외경복음들 특히 도마복음이 예수에 관한 유용한 역사적 정보를 제공하며, 또 외경복음들은 초대 그리스도교회에서 외경복음들의 가르침을 좋아하지 않는 사람들에 의해 억압을 당했다고 주장하는 사람들이 있다.

3.1/4 복음서의 문학적 장르

{자료: Wenham & Walton, *Exploring the New Testament*, 47−52; Robert Guelich, "The Gospel Genre", in *The Gospel and the Gospels*(ed. Peter Stuhlmacher; Grand Rapids: Eerdmans, 1991) 173−208; Richard A. Burridge, *What are the Gospels?: A Comparison with Graeco−Roman Biography* (Cambridge & et. al.: CUP, 1992) 3−25, 82−106; Carson & Moo, *An Introduction to the New Testament*, 112−15; Craig Blomberg, *The Historical Reliability of the Gospels*(1987) 235−40(=안재형 역, [복음서의 역사적 신빙성], 솔로몬, 2005); 클라인, 블롬버그, 허바드 공저, [성경해석학 총론](류호영 역; 서울: 생명의 말씀사, 1997) 617−21; Ehrman, *The New Testament*, 51−55; Brown, *An Introduction to the New Testament*, 102−7}

마가복음이 처음 나왔을 때 도서 분류법에 따라 분류를 한다면 고대의 어떤 책들과 함께 분류될 수 있었을까? 복음서는 고대의 다른 저술들과 유사한 형태인가? 아닌가? 학자들은 복음서를 고대의 다른 저술과 비교해 왔다. 복음서가 기존의 양식과 전혀 다른 양식이었다면 아마도 독자들이 그것을 받아들이는 데 더 어려워했을 것이라고 생각했기 때문이다. 우리가 복음서가 속하는 문학 장르를 이해하는 것은 중요하다. 장르는 '거시적 규모'로 복음서를 해석하는 틀을 제공하기 때문이다. 장르에 따라 우리가 그 책에서 기대하는 것이 다르고, 장르에 대한 지식이 있으면 저자와 독자 사이에 그 책을 어떻게 이해했는지 알 수 있게 되고, 또 무엇인가 새로운 것이 이루어질 때 그것을 인식할 수 있기 때문이다. 복음서의 문학적 장르에 대한 제안은 다양하나, 고대의 저술들과 비교하는 다음과 같은 대표적인 것 네 가지를 간단하게 설명하고자 한다.

행전

이는 위대한 역사적 인물과 그들의 행위를 기술한 책들이다. 복음서는 예수의 행적을 담고 있기 때문에 행전(Acts)의 범주에 넣을 수 있다. 그러나 복음서는 상당히 많은 양의 예수의 가르침을 담고 있기 때문에 그렇게 적절한 범주는 아니다.

회고록

이는 유명한 사람에 관한 개별적인 이야기들이나, 유명한 사람의 어록을 수집해 놓은 책들이다. 그러나 우리 복음서는 예수의 행위들과 죽음의 기사와 같이 회고록(Memoir)에는 불필요한 것으로 간주될 수 있는 것들을 많이 담고 있다.

전기

행전과 다른 역사적 저술들이 사건에 초점을 맞춘 반면, 전기("Life")는 사람에 초점을 맞춘 작품들이다. 전기는 그 사람의 인격이나 에토스를 강조함으로써 모범이나 본을 제공하기 위하여 저술한 것이다. 버릿지(Richard Burridge)는 복음서가 현대적 의미에서의 전기가 아니라, 고대의 전기에 속한다고 강력하게 논증한다. 복음서는 단순히 '전기적'이라는 형용사로 수식할 것이 아니라, *비오이*(*bioi*), 즉 전기라는 것이다. 전기라는 문학 장르의 주요 결정적인 특징은 중심인물에 초점을 맞추는 것이다. 이 중심인물이 책의 주동사들의 많은 부분의 주어가 되는 경향이 있고, 그에게 많은 공간을 할애하고, 또 그에게 초점을 많이 맞추는데, 버리지에 의하면, 복음서는 이러한 특징을 지닌다. 버리지의 결론이 지니는 약점은 전기들이 매우 넓은 범주의 책들을 포괄하며, 실제로 일어난 일을 얼마나 진실하게 기록하는지 의문이 제기될 수 있고, 또는 실제로 일어나지 않았으나 사람의 인격을 모범적인 것으로 만들기 위하여 이야기를 쓸 수 있다는 점이다. 이러한 약점이 있음에도 불구하고, 복음서를 전기(*비오이*)라고 볼 때, 예수라는 인물의 중심성을 강조하는 해석학적 결론에 이르게 되며, 복음서의 초점은 복음서 배후의 공동체가 아니라 예수라는 것을 우리에게 말해 준다.

'복음'이라는 독자적 장르

복음서가 고대의 다른 책들과 다르며 구별된다고 주장하는 학자들이 있다. 예를 들면, 슈미트(K. L. Schmidt)는 복음서를 민속문학으로 보며, 도드(C. H. Dodd)는 복음서를 초대 그리스도인들이 선포한 복음 메시지의 내러티브 형태라고 본다. 마틴(R. P. Martin)은 마가복음 1:1의 "시작"이라는 말을 기원이나 출처의 의미로 이해하여, 복음 메시지는, 과거의 인물에 초점을 맞추는 전기가 아니라, 예수에 관한 교회의 증언이라고 본다. 또한 굴릭(R. Guelich)은 마가복음 1:1을 자체로 하나의 단위로 읽지 않고, 2—3절과 함께 읽음으로써, 복음의 뿌리를 구약(이사야)에 나타난 하나님의 약속과 연결한다. 그는 복음서들이 하나의 문학적 장르를 형성한다고 본다.

형식적으로, 복음은 성경의 맥락에서 놓인 별개의 전통적 단위들로 구성된 중요한 인물의 공적 생애와 가르침에 관한 내러티브 기사이다. 이 내러티브의 골격이나 구조는 교회의 설교와 가르침에 존재했다(마가복음, 행 10:36—43; 요한복음). 내용적으로, 복음이라는 장르는 하나님이, 성경에서 발견되는 약속들을 성취하여, 예수의 삶, 죽음, 그리고 부활에서 역사하셨다는 메시지로 구성된다. 복음서는 그 양식(형식)과 내용이 "하나님의 아들, 예수 메시아의 복음"(막 1:1)으로 구성된 문학적 장르이다. 마가는 복음의 전통적인 골격(행 10:36—43)에 맞추어 전통적인 내러티브와 어록 단위들을 선택, 배열, 결합시켰다. 문학적 복음은 궁극적으로 교회의 복음을 내러티브 형태로 나타내는 것이다.

결론

복음서의 문학적 장르에 대하여 대표적으로 네 가지를 고려하였다. '전기'라는 제안과 '복음'이라는 독자적인 장르의 제안에 진리의 요소가 들어 있다고 본다. 복음서는 고대의 전기와 유사성이 있으며(복음서는 그 당시의 규약에 따르면 확실히 역사적이거나 전기적이다), 이 책들의 초점은 예수에게 맞추어져 있다. 동시에 복음서는, 하나님이 그리스도 안에서 또 그리스도를 통하여 행하신 것이 무엇인지 초대 그리스도인들이 믿은 바에 바탕을 두기 때문에, 복음서에는 무엇인가 새로운 것이 있다. 복음서들을 '신학적인 전기'(神學的 傳記)로 보는 것이 가장 좋겠다.

3.2 복음서 서론

{자료: Lea, *The New Testament*, 127 – 66; Blomberg, *Jesus and the Gospels*, 113 – 75; Wenham & Walton, *Exploring the New Testament*, 191 – 264; Bock, *Studying the Historical Jesus*, 21 – 37; 그레이엄 스탠턴, [복음서와 예수](김동건 옮김; 서울: 대한기독교서회, 1996); Mitchell G. Reddish, *An Introduction to the Gospels*(Nashville: Abingdon, 1997); 도널드 거스리, [신약서론](김병국, 정광욱 공역; 서울: 크리스찬다이제스트, 1992) 15 – 315; Carson & Moo, *An Introduction to the New Testament*, 134 – 284}

'서론'은 각 책의 저자, 수신자, 목적, 저술 연대, 및 내용 개요 등을 자세하게 다루는 것이 보통이나, 여기서는 간단하게 취급하고, 각 복음서의 내용을 소개하도록 한다.

3.2/1 마태복음

{자료: Blomberg, *Jesus and the Gospels*, 126 – 39; Ehrman, *The New Testament*, 79 – 95; Elwell and Yarbrough, *Encountering the New Testament*,

77 – 86; Brown, *An Introduction to the New Testament*, 171 – 224; Achtemeier, Green and Thompson, *Introducing the NEW TESTAMENT*, 89 – 121; Carson & Moo, *An Introduction to the New Testament*, 134 – 68; Guthrie, *New Testament Introduction*, 28 – 60}

마태복음은 그의 출생을 알리는 것에서부터 제자들에게 이방인들을 제자로 삼으라고 위탁하는 것까지에 이르는 예수 이야기이다. 마태복음이 신약성의 맨 처음에 나오는 것은 적합하다. 적합하다는 말에 대하여 두 가지 이유를 들 수 있다. 첫째, 첫 문장에서부터 의도적으로 또 직접적으로 구약과 연결을 짓기 때문이다. 둘째, 마태복음은 예수의 가르침을 정연하게 배열하였기 때문에, 초대 교회에서 가장 자주 사용된 복음서였다.

예수의 죽음과 부활을 통하여 그의 이름을 위하여 백성을 구원하시고, 또 그들을 세상에 보내셔서 그의 좋은 소식을 전하는 자들이 되게 하시며 모든 민족으로부터 제자들을 삼게 하시는 이야기의 신약부분을 마태는 얼마나 놀랍게 시작하는가! 이렇게 하여 하나님은 아브라함에게 주신 언약을 성취하신다.

저자

마태복음은 엄밀하게 말해서 익명의 저작이나, 초대 교회의 전통은 일찍부터 예수의 열두 제자 중의 하나인, "레위"라고도 하고, 세리였던, 마태와 결부시킨다(마 9:9 – 13; 10:3; 막 2:14 – 17; 눅 5:27 – 28 참조). 첫째 복음서의 표제는 일찍부터 "마태에 의한"(*카타 마타이온*)이라고 붙여 왔다.

수신자

마태복음서의 독자들이 정확히 어느 지역 사람인지에 대해서는 비록 정확하게 말할 수 있는 자료가 극히 미약하지만, 복음서의 유대적 색채는 이 복음서가 일차적으로 유대인 그리스도인들을 위하여 기록되었음을 시사하는 것으로 보인다.

저술 연대

마태복음에는 유대교와 예수의 갈등이 많이 나오고 있으므로, 전체로서의 유대교에서 실질적으로 분리하기 직전이나, 혹은 실질적으로 분리되고 나서 막 회복하고 있는, 유대인—그리스도인 공동체를 위해 저술한 것이라는 주장이 있다. 그러나 70—80년대에 유대교와 기독교 간의 명백한 분리가 일어났는지 의심스럽다. 오히려 사도행전은 40년대 50년대에 일어난 사건들 속에서 이미 회당들이 바울을 추방하고 유대인 기독교인들을 박해했음을 알려 준다.

마태는 "베드로와 바울이 복음을 전파하고 로마에서 교회를 세우고 있을 때" 저술했다는 초대교회의 증언이 있다. 마태복음에는 이른 연대에 기록되었음을 시사하는 내용들이 있다(5:23—24; 17:24—27; 23:16—22; 24:20). 마태복음은 마가복음이 저술된 이후 60년대의 어느 시점에 기록되었다고 본다.

구조

마태복음의 특징은 그 구조에 있다. 마태는 놀라운 솜씨로 역사적 이야기들을 다섯 개의 교훈 덩어리들과 교대로 정교하게 짜 놓고 있다(5:1—7:29; 10:1—42; 13:1—52; 18:1—35; 23:1—25:46). 교훈 덩어리들은 주제별로 구성되고, 유사한 결론 공식으로 구별된다(7:28; 11:1; 13:53; 19:1; 26:1). 마태는 두 번에 걸쳐서 동일한 공식문구를 사용한다(4:17; 16:21). 마태복음 13장은 오랫동안 마태복음에서의 전환점으로 간주되어 오고 있다.

개요

1. 예수의 사역의 서론(1:1—4:16)
    가. 예수의 기원(1:1—2:23)
    나. 사역을 위한 예수의 준비(3:1—4:16)
2. 예수의 사역의 전개(4:17—16:20)
    가. 설교와 치유에 나타난 예수의 권위(4:7—9:35)

(1) 서론(4:17 - 25)

(2) 산상 설교(5:1 - 7:29)

(3) 치유(8:1 - 9:35)

나. 예수의 선교에 대하여 반대가 점점 더 거세어지다(9:36 - 12:50)

(1) 제자들의 선교에 대한 반대가 예고되다(9:36 - 10:42)

(2) 예수의 선교에서 반대를 경험하다(11:1 - 12:50)

다. 예수께 대한 반응이 점진적으로 양극화되다(13:1 - 16:20)

(1) 양극화에 대한 설명: 하나님 나라의 비유들(13:1 - 52)

(2) 양극화의 실현: 유대인에서 이방인으로(13:53 - 16:20)

3. 예수의 사역의 절정(16:21 - 28:20)

가. 다가오는 죽음과 부활에 초점을 맞추다(16:21 - 18:35)

(1) 제자도를 위한 함의: 오해를 바로잡다(16:21 - 17:27)

(2) 교회를 위한 함의: 겸손과 용서(18:1 - 35)

나. 예루살렘으로 가는 길: 임박한 이스라엘에 대한 심판(19:1 - 25:46)

(1) 참된 제자도 대 유대 지도자들에 대한 더 호된 정죄(19:1 - 22:46)

(2) 성전에 대한 심판, 그러나 또한 민족들에 대한 심판(23:1 - 25:46)

다. 예수의 궁극적인 운명(26:1 - 28:20)

(1) 수난과 십자가에 못 박힘(26:1 - 27:66)

(2) 부활(28:1 - 20)

특징

마태복음에서 예수는 하나님의 아들이요, 유대인들의 메시아적 왕이요, 기적적인 능력으로 우리와 함께하시는 하나님이요, 교회의 주님으로 묘사된다. 또한 예수의 가르침은 하나님의 백성에게 있어서 계속적으로 중요하며, 하나님 나라의 복음은 모든 사람 곧 유대인과 이방인을 같이 위한 것임을 강조한다.

예수는 더할 나위 없는 선생이다. 새 율법 수여자로서 또는 새 모세로서의 예수라는 주제가 두드러진다. 그러나 마태에 있어서 예수의 가르침은 순전한 율법과는 상당히 다르다. 그것은 더 높은 질서의 "의"이다(5:20; 11:28 - 30 참조).

예수의 도덕적 요구와 더불어, 전에는 얻을 수 없었던 순종을 위한 새로운 능력 부여가 온다.

마태복음에서 예수는 다윗의 자손, 왕, 그리고 왕 같은 메시아로 묘사된다. 이 가운데 "다윗의 자손"이라는 것은 마태에 나타난 가장 독특한 예수의 칭호 가운데 하나이다(9:27; 15:22; 20:30). 이 칭호는 마태의 유대적 정향성과 다윗의 집에서 나올 메시아에 대한 전통적 기대에 맞는다(2:1 － 12; 27:11 참조).

마태는 하나님의 아들이라는 술어를 사용할 때, 마가복음 1:1이 하는 것보다, 후대의 신조들과 신앙고백이 명백하게 말하는 어엿한 신성에 더 가깝게 접근한다(2:15; 26:63; 4:3, 6; 14:33; 16:16; 1:23; 28:20).

마태가 예수에게 사용하는 "주"라는 칭호는 가장 중요한 칭호이다(8:2, 6, 25; 9:28). 마태에게 있어서는 예수의 생전에도 "주를 경배하는" 사람들에 관해 말하는 것이 적절한 것으로 보인다(2:2, 8, 11; 14:33; 28:17).

가장 현저한 특징 중 하나는 마태가 모든 복음서 중 가장 유대적이라는 것이며, 또한 동시에 주요 장소에서 마태는 다른 세 복음서 중 어느 것만큼이나 분명하게 이방 선교의 전조를 보여 준다는 것이다.

마태에서는 구약 예언의 성취를 두드러지게 강조한다. 그는 그리스도의 생애의 사건들 속에서 성취되는 것으로 보는 구약을 대략 20회 인용한다. 또한 마태는 그리스도의 가르침도 좀 더 일반적으로 성경(율법) 전체를 성취하는 것으로 말한다(5:17 － 20). 마태는 예수가 성경 전부가 가리키며 또 위해서 준비한 그분임을 시사한다.

마태에는 예수의 선교를 유대인에게만 한정하는 듯한 세 개의 유명한 문절이 있다(10:5 － 6, 23; 15:24). 또 그는 "하나님의 나라"라는 술어 대신 "하늘나라(천국)"라는 술어를 사용한다. 이 말은 신약에서 마태복음에만 32회 나온다.

이방인 박사가 그리스도 아기에게 와서 경배하는 것은 복음서 가운데 오직 마태에서만 나온다(2:1 － 12). 마태는 예수께서 현 유대 지도자의 몰락에 대하여 예고하는 것을 기록한다(21:18 － 22:14; 특히 21:43). 세상의 사람들에 대한 심판을 강조하고(25:31 － 46), 위대한 명령으로 세계 선교를 명한다(28장).

유대 특수주의와 다민족 보편주의 간의 명백한 긴장에 대한 최상의 해결은 예수의 사역이 두 단계로 전개되는 것으로 보는 것이다. 즉, 십자가와 부활 이전의 사역(먼저 유대인)과 그 이후의 사역으로 나누어 생각하는 것이다(먼저 유대인, 그리고 다음에 이방인; 바울의 경우를 참조할 수 있다; 행 13:46; 18:6; 19:9; 롬 1:16).

마가에는 예수의 제자들에 대하여 상당히 부정적인 묘사가 나타나는 데 반하여 마태에는 제자들에 대한 좀 더 긍정적인 묘사가 나타난다(마 8:26; 13:51; 14:33). 마태는 복음서 가운데 "교회"(*에클레시아*)라는 말을 사용하는 유일한 복음서이며(16:18; 18:17), 특히 교회(공동체)를 위한 권징과 용서에 대하여 가르친다(18:15 – 35). 예수의 추종자들을 독특하게 "소자"라고 부르기도 한다(10:42; 18:6, 10, 14; 25:40).

마태는 철저하게 유대적인 복음서이면서, 보편주의를 담고 있고, 또 서기관, 바리새인, 그리고 사두개인들과 예수의 만남을 대단히 적대적으로 묘사한다(23:1 – 36; 27:25). 예수는 유대인의 예배하는 집을 "저희, 그들의" 회당이라고 부른다(4:23; 9:35; 10:17; 12:9; 13:54). 마태는 일곱 개의 문절에서 사두개인을 언급하는데, 항상 부정적으로 언급한다. 그러나 마태가 항상 모든 유대인을 무가치하게 보는 것은 아니다(10:23; 18:19; 23:39 참조).

3.2/2 마가복음

{자료: Blomberg, *Jesus and the Gospels*, 115 – 25; Ehrman, *The New Testament*, 56 – 71; Elwell and Yarbrough, *Encountering the New Testament*, 87 – 96; Brown, *An Introduction to the New Testament*, 126 – 170; Achtemeier, Green and Thompson, *Introducing the NEW TESTAMENT*, 123 – 147; Carson & Moo, *An Introduction to the New Testament*, 169 – 97; Guthrie, *New Testament Introduction*, 61 – 101; E. Earle Ellis, *The Making of the New Testament Documents*(BIS 39; Leiden: Brill, 1999) 372 – 76}

마가복음은 세례에서부터 부활까지로 이어지는 예수 이야기이다. 3분의 2 정도는 갈릴리에서 행하신 사역에 대하여 이야기하고, 나머지 3분의 1은 예루살렘에서 보내신 마지막 주간을 이야기한다. 마가복음은 다른 복음서들보다 상대적으로 더 짧고 예수의 가르침이 적기 때문에 종종 무시되어 오는 경향이 있었다. 그러나 현재 마가복음은 많은 사람들에 의해서 가장 먼저 기록된 복음서로 인정을 받는다.

이스라엘 이야기의 성취로서 예수 이야기를 최고로 훌륭하게 이야기하는 마가복음은 신약의 나머지 상당한 부분 특히 바울의 편지들과 히브리서와 베드로전서의 강조점들을 이해하는 데 지극히 중요하다. 바울이 고린도전서 1:18−25에서 말한 것과 같이, 십자가에 못 박힌 메시아의 연약함과 어리석음으로 하나님은 그의 능력과 지혜가 세상에서 구원을 위하여 역사함을 보여 주신다.

저자

초대교회 전통은 두 번째 복음서를 바울의 동반자였으며 나중에 베드로의 동반자가 되었던 요한 마가에게 돌린다(행 12:12, 25; 13:5, 13; 15:37; 골 4:10; 딤후 4:11; 몬 24; 벧전 5:13).

수신자

마가복음은 로마나 "이태리 지역"의 고난당하는 그리스도인들을 위해 저술된 것으로 보인다(벧전 5:13 참조). 유대인 그리스도인들은 49년에 로마에서 추방되었으며, 50년대 중반에 긴장이 조성되었고, 또 64−68년 어간에는 네로의 박해가 있었다. 마가의 관심은 본질상 무엇보다도 목회적이라고 할 수 있다. 마가는 십자가의 길을 강조하고, 또 제자들에 대하여 부정적으로 묘사하는데, 이는 "고투하는 공동체가 마침내 (고난을) 극복할 수 있으며, 승리는 고난을 통하여서만 온다."는 것을 확신시키려는 관심을 표현하는 것이다. 로마의 그리스도인들은 이러한 위로와 격려가 많이 필요한 독자를 형성하였을 것이다. 마가는 여러 가지 라틴어풍을 사용하고(막 12:42), 또 유대 풍습과 술어에 대하여 빈번하게 설명한다(막 7:3−4, 11).

저술 연대

마가복음의 연대는 공관복음의 문제를 다루고 논해야 할 사항이나, 결론적으

로 마가복음은 최초로 기록된 복음서로서, 늦은 50년대나 이른 60년대에 저술
되었다고 본다. 마가는 승리주의적 태도들을 반박하는 시도를 보인다.

구조

마가복음은 8:27－30을 중심으로 하여 두 개의 주요 부분으로 나눈다. 전반
부는 유사한 양식으로 된 일련의 치유, 논쟁, 비유 등의 이야기들을 모아 놓는
다. 두 개의 문학적 이음매가 있다(막 3:7; 6:6하). 후반부에서 사건들은 훨씬 더
연대순으로 진행된다. 두 개의 주요 지점에서 새로운 장면들로 나아간다(11:1;
14:1).

두 개의 주요 부분은 각각 세 개의 부분으로 나뉘고, 세 개의 부분은 각각 세
개의 소부분으로 나뉜다. 마가복음 구조의 주요 윤곽은 사도행전에 반영된 초대
기독교 설교에 상응한다(행 10:36－41 참조).

개요

1. 서론: 복음의 시작(1:1－13)
2. 그리스도의 사역(1:14－8:30)

　　가. 예수의 권위와 바리새인들의 맹목(1:14－3:6)

　　　(1) 서론(1:14－20)

　　　(2) 치유 기적들(1:21－45)

　　　(3) 논쟁 이야기들(2:1－3:6)

　　나. 예수의 비유들과 표적들 그리고 세상의 맹목(3:7－6:6상)

　　　(1) 제자도와 반대(3:7－35)

　　　(2) 비유들(4:1－34)

　　　(3) 더 많은 극적인 기적들(4:35－6:6상)

　　다. 예수의 이방인 사역과 제자들의 맹목(6:6하－8:30)

　　　(1) 더 많은 선교, 반대, 그리고 기적들(6:6하－56)

　　　(2) 깨끗한 것과 더러운 것: 이스라엘에서 물러남(7:1－8:21)

(3) 육체적 시력과 영적 시력(8:22 − 30)

3. 그리스도의 수난(8:31 − 16:8)

　가. 죽음의 예고들과 제자도의 의미(8:31 − 10:52)

　　(1) 십자가와 부활을 예고하시다(8:31 − 10:52)

　　(2) 참된 종 됨에 대하여(9:30 − 50)

　　(3) 십자가를 바라보는 가운데 행하는 유대 사역(10:1 − 52)

　나. 예수와 성전(11:1 − 13:37)

　　(1) 예루살렘 입성과 심판(11:1 − 25)

　　(2) 가르침과 논쟁(11:27 − 12:44)

　　(3) 멸망의 예고와 그리스도의 돌아오심(13:1 − 37)

　다. 예수의 생애의 절정(14:1 − 16:8)

　　(1) 고난을 위한 준비(14:1 − 72)

　　(2) 십자가에 못 박힘(15:1 − 47)

　　(3) 부활(16:1 − 8, [9 − 20])

특징

　마가는 하나님의 나라 곧 하나님의 통치가 예수와 더불어 왔음을 강조한다. 예수는 이사야에 예언된 새 출애굽을 실현하였다. 왕 같은 메시아는 약함 가운데 왔다. 그의 정체는 계시된 자들 이외에는 비밀이었다. 새 출애굽의 길은 예수를 예루살렘에서 죽게 함으로써 이루어진다. 제자도의 길은 십자가를 지고 그를 따르는 것이다.

　마가는 그의 복음서에서 반은 예수의 강력한 행위("성공")에 초점을 맞추고, 나머지 반은 예수의 고난과 죽음("실패")에 초점을 맞춘다. 왜 마가가 그렇게 하는 것일까? 하나의 설명은 한 가지 방향으로 나가는 왜곡된 강조의 정도를 낮추기 위한 것이라고 보는 것이다. 예를 들면, 위든(Theodore Weeden)은 예수를 "신적인 인간"(*데이오스 아네르*)으로 묘사하려는 사람들을 교정하기 위해서 그리스도 죽음의 수치스러움을 강조한다고 보며, 건드리(Robert Gundry)는 예수의 고난과 죽음에 대한 전통적인 강조를 예수의 영광에 대한 좀 더 승리주의적인 강조로 완화시키려고 마가가 그렇게 했다고 설명한다. 그러나 더 좋은 설명은 마가가 두 가지 본질적인 진리를 균형 있게 유지하려고 했다는 것이다. 즉, 마가는 예수의 생애와 또 그의 제자들의 생애에 있어서 예수의 영광과 십자가의 중심성을 동시에 강조하기 위하여 반은 강력한 행위에 초점을 맞추고, 나머지 반은 고난과 죽음에 초점을 맞추었다. 마가복음에 대하여 마틴(Ralph Martin)은 예수의 신성에 대한 강조를 그의 인성으로 균형을 가장 잘 맞추는 복음서라고 적절하게 평한다.

마가의 독특한 기독론적 칭호들은 위에서 말한 예수의 신성과 인성 간의 균형과 일치한다. 그는 하나님의 아들, 또는 아들이요, 그리스도요(1:1; 8:9), 또 인자이다(2:10; 참조, 1:35; 6:31). "하나님의 아들" 혹은 단순한 "아들"이라는 칭호는 마가복음에서 전략적인 위치에 나타나서 예수의 높아진 역할을 강조한다(1:1, 11; 3:11; 5:7; 9:7; 15:39).

마가복음에는 "메시아 비밀"의 모티프가 나타난다(막 8:30; 4:10−12; 1:25, 34; 3:12; 1:44; 5:18−19, 43, 등등). 이에 대하여 브레데(William Wrede)는 사실 예수 자신은 자기가 메시아라는 주장을 하지 않았으며, 예수가 신적 그리스도요 하나님의 아들이라는 마가의 확신을 정당화하기 위하여 마가가 이 모티프를 창안했다고 주장한다. 그러나 이 주장은 마가복음의 재료를 정당하게 설명하지 못한다. 더 정확한 설명은 예수가 실로 자신이 그리스도라는 것을 믿었으나 "그리스도"라는 칭호를 공개적으로 받아들이는 것에 관해서 대단히 조심스러워 했다는 것이다. 혹은 예수는 사람들이 나타낼 시기상조의 열광으로 인하여 그의 사명이 압도되어 버리지 않도록 대단히 조심스러워했다는 것이다. 왜냐하면 일반 대중의 기독론적인 기대는 고난당하는 메시아에 대한 여지를 남겨 놓지 않았기 때문이다(9:9 참조).

마가복음 10장 45절은 마가가 예수의 십자가로 가는 길에 대하여 강조하는 것을 요약하는 데 있어서 마가복음에서 가장 중요한 절이라 할 수 있을 것이다. 마가는 예수를 자기 목숨을 많은 사람의 대속물로 주시는 대속자로 표현한다(막 14:24 참조). 여기서 비록 마가가 그러한 표현은 결코 사용하지 않지만, 이사야 52장 13절−53장 12절에 나타난 대로, "고난당하는 종"이라는 개념이 십중팔구 예수의 본질과 사명의 인간적인 면을 가장 잘 요약하는 것일 게다. 간단히 말해서, 마가복음은 예수께서 왜 죽으셨는지에 대하여 말하는 것이다.

마가복음에서 우리는 제자들의 빈번한 실패와 오해에 관해서 읽는다(4:11-13, 33-34; 4:40; 6:51-52; 8:4, 14-21; 9:14-29; 8:33; 8:22-26; 10:46-52; 부인하고, 배반하고, 도망하는 제자들을 묘사하는 14-15장). 하지만 긍정적인 면을 함께 읽어야 한다. 예수의 제자들은 그의 최초의 부르심에 응답한 자들이요(1:16-20; 2:13-14; 3:13-19), 외인에게 주어지지 않은 진리들을 받은 사람들이다(4:14-20; 7:17-23). 또한 미래에 관한 특별한 특권과 약속을 받기도 한다(14:28; 16:7). 여자 추종자들에 대해서도 말한다(5:29, 34; 7:29; 12:41-44; 14:3-9; 15-16장; 참조, 16:8).

나중에 나온 다른 복음서들이 때때로 지연감을 반영하는 데 반하여, 최초의 기록된 복음서로서 마가는 여전히 그리스도의 가까운 돌아오심에 대한 생생한 소망을 보존한다(9:1; 13:30 참조). 마가가 보존하는 하나의 긴 "설교"가 있는데, 곧 그리스도의 종말론 강화(13장)이다.

마가는 *유앙겔리온*("복음, 좋은 소식")이라는 술어를 예수 자신이 가져온 메시지에 대해서가 아니라(그러한 용법에 대한 선례의 가능성이 로마서 1:1-4에 있기는 하지만), 예수에 관한 이야기에 대하여 말하는 술어로서 최초로 사용한 기독교인이었을 것이다(막 1:1; 8:35; 10:29). "복음"이라는 말이 마가복음에 7회, 마태복음에 4회 나오는 반면, 누가복음과 요한복음에는 나오지 않는다.

3.2/3 누가복음

{자료: Blomberg, *Jesus and the Gospels*, 140-55; Ehrman, *The New Testament*, 96-114; Elwell and Yarbrough, *Encountering the New Testament*, 97-106; Brown, *An Introduction to the New Testament*, 225-78; Achtemeier, Green and Thompson, *Introducing the NEW TESTAMENT*, 149-74; Carson & Moo, *An Introduction to the New Testament*, 198-224; Guthrie, *New Testament Introduction*, 102-35; R. E. O. 화이트, [누가신학 연구: 기독교에 대한 누가의 변증] (김경진 역; 서울: 한국로고스연구원, 1995}

누가복음은 그리스도와 성령께서 실현하신 "이스라엘"의 구원에 대하여 이야기하는 누가(복음)-(사도)행전의 제1부로서, 예수 이야기이다. 세례 요한의 출생과 함께, 성령으로 말미암은 예수의 탄생을 알리는 것으로 시작하는 그 이야기는 예수의 승천까지 이어진다. 누가의 이야기는 가장 완전하다. 누가의 복음은 이스라엘에 주신 하나님의 약속들이 성취됨을 강조하고, "주님의 은혜의 해"(눅 4:19)는 가난하고 힘이 없는 자들을 받아 주시며 그들을 구원하시는 예수의 동정 많은 사역과 더불어 왔다는, 성서 이야기의 위대한 보물들 가운데 하나이다.

저자

대단히 이른 초대 교회의 전승은 세 번째 복음서(와 사도행전)의 저자로 신약에 나오는 누가를 지목한다(몬 24; 골 4:14; 딤후 4:11; 참조, 행 16:10−17; 20:5−16; 27:1−28:1−28). 그는 신약성서에서 유일한 이방인 저자이다.

수신자

누가는 데오빌로에게 쓰는 형식을 취한다. 그러나 누가복음의 내용은 그의 독자가 한 개인에 한정되지 않고, 더 넓은 공동체임을 시사한다. 누가복음은 많은 사람들 즉 다른 공동체보다 좀 더 유복한 기독교 공동체를 향하여 이야기하는 것이다. 누가에는 물질적 재산에 관한 지배적인 관심이 나타난다. 누가는 살림살이가 나은 기독교인들을 향하여 너그럽게 주고, 또 주 안에서 생활이 더 딱한 형제자매들과 함께 나누라고 요청하고 있다. 또한 누가는 이방인으로서, 전적으로 그런 것은 아니지만, 주로 이방인−기독교 공동체에게 쓰고 있다고 할 수 있다. 더 이상 자세한 것을 말하기는 어렵다.

저술 연대

누가복음이 사도행전의 전편이라면, 사도행전보다 당연히 먼저 기록되어야 한다. 사도행전이 62년경에 기록되었다고 볼 때, 누가복음의 저술 연대는 그 이전의 어느 연대가 되어야 할 것이다(행 21−28장). 그런데 누가는 왜 복음서를 저술했는가? 누가복음 1장 3절－4절은 역사적인 동기, 교리문답을 위한 동기, 변증적인 동기, 그리고 목회적인 동기가 누가의 작품 배후에 있음을 시사한다. 또한 사도행전은 로마 앞에서 교회를 변호하기 위한 동기가 있음을 보여 준다(행 16:35－40; 18:12－17; 26:30－32). 사도행전은 유대인－이방인 긴장의 상황을 나타내기도 한다. 누가복음은 모든 복음서 중 가장 보편적인 복음서로 여겨진다. 그래서 누가복음의 목적과 상황을 명확히 정의하기는 어렵다.

구조

누가복음의 구조는 마가복음의 개요의 부분들과 마태복음의 부분들과 아주 유사하다. 누가는 큰 덩어리의 마가 재료와 비－마가 자료를 번갈아 사용한다(눅 1－2; 3:1－9:50[＝마가 재료]; 9:51－18:14[＝Q & L 자료]; 18:15－24:53[＝마가 및 Q 재료]). 이 주요 부분들(3:1－9:50; 9:51－18:14; 18:15－24:53)은 누가의 주제별 구조에 상응하는 것으로 보인다. 우리는 누가가 복음서의 속편인 사도행전을 썼다는 것을 항상 마음에 새겨 두어야 한다. 사도행전 1:8은 누가의 두 번째 책에서 이야기된 사건들이 전개되는 대략적인 지리학적 개요를 나타낸다. 즉 예루살렘과(1－7장) 유대와 사마리아와(8－12장), 땅끝으로 구분할 수 있다(13－28장). 이 정확한 지리학적 순서를 누가복음에서도 역순으로 식별할 수 있을 것 같다(3:1－9:50[＝갈릴리(사 2:1; 마 4:15 참조)], 9:51－18:14[＝사마리아와 유대(9:52; 17:11)], 18:15－24:53[＝예루살렘(18:35; 19:1, 11, 28 등)]). 따라서 누가는 두 권으로 이루어진, 교차대구법 방식으로 구성된, 예수의 생애와 초대교회 성장의 기사를 계획한 것으로 볼 수 있다. 교차대구법의 가장 중요한 부분은 그 중심에 있다. 이 경우에 예수의 부활과 승천이다(행 2:24－36; 13:30－37; 17:18; 23:6 참조).

개요

1. 예수의 사역의 서론(1:1－4:13)
    가. 서언(1:1－4)

나. 예루살렘으로 들어감(19:28 – 48)

다. 예수의 가르침: 마지막 주간(20:1 – 21:38)

5. 예수의 생애의 절정(22:1 – 24:53)

가. 유월절(22:1 – 71)

나. 십자가에 못 박히심(23:1 – 56)

다. 부활(24:1 – 53)

특징

하나님의 메시아가, 하나님의 약속하신 대로 이방인을 포함하는 그의 백성 이스라엘에게 오셨다. 예수는 전통적인 종교가 경계선 밖으로 내몰아 낼 모든 종류의 주변 인물들을 포함하여 잃어버린 자를 구원하려고 오셨다. 예수의 사역은 성령의 능력 아래 수행되었다. 구약의 약속들을 성취한 예수의 죽음과 부활은 죄의 용서를 위하여 필요한 것이었다(눅 24:25 – 27, 44 – 49).

누가복음에서는 "그리스도"나 "하나님의 아들"이나 "주"와 같은 칭호들이 마태복음이나 마가복음에서만큼 그렇게 두드러지게 나타나지 않는다. 오히려 예수께서 특히 수많은 범주의 사회 소외 계층들과 함께하거나 그들을 동정하는 데서 예수의 인성이 현저하게 돋보인다. 예수는 사마리아인들과 이방인들(10:25 – 37; 17:11 – 19; 14:23), 세리들과 죄인들(5:30; 7:34; 15:1; 15:11 – 32; 18:9 – 14; 19:1 – 10), 여인들(1 – 2; 2:25 – 38; 13:18 – 21; 15:3 – 10; 13:10 – 17; 14:1 – 6; 7:36 – 50; 10:38 – 42; 8:1 – 3); 그리고 가난한 자들(6:20; 4:18; 14:7 – 24; 16:19 – 31) 등의 네 집단에 특별한 관심을 가지시고, 그들과 어울리셨다.

예수의 인성과 동정하심의 주제들을 가장 잘 요약해 주는 것은 아마도 "구주"라는 칭호이다(눅 1:47; 2:11; 참조, 요 4:22). '구주'는 다른 공관복음에 나타나지 않으며, 누가복음에서 예수에게 사용된 가장 독특한 칭호이다(소테르, 소테리아, 소테리온이라는 어휘가 누가복음에 8회, 사도행전에 9회 사용된다.). 누가복음 19:10은 누가복음 전체를 한 절로 요약해 주는 구절이다. 사도행전에서는 "주"라는 칭호가 "구주"라는 칭호보다 더 현저하게 나온다. 누가는 십자가와 부활 이전의 예수의 사역(누가복음)과 그 이후의 예수의 사역(사도행전)에 있어서 다른 강조점을 돋보이게 하려는 것 같다.

예수는 또한 선지자이다. 예수는 나인성 과부의 아들을 소생시키셨다(눅 7:11
-16). 이는 구약의 열왕기하 4장 8절-37절의 기사와 유사하다. 예수는 자신을
가리켜 선지자라고 부른다(눅 13:33). 누가복음의 특징의 하나는 중심부에 예루
살렘을 향하여 가시는 예수의 긴 기사가 있다는 것이다(눅 9:51-18:34). 이 중
심 부분 전체를 신명기에 유사한 순서로 나타난 평행 화두로 보는 학자들이 여
럿 있다. 즉, 예수가 하나님의 사신으로 보냄을 받는데, 이는 목이 곧은 세대를
경고하기 위함이며, 경고의 내용은 다가오는 멸망에 대한 것이요, 그러나 예수
는 거부를 당할 뿐이다. 누가는 구약을 선지자적이며 기독론적인 용법으로 사용
했다고 요약하는 것이 가장 좋다. 성경 전부가 예수를 가리키며, 예수에 의해
성취되어야 한다(눅 24:25, 44).

예수는 또한 비유의 선생으로 묘사된다. 가장 흔히 비유로 분류되는 40개의
문절 중 28개가 누가복음에 나타나고, 이 중 15개는 누가복음에만 나오는 것이
다. 이 15개 중 1개를 제외하고는 모두 중심 부분(9:51-18:34)에 나온다. 비유
중 네 개는 특히 "본보기-이야기들"이라 한다(10:25-37; 12:13-21; 16:19-
31; 18:9-14). 상징적 성질이 덜하기 때문이다.

누가는 부활과 승귀에 초점을 맞춘다(사도행전). 누가는 마가복음 10:45에 나
타난 그리스도의 대속적 속죄에 대한 가르침을 생략한다. 그리스도의 추종자들
이 그 선생의 종 되심을 모방할 필요가 있다는 것에 전적으로 초점을 맞춘다.
제자들은 그들의 선한 행위에 대한 대가 혹은 반대급부를 대하지 않아야 한다
(눅 22:24-30). 예수는 헬레니즘의 "후원자"(Patron)가 아니라 그들의 궁극적
"은인"(Benefactor)이시다(14:12-14 참조).

누가복음에서 가난한 자들에 대한 예수의 관심과 밀접하게 관계된 것은 예수
의 추종자들이 자신들을 위해 부를 축적하거나 모으지 말아야 할 필요성을 강
조하는 것이다(6:24-26; 1:46-55, 67-79; 16:1-13; 18:18-30; 19:1010;
19:11-27). 그럼에도 누가는 궁핍한 자들에게 그들의 부를 너그럽게 주는 부유
한 기독교인들이 있음을 안다(눅 12:33; 14:33; 행 2:44-47).

누가는 최대의 이방인 정향성을 가지고 있는 복음서이다. 그러나 동시에 누가
만이 유대인 지도자들에 관하여 때때로 적당하게 긍정적인 견해를 나타낸다(눅

7:36－50; 14:1－24; 13:31). 누가는 예루살렘을 하나님의 거룩한 장소로 인정하고, 유대 율법에 순종한다(눅 1:6, 59; 2:21－24; 행 3:1; 18:18; 21:21－24). 누가는 예수의 최초의 추종자들이 유대교와 유대교의 "토라"(율법)로부터 즉각적으로 분리되지 않았다는 것을 보고함으로써 역사에 충실하였지만, 누가가 강조하는 점들은 하나님께서 궁극적으로 제1세기 사건들을 인도하시며, 하나님이 원하시는 목표로서 재삼재사 율법에서 자유로운 기독교를 향하여 나아가게 하셨다는 것이다. 그리스도는 유대교의 '성취'이며, 그 보존이 아니다(눅 24:44).

콘첼만(Hans Conzelmann)은 누가복음에 대한 편집비평적 연구를 선도했다. 그는 누가가 최초의 기독교 역사가였다고 본다. 누가는 로마 제국의 역사 속에 나타난 "구원사, 신학적 역사"를 기록하였다. 누가복음의 세부사항은 그 당시의 역사 기술 표준에 의하면 정확한 것이지만, 로마 제국의 맥락 속에서 그 신학적 또는 영적 의의 때문에 선정된 것이다. 콘첼만은 누가의 역사를 세 시대로 구분했다. 이스라엘 시대, 예수 시대(눅 4:13, 사탄으로부터 자유로운 기간)(＝[시간의 중간], *Die Mitte der Zeit*), 그리고 뒤이은 초대교회 생활(사도행전)(＝초기 공교회). 누가복음은 파루시아의 지연을 가장 강조한다는 사상과 밀접하게 연결된다고 본다(눅 12:35－38; 19:11; 21:20－24; 참조, 12:20, 16:19－31, 23:43).

이러한 콘첼만의 견해에는 몇 가지 문제가 있다. 누가는 그리스도의 돌아오심의 즉각성을 강조하지 않지만 여전히 그리스도의 돌아오심이 가까운 장래에 있을 것이라는(가까운 도래에 대한) 소망을 유지한다. 누가는 멋지게 현재 종말론과 미래 종말론의 균형을 맞춘다(눅 17:20－21, 22－37). 누가는 예수 시대와 교회 시대를 다르게 묘사하려고 하지 않았다. 예수의 사역 대부분의 기간 동안에 사탄이 없었는지도 분명하지 않다(눅 11:14－26; 22:31 참조). 오히려 누가에게 있어서 주요 주제는 "마귀의 소멸"이다(눅 10:18－19 참조). 누가는 어떤 기적들은 마치 일종의 귀신추방인 것처럼 묘사한다(눅 8:24). 누가복음－사도행전 전체에는 하나님이 주권적 계획을 가지고 관장하신다는 것에 대하여 의심의 여지를 남기지 않는 사건들이 진행되는 것으로 가득 차 있다.

누가가 사용하는 특징적인 표현은 "성령으로 충만하다"라는 말이다(눅 1:15, 41; 행 2:4; 4:31 등). 또한 기도가 누가복음에만 나오는 세 개의 비유의 초점을 이룬다(눅 11:5－8; 18:1－8; 18:9－14). 기도는 그리스도 자신의 생애의 중대한 순간에 특징이 된다(눅 5:16, 6:12; 19:18, 28 등). 성령 안에서 사는 삶의 또 다른 독특한 국면은 '기쁨'이다(1:4, 2:10, 10:17, 15:7, 10 등). 누가는 성령, 기도, 기쁨의 주제를 강조한다.

3.2/4 요한복음

{자료: Blomberg, *Jesus and the Gospels*, 156−75; Craig L. Blomberg, *The Historical Reliability of John's Gospel: Issues & Commentary*(Downers Grove: IVP, 2001) 17−67, 283−94; Ehrman, *The New Testament*, 133−53; Elwell and Yarbrough, *Encountering the New Testament*, 107−16; Brown, *An Introduction to the New Testament*, 333−82; Achtemeier, Green and Thompson, *Introducing the NEW TESTAMENT*, 175−205; Carson & Moo, *An Introduction to the New Testament*, 225−84; Guthrie, *New Testament Introduction*, 248−350}

요한복음은 메시아이며 하나님의 아들이신 예수 이야기이다. 부활 이후의 통찰의 관점에서 이야기되었다. 그의 성육으로 예수는 하나님을 알리고, 십자가를 통하여 그의 생명을 모든 사람에게 줄 수 있게 하였다.

저자

요한복음의 내적 증거는 "예수께서 사랑하신 제자"(13:23; 19:26; 20:2; 21:7, 20)가 요한복음에 기록된 사건들에 대하여 일차적 증인임을 밝힌다(21:24). 이 "예수께서 사랑하신 제자"는 누구인가? 결론적으로 말하여, 그는 사도 요한이다(막 9:2; 14:33; 요 6:67, 70, 71; 20:2−9; 21:20−24 참조). 초대 교회의 전승도 네 번째 복음서의 저자로 사도 요한을 지목하는 데 일치한다. 그러나 문제는 파피아스가 요한과 장로 요한을 언급하고 있다는 것이다. 여기서 파피아스가 요한이라는 이름의 한 개인을 가리키는 것인지, 두 개인을 가리키는 것인지 분명하지 않다. 파피아스 당시 나이 지긋한 요한이 아직 살아 있는 유일한 사도였다면, 요한을 (이미 세상을 떠난) 다른 사도들과 함께 기록하고, 두 번째로 그 당시의 교회의 동료 장로와 함께 "장로 요한"을 기록하였을 것이다.

현대 학자들은 종종 요한의 저작권을 거부한다. 갈릴리 사람인 요한이 유대에 초점을 맞추고, "우뢰의 아들"이라는 별명을 지닌 요한이 요한복음과 같은 고요한 글을 썼을 것 같지 않고, 요한은 배운 사람이 아니었으며, 유대인인 요한이 "유대인들"이라는 어구를 대단히 비평적으로 사용할 수 없었을 것이며, 또 사도가 자신을 "사랑받는"이라고 부를 수 없었을 것이라 게 이유이다. 그러나 요한의 저작권을 받아들이는 데 심각한 걸림돌이 되는 유일한 것은 요한복음과 공관복음 간의 신학에 현저한 차이점이 있다는 것이다. 그러나 이 차이점을 과장해서는 안 되며, 또 사도적 기독교 안에도 존재한 다양성을 과소평가해서도 안 된다.

저작권과 관계된 쟁점은 요한복음의 자료비평이라는 쟁점이다. 불트만(Rudolf Bultmann)은 요한복음의 배후에 세 개의 주요 자료, 즉 표적자료와 강화자료와 수난자료가 있다고 주장한다. 그러나 요한복음에 대한 최근의 연구는 오히려 완성된 형태로서의 요한복음이 지닌 문체적 통일성과 설화적 통일성을 강조한다.

많은 주석가들은 또한 복음서 내부에서 편집의 단계들이나 편집의 수준들을 분리시키려고 노력했다(21:24 – 25 참조). 그러나 현재의 자료로는 이에 대하여 확신을 가지고 꼬집어서 정확하게 말하기가 어렵다. 따라서 이렇게 말하는 것이 가장 안전할 것이다. 우리가 아는 복음서의 실질적 핵심은 사도 요한에게까지 거슬러 올라가며, 일어났을지도 모르는 어떤 편집 작업은 하나님의 영으로 하여금 복음서의 진리들을 요한 공동체에 가장 잘 적용할 수 있게 하는 형태로 만들기 위하여 이루어졌으며, 또 예수의 이야기는 상황화되었을지 모르지만, 왜곡되거나 변조되지는 않았다.

수신자

20세기 전반기에서 대부분의 학자들은 요한복음에 나타나는 높은 기독론으로 인하여 요한복음이 대단히 늦게 기록되었고, 또 헬레니즘적 기원을 가지고 있다고 생각했다. 그러나 보수주의자들은 빌립보서 2장 5절-11절과 같은 본문에서 일찍이 주후 60년대에 "높은 기독론"이 발견된다고 항의했다. 사해 두루마리의 발견으로 인하여, 오늘날 요한의 유대성과 그의 기독론의 유대성도 훨씬 더 널리 확언되고 있다.

요한 공동체에 대한 인기 있는 비평적 재구성은 요한 공동체가 두 개의 주요 단계를 거쳐서 발전되었다고 묘사한다(J. Louis Martyn, *History and Theology in the Fourth Gospel,* 1979). 처음에는 1세기 중엽에, 팔레스타인에 있던, 유대 당국과 점점 긴장 관계가 형성되고 마침내 회당에서 출교되는 유대인-그리스도인 공동체의 단계요(요 9:22; 12:42; 16:2), 다음 은 1세기 말경에, 에베소와 그 주변의 소아시아에 있던, 더 혼합된 성질을 지니지만 지배적으로 이방인 그리스도인으로 구성된 공동체를 형성한 단계라고 본다. 그러나 우리가 1세기 말에 에베소에 관하여 알고 있는 바를 고려한다면, 요한의 유대적 특징과 헬레니즘적 특징이라는 두 줄기의 사상이 왜 동시에 존재할 수 없는 것인지 분명치 않다. 소아시아의 교회는 분명히 점점 더 드세지는 영지주의의 임재(거기에 케린투스라 하는 이단적인 선생이 있었다.)와 적대적인 유대인의 임재(계 2:9; 3:9 참조) 모두와 싸워야 했었을 것이다.

흥미롭게도, 요한서신은 제4복음서의 몇몇 신학적 독특성들에 대해 교정하는 혹은 균형 잡는 강조를 반영하는 것으로 보인다. 브라운(Raymond Brown)은 특히 요한서신이 더 강조하는 네 가지를 주목한다. 첫째, 예수의 신성보다 인성에 대하여 더 많이 강조한다. 둘째, 죄 없다고 주장하는 것에 대하여 하나님의 계명을 지키는 것의 중요성을 강조한다. 셋째, 현재적 종말론보다 미래적 종말론을 더 강조한다. 넷째, 더 깊은 진리로 인도함을 받는다는 약속에 대하여 공동체가 그 성령을 통하여 이미 하나님의 진리를 배웠다는 주장을 강조한다.

요한서신과 요한복음 간의 이 모든 대조는 복음을 점점 더 영지주의적으로 왜곡하는 일이 벌어지는 것에 대비해서 볼 때 이해가 된다. 요한은 원래 예수에 관한 좋은 소식을 초기 영지주의에 관심을 갖거나 영향을 받기 시작하는 공동체를 위하여 상황화시키려고 노력하면서 저술했는데, 거짓 선생들이 정통과 영지주의가 공통으로 가지고 있는 주제들을 골라내어 그것들을 균형 있게 다루지 않고 지나치게 강조하는 것을 발견하게 되었던 것이다. 요한서신 특히 요한일서는 이 불균형을 바로잡으려고 약간 다른 강조점들을 갖고 저술한 것이다.

요한의 저작 배후에 있는 상황을 아주 다르게 재구성하는 것은 제4복음서를, 그리스도인들이 아닌, 구원받지 못한 유대인들을 위한 복음전도용 책자로 이해하는 것이다. 그러나 위더링톤(Ben Witherington Ⅲ)이 제안한 것처럼, 이렇게 말할 수 있을 것이다. 즉, 사도 요한은 그리스도인들이 비그리스도인 친구들과 친척들을 복음화하는 데 더 효과적이 되도록 돕고자 그리스도인들에게 쓰고 있다.

저술 연대

상당히 강한 초대 교회 전승은 요한복음의 연대를 제1세기 말, 아마도 도미티안 통치기간(주후 81－96년) 동안, 요한이 에베소에서 사역하는 매우 늙은 사람이었을 때로 잡는다. 80년대 혹은 90년대로 연대를 잡는 전통적인 생각이 여전히 가장 좋다.

구조

마가와 마찬가지로, 요한은 두 개의 "반"(半), 곧 예수의 능하신 행위를 강조하는 전반(1－11장)과 그의 죽음과 부활로 인도하며 그것을 포함하는 사건들을 반영하는 후반(12－21장)으로 나눈다. 복음서 처음의 18절(요 1:1－18)은 전체 복음서에 대한 서언의 기능을 한다. 21장은 1장에서 제기된 어떤 쟁점들을 종결하는 의도적으로 계획된 결론인 것 같다(요 1:35－51; 21:15－23 참조).

요한복음 20장 31절의 진술은 요한의 내러티브(이야기) 전체를 통하여 반복해 나오는 "증거"라는 주제와 결합하여(예를 들면, 2:25; 3:32－33; 5:34; 8:17; 15:26; 21:24) 요한복음의 개요를 결정하는 데 도움을 준다. 즉, 요한이 제공하는 전체 정보를 복음의 진리에 대하여 증거하여 사람으로 하여금 복음의 진리를 믿게 하는 것으로 이해하는 개요를 제시할 수 있다. 요한복음의 구조를 구약의 예언자의 "소송"(히브리어 *ribh* '리브')의 양식에 비견한 연구도 있다(시 50; 사 1:2－3; 3:13－15; 렘 2:4－13; 호 4:1－3; 미 6:1－5 참조).

복음서 전반부 안에서, 2－11장은 일곱 개의 기적("표적")과 일곱 개의 주요 강화가 지배한다. 분명히 표적과 강화의 여러 쌍은 관계가 있다(요 6:1－15, 6:25－71; 9:1－41, 7:1－8:59). 그러나 모두 그렇게 매끄럽게 연결되는 것은 아니다. 더 주목할 만한 것은 2－4장과 5－10장을 각각 한 단위로 이해해야 함을 시사하는 구조상의 표지들이다(요 2:11; 4:54). 2-4장의 이야기는 예수 사역의 새로움을 예증하는 이야기들이다. 연대적으로, 이것들은 예수의 대갈릴리 사역에 앞서는 사건들로 보인다. 5-10장의 대부분은 예수께서 예루살렘에서 절기 때에 행하신 것을 묘사한다. 여기서 요한은 유대 절기들을 성취하시는 분으로서의 예수를 강조하려고 애쓴다. 11장은 지금까지 베푸신 예수의 최대의 기적을 이야기하는데(11:1-44), 이 이야기는 요한의 첫 번째 주요 단락(2-11장)의 나머지 부분(11:45-57)과 관계를 맺는다.

12-21장도 두 개의 주요 중심 부분을 담고 있다. 12장은 그리스도의 죽음에서 절정에 달할 사건들에 대한 서론이다. 13-17장은 예수께서 배반을 당하시는 밤에 일어난 것을 이야기한다. 18-20장은 체포, 재판, 십자가에 못 박히심, 그리고 부활을 차례대로 이야기한다. 21장은 결론을 이룬다. 12:1은 시간과 장소가 명백히 변함을 표시한다.

개요

1. 서론적 증거(1:1-51)

　　가. 서언(1:1-18)

　　나. 요한의 증거와 최초의 제자들(1:19-51)

2. 표적과 강화의 증거(2:1-11:57)

　　가. 예수와 유대교 제도들(2:1-4:54)

　　　　(1) 물을 포도주로: 새로운 기쁨(2:1-11)

　　　　(2) 성전 청결: 새로운 성전(2:12-25)

　　　　(3) 예수, 니고데모, 그리고 세례자: 새로운 출생(3:1-36)

　　　　(4) 예수, 사마리아 여인, 그리고 신하의 아들: 새로운 보편주의(4:1-54)

　　나. 예수와 유대 절기들(5:1-10:21)

　　　　(1) 중풍 병자를 고치심과 아버지를 모방하심(5:1-47)

　　　　(2) 참된 유월절: 생명의 떡(6:1-71)

　　　　(3) 참된 성막: 생수와 세상의 빛(7:1-9:41)

　　　　(4) 선한 목자 그리고 아버지와의 하나 됨(10:1-42)

다. 부활과 생명으로서의 예수(11:1-57)

3. 죽음과 부활의 증거(12:1-20:31)

　가. 죽음을 위하여 준비하는 행위들(12:1-50)

　　(1) 베다니에서 일어난 기름부음(12:1-11)

　　(2) 예루살렘에 들어감(12:12-50)

나. 죽음을 위하여 준비하는 가르침(13:1-17:26)

　　(1) 예수의 섬김과 유다의 배반(13:1-30)

　　(2) 작별 강화(13:31-16:33)

　　(3) 대제사장의 기도(17:1-26)

다. 죽음 그 자체를 둘러싼 사건들(18:1-20:31)

　　(1) 체포, 재판, 그리고 십자가에 못 박히심(18:1-19:42)

　　(2) 부활(20:1-29)

　　(3) 복음서의 목적(20:30-31)

4. 결론적 증거(21:1-25)

　가. 제자들의 복권(21:1-23)

　나. 결언(21:24-25)

특징

요한복음이 제시하는 예수는 메시아요 하나님의 아들이다. 예수는 성육과 십자가에 못 박힘으로 하나님의 사랑을 계시하시고 인간을 구속하셨다. 제자도는 포도나무(＝예수) 안에 거하고 열매를 맺는 것(＝예수가 사랑한 것같이 사랑하는 것)을 의미한다. 예수는 성령을 그의 백성에게 주셔서 그의 일을 계속하게 하실 것이다.

그 외에는 공관복음과 매우 다르기 때문에, 요한복음의 목적 진술(요 20:31)에서 예수에게 사용된 두 개의 주요 칭호가 마가의 표제 절(막 1:1)에서 사용된 칭호("그리스도", "하나님의 아들")와 동일하다는 것은 의미심장하다. 요한에게 있어서 "아들"은 공관복음서보다 훨씬 더 명백하게 하늘의 인물과 동일시되고 있다. 요한복음 3장 31절-36절은 중요한 요한적 주제들을 요약하는 주요 기독론 문절이다. 그리고 그 밖에 요한의 기독론에는 상당히 독특한 네 개의 다른 강조점이 있다.

첫째, 요한만이 특히 그의 서언(1:1 - 18)에서 예수를 *로고스*("말씀")라고 부른다. "로고스"는 하나님 또는 신들이 자신을 계시하고 인류와 의사를 소통한 방법을 가리키는 데 널리 사용된 술어였다. 참지식을 계시하는 것이 요한적 구속자의 주요 기능으로 남아 있다(요 1:14). 그리스도의 신성에 대한 강조와 함께 "로고스"가 육신이 되었다는 교리는 그의 완전한 인성을 상기시켜 주는 중요한 것이다(요 19:34 참조).

둘째, 요한은 예수를 "하나님의 어린양"이라고 부르는 유일한 신약 저자이다(요 1:19, 36; 그리고 계시록에서 27회). 하나님의 어린양이라는 말의 배경으로 유대인 유월절의 희생양을 생각할 수 있다(요 1:29). 계시록의 승리하고 정복하는 어린양은 요한이 신구약 중간시대 문학에 나타나는 메시아적 전사와 그 원수로부터 하나님의 백성을 구조하는 자를 나타내는 양 또는 수양의 주제에 의존함을 시사한다.

셋째, 요한의 예수에 관한 묘사와 유대 지혜문학에서의 인격화된 "지혜" 사이에 수많은 평행이 나타난다. 마태복음에서 일어나는 평행보다 훨씬 더 많다. '솔로몬의 지혜'(*Wisdom of Solomon*) 또는 '시락의 지혜'(*Wisdom of Sirach*)와 같은 신구약 중간기 작품에서 우리는 예수에 관하여 요한이 강조하는 다음과 같은 점들의 밀접한 평행을 발견한다(요 1:9; 1:45; 5:46; 8:56; 12:41, 등). 신구약 중간기 작품에서, 지혜는 예수와 같이 하늘로부터 오고 가며, 하나님의 백성에게 먹을 빵을 공급하고, 또 죽은 자를 살린다고 한다. 지혜는 정규적으로 긴 강화로 말했다. 요한복음 안에 또 현저한 것은 예수를 그의 하늘 아버지 하나님께서 보내신 자로 묘사하는 것이다(예를 들면, 3:17, 28, 34; 4:34; 5:23, 24, 30, 등). 이 언어는 그 주인을 위한 대행자 역을 하는 '샬리아흐'(*shaliach*, 또는 "보냄을 받은 자")라는 히브리 개념에 근거한다. 때때로 그 대행자는 둘 사이의 구별을 흐리게 만들기 시작하는 방식으로 주인을 위해서 일을 행한다.

넷째, 위의 세 부분은 모두 독자로 하여금 이 네 번째 부분을 맞이하도록 준비한다. 요한복음의 본문이 예수로 하여금 명시적으로 "나는 하나님이다."라고 선언하게 하지는 않지만, 요한은 예수를 위하여 그의 신성을 함축하는 주장을 한다. 요한복음 1장 1절; 일곱 개의 "나는……이다."(*에고 에이미*)라는 진술 (6:35; 8:12; 10:7; 10:11; 11:25; 14:6; 15:1); 그는 유대인들이 신성모독으로 해석하는 의미에서 아버지와 하나라고 주장한다(10:30-33). 그리고 도마의 외침(20:28).

이 주장들을 너무 경시하거나 중시하지 않도록 하여야 한다. 요한의 기독론이 공관복음의 기독론과 양립하지 못하는 것은 아니다. 공관복음은 그리스도의 동정녀 잉태를 말하고, 죄를 사하시는 예수를 말하고(막 2:5 및 평행구), 제자들이 그를 향하여 진실로 하나님의 아들이라고 외치고(마 14:33), 아버지의 영광으로 오실 인자를 이야기하고(막 8:38), 또 예수에 대한 시인이나 부인에 따라 사람의 운명이 결정됨을 말한다(눅 12:8-10). 또한 구약에서 종종 야훼에게 사용된 은유들을 예수 자신에게 적용하기도 한다(추수하는 주인, 목자, 씨 뿌리는 자, 포도원 주인, 신랑, 반석 등……).

공관복음이 미래의 소망과 그리스도의 돌아오심을 강조하는 것에 반하여, 요한은 영원한 생명과 사망을 예수께 대한 남녀의 반응에 근거하여 이 시대에서 지금 시작하는 것으로 정의한다(요 3:18; 5:24; 3:36; 9:39; 12:31 참조). 미래의 소망이 요한에게 전적으로 없는 것은 아니다(요 5:24; 5:25-29; 6:39-40; 12:25, 48; 14:3, 28 참조). 요한은 "나라"와 동일한 현재와 미래의 차원을 지닌 "영원한 생명"을 사용하여 복음을 상황화시키는 것이다.

공관복음에서 누군가가 "표적"을 구할 때마다 예수는 표적 행하기를 일률적으로 거절하신다(예를 들면, 마 12:38-39; 16:1-4//평행구). 그러나 요한에게는 "표적"이 예수를 믿는 이유로 긍정적으로 기능한다(예를 들면, 요 2:11; 4:53-54). 요한복음에는 표적을 더 비평적으로 보는 둘째 복음의 본문이 있다(4:48; 20:29). 우리는 요한의 신앙 개념을 세 단계로 이해해야 한다(Robert Kysar). 적어도 신앙에 열려 있는 발아 단계, 표적에 근거한 예비적 신앙, 그리고 더 이상 표적을 요구하지 않는 성숙한 신앙.

특히 작별 강화에서 제자들에게 하신 사적인 가르침에서 복음서 어느 곳에도 못지않게 예수는 나중에 초대 기독교 신조와 회의에서 나올 법한 그런 유형의 삼위일체 신학에 가깝게 다가간다(14:11, 16; 17:1-5). 요한은 신격의 일원들 가운데서 기능적 종속으로 존재론적 동등성을 보존한다(14:28; 5:19-42). 유사한 비교와 대조가 모든 참제자들의 하나님이라는 주요 요한적 주제의 연구에서 나온다. 그는 피조물을 창조주와 결코 혼동하지 않는다. 그러나 그의 모든 추종자들은 하나 됨을 경험하도록 예수께서 기도하신다(17:21; 참조, 17:11, 23상; 23하). 하나 됨은 복음전도의 강력한 효과를 낸다.

요한복음은 하나님의 백성인 자들을 선택하시고, 이끄시고, 또 보존하심에 있어 하나님의(그리고 예수의) 독특한 역할에 관해서 말하는 여러 개의 독특한 본문들을 포함한다(6:39; 10:29; 15:16; 17:12). 이 예정론적 강조에 균형을 주는 것은 요한이 "거한다"라는 말을 똑같이 두드러지게 특히 15장에서 사용하는 것이다(15:4, 2). 모순되는 것처럼 보이는 이 두 가지 사상, 즉 하나님의 주권과 인간의 책임의 흐름에 대한 요한 자신의 조화는 아마도 요한일서 2장 19절에 마련되어 있는 것 같다. "저희가 우리에게서 나갔으나 우리에게 속하지 아니하였나니 만일 우리에게 속하였다면 우리와 함께 거하였으려니와 저희가 나간 것은 다 우리에게 속하지 아니함을 나타내려 함이니라."

요한복음에서 예수의 죽음은 가현적이었는가?(요 18:6; 19:11, 30 참조) 아니다. 요한은 인간 예수가 참으로 죽었다는 것을 강조한다(19:33 – 34). 요한에게는 속죄 신학이 없는가? 그렇지 않다(요 1:29, 36 참조). 진정으로 요한적인 독특성은 그리스도의 십자가에 못 박히심을 높임 받으심(승귀) 또는 영광을 받으심(영화)으로 언급하는 것이다(12:32; 7:39; 12:16, 23; 13:31). 이는 반복해서 나오는 주제의 절정이다(12:23; 2:4, 7:30, 8:20).

성령은 누가복음에서보다 요한복음에서 훨씬 더 현저하다. 성령을 가리켜 *파라클레토스*라는 술어를 사용하는 것은 요한뿐이다. 다른 곳에서는 나오지 않는다. 14 – 16장에 나타나는 파라클레토스는 다섯 가지의 구별된 역할이 있다. 곧, 성령은 조력자이며(14:15 – 21), 해석자이며(14:25 – 31), 증인이며(15:26 – 16:4), 소추자이며(16:5 – 11), 또 계시자이다(16:12 – 16). 요한적 교회는 그것을 둘러싼 점점 제도화된 교계에 대항하여 "성령 은사적인" 거점이 됨을 발견하는, 성령 충만을 그리스도인의 삶의 전면에 내세우는 교회로 재구성해 볼 수 있을 것이다.

당황케 하는 요한의 설화의 특징 중 하나는 요한이 공관복음보다 그리스도의 세례와 주의 만찬제정이라는 사건들을 둘러싼 세부사항을 더 많이 말하지만 (1:19 – 34; 13 – 17장) 이 사건들 중 어느 것도 결코 실제로 묘사하지 않는다는 것이다(3:5; 6:53은 기독교 세례와 주의 만찬에 대한 숨은 언급 또는 예시인가? 논쟁의 여지가 있다.). 요한은 그것들을 그 자체로 은혜의 수단으로 보며 지나치게 과대평가하는 시대에 이 두 예식의 역할을 평가 절하하려 하고 있다는 주장을 제기할 수 있다.

요한은 세례 요한의 권위를 평가 절하한다(요 1:21; 3:30; 참조, 마 11:14; 눅 1:17). 그러기에 요한은 에베소에서 쓰면서 그 교회 안에서 어떤 사람이 세례자 요한에 대하여 가졌을는지도 모르는 어떤 부당한 열심을 기죽이려 하고 있는 것이라는 제안이 가능하다(행 19:1 − 7 참조).

요한은 반(反)셈족적이었는가? 요한은 "유대인"이라는 말을 68회 사용하나, 공관복음 전체에 16회 나온다. "유대인"이라는 말은 "갈릴리 사람에 반대되는 유대 사람들"(Judeans), "유대 지도자들", 혹은 "일반적으로 예수를 배척하는 많은 유대 백성"에 대하여 사용됨이 드러난다. 요한은 전 종족 집단으로서의 "유대인"을 보편적으로 기소하지 않는다. 요한은 예수의 최초의 추종자들이 모두 유대인이었음을 인식한다. 요한이 강조하는 것은 예수께서 어떻게 성경 자체를 포함하여 모든 주요 유대교 제도와 의식의 목적을 성취하시는가 하는 것이다(렘 31:31 − 34 참조). 교회는 이제 택함을 받은 하나님의 백성이다.

요한은 흑백 술어로 묘사하기를 좋아한다. 요한복음에는 반대의 쌍들이 즐겨 사용된다. 빛과 어둠, 생명과 죽음, 사랑과 심판, 위와 아래, 영과 육, 진리와 거짓, 믿는 자들과 세상, 그리고 요한은 궁극적으로 모든 사람을 두 집단으로 분류한다. 예수를 믿는 자들과 믿지 않는 자들.

다른 종류의 이원론도 있다. 이는 반대되는 신학적 개념의 이원론이 아니라, 오해를 일으키는 문절에 나타난 의도된 이중적 의미의 이원론으로서, 부활 후에 비로소 교정이 된다(예를 들면, 요 2:20 − 22; 3:5 − 15; 4:10 − 14 등등).

3.2/5 공관복음과 요한복음의 관계

{자료: D. M. Smith, *John Among the Gospels: The Relationship in Twentieth −Century Research*(Minneapolis: Fortress, 1992); James D. Dvorak, "The Relationship Between John and the Synoptic Gospels", *JETS* 41/2(June 1998) 201 − 13; Richard Bauckham, "John for Readers of Mark", in *The Gospels for*

All Christians: Rethinking the Gospel Audience(ed. Richard Bauckham; Edinburgh: T & T Clark, 1998) 147−71; Blomberg, *The Historical Reliability of the Gospels*, 153−59, 162−89; D. A. Carson, *The Gospel According to John*(Leicester: IVP/Grand Rapids: Eerdmans, 1991) 49−58; Blomberg, *The Historical Reliability of John's Gospel*, 46−54; Achtemeier, Green and Thompson, *Introducing the NEW TESTAMENT*, 197−200}

처음의 세 복음서를 한데 묶어서 보통 공관복음(共觀福音, Synoptics)이라 한다. 이 공관복음과 네 번째 복음 간에 유사점과 차이점이 눈에 띈다. 공관복음과 요한복음 간의 관계의 문제는 일반적으로 유사한 전반적인 골격 내에서 요한이 다른 복음서들과 광범위하게 다른 점들을 어떻게 설명할 것인가 하는 것이다.

차이점

요한복음이 공관복음과 차이가 나는 점에는 다음과 같은 것들이 있다.

첫째, 예수의 세례, 열두 사도를 부르심, 귀신을 추방하심, 산에서 변화되심, 긴 이야기체의 비유들, 주의 만찬의 제정 등이 나오지 않는다.

둘째, 예수의 긴 강화들이 많이 나온다. 요한복음에는 공관복음에 나오는 강화들과 같은 것이 하나도 없다.

셋째, 요한복음에는 물을 포도주로 변화시키신 기적, 나사로를 살리신 기적, 초기에 예수께서 유대와 갈릴리에서 하신 사역에 대한 기사, 예수께서 정규적으로 예루살렘을 방문하신 것, 그리고 십자가에 못 박히시기 전날 밤에 하신 작별 강화 등이 독특하게 나온다.

넷째, 현저한 신학적 차이점들이 있다. 공관복음에서는 예수께서 자신의 메시아로서의 정체를 공개적으로 드러내지 않으시는 경향이 있는 반면, 요한복음에서는 처음부터 예수께서 하나님으로 소개된다.

다섯째, 공관복음에 나타나는 병행 문절들과 외견상 일치하지 않게 보이는 것들이 있다. 그러나 이는 공관복음서 자체 가운데 정기적으로 나오는 것과 동일한 종류의 외견상 불일치들이다.

여섯째, 요한복음의 문체는 공관복음의 문체와 상당히 다르다. 종종 예수의 말씀과 저자 요한의 말이 명확하게 구별되지 않는다.

유사점

요한복음이 공관복음과 유사한 점으로 다음과 같은 것들을 들 수 있다.

첫째, 세례 요한의 사역에 상당한 주의를 기울인다.

둘째, 5,000명을 먹이시고 물 위를 걸으신 기사를 싣는다.

셋째, 유대인들과의 안식일 논쟁이 있다.

넷째, 예수께서 마리아와 마르다와 나누신 우정을 기록한다.

다섯째, 예수의 수난을 둘러싼 수많은 사건들이 나온다.

여섯째, 밀접하게 들어맞는 주제들이 있다. 즉, 하나님의 나라에 들어가려면 겸손해야 한다는 것, 풍성한 수확이 그리스도의 일꾼들이 와서 추구하기를 기다린다는 것, 선지자가 고향에서 환영을 받지 못한다는 것, 행위에 따라 불신자를 심판하는 것, 아버지가 아들에게 주신 자들에게 아버지께서 아들을 통하여 계시하시는 것, 선한 목자로서의 예수, 종 됨(섬김)으로서의 참된 제자도, 사역과 선포를 위하여 성령을 통하여 인도하시는 것, 제자들이 세상으로부터 받을 미래의 반대를 예고하는 것, 그리고 죄를 용서하거나 보유할 수 있는 교회 안에 있는 권위 등이다.

역사성 문제

복음서들 자체의 역사성에 대하여 많은 논의가 이루어지고 있다. 그러나 공관복음과 요한복의 관계를 논하는 관점에서, 만일 공관복음의 역사성을 받아들인다면, 이것은 단순한 가정이 아니라 사실이지만 논의를 위하여 그렇게 말하면, 공관복음과의 유사점들과 차이점들이 이렇게 결합되어 있는 것에 비추어서, 요한은 역사적으로 신뢰할 수 있는 예수의 생애의 기사로 진지하게 받아들여질 수 있는가 하는 질문을 던지게 된다. 공관복음과 요한복음이 다 역사적으로 신뢰할 수 있는 기록이라는 입장에서, 이 질문에 대하여 몇 가지 일반적인 논평을 할 수 있겠다.

첫째, 요한이 매우 다르게 보이는 이유들 중 하나는 마태, 마가, 그리고 누가가 서로 매우 유사하기 때문이다. 그러나 더 놀랍고 의미 있는 것은 공관복음 간의 유사성이다. 공관복음과 요한복음 사이에는 문학적 의존이 있는가? 직접적인 문학적 차용에 대하여, 요한복음은 대체로 공관복음과 관계없다고 주장할 수 있다. 요한복음은 대체로 공관복음에 독립적이라고 할 수 있다. 요한복음 21:25는 중요한 진리를 요약한다. 즉, 네 저자가 독자적으로 복음서를 썼다면 네 사람 모두 요한이 공관복음과 다른 만큼이나 서로 다른 책을 저술했을 것이다.

둘째, 제4복음이 대부분 문학적으로 공관복음과 관계가 없고, 공관복음에 독립적이라고 할지라도, 제4복음 저자가 그들이 공유한 핵심 케리그마를 알지 못했다고 생각하기는 어렵다. 그는 예수에 관하여 널리 보도된 가장 흔한 정보를 알고 있었을 것이고, 그 대부분을 반복하지 않아야겠다고 했을 가능성이 있다. 반대로, 공관복음의 개요를 위한 다양한 신학적 동기 및 지리학적 동기를 고려할 때, 마태, 마가, 그리고 누가가 그들의 특별한 의제에 맞지 않는 예수에 관한 정보를 생략하기를 원했을 수도 있다고 생각할 수 있다. 예를 들면, 그의 마지막 유월절 전에 이루어진 예수의 모든 예루살렘 방문을 생략했을 수 있다.

셋째, 요한과 공관복음 간의 차이점들 중 적어도 얼마는 복음서들의 내러티브들 안에 있는 상이한 독자들에 근거하여 설명할 수 있다. 예를 들면, 요한복음에서 예수의 "작별 강화"(요 13 − 17)는 제자들과 나눈 매우 친밀한 관심사들을 반영한다. 절기 때 예루살렘에서 하신 예수의 가르침(요 5-11)은 이스라엘의 당국자들에게 그의 사역의 의의를 설명한 것이다.

넷째, 고대 세계에서 역사적 신뢰성은 우리 현대 사회가 누리는 과학적 정밀성이나 정확한 인용의 정도에 의해 정의되지 않았다. 요한은 완전하고 참된 예수의 말씀들의 의미라고 믿은 것을 나타내려고 그 자신의 언어로 예수의 말씀들을 바꿔 쓰고, 발췌하고, 해석하며, 그의 전체 복음서를 그의 독특한 스타일로 저술했으리라는 것을 우리는 자유롭게 인정해야 한다. 요한이 예수의 말씀의 해석자로서의 성령이 하시는 역할에 대하여 독특하게 강조함을 고려해야 한다(14:26; 15:26; 16:12 − 13). 요한의 더 긴 강화들은 수십 년에 걸친 초대 기독교의 숙고, 설교, 그리고 예수의 진정한 말씀을 새로 생긴 이른바 "요한 공동체"

의 필요에 대하여 적용한 일의 산물로 본다. 요한의 장르는 여러 곳에서 헬레니즘 시대의 "드라마"와 유사한 장르를 닮았다. 알렉산드리아의 클레멘트는 "요한은 영적인 복음서를 저술했다."고 한다.

다섯째, 요한은 그 복음서 전체를 통하여, 예수가 말하고 있을 때에도; 꽤 한결같은 스타일로 저술하지만, 요한의 내러티브 부분들 어느 곳에서도 나타나지 않는, 예수에 의해서만 사용된 단어가 적어도 145개나 있다. 그리고 요한의 스타일과 예수의 스타일이 융합되는 것으로 보일 때에도, 요한이 예수 자신에게서 그 특징적 어휘의 얼마를 얻었다는 것이 불가능하지 않다. 마태복음 11장 25절－27절과 누가복음 10장 21절－22절은 공관복음 전승 중간에 나타난 "요한의 천둥번개"라고 일컬어진다. "현자 예수"(Jesus the Sage)가 공관복음과 요한 안에 지배적인 그리스도의 묘사로 나타나는 정도까지, 이 본문은 많은 요한의 독특한 강조점들을 설명할 수 있었을 것이며(하나님께로부터 보냄을 받아 세상에 하나님의 목적을 계시하시는 분으로서의 예수에 대한 강조), 또 역사적 전승을 반영할 수 있었을 것이다.

여섯째, 그 복음서에 독특한 요한의 더 긴 설교들 중 여러 개가 그 당시 랍비들의 특징을 나타내는 유대 미드라쉬, 즉 구약 본문들의 설교적(교훈적) 발전의 증후를 보인다(특히 6:26－59를 보라). 공관복음 재료의 스타일과는 다르지만, 여전히 이 형태의 강화가 제4복음서가 저술된 헬레니즘적 환경에서보다는 유대적 예수에게서 왔다고 믿는 것이 더 쉽다.

일곱째, 요한은 실제로 공관복음서보다도 예수의 사역의 경과에 있어 더 많은 시간과 장소의 세부사항을 담고 있다. 요한은 예수 사역의 3년의 기간, 세부사항의 주의 깊은 시간적 순서, 그리고 지리학과 지형학의 정확성, 특히 예루살렘 안의 그리고 그 주변의 지리학과 지형학에 대하여 정확성을 보여 준다(요 5:2; 9:11; 19:13).

여덟째, 요한은 마태, 마가, 또는 누가가 써서 보낸 공동체들과는 아주 다른 상황(환경) 아래서 살고 있는 독자(청중)를 위하여 복음을 상황화시키고 있음이 분명하다. 그러나 물려받은 전승들을 왜곡시킬 정도로 다루지는 않았다(19:35 참조, "증거", "진리"와 같은 주제 참조).

아홉째, 우리는 차이점을 과대평가하는 일을 피해야 한다. 요한의 예수만이 실제로 신적이라고 주장한다고 종종 말하지만, 그러나 요한에 나타난 예수의 특징적 주장("나는 ……이다." 말씀)은 원상황에서 의미가 그렇게 분명치 않았을 은유적 언어를 정규적으로 불러낸다(요 8:25; 10:25; 16:29). 반면에 공관복음서 도처에 예수께서 자기와 하나님은 하나임을 나타내고 있는 함축적 주장들이 있다.

문학적 관계

앞에서 간단하게 공관복음과 요한복음이 문학적으로 독립되었을 것이라는 가능성을 언급하였으나. 공관복음과 요한복음의 문학적 관계에 대하여 이해해 온 역사를 좀 더 자세하게 다음과 같이 요약할 수 있겠다.

보완

주후 3세기 초에 알렉산드리아의 클레멘트는 요한이 외적인 사실들을 기록한 다른 복음 기자(복음 전도자)들과 좀 대조를 이루어 영적 복음서를 기록했다는 고전적 설명을 제안했다. 요한은 네 복음서 중 마지막에 저술되었으며, 요한은 공관복음을 알고, 보완(또는 해석)하려고 했다는 것이다. 이는 고전적인 교회의 견해요 전통적인 견해이며, 19세기 말에서 20세기 초까지의 일반적인 견해였다. 20세기 초까지 요한이 공관복음을 알고 긍정적으로 사용했다는 것이 일반적으로 받아들여진 의견일치였다.

독립

그러나 한스 빈디쉬(Hans Windisch, 1926)는 공관복음에 대한 요한의 태도가 긍정적이라는 것에 의문을 표한다. 요한은 공관복음을 알았지만, 그들을 보완하려고 한 것이 아니라, 그들을 대체하려고 했다는 것이다. 가드너-스미스(Gardener-Smith, 1938)는 요한이 공관복음을 알았다는 것에 반론을 제기했다. 그는 요한이 공관복음 가운데 어느 하나도 알지 못했다는 견해를 주장했다. 독자적인 구두 전승이 전달되었다는 것이다. 이들의 제안으로, 요한은 대체로 공관복음과는 독자적(독립이론)이라는 견해가 힘을 얻기 시작하여, 도드(C. H. Dodd, 1953, 1963)와 불트만(R. Bultmann)의 석의 작업에 비추어서, 거의 정반대의 견해가 컨센서스로 형성되었다. 도드는 제4복음서 배후에, 알려진 전승과 독립적이며 구별되는, 전승이 있음을 보여 주었다. 그 결과로 20세기 후반 곧 제2차 세계대전 이후(1950년대 이후)에는 요한의 독자성이 널리 받아들여졌다. 요한은 공관복음을 알지 못했다는 견해가 비평적 정통이 되었다.

의존

그러나 1980년대에 들어와서 요한이 공관복음을 알고 사용했다는 더 오랜 견해가 다시 살아나고 있다. 그 입장을 새로 변호하는 사람들이 생겼다. 바레트(C. K. Barrett)는 요한이 당연히 적어도 마가를 알고 있었을 것으로 본다. 예들 들면, 요한복음 6장과 마가복음 6장의 사건들의 순서가 일치한다. 그러나 요한은 마가를 밀접하게 따라야 하겠다고 느끼지는 못했다고 제안한다. 현재의 실질적인 의견은 요한이 공관복음을 알았다는 견해를 취하는 방향으로 되돌아가고 있다. 네이린크(Neirynck)는 공관복음이 요한의 주요 자료들이었다고 주장한다. 그러나 이 견해는 문제가 있다. 그렇다면, 요한은 왜 공관복음을 그렇게 처리했는가?

문제의 복잡성

요한복음과 공관복음의 문학적 관계의 문제는 복잡하며, 쉽게 답변할 수 없는 쟁점들을 제기한다. 또한 접근 방식에도 문제가 있다. 요한과 공관복음 간의 관계성에 대한 논쟁은 종종 단순하게 분리시켜 진행하는 형태로 이루어져 왔는데, 이는 요한이 공관복음을 알고 그들에 의존하는가, 아니면, 의존하지 않는가 하는 분리 방식으로 접근하는 것이다. 그러나 우리는 요한이 공관복음을 알았던 것과 그것을 사용했던 것을 동일한 문제로 이야기하는 경향에 굴복해서는 안 된다. 예를 들면, 요한복음 6장은 마가복음 6장에 문학적으로 직접 의존한 것인가? 바레트는 그러한 견해를 지지하지만 반드시 그렇게 볼 수 있는 것은 아니다. 구두 전승에 대한 공통적 의존의 가능성을 배제할 수 없고, 궁극적으로 사건들 자체의 순서에 대한 의존의 가능성이 있기 때문이다.

또한 요한복음과 공관복음의 문학적 관계의 쟁점은 복잡하다. 이 문제는 단순히 요한과 다른 복음서들을 면밀하게 조사함으로써 해결될 수 없다. 이 문제와 얽힌 몇 가지 다른 쟁점들이 있다. 즉, 상대적인 저술 연대, 저자, 사건들 자체와 복음서들 안에서 발견되는 것 사이의 관계(의존 여부와 관계없이, 요한복음 6장과 마가복음 6장이 사건들의 동일한 순서를 보존하는 이유를 가장 쉽게 설명하는 길은 사건들이 실제로 그 순서대로 일어났다고 보는 것이다.) 등이 있다.

복음서들은 예수 자신을 아는 어떤 이들이 살아 있는 동안에 기록되었다는 것을 기억하는 것이 중요하다. 복음서들에서 우리는 문학적 소양이 있는 사회(누가의 서언 참조), 그들이 묘사하는 사건들이 일어난 지 수백 년이 아니라, 수십 년 안에 기록된 책들을 다루고 있는 것이다.

연동적 관계

{자료: Leon Morris, *Studies in the Fourth Gospel*(Exeter: Paternoster/Grand Rapids: Eerdmans, 1969) 40–63; Carson, *The Gospel According to John*, 49–58; Blomberg, *The Historical Reliability of John's Gospel*, 53–54}

요한복음과 공관복음의 문학적 관계의 복잡성과 다른 이유로 인하여, 카슨(D. A. Carson)은 요한복음과 공관복음의 관계에 대하여 연동적 관계(Interlocking Relation)를 제안한다. 아래는 카슨이 공관복음과 요한복음의 관계의 문제에 대하여 내린 결론을 요약한 것이다.

요한이 공관복음 중 어느 하나 또는 그 이상에 문학적으로 의존한다는 논제는 이치에 맞게, 또 의심의 여지없이, 증명이 된 것이 아니고, 또 요한이 문학적으로 공관복음에 독립적이라는 논제도 증명이 되지 않았다. 직접적인 문학적 의존은 어떤 경우이든 다른 쟁점과 떼어서 생각해야 할 배타적인 쟁점이 되어서는 안 된다. 요한이 구약을 인용하거나 암시할 때 얼마나 자유롭게 인용하거나 암시하는가를 알 때, 그가 다른 기록된 저작들을 인용하거나 암시할 때 만일 그와 유사한 관행을 채용했다면, 그가 저술한 복음서로부터 다른 기록된 저작들의 어떤 부분을 재구성하는 일이 지극히 어려울 것임을 우리는 인식한다. *요한은*

마가를 읽었고, 또 아마도 누가를 읽었을 것이다. 마태를 읽은 것이 불가능하지는 않으나, 이는 증명하기가 더 어렵다. 결국, 요한은 자기 자신의 책을 썼다.

요한과 공관복음 간의 관계는 배타적으로 한쪽이 다른 쪽에 의존했으리라는 점에서 평가되거나, 또는 그들의 상이점들로 평가되어서도 안 된다. 오히려 그들의 유사점들과 연동(*interlocking*) 관계로 평가되어야 한다. 공관복음과 요한복음 간에는 유사점들이 있다. 평행적 사건들(예를 들면, 막 1:10, 평행구//요 1:32; 막 1:7－8, 평행구//요 1:23; 막 6:32－44, 평행구//요 6:1－15; 그리고 막 6:45－52, 평행구//요 6:16－21 등)과 말씀들(예를 들면, 마 9:37－38, 평행구//요 4:35; 막 6:4, 평행구/요 4:44; 마 25:46//요 5:29; 마 11:25－27, 평행구//요 10:14－15; 막 4:12, 평행구//요 12:39－40; 마 18:12－14//눅 15:3－7//요 10:1－15; 마 10:40//막 9:37//요 12:44－45 등)이 존재할 뿐 아니라, 또한 미묘한 필치, 즉 미세한 내용까지 유사한 경우가 있다.

요한복음과 공관복음 간의 유사한 미묘한 필치들의 예는 다음과 같은 것이 있다. 공관복음은 내러티브적 비유가 많이 나온다. 그러나 요한은 다채로운 은유들과 잠언들을 좋아하시는 예수를 묘사한다(4:37; 5:19－20상; 8:35; 9:4, 11:9－10; 10:1 이하; 12:24; 15:1－6; 16:21). 마가는 '메시아 비밀' 모티프가 있다. 그러나 요한에는 '오해'라는 주제가 있다. 네 복음서 모두 예수께서 하나님을 "아바"라고 부르신 것을 포함하여 하늘 아버지께 대하여 유일무이한 의미의 아들이신 예수를 묘사한다. 예수의 가르침에서 나타나는 그의 독특한 권위를 묘사한다. 예수께서 '인자'라는 말을 사용하는 것이 유사하다(요 12:34도 예외는 아니다.). 기적에 대하여 공관복음과 요한은 모두 중첩되는 시각을 가지고 있다. 믿음의 결과인 기적과 믿음을 이끌어 내는 기적에 대하여 말한다(공관복음에서, 마 9:36; 14:14; 막 1:41; 눅 7:13//마 11:4 이하//마 8:17; 요한복음에서, 4:48; 10:38; 20:29 참조).

그러나 더 인상적인 것은 많은 곳에서 요한복음과 공관복음이 연동 전승을 나타낸다는 것이다. 그들은 명백한 문학적 의존을 드러내지 않고, 서로를 상호적으로 강화시키거나 서로를 상호적으로 설명해 준다.

첫째, 광범위한 유대 사역에 대한 요한의 보고는 공관복음에 나타나는 몇 가지 특색을 설명하는 데 필요하다. 공관복음은 꽤 짧은 갈릴리 사역(약 1년)과 예수께서 죽음을 당하시기 전 예루살렘에서 보내신 며칠만을 기록한다(막 14:49; 유대 당국자들이 예수를 죽이려고 모의함; 막 10:32; 참조, 마 20:17; 눅 18:31; 요 11:1 이하; 막 11:1 이하; 막 14:12−16; 눅 10:38−42).

둘째, 예수께서 재판을 받으실 때 그에게 퍼부어진 비난 가운데 하나는 그가 성전을 파괴하겠다는 위협을 했다는 것이다(막 14:58, 평행구; 막 15:29, 평행구; 행 6:14). 이는 예수의 사역 초, 즉 재판을 받기 2년 전에 일어난 일이라면 예수의 말씀에 대한 기억이 정확하지 못했기에 잘못된 비난을 제기했을 수도 있을 것이다(요 2:19).

셋째, 여전히 재판의 주제에 대하여, 마가는 유대 당국자들이 그들의 결정에 이르고(14:64) 예수를 빌라도에게 끌고 간 이유를 말하지 않는다. 그러나 그들이 죄수를 처형할 권한이 없다는 것을 주장하는 사람은 요한이다(18:31).

넷째, 여전히 수난 설화에 관련하여, 오직 요한만이 베드로가 대제사장의 안뜰에 들어갈 수 있는 이유를 말한다(막 14:54, 66 이하, 평행구; 요 18:15−16).

다섯째, 예수의 사역 초기에 몇몇 제자들을 부르신 기사를 이해하는 데 요한복음의 기록이 도움을 준다(마 4:18 이하, 평행구//요 1장).

여섯째, 공관복음에서 기록하는 예수께서 오천 명을 먹이시고 난 후에 일어난 일(막 6:45−46, 평행구)을 이해하는 데 요한이 도움을 준다(요 6:15).

일곱째, 몇 가지 점에서, 요한은 공관복음에 흔하지만 상대적으로 설명이 되어 있지 않은 행동들이나 주제들(모티프들)을 위한 명시적인 신학적 정당화를 제공한다. 예를 들어 보자. 요한은 하나도 귀신 추방의 사례를 기록하지 않으나, 공관복음의 귀신추방(마 12:25−28; 눅 11:14−26)을 위하여 '마귀에 대한 신학'을 제공하는 것은 제4복음이다(6:70; 8:44; 13:2; 14:30; 12:31; 16:11). 공관복음에서 기도에 대하여 많은 것을 말하고 또 기도를 통하여 얻는 이익들을 말하나(마 7:7−8; 17:20; 막 11:22−24), 이러한 문절들이 말하는 바가 요한에서 신학적으로 더 심화된다(요 14:13−14; 15:7−8, 16; 16:23, 26).

여덟째, 요한이 종종 공관복음에 있는 어떤 것을 유용하게 설명한다면, 반대로, 공관복음 저자들은 빈번하게 제4복음서 안에 있는 어떤 것의 뜻이 더 잘 통할 수 있도록 하는 정보를 제공한다. 예를 들면, 요한이 기록하는 예수의 재판에서 유대 무대에서 로마 법정으로 그렇게 빨리 옮겨졌는지 즉 유대인들이 어떤 사법적 행동을 취한 것인지(요 18-19)에 대하여 공관복음이 해답을 제공한다. 또한 요한의 서언은 예수가 하나님과 함께 있고 하나님의 말씀이라고 선언하고, 이제 그가 육신이 되었다고 선언하고, 또 요한복음에서 예수의 어머니(2:1-5, 12; 19:25-27)와 그의 아버지와 어머니(6:42)에 대하여 언급하지만, 세상이 시작되기 전에 아버지와 영광을 나눈 분이(17:5) 어떻게 마리아의 아들이 되었는지에 대하여 요한은 설명하지 않는다. 대신 공관복음이 해답을 제공한다(마태와 누가의 탄생 설화; 요 6:42; 7:27, 42 참조). 요한복음에서 빌립이 왜 이방인을 예수에게 데려오는 것을 주저했는지(요 12:21-22) 제4복음서는 분명한 대답을 제공하지 않는다. 그러나 예수께서 일찍이 제자들에게 사역을 유대인에게 한정하라고 말씀하신 것이, 이는 요한복음에 기록되지 않았는데, 아직도 빌립의 귀에 남아 있었기 때문이 아니었을까?(마 10:5 참조).

이 연동전승 패턴에서 수집한 교훈들은 요한과 공관복음 사이에 연대기적 모순이나 다른 모순들이 있다고 인식하는 더 큰 문제에 대하여 약간의 관계가 있다. 바꾸어 말하면, 요한의 증거도 지지하고 또 공관복음 하나나 또는 그 이상의 증거를 지지하는 어떤 더 큰 역사적 실재가 있음을 가리키는 것이 아닌가 하는 점이다. 그러므로 요한의 증거를 지지하기도 하고 또 공관복음의 증거도 지지하는 어떤 더 큰 역사적 실재가 있는지 계속적으로 질문을 던져야 한다.

두 세 개의 예를 들어 보자. 첫째, 요한복음 1장에 나타나는 긴 목록의 기독론적 신앙고백과 공관복음의 증거(막 8:27-30)에 대하여 우리는 무엇을 말할 수 있겠는가? 요한 자신은 그 자신의 작품의 절정적 고백에서 예수를 "하나님"으로 표현한 것과 같이(20:28), 요한복음 1장에 모아 놓은 고백들 이상의 무언가를 주장하는 데 반하여, 다른 기독교 공동체들은 1장에 모아 놓은 신앙고백적 표준들만을 붙잡고 있기 때문에 이에 대하여 조용히 책망하기 위하여 이 기독론적 신앙고백들을 전부 그의 요한복음 첫 장에 몰아놓았다고 말할 수 있겠는가? 그러나 만일 우리가 신학적인 공감과 또 *역사적인* 공감을 가지고 요한과 공관복음에 귀를 기울인다면, 더 단순한 해결책이 나타난다.

그 자체로서, 요한의 기사는 역사적으로 의미가 잘 통한다. 한참 힘과 영향력이 최고조에 달한 세례 요한의 제자들이 갈릴리에서 온 무명의 어떤 사람에게로 충성을 바꾸려 한다면, 복음서 기자가 설명하는 대로 세례 요한 자신이 예수가 어떤 분인가를 지적해야 하고 자기는 그의 선구자임을 밝혀야 했다. 세례자의 말을 받아들인 자들은 예수의 제자가 되고, 그들은 예수가 "메시아", "이스라엘의 임금", "하나님의 아들"('메시아'에 대한 지칭, 요 1:49 참조)임을 믿었다. 그러나 후대의 완전한 의미로 그렇게 믿었다는 뜻은 아니다. 요한은 일관되게 그들이 곧잘 오해했음을 말한다.

공관복음이 제시하는 것도 그렇다. 공관복음에서 이것을 기대할 뿐이다. 예수의 제자들은 예수가 누구인지에 대한 이해가 성장했다는 것이다. 예수는 제자들이 생각하는 그러한 '메시아'가 아님이 반복해서 드러나, 제자들이 놀랐음에도 불구하고, 그들은 때가 되어 고정된 확신에 이르렀다. 그는 다름 아닌 메시아, 이스라엘의 소망이었다. 그러나 이것도 완전한 기독교적 신앙은 아니었다(막 8:31−34 참조). 그리하여 공관복음은 예수에 대한 제자들의 성장하고 있는 이해를 묘사하지만, 여전히 예수의 죽음과 부활 이전에 제자들이 가지고 있던 예수에 대한 모든 신앙의 핵심에 다량의 오해가 있었음을 드러낸다.

이 실재에 대한 두 견해를 겹쳐 놓아도 본질적인 의미가 잘 통하게 된다. 기독론적 칭호들을 가장 재빨리 소개하는 복음서 기자(요한)는 제자들의 이해의 결핍과 순전한 오해를 가장 심하게 강조하고, 제자들의 성장하고 있는 이해를 추적하는 복음서 기자(공관복음)는 제자들의 최초의 그릇된 발걸음에 관해서는 덜 말하지만, 그들에게 오래 맴돌고 있는 오해의 깊이를 지적한다. 요한의 제시는 더 이상 비역사적인 것으로 보이지 않는다. 그것은 다만 역사적 실재들을 뒷받침하는 것의 일환일 뿐이다.

공관복음과 요한복음의 두 광경을 겹쳐 놓으면 우리가 어떤 *역사적* 실재들에 접근할 수 있다. 공관복음의 기사와 요한복음의 기사를 옳게 다룬다면, 우리로 하여금 특이하게 요한적인 것을 식별할 수 있게 하고, 그리하여 요한복음 기자가 말하고 있는 것을 더 예민하게 이해할 수 있게 할 것이다. 요한은 제자들과 다른 사람들이 오해하였다는 것을 말하고 나중에서야 그들이 바로 이해했다는 설명을 덧붙인다(2:19−22; 3:3−5, 10; 6:32−35, 41, 42; 7:33−36; 8:18−20, 27−28; 10:1−6; 11:21−44, 49−53; 12:12−17; 13:6−10, 27−30; 16:1−4, 12−15; 18:10−11; 19:14; 20:3−9). 그는 아이러니를 사용하여 독자들로 하여금 그들의 참된 모습을 볼 수 있게 하였다. 제자들은 그들이 알고 있는 것보다 더 잘 믿었고, 가야바는 생각하는 것보다 더 잘 예언하였고, 빌라도는 상상할 수 있었던 것보다 더 많이 평결을 내렸다. 최고의 아이러니는 십자가의 치욕과 패배 속에서 하나님은 그의 최대의 정복, 곧 세계가 시작하기 전에 계획하신(죄에 대한) 정복을 성취하였다는 것이다.

둘째, 보다 일반적으로, 요한복음의 기독론적 독특성을 부인하지 말아야 하지만, 또한 과장해서도 안 된다. 요한복음은 예수를 명시적으로 "하나님"이라 호칭하며(1:1, 18; 20:28), 예수의 인성을 말하고, 또 아버지께 대하여 아들이 심오하게 종속함을 말한다(5:16－30). 공관복음에서는 인간 예수를 말하고, 죄를 사하는 권세가 있는 분으로 묘사하고(막 2:1－12 평행), 비유들에서 구약에서 하나님께 돌려진 역을 예수가 하는 것으로 묘사하고, 동정녀 잉태를 기록하고(눅 1:32, 35), 또 예수가 다윗의 자손이며(마 1:1), 임마누엘임을 명시한다(마 1:23).

셋째, "나는 ……이다."(*에고 에이미*)라는 진술도 처음에 눈에 띄는 것보다 역사적 문제를 덜 일으킨다. 요한복음 4:26의 "네게 말하는 내가 그라"(*에고 에이미, 호 랄론 소이*)는 말씀은 공관복음의 많은 말씀과 성격이 다르다. 그러나 여기서 고려할 것은 대화자가 사마리아 여인이었다는 점이다. 그녀는 정치적 메시아에 대한 오해의 소지가 적었다. 유대에서는 예수께서 신중한 언어를 사용하신다(요 7:28－44; 10:24－29). 그리고 대부분의 "나는 ……이다."라는 말씀은 그것을 완성하는 어떤 종류의 내용이 뒤따른다(요 6:35; 10:11; 15:1). 그것은 은유적 언어이며, 최초의 청중들에게 어려운 말씀이었다(요 6:60; 10:19; 16:30－32). "나는 이다."(*에고 에이미*)의 절대형은 하나님에게 그 말을 사용하는 이사야 선지자에게까지 거슬러 올라가는데(사 43:10; 47:8, 10 참조) 그 뜻이 항상 명료한 것은 아니었고(요 6:20; 8:28, 58), 공관복음에 병행이 있는 것들이 있기도 하다(막 6:50; 13:6). 요한복음 8:58("아브라함이 나기 전부터, 내가 있느니라[*에고 에이미*]")은 공관복음에 평행이 없지만, 그렇다고 해서 요한복음에 이렇게 묘사된 예수가 공관복음에 묘사된 예수(막 7:15－19; 마 5:17 이하; 마 9:1 이하; 마 7:21－23; 마 10:37－39; 막 10:29－30; 눅 10:22; 마 11:28－30; 눅 15장; 막 4:39; 마 9:18)보다 더 우월하다고 주장할 수는 없을 것이다.

간단하게 말해서, 요한이 공관복음과 누리는 다양 다기한 관계는 제4복음서의 본질적 진정성을 의문시하게 만드는 것과는 거리가 멀고, 밀접하게 조사해

보면, 모든 면에서, 제4복음서의 진정성을 지지하든지, 아니면 그것을 허용한다
는 것이다.

3.3 어떻게 복음서에 접근할 것인가?

{자료: 죠엘 그린, [어떻게 복음서를 읽을 것인가?](정옥배 옮김; 서울: 한국기독학생회
출판부, 1988); Blomberg, *Jesus and the Gospels*, 73−111; Wenham & Walton,
Exploring the New Testament, 57−123; O. Wesley Allen, Jr., *Reading the
Synoptic Gospels: Basic Methods for Interpreting Matthew, Mark, and Luke*(St.
Louis: Chalice, 2000)}

우리가 복음서를 대할 때에, 그리스도인들이 복음서를 어떻게 읽어 왔는가?
복음서들이 학문적으로 어떻게 연구되어 왔는가? 하는 질문을 던지게 된다. 이
러한 질문은 우리가 복음서를 읽는 최초의 사람들이 아니라는 것과 또 신약에
네 개의 정경복음이 있다는 사실에서 더욱 필연적으로 던져지는 질문이다. 학자
들은 이 네 개의 복음서가 현재 우리가 알고 있는 형태로 어떻게 존재하게 되
었는지 이해하는 데 도움을 주려고 수많은 "비평적" 즉, "분석적" 도구들을 사
용해 왔다. 여기서는 복음서 연구의 발자취를 간략하게 살펴보고, 그 가운데 나
타난 복음서 연구에 사용되는 여러 가지 분석적 방법을 좀 더 자세하게 설명하
고자 한다.

3.3/1 복음서 연구의 간략한 발자취

{자료: Richard A. Burridge, *Four Gospels, One Jesus?: A Symbolic
Reading*(Grand Rapids: Eerdmans, 1994) 1−32(김경진 역, [네 편의 복음서, 한 분
의 예수], 기독교연합신문사, 2000)]; Stephen Neill and Tom Wright, *Interpretation of
the New Testament: 1861−1986*(2d ed.; Oxford/New York: OUP, 1988) 112
−46, 252−312; Richard Bauckham, ed., *The Gospels for All Christians*
(Edinburgh: T & T Clark, 1998); Leslie McFall, "Tatian's *Diatessaron:
Mischievous or Misleading?*", *WTJ* 56(1994) 87−114}

예수 생애에 대한 네 개의 상이한 기사가 우리에게 있다는 독특한 사실은 교

회사를 통하여 흥미를 유발시켜 왔다. 초대 교회에서 프랑스 리용의 감독 이레네우스(Irenaeus)는 네 복음서의 존재를 지구의 네 바람 또는 네 지역의 존재에 비유했다. 또한 그리스도교 전통은 네 복음서의 특징을 네 생물 곧 인간, 사자, 황소, 및 독수리에 각각 비유하여 설명하기도 했다. 그러면 복음서가 네 개라는 사실에 대하여 교회 역사를 통하여 그리스도인들이 어떤 이해를 도모하여 왔는가?

조화와 보완

교회사의 처음 열일곱 세기 동안 네 복음서를 가지고 있다는 현상에 접근하는 가장 흔한 방식은 네 복음서의 "조화"를 만드는 것이었다. 가장 유명한 것은 늦은 2세기(주후 170년경) 시리아에서 나온 타티안의 *디아테싸론*(Tatian, *Diatessaron*[= "넷을 통하여"])이 있고, 어거스틴과 칼빈 등이 복음서를 조화시키는 시도를 하였다. 또한 교회 교부들은 마태, 마가, 누가의 순서로 복음서가 저술되었으며, 마가와 누가는 마태복음을 알고 그것을 사용했다고 생각하며, 복음서 간의 유사성은 바로 그러한 데서 연유한다고 설명한다. 요한도 세 복음서를 알았으며, 의식적으로 그것들을 보완하려고 저술했으며, 이미 세 복음서에 있는 많은 내용을 반복하지 않으려고 했다고 보았다.

합리주의적 접근

1700년대에 들어와서 계몽주의 원리들로 인하여 이전과는 아주 다르게 성경에 접근하게 되었다. 처음에는 독일에서 전통적인 도그마와 아주 다른 역사적 결론에 문을 열어 놓기 위하여 반드시 신자가 아닌 사람들이나 신앙을 제쳐 둔 사람들에 의해서 성경이 연구되었다. 그들은 성서를 고대의 다른 여느 문서처럼 연구했다. 복음서에 관해서는 특히 기적 기사들을 면밀하게 조사했다. 라이마루스(Samuel Reimarus)와 파울루스(H. E. G. Paulus) 같은 늦은 제18세기 또는 이른 제19세기 학자들은 오천 명을 먹이신 기적이나 물 위를 걸으신 기적과 같은 복음서의 기적 이야기를 합리주의적 또는 자연주의적 방식으로 해석해 버렸다.

신화 개념의 도입

1830년대에, 슈트라우스(D. F. Strauss)는 복음서를 다루는 데 있어서 새로운 시대를 열었다. 그는 복음서들을 조화시키려는 전통적 시도와 합리주의적 사상 학파를 모두 거부하고 예수의 좀 더 장엄한 행위들과 주장들을 신화로 이해했다. 즉 복음서의 예수의 행위들과 주장들은 예수에 관한 신학적 신념들을 설화 형태로 담은, 경건하나 허구적인 전설들로 이해하려고 했다.

변증법의 적용

제19세기 중엽에, 바우르(F. C. Baur)는 헤겔(G. W. F. Hegel)의 변증법적 철학에 근거하여 그리스도교의 기원을 "정 – 반 – 합"에 의해서 묘사했다. 그는 갈라디아서 2장 11절 – 15절을 따라서 신약 저술 전체를 셋으로 구분했다. 즉, 보수주의적인 유대 기독교(베드로; 마태복음), 율법에서 벗어난 자유주의적인 이방 기독교(바울; 누가복음), 그리고 이 둘을 화해시키려고 시도하는 후대의 종합으로 보았다(마가복음은 마태와 누가를 화해시키려는 제2세기의 시도였다고 본다.).

예수 '전'

제19세기를 통하여 수많은 학자들이 예수'전'(Life of Jesus), 즉 예수의 생애를 지었다. 그들은 대체로 복음서들은 사실('역사')과 허구('신학')의 혼합물이라고 보았다. 그래서 그들은 "역사적 예수"에게서 나중에 덧붙은 초대 교회의 신학적 해석들을 벗겨 버리려고 노력했다. 그러나 슈바이처(Albert Schweitzer)는 이 모든 '예수전' 저자들이 어떻게 단지 그들 자신의 모양으로 예수를 재창조해 냈는지를 통렬하게 폭로했다. 슈바이처 자신은 예수를 '하나님의 나라가 자기 생전에 아주 완전히 임하리라고 믿었으나 슬프게도 그 생각이 잘못되었던 묵시주의적인 선지자'로 이해했다.

공관복음 문제

제18세기와 제19세기를 통하여, 학자들은 또한 점점 더, 늦은 1700년대에 그리스바하(J. J. Griesbach)가 처음으로 '공관복음 문제'라고 명명한 것에 매료되었다. 마태, 마가, 그리고 누가는 유사성이 있기 때문에, 세 복음 대조서 또는 세 복음 공관서를 만들어 함께 보게 되었다. 공관복음 문제에 있어서 어거스틴 이래의 끈질긴 전통은 마가와 누가는 각각 마태에 의존한다는 것이다. 그리스바하는 마가는 세 복음서 중 맨 나중에 쓰인 것이며, 마태와 누가를 요약한 것이라고 주장했다. 그러나 1800년대에 바이저(C. H. Weisse)와 홀츠만(H. J. Holtzmann)은 마가가 처음으로 복음서를 썼고, 다음 마태와 누가 두 사람이 마가의 복음서를 사용하고 확대했다고 주장했다.

자료, 양식, 편집, 및 문학비평

제20세기 복음서 학문의 발전은 상이한 비평적 도구들에 대하여 연속적으로 관심을 기울인 것으로 특징지어져 온다. 20세기의 1/4분기는 자료비평이 활발한 시기였다. "마가복음 우선설"이 지배적인 결론이지만, 파머(William R. Farmer) 등에 의해 그리스바하 가설(마태복음 우선설)에 대한 관심이 다시 일어났다. 20세기의 2/4분기는 양식비평이 지배하였다. 이는 복음서가 저술되기 전 예수의 생애의 이야기들과 발췌들과 가르침들이 거의 전적으로 구두로 유포된 기간에 대한 분석을 시도했다. 1950년경 이후 편집비평이 대두되었다. 이는 복음서 저자들을 단순히 가위질해서 풀칠이나 한 사람들로 보지 않고, 나름대로의 재량권을 발휘한 수정자들 또는 편집자들로 본다. 1975년경 이래 복음서 연구에 문학비평이 가세하여 역사비평을 보완하려고 한다.

역사적 예수 탐구의 재등장

또한 지난 50년 동안 "역사적 예수의 탐구"가 다시 등장했다. 불트만(R. Bultmann)은 예수가 살다 죽었다는 '것'으로 만족했다. 그러나 1950년대에 그의 몇몇 제자들은 '새로운 탐구'의 문을 열었다. 이들은 상당한 양의 예수의 '가르침'을 역사적인 것으로 인정했다. 1970년대 중반 이후는 "제3의 탐구"가 활발하게 전개되었다. 유대인으로서의 예수에 대한 관심이 다시 일어나고, 공관복음서 가르침과 '행위들'의 주요 범주들에서 역사적으로 정확한 자료를 발견한다. 요한복음은 많은 학자들에 의하여 여전히 역사적이기보다 더 신학적인 것으로 여겨진다.

복음서 독자에 대한 새로운 제안

복음서의 역사적 비평의 결과로 얻어진 의견일치 가운데 하나는 각 복음서가 특정한 교회나 공동체 또는 일꾼의 교회들을 위하여 저술되었다는 것이다. 그러나 이러한 의견일치는 논증된 것이 아니라, '가정'된 것일 뿐이라며, 복음서들은 특정한 교회들(즉, 각각 마가, 마태, 누가, 요한 공동체들)이 아니라, 모든 그리스도인들을 위하여 저술되었다는 논제가 아주 최근(1995, 1998년)에 제시되었다.

3.3/2 복음서 '비평'의 문제에 대하여

{자료: Blomberg, *Jesus and the Gopsels*, 77－111; Wenham & Walton, *Exploring the New Testament*, 57－80; Elwell and Yarbrough, *Encountering the New Testament*, 153－79; Achtemeier, Green and Thompson, *Introducing the NEW TESTAMENT*, 67－81; McDonald and Porter, *Early Christianity and Its Sacred Literature*, 23－35; Bock, *Studying the Historical Jesus*, 153－62; Robert L. Thomas and F. David Farnell, *The Jesus Crisis: The Inroads of Historical Criticism into Evangelical Scholarship*(Grand Rapids: Kregel, 1998) 85－131, 289－377; Eta Linnemann, *Historical Criticism of the Bible: Methodology or Ideology?*(tr. Robert W. Yarbrough; Grand Rapids: Baker, 1990); David R. Hall, *The Seven Pillories of Wisdom*(Macon: Mercer University Press, 1990); 허주, "신학, 성서학, 그리고 성경신학", 복음주의신약학연구 1(2002) 9－54, 특히 38)}

우리는 신약 연구 일반과 특히 복음서 연구에 있어 '비평'(批評, Criticism)이라는 말을 사용할 때 그것을 올바로 이해할 필요가 있다. 무엇보다도, 우리가 비평이라는 용어를 사용할 때 성경을 판단하는 자세로 대하는 것이 아님을 확인하는 것이 좋다. 그리고 복음서를 보는 시각이 다양할 뿐 아니라, 또한 복음서의 역사적 비평 방법들이 등장한다는 것을 알 때, 그들이 가지고 있는 근본적인 전제를 파악하는 것이 중요하다.

역사적 — 비평적 방법

우선 부정적으로 우리는 현대 학문이 역사적 기독교 신앙과 쉽게 양립하지 못하는 많은 전제들을 채택했다는 것을 인정해야 한다. 역사적 — 비평적 방법을 옹호하는 많은 사람들이 제19세기 철학자 트뢸치(E. Troeltsch)의 아주 회의적인 세 가지 원리를 포함하는 정의를 내려 왔다. 즉, 방법론적 의심(역사적 내러티브에 대한 의심), 유비의 사용(역사 속에 선례가 없는 사건들), 그리고 상호 관계의 원리(우주에서 자연적 원인과 결과의 밀폐된 연속체)를 사용했다. 우리는 이러한 전제들을 받아들이지 않는다.

'비평'이라는 말

그러나 반면에, 긍정적으로, 우리가 개관할 여러 가지 '비평'들은 각각의 복음서들이 제시하는 실제의 데이터에 대하여 수고를 아끼지 않고 분석 작업을 한 결과로 나온 것이며, 그 연구의 결과에서 얻는 바가 있어서 보수주의적인 학자들도 다양한 정도로 사용하여 왔다는 것이다. 문제는 복음서 연구를 위한 이러한 "비평"이 복음서들은 영감을 받은 책들이라는 믿음과 양립할 수 있는가 하는 것이다. 우리는 어떤 주어진 비평 방법을 실천하는 사람이 각각의 방법을 어떻게 사용하는지 조심스럽게 조사해야 한다. 그럼에도, 기본적 원리들은 건전할 뿐 아니라, 또한 그가 복음서를 어떻게 저술했는지에 대하여 누가가 묘사하는 것의 정확성을 믿는다면 복음서 연구의 비평적 즉 분석적 방법들이 요구되기도 한다는 것이다. 복음서 비평은 성경 본문의 영감에 대한 믿음을 대치하는 대안이 아니라, 통상적인 인간의 저술 수단에 대한 연구일 뿐이다. 하나님은 그의 영으로 저자들을 감독하셔서 그들의 손을 통하여 나온 최후의 산물이 정확하게 하나님께서 그의 백성에게 전달하시기를 원하신 것이 되게끔 하셨다(벤후 1:21

참조). 비평 또는 분석은 이러한 과정에서 사용된 통상적인 인간의 저술 수단에 대한 연구일 뿐이다.

따라서 학문적 연구가 비평의 정신 속에서 이루어지며, 따라서 비평적 방법을 사용할지라도, 비평이라는 말을 바르게 이해할 필요가 있다. 여기서 비평이라는 말을 사용할 때 파괴적인 비판을 의미하지 않는다. '비평'이라는 말은 학자들이 복음서를 비판하고 있다는 것을 의미하지 않는다. 오히려, 학자들이 복음서가 제시하는 자료와 입수할 수 있는 모든 증거에 비추어서 역사와 문학적 제시와 본문과 언어에 관하여 주의 깊고, 사려 깊은 판단을 내린다는 말이다. 비평이라는 말은 성경이 제시하는 자료에 대한 검토와 평가와 결론을 도출하는 과정을 의미한다. 이는 복음서를 바르게 이해하는 데 모두 필요한 것이다. 복음서에 대한 비평적 즉 분석적, 학문적 연구는 본문에 이르기까지의 역사와 본문이 완성된 이후에 제기되는 문제들을 다룬다.

누가복음 서언

{자료: Wenham & Walton, *Exploring the New Testament*, 57−58; Paul W. Felix, "Literary Dependence and Luke's Prologue", in *The Jesus Crisis*(ed., Robert L. Thomas and F. David Farnell) 271−88; Barnett, *Jesus & the Rise of Early Christianity*, 377−81; Carson, Moo, and Morris, *An Introduction to the New Testament*, 19−20}

누가는 그의 서언(눅 1:1−4)에서 그의 저술 과정을 개괄적으로 제시하는 점에서 독특하다. 이 과정은 복음서 형성의 세 단계에 상응한다고 볼 수 있다. 첫째, 목격자들과 그들의 구전이 있었다(2절). 둘째, 복음서를 기록한 많은 사람들이 있었다(1, 2절). 셋째, 누가는 자신의 공헌에 대하여 말한다(3, 4절). 이는 복음서 형성의 역사적 과정이나, 실제로 1900년경부터 1975년까지의 기간에 복음서 연구의 세 가지 지배적인 방법은 자료비평, 양식비평, 편집비평의 순서로 발전되었다. 자료비평은 예수에 관하여 최초로 기록된 기사들에 대한 분석에 초점을 맞추고, 양식비평은 구전기간에 초점을 맞추고, 또 편집비평은 우리가 알고 있는 복음서들을 출판한 일에서 복음서 기자들의 역할에 집중한다. 따라서 본문

비평을 먼저 다루고, 다음에 자료비평, 양식비평, 편집비평을 차례로 고찰하고자
한다.

3.3/3 본문비평

{자료: Blomberg, *Jesus and the Gospels*, 74−75; Greenlee, *Introduction to
New Testament Textual Criticism*; Bruce M. Metzger, *The Text of the New
Testament: Its Transmission, Corruption, and Restoration*(1993)(=[사본학]); Kurt
Aland and Barbara Aland, *The Text of the New Testament*(Grand Rapids:
Eerdmans, 1989)}

본문비평(Textual Criticism)은, 복음서를 포함하여, 신약의 연구에 가장 기본적
인 것이다.

정의

이는 "가능한 한 정확하게 원래의 본문을 재구성하려고 현존하는 복음서 사
본들을 분류하고 비교하여 원문을 확정하는 작업"이다. 신약 복음서의 원문은
없고 사본만 존재하나, 복음서들의 현존하는 본문들은 상당히 상태가 좋은 편이
다. 신약의 어떤 부분에 대해서 말한다고 해도, 믿을 만하게 연대를 매길 수 있
는 가장 오래된 단편은 p^{52}(존 라일랜즈 파피루스)로서 연대가 대략 주후 130년
경으로 추정되며, 요한복음 18:31−33, 37−38을 포함한다. 복음서들 중 하나나
그 이상의 일부나 전부를 포함하는 또 다른 24개의 파피루스는 2−4세기에 나
온 것이며, 세계 여기저기에 여러 박물관과 도서관에 보관되어 있다. 다섯 개의
가장 오래되고 가장 믿을 수 있는 완전한(또는 거의 완전한) 신약들은 4−5세기
에 나온 것이며, 모두 아주 잘 보존된 복음서들을 포함하고 있다.

두 개의 예

우리말 성경에서는 종종 난외(또는 각주)에 가장 중요한 대안적 독법이나 이
문을 싣고 있다. 이문들은 사소한 전수상의 잘못들에 기인할 수 있고, 의도적인

수정으로 인하여 생긴 것도 있고, 또 평행부분과의 조화를 시도함으로 생겨난 것들도 있다. 아마도 후대의 필사자들이 첨가했을 것으로 보이는 잘 알려진 예가 두 개 있다. 하나는 주기도문 송영(마 6:13하)이며, 또 하나는 베데스다 연못의 물을 휘젓는 천사에 대한 이야기이다(요 5:3하－4). 누가복음 22장 19절 하－20절은 어떤 초기 본문들에서 빠져 있으나, 원문의 일부였을 것이다. 그리고 긴 문절로 신약성서 전체에서 본문 논쟁이 되는 것은 둘뿐인데, 모두 복음서에 나온다. 하나는, 마가복음 16장 9절－20절 즉 마가복음의 긴 결말이다. 이는 원문에 속하지 않았을 것으로 보는 학자들이 많다. 또 하나는 요한복음 7:53－8:11이다. 이것도 원문에는 없었을 것으로 보는 학자들이 많다. 다만 이 문절은 예수께서 실제로 행하신 그 무엇인가에 대한 기사를 보존하고 있다는 주장을 훌륭하게 할 수는 있다. 복음서를 포함하여 신약성서의 원본은 보존되지 않았지만, 본문의 97－99%의 내용은 정당하게 의심할 여지가 없이 확실하다.

3.3/4 자료비평: 공관복음 문제

〔자료: Blomberg, *Jesus and the Gospels*, 86－93; 도날드 거쓰리, [공관복음문제](이문강 역; 서울: 한국로고스연구원, 1989); 하워드 마샬 편저, [신약해석학], 204－223; Robert H. Stein, *Studying the Synoptic Gospels: Origin and Interpretation*(2d ed.; Grand Rapids: Baker Academic, 2001) 17－169, 특히 144－45, 153－69; Eta Linnemann, *Is There a Synoptic Problem?: Rethinking the Literary Dependence of the First Three Gospels*(tr. Robert W. Yarbrough; Grand Rapids: Baker, 1992); Lea, *The New Testament*, 107－25; Eta Linnemann, *Biblical Criticism on Trial: How Scientific is "Scientific Theology?"*(Grand Rapids: Kregel, 2001) 18－73; Ehrman, *The New Testament*, 72－78; Brown, *An Introduction to the New Testament*, 111－25; Bock, *Studying the Historical Jesus*, 163－79; Robert L. Thomas and F. David Farnell, "The Synoptic Gospels in the Ancient Church", in *The Jesus Crisis*, 37－84; Thomas R. Edgar, "Source Criticism: The Two－Source Theory", in *The Jesus Crisis*, 132－57; Carson & Moo, *An Introduction to the New Testament*, 26－31; Guthrie, *New Testament Introduction*, 136－208, 1029－45; Robert L. Thomas, *Charts of the Gospels and the Life of Christ*(Grand Rapids: Zondervan, 2000) 78－82; Wenham & Walton, *Exploring the New Testament*, 58－70; Burnett Hillman Streeter, *The Four Gospels: A Study of Origins Treating of the Manuscript Tradition, Sources, Authorship & Dates*(London: Macmillan, 1924,

신약의 처음 세 복음서를 한데 묶어서 공관복음(Synoptic Gospels)이라 한다. 이 세 복음서는 어떤 부분은 배열이 유사하거나 내용이 같고, 어떤 부분은 문체와 어구가 같고, 어떤 부분은 사건이 비슷함을 관찰할 수 있다. 이러한 관찰에서 출발하여 마태, 마가, 누가복음의 문학적 관계를 규명하는 문제를 공관복음 문제(Synoptic Problem)라고 한다.

공관복음 문제

공관복음서 가운데 문학적 관계가 없다고 주장하는 학자들이 있다. 그들은 복음서는 동일한(역사적) 사건을 묘사하며, 각각 하나님의 감동(영감)에 의해 저술된 것이므로 문학적 상호 관계가 없다고 본다. 혹은 복음서 저자들은 목격자들, 또는 목격자들을 통하여 얻은 자료를 토대로 복음서를 저술하였다고 설명하기도 한다. 같은 사건에 대한 목격자들의 말과 이야기는 약간씩 다를 수 있다는 경험으로 그들의 주장을 뒷받침한다. 그러나 하나님의 감동에 의해 성서가 기록되었음에도 불구하고, 단순히 이런 방식으로는 설명할 수 없는 점들이 있다. 공관복음을 통하여 우리는 다음과 같은 것들을 관찰할 수 있다.

첫째, 앞에서 이미 언급한 바 있듯이, 누가복음의 서언은 복음서 저자의 어떤 인간적인 과정을 진술한다.

둘째, 복음서들 간의 평행이 종종 전체 절이나 문장에서 축어적이며, 훨씬 더 흔한 것은, 이따금씩 동일한 어근에서 파생한 다른 단어와 동의어로 대체하거나, 또는 어순을 약간 변화시키는 것 이외에는 일치한다는 것이다.

셋째, 공관복음서는 동일한 사건이나 내용에 대하여, 어법에 약간의 차이가 있고, 문맥이 다른 것들이 있다. 주기도문(마 6:9-13; 눅 11:2-4), 팔복(마 5:3-12; 눅 20:20-23), 가이사랴 빌립보에서의 신앙고백(마 16:13-20; 막 8:27-30; 눅 9:18-21) 등을 예로 들 수 있다.

넷째, 세 복음서에 모두 기록된 기사들 가운데, 세 번째 복음서에 대하여 두 복음서에서만 유사하거나 일치하는 것들이 있기도 하고(마 3:7-10; 눅 3:7-9),

또 차이가 있는 것들도 있다(마 8:5 이하; 눅 7:1 이하).

다섯째, 마가의 661절 중 마태에 500절이 평행 형태로 나타나고, 누가에 350절이 반복된다. 마가에는 없고 마태와 누가에 공동으로 나오는 것이 235절 있다. 달리 말하면, 마태복음(1,068절)에 들어 있는 자료는 마태의 독특한 자료(M), 마태와 누가의 공통 자료(Q), 및 90%의 마가복음으로 구성되며, 누가복음은 누가의 독특한 자료(L), 마태와의 공통 자료(Q) 및 57%의 마가복음을 사용하였다. 평행은 예수의 가르침에서뿐 아니라, 예수께서 행하신 것에 대한 내러티브 묘사에서도 나타난다. 예수의 말씀에 대해서도, 이 언어적 평행이 헬라어에서, 즉 원래 예수께서 말씀하신 아람어를 번역한 헬라어에서 일어난다는 것을 주목할 만하다.

여섯째, 공관복음서들 가운데서의 일치는 특정한 저자에 의해 첨가된 삽입구적 주석들 또는 설명을 위한 방백에까지 미친다(막 13:14; 마 24:15; 막 2:10; 마 9:6).

일곱째, 평행은 또한 연대순으로 함께 연결되지 않는 에피소드(일화)들의 순서를 포함한다. 예를 들면, 마가복음 2:1－3:6과 누가복음 5:17－6:11과 마 9:1－17; 12:1－14의 에피소드들의 순서가 일치한다. 혹은, 규모가 좀 작지만, 마가는 베드로가 예수를 부인하는 이야기를 산헤드린 앞에 있는 예수 기사의 둘레에 샌드위치식으로 "끼워 넣는다."(막 14:53－54, 55－65, 66－72) 그런데, 마태는 동일한 기법을 사용하고(마 26:57－58, 59－68, 69－75), 누가는 그 자료를 두 개의 구별된 이야기로 좀 더 전통적으로 재배열한다(눅 22:54－62, 63－71).

자료비평: 다양한 해결책의 제안

자료비평(Source Criticism)이란 공관복음 문제를 해결하기 위하여 복음서 기자들이 복음서를 기록하는 데 사용한 자료가 무엇인지를 밝히는 작업이다. 자료비평의 결과로서 공관복음 문제에 대한 다양한 해답이 제시되었다. 간단히 말하면, 상호관계가 없다는 이론과 상호의존의 관계를 상정하는 이론이다.

각 복음서가 독자적으로 기록되었다는 주장으로, 몇 가지 예를 들면, 각 복음서 기자들은 아람어로 기록된 하나의 '원-복음'에 의존하였다는 설(레싱, 1778년), 초기의 공통 구두 전승에 의거하여 독자적으로 기록하였다는 설(헤르데르, 1796년), 또는 공통의 단편들이나 비망록(*메모라빌리아*, 슐라이에르마허, 1821년)을 사용하여 복음서를 기록하였다는 제안 등이 있다.

상호의존 이론들

상호의존 이론이란 공관복음서가 서로 문학적으로 의존관계가 있다는 이론이다. 상호의존 이론도 상당히 다양하다. 몇 가지를 들면 다음과 같다. 첫째, 어거스틴(주후 354-430년)의 견해가 있다. 이는 마태가 최초의 복음이며('마태복음 우선설'), 마가는 마태를 사용하였고, 누가는 마태와 마가를 사용하여 복음을 저술하였다는 것이다. 이는 정경에 나오는 순서대로 복음서가 집필되었다고 보는 것이다. 둘째, 그리스바하 가설 혹은 두 복음 가설이 있다(1789년). 이는 마태가 최초의 복음서라는 점에서 어거스틴의 견해와 동일하나, 누가는 마태를 사용하였고, 또 마가는 마태와 누가를 사용하였다고 주장하는 가설이다. 셋째, 두 자료 혹은 두 문서 가설이다(라흐만, 1835년). 이는 마가(또는 원-마가)가 최초의 복음이며('마가복음 우선설'), 마태와 누가는 지금은 잃어버린, 약 230-250개의 구절로 구성된 Q라는 공통 자료와 마가를 사용하여 복음을 저술하였다는 가설이다. 이것을 더 정교하게 발전시킨 것 가운데 대표적인 것이 네 문서 혹은 네 자료 가설이다. 이는 스트리터(B. H. Streeter)가 1924년에 제시한 것으로서, 누가복음에만 나오는 독특한 자료(L), 마태복음에만 나오는 독특한 자료(M), 그리고 마가복음을 자료로 하여 복음서를 기록하였는데, 특히 누가는 원래 Q와 L을 사용하여 '원-누가복음'을 구성하고, 마가복음이 나온 후에 원-누가복음에 마가복음을 더하여 누가복음을 저술하였다는 이론이다. 넷째, 두 문서 가설의 변형으로서, 파러(Farrer) 가설이 있다(1957년). 이는 마가가 최초의 복음이며 마태는 마가를 사용하였고, 누가는 마가와 마태를 사용하여 복음서를 저술하였다는 이론이 있다. 다섯째, 누가가 최초의 복음이라는 이론도 있다(린제이, 1969년).

자료비평에 대한 결론: 두 문서(두 자료) 가설의 변형된 형태

여러 가지 상호의존 이론 가운데 약점이 없는 완전한 것은 없으나, 데이터를 가장 잘 설명해 주는 것은 두 문서 혹은 두 자료 가설이라 할 수 있다. 마가복음이 제일 먼저 기록되었으며, 마태는 공통자료 Q와 마가복음, 그리고 마태에 독특한 내용의 자료(M)를 이용하여 복음을 저술하고, 누가는 공통자료 Q와 마가복음, 그리고 누가에 독특한 내용의 자료(L)를 이용하여 복음을 저술하였다는 것이 그래도 가장 좋은 설명을 제공한다. 그러나 복음서 형성의 복잡성을 고려할 때 이것을 하나의 결론이 아니라 '작업가설'로 보아야 할 것이다. 이제 마가복음 우선설, Q 가설, 그리고 마태와 누가에 독특한 자료들을 설명하려고 한다.

마가복음 우선설

마가복음 우선설이란 마가복음이 최초로 저술된 복음서이며, 마태와 누가는 그의 작품에 몹시 의존했다는 가설이다. 마가 우선설의 장점에는 다음과 같은 것들이 있다. 첫째, 많은 지점에서 마가의 세부사항이 가장 생생하다. 반면에 마태와 누가는 목격자 보고의 필치로 보이는 것을 생략한다(막 1:32; 마 8:16; 막 6:39; 마 14:19; 눅 9:14; 막 14:5; 마 26:9 참조). 둘째, 마가의 문법과 문체는 종종 가장 거칠다. 반면에 마태와 누가는 그것을 좀 더 부드럽게 만든다. 마가가 좋아하는 문법 또는 문체는 접속사 생략, "그리고"(κ\a\ι)를 사용하여 절들을 연결하는 병렬, 역사적 현재, 여분 혹은 중복, 이중 부정, 그리고 절들의 뒤얽힌 순서 등이다. 셋째, 마가는 다른 복음서 기자들이 생략하거나 바꾸어 말하는 세부사항, 곧 잠재적으로 당혹스럽거나 오도하는 세부사항을 이야기한다(막 2:26; 마 12:4; 눅 6:4; 막 6:5; 마 13:58; 눅 4:24; 막 10:18; 마 19:17 참조). 넷째, 마가는 복음서들 중 가장 짧다. 하지만 마가가 이야기하는 문절들 안에서 마가의 것이 전형적으로 가장 완전한 형태이다. 마가와 누가가 공통으로 갖고 있는 92문절 중 마가가 71회 더 길다. 마태와 공유하는 104문절 중, 그가 63문절에서 더 길다. 마태와 누가가 마가를 단축한다. 다섯째, 마가에 나오는 것 중 마태와 누가에 복사되지 않은 것이 매우 적다(10% 미만). 여섯째, 마태와 누가는 문절들의 순서 또는 어법의 본질에 있어서 동시에 동일한 방식으로 마가에게서 벗어나는 일이 아주 드물다. 반면에 마태와 마가는 누가에 거슬러 빈번하게 일치하고, 누가와 마가는 마태에 거슬러 빈번하게 일치한다. 마가는 세 복음서의 중명사(중간 항목)이다. 마가가 첫째, 또는 마지막([그리스바하]; 마태－마가－누가 [어거스틴])이다. 일곱째, 마가는 헬라어 음역으로 보존된 아람어 단어들을 최고의 빈도로 담고 있다. "보아너게"(3:17), "달리다굼"(5:14), "고르반"(7:11), "에바다"(7:34), 그리고 "아바"(14:36). 여덟째, 마가가 그것에 관해서 알았다면, 왜 마가가 마태와 누가에 공통된 자료를 전부 생략했는지에 대한 다른 설명이 없는 것 같다. 아홉째, 마태와 누가가 각각 마가를 편집했다고 가정할 때 신학적 강조의 일관된 패턴들이 나타난다.

그러나 마가 우선설에는 약점도 있다. 첫째, 세 복음서에 같이 나오는 삼중전승에 있어서, 마가에 맞서는, 마태와 누가의 어떤 작은 일치들이 정말로 존재한다. 둘째, 마가의 큰 덩어리가 누가에서는 빠져 있다(막 6:45－8:26). 이는 종종 누가의 "대생략"이라 불린다. 셋째, 만일 마가가 처음이 아니라 마지막에 기록된 것이라면, 복음서 전승에서 일어난 변화들은 그렇게 격렬하지 않다. 넷째, 마가 우선설은 일차적으로 기적이 없는 예수를 발견하려고 열망한 현대의 자유주의 학자들이 만들어 낸 가설이다. 강한 교부적 증거는 마태 우선설을 지지한다.

Q 가설

Q라는 상징은 이른 1800년대에 슐라이에르마허(F. Schleiermacher)가 처음으로 만들어 냈는데(독일어 *Quelle*, "자료"), 마태와 누가가 공통으로 의존하였다는 가설적인 문서를 표시한다. Q가 문서로 존재했느냐, 구전으로 존재했느냐 하는 복잡한 논쟁이 있다. 문서로 존재했다는 확신을 가진 학자들은 현재 Q를 복원해서 출판해 놓았다. 그러나 여전히 남는 문제는 Q의 사본이 하나도 존재하지 않는다는 사실이다.

Q 가설의 강점은 다음과 같다. 첫째, 단순히 누가가 마태를 사용했다거나, 그

역이라고 가정하지 못하는 이유가 있다. 비록 마태와 누가 사이의 문학적 관계를 시사하는 충분한 언어적 병행 현상이 여러 곳에서 일어나지만, 병행들이 삼중전승에서처럼 그렇게 일관성 있게 서로에게 밀접하지는 않다. 마태가 예수의 말씀의 가장 문자적인 기사를 보존하는 것 같은 때도 있고, 또 누가가 그렇게 하는 것 같은 때도 있다. 둘째, 파피아스(Papias)가 말하는 마태가 수집했다는 "말씀"(로기아= 어록?)은, 아마도 마태 자신이 무엇인가 Q와 같은 것을 지었으리라는 것을 시사한다. 셋째, 재구성된 Q에는 일반적인 신학적 동질성 및 문체적 동질성이 있다.

그러나 약점도 있다. 무엇보다도, 첫째, Q는 한 번도 사본이 발견된 적이 없다. 그것은 순전히 가설적인 문서이다. 둘째, 도마복음의 예에서와 같이, 예수의 어록집 장르가 존재하는 것으로 알려져 있었다. 그러나 Q가 기록된 문서로 보기에는 많은 병행들이 충분히 밀접하지 않다. 공통적으로 구전을 소유했을 뿐일 가능성도 있다. 셋째, Q의 내용, 순서, 또는 목적에 대한 정확한 윤곽에 대하여 일치하는 의견이 거의 없다. 하나의 결정적 문서라기보다는, 더 짧은 기록된 자료와 구두자료의 결합이거나, 구두자료는 아니었을까?

M과 L

마태에 독특한 내용(M, 333절)과 누가에 독특한 내용(L, 567절)이 기록된 문서나 자료로 존재했다는 것은 특히 1920년대 영국학자 스트리터(B. H. Streeter)가 내놓은 제안이다. 누가는 마가를 보기 전에 Q와 L을 사용하여 원-누가를 저술하고, 마가를 읽은 후에 그것을 개정하고 확대했다고 주장한다. 그러나 원-누가복음설은 거의 받아들여지지 않는다. 우리는 단지 M과 L을 각각 마태와 누가에 독특한 내용을 표시하는 것으로 사용한다.

'원-복음' 이론들

두 자료 가설의 간격을 메우고, 초대 교회의 전승을 고려하고, 복음서에 나타난 내적 표시들을 각각 부분적으로 설명하기 위하여 각 공관 복음서의 더 이른 버전들, 즉 원-마가, 원-마태, 원-누가복음 등을 상정하는 것이다.

자료비평의 가치

이런 복잡한 자료 비평이 도대체 새내기 신학도들에게 무슨 상관이 있는가? 간단히 말해서, 자료비평을 통하여 복음서의 신뢰성 문제와 다른 복음서 기자들의 신학적 독특성들에 대한 인식을 깊게 해 줄 수 있다. 자료비평은 Q 자료가 어떤 형태로든 이미 4, 50년대에 존재했음을 드러내고, 또 편집비평 작업의 기초를 제공한다.

3.3/5 양식비평: 복음의 구전기간

{자료: Blomberg, *Jesus and the Gospels*, 81-86; James L. Bailey and Lyle D. Vander Broek, *Literary Forms in the New Testament: A Handbook*(Louisville: Westminster/John Knox, 1992) 91-188; 하워드 마샬 편저, [신약해석학], 224-241; 클라인, 블롬버그, 허바드, [성경해석학 총론], 642-56; Ehrman, *The New Testament*, 40-49; Stein, *Studying the Synoptic Gospels*, 173-233; Wenham & Walton, *Exploring the New Testament*, 70-74; Bock, *Studying the Historical Jesus*, 181-87; F. David Farnell, "Form Criticism and Tradition Criticism", in *The Jesus Crisis*, 185-232; Carson & Moo, *An Introduction to the New Testament*, 79-85; Guthrie, *New Testament Introduction*, 209-37}

복음이 기록되기 전에 약 30년간의 구전기간이 있었다. 기록된 문서들이나 자료들이 이 기간 동안 구전으로 유포된 역사를 결정하고, 다음 그 재료들을 분석하여 어떤 범주들이나 양식들에 따라서 분류하는 방법을 양식비평이라 한다. 복음서 양식비평은 이른 제20세기에 독일 학자들인 슈미트(K. L. Schmidt), 디벨리우스(Martin Dibelius), 그리고 불트만(Rudolf Bultmann)에 의해 시작되고 발전되었다.

전제

양식 비평을 하는 데는 어떤 전제들이 작용했다.

첫째, 복음서를 구성하는 예수 그리스도의 이야기는 역사, 전기, 고전 문학에 가깝다기보다는, 대중 문학이나 민요 문학에 가깝다. 이 같은 관점에서 볼 때 복음서 저자들은 어떤 의식을 가지고 저작한 것이 아니라, 기독교 공동체들이 귀중히 여기는 전승들을 전달하는 역할을 했을 뿐이다. 다른 나라들의 구전 민간전승(민속)에서 따온 유추들이 초대 기독교 구전이 어떻게 발전되었는지 재구성하는 데 사용되었다. 그러나 한 움큼 이상의 진정한 예수 본문들이 상처를 입지 않고 이 과정을 견디어 냈을 것 같지 않다.

둘째, 살아 계신 동안 예수께서 말씀하신 것을 어느 것도 아무도 적어 놓지 않았고, 초대 기독교인들은 처음에 전적으로 구전에 의존했다. 구전은 항상 서로 독립하여 유포된 자료의 구별된 단위들로 구성된 것으로 여겨졌다. 예수의 말씀과 행위는 기독교 공동체들 가운데 구두로 널리 전파되었다. 처음에는 개별적, 지역적, 시간적 연결이 없이 단편과 조각으로 연결되어 있다. 예수의 임의적인 말씀은 점차적으로 판에 박은 것이 되고 단위들도 조직되었다고 양식 비평가들은 주장한다. 구두 전승은 단편과 조각에서 연합으로 변화되어 갔다. 초기에 수집된 단위 중에는 특히 수난 설화를 든다. 이는 초대 교회에서 지극히 중요하게 생각되었다.

셋째, 보유되고 전수된 말씀들은 초대 교회에 선교적, 설교적, 변증적, 목회적 필요들을 충족시키는 것들이었다. 특정한 말씀이나 이야기를 보는 시대에 따라서 세 가지 관점으로 삶의 정황을 식별한다. 예수 자신의 삶의 정황('예수는 어떻게 전했는가?' 예수 당시의 상황), 초대 교회의 삶의 정황('초대 교회에 어떻게 전해졌는가?'), 그리고 복음서 기자의 삶의 정황('복음서를 기록 당시, 저작 당시에 기자가 어떠한 상황에서 저술했는가?'). 바꾸어 말하면, 특정한 말씀이나 이야기가 예수의 삶과 가르침 속에서 원래 무엇을 의미했는가? 특정한 말씀이나 이야기가 그것을 보존한 기독교 공동체에서는 무엇을 이야기했는가? 특정한 말씀이나 이야기가 그것을 복음서에 기록한 기자에게는 무엇을 의미하였을까? 그러나 중요한 것은 초대 교회가 예수 그리스도에 대한 기록을 보존하는 데 관심을 가졌다는 사실이다.

넷째, 예수의 말씀들을 어떠한 양식들로 분류할 수 있다.

방법

양식비평 학자들은 복음서들의 배후에 있는 구전 기간에 대한 분석에 있어 구약 연구에서 이미 행해지고 있는 것에 유사하게 세 개의 주요 단계를 제안했다.

첫째, 복음서들은 분리된 "페리코프"(문절들, 독립 단위들)로 세분되고, 각각의 양식(거의 작은 장르)에 따라 분석될 수 있다고 그들은 믿었다. 비유들, 기적 이야기들, 선언 이야기들(예수의 중요한 말씀으로 절정에 달하는 짧은 논쟁적 에피소드들), 잠언들, 지혜의 말씀들(어록), "내가 – 말씀들", 더 긴 강화들 등을 양식으로 분류했다(그러나 역사적 판단이 들어간 명칭들도 사용했다. 신화들, 전설들, 또는 예수의 이름으로 말하는 초대 기독교 선지자들의 발언들).

둘째, 양식 비평가들은 각 양식에 초대 교회의 역사 속에 있어서의 삶의 정황(*Sitz im Leben*)을 부여했다. 선언 이야기들(대중적 설교에 널리 사용됨), 기적 설화들(변증적 상호작용에서), 전설들(위대한 영웅으로 예수를 영화롭게 하기 위하여 만들어짐), 비유들(대중적 이야기꾼들에 의해 전수됨) 등등.

셋째, 양식비평은 전승의 전수 "법칙들"을 발전시켰다. 예수에 관한 정보의 단편들이 구두로 전해지고, 이야기들이 더 길어지는 경향이 있고, 추가적 비역사적 세부사항들로 장식되고, 설명을 덧붙여 명료하게 하고 해석하고, 전에 이름 없는 인물들에게 이름을 붙여 주고, 새로운 상황과 적용이 주어지고, 다른 개별적 가르침들과 한데 묶였다. 그러므로 이 모든 부차적인 부착물들을 벗겨내고 예수께서 실제로 말씀하시고 행하신 것을 나타내는 각 문절에서 역사적 핵심을 발견하는 것이 양식 비평가의 책임이다.

평가와 비판

비록 양식비평은 일차적으로 역사적 도구로서 개발되었지만 그것의 주요 강점들 가운데 하나는 부산물로서 왔다. 즉, 해석을 위한 양식비평의 잠재력을 활용할 수 있다. 이런 의미에서, 양식비평은 문학비평이 전체 책들을 위하여 하는 바를 개별적 문절들을 위하여 한다. 양식비평은 복음서들이 하나의 단위를 이룬 전체들이 아니라, 많은 상이한 문학 양식들의 소단위들로 구성되었음을 인식한다(비유들, 잠언들, 선언 이야기들 등). 여러 곳에서 공관복음서 저자들은 같은 양식의 이야기들을 한데 묶어 놓음으로써 그 복음서들을 조직한 것으로 보인다 (예를 들면, 막 2:1-3:6의 "선언 이야기들"). 그러므로 상이한 양식들에 대한 이해는 우리가 복음서 기자들의 개요를 발견하는 데 도움이 되고 어떤 사건들 이 연대적 순서로 기록되었다고 가정하지 않아야 할 때를 발견하는 데 도움이 된다. 양식비평의 해석학적 가치는 막대하다.

그러나 역사적 도구로서의 양식비평의 많은 교의들과 가정들에 심각하게 의 문을 던져야 한다. 삶의 정황을 회복할 실제적 자료(데이터)가 실제로 존재하지 않는다. 소위 꾸며지고 점점 더 구별되는 전승의 경향들은 나중의 외경복음서에 서나 지지를 받는다. 정경 안에서는 오히려 축소되고 유선형이 되는 경향이 있 다. 역사적 관심의 결여와 전승이 예수의 생애와 가르침에 대한 세부사항을 조 심스럽게 보존하지 않았다는 가정들은 옳지 않다. 단순히 초대교회에서 창작한 예수의 말씀이라는 것은 있을 수 없다. 다른 나라들에서 얻어 온 유추, 여러 세 기에 걸쳐서 이루어진 구전 민속의 발전은 제1세기 유대인의 구전 문화 연구에 관련성이 없다. 사실, 예수의 말씀과 행위에 대한 구전은 역사적 진리를 정확하 게 보존하는 데 극도로 보수적이며, 수고를 아끼지 않았다. 일곱 가지 증거를 댈 수 있다.

첫째, 제1세기 유대 문화에서 암기가 고도로 발달되었다. 이는 지배적인 초등 교육 방법이었고, 선지자들의 제자들은 설립자들의 말씀을 암기하여 전수했다. 존경받는 랍비들은 성경을 암기했다. 예수의 제자들이 그의 가르침의 많은 부분 을 암기하는 것은 자연스럽고 또 기대되는 것이었다. 예수의 가르침의 80% 정 도가 시의 형태로 되었다. 바울은 전통의 전수를 말한다(고전 11:2, 23; 15:3, "받는다, 전한다"). 제자들은 그래도 그들이 배운 자료를 바꿔 쓰고, 해석하고, 재배열할 수 있었다. 이것은 또한 그 당시의 관례였다. 초대 기독교인의 시대는 인쇄 문화가 아니라 구전 문화가 발달되었다. 1세기의 유대인들은 암기하는 것 으로 전달해 나아갔으며, 성경의 사본은 모든 사람들이 가질 수 있는 것이 아니 라 각 회당에 하나 정도 있어서 그곳의 서기관 정도가 볼 수 있었다. 예수도 구 두로 제자들을 가르쳤다. 청중들이 쉽게 이해할 수 있도록 "암기 학습"을 통해 지식을 가르치셨다. 초대교회 제자들도 예수께서 하신 것들을 구두로 전달하였으며, 중심지(도시들)에서 예수의 구두 말씀을 수집하였다. 복음서가 기록되기 전 주후 30년 — 50년대 후반, 60년대 초까지 약 30년 동안 구전의 전승들이 있었다. 구전의 복음서들이 기록되기 전에 바울의서신서들이 먼저 기록되었다. 복음서에 기록되어 있는 예수의 말씀보다 예수께서 지상에서 사역하시는 동안에 훨씬 더 많은 말을 하시며 사역하셨다(요 21:25).

둘째, 구전의 전 기간을 통하여 그리스도의 말씀과 사역에 대한 목격자들이 계속 존재했다. 그들은 제어 역할을 했고, 기독교 공동체의 한계를 설정했다. 예루살렘에 있는 사도적 지도력이 중심이 되었다(행 8, 10 — 11, 15장 참조).

셋째, 비록 신성한 전승들은 일차적으로 입의 말로 전수되었지만 그것들의 추종자들은 종종 중요한 자료를 사적으로 기록하고, 그것을 때때로 참조하면서 기억을 새롭게 했다(눅 1:63; 쿰란 사람들의 성경 해석 '기록' 사본들 참조).

넷째, 이미 예수의 사역 동안에 그의 추종자들이 그의 말씀과 사역을 간결하게 요약했던 삶의 정황 곧 열두 제자와 칠십 인의 선교가 있었다.

다섯째, 이야기의 융통성과 복음서들 가운데 겉보기에 "모순들"로 보이는 것들이 있음에도 불구하고, 이 문서들은 예수의 죽음과 부활 이후 처음으로 만들어진 정보를 담고 있는 것처럼 자연스럽게 보이지 않는다. 예수의 난해한 말씀들이 포함되어 있다(막 13:32; 막 9:1; 막 13:30; 마 10:23 참조). 초대 교회의 주요 논쟁 즉 할례, 율법, 방언 등에 대한 해결의 말씀들이 복음서에 없다(고전 7:10, 12).

여섯째, 반면에, 우리는 복음서에서 나중의 교회가 강조하지 않은 주요 강조점들을 발견한다(예, '인자' 칭호의 사용).

일곱째, 예수는 한 세대 안에 그가 돌아올 것을 명시적으로 예언하지 않았다 해도 그의 처음 제자들은 분명히 그것을 기다리고 있었다고 종종 말한다(데살로니가전서, 후서 참조). 더군다나, 세상이 곧 종말을 맞이할 것이라고 생각하는 사람들은 역사는 말할 것도 없고 문헌을 기록하는 데 관심이 없다고 하는 주장은 근거가 약하다. 종말공동체로 자처한 쿰란에서 나온 대량의 문헌 생산은 이 회의주의가 잘못임을 드러낸다. 이 모든 비평에도 불구하고, 양식비평의 지배적인 전제 즉 복음서 자료에 있어서 최초의 구전 기간을 상정하는 것은 근거가 충분히 있다.

3.3/6 편집비평: 공관복음 저자들의 공헌

{자료: Blomberg, *Jesus and the Gospels*, 93-95; 하워드 마샬 편저, [신약해석학], 267-88; 피. 스튜어트, [성경을 어떻게 읽을 것인가?], 157-87; Stein, *Studying the Synoptic Gospels*, 237-79; Wenham & Walton, *Exploring the New Testament*, 74-80; Bock, *Studying the Historical Jesus*, 189-97, 199-203; Robert L. Thomas, "Redaction Criticism", in *The Jesus Crisis*, 233-67; Carson & Moo, *An Introduction to the New Testament*, 103-12; Guthrie, *New Testament Introduction*, 237-43}

편집비평(Redaction Criticism)은 독일인 트리오 보른캄(G. Bornkamm, 마태복음), 마르크센(W. Marxsen, 마가복음), 그리고 콘첼만(H. Conzelmann, 누가복음)에 의해 주도되었다.

정의

편집비평은 입수해 놓은 기록된 전승과 또는 구전된 전승들을 모양 짓고 정리하는 데 있어서 그가 채용한 편집(교정) 수법들과 구성 수법들과 해석들을 분석함으로써 성서 저자의 신학적 시각들을 해명하려고 힘쓰는 작업이다. 편집비평가들은 왜 편집자들이 어떤 자료들을 포함시켰는지, 생략했는지, 어떻게 자료들을 배열했는지, 그리고 각각 어떤 독특한 신학적 강조점들을 강조하기를 원했는지 결정하려고 한다. 편집비평은 각 복음서를 단편들의 수집으로 보지 않고, 하나의 전체로 보며, 단순한 이야기와 사건을 수집한 자에 의해서 구성된 것이 아니라, 뚜렷한 목적을 지닌 신학자에 의해서 구성된 것으로 본다. 즉, 편집자나 편찬자가 물려받은 전승들을 변화시킨 방법과 그러한 전승들을 함께 연결시키는 데 사용한 연결들을 연구함으로써 저술의 신학과 상황 즉 복음서 저자들의 공헌을 발견하려고 하는 것이다.

방법

각 복음서를 분해하는 작업이 아니라 전체적인 작업으로 보면서 전체적인 측면에서 연구하는 것이다. 예를 들면, 왜 마태복음이 그렇게 구성되었는가? 동일한 사건의 기록에 대해서는 각 복음서 간에 어떠한 차이가 있는가 하는 물음 등에 답하려고 노력한다. 복음서 기자들은 단지 가위로 자르고, 풀칠하는 사람들이 아니었다. 편집비평은 반대로 가위는 신학적인 손에 의해서 조정되었으며, 풀은 특별한 순서대로 채워졌다. 편집비평은 마태, 마가, 누가복음을 예수 그리스도 안에서 구원의 좋은 소식인 하나의 복음에 대한 3가지의 초상화라고 이야기한다. 그렇기 때문에 편집비평은 각 복음서에 포함된 재료, 구조, 적용에 사용된 중심 재료들을 찾게 된다. 마가복음은 10장 45절에 제시된 주제를 중심으로 기록되었으며, 누가복음은 24장 47절에 제시된 주제를 중심으로 기록되었다. 마태복음 27장 37절에는 예수가 왕적 다윗 계통 메시아임을 증명하는 유대인 기독교 공동체를 위한 교훈 편람으로 보인다고 이야기한다. 요한복음 20장 31절에는 문체, 어조, 신학적 강조가 공관 복음과 다르게 전도를 위해서 기록됨을 나타내며, 요한복음 전체에서는 영원하신 그리스도를 이야기하고 있다.

평가와 비판

편집비평의 통찰은 복음서 구성에 대한 이해에 많은 긍정적인 결과를 가져왔다. 이는 복음서 기자들이 임의로 사용하려는 기사들은 왜, 어떻게, 사용했는지를 이해하는 데 도움이 된다. 그러므로 편집비평을 통해 복음서를 예수 그리스도의 말씀과 행위를 해석하여 그들의 신학적 의도들을 충족시키려고 신중히 애쓰는 개별 저자들의 작품으로 인식할 수 있게 한다.

편집비평은 두 가지 분류의 방식으로 보완해야 한다. 즉, 복음서를 읽을 때 수평적으로 읽기(다른 복음서와 비교하며 읽기)와 수직적으로 읽기(복음서 자체로 읽기)를 병행해야 한다. 편집비평은 양식비평과 마찬가지로 종종 복음서의 역사적 신뢰성을 평가 절하하려는 좀 더 과격한 비평가들에 의해 사용되어 왔다. 신학적 목적을 위해 말한 것은 덜 역사적일 것이라고 주장한다. 그러나 사실은 그 반대이다(예: 나치에 의한 유대인 대학살을 유대인들은 정확하게 기록하고 보존한다.). 복음서 저자들이 그들의 자료에 첨가한 것은 역사적일 수 없다고 주장한다. 마가와 Q 이외의 추가적인 기록된 또는 구전된 자료 또는 개인적 기억의 가능성을 배제한다. 보다 사소한 문체적 변형들의 신학적 동기들을 반영하는 정도를 과장한다. 상당히 원자적인 분석을 사용하고, 다양성에 모든 주의를 기울인다. 그러나 세 공관복음서 가운데는 상당한 양의 일치가 있음을 주목해야 한다.

편집비평의 가치는 여전히 크다. 아마도 자료비평이나 양식비평의 가치보다 더 크다고 할 수 있다. 특히 해석의 도구로서 복음서의 각 문절에 대하여 이러한 질문을 던진다. "복음서 저자는 왜 정확하게 그가 한 방식으로 이것을 포함시키기로 결정하였는가?"(상이한 신학적 강조점들을 찾는다.). 그러므로 성경의 영감과 무오성을 믿는 사람이라면, 어떤 의미에서는, 그리스도의 생애의 조화들을 구성하려 하기보다 그 안에서 복음서 본문들이 영감을 받은 형태에 주의를 더 기울여야 한다. 복음서들을 조화시키는 것에 대한 합법적인 자리가 있으나, 하나님께서 네 복음서를 영감으로 주셨다는 사실을 잊어버려서는 안 된다. 설교자는 복음서 저자들의 강조점들을 찾아서 그에 상응하는 설교를 하여야 한다.

3.3/7 정경비평: 정경에 들어 있는 복음서

{자료: Blomberg, *Jesus and the Gospels*, 95 – 97}

정경비평(Canonical Criticism)은 1970년대부터 1990년대까지 두 명의 미국 학자 곧 차일즈(B. Childs)와 샌더스(J. Sanders)의 저작들을 통하여 주도되었다.

정의

정경비평이란 본문의 최종 형태 또는 정경 형태에 좀 더 많은 주의를 기울여서 복음서를 해석하여야 한다는 것이다. 특히 차일즈가 그렇게 주장한다. 제2세기 중엽에 이르러서는 이미 네 개의 이야기만이 예수의 생애를 정확하게 묘사한다는 넓은 합의가 이루어졌다. 마태, 마가, 누가, 그리고 요한을 정경에 포함시킨 판단의 기준은 사도성, 정통성, 적실성(관련성)이었다. 정경비평은 정확하게 신약에 포함해야 할 책들과 그 순서에 대해 최종적으로 합의가 이루어진 제4, 5세기의 초대 기독교 공동체의 의도를 심각하게 받아들인다.

특징

정경비평은 편집비평이 초점을 맞추는 다양성을 넘어서 주제들의 일치를 강조한다. 예를 들면, 예수의 유년기에 대하여 마태의 유년설화와 누가의 유년설화 사이의 일치하는 주제들을 강조한다. 또한 산상설교와 같은 문절에 초점을 맞추고, 나중에 바울이 율법을 지킬 수 없다는 것에 관하여 가르친 것에 비추어서(롬 3:20) 그 긴 산상설교 해석의 역사를 관찰한다. 성경의 책들의 순서가 함의하는 의의에 초점을 맞추거나, 다른 책들이 다른 주제들에 공헌하여 서로 균형을 맞추는 방식에 초점을 맞춘다(예를 들면, 마태와 야고보, 누가와 바울). 샌더스는 정경비평을 함에 있어 구약과 신약 사이의 "텍스트 간의 관련성을 나타내는 메아리(반향, 영향)"에 더 많은 초점을 맞춘다.

평가

정경비평에 대하여 우리가 주의할 것이 있다. 정경비평의 결과가 성경의 한 책을 그 원래의 역사적 상황에서 그 자체로 분석한 것에서 나온 결과와 대립되는 결과를 도출한 점들에 대하여 우리는 반대한다.

3.3/8 문학(문예)비평: 최종형태의 복음서

{자료: Wenham & Walton, *Exploring the New Testament*, 81 – 123; Tremper Longman Ⅲ, *Literary Approaches to Biblical Interpretation*(Foundations of Contemporary Interpretation 3; Grand Rapids: Academie Books/Zondervan, 1987) 13 – 71(=유은식 역, [문학적 성경해석], 솔로몬, 2002); Elwell and Yarbrough, *Encountering the New Testament*, 174 – 77; Carson & Moo, *An Introduction to the New Testament*, 115 – 18}

오늘날 복음서를 해석하는 도구들이 더 많이 제안되고 실천되었다. 복음서의 역사('있는 그대로의 예수를 제시했는가?')와 신학('신앙과 신학으로 인하여 변형된 것은 없는가?')의 문제는 역사적 비평을 통하여 논의되었다. 그러나 '복음 전도자들' 곧 복음서 저자들은 설교자들과 신학자들이었을 뿐 아니라, 솜씨 있는 문학 예술가들이기도 하다. 그러기에 복음서에 접근할 때 문학적 각도에서 접근할 수 있는 것이다.

일반적 설명

복음서 해석에 있어 가장 큰 발전의 하나는 일반 문학이론을 성경연구에 적용하는 문학비평(문예비평, Literary Criticism)이라 할 수 있다. 이는 성경연구의 패러다임의 전환을 이루었다고 주장될 만큼 현재 복음서 본문을 바라보는 가장 흥분되고 빠르게 확장되는 방법 중의 하나가 되었다.

문학이론은 주로 '의미의 소재'를 어디에 두느냐에 따라 구별할 수 있다. 이는 저자 중심의 이론, 본문 중심의 이론, 독자 중심의 이론으로 대별된다. 다른 각도에서 말한다면, 이것은 또한 복음서를 무엇인가 메시지를 전달하려는 하나의 저술로 볼 때, 저술의 커뮤니케이션 모델에 의거하여, 저자, 본문, 그리고 독자에 각각 초점을 맞추어 의미를 해석하는 것과 같다.

저자 중심의 접근 방식들은 본문을 저술하는 데 있어 저자의 의도와 공헌에 특별한 관심을 기울인다. 본문 이해의 열쇠가 본문 외부에 있다고 본다. 즉 저자, 저자의 자료, 및 저자의 관심과 강조에 있다는 것이다. 고전적인 역사－비평적 방법들(자료비평, 양식비평, 편집비평)이 여기에 속한다.

본문 중심의 접근 방식들은 본문 자체에 큰 주의를 기울이며, 본문이 창조하는 '세계'를 조사하고자 하고, 본문의 이야기를 전적으로 그 자체의 술어 안에서 이해하려고 시도한다. 의미는 본문 내에서 발견되게끔 되어 있고, 의미를 발견하기 위하여 문학적 장르, 구조, 및 본문 내의 언어의 반향들과 개념들에 특별한 주의를 기울인다. 문학비평(문예비평), 내러티브비평(서사비평), 구조주의 등이 여기에 속한다.

독자 중심의 접근방식들은 본문이 독자에게 끼치는 영향들과, 독자들이 읽는 본문들에 대하여 독자들이 끼치는 영향에 특별한 주의를 기울인다. 독자들이 읽는 과정에 가지고 오는 의식적인 또는 무의식적인 가정, 전제, 전 이해(前理解)를 고찰한다. 수사비평, 독자－반응 비평, 이념적 접근방식(페미니즘 읽기) 등이 이에 속한다.

문학적 통찰을 바탕으로 성서를 읽을 때, 우리는 저자가 본문을 통하여 독자와 상호 작용한다는 것을 잊지 않아야 한다. 성서 저자들은 본문들을 통하여 독자들에게 전달하였다는 것이다. 따라서 복음서를 이해하는 데 있어서 우리는 이 세 가지(저자, 본문, 독자) 종류의 접근방식을 다 이용할 필요가 있다. 각각의 방식은 복음서 읽기에 가치 있는 통찰을 제공한다. 여기서는 문학비평의 큰 줄기인 내러티브비평(서사비평)에 대하여 간단하게 설명하고자 한다.

내러티브 비평(서사비평)

{자료: 죠엘 그린, [어떻게 복음서를 읽을 것인가?], 117−32; Achtemeier, Green and Thompson, *Introducing the NEW TESTAMENT*, 81−86; Bock, *Studying the Historical Jesus*, 205−16; Blomberg, *Jesus and the Gospels*, 99−111; 클라인, 블롬버그, 허바드, [성경해석학 종론], 816−43; Burridge, *Four Gospels, One Jesus?* 18−21; David Rhoads, Joanna Dewey, and Donald Michie, *Mark as Story: An Introduction to the Narrative of a Gospel*(2d ed.; Minneapolis: Fortress, 1999); Mark Allan Powell, *What Is Narrative Criticism?*(Minneapolis: Fortress, 1990); 송계성, [귀납적 성경연구], 65; Wenham & Walton, *Exploring the New Testament*, 84−88; 허주, "신학, 성서학, 그리고 성경신학", 42−46}

내러티브 비평(서사비평)이란 무엇인가? 사도행전 부분에서도 더 다루겠지만, 우선 여기서 간단하게 설명하여 보자.

정의

내러티브라는 말은 '스토리'("이야기")와 서로 바꾸어 사용되나, 구별되어야 한다. 스토리는 이야기의 '내용'("무엇")을 가리키고, 내러티브라는 말은 이야기의 특정한 '표현'("어떻게")을 가리킨다. 내러티브 비평(Narrative Criticism)이란 내러티브의 어조, 스타일, 무대, 구성, 인물 등과 같은 형식적 특징들을 분석하는 것이다. 내러티브 비평은 복음서를 하나의 이야기로 읽는다. 내러티브 비평은 각 복음서를 다른 복음서들과 독립하여 읽는다. 내러티브 비평은 현대의 문화적 가정들을 복음서에 읽어 넣으려고 하지 않는다. 내러티브 비평은 예수에 관한 현대의 신학들을 마가의 이야기에 읽어 넣으려고 하지 않는다.

다섯 가지 특징의 분석

복음서들은 연속적인 산문체 내러티브("이야기")로 저술되었다. 내러티브를 이해하려고 할 때 그 내러티브의 다섯 가지 주요 특징을 분석하게 된다 (Blomberg).

내레이터(narrator, "해설자", "말하는 자")는 '내러티브를 이야기하는 사람'을 나타내는 문학적 술어로서, 내레이터는 내러티브 자체 안에 박혀 있는 자이다. 내레이터는 이야기가 말하여지는 방식을 말한다. 즉 이야기를 이끌어 가는 자의 목소리, 견해(내러티브 안에 들어 있는 관점들), 내러티브의 전반적인 신념들과 윤리적 규범들, 내러티브의 화법과 어조, 내러티브에 나타난 이야기를 말하는 기교들을 가리키는 것이다. 복음서의 각 본문에는 내레이터가 있다. 복음서 저자들을 이야기꾼들로 보는 것이 도움이 된다. 그들이 사용하는 소수의 방백들(혼잣말들), 관찰들 또는 논평들에서 그들이 예수를 어떻게 보고 있는지 드러난다(막 1:32 - 34; 마 8:17).

무대, 즉 배경(setting)은 사건들이 일어나고 인물들이 행동하는 "세계"를 내러티브에 제공한다. 이는 이야기 안에서의 맥락을 가리키는데, 시공의 우주적 묘사, 이야기 세계의 문화와 사회(이야기의 사회적 세계), 지리학적 위치들, 사람이 건설한 공간들, 사건들이 일어나는 특정한 시간적 공간적 맥락들을 가리킨다.

모든 내러티브에는 *구성*(plot, 플롯, "읽어 짜기", "줄거리", "짜임새")이 있다. 등장인물들과, 이야기가 특정한 방식으로 전개되게 하는 사건들의 이어지는 순서, 곧 줄거리가 있다. 바꾸어 말하면, 구성(플롯)은 사건들 즉 내러티브에 나타나는 사건들의 순서(사건들이 어떻게 배열되었는가?), 시간 순서적 관계들(사건들이 어떻게 연결되었는가? 사건들이 무엇을 드러내는가?), 전환점들과 돌파구들, 갈등들의 발전과 해결을 포함한다. 구성(플롯)에는 네 가지 요소 곧 등장인물, 사건, 배경(시간적, 공간적, 사회적), 저자의 관점(어조)이 관계하여 이야기 줄거리를 전개한다. 대부분의 줄거리에 중심이 되는 것은 갈등이다. 이는 이야기의 변화를 제공하고, 성공이나 실패의 절정으로 인도하면서 긴장을 고조한다.

등장인물들(characters)은 이야기에 나타나는 배우들이다. 그들의 정체와 사회에서의 위치, 그들의 동기와 욕구, 그들의 특징, 그들이 서로 관계하는 방식들, 구성(플롯)에서 그들의 드러남, 행동의 결과로 인물들 안에 일어나는 변화들과 발전들에 주목한다.

내러티브의 다섯째 요소는 *수사*(rhetoric)이다. 수사는 저자가 사용하는 내러티브의 결합된 특징들을 사용하여 독자들이 내러티브에 의해 제시된 세계에 들어가서 파악하도록 설득하는 다양한 방법들을 가리킨다. 복음서 본문들에는 또한 다양한 수사학적 기교들과 문학적 장치들이 나온다.

독자

복음서를 문학적으로 읽을 때 또한 독자들을 고려해야 한다. 문학이론에서 독자는 여러 종류가 있다. 저자가 '의도한 독자'는 특정한 그룹의 사람을 가리킨다. 예를 들면, 누가복음과 사도행전의 데오빌로이다. 본문에 나타나는 '함의된 독자' 혹은 '이상적 독자'는 저자들이 저술을 하면서 마음에 둔 부류의 사람들을 가리킨다. 예를 들면, 마태의 함의된 독자들은 유대인이라 할 수 있다. 이상적 독자는 내레이터를 반영하는 이미지로서, 이야기를 해 나가는 과정에서 저자가 마음에 모양을 그리며 창조하는 독자이다. 그는 내러티브 자체에 의해서 함의된 모든 이상적인 응답을 지닌 상상적인 독자이다. 그리고 지금 복음서를 읽는 '실제의 독자'들이 있다.

3.3/9 복음 대조서(표)의 사용

{자료: Kurt Aland, ed., *Synopsis of the Four Gospels*(6th ed.; United Bible Societies, 1983) 341−55; 정훈택, [새로 번역한 공관복음 대조성경](2008); 정양모, [네 복음서 대조](1993); 성종현, [공관복음 대조연구](1997)}

복음서 연구에 있어 가장 유용하고 필수적인 도구 가운데 하나는 바로 복음 대조서이다. 복음 대조서는 복음서의 자료비평을 위한 도구로서 절대적인 가치를 가지고 있다. 좋은 복음 대조서를 구하여 마가와 마태와 누가, 마가와 마태,

마가와 누가, 마태와 누가 사이의 유사점, 일치점들을 여러 가지 색으로 구별하여 표시하는 것은 복음서 연구의 좋은 기초 자료가 된다.

복음 대조서는 또한 편집 분석의 도구로서 대단히 유용하다. 바람직한 복음서 읽기는 두 가지 방법을 병용하는 것이다. 하나는 각 복음서를 독자적으로 읽는 것이요, 또 하나는 각 복음서를 다른 복음서와 대조하며 함께 읽는 것이다. 이를 위하여 가장 좋은 방법 중의 하나는 공관복음, 또는, 4복음 대조서를 이용하는 것이다. 복음서 대조서 가운데 가장 권위 있고 널리 사용되는 것은 알란트 (K. Aland)가 편집한 것이다. 그의 복음서 대조표는 다음과 같다.

Ⅰ. 서문

		마태	마가	누가	요한
1	머리말	1:1	1:1	1:1-4	1:1-18

Ⅱ. 서언

		마태	마가	누가	요한
2	세례 요한의 출생에 대한 약속			1:5-25	
3	성 수태 고지			1:26-38	
4	마리아의 엘리사벳 방문			1:39-56	
5	세례 요한의 출생			1:57-80	
6	예수의 가계(족보)	1:2-17		3:23-38	
7	예수의 탄생	1:18-25		2:1-7	
8	예수에 대한 경배	2:1-12		2:8-20	
9	성전에서 결례를 드림			2:21-38	
10	애굽으로 달아남과 돌아옴	2:13-21			
11	나사렛에서 보낸 예수의 어린 시절	2:22-23		2:39-40	
12	성전에 있는 소년 예수			2:41-52	

III. 준비

13	세례 요한	3:1-6	1:2-6	3:1-6	1:19-23
14	요한의 회개 설교	3:7-10		3:7-9	
15	요한이 묻는 자들에게 대답하다			3:10-14	
16	요한이 메시아에 관해 전파함	3:11-12	1:7-8	3:15-18	1:24-28
17	요한이 옥에 갇힘			3:19-20	
18	예수의 세례	3:13-17	1:9-11	3:21-22	1:29-34
19	예수의 가계(족보)	1:1-17		3:23-38	
20	예수의 시험	4:1-11	1:12-13	4:1-13	

IV. 예수 공중 사역의 시작(요한에 따른)

21	처음 제자들을 부르심				1:35-51
22	가나에서 벌어진 혼인 잔치				2:1-11
23	가버나움에서 머무심				2:12
24	첫 번째 예루살렘 여행				2:13
25	성전을 깨끗이 하심	*21:12-13*	*11:15-17*	*19:45-46*	2:14-22
26	예루살렘에서 이루어진 예수의 사역				2:23-25
27	니고데모와의 담화				3:1-21
28	유대에서 이루어진 예수의 사역				3:22
29	그리스도에 대한 요한의 증거				3:23-36

V. 갈릴리에서 이루어진 예수의 사역

30	갈릴리로 여행하심	4:12	1:14a	4:14a	4:1-3
31	사마리아 여자와의 담화				4:4-42
32	갈릴리에서 이루어진 사역	4:13-17	1:14b-15	4:14b-15	4:43-46a
33	나사렛에서 하신 예수의 설교, 배척	13:53-58	6:1-6a	4:16-30	
34	제자들을 부르심	4:18-22	1:16-20		
35	가버나움 회당에서 가르치심		1:21-22	4:31-32	
36	회당에서 귀신 들린 사람을 고치심		1:23-28	4:33-37	
37	베드로의 장모를 고치심	8:14-15	1:29-31	4:38-39	
38	저물 때 고침을 받은 병자들	8:16-17	1:32-34	4:40-41	
39	예수께서 가버나움을 떠나시다		1:35-38	4:42-43	

40	갈릴리에서의 최초의 설교여행	4:23	1:39	4:44	
41	기적적인 어획고			5:1−11	
42	문둥병자를 깨끗이 하심	8:1−4	1:40−45	5:12−16	
43	중풍 병자를 고치심	9:1−8	2:1−12	5:17−26	
44	레위(마태)를 부르심	9:9−13	2:13−17	5:27−32	
45	금식에 관한 질문	9:14−17	2:18−22	5:33−39	
46	안식일에 이삭을 자름	12:1−8	2:23−28	6:1−5	
47	한편 손이 마른 사람	12:9−14	3:1−6		
48	바닷가에서 큰 무리를 고치시다	12:15−16	3:7−12		
49	열두 제자를 택하심	10:1−4	3:13−19	6:12−16	

Ⅵ. 산상설교(마태에 따른)

50	설교의 기회	4:24−5:2	*3:7−13a*	*6:17−20a*	
51	팔복	5:3−12		*6:20b−23*	
52	세상의 소금	5:13	*9:49−50*	*14:34−35*	
53	세상의 빛	5:14−16	*4:21*	*8:16*	
54	율법과 선지자에 대하여	5:17−20		*16:16−17*	
55	살인과 분노에 대하여	5:21−26		*12:57−59*	
56	간음과 이혼에 대하여	5:27−32	*9:43−48*	*16:18*	
57	맹세에 대하여	5:33−37			
58	보복하는 것에 대하여	5:38−42		*6:29−30*	
59	원수를 사랑하는 것에 대하여	5:43−48		*6:27−28, 32−36*	
60	구제에 대하여	6:1−4			
61	기도에 대하여	6:5−6			
62	주(께서 가르쳐 주신) 기도	6:7−15	*11:25*	*11:1−4*	
63	금식에 대하여	6:16−18			
64	보물에 대하여	6:19−21		*12:33−34*	
65	성한 눈에 대하여	6:22−23		*11:34−36*	
66	두 주인을 섬기는 것에 대하여	6:24		*16:13*	
67	염려에 대하여	6:25−34		*12:22−32*	
68	비판하는 것에 대하여	7:1−5		*6:37−42*	
69	거룩한 것을 더럽히는 일에 대하여	7:6			
70	기도에 대한 하나님의 응답하심	7:7−11		*11:9−13*	
71	황금률	7:12		*6:31*	
72	두 길	7:13−14		*13:23−24*	
73	"그의 열매로 ……"	7:15−20;	*12:33−35*	*6:43−45*	
74	"주여 주여 하는 자마다"	7:21−23		*6:46; 13:25−27*	

| 75 | 반석 위에 지은 집 | 7:24-27 | | 6:47-49 | |
| 76 | 설교의 결과 | 7:28-29 | 1:21-22 | | |

Ⅶ. 평지설교(누가에 따른)

77	설교의 기회	4:24-5:2	3:7-13a	6:17-20a	
78	"복이 있나니 ……"	5:3-12		6:20b-23	
79	화			6:24-26	
80	원수를 사랑하는 것에 대하여	5:38-48		6:27-36	
81	비판하는 것에 대하여	7:1-5	4:24-25	6:37-42	
82	"그의 열매로 ……"	7:15-20; 12:33-35		6:43-45	
83	반석 위에 지은 집	7:21-27		6:46-49	

Ⅷ. 갈릴리에서 이루어진 예수의 사역 계속

84	나병환자를 깨끗이 하심	8:1-4	1:40-45	5:12-16	
85	가버나움의 백부장	8:5-13	7:30	7:1-10	4:46b-54
86	나인성 과부의 아들			7:11-17	
87	베드로의 장모를 고치심	8:14-15	1:29-31	4:38-39	
88	저물 때에 고침을 받은 병자들	8:16-17	1:32-34	4:40-41	
89	예수를 따르는 것에 대하여	8:18-32		9:57-62	
90	폭풍우를 잠잠케 하심	8:23-27	4:35-41	8:22-25	
91	가다라 지방의 귀신들린 자들	8:28-34	5:1-20	8:26-39	
92	중풍병자를 고치심	9:1-8	2:1-12	5:17-26	5:8-9a
93	레위(마태)를 부르심	9:9-13	2:13-17	5:27-32	
94	금식에 관한 질문	9:14-17	2:18-22	5:33-39	
95	야이로의 딸과 혈루증 앓는 여자	9:18-26	5:21-43	8:40-56	
96	두 맹인	9:27-31	10:46-52	18:35-43	
97	귀신 들려 벙어리 된 자	9:32-34	3:22	11:14-45	
98	추수할 것은 많다	9:35-38	6:6b, 34	8:1; 10:2	
99	열두 제자를 임명하심	10:1-16	6:7-11	9:1-5	
100	제자들의 운명	10:17-25		12:12-29	13:16
101	두려워하지 말고 시인하라는 권면	10:26-33		12:2-9	
102	집안 식구들 내의 불화	10:34-36		12:51-53	
103	제자도의 조건	10:37-39		14:25-27	12:25
104	제자들의 보답	10:40-42	9:41	10:16	13:20
105	여행의 재개	11:1			
106	세례 요한의 질문과 예수의 답변	11:2-6		7:18-23	

		마태	마가	누가	요한
150	부정—전통적인 부정과 실재하는 부정	15:1-20	7:1-23	*11:37-41*	
151	수로보니게(가나안) 여자	15:21-28	7:24-30		
152	귀먹고 어눌한 자와 또 많은 사람을 고치시다	15:29-31	7:31-37		
153	사천 명을 먹이심	15:32-39	8:1-10		
154	바리새인들이 표적을 구하다	16:1-4	8:11-13	*11:16, 29*	
155	바리새인들의 누룩	16:5-12	8:14-21	*12:1*	
156	벳세다에서 맹인이 고침을 받다		8:22-26		

IX. 십자가로 가는 길

		마태	마가	누가	요한
157	많은 제자들이 예수를 향해 성내다				6:60-66
158	베드로의 신앙고백	16:13-20	8:27-30	9:18-21	6:67-71
159	예수, 자기의 수난을 예고하시다	16:21-23	8:31-33	9:22	
160	"아무든지 나를 따라 오려거든 ……"	16:24-28	8:34-9:1	9:23-27	*12:25*
161	변모	17:1-9	9:2-10	9:28-36	
162	엘리야의 임함	17:10-13	9:11-13		
163	예수, 귀신들린 소년을 고치다	17:14-21	9:30-32	9:37-43a	
164	자기의 수난을 다시 예고하시다	17:22-23	9:30-32	9:43b-45	
165	성전세 납부	17:24-27			
166	진정으로 위대한 것	18:1-5	9:33-37	9:46-48	*13:20*
167	낯선 축귀자	*10:42*	9:38-41	9:49-50	
168	시험에 관한 경고	18:6-9	9:42-50	*17:1-2*	
169	잃은 양의 비유	18:10-14		*15:3-7*	
170	자기 형제를 욕하는 것에 대하여	18:15-18		*17:3*	20:23
171	"두세 사람이 모인 곳에는 ……"	18:19-20			
172	화해에 대하여	18:21-22		*17:4*	
173	용서하지 않은 종의 비유	18:23-35			

X. 마지막 예루살렘 여행(누가에 따른)

		마태	마가	누가	요한
174	예루살렘을 향하여 가려는 결심	*19:1-2*	*10:1*	9:51	
175	사마리아인들에 의해 배척당하시다			9:52-56	
176	예수를 따르는 것에 대하여	*8:18-22*		9:57-62	
177	칠십 인을 임명하심	*9:37-38*		10:1-12	
178	갈릴리의 고을들 위에 선언하신 화	*11:20-24*		10:13-15	
179	"너희 말을 듣는 자는 곧 ……"	*10:40*		10:16	*13:20*
180	칠십 인이 돌아옴			10:17-20	
181	아버지께 예수의 감사, 제자들의 복	*11:25-27*		10:21-24	

182	율법사의 질문	22:34−40	12:28−34	10:25−28	
183	좋은 사마리아 사람의 비유			10:29−37	
184	마리아와 마르다			10:38−42	
185	주(께서 가르치신) 기도	6:9−13		11:1−4	
186	한밤중에 찾아와 졸라 댄 친구			11:5−8	
187	기도하라는 격려	7:7−11		11:9−13	
188	바알세불 논쟁	12:22−30	3:22−27	11:14−23	
189	악령의 돌아옴	12:43−45		11:24−26	
190	진정한 복됨			11:27−28	
191	요나의 표적	12:38−42	8:11−12	11:29−32	
192	빛에 관하여	5:15	4:21	11:33	
193	성한 눈	6:22−23		11:34−36	
194	바리새인과 율법사를 책하는 담화들			11:37−54	
195	바리새인의 누룩	16:5−6	8:14−15	12:1	
196	두려워하지 말고 시인하라는 권면	10:26−33		12:2−9	
197	성령을 훼방하는 죄	12:31−32	3:28−30	12:10	
198	성령의 도움(조력)	10:19−20	13:11	12:11−12	
199	탐욕에 대한 경고			12:13−15	
200	어리석은 부자의 비유			12:16−21	
201	이 세상의 일에 관한 염려	6:25−34		12:22−32	
202	하늘에 둔 보물	6:19−21		12:33−34	
203	깨어 있음과 충성스러움	24:42−51		12:35−48	
204	집안 식구들 내의 불화	10:34−36		12:49−53	
205	시대를 분변함	16:2−3		12:54−56	
206	자기를 고소하는 자와 화해함	5:25−26		12:57−59	
207	회개 혹은 파멸, 열매 없는 무화과			13:1−9	
208	불구된 여자를 안식일에 고치심			13:10−17	
209	겨자씨의 비유	13:31−32		13:18−19	
210	누룩의 비유	13:33		13:20−21	
211	나라에서 쫓겨남	7:13−14		13:22−30	
212	헤롯에 대한 경고			13:31−33	
213	예루살렘에 대한 비판	23:37−39		13:34−35	
214	고창병 든 사람을 고치심			14:1−6	
215	겸손에 대한 가르침			14:7−14	
216	큰 잔치의 비유	22:1−14		14:15−24	
217	제자도의 조건	10:37−38		14:25−33	
218	소금의 비유	5:13		14:34−35	
219	잃은 양의 비유	18:12−14		15:1−7	
220	잃은 동전의 비유			15:8−10	
221	방탕한 아들의 비유			15:11−32	
222	옳지 않은 청지기의 비유			16:1−9	
223	지극히 작은 일에 충성하는 것			16:10−12	
224	두 주인을 섬기는 것에 대하여	6:24		16:13	

		마태	마가	누가	요한
225	꾸짖음을 당한 바리새인들			6:14-15	
226	율법에 관하여	11:12-13		6:16-17	
227	이혼에 관하여	19:9	10:11-12	16:18	
228	부자와 나사로의 비유			16:19-31	
229	실족케 하는 것에 대한 경고	18:6-7	9:42	17:1-3a	
230	용서에 대하여	18:15		17:3b-4	
231	믿음에 대하여	17:19-21	9:28-29	17:5-6	
232	우리는 무익한 종이라			17:7-10	
233	열 나병환자를 깨끗이 하심			17:11-19	
234	하나님의 나라의 임함에 대하여			17:20-21	
235	인자의 날	24:23	13:19-23	17:22-37	
236	불의한 재판관의 비유			18:1-8	
237	바리새인과 세리			18:9-14	

XI. 초막절 때에 예루살렘에서 계신 예수(요한에 따른)

		마태	마가	누가	요한
238	예수께서 갈릴리에 남아 계시다				7:1-9
239	은밀히 예루살렘에 올라가심				7:10-13
240	성전에서 가르치심				7:14-39
241	사람들 중에 예수에 관해 쟁론 생김				7:40-52
242	간음 중에 잡힌 여인				7:53-8:11
243	“나는 세상의 빛이라”				8:12-20
244	유대인들과의 토론				8:21-29
245	“진리가 너희를 자유케 하리라”				8:30-36
246	마귀의 자녀				8:37-47
247	“아브라함이 나기 전부터 내가 ……”				8:48-59
248	날 때부터 맹인 된 사람을 고치시다				9:1-41
249	“나는 선한 목자라”				10:1-18
250	유대인 중에 다시 분쟁이 일어남				10:19-21

XII. 유대에서 이루어진 사역

		마태	마가	누가	요한
251	유대 지경으로 떠나심	19:1-2	10:1	9:51	
252	이혼과 독신에 대하여	19:3-12	10:2-12	16:18	
253	예수, 어린아이들을 축복하시다	19:13-15	10:13-16	18:15-17	
254	부유한 청년	19:16-22	10:17-22	18:18-23	
255	부와 제자도의 상급에 대하여	19:23-30	10:23-31	18:24-30	
256	포도원 품꾼들의 비유	20:1-16	10:31	13:30	

		마태	마가	누가	요한
257	수전절에 예루살렘에 계신 예수				10:22-39
258	요단강 건너편으로 물러나시다				10:40-42
259	나사로를 살리심				11:1-44
260	예수를 죽이려고 모의하다				11:45-53
261	예수, 에브라임으로 물러가시다				11:54-57
262	세 번째 수난 예고	20:17-19	10:32-34	18:31-34	
263	세배대의 아들들, 제자들 중 윗자리	20:20-28	10:35-45		
264	맹인들(바디매오)을 고치심	20:29-34	10:46-52	18:35-43	
265	삭개오			19:1-10	
266	므나의 비유			19:11-27	
267	베다니에서 받으신 기름부음	*26:6-13*	*14:3-9*	*7:36-50*	12:1-8
268	나사로를 죽이려는 음모				12:9-11

XIII. 예루살렘에서 이루어진 마지막 사역

		마태	마가	누가	요한
269	승리의 입성	21:1-9	11:1-10	19:28-40	12:12-19
270	예수, 예루살렘에 대하여 우시다			19:41-44	
271	예루살렘에 계신 예수, 베다니로	21:10-17	11:11	*19:45-46*	
272	무화과나무를 저주하심	21:18-19	11:12-14		
273	성전을 깨끗이 하심	*21:12-13*	11:15-17	19:45-46	*2:13-17*
274	예수를 죽이려고 꾀하다		11:18-19	19:47-48	
275	무화과나무가 마르다	21:20-22	11:20-26		
276	권세에 관한 질문	21:23-27	11:27-33	20:1-8	
277	두 아들의 비유	21:28-32			
278	악한 농부들의 비유	21:33-46	12:1-2	20:9-19	
279	큰 잔치의 비유	22:1-14		*14:15-24*	
280	가이사에게 세를 바치는 것	22:15-22	12:13-17	20:20-26	
281	부활에 관한 질문	22:23-33	12:18-27	20:27-40	
282	큰 계명	22:34-40	12:28-34	*10:25-28*	
283	다윗의 자손에 관한 질문	22:41-46	12:35-37a	20:41-44	
284	화 있을 진저 서기관들과 바리새 ……	23:1-36	12:37b-40	20:45-47	
285	예루살렘에 대한 예수의 비판	23:37-39		*13:34-35*	
286	과부의 두 푼(렙돈)		12:41-44	21:1-4	

XIV. 종말론 강화(공관복음 묵시록)

287	성전 파괴에 대한 예고	24:1-2	13:1-2	21:5-6	
288	끝이 오기 전에 있을 징조	24:3-8	13:3-8	21:7-11	
289	박해에 대한 예고	24:9-14	13:9-13	21:12-19	
290	멸망의 가증한 것	24:15-22	13:14-20	21:20-24	
291	거짓 그리스도와 거짓 선지자	24:23-28	13:21-23	*17:23-24*	
292	인자의 임하심	24:29-31	13:24-27	21:25-28	
293	임하심과 때: 무화과나무의 비유	24:32-36	13:28-32	21:29-33	
294	결론: "주의하라, 깨어 있으라"(막)	*25:13-15*	13:33-37	*19:12-13*	
295	결론: "주의하라, 깨어 있으라"(눅)			21:34-36	

XV. 수난 전 때에 관한 기사의 결론

A. 종말론 강화를 보충하는(주의) 오심에 관한 비유들(마태에 다른)

296	홍수의 비유와 깨어 있으라는 권면	24:37-44	*13:35*	*17:26-36*	
297	좋은 종과 나쁜 종의 비유	24:45-51		*12:41-46*	
298	열 처녀의 비유	25:1-13			
299	달란트의 비유	25:14-30	*13:34*	*19:11-27*	
300	최후의 심판	25:31-46			*5:29*

B. 일반적인 끝맺는 말(누가에 따른)

301	예루살렘에서 이루어진 예수의 사역			21:37-38	

C. 끝맺는 진술(요한에 따른)

302	헬라인들이 예수를 찾다				12:20-36
303	사람들의 불신앙				12:37-43
304	말에 의한 심판				12:44-50

XVI. 수난 설화

A. 겟세마네에 가시기까지

305	예수를 죽이려고 의논하다	26:1 - 5	14:1 - 2	22:1 - 2	
306	베다니에서 받으신 기름부음	26:6 - 13	14:3 - 9	*7:36 - 50*	*12:1 - 8*
307	유다의 배반	26:14 - 16	14:10 - 11	22:3 - 6	
308	유월절 준비	26:17 - 20	14:12 - 17	22:7 - 14	
309	제자들의 발을 씻기심				13:1 - 20
310	예수, 자기가 팔릴 것을 예고하시다	26:21 - 25	14:18 - 21	*22:21 - 23*	13:21 - 30
311	최후의 만찬	26:26 - 29	14:22 - 25	*22:15 - 20*	
312	예수, 자기의 팔릴 것을 예고하시다	26:21 - 25	*14:18 - 21*	22:21 - 23	*13:21 - 30*
313	제자들 중 윗자리와 제자도의 상급	20:24 - 28	*10:41 - 45*	22:24 - 30	
314	사랑의 새 계명				13:31 - 35
315	예고된 베드로의 부인	26:30 - 35	14:26 - 31	22:31 - 34	13:36 - 38
316	두 개의 검			22:35 - 38	

B. 작별 강화(요한에 따른)

317	"너희는 마음에 근심하지 마라"				14;1 - 14
318	보혜사에 대한 약속				14:15 - 26
319	평안의 선물				14:27 - 31
320	예수 참포도나무				15:1 - 8
321	"나의 사랑 안에 거하라"				15:9 - 17
322	세상이 미워함				15:18 - 25
323	보혜사의 증거				15:26 - 27
324	박해에 대하여				16:1 - 4
325	보혜사의 역사				16:5 - 15
326	근심이 도리어 기쁨이 되리라				16:16 - 22
327	예수의 이름으로 구하는 기도				16:23 - 28
328	제자들의 도망에 대한 예고				16:29 - 33
329	주님의 중보기도(대제사장의 기도)				17:1 - 26

C. 체포, 십자가에 못 박힘, 그리고 매장

330	겟세마네	26:36-46	14:32-42	22:39-46	18:1
331	체포당하신 예수	26:47-56	14:43-52	22:47-53	18:2-12
332	산헤드린 앞에서신 예수	26:57-68	14:53-65	22:54-71	18:13-24
333	베드로의 부인	26:69-75	14:66-72	*22:56-62*	18:25-27
334	빌라도에게 넘겨지신 예수	27:1-2	15:1	23:1	18:28
335	유다의 죽음	27:3-10			
336	빌라도 앞에서 이루어진 재판	27:11-14	15:2-5	23:2-5	18:29-38
337	헤롯 앞에 서신 예수			23:6-12	
338	빌라도가 예수의 무죄함을 선언하다			23:13-16	
339	예수냐? 바라바냐?	27:15-23	15:6-14	23:17-23	18:39-40
340	"보라 이 사람이로다!"	*27:28-31a*	*15:17-20a*		19:1-15
341	빌라도가 예수를 죽게 내어 주다	27:24-26	15:15	23:24-25	19:16a
342	군병들에 의해 희롱을 당하신 예수	27:27-31a	15:16-20a		19:2-3
343	골고다로 가는 길	27:31b-32	15:20b-21	23:26-34	19:16b-17a
344	십자가에 못 박히심	27:33-37	15:22-26	23:33-34	19:17b-27
345	십자가 위에서 조롱을 당하신 예수	27:38-43	15:27-32a	23:35-38	
346	두 강도	27:44	15:32b	23:39-43	
347	예수의 죽음	27:45-54	15:33-39	23:44-48	
348	십자가 못 박히신 것에 대한 증인들	27:55-56	15:40-41	23:49	*19:24b-27*
349	창에 찔리신 예수의 옆구리				19:31-37
350	예수의 매장(장사지냄)	27:57-61	15:42-47	23:50-56	19:38-42
351	무덤을 지키는 파수군	27:62-66			

XVII. 부활

352	무덤을 찾아온 여자들	28:1-8	16:1-8	24:1-12	20:1-13
353	예수께서 여자들에게 나타나시다	28:9-10	*[16:9-11]*	*24:10-11*	20:14-18
354	파수꾼의 보고	28:11-15			
355	엠마오 도상의 두 사람에게 나타나심		*[16:12-13]*	24:13-35	
356	예수께서 제자들에게 나타나시다			24:36-43	20:19-23
357	예수께서 제자들에게 또 나타나시다				20:24-29
358	열 한 제자에게 나타나시다		*[16:14-18]*		
359	갈릴리 산 위에서 나타나시다	*28:16-20*			
360	디베랴 바닷가에서 나타나시다				*21:1-14*
361	예수의 나타나심에 대한 바울의 기사		고전 15:3-8		

XVⅢ. 끝맺음 말: 복음서들의 결말

362	마가의 더 짧은 결말		[다른 첨언]	
363	마가의 더 긴 결말		[16:9-20]	
364	마태의 결말: 위대한 명령	28:16-20		
365	누가의 결말: 마지막 말씀과 승천		[16:15, 19] 24:44-53	
366	요한의 결말			20:30-31
367	요한에 붙은 부록(?)			21:1-25

3.3/10 복음서 석의

{자료: Wenham & Walton, *Exploring the New Testament*, 94-99; Allen, *Reading the Synoptic Gospels*, 2-4, 9-134}

정의

성경 문절 안에 있는 것, 즉 본문의 의미를 드러내는 과정을 '석의'(釋義, Exegesis)라 한다. 석의의 목표는 1세기의 원래의 독자가 들었을 법한 것을 오늘의 독자가 듣게 하는 것이다.

절차

복음서의 문절을 석의할 때 다음과 같은 절차를 따르는 것이 도움이 된다.

첫째, 선택한 문절을 여러 차례에 걸쳐서 주의 깊게 읽는다. 주변의 단락들과 함께 읽어서 이야기를 잘 알게 한다. 두 개 이상의 다른 번역으로 읽는다.

둘째, 읽으면서 번역("의미 있는 번역 상의 문제는 없는가?" "번역에 따라 의미가 달라지는 것은 없는가?"), 문학적 문맥("문절의 앞뒤에 무엇이 나오는가?" "문절은 앞에 나오는 것이나 뒤에 나오는 것과 어떤 관계가 있는가?"), 양식("이 문절은 어떤 종류의 이야기나 가르침인가?"), 구조("문절은 어떤 단락으로 구분되는가?" "구분되는 단락들은 서로 어떻게 관계되는가?" "이야기는 어떻게 흐르고 전개되는가?"), 그리고 초점("중심 사상과 주제는 무엇인가?" "문절의 문맥과 어휘에서 어떤 주요 실마리를 찾을 수 있는가?” “주동사의 행동을 수행하는 자는 누구인가?” “어디에서 전환을 알리는 말들이 나타나는가?” “문절의 열쇠 말들은 무엇인가?” “독자인 여러분에게 문화적으로 이질적인 것으로 보이는 특징들이 있는가?”)에 관심을 두고 읽는다.

셋째, 지금까지 얻은 재료들을 모아서, 순서와 구조를 세우고, 두드러진 질문들에 답한다. 이때에 비로소 주석을 참조하기 시작한다. 어렵거나 불확실한 점은 없는가? 이 문절에서 가장 중요한 사상이나 주제는 무엇인가? 이 주요 사상이나 주제, 곧 문절의 ‘빅 아이디어’(“명제”)를 자신의 말로, 하나의 문장으로 표현하도록 한다. 그리고 문절이 그 ‘빅 아이디어’(“명제”)를 어떻게 제시하는지 개괄적으로 말한다. 이때에 각 부분이 어떻게 공헌하며, 이야기가 어떻게 전개되는지 보여 준다.

넷째, 얻어진 석의 결과를 다른 사람들에게 제시한다. 석의를 하는 것은 궁극적으로 석의의 결과를 설교나 가르침을 통하여 다른 사람들에게 나누기 위한 것이다.

결론: 복음서를 어떻게 접근할 것인가?

우리는 복음서에 접근하는 여러 방법들을 검토하고 평가하였다. 복음서 연구에는 역사적 연구와 신학적 연구와 문학적 연구의 합법적인 자리가 있다. 다양한 학자들이 한 방법을 다른 두 방법과 싸움 붙이려고 시도함에도 불구하고, 세 가지 방법 혹은 접근방식은 모두 실제로 서로 협조한다. 실로, 우리가 역사적으로 신빙성이 있는 정보와 신학적으로 동기를 얻은 강조들과 유쾌한 문학적 예술성을 발견하고자 하는 기대를 하지 않은 채 그냥 복음서에 접근하고 만다면, 우리는 복음서 본문들의 중요한 차원들을 간과하고 또 그 본문들을 그릇 해석할 위험에 빠지고 말 것이다.

다른 두 접근 방식에 대해서는 비교적 자세하게 고찰하고 평가하였으나, 문학적 접근 방식에 대해서는 간단히 넘어왔는데, 여기서 하나의 주의할 점을 말하고자 한다. 성경 일반이나 혹은 특정하게 복음서에 문학적으로 접근한다고 할 때, 우리는 전체로서의 성서나 복음서가 역사가 아니라거나, 혹은 그것이 시공의 실세계에 관하여 이야기하지 않고 이야기가 창조하는 하나의 다른 세계에 관하여 이야기한다고 생각하는 것이 아니라는 점이다. 문학으로서의 성서나 역사로서의 성서와 같은 이분법은 옳지 않다. 성서는 문학이요 역사이며, 또한 그 이상이다. 성경을 역사와 신학으로 축소하여 읽으면서 문학적 국면을 무시하려는 유혹을 물리쳐야 한다. 또한 성경을 역사와 문학으로 치부하면서 신학을 배제하려는 유혹을 물리쳐야 한다. 성경에 대한 통전적인 접근이 필요하듯이, 복음서에 대해서도 역사, 신학, 문학을 아우르는 통전적인 접근이 필요하다. 성경이나 복음서의 본질에 부합되지 못하는 방법론적 전제들이나 가정들이나 의제들을 배제하면서 말이다.

3.4 '역사적 예수'의 문제: "학자들은 나를 누구라고 하더냐?"

{자료: 서인선, "첨단 기술사회와 '역사적 예수'", 한국개혁신학회 논문집 4(1998) 233−64; I. Howard Marshall, *I Believe in the Historical Jesus*(Grand Rapids: Eerdmans, 1977); Albert Schweitzer, *The Quest of the Historical Jesus: A Critical Study of Its Progress from Reimarus to Wrede*(1910); A. 쉬바이처, [예수의 생애 연구사](허혁 역; 서울: 대한기독교출판사, 1986); Robert B. Strimple, *The Modern Search for the Real Jesus: An Introductory Survey of the Historical Roots of Gospels Criticism*(Phillipsburg: P & R Publishing, 1995)[＝여운세 역, [현대 복음서비평에 관한 개혁신학적 조명: 예수, 그는 누구인가?], 생명의 말씀사, 1997)]; John P. Meier, *A Marginal Jew: Rethinking the Historical Jesus*(Volume I)(New York: Doubleday, 1991) 21−40; 최갑종 역편, [최근의 예수 연구](서울: 기독교문서선교회, 1994) 23−51; Lea, *The New Testament, 83−86*; Brown, *An Introduction to the New Testament,* 817−30; Achtemeier, Green and Thompson, *Introducing the NEW TESTAMENT,* 53−62, 207−9; McDonald and Porter, *Early Christianity and Its Sacred Literature,* 100−15; Bock, *Studying the Historical Jesus,* 141−52; Carson & Moo, and Morris, *An Introduction to the New Testament,* 118−27; James D. G. Dunn, *A New Perspective on Jesus: What the Quest for the Historical Jesus Missed*(Grand Rapids: Baker Academic, 2005}

복음서 연구에서 가장 활발한 논쟁의 중심에 서 있는 주제 가운데 하나가 역사적 예수의 문제이다. 복음서는 예수 그리스도의 삶과 죽음과 부활에 대한 정보의 절대적인 일차 자료이다. 복음서를 기록한 저자들은 예수 그리스도의 부활을 경험한 사람들이요 신자들이었다. 신앙으로 채색되지 않은 복음서 배후에 있는 역사에 존재했던 모습 그대로의 예수를 탐구하려는 노력이 있어 왔다. 여기서는 역사적 예수에 대한 정의, 역사적 예수 탐구의 역사적 개관, 역사적 예수 탐구가 제기하는 논쟁점과 평가, 그리고 역사적 예수 탐구의 올바른 방향에 대하여 서술하고자 한다.

3.4/1 정의

역사적 예수의 탐구라는 어구는 슈바이처의 저서인 [라이마루스에서 브레데까지: 예수 생애 연구의 역사](*Von Reimarus zu Wrede: Eine Geschichte der Leben — Jesu —Forschung*)의 영역본 제목인 [역사적 예수의 탐구: 라이마루스에서 브레데까지의 그 진행에 대한 비평적 연구](*The Quest of the Historical Jesus: A Critical Study of Its Progress from Reimarus to Wrede*)를 통하여 널리 유통하게 되었는데, 여러 의미로 사용된다. 두 가지 대표적인 정의는 다음과 같다.

첫째, 역사적 예수의 탐구는 18세기에 라이마루스와 더불어 나타나고, 19세기를 거쳐서, 20세기 후반까지도 여러 가지 형태로 계속되고 있는 하나의 학문 운동을 가리킨다.

둘째, 역사적 예수는 '나사렛 예수에 관하여 역사가의 과학적 방법에 의해 알 수 있는 것'을 의미하게 된다. 20세기에 들어와서 객관적인 역사적 방법으로 실제로 있었던 나사렛 예수에게 이를 수 없다는 것을 알게 되었을 때, 역사적 예수는 결국 역사가의 예수를 의미하게 되었다.

3.4/2 역사적 예수 탐구의 네 기간

{자료: Blomberg, *Jesus and the Gospels*, 179 – 87; Wenham & Walton, *Exploring the New Testament*, 127 – 41; Elwell and Yarbrough, *Encountering the New Testament*, 181 – 90; Stanley E. Porter, *The Criteria for Authenticity in Historical – Jesus Research: Previous Discussion and New Proposals*(JSNTSup 191; Sheffield: Sheffield Academic Press, 2000) 28 – 62}

이 땅에 사셨던 모습 그대로의 나사렛 예수에 대한 관심은 초대교회 때부터 있었으나, 역사적 예수를 본격적으로 탐구하기 시작한 것은 18세기 계몽주의의 대두에서 비롯된다. 이 역사적 예수에 대한 탐구의 역사는 각 기간 사이에 중복과 상호작용이 있기는 하지만 편리하게 네 시기로 구분할 수 있다. 즉, 원래의 옛 탐구, 무탐구, 새로운 탐구, 그리고 1970년대 중반 이후의 역사적 예수 탐구이다. 1970년대 중반 이후의 탐구는 크게 두 갈래로 진행되고 있다. 하나는 원래의 탐구와 새로운 탐구의 노선을 따라서 진행되는 과격한 후속 불트만 학파의 영향 아래 수행되는 예수 연구요, 또 하나는 이에 대한 반작용이라 할 수 있는 역사적 예수에 대한 제3의 탐구이다.

옛 탐구(1778 - 1906년)

옛 탐구 또는 원래의 탐구는 보통, 신앙의 그리스도와 역사의 예수를 날카롭게 구분한 라이마루스(Hermann Samuel Reimarus, 1694 - 1768)의 논문 *예수와 그의 제자들의 의도에 대하여*가 그의 사후에 레씽(G. E. Lessing)에 의해서 익명으로 출판된 1778년부터 슈바이쳐(A. Schweitzer, 1875 - 1965)의 [라이마루스에서 브레데까지: 예수 생애 연구의 역사]가 출판된 1906년까지의 기간을 일컫는다. 원래의 역사적 예수의 탐구는 '신앙으로 각색된' 복음서 배후의 순수한 예수 곧 1세기 팔레스타인 땅에 실제로 살았던 나사렛 예수, 교의적으로 덧입은 것이 없는 예수를 찾으려는 시도였다.

세 가지 접근방식

이 원래의 옛 탐구에는 세 가지 주요 접근방식이 등장한다. 첫째, 합리주의적 접근과 신화론적 접근이다. 역사의 예수는 어떠한 기적도 행할 능력이 없는, 또는 "신적 본질"을 빼앗긴 단순한 인간에 불과했다고 한다(라이마루스, 슈트라우스). 라이마루스는 예수의 목적과 제자들이 만들어 낸 목적 사이에 근본적인 차이가 있다고 주장했다. 슈트라우스(David Friedrich Strauss, 1808 - 1874)는 그의 [비평적으로 고찰한 예수의 생애]에서 복음서에 나타난 예수의 생애의 기본적인 역사적 골격을 받아들이기는 했으나, 복음서 비평에 신화 개념을 도입하여, 복음서 기사를 철두철미 신화로 해석했다. 둘째, 낭만주의적 접근이다(어네스트 르낭). 이는 예수를 그 백성을 위하여 강한 흥미를 돋우는 도덕적 교훈들을 제공하고, 사랑과 아름다움과 완전히 온유한 기쁨의 교사로 묘사했다. 셋째, 자유주의적 접근이다(하르낙). 이는 사회적 진보와 도덕적 진화론에 대한 그들의 신념에 들어맞는 예수를 조장했다. 예수는 하나님의 아버지 되심과 모든 인류의 형제 됨과 사람의 영혼의 무한한 가치와 사랑의 방식에 의한 더 높은 의를 강조한 위대한 윤리교사로 묘사되었다.

옛 탐구의 종식

{자료: Martin Kähler, *The So-called Historical Jesus and the Historic, Biblical Christ*(Fortress Texts in Modern Theology; tr., ed., and with an introduction by Carl E. Braaten; Philadelphia: Fortress, 1964, 1988) 74}

원래의 역사적 예수 탐구는 역사적 예수를 발견하는 데 실패하고, 한동안 역사의 예수를 신앙의 그리스도와 단절시키는 결과로 인도하고 말았다. 네 명의 주요 학자들이 첫 번째 탐구를 종식시키는 데 함께 공헌했다.

첫째, 켈러(Martin Kähler, 1835-1912)는 초대 기독교 케리그마(신앙-선포)는 예수의 실제 생애와 매우 서로 뒤얽혀 있어서 두 종류의 역사(사실의 역사와 의미의 역사)를 분리할 수 없다고 설파했다. 켈러의 기본적인 논제는 "소위 역사적 예수"라는 것은 학자의 상상에서 나온 허구라는 것이다. "역사의 인물"이란 "후대의 세대에 행사하는 개인적 영향력을 식별할 수 있는" 인물이다. 그래서 역사 과정에 영향을 끼친 그리스도는 전파된 그리스도 곧 신앙의 그리스도이며, 이 신앙의 그리스도가 바로 '실제의' 그리스도요(실제로 사셨던) '역사적' 그리스도라는 것이다.

둘째, 바이스(Johannes Weiss, 1863-1914)는 역사적 예수를 복원할 수 있다고 믿으며, 시종 일관하게 종말론적인 예수를 설득력 있게 묘사했다. 그는 이전의 탐구자들이 사회적 또는 윤리적 예수로 묘사한 것과 대조적으로, 하나님 나라의 가까운 도착을 전파한 자로 예수를 묘사했다.

셋째, 브레데(Wilhelm Wrede)는 메시아 비밀에 관한 논제를 제시함으로써 예수의 자아 인식을 들여다볼 수 있는 진정한 창문을 제공하는 것으로 생각된 최초의 복음서 마가도 역사적으로 신뢰할 만한 사상이 한 줌밖에 안 된다고 주장했다.

넷째, 가장 결정적으로 슈바이처가 있다. 그는 [예수 생애 연구의 역사](1906)에서 지난 130년간 '예수전', 즉 예수의 생애를 저술한 600명이 넘는 많은 사람의 책을 섭렵하고, 역사의 예수를 발견하려는 다양한 시도들에 대하여 통렬한 비판을 가하여, 역사적 예수에 대한 탐구의 열기를 식게 만들었을 뿐 아니라, 또한 자신의 역사적 예수를 제시했다. 슈바이처는 학자들이 실제의 예수를 찾음에 있어 역사의 실제 예수를 발견하기보다는 "자신들의 형상을 닮은 예수"를 발견했다고 통렬하게 비판했다. 그러면서 슈바이처는 종말론을 예수의 가르침에 대한 이해의 열쇠로 삼은 바이스를 철저하게 확장하고, 또한 종말론을 예수의 생애의 과정을 이해하는 열쇠로 보았다. 그는 시종일관하게 종말론적이며, 하나님께서 초자연적으로 간섭하셔서 그의 생전에 이 땅 위에 하나님의 나라를 세우시리라고 확신한(마 10:23) 묵시주의적 유대인으로 예수를 그려 냈다.

무탐구(1906 – 1953년)

{자료: G. L. Borchert, "Demythologization", *Evangelical Dictionary of Theology* (1984) 309; R. 불트만, [성서의 실존론적 이해](현대신서 8; 유동식, 허혁 옮김; 서울: 대한 기독교서회, 1969) 7 – 67; Rudolf Bultmann, *New Testament and Mythology and Other Basic Writings*(Selected, edited, and translated by Schubert M. Ogden; Philadelphia: Fortress, 1984)}

무탐구 기간은 보통 슈바이처의 저술(1906년)로부터 케제만(E. Käsemann)이 새로운 탐구의 가능성을 제창한 1953년까지를 가리킨다. 이 기간은 복음서 배후의 역사적 예수를 발견할 수 있다는 일반적인 낙관주의가 상실된 기간이었다. 양식비평은 복음서의 역사성을 훼손하여 역사적 예수의 탐구를 약화시키는 데 공헌했고, 특히 슈바이처와 불트만의 영향으로 인하여, 1900년대부터 1950년대까지는 그리스도의 생애를 구성하려고 시도한 저자들이 상대적으로 적었다.

불트만

독일의 불트만(Rudolf Bultmann)은 1900년대 전반부 동안 성서비평과 신학의 역사에 있어 지배적인 인물이었다. 역사적 예수의 탐구에 대하여, 그는 켈러와 슈바이처의 주요 주장들을 결합하고 수정했는데, 복음서들을 통하여 신앙과 역사가 뒤얽힘으로 말미암아 역사적 예수에 관해서 사실상 아무것도 알 수 없다는 역사적 불가지론의 입장을 취했다. "초대 기독교 자료가 예수의 생애와 인격에 아무런 관심을 표하지 않고, 더욱이 자료가 단편적이며 전설적이기도 하고, 또 그 밖의 자료가 존재하지 않으므로", 불트만은 "예수의 생애와 인격에 관하여 거의 아무것도 알 수 없다."고 생각했다.

그는 역사적 예수의 발견은 불가능하나 다행히도 불필요했다고 본다. 역사적 예수의 유일한 의의는 그가 그리스도교 메시지의 출현에 좀 책임이 있었다는 것이다. 종교적으로 중요한 것은 그의 메시지뿐이었다. 불트만에게 있어서 역사적 예수에 관하여 우리가 가질 수 있는 유일한 어떤 지식은 그가 존재했다는 '것'과 십자가 위에서 죽었다는 것이다. 이 두 가지 역사적 지식이 기독교 신앙에 요구되는 것의 전부라고 그는 믿었다. 이것이 기독교의 선포 곧 케리그마를 통하여 우리를 부르사 진정한 실존을 살도록 하시는 데 하나님이 사용하시기에 충분한 것이라고 보았다.

새로운 탐구(1953 – 1970년대)

{자료: G. Bornkamm, *Jesus of Nazareth*(1960)}

새로운 탐구에서는 초대 기독교 케리그마 또는 복음서들 속에 구현된 역사적 예수와 신앙의 그리스도 사이의 관계를 탐색하고 복원하려고 했다. 새로운 탐구는 1953년 10월 20일 유겐하임에 모인 옛 마르부르크 학생들의 재회에서 행한 케제만(E. Käsemann)의 "역사적 예수의 문제"라는 강의에서부터 1970년대까지의 기간을 일컫는 것이 보통이다.

케제만

케제만은 불트만에 반대하여 역사적 예수에 대한 새로운 탐구의 가능성을 열었다. 그에 의하면, "역사적 예수의 문제는 그 합법적인 형태에 있어서 시대의 불연속성 안에서와 케류그마의 변형 안에서의 복음의 연속성의 문제"라고 파악한다. 그는 기독교 신앙을 높임 받으신 주에 대한 신앙으로 이해하고 역사적 예수는 신앙을 위해 더 이상 결정적인 중요성이 없다고 생각한 불트만에 반대하여 지상의 예수에 대한 관심을 갖지 않으면 높임을 받으신 주와 낮아지신 주 사이의 동일성에 대한 지상 교회의 관심을 파악하는 데 실패할 것이며 가현설에 빠질 것이라고 지적한다. 즉, 높임을 받으신 주님은 땅 위의 주님의 상을 거의 전부 삼켜 버렸지만 그러나 공동체는 높임을 받으신 주님과 땅 위의 주님과의 동일성을 유지한다는 것이다. 그는 이렇게 역사적 예수에 대한 새로운 탐구의 가능성을 열고, 복음서에 기록된 예수의 설교에 대한 조사를 통하여 지상의 예수를 발견할 수 있다고 보았다. 공관복음서 전승 자체 안에 역사적인 것으로 인정해야 할 단편들이 있다고 본 것이다. 그는 '부동성 기준'을 적용하여 복음서에서 정보의 의미 있는 역사적 핵심을 회복할 수 있다고 주장했다. 이 재료는 예수가 그 당시의 종교 당국과 토라 그 자체에도 결정적으로 도전한 묵시론적 유대인이었음을 보여 주었다고 본다.

보른캄

보른캄(G. Bornkamm)은 새로운 탐구에서 취급한 예수에 대하여 최초로 단행본 길이의 [나사렛 예수]라는 저술을 내놓았다. 그는 예수의 메시아 자인식을 받아들이지 않고, 주제별로 배열된 말씀(어록) 재료에 연구를 한정시키고 있지만, 예수의 가르침 가운데 높은 비율이 진정한 것이며, 그의 근본적으로 초월적인 인격을 드러낸다고 믿었다. 또한 하나님 나라는 현재적이며 또 미래적이고, 아버지로서의 하나님은 인류를 사랑하시나, 예수를 통하여 사람을 부르셔서 죄를 회개하도록 하셨다고 한다.

새로운 탐구의 예수는 역사 속에서 그의 임재를 케리그마 배후에서 겨우 식별할 수 있는 실존주의 철학자의 모습을 띠었다고 할 수 있겠다. 새로운 탐구의 방법과 가정은 불트만 학파의 방법과 가정에 한정되었다. 새로운 탐구에 종사하는 자들에게는 십자가의 선포가 실존과 역사적 예수를 연결하는 중추적 사건이었다. 다시 말하면, 예수의 십자가에 못 박히심을 사실로 설정함으로써 가현설을 피한 것이다. 그러나 그들은 정확하게 왜 예수가 십자가에 못 박혔는가 하는 질문에 거의 주의를 기울이지 않았다. 설사 대답을 한다 해도 실존주의적인 술어로 했으며, 서로 관계된 요인들로서 종교, 신학, 정치학, 사회학, 그리고 경제학 간의 밀접한 관계를 배제했다. 그들은 또한 역사에 대한 강조에도 불구하고 1세기 유대교 세계에 대해서는 이상하게도 무관심하였다.

1970년대 이후(1): 과격한 후속 불트만파의 탐구

{자료: Robert W. Funk, *Honest to Jesus: Jesus for a New Millennium*(1996); Gregory A. Boyd, *Cynic Sage or Son of God?: Recovering the Real Jesus in an Age of Revisionist Replies*(Wheaton: Victor Books, 1995) 62}

최근의 예수 연구에 있어 "후속 불트만파의 탐구"의 옹호자라 할 수 있는 급진적인 입장을 취하는 학자들은 불트만이 가졌던 전제들과 양식비평 방법론을 공유하면서 보유하는 연속성을 뛰어넘어 나름대로 공유하는 경향이 있는 수많은 특정한 특징들을 갖는다. 즉, 이들은 초대 기독교에 큰 다양성이 존재했다는 급진적인 개념을 중심적인 전제로 가지고 있고, 외경복음서들 또는 정경외적 복음서들을 제일로 여기고 있고, 특히 나그함마디 도서의 하나인 도마 복음에 대단히 특별한 역할을 부여하며, 어록 자료 Q를 하나의 어엿한 복음서로서 인정하고 결정적 역할을 하게 하고, 결정적으로 비묵시적인 술어로 예수를 묘사하려고 하고, 초대 기독교에 대하여 종교사학파의 접근 방식을 사용하고, 예수를 헬레니즘의 배경에서 묘사하려고 하고, 또 사회학적 선회로 1세기 팔레스타인의 사회 세계에 더 많은 주의를 기울인다.

새로운 후속 불트만파의 예수 연구 가운데 예수 세미나는 행동파에 속한다 할 것이다. 예수 세미나(Jesus Seminar)는 1985년에 펑크(Robert W. Funk)의 주도로, "역사적 예수의 탐구를 새롭게 하고 또 그 연구의 결과를 적은 수의 복음 전문가들만이 아닌 보다 더 많은 사람들에게 보고하려고" 설립되었다.

예수 세미나의 전체적인 의제는 3부로 되어 있다. 첫째, 모든 복음서들에서 예수에게 돌려진 모든 말씀들을 재고 조사하고 평가하는 것이다. 둘째, 그 동일한 본문들에서 예수에게 돌려진 모든 행위들을 수집하고 평가하는 것이다. 셋째, 확인한 진정한 말씀들과 행위들의 데이터베이스를 읽는 것 즉 해석하는 것이다. 즉 예수의 모습을 그리는 것이다. 이 가운데 그들은 먼저 "예수가 정말로 무슨 말을 하였는가?"에 대한 대답을 결정하였다. 어떤 말씀을 고도의 개연성을 갖고 예수에게 돌리는 것을 결정하는 데 예수 세미나는 투표 방식을 택했다. 놀랍게도 복음서에서 예수께서 하셨다는 말씀 중 82%는 실제로 예수께서 하신 말씀이 아니라는, 즉 복음서에서 실제로 예수께서 하신 말씀은 18%밖에 안 된다는 결과가 나왔다고 한다.

이런 결과에 토대를 두는 예수 세미나의 예수는 어떠한 예수일까? 지금까지 나온 결과들을 가지고 다음과 같은 말은 할 수 있을 것 같다. 그는 신앙의 그리스도와 구별되는 역사적 예수요, 제4복음보다는 공관복음에 더 가까운 역사적 예수요, 슈바이처의 종말론적 예수에게서 해방되고, 경구와 비유를 말하는 비종말론적 예수 곧 나사렛 출신의 수수께끼 같은 현자요, 짧고, 도발적이고, 기억할 만하고, 자주 반복된 어구들, 문장들, 그리고 이야기들로 이루어진 전승의 단편들 속에서 발견되는 예수이다. 그러나 이러한 결과와 예수상은 복음서의 지지를 받지 못한다.

1970년대 이후(2): 제3의 탐구

{자료: Ben Witherington III, *The Jesus Quest: The Third Search for the Jew of Nazareth*(Downers Grove: IVP, 1995)}

예수 연구는 1980년대 이후로 폭발적인 증가를 기록하였다. 제3의 역사적 예수 탐구 운동은 그 이전의 탐구들과는 달리, 한 세트의 통제하는 선험적인 신학적 전제들 혹은 철학적 전제들에 의해 주도되거나, 통일된 배경이나 프로그램을 가지고 시작한 것이 아니라, 그런 것들 없이 다양한 장소에서 다양한 학자들에 의해서 시작된 것이다. 이 학자들은 이제 쉽게 얻을 수 있게 된 유대교 자료들을 갖고 연구하며, 나사렛 예수에 관하여 많은 것을 알 수 있다는 확신과 그렇게 하는 것이 가치가 있다는 확신 아래 역사가로서 작업을 해 왔다. 제3의 탐구에서는 예수의 목적을 확립하고, 그의 경력과 그 결과를 제1세기 유대교 안에 자리매김하려고 한다.

제3의 탐구를 특징짓는 특색

제3의 탐구 안에 다양한 시각이 있다. 그럼에도 불구하고 우리는 몇 가지 중요한 특징적 특색을 식별할 수 있다. 이들은 초자연적인 것에 대하여 개방성을 가지며, 새로운 탐구에서 개발된 진정성의 판단기준보다는 덜 엄중한 진정성 판단기준을 적용하며, 구전에 대한 새로운 접근 방식을 채용하여 복음서들은 예수에 관한 진정한 역사적 정보의 견고한 기초를 제공한다고 보며, 무엇보다도 예수의 유대성을 강조한다. 예수를 유대인으로 보며, 1세기의 유대교 맥락 즉 그 당시의 종교사상과 제도를 배경으로 해서 해석할 것을 강조한다. 실로 제3의 탐구를 가장 특징짓는 것은 1세기 세계에 대하여 가지고 있는 현재의 지식에 비추어서 신약 본문과 예수라는 역사적 인물 간의 관계에 대하여 학문적으로 조사하는 것이며, 상충하는 다양한 견해와 방법에 직면하지만, 예수가 그의 삶과 행동이 특수한 종교적, 사회적, 경제적, 정치적 조건을 지닌 1세기의 유대교에 뿌리를 둔 역사적 인물이라는 신념에서 진행하는 것이다. 제3의 탐구에서는 또한 이른 1세기의 유대교의 다양성에 대하여 훨씬 더 미묘한 차이를 알고, 또 상세하게 이해하는 데서 출발한다. 제3의 탐구에서 가장 독특한 발전은 아마도 본문이 제기하는 문제들 특히 왜 예수가 유대인 당국과 충돌하게 되었는가? 왜 그는 로마인들에게 넘겨지고 또 정상적으로는 정치적 혁명가들을 위하여 정해진 방식으로 죽임을 당했는가 하는 것을 설명하기 위하여 일반적인 가설을 형성함으로써 새로운 접근 방식을 찾는 것이다.

제3의 탐구에 나타난 역사적 예수

역사적 예수의 제3의 탐구를 수행하는 학자들은 예수의 행위와 말씀을 다루지만, 대부분은 분명히 말씀이나 행위 중 어느 한 분야에 더 많은 무게를 둔다. 예수의 말씀을 중심으로 하는 학자들 가운데, 예수를 신적 지혜의 성육으로 묘사하는 학자가 있다. 예수는 현자요, 신이 보낸 사자요, 또 하나님 자신을 인간에게 계시하기 위하여 온 하나님의 종말론적 대행자라는 것이다. 반면에, 예수의 행동을 강조하고, 행동에 근거하여 접근하는 방식에서는, 예수가 본디오 빌라도에 의해 십자가에 못 박혔다는 논의의 여지가 없는 사실을 적절하게 설명해야 한다는 것과 예수의 가르침만으로는 그가 처형된 충분한 원인을 설명할 수 없다는 것을 강조한다. 여기서 예수에 관한 적어도 네 가지 주요 견해가 나온다.

첫째, 예수를 종말론적 예언자로 보는 것이다. 샌더스(E. P. Sanders)는 성전 "청결"의 사건에 큰 의의를 부여한다. 그는 이 사건을 성전이 멸망당하고 재건되리라는 예수의 기대의 일부로서 이해하는 것이 더 낫다고 생각한다. 예수의 의제는 하나님과의 바른 관계로 이스라엘을 회복하는 것이었다는 것이다.

둘째, 예수를 성령 은사를 지닌 거룩한 사람으로 보는 것이다. 이 견해를 지지하는 학자들은 공통적으로 예수가 기존 종교 체제에 대하여 위협이 되었음을 강조한다. 예수는 유대교의 공식적 대변인들을 적절한 권위들로서 받아들이지 않고, 그들의 시각에서 볼 때 토라를 적당한 존경을 가지고 다루지 않고, 또 의식적 성결보다 도덕적 성결을 강조했다는 것이다.

셋째, 예수를 사회 개혁가로 보는 것이다. 이 견해를 견지하는 학자들은 예수가 그 당시의 유대 사회에 영향을 끼치기를 원했다는 것을 강조한다. 예수는 이스라엘 안에서의 갱신운동을 전개하고 있었고, 압제에 대한 비폭력적 저항 정책으로 인하여 당국자들에게 위협으로 인식되었다는 것이다.

넷째, 예수를 주변인이 된 메시아로 보는 것이다. 이 견해에 속하는 학자들은 복음서 자료를 최대 분량 진정한 것으로 받아들인다. 예수는 교사요, 기적을 행하는 자요, 예언자요, 이스라엘을 모으는 자였으나, 당국자들과 충돌하게 된 것은 궁극적으로 그의 메시아 주장들 때문이었다고 본다. 예수가 자신을 '메시아적인 인물'로 믿었다는 데 의견이 일치한다. 예수는 그 사회의 주변 사람들에게 헌신하였고, 그렇게 함으로써 자신을 '주변 유대인'이 되게 하고, 그의 메시아 주장으로 인하여 처형되었다는 것이다.

제3의 탐구에 대한 평가

역사적 예수에 대한 제3의 탐구는 지금까지의 탐구 가운데 복음서의 예수에 여전히 거리가 있지만 그래도 가장 근접한다고 볼 수 있다.

제3의 탐구에서는, 역사적 방법과 그 적용의 결과에 관하여 놀랄 만한 양의 일치가 있다. 그들은 역사적 논의를 위하여 최초의 전제들로서 반초자연주의적 세계관을 가지고 출발했다. 그들은 거증 책임을 복음서에 돌렸다. 그들은 복음서의 자료가 진정하지 않다고 전제한다. 왜냐하면, 복음서들은 역사 또는 전기의 똑바른, 정직한 기사가 아니라, 그 창설자 예수를 영화롭게 하기 위하여 그들의 보고를 쉽게 편향시킬 수 있는 신앙 공동체의 산물이라고 보기 때문이다.

그러나 이에 대하여 두 가지로 답변을 할 수 있다. 첫째, 이념적 편향은 실제로 이야기를 "똑바로, 정직하게" 말하려고 하는 더 큰 관심을 야기할 수 있다. 둘째, 고대에서는, 모든 역사 기술이 이념적으로 편향되었다.

3.4/3 '진정성 판단기준'에 대하여

{자료: 존 드레인, [예수와 4복음서](이중수 옮김; 서울: 두란노 서원, 1984) 172−86; Blomberg, *Jesus and the Gospels*, 185−87; Ehrman, *The New Testament*, 192−96; Norman Perrin, *Rediscovering the Teaching of Jesus*(London: SCM Press/New York: Harper & Row, 1967); W. Barnes Tatum, *In Quest of Jesus: A Guidebook*(Atlanta: John Knox, 1982); Bock, *Studying the Historical Jesus*, 199−203; Guthrie, *New Testament Introduction*, 243−47}

복음서에 기록된 예수의 말씀과 행위는 모두 예수의 진정한 말씀과 행위이다. 그러나 비평가들 가운데는 복음서와 역사적 예수의 연구에서 예수의 말씀과 행위의 진정성을 결정한다고 네 가지 주요 판단기준을 사용하는 사람들이 있다.

네 가지 기준

첫째, 부동성의 기준이다. 이는 그 당시의 전통적인 유대교와 초대교회의 주요 강조점들에서 눈에 띄게 벗어나는 예수에 관한 정보를 찾는다. 예를 들면, 예수께서 비유를 사용하시거나, 하나님의 나라를 주제로 가르치시거나, 또는 인자라는 칭호를 사용한 것 등이다. 예수에 관하여 잠재적으로 거북하거나 난처하게 하는 정보도 이 범주에 들어간다. 이러한 재료는 어떤 그리스도인이나, 유대인이나, 이방인에 의해서 창안된 것이 아닐 것이다.

둘째, 다중 증거의 기준이다. 이는 한 복음서 이상, 한 복음서 자료 이상, 또는 한 형태 이상 속에 나타나는 것은 단 하나에서만 증거되는 것보다 진정한 것일 가능성이 더 많다고 보는 것이다. 예를 들면, 유대 지도자들과의 갈등, 치유들과 귀신추방들, 그리고 수난으로 인도하는 사건과 수난사건 등이다.

셋째, 팔레스타인 환경 또는 셈족언어의 기준이다. 이는 많은 방식으로 예수가 철저하게 그 시대의 사람이었음을 상기시켜 주는 기준이다. 복음서들이 헬라어로 기록되었지만 팔레스타인 문화나 환경에 특이한 특징들을 보존하였다. 촌락 생활의 세부사항, 농업 등을 예로 들 수 있다. 독특하게 셈어적인 숙어를 꽤 문자적으로 번역한 것 같은 언어가 종종 나타난다. 예를 들면, "가난한 자"는 히브리어 '아나윔'(아나빔)을 번역한 것으로 보인다.

넷째, 일관성의 기준이다. 이는 본질적으로 또 그 자체로는 위의 기준들을 통과하지 못하지만, 기준들을 통과하는 예수의 가르침과 행동의 독특한 스타일, 형태, 또는 내용과 상당히 들어맞는 세부사항들을 식별한다. 예를 들면, "자연 기적들"은 하나님 나라에 관한 예수의 비유들과 그 밖의 가르침에 밀접하게 들어맞는다. 물을 포도주로 만든 표적은 포도주용 가죽 부대의 비유(막 2:22)의 가르침과 유사하다.

평가

이러한 기준을 사용할 때 복음서 전승이 진정하다고 믿는 사람들에게 증명의 짐이 주어진다고 가정하는 것은 위험하다. 복음서 전승은 진정하지 않음이 입증되기 전에는 진정성을 받아들여야 한다. 위에서 설명한 기준들은 범위가 제한적이다. 예수의 여러 가지 수많은 말씀에 다 적용할 수 없다. 적용하는 진정성의 판단 기준에 의해 예수의 다양한 가르침과 말씀의 진정성이 입증된다면, 판단 기준에 의해 시험할 수 없는 다른 말씀과 가르침의 진정성에 대해서도 확신을 가질 수 있다.

예수 말씀의 진정성을 결정한다는 것은 예수의 말씀이 아닐 것이라는 가정이나 전제에서 출발함을 함의한다. 그러나 오히려 기록된 말씀이 예수의 진정한 말씀이라는 전제에서 출발하는 것이 옳다. 그렇다면, 여러 가지 진정성의 표준은 예수 말씀의 특성을 더 크게 인식하는 데 이용할 수 있을 것이다.

3.4/4 역사적 예수의 탐구에 대한 평가

{자료: Luke Timothy Johnson, *The Real Jesus: The Misguided Quest for the Historical Jesus and the Truth of the Traditional Gospels*(New York: HarperSanFrncisco, 1996) (＝손혜숙 역, [누가 예수를 부인하는가? 역사적 예수에 대한 잘못된 탐구와 복음서 전승의 진리], 기독교문서선교회, 2003); Johnson, *The Writings of the New Testament*, 627 – 32; Robert J. Miller, "The Jesus of Orthodoxy and the Jesuses of the Gospels: A Critique of Luke Timothy Johnson's *The Real Jesus*", *JSNT* 68 [1997] 101 – 20}

역사적 예수의 탐구를 어떻게 보아야 할 것인가? 다음과 같은 몇 가지를 고려할 수 있다.

긍정적 요소

첫째, 학문적인 역사적 예수의 연구는 자체의 본령이 있다. 이 지상에 살았던 나사렛 예수를 발견하고자 하는 학문적 노력은 필요할 것이다. 예수라는 역사적

인물에 관하여 가능한 한 많은 것을 찾아내려는 노력 자체를 비난할 필요는 없다. 그리고 계몽주의에서 비롯된 복음서 비평가들의 잘못된 전제를 떠난다면, 역사적 예수에 대한 연구는 복음의 예수를 자기가 사는 시대에 관련시키려는 시도와 노력의 일환으로 볼 때 필요하다.

둘째, 역사적 예수의 탐구는 많은 쟁점을 제기하는데, 이 쟁점들에 대한 더 날카롭고 치열한 답변을 촉구함으로써 복음서의 본질과 예수에 대한 이해에 공헌할 수 있는 측면이 있다.

문제점

역사적 예수의 탐구에는 긍정적인 요소가 있지만, 여러 문제점도 있다.

첫째, '예수 세미나'와 최근에 출판된 역사적 예수 책들에는 역사적 연구의 숨은 의제가 있는 것으로 드러난다. 역사적 연구를 통하여 얻은 역사적 지식을 근거로 삼아 전통적인 기독교의 견해들 곧 전통적인 기독교 신앙과 신학을 변혁하려 하는 것은 오도된 역사적 예수 연구이다. 역사적 지식이 신앙에 대하여 규범적인 되어야 하며, 따라서 신학에 대해서도 규범적인 것이 되어야 한다는 전제로 출발한 역사적 예수 연구는 잘못이다.

둘째, 복음서에 주어진 내러티브 골격을 포기하고 대안적인 설명이론을 선호하는 것은 문제가 있다. 진정한 예수의 목소리와 행동이라고 인정되는 "조각들"을 가지고 만족한 예수의 초상을 그릴 수 없다. 어떤 모형에든 넣어야 한다. 존슨(Luke Timothy Johnson)이 강조하는 것같이, 복음서에서 추출할 수 있는 개별적인 요소들이나 모형들과 단편들은 지속된 내러티브에 의해 제공된 기본골격이 없다면 여전히 별개의 항목들 곧 "예수께서 말씀하시고 행하신" 일들로 남을 수밖에 없다. 바꾸어 말하자면, 사건의 배치 그리고 사건의 의미는 내러티브에 의해서 주어지며, 만일 우리가 내러티브를 포기한다면 복음서들 자체에 의해 주어진 것 이외에 사건의 배치와 의미를 결정할 다른 *역사적* 근거가 없게 된다.

셋째, 역사적 예수의 탐구들에 있어서 근본적인 문제는 실제의 예수를 발견하는 유일한 길이 정경복음서들 안에서 발견되는 예수를 우회하는 것이라는 전제이며, 또한 부활 이전의 예수에게서만 역사적 예수를 발견하려는 것이다. 실제의 예수는 성령을 통하여 세상에서 또 인간들의 삶 속에 지금 살아 계시고 강력하게 임재하시는 예수이며, 부활 후의 시각에서 기록된 복음서가 실제의 예수에 대한 접근을 제공한다. 이 실제의 예수는 바로 복음서 안의 예수이다. 그리고 기억되고 해석된 예수 또는 신앙의 예수가 궁극적으로 역사적 예수인 것이다.

넷째, 학자들이 동일한 방법들을 사용하고 동일한 재료들을 연구하여서 그렇게 다양한 "역사적" 예수들을 이끌어 내는 것은 사람들을 당황하게 한다. 그리고 이러한 예수 이미지들이 정경복음서에 묘사된 예수보다 더 가치가 있다고 주장할 때, 그것은 역사적 연구의 한계를 뛰어넘어, 신학과 문화의 의제를 제기하는 것이다. "역사적"이라는 것이 진리의 유일한 척도가 되거나, 교회의 그리스도이시며 동시에 부활하신 신앙의 주이신 복음서의 예수가 아니라, 예수의 "역사적" 재구성이 교회의 정체성에 대한 척도로 제시될 때, 역사적 탐구의 정체를 명확하게 하거나, 그에 대하여 저항할 필요가 있다.

3.4/5 역사적 예수 탐구의 올바른 방향

{자료: Michael J. Wilkins and J. P. Moreland, eds., *Jesus Under Fire*(Grand Rapids: Zondervan, 1995); Paul Barnett, *Jesus & the Rise of Early Christianity: A History of New Testament Times*(Downers Grove: IVP, 1999) 418; Lee Strobel, *The Case for the Real Jesus: A Journalist Investigates Current Attacks on the Identity of Jesus*(Grand Rapids: Zondervan, 2007)}

역사적 예수 탐구의 올바른 방향은 무엇인가? 먼저 연구의 한계를 인식하고, 예수 그리스도의 부활을 고려하는 역사적 예수의 탐구가 되어야 한다.

한계의 인식

역사적 예수에 대한 학문적 연구는 필요하다. 그러나 역사적 예수에 대한 연구에는 피할 수 없는 한계가 있음을 인식하고 그 한계를 넘지 않아야 한다. 역사적 예수의 탐구는 주어진 자료의 한계 안에서만 가능하다. 역사적 예수의 탐구는 거의 유일한 1차 자료인 정경복음서와 신약의 자료를 중심으로 수행되어야 한다. 학자들이 진정한 예수의 음성과 행동이라고 판정한 것은 새롭거나 독자적인 어떤 정보나 자료가 아니라, 결국은 정경복음서에서 나온 것이다. 그리고 순수한 사실들만을 기록한 역사는 존재하지 않는다. 진정한 역사는 항상 사실과 해석을 공유하는 해석된 역사이다. 복음서는 역사적으로 신뢰성이 있는 기록이다. 복음서의 예수의 말씀들은 예수의 생생한 목소리요, 예수의 가르침의 요지를 충분히 보존한 말씀이다.

올바른 방향

역사적 예수 탐구의 올바른 방향은 나사렛 예수 곧 역사적 예수는 그의 죽음과 몸의 부활과 승천을 통하여 신앙의 그리스도가 되었다는 명제를 제시하고 확인하는 것이다(행 2:36). 이것이야말로 가장 옳은 역사적 예수 탐구의 접근방식이다.

예수의 부활

역사적 예수 연구에 예수의 부활을 고려해야 한다. 역사적 예수는 부활의 빛에 비추어서 볼 때 가장 올바르고 충실하게 이해된다(요 2:22; 12:16 참조). 복음서의 예수와 신앙의 그리스도와의 연속성을 보여 줄 수 있어야 한다(행 2:36 참조).

한 예수의 네 모습

네 개의 정경복음서가 제시하는 다양한 예수의 모습을 고려해야 한다. 역사적 예수와 역사-비평적 방법으로 회복할 수 있는 해석자들의 예수를 구별해야 한다. 진정한 의미에서 역사적 예수는 복음서의 예수와 동일하다는 것을 받아들여야 한다. 복음서에서 발견되는 예수야말로 실제의 예수요 역사적 예수라는 것을 보여 주어야 한다.

제3의 탐구에서는 예수를 유대교 안에 가두어 둘 것이 아니라, 유대교를 뛰어 넘는 예수의 '새로움'을 보여 주어야 한다(막 2:22 참조). 나사렛 예수는 유대교 안에 갇혀 있을 인물이 아니라, 그것을 뛰어넘어 새로움을 가져오고 새 시대를 맞아들이신 분이기 때문이다.

마태복음 16:13-17

우리에게 여전히 역사적 예수 탐구의 올바른 방향을 제시하여 주는 것은 마태복음 16장 13절-17절이다. 예수에 대하여 유대인들이 유대교 안에서 역사적으로 인식할 수 있는 최고의 수준은 선지자로서의 예수였다. 그러나 예수는 그 수준에 머물 수 없었다. 그는 역사 속에서도 그리스도시요 살아 계신 하나님의 아들이었기 때문이다. 우리에게 필요한 분은 '실제의 예수'이며, 실제의 예수는 복음서를 포함한 신약에 제시되어 있는 예수이며, 이 예수는 또한 우리의 신앙을 위하여 역사적으로 제한된 범위 안에서 필요한 만큼 알 수 있는 역사적 예수이다.

3.4/6 복음서의 역사적 신뢰성

{자료: Blomberg, *Jesus and the Gospels*, 365-82; Blomberg, *The Historical Reliability of the Gospels*(1987); Wenham & Walton, *Exploring the New Testament*, 111-20; Paul Barnett, *Is the New Testament Reliable? A Look at the Historical Evidence*(Downers Grove: IVP, 1986)}

복음서의 역사성에 대하여 의심을 하는 사람들이 있다. 그러나 복음서는 역사적으로 신뢰할 수 있는 문서이다. 본문 비평, 저작권과 저술 연대, 저술 의도와 장르, 진정성의 판단기준들의 적용, 고고학, 다른 고대 자료들(비그리스도교 저자들과 신약 이후 그리스도교 저자들과 신약의 다른 부분의 증거 등의 다른 고대 자료들)을 통하여 복음서의 역사적 신뢰성을 조사했을 때, 복음서 전승의 일반적인 신뢰성을 확인할 수 있다.

3.5 나사렛 예수는 누구인가?

{자료: Robert H. Stein, *Jesus the Messiah: A Survey of the Life of Christ*(Downers Grove/Leicester: IVP, 1996)(=황영철 역, [메시아 예수: 예수의 생애연구], 한국기독학생회출판부, 2001); Blomberg, *Jesus and the Gospels*, 187−362; 리 스트로벨, [예수 사건, 예수는 역사다](윤관희, 박중렬 옮김; 서울: 두란노, 2000); Everett F. Harrison, *A Short Life of Christ*(Grand Rapids: Eerdmans, 1968, reprinted 2000); Lea, *The New Testament*, 79−106, 167−280; Elwell and Yarbrough, *Encountering the New Testament*, 117−136; Achtemeier, Green and Thompson, *Introducing the NEW TESTAMENT*, 209−44}

"나사렛 예수, 그는 누구인가?"(Jesus of Nazareth, who are you?) 하는 물음은 기독교 역사상 수많은 사람들의 마음과 영혼을 사로잡아 오고 있는 물음이다. 역사가들은 그의 출생을 기록하지 않았고, 출생 후 30년 동안 아무도 그에게 큰 주의를 기울이지도 않았다. 사실 그는 책 한 권 쓰지 않았으며, 국외 여행이라고는 유아 때에 부모의 품에 안겨 이집트로 피신한 것 외에 유대 팔레스타인 땅을 벗어난 적이 없고, 또 인간의 수명으로 말하면 다른 사람들에 비해서 그렇게 오래 산 것도 아니었다. 그러나 그는 지난 2,000여 년 동안 이 지상의 그 어떤 사람보다도 더 많은 영향을 인류에게 끼쳐 왔다. 유대 땅 갈릴리 구릉지역 출신의 이 나사렛 예수는 과연 어떤 분인가?

3.5/1 예수 생애 연구의 자료들

{자료: 에프 에프 브루스, [예수님과 기독교의 기원: 일반 문헌의 증거](한균 역; 서울: 생명의 말씀사, 1984); Stein, *Jesus the Messiah*, 25−50; Blomberg, *Jesus and the Gospels*, 370−82; Ehrman, *The New Testament*, 185−91; Bock, *Studying the Historical Jesus*, 13−41, 43−63}

나사렛 예수의 생애에 대한 연구에 사용할 수 있는 자료는 기독교 자료와 비기독교 자료가 있다. 비기독교 자료는 이교 자료와 유대교 자료로 구분할 수 있다. 기독교 자료는 성경 안의 자료와 성경 밖의 자료로 구분할 수 있다.

이교 자료

이교 자료는 유대-기독교 전통에 속하지 않는, 헬라 저자들과 로마 저자들이 제공하는 자료를 가리키는데, 예를 들면, 연소자 플리니(주후 약 62-113년, Pliny the Younger, *Epistles* 10.96), 타키투스(주후 약 60-120년, Tacitus, *Annals*, 15.44), 수에토니우스(주후 약 75-150년, Suetonius, *Life of Claudius* 25.4), 마라 바 세라피온(주후 제2, 3세기, Mara bar Serapion), 줄리우스 아프리카누스(주후 제3세기 초, Julius Africanus, *Chronology* 18) 등이 있다. 이 자료들은 그러나 그 수가 적고 본질상 간접적인 것들이다. 그래도 이 가운데 타키투스는 예수가 티베리우스(Tiberius) 황제 통치 기간 중 본디오 빌라도에 의해서 사형 선고를 받고 처형당했다는 정보를 제공하는데, 로마의 공식 기록에 근거하였을 개연성이 있다.

유대교 자료

예수의 생애에 대한 유대교 자료의 주요 두 원천은 요세푸스(Josephus, 주후 37-110년)와 랍비저작(Rabbinic Writings)이다.

요세푸스

요세푸스의 [유대인 고대사] 가운데 두 곳에서 예수에 대한 중요한 언급이 나타난다. 하나는 '플라비우스의 간증'이라 하는 부분에 나오는 것으로, 거기서 예수를 가리켜서 "메시아"라 일컫고, 그가 빌라도에 의해 정죄를 받아 십자가에 처형되고, 제3일에 다시 살아났다는 것을 말한다(18.3.3). 또 다른 하나는 주후 62년에 순교하기 직전의 야고보를 소개할 때 그를 가리켜서 "그리스도라 하는 예수"의 형제라 소개하는 경우이다(20.9.1). 그러나 플라비우스의 간증에 대하여 진위논란이 있다. 이러한 기록은 처음에는 대단히 인상적인 것처럼 보이지만 곱

씹어 되새겨 보게 되면 가볍지 않은 문제를 일으키기 때문에, 오늘날 대부분의 학자들은 플라비우스의 간증을 기독교 필경자에 의한 삽입으로 보며, 따라서 진정한 것으로 받아들이지 않는다.

랍비 저작

랍비 저작 가운데 가장 중요한 것은 탈무드(Talmud)이다. 탈무드의 예수에 대한 여러 언급 가운데 가장 중요한 것은 바빌론 탈무드 산헤드린 43a(*b. Sanhedrin 43a*)에 나온다. 이야기의 내용은 유월절 전야에 예수(Yeshu)가 나무에 매달려 죽었는데, 처형당하기 전 40일 동안 그를 위한 변호의 기회가 주어졌으나 아무도 그를 변호하러 나오는 사람이 없어서 결국 유월절 전야에 십자가에 매달려 죽었고, 그에게는 다섯 제자가 있었다는 것이다. 그런데 문제는 이 탈무드의 언급은 목격자의 구전에 의한 것이라기보다 후대의 유대교-기독교 논쟁에서 생겨난 자료들이며 본질상 변증적인 것이라는 점이다. 그리하여 사실상 예수의 생애에 대한 연구에는 가치가 별로 없다. 이 외에 탈무드에는 예수에 대한 것으로 보이는 다른 언급들도 있지만 예수라는 이름을 직접 거론하지 않는다.

기독교 자료

예수의 생애에 대한 기독교 자료에는 성경 안의 자료와 성경 밖의 자료가 있다.

성경 밖의 자료

먼저, 성경 밖의 자료들을 살펴보자. 예수께서 말씀하시거나 행하신 모든 것이 네 개의 정경복음서에 다 기록된 것은 아니다(요 21:25; 행 21:35 참조). 예수에 관한 전승들은 복음서가 기록된 후에도 구전으로 전수되었을 개연성이 크다. 이러한 전승들은 외경복음서들 특히 도마복음, Q, 1958년에 스미스(Morton Smith)에 의해 발견되었다고 하는 비밀 마가복음(*The Secret Gospel of Mark*), 및 늦은 2세기의 외경복음인 베드로의 복음으로부터 재구성된 "십자가 복음"과 같은 다양한 가설적 사본들, 초대 교회 교부들 안에서 발견되는 인용들, 그리고 다양한 복음서 사본들에서 발견되는 본문상의 이문들 가운데에서 찾을 수 있는 가능성이 있다. 그러나 이들을 면밀하게 조사해 보면 처음의 기대와는 달리 부정적인 결론을 내릴 수밖에 없다. 왜냐하면 이들은 예수의 말씀이나 행위에 대한 전승에 대하여 독자적인 접근을 제공하지 않으며, 따라서 예수의 생애 연구에 대한 역사적 자료로서의 가치가 없음이 판명되기 때문이다.

성경 안의 자료

신약성경 안에서, 나사렛 예수에 관한 정보는 단연 네 개의 복음서에서 나온다. 복음서들을 제외하면 우리가 예상한 것보다 적다. 대체로 우리는 그의 출생(롬 1:3; 갈 4:4; 요일 1:1−3, 4:1−3; 고후 8:9), 인격(고후 10:1; 벧전 3:18; 고후 5:21; 히 4:15; 벧전 2:22; 빌 2:6−8; 히 2:18; 4:15), 삶 속의 사건들(고전 11:23−26; 벧후 1:16−18; 히 5:7), 십자가 처형(히 12:3 롬 15:3; 고전 11:23; 행 3;14; 살전 2:14−15; 행 2:23, 36; 7:52; 벧전 2:21−23; 고전 1:23; 고전 15; 행 1:9−11; 엡 4:8−10), 그리고 그의 가르침(롬 12;14; 12:17; 13:7; 13:8−10; 14:10)에 관하여 몇 가지를 얻을 수 있을 뿐이다. 사도행전에서 계시록까지의 저자들이 나사렛 예수에 관한 정보를 독자들에게 제공하려고 한 것이 아니었다는 사실을 고려한다면 이는 결코 이상한 일이 아니다. 그러므로 우리가 나사렛 예수에 관하여 알기를 원한다면 무엇보다도 신약성경의 네 개의 정경복음서를 찾아가야 한다.

3.5/2 예수 생애의 연대기

{자료: Craig Blomberg, *Jesus and the Gospels*, 187−97; F. F. Bruce, *The Acts of the Apostles: The Greek Text With Introduction and Commentary*(1990[3]) 92−93; Rainer Riesner, *Paul's Early Period: Chronology, Mission Strategy, Theology*(tr. Doug Stott; Grand Rapids/Cambridge, U. K.: Eerdmans, 1998) 35−58[=예수의 십자가 처형 연대에 대한 논의]; Bock, *Studying the Historical Jesus*, 65−78}

출생 연대

역설적으로 들리겠지만, 그리스도의 출생 연대는 그리스도 이전, 즉 주전 7-5년 혹은 6-4년 사이의 어느 해에 해당한다. 서양에서 연대를 그리스도 이전(B.C.=Before Christ)과 이후(A.D.=*Anno Domini*="우리 주님의 해에")로 나누어서 확정적으로 사용한 것은 주후 1,500년부터였다. 기록된 것 가운데 예수의 출생 연대를 고정하려는 가장 오래된 시도는 6세기 초에 디오니수스 엑시구우스(Dionysus Exiguus)에 의해 이루어진 것인데, 그는 연대를 계산할 때에 요세푸스의 증거를 빠뜨렸다. 예수의 출생 연대를 계산하려면, 헤롯 대왕의 사망 연대를 고려해야 한다.

요세푸스에 의하면, 헤롯 대왕은 주전 4년에 죽었음이 틀림없다. 그는 죽기 직전 베들레헴에서 두 살 이하의 남자아이들을 살해했으므로(마 2:16), 그리스도는 2년까지 더 일찍 출생했을 가능성이 있다. 예수의 출생 때 나타난 베들레헴의 별(마 2:2, 9-10)을 천문학적으로 행성들의 이상한 회합(주전 6-7년) 또는 혜성이나 초신성의 출현(주년 5년)과 연결시키는 시도는 좀 더 정밀한 제안을 가져왔으나, 만일 이 "별"이 완전히 초자연적 현상이었다면 그것은 예수 출생 연대 탐구를 촉진하는 데 사용할 수 없다.

문제를 더 복잡하게 만드는 것은 예수는 구레뇨가 수리아 총독일 때 출생했다는 누가복음 2장 2절이다. 우리가 확실히 아는 구레뇨의 총독직은 주후 6년에 시작했다. 그러나 "총독"에 해당하는 헬라말(*헤게모뉴오, 헤게모뉴온토스*)은 대단히 일반적인 말이어서 많은 지도력 역할을 가리킬 수 있으며 구레뇨는 더 이른 통치자들 아래서 행정 직책을 맡았었을 것이라는 증거가 있다. 또한 이 절을 "이는 구레뇨가 수리아 총독이 되기 전에 일어난 인구 조사였다"고 번역할 가능성도 있으나, 그렇게 개연성 있는 해결책은 아니다.

예수의 출생일은 더욱더 불확실하다. 로마제국 서방의 기독교인들은 12월 25일에 "크리스마스"를 축하하기 시작했다. 이날은 *Sol Invictus*(쏠 인빅투스, "정복할 수 없는 태양")을 경배하는 성일이었다. 로마제국 동방(동방정교회)에서는 1월 6일을 성탄일로 지킨다. 목자들이 밤에 양떼를 돌보았다(눅 2:8). 이는 봄철이었을 것이다. 예수는 실제 봄에 출생했을 가능성이 있다.

사역 시작 연대

그리스도의 사역은 언제 시작되었는가? 어른이 되어 시작한 그리스도의 사역의 출발점에 도달하려면 많은 조각의 자료들을 모아서 해석해야 한다. 누가복음 3장 1절은 세례 요한이 디베료(티베리우스) 가이사가 위에 앉은 지 열다섯 해에 전파하고 있었다고 한다. 디베료의 통치는 주후 14년에 시작되었다. 이는 요한의 사역 연대로 28년 또는 29년을 제시한다. 그러나 주후 12년에 아구스도(아우구스투스)는 디베료에게 동부 속주들에 대한 공동통치를 부여했다. 누가가 이 연대로부터 계산을 했다면 요한의 전파 시작 연대로 26년 또는 27년을 산출할 수도 있다. 누가복음 3장 23절은 예수께서 "그 사역을[가르치심을] 시작할 때에 삼십 세쯤" 되었다고 한다. 이는 어림셈이지만, 28/29년이 아니라 26/27년을 받아들인다면, 정확한 표적에 더 가깝다. 요한복음 8장 57절은 유대인들이 예수를 가리켜 "네가 아직 오십도 못 되었는데"라고 말함을 기록한다. 이는 아브라함 이래 지나간 시간에 비교할 때 그의 생애에서 얼마나 적은 햇수가 지났는가를 강조하는 대략적인 수이다. 요한복음 2장 20절은 예루살렘 성전을 가리켜 "이 성전은 사십육 년 동안에 지었거늘"이라고 언급한다. 요세푸스에 의하면 성전 재건축은 헤롯 대왕의 재위 제18년에 시작되었다. 그러면 헤롯이 통치하기 시작한 주전 37년부터 계산하여 주전 20년 또는 19년의 연대가 나온다. 여기에 46년을 더하면 그리스도의 사역의 첫 번째 유월절 연대로 주후 27년 또는 28년이 된다. 그리스도의 사역 착수 연대의 선택은 또한 그 사역에 부여하는 햇수와 십자가에 못 박힘을 위하여 제안하는 연대에 의해서 영향을 받는다. 그러나 당분간 27년 또는 28년이 요한의 사역과 예수의 사역의 시작을 위한 가장 개연적인 연대인 것으로 보인다. 예수께서 세례를 받기 전 요한이 얼마나 사역을 했는지 우리는 알지 못한다(적어도 몇 개월에서부터 일 년까지 허용한다.).

사역 기간

그리스도의 사역의 기간에 대하여 기독교인들은 1년에서 4년까지를 제안해 왔으나, 이 제안 중 가장 일반적으로 받아들여지는 것은 몇 달을 가감한 3년의 사역이다. 관련 데이터는 일차적으로 요한복음으로부터 온다. 공관복음은 단 한 번의 유월절만 언급한다. 그러나 요한은 명시적으로 세 번의 유월절을 언급한다 (2:13; 6:4; 그리고 12:1). 요한복음 5장 1절은 이름이 밝혀지지 않는 유대인의 절기를 언급한다(이것을 '어느 절기'라기보다 '그 절기'라고 부르는 사본들도 있다. 유대인들에게 있어서 "그" 중심 절기는 장막절이었을 것이나(요한과 같은), 기독교 유대인들에게 있어서는 유월절이었을 것이다. 이 절기가 유월절이었다면, 요한의 연대기에 한 해를 또 더하여야 한다. 요한복음 2장 13절－25절에서 유월절에 예수께서 성전을 청결케 하신 기사가 그 생애의 마지막 주간 동안에 일어난(막 11:12－19 및 그 평행을 보라.) 성전 청결과 별개의 사건인지 아니면 요한이 예수의 전 사역을 위한 일종의 표제로서 이 기사를 앞으로 옮겨 놓았는지 결정하기 어렵다. 만일 후자라면, 예수께서 성전을 청결케 하시지 '않고' 여전히 그 사역의 초기에 유월절을 위해 예루살렘에 계실 수 있었겠지만 우리는 일 년을 빼야 할 것이다. 공관복음에는 봄철이 지나가는 것에 대한 두 번의 암시가 있다(막 2:23－28; 막6:39[겨울철 우기 직후, 즉 봄철이 아니면 광야[32절]에 "푸른" 잔디가 있을 수 없을 것이다.]). 이 모든 것으로 보아서 2－3년의 사역, 그리고 어쩌면 조금 더 긴 기간의 사역이 아주 개연성이 있다. 대략 3년의 기간을 보는 사람들에게 있어서 세 단계로 나누는 것이 흔한 일이다. 첫째, 무명의 "해"는 예수의 대갈릴리사역 이전까지의 모든 사건들을 포함한다. 둘째, 인기의 "해"는 오천 명을 먹이신 일의 여파에 이르기까지를 포함한다(요 6:66). 셋째, 배척의 "해"는 오천 명을 먹이신 이후부터 그의 죽음까지의 기간을 포함한다.

십자가형 연대

{자료: Craig Blomberg, *Historical Reliability*, 175－78}

예수는 총독 빌라도(주후 26－36년), 대제사장 가야바(주후 18－36년), 그리고 분봉왕 헤롯 안디바(주전 4년－주후 37년)의 통치기간 동안에 죽었다는 것을 우리는 안다. 그는 금요일에 십자가에 못 박혔다(안식일 전날, 막 15:42 및 그 평행). 이는 최초의 유월절 식사를 거행한 저녁(즉, 목요일) 이후의 날(막 14:12, 14, 16 및 그 평행)이다. 그러나 요한은 그리스도가 유월절 의식 거행일, 최초의 식사를 하기 전에 십자가에 못 박힌 것으로 나타내는 것처럼 보인다(요 13:1; 18:28; 19:14, 31). 그러면, 유월절은 목요일 밤부터 금요일 밤까지였는가? 아니면 금요일 밤부터 토요일 밤까지였는가? 여하튼, 요한복음과 공관복음은 예수께서 목요일 밤에 유월절 식사를 하시고 금요일에 십자가에 못 박히셨다는 것에 실제로 동의한다.

요한복음의 기록은 이렇게 설명할 수 있다. 요한복음 13장 1절-3절은 유월절 식사 자체 곧 유월절 첫날 저녁의 식사를 가리킨다. 요한복음 13장 29절의 명절은 일주일간 계속되는 명절을 가리킨다. 요한복음 18장 28절은 '학기가'(chagigah, haggigah)로 알려진 점심시간 식사, 즉 유월절 첫째 저녁 이후의 대낮 동안에 거행한 축하 점심 식사를 염두에 두었을 것이다. 요한복음 19장 14절, 31절(유월절[주간 동안의 안식일]의 '준비일=금요일')은 필시 유월절 주간의 안식일 예비일을 가리킨다(막 15:42 참조). 유월절은 니산월 제15일에 거행되었고 초승달의 출현으로부터 계산되었으므로, 천문학적 데이터를 사용하여 이 날짜가 금요일이나 토요일에 해당하는 해들을 결정할 수 있다. 그러나 기후 조건들로 인하여 초승달의 최초의 달 조각을 새로운 달의 첫째 날이나 둘째 날에 볼 수 있는지 항상 의심스럽다. 주후 30년 또는 33년에 유월절이 금요일 또는 토요일에 닿는다는 주장을 펼칠 수 있다.

주후 30년 또는 33년의 연대 사이에서 선택을 하는 것은 극히 어렵다. 마가복음 15장 33절과 사도행전 2장 19절-20절의 우주적 붕괴를 일식과 같다고 본다면, 그해는 33년임에 틀림없다. 하지만 그 어두움이 전적으로 초자연적 현상이라면, 이 정보는 소용이 없다. 그리스도의 사역의 시작을 위한 가장 이른 있음직한 연대가 28년이라면, 그리고 28년까지 늦출 수 있다면, 그리고 예수가 약 4년의 사역을 했다면 다시 33년을 선택하는 것이 자연스럽다. 위에서 주목한 모든 불확실성과 더불어, 예수의 사역이 단지 2년 또는 2년 남짓 계속되고 사역의 대부분이 28-30년 동안 일어났다는 것이 전혀 불가능한 것은 아니다. 그의 정치적 후원자였던 세자누스(Sejanus)의 몰락(주후 31년)이 빌라도를 더 곤란한 입장에 빠뜨리게 했다면, 이는 예수의 재판에서 빌라도가 보인 행동을 설

명해 줄 것이며, 다시 한 번 더 주후 33년이 십자가 처형 연대의 승자로 나타난
다. 그러나 이것은 매우 결론적으로 증명될 수 없다. 또한 관련이 있는 것은 사
도행전과 바울의 생애의 사건들의 연대를 정하는 것이다. 주후 33년까지 기다
리는 것보다 30년으로 시작하는 기간에 그 모든 세부사항들을 맞추어 넣기가
더 쉽다. 어떤 종류의 연대기를 재구성하는 데 복음서 데이터를 충분히 심각하
게 받아들이는 주석가들 가운데는 근소하기는 하지만 주후 30년이 더 마음에
드는 것으로 나타난다.

요약

우리가 고찰한 바와 같이, 예수의 생애와 사역의 연대기에 대하여 의견의 차
이가 있으나, 우리가 자료를 통하여 결정할 수 있는 한 대체로 다음과 같이 제
시할 수 있겠다. 예수의 출생은 주전 7−5년 혹은 6−4년, 세례 요한의 출현은
늦은 27년(?), 예수의 세례와 요한복음의 1−2장의 이른 사건들은 늦은 28년,
요한복음 2장 13절의 유월절은 28년 봄, 요한복음 3−4장의 나머지 사건들과
공관복음에 나타난 갈릴리의 사역은 28년 봄−가을, 요한복음 5장 1절의 장막
절(?)은 28년 가을, 예루살렘에서 돌아와서, 공관복음에 나타난 대로의, 갈릴리
에서의 더 많은 사역은 29년 봄까지, 유월절 때에 오천 명을 먹이신 것(요 6:4)
은 29년 봄, 갈릴리에서 사역을 마치시고, 물러나셨다가 돌아오신 것은 29년 가
을까지, 장막절(요 7:1−10:21)을 지키시고 갈릴리로 돌아오신 것은 29년 가을
(10월), "베레아" 사역과 예수의 마지막 예루살렘 여행은 29년 11−12월, 예루
살렘에서 수전절(하누카)을 보내신 것은(요 10:22) 29년 늦은 12월, 유대와 예루
살렘에서 그리고 유대와 예루살렘 주변에서 사역하신 것은 30년 겨울−봄, 예
루살렘에의 "승리의 입성"과 "수난 주간"은 30년 4월 2−6일, 그리고 십자가에
못 박히시고 부활하신 것은 30년 4월 7−9일로 산정된다. 이것 이상으로, 그리
스도의 생애의 모든 세부 사항이 언제 어디에 속하는지 정확한 기사를 재구성
하는 것은 어렵다. 그리스도의 생애의 사건들의 순서의 있음직한 조화를 보기
위해서는 많은 복음 대조서를 참조할 수 있다.

3.5/3 간추린 예수의 생애

{자료: Stein, *Jesus the Messiah*; Harrison, *A Short Life of Christ*(1968, 2000); Blomberg, *Jesus and the Gospels*, 198−362; Wenham & Walton, *Exploring the New Testament*, 143−53; Elwell and Yarbrough, *Encountering the New Testament*, 117−36; McDonald and Porter, *Early Christianity and Its Sacred Literature*, 116−77; Barnett, *Jesus & the Rise of Early Christianity*, 90−194}

이제 예수의 생애를 간추려서 살펴보려고 한다. 그의 생애에 대하여 모든 것을 상세하게 이야기하지 않고, 그의 생애에 있어 획을 긋는, 유의미한, 중요한 사건들을 살펴보려고 한다. 예수의 생애는 크게 출생과 어린 시절, 공생애 활동, 그리고 마지막 한 주간으로 나눌 수 있다.

(Ⅰ) 출생과 어린시절

나사렛 예수의 잉태와 출생은 다른 사람들과 달리 독특하였다. 그는 성령으로 잉태되어 동정녀 마리아에게서 출생하였다(마 1:18−25; 눅 1:26−38, 46−56; 2:1−7). 복음서 가운데 마가복음은 이미 성장한 예수의 등장으로 시작한다. 그러나 마태와 누가는 그의 출생을 둘러싼 사건들을 묘사하는 데 각각 두 장을 할애한다(마 1:18−2:23; 눅 1:5−2:52). 요한의 서언은 훨씬 더 신학적이며 예수의 선재와 성육의 개념들을 전개한다.

베들레헴에서의 출생

마태복음은 예수의 출생으로 이야기를 이끄는 그의 족보를 처음에 제시한다(1:1−17). 마태는 애초부터 예수의 신학적 의의를 강조한다. 예수는 그리스도 곧 유대인의 메시아, 다윗 왕의 자손, 그리고 유대 민족의 아버지 아브라함의 자손으로 소개된다(1절). 또한 이 족보에는 특이하게도 다섯 명의 여자 이름이 포함되었다(다말, 라합, 룻, 우리아의 아내[밧세바], 그리고 마리아). 마리아 외에는 전부 이방인 연고 관계가 있고, 마리아를 포함하여 모두 성적 행실에 의심의 구름이 쌓여 있다. 이런 종류의 조상에게서 메시아가 태어날 수 있다면, 그는 온갖 종류의 사람들을, 평판이 좋지 않은 자들도 위한 해방자일 수 있음을 함의

한다. 마태는 16절에서 여성 관계대명사를 사용하여 그리스도가 여자, 즉 "마리아에게서" 태어났음을 말한다. 마태는 마리아만이 예수의 생물학적 어버이였다는 것을 주장하고 있음이 분명하다.

누가복음은 마태와는 달리 예수의 족보를 예수의 날로부터 역사를 거슬러 올라가서 아브라함을 넘어서 내내 아담에게 그리고 마침내 하나님에게까지 올라간다(눅 3:21−38). 아담에 대하여 한글 성경(개역)은 "그 이상은 하나님이시니라."로 번역하나, 원문을 아담은 "하나님의 아들"이라 말하는 것으로 읽을 수 있다. 누가는 예수의 인성과 보편적 중요성을 가장 강조하는 복음서이다. 그러나 예수는 또한 누가가 예수의 족보를 예수의 세례와 시험 곧 예수께서 그 아들 됨을 증명하신 두 경우(3:22; 4:3) 사이에 둠으로써 나타내려는 것으로 보이는 것과 같이, 유일무이한 의미에서 "하나님의 아들"이다.

누가복음 1−2장은 남자 인물들보다 엘리사벳과 마리아의 시각을 반영하며, 마태는 구약 "예언들"을 중심으로 예수의 유년기 내러티브의 조직 골격을 만드는 데 반하여, 누가는 예수의 유년기 이야기를 조직하여 하나님의 구원 계획의 개략을 제공하고 세례 요한과 예수 간의 유사점과 차이점을 강조한다. 먼저 요한의 출생이 예고되고(1:5−25), 다음 예수의 출생이 예고된다(1:26−38). 두 어머니, 엘리사벳과 마리아가 함께 만난다(1:39−56). 다음 요한의 출생과 성장이 이야기되고(1:57−80), 그 뒤에 예수의 출생과 성장이 따른다(2:1−52). 수많은 병행은 누가가 새 시대의 전령자로서의 요한과 예수 간의 유사점에 주의를 끌고 있다는 것을 분명히 한다. 반면에 누가는 예수를 요한보다 더 큰 자로 묘사하기를 원한다는 것이 또한 분명하다. 동정녀 수태는 단지 닫혔던 태를 여는 것보다 더 크다. 요한은 다른 사람들을 예수께로 가리키는 선구자가 될 것이다. 예수만이 "구주", "그리스도", 그리고 "주"라고 불린다(눅 2:11). 실로, 예수의 출생과 성장에 할애된 순전한 공간의 양이 요한에게 할당된 것보다 훨씬 더 많다.

마리아에게 천사가 나타나서 그녀의 기적적 수태를 약속했다(눅 1:26−38; 3:23 참조). 마리아가 낳을 아이는 "지극히 높으신 이의 아들"이라 할 것이다. 이는 다윗적, 국왕적, 메시아적 칭호이다(눅 2:32상을 2:32하−33절과 비교하라). 성령으로 잉태하기 전 마리아는 요셉과 정혼한 상태였다. 정혼은 법적 구속력이 있는 계약이었으나, 대개 1년 또는 그보다 더 늦은 뒤에 결혼식을 올려야

(즉, 신방에 들어야) 비로소 완성된다. 젊은 유대 여자들은 종종 10대 초에 그보다 몇 살 더 많은 남자와 결혼했다.

로마 황제 아우구스투스의 인구조사에 순종하여 요셉은 정혼한 마리아와 함께 나사렛에서 베들레헴으로 갔다. 예수는 요한이 세상에 온 지 6개월 후에, 필경 주전 7-5(혹은 6-4)년경에 출생했다(눅 2:1-52; 1:26 참조). 인구조사 등록에 관하여 기록된 세부 사항은 요셉이 다윗과 연결됨과 메시아에게 적당한 "혈통"임을 강조하는 역할을 한다. 나사렛과 베들레헴의 거리는 대략 140킬로미터 정도였다. 베들레헴에 머무는 동안 예수가 태어났다. 구유는 짐승들의 여물통이며, 마리아는 가축들 가운데서 해산을 하였다. "사관"으로 번역된 7절에 있는 단어(*카탈뤼마*)는 신약의 다른 곳에서 "객실"(손님방)로 번역되었다(눅 22:11; 막 14:14). 요셉과 마리아는 호적 등록을 하기 위하여 모인 사람들로 초만원이 되었음에 틀림없게 된 동리에서 가족이나 친구들과 함께 머물려고 사전에 협의를 했었을 것이다. 그러나 다른 많은 사람들도 그렇게 했었을 것이다. 한두 개의 방이 있는 작은 팔레스타인 가정에서 종종 젖 짜는 암소와 아마도 몇 마리의 다른 가축들이 지면층에서 있었다. 즉, 가축들이 그 집의 나머지 턱 진 부분과 여물통에 의해 분리된 귀퉁이에 머물렀다. 한 외경 전승은 동굴에서 태어나는 예수에 관해서 이야기한다.

예수가 태어났을 때 이 기쁜 소식을 천사들이 목자들에게 알렸다(눅 2:8-20). 목자들에게 알린 것은 메시아의 출생이 겸비하고, 치욕이 되기까지 하는 상황임을 말한다. 목자들은 유목민 생활과 도적질을 한다는 명성으로 인하여 1세기에 종종 멸시를 받았다. 마리아와 요셉은 가난했다(눅 2:24; 참조, 레 12:8). 하나님께서 더 많은 천사를 보내셔서 바로 이러한 비천한 사람들에게 선포하게 하셨다(눅 2:11). 복음의 좋은 소식은 가난한 자들과 죄인들과 버림받은 사람들, 즉 이 멸시받는 목자들과 같은 사람들을 위한 것임을 보여 주는 것이다.

요한복음은 예수의 탄생에 대하여 나머지 세 복음과 전혀 다르게 시작한다. 요한은 의식적으로 창세기 1:1을 암시하면서, 창조 이전부터 하나님과 함께 선재하신 말씀(로고스)을 선포함으로써 시작하고(요 1:1상, 2), 뿐만 아니라 "말씀은 하나님이셨다"는 것을 선포한다(요 1:1하). 그런데 예수의 탄생에 대해서는 말씀이 육신이 되었다는 간단하나 심오한 한마디의 말로 표현한다(요 1:14). 로고스는 일반적으로 타락한 인간에게(9 - 10절) 또 특히 유대인에게(11절) 왔으나 배척을 당했다. 이 오심은 말씀이 육신이 되어 우리 가운데 거하신다는 것으로 묘사된다(14절).

동정녀 잉태와 탄생은 때때로 기적적으로 그의 우주 안으로 간섭해 들어오시는 하나님께 대하여 열려 있는 자들에게 있어서는 문제가 되지 않는다. 동정녀 수태는 예수께서 완전히 하나님이시며(신적 부권) 또 완전히 인간이시라는(인적 모권) 기독교 확신을 강화하는 데 아주 꼭 맞는 방법이다. 누가는 하나님의 절대적 선물로서의 예수를 강조하며, 은혜로 인한 구원을 우리에게 상기시켜 준다. 마태는 임마누엘 곧 연대 속에서 우리와 함께하시는 하나님으로서의 예수를 강조한다.

어린시절

예수의 가족은 율법을 준수하는 유대인 소년으로 아이를 키우기 시작한다. 예수의 출생과 관련하여 세 가지의 유대인 의식이 거행되었다. 8일째 되는 날 예수는 할례를 받았고(눅 2:21; 참조, 1:59), 그 후 33일째 마리아는 결례를 행하고(눅 2:22), 또 예수를 바쳤다. 곧 그를 "구속한 것"이다(눅 2:22 - 23). 이러한 의식을 행하기 위하여 아기 예수를 성전으로 데려가는 가운데, 나이 많은 선지자 시므온을 만났다. 시므온의 노래(눙크 *디미티스*, "이제 놓아주신다", 29 - 32절)에는 이방인에게까지 미치는 메시아의 사역에 대하여 가장 명시적으로 언급하는 말이 나온다(32절; 사 42:6; 49:6 참조). "예수"라는 이름은 히브리어 "여호수아" 또는 "예수아"를 헬라어로 음역한 것인데, "야훼(여호와)가 구원하신다", 또는 "야훼는 구원이시다"라는 뜻이다(마 1:21).

예수의 출생 후 마리아와 요셉은 베들레헴에서 가정을 꾸민 것이 분명하다(마 2:11). 예수의 탄생 이후 동방에서 박사들이 찾아왔다. '박사들'이 왕이었다거나, 그들이 셋이었다는 것을 마태는 결코 말하지 않는다. 박사들(*마고이*)은 별을 쳐다보는 원시적 과학을, 시대의 표징과 미래의 표징을 이해하려는 시도들과 결합시키는 점성가들이었고, 필경 페르시아 출신이었다. 그들은 빛난 별을 따라서 왔다. 별은 종종 혜성, 행성들의(회)합, 또는 유성(별똥별)으로 설명된다. 그러나 초자연적인 것으로 보이는 것을 설명하려는 이성주의적인 시도들 중 아무것도 별이 나타난 시의와 장소의 요소를 설명하는 데 성공하지 못했다.

"유대인의 왕" 예수가 태어났다는 소식을 들은 헤롯 대왕은 그를 죽이려고 했다. 꿈에서 이에 대한 경고를 받은 요셉은 마리아와 아기 예수를 데리고 이집트로 피신했다(마 2:13−15; 참조, 눅 2:39). 헤롯은 죄 없는 두 살 이하의 남자 아이들을 죽였다(마 2:16−18). 이 정도로 작은 베들레헴 고을에는 두 살 이하의 어린이들이 약 20명을 넘지 않았을 것이다. 마태복음 2:16은 박사들이 늦게는 예수가 출생한 지 2년 후에 도착했을는지 모른다는 것을 시사한다. 주전 4년에 헤롯이 죽자, 요셉은 그의 가족을 데리고 나사렛으로 돌아갔다(마 2:19−23). 예수는 그곳에서 성장했다(눅 2:40).

"나사렛 사람(*나조라이오스*)이라 칭하리라"(마 2:23)는 말을 담고 있는 구약 문절은 없다. 그러나 이것은 또한 마태가 "선지자들"(*디아 톤 프로페톤*)이라는 복수로 언급하며 소개하는 유일한 "인용"이다. 추정하건대, 마태는 실제로 그중 어느 한 예언을 인용하는 것이 아니라 여러 가지 예언들의 주요 주제를 요약하고 있는 것이다(삿 13:5, 7; 사 11:1; 53:2 참조).

소년시절의 예수는 어떠했을까? 누가는 예수의 유아기에서 열두 살 때까지의 성장을 간단하게 요약한다(눅 2:40, 52). 복음서가 침묵하고 있는 기간 동안 예수의 어린시절은 다른 아이들과 같은 정상적인 성장의 기간이었다. 하나 다른 점이 있다면 그에게는 죄가 없었다는 것이다(고후 5:21; 히 4:15; 9:14; 벧전 2:22; 요일 3:5). 유대의 소년시절에 예수는 아버지의 일을 배운다. 그는 목수 일을 하였다. 회당에서 토라를 공부했으며, 예루살렘 순례 등의 사회적 이벤트에 참석하셨다.

누가는 예수께서 열두 살 때에 일어난 일을 하나 기록한다(눅 2:41−52). 이것은 정경복음서에서 예수의 유년기와 세례 사이에 일어난 일을 기록하는 유일한 기록이다. 이 열두 살에 일어난 일은 후대에 유대 소년들이 보통 13살에 치르는 스스로 율법을 읽고 해설하고 종교적으로 말하여 "성년이 되는" *바 미쯔바*(*bar mitzvah*, "계명의 아들") 예식의 선구자였을 것이다. 유월절을 지키려고 열두 살 때 부모를 따라서 예루살렘에 올라갔을 때 예수는 이미 하나님께 대한 자신의 독특한 관계를 인식하고 있었음을 드러낸다(눅 2:49). 그는 성전을 "내

아버지 집"이라고 말함으로써 하나님과의 특별한 관계를 암시한 것이다. 열두 살 때 유대 당국자들을 놀라게 하기는 했지만, 예수가 유대 선생들을 가르쳤다고 하는 말은 결코 없다. 오히려 누가는 예수의 완전한 인성을 강조하는 것으로 보인다(눅 2:51, 52 참조).

예수에게는 적어도 네 명의 형제와 두 명의 자매가 있었다(막 3:31−35; 6:3; 요 2:12; 7:3−5, 10; 행 1:14; 고전 9:5; 갈 1:19). 이들은 요셉이 마리아와 결혼한 후에 얻은 자녀들이다(마 1:24−25). 예수는 가난한 가정에 태어났다(눅 2:24). 그의 직업은 목수였다(막 6:3). 육체노동을 감당했던 예수는 건장한 청년이었을 것이다. 예수의 공생애 중에 요셉에 대한 언급이 없는 것으로 보아 그는 예수께서 공중 사역을 시작하기 전에 죽은 것으로 보인다. 예수의 신체적 외모는 알 길이 없다. 우리가 말할 수 있는 것은 예수는 1세기의 유대인 남자였다는 것이다. 그는 결혼하지 않았다. 예수는 그의 모국어인 아람어(막 5:41; 15:34 등), 구약성서 히브리어(눅 4:16−20), 그 당시의 통용어인 헬라어(막 7:31 이하; 7:24−30; 요 12:20−36)를 말할 수 있었고, 또한 라틴어 용어들을 이해했을 것이다. 예수께서 어떻게 훈련과 교육을 받았는지는 알 수 없으나, 읽을 수 있고, 성경을 논쟁할 수 있고, 성경 해석의 문제에 답변할 수 있는 것으로 미루어 보아 교육을 받은 사람임에 틀림없음을 알 수 있다.

(Ⅱ) 공생애 활동

예수의 침묵의 해들은 복음서 기자들이 하나님의 아들 예수 그리스도의 좋은 소식을 보고하는 일에 중요한 역할을 하지 않았다. 다만 한 가지 사건만을 기록하는데, 나사렛 예수가 열두 살 때에 자기의 독특한 아들 됨을 인식했음을 보여주는 이야기이다(눅 2:49). 이는 마리아에게 알릴 때 나타난 예수의 아들 됨(눅 1:32, 35)이 침묵의 여러 해 동안 확언되었음을 누가가 말하는 것이다.

복음서들은 아기 예수가 어떻게 점점 그의 아들 됨과 하나님과의 독특한 관계를 깨닫게 되었는가 하는 발달 과정을 묘사하지 않는다. 다만 열두 살 때에 이러한 인식이 있었다는 것을 말할 뿐이다. 그러나 예수의 아들 됨이 궁극적으로 나타난 것은 세례를 받을 때와 그 이후의 사역을 통해서이다.

세례 요한의 출현

주후 27년 또는 28년에 이상한 옷차림을 한 세례 요한이 요단강 남단에 나타나서 회개하라는 메시지를 전파하며, 오실 자 곧 메시아를 위한 길을 예비하고, 회개한 사람들에게 세례를 베풀었다. 전통적으로 요한은 그 당시의 유대세계에서 최근의 선례가 없는 외로운 인물로 간주되어 왔다. 그러나 쿰란에서 사해 두루마리가 발견됨으로 인하여 이 전통적 견해는 널리 의문시되게 되었다. 요한은 쿰란이나 다른 곳의 에세네파 사람들을 만났을 가능성이 있고, 또 그의 메시지에는 에세네파 사람들과 공통되는 유의미한 특징들이 있다. 그러나 궁극적으로 두 운동 간의 차이점이 유사점을 능가한다.

요한은 "죄 사함을 받게 하는 회개의 세례"를 전파했다(막 1:4). 세례의 관습이 얼마나 일찍 시작되었는지에 관해서는 확실하지 않지만, 유대인들은 그들의 종교로 개종하는 자들에게 요구한 입교의식에서 이미 세례의 개념에 친숙했을 것이다. 그리고 쿰란의 에세네파 사람들은 매일 침수의 의식 목욕을 실천했다. 그러나 요한의 독특성은 그들과 달리 모든 유대인들에게 그들이 죄에서 회개했음을 나타내는 의미에서 단 한 번의 행동으로서 세례를 받아야 한다고 요청한 것이다. 회개(*메타노이아*)는 마음의 변화를 의미하고, 히브리어 성경(구약)에서 상응하는 술어인 *슈브*는 극적인 행동의 변화를 나타냈다. "회개의 세례"라는 표현은 '회개로 인하여 생겨난 세례' 또는 '회개로 특징지어지는 세례'라는 의미일 것이다. "죄 사함을 받게 하는"이라는 번역은 오도의 가능성이 있다. 세례 의식 자체가 죄의 용서를 가져온다고 요한이 가르쳤을 것 같지는 않다(요세푸스, [유대 고대사], 18.5.117 참조: "요한은 사람들이 지은 죄를 용서받기 위한 수단으로서 세례를 받는 것이 아니라, 의로운 행동으로 인해 영혼이 이미 깨끗함을 입은 것처럼 몸의 정화를 위해서 세례를 받아야 한다고 설파하였다." 참조). 유대인들은 그들이 지은 죄에 대하여 용서를 얻으려고 세례를 받아서는 안 되고 오히려 영혼이 이미 바른 행동으로 인하여 철저하게 깨끗하여졌음을 함축하며 몸을 드리는 것으로서 세례를 받아야 했다. 여하튼 요한의 메시지는 충격적으로 과격한 것임이 입증되었을 것이다. 혈통이나 조상이 하나님의 호의를 받게 하기에 적당하지 않다는 것을 인식하라고 했기 때문이다.

요한의 사역은 그 자체로 목적이 아니었다. 그는 또한 "오시는 이"를 예언했다(막 1:7). 요한은 단지 물로 세례를 주었다. 그러나 오시는 이는 성령으로 세례를 베풀게 되어 있었다. 세례 요한이 메시아에 대하여 증거하는 사역은 특히 요한복음에서 특징적으로 나타난다. 무엇보다도 세례 요한은 예수에 대한 증인이다(요 1:19－42). 요한은 나중에 그리스도에 대하여 증거를 더한다(요 3:22－36). 명기되지 않은 기간의 시간 동안 요한의 사역과 예수의 사역이 중첩된다(요 3:22－23;4:2). 그러나 시간이 지남에 따라 예수의 사역이 요한의 사역을 능가하기 시작했다. 요한은 큰 아량으로 예수에게 경의를 표했다(요 3:30). 요한은 여전히 신랑의 들러리에 지나지 않았다(요 3:29). 드디어, 요한은 헤롯 안디바와 불화에 빠진다. 그의 형제 헤롯 빌립의 전처 헤로디아와 결혼한 것에 대하여 비판했기 때문이다. 요한은 마케루스(Machaerus)에 투옥되었다. 요한은 헤로디아의 요청에 의하여 목 베임을 당한다.

예수께서 세례를 받으심

네 복음서 전부 예수께서 세례 요한의 운동이 일어난 직후 공적 사역을 시작하였다는 데 동의한다. 요한의 사역이 절정에 달했을 때 나머지 사람들과는 다른 한 세례 후보자가 세례를 받기 위하여 앞으로 나왔다. 예수께서 요한에게 세례를 받으셨다는 것은 예수의 생애에서 가장 확실한 사건들 가운데 하나이다. 예수에게 있어서 세례는 그 뒤에 전개되는 그의 사역 즉 순회 전도와 가르침과 병 고침의 공적인 일들을 위하여 그리스도를 임명하는 주요 위임 사건이다.

왜 예수께서 요한의 세례를 경험하셨는지는 정말 우리를 당황하게 만든다. 예수도 요한의 세례를 받기 위하여 온 나머지 사람들과 같이 죄를 회개할 필요가 있었기 때문인가? 아니다. 마태는 요한이 예수에게 세례 베풀기를 주저하였음을 언급한다(마 3:14). 요한은 그에게 세례 베풀기를 주저하였으나, 예수는 "모든 의"를 이루기 위하여 세례를 받아야 한다고 말한다(마 3:15). 모든 의를 이룬다는 것이 무슨 뜻인지 알기 쉽지 않다. 아마도 하나님이 그의 뜻이라고 계시하신 길을 따르는 것을 의미함으로 이해하는 것이 좋을 듯싶다. 이는 예수께서 세례 요한의 사역과 세례를 하나님이 제정하신 것으로 확신하고 이 "의로운" 운동에 행동을 같이하려고 했던 것으로 이해하는 것이다. "이루다"라는 말은 "하나님의 말씀이 가리킨 모든 것을 완성한다."는 뜻이다. 예수의 말은 요한의 세례와 일체감을 갖고, 또 요한의 세례 베푸는 일을 예수께서 승인한다는 의미로 이해된다. 그래서 마태는 요한의 사역과 예수의 사역을 동일한 말로 요약한다. "회개하라 천국이 가까이 왔느니라."(마 3:2; 4:17). 그러나 고대 이스라엘에서 회개가 민족의 죄에 대한 집단적인 고백을 포함한 정도까지는 예수께서 참여할 수 있었다. 간단히 말해서, 모든 의를 이룬다는 것은 그가 하나님이 요구하시는 모든 것을 하신다는 뜻이다. 요한복음에서 요한은 예수를 하나님의 어린양이라고 증거하는데, 이 증거는 바로 예수의 세례 때에 발언된 것이 분명하며(요 1:29), 어린양은 인류의 죄를 속죄하는 일에 하나님의 뜻을 수행할 분으로서의 예수를 가리키는 것이다.

요한의 세례는 회개하고 메시아 공동체의 일부가 됨으로써 과거와의 근본적인 단절을 요구하는 회심을 포함했다. 예수에게 있어서 세례는 과거와의 결정적인 단절과, 적극적으로 하나님 나라 공동체와 자신을 연합시킨다는 의미에서의 "회심"을 포함했다. 이는 목수의 작업장에서 즐기던 고요함을 떠나 메시아 과업을 떠맡는 것을 의미했다. "침묵의 해들"은 끝났다. 이제 그가 위해서 태어난 사명을 성취할 때가 온 것이다.

복음서 기사들은 세 가지 비상한 사건들을 예수의 세례와 연관시킨다. 첫째는 하늘이 "갈라진" 것이요(막 1:10), 둘째는 "성령이 비둘기같이" 예수 위에 내려온 것이요(10절), 셋째는 하늘에서 음성이 들린 것이다(11절). 하늘이 갈라졌다는 것은 예수께서 하나님께 직접 접근하실 수 있음을 의미한다(막 15:38). 성령이 그 위에 내려오신 것은 예수께서 메시아로서 사람들에게 성령을 주시기 전에(막 1:8) 자신이 먼저 성령의 기름부음을 받으심을 의미했으며, 이는 곧 예수의 메시아 사명이 시작되었음을 의미한 것이다(눅 4:18-19; 행 10:38). 혹은, 고대세계에서 비둘기는 평화, 사랑, 그리고 신성 그 자체까지도 상징할 수 있었으나, 여기서 가장 분명하게 언급하는 것은 창조 시에 나타난 하나님의 성령의 활동을 가리키는 것일 것이다(창 1:2 참조). 예수의 세례에서 비둘기는 새로운 창조를 가져오는 분으로서의 예수를 가리킬 수 있다. 예수는 이제 새로운 창조의 일을 시작한다. 하늘에서 들린 "너는 내 사랑하는 아들이라. 내가 너를 기뻐하노라."(막 1:11) 하는 소리는 그때 비로소 예수께서 하나님의 아들이 되셨음을 의미하는 것이 아니라, 예수의 아들 됨의 신분을 확언하고 그의 침묵의 해들을 하나님이 기뻐하셨다는 칭찬인 것이다. 하늘에서 들려온 소리는 또한 신적 계시가 중지된 여러 세기 후에 신적 계시가 재개됨을 시사한다. 하나님은 예수를 "내가 기뻐하는 내 사랑하는 아들"이라고 선언하신다("너는 내 사랑하는 아들이라. 내가 너를 기뻐하노라."[막 1:11 및 그 평행]). 이 선언에서 우리는 시편 2편 7절과 이사야 42장 1절에 대한 암시를 발견한다. 전자는 왕의 시의 일부이고, 후자는 이사야의 종의 문절 중의 하나이다. "아들"과 "종"은 다 기독교 이전 유대교의 중요한 부분에 의해서 메시아적 의미로 이해되었던 것 같다. 그러므로 하나님은 예수를 왕 같은 메시아와 고난당하는 종으로 곧바로 선언하고 계시는 것으로 들린다.

시험을 당하심

예수께서 세례를 받으신 후 즉시 시험을 받으신다. 예수는 광야에서 참으로 사탄의 시험을 경험했다(막 1:12–13; 마 4:1–11; 눅 4:1–13). 하나님은 하늘로부터 예수의 정체를 드러내셨다. 그런데 그리스도는 그의 사역이 펼쳐지면서 그의 역할에 충실할 것인가? 하나님은 마귀로 예수를 시험하여 그가 정말로 이런 종류의 메시아인지 알게 한다. 예수의 시험은 공관복음에 모두 기록되었으나, 마태와 누가만 그것을 상세하게 이야기한다. 마가는 단지 시험이 일어났다는 것과 시험에 관련된 자들과 장소와 기간을 간략하게 기록한다. 그러나 마가만이 그리스도께서 들짐승과 함께 있었다는 것을 첨가한다. 천사들이 예수를 섬겼다는 마가의 논평은 시험에 대한 예수의 승리와 피조물에 대한 주권을 강조하는 것 같다. 짐승의 임재는 위험을 더하고 광야의 귀신적 위협도 더한다. 예수가 시험을 받은 40일의 기간은 40년간 이스라엘 사람들의 광야 유랑과 함께 율법을 받기 전 모세가 보낸 밤낮 40일의 준비 기간을 회상시킨다(신 9:9). 예수는 새롭고 더 나은 모세이며, 전체로서의 이스라엘이 실패한 곳에서 성공을 하게 될 것이다.

시험은 세 가지였다. 누가는 마지막 두 가지 시험의 순서를 바꾼다. 아마도 누가에게 있어서 예루살렘 성전의 중요성 때문에 그렇게 했을 것이다. 그러나 여기에 복음서 저자가 그의 에피소드들을 단지 "그리고" 또는 "그러나" 등으로 연결하기에 연대적 순서를 추론하지 않아야 할 것에 대한 고전적 사례들 중 하나가 있다. "네가 만일 하나님의 아들이어든 이 돌들에게 명하여 떡덩이가 되게 하라."는 것은 예수께서 그의 소명과 사역을 어떻게 수행할 것인가를 시험하는 것이었다. 그의 기본적인 필요를 마련해 주시도록 예수께서 하나님을 신뢰할 것인가에 대한 시험이었다. "네가 만일 하나님의 아들이어든 여기서 뛰어내리라." 하는 것은 예수께서 일부러 시험 삼아서 감히 하나님으로 하여금 자기를 구출하도록 할 것인가에 대한 시험이었다. "네가 만일 내게 절하면(천하만국이) 다 네 것이 되리라."는 것은 하나님께서 예수에게 마시게 하실 잔을 피하고(막 10:38) 세상을 얻으라고 시험하는 것이었다. 이는 세상의 문제를 정치적으로 해결하라는 주문을 포함한다.

그리스도의 세 가지 시험과 에덴동산에서 있었던 세 가지 시험(창 3:6)과 "세상에 있는 모든 것"을 요약하는 요한일서 2장 16절에 제시되는 세 가지 종류의 시험 간에는 매혹적인 유사점이 있다. 이 유사점들은 의도적이든 아니든 예수께서 온갖 종류의 대표적 시험을 경험하였음을 지적한다. 그러므로 히브리서 저자는 그리스도께서 "모든 일에 우리와 똑같이 시험을 받은 자로되 죄는 없으시니라."(히 4:15, 개역개정판)고 선언할 수 있었다.

마태와 누가의 인접 문맥에서 마귀가 예수의 아들 됨을 인정한다는 것은 의미가 있다(마 4:3: "네가 하나님의 아들이므로"). 마귀는 예수가 어떤 분인지 아주 잘 알고 있으나, 그를 유혹하여 그릇된 종류의 아들이 되게 하려고 했다. 십자가의 길을 버리고, 아버지의 말에 충실하지 않는 승리적이며 국왕적인 메시아가 되도록 유혹했다. 그리스도께서 마귀를 패배시키는 데 사용하신 일차적인 무기는 성경이다(신 8:3; 6:16; 6:13). 두 번째 경우에는 마귀도 성경을 인용하나, 성경을 그릇되게 적용했다(시 91:11 - 12).

예수는 사단의 시험을 이기셨다. 이미 말한 대로, 예수의 시험은 결국 그가 과연 어떤 종류의 메시아가 될 것인가 하는 것을 결정하는 것이었는데, 그는 시험을 물리치심으로써 자신의 필요를 위하여 메시아의 권능을 사용하지 않을 것이며, 모든 정치적 메시아 개념들을 거부할 것이며, 안이한 길을 버리고 고난과 십자가를 경험하는 메시아가 될 것임을 보여 주셨다.

제자들을 택하심

예수께서 사역을 시작했을 때 제일 먼저 행한 일들 가운데 하나는 열두 제자를 뽑은 것이었다. 예수께서 열두 사람을 부르셔서 그의 제자가 되게 하셨다. 열둘이라는 숫자는 유대인의 마음에 이스라엘의 열두 지파를 떠오르게 하는 숫자였다. 예수께서 열두 제자를 부르신 것은 "때가 찾고 하나님의 나라가 가까이 왔다."(막 1:15)고 말로 선포한 것을 시각적으로 보여 준 상징적 행위였다. 하나님께서 이스라엘 백성을 방문하고 계신 것이었다. 이스라엘의 열두 지파가 회복되고 있는 것이었다. 그러나 정치적인 독립으로서가 아니라, 그 백성 가운데 독특하게 하나님이 임재하시고 하나님의 나라가 도착하는 것에 대한 경험을 통하여 되는 것이었다. 예수께서 제자들을 택하신 또 다른 이유들은 자기와 함께 있도록 하는 것이요, 또 그들이 그의 메시지를 전파하고 그의 치유 사역을 돕는 사도 곧 "보냄을 받은 자"들이 되게 하는 것이었다(막 3:14 − 15; 참조, 엡 2:20).

복음서에는 열두 제자의 명단이 세 곳에 나온다(막 3:13 − 19; 마 10:1 − 4; 눅 6;12 − 16; 참조, 행 1:13). 열두 제자들은 다양한 성향의 사람들이 이상한 혼합을 이루어 구성되어 있다. 베드로, 안드레, 야고보와 요한은 어부였으며(막 1:16 − 20), 분명히 사업의 동역자들이었다(눅 5:10). 야고보와 요한, 그리고 베드로와 안드레는 각각 형제들이었다(막 1:19; 요 1:40). 베드로와 안드레와 빌립은 세례 요한의 제자들이었던 것으로 보인다(요 1:35 − 42, 43 − 46). 마태는 로마 사람들을 위하여 유대인에게서 세금을 걷는 세리였다. 제자들 가운데는 초애국자 곧 조국의 독립을 위하여 무력사용도 불사하겠다는 열심당원 시몬도 있었다. 가룟 유다는 예수를 은 30에 팔았다. 이러한 열두 제자의 구성은 그들에 대한 예수의 영향이 얼마나 주목할 만하게 컸는지를 증거한다. 성격과 배경과 정치적 성향이 다른 그들이 오랫동안 공존할 수 있었다는 것은 어떻게 예수께서 자연적인 원수들의 마음을 변화시키고 화해와 평화를 가져올 수 있는가를 나타내 주는 것이다.

예수의 메시지와 가르침

복음서는 예수께서 비상한 선생이었음을 나타낸다. 그를 묘사하는 데 "선생"(*디다스칼로스*)이라는 말이 40회 이상 사용된다. 현대의 과학기술을 사용하지 않고도 그는 청중을 사로잡을 수 있었다. 예수께서 선생으로서 크게 성공할 수 있게 만든 몇 가지 이유를 들 수 있다. 하나는 400년의 침묵이 흐른 후에 예언의 목소리가 예수로 더불어 이스라엘에 다시 들렸다는 것이다. 이는 백성들 가운데 큰 흥분을 불러일으켰다. 또 하나의 요인은 예수 자신의 사람됨이었다. 또 하나의 요인은 사람의 흥미를 사로잡는 그의 가르치는 방식이었다. 가장 유명한 것은 비유의 사용이었다.

예수의 가르침의 내용은 하나님의 나라의 오심을 중심으로 한다. 예수는 그의 사역 가운데 하나님의 나라가 도착했다는 것을 가르쳤다. 예수의 가르침에 중심적인 것은 바로 하나님의 나라의 도착이었다(막 1:15). 예수의 오심으로 더불어 성취된 구약의 약속들과 예수께서 행하신 병 고침과 귀신 쫓아냄은 하나님 나라의 오심을 나타내는 표적이었다. 하나님의 나라는 현재적 실재가 된 것이다. 그러나 예수께서 가르치신 하나님의 나라는 또한 미래적 사건을 포함하기도 했다. 하나님 나라의 완성은 여전히 미래에 있는 것이다. 그러므로 우리는 하나님의 나라에 대한 이해에 있어서 실현된 종말론과 미래적 종말론을 함께 아우르는 "이미"와 "아직 아니"의 균형을 잘 유지하는 지혜가 필요하다.

하나님 나라의 오심과 함께 하나님께 대한 새로운 친밀함이 임했다. 예수는 하나님을 부르는 데 전통적으로 사용된 이름들과 대조하여 다르고 더 친밀한 표현을 사용했는데 아람어로 *아바*("아버지")라는 말이다. 아버지로서의 하나님 개념이 전혀 알려지지 않은 것은 아니었지만 "아버지"라는 용어는 복음서에서 165회 이상이나 사용된다. 이는 예수께서 하나님을 부를 때 즐겨 사용하신 말이요(마 11:25-27) 또 제자들에게도 하나님을 아버지로 경험하고 부르도록 가르치신 것이다(눅 11:1-2). 하나님은 "움직이지 않으시는 움직이시는 자", "최초의 원인", 또는 "유일한 힘"이 아니라, 예수와 그 제자들을 돌보시고 사랑하신 하늘의 아버지이시다(마 6:25-34).

이는 도대체 어떤 사람인가?

그의 사역을 통하여, 병을 고치시고(눅 5:21; 요 5:12), 자연을 다스리시고(막 4:41), 죄를 용서하시는 것(막 2:7; 눅 7:49)을 목도한 사람들에게서 예수는 "이런 일을 하는 이 사람은 도대체 누구인가?"라는 질문을 이끌어 냈다. 사람들은 예수가 어떤 분인가에 대하여 "하나님께로부터 보냄을 받은 선생", "한 선지자", "모세가 예언한 그 선지자", "죽은 자들 가운데서 살아난 세례 요한", "그리스도" 등등 나름대로의 의견을 가지고 있었다. 그러나 흥미롭고 중요한 것은 예수께서 자기 자신과 사명에 대하여 어떻게 이해했는가 하는 것이다. 예수의 가르침과 그의 자아 이해에 대하여 나중에 좀 더 자세하게 다룰 것이다.

가이사랴 빌립보

그의 사역 어느 시점에선가 예수께서는 갈릴리, 유대와 사마리아 지경을 넘어 현저하게 이방인 지역인 두로, 시돈, 가이사랴 빌립보와 데가볼리로 가셨다. 이는 예수께서 생전에도 이방인들에 대한 관심을 가지셨음을 나타낸다(마 15:21 – 18:35; 막 7:24 – 9:50). 예수께서 이 여행을 하신 구체적인 이유는 제자들을 가르치시고 앞으로 올 사건들을 위하여 그들을 준비시키기 위한 것이었다고 말할 수 있다. 이를 위한 주요 사건이 가이사랴 빌립보에서 일어났다(마 16;13; 막 8:27).

예수께서는 제자들에게 자신에 대하여 더 깊이 이해할 수 있도록 하기 위하여 두 가지 질문을 던지셨다. 먼저, "사람들이 인자를 누구라 하느냐?"(마 16:13) 하시고, 다음에, "너희는 나를 누구라 하느냐?"(마 16:15; 막 8:29)고 물으셨다. 이에 베드로가 제자들을 대표해서 "주는 그리스도시요 살아 계신 하나님의 아들이시니다."라고 대답했다. 제자들은 예수를 메시아로 인식했다. 이때 비로소 예수께서 그의 고난과 부활에 대하여 가르치기 시작했다(막 8:31 – 32; 마 16:21). 제자들은 예수를 메시아로 인식했으나, 그러나 그들의 메시아관은 예수의 메시아관과 달랐다(막 8:33). 그들은 고난당하는 메시아를 생각할 수조차 없었으나, 예수는 고난과 부활을 통하여 승리하실 메시아였다. 이 가이사랴 빌립보의 사건은 예수의 사역에 있어서 하나의 전환점이 되었다.

산에서 변화를 받으심

예수께서 며칠 뒤에 산 위에서 변화되신 사건을 공관복음서는 기록한다(마 17:1; 막 9:2; 눅 9:28). 이때에 예수께서는 베드로와 야고보와 요한 등 세 제자를 데리고 산에 올라가셨다. 그리고 산 위에서 제자들 앞에서 예수께서 변화되셨다. 이것은 초자연적인 변화의 경험이었다. 이 변화는 예수께서 강림하실 때 소유하실 영광을 예표하는 것으로 이해하는 것이 좋다(마 16:28; 벧후 1:16 − 18 참조). 예수께서 변화를 받으셨을 때 그의 곁에 모세와 엘리야가 나타났다. 이 두 사람이 나타난 이유는 아마도 그들이 앞으로 메시아 시대가 도래하기 직전에 나타나서 수행하게 될 종말론적 역할이 있기 때문일 것이라고 설명하는 것이 가장 좋을 듯싶다. 또 하나의 주요 사건은 하늘에서 "이는 내 사랑하는 아들이요 내 기뻐하는 자니 너희는 저의 말을 들으라."(마 17:5) 하는 소리가 들린 것이다. 예수는 엘리야와 모세와 같이 취급될 수 없고, 제자들은 고난과 죽음을 포함하는 예수의 사명에 대한 이해를 받아들여야 한다는 말씀이다.

(Ⅲ) 마지막 한 주간

복음서 기자들은 예수의 생애 가운데 마지막 한 주간에 많은 지면을 할애한다. 예를 들면, 마가는 16장 가운데 6장을 수난 주간의 사건들을 위하여 사용한다. 가이사랴 빌립보와 산에서의 변화와 연관된 사건들 후에 예수는 그의 제자들을 인도하여 예루살렘으로 향한다. 예루살렘에의 승리의 입성으로 더불어 복음서 기자들은 이제 고난 주간의 사건들에 주의를 집중하기 시작한다.

승리의 예루살렘 입성

복음서 저자들에게 예수의 예루살렘 입성은 큰 중요성을 지녔다. 이는 네 복음서 전부에 기록된 몇 안 되는 사건 중의 하나라는 데서 분명하다(마 21:1 − 11; 막 11:1 − 10; 눅 19:28 − 40; 요 12:12 − 19). 예수는 예루살렘에 입성하는

데 사용할 어떤 사람도 타 보지 않은 나귀 새끼를 미리 마련해 두었다. 예수께서 나귀 새끼를 타고 예루살렘에 들어가시는 것은 자기 자신이 그리스도요 이스라엘이 오래 기다리던 왕이라고 이해했음을 나타내는 의식적이며 상징적인 행위였다(마 21:4-5; 요 12:13, 15; 눅 19:38; 슥 9:9). 그러나 군중들의 이해는 달랐다. 그들에게 있어서는 유명한 순례자를 예루살렘으로 환영하여 맞아들이는 자연스럽고 전통적인 행위에 더 가까웠다(시 118).

예루살렘 성전 청결

예수는 예루살렘에 들어가서 성전을 청결케 하셨다. 당시의 예루살렘 성전은 솔로몬 왕이 건축한 것이 아니라 헤롯이 주전 20년부터 재건축하기 시작하여 46년간 진행 중에 있던 것이다(요 2:20). 예수는 감람산 쪽으로 향하여 있는 금문을 통하여 성전 지역으로 들어가셨다. 그는 이방인의 뜰에서 제물용 동물을 팔고 돈을 바꾸는 것을 보았다. 이는 성전 제사를 위하여 필요한 일이기는 했지만, 근본적으로는 하나님의 집을 모든 사람을 위한 기도의 집으로 만들지 않고 제사장들이 장사를 통하여 이익을 얻는 장소로 전락하게 만들었다(막 11:17; 사 56:6-7; 렘 7:11). 이것을 보신 예수는 의로운 분노로 성전을 깨끗하게 치우셨다. 이는 성전을 정화시킨 것일 뿐만 아니라, 더 나아가서 이스라엘과 성전에 대한 심판을 의미하는 행동이었다(막 11;12-14, 15-19, 20-24; 참조, 요 2:18-19; 막 14:57-59; 15:29-30).

요한복음에는 이 성전 청결이 공생애 초기에 나온다(요 2:13-25). 대부분의 주석가들은 이것을 연대기적으로 다시 배치된 문절로 보며, 그렇게 함으로써 요한은 앞으로 올 것에 대한 일종의 표제로서 그리스도의 다가오는 죽음과 부활의 의의를 그 복음서 초에서부터 계속하여 강조하는 것으로 이해한다. 반면에, 요한복음과 공관복음 양자에는 이 기사와 같은 무엇인가 그리스도의 사역 초에 정말 일어났을 것이라는 암시들이 있다(유사한 사건이 두 번 일어났을 가능성을 배제할 필요가 없다.). 성전은 46년 동안 건축되고 있다는 언급이 나온다(요 2:20). 이는 이 사건의 연대를 주후 28년경으로 잡을 수 있게 한다. 예수의 재판에는 그가 성전을 헐고 "사람이 손으로 짓지 아니한" 다른 성전을 지으리라고 했다는 잘못 전해진 비난이 나온다. 만일 예수께서 2, 3년 전에 요한복음 2장 19절의 말씀을 말하였다면, 또 만일 그의 주장이 그 이후 경과된 시간동안 왜곡되었다면, 예수의 재판에 등장한 이 잘못 전해진 비난은 이해가 된다.

요한에게 있어서 더 의미가 있는 것은 이 사건이 상징한 것이다. 우리는 여기서 "성전 청결"보다는 "성전 청산"의 의미를 읽어야 할 것이다. 예수는 아버지 집으로 장사하는 집을 만들었다고 한탄했으나(요 2:16) 동물을 팔고 사는 것은 희생을 계속 드리려 한다면 필요한 일이었다. 그래서 요한은 예수의 말씀에서 더 과격한 함축을 보고 있는 것 같다. 즉, 성전과 성전 전체 희생체계가 대체되려 하고 있다는 것이다. 요한복음 2장 19절은 그렇게 이해하는 것을 지지한다(요 2:20-22 참조). 제자들은 예수의 행위를 나중에 시편 69편 9절의 성취로 보았다(요 2:17). 하나님의 백성이 참된 예배를 사모해 왔을 때 그들은 종종 박해를 받아 왔다. 요한은 표적의 긍정적 가치에 대하여 또 하나의 언급을 함으로써 이야기를 끝맺는다. 그러나 단지 표적에만 근거한 신앙은 종종 변하기 쉽다는 조심스러운 주를 달고 있다(요 2:23-25).

최후의 만찬

{자료: Ceil and Moishe Rosen, *Christ in the Passover: Why Is This Night Different?*(Chicago: Moody, 1978) 50-61(고대 '*세이더(seder)*'[＝유대인의 유월절 밤 축제, 유월절 식사의 순서]와 최후의 만찬)}

예수는 체포되어 십자가에 달려 처형되기 바로 전에 제자들과 함께 유월절 식사로 마지막 만찬을 가지셨다(막 14:12-52). 목요일 밤 마가의 다락방에서 제자들과 최후의 만찬을 가지셨다(막 14:10-26 및 그 평행). 이 자리에서 예수는 베드로가 부인할 것을 예고하시고(막 14:27-31 및 그 평행; 눅 22:35-38), 성만찬을 제정하시고, 제자들의 발을 씻기시고, 또 작별 강화를 하셨다(요 14:1-17:26).

유월절은 옛날 하나님의 역사하심과 권능으로 이스라엘이 이집트에서 탈출한 것을 기념하는 유대인의 중요한 절기 중 하나이다. 유월절 식사에는 여섯 가지 요소가 들어 있다. 유월절 어린양과 무교병 즉 발효시키지 않은 빵과 소금물 사발과 쓴 나물과 *카로셋*(charosheth, 야채나 과일을 삶아서 거른 진한 수프)과 물로 섞은 붉은 포도주 네 잔 등이다.

그리스도 당시의 유대인들은 대체로 다음과 같이 유월절 의식을 지켰을 것이다. 이 고대 유월절 의식 순서에 최후의 만찬 기사를 비교하면 최후의 만찬에 대한 선명한 그림이 떠오르게 된다.

(1) 최초에, 축제의 우두머리 즉 향연의 주인이 첫 번째 포도주 잔에 대하여 '*키두쉬*'(kiddush, "성별, 성화")를 암송한다. 이 기도는 축전과 음식을 하나님께 거룩하게 드리는 것이다. 누가복음 22장 17절-18절은 바로 이 *키두쉬*에 해당한다.

(2) 다음에 주인이 유월절 식탁에 참여한 가장 귀중한 손님의 손을 씻겨 주는 '손 씻는' 의식이 온다. 예수께서는 이때에 제자들의 발을 씻기셨다(요 13:4-5). 그는 정규 의식의 이 부분을 이용하여 겸손과 사랑의 교훈을 주셨다.

이 시점에서 종이 이동식 음식상을 들여오고, '최초의 음식 적시기'를 한다. 주인이, 쓴 나물로 여겨지는 날채소(보통은 양상추)를 소금물이나 식초에 적셔서 식탁의 모든 사람들에게 돌린다.

(3) 쓴 나물을 적신 후에 음식상을 내간다. 그리고 주인은 '두 번째 포도주 잔'을 채운다. 그러나 참석자들이 아직 마시지 않는다.

(4) 다음 단계의 의식이 자연스럽게 따른다. 가장 나이 어린 아들이 여러 질문을 한다. 왜 오늘 밤은 다른 밤들과 다른가요? 왜 오늘 밤은 발효시키지 않은 빵만 먹나요? 왜 쓴 나물만 먹고, 나물을 두 번 담그나요? 왜 오늘 밤은 구운 고기만 먹나요?

(5) 그러면 아버지는 하나님이 아브라함을 우상숭배에서 부르시는 것으로 시작하여(이스라엘 사람들을), 이집트에서 구출하시고, 율법을 주시는 것으로 끝나는 이스라엘 민족사를 정리해서 이야기해 준다. 그 후에, 음식상이 다시 들어온다. 아버지는 계속해서 어린양과 쓴 나물과 발효시키지 않은 빵에 대하여 설명한다. 그리고 그들은 *할렐*의 첫 부분(시 113, 114편)을 노래하고 '두 번째 포도주 잔'을 마신다.

(6) 그리고 그들은 발효시키지 않은 빵을 먹기 위하여, 두 번째로 '손을 씻는다.' 주인은 식탁 위에 놓인 빵(제병) 중의 하나를 자르고 '빵에 대하여 축복'을

선언한다. 두 번 축복을 하는데, 첫 번에는 땅에서 빵을 내신 하나님께 드리는 감사 기도이며, 두 번째는 무교병을 먹으라는 계명에 대한 감사이다. 주인은 이 자른 빵 조각을 쓴 나물과 단(달착지근한) *카로셋* 혼합물에 적셔서(두 번째의 적시기) 각 사람에게 준다. 이 빵을 쓴 나물에 두 번째 적시는 의식을 하는 동안에 예수께서 "너희 중의 한 사람이 나를 팔리라."(마 26:21)고 말씀하셨다(요 13:26 참조). 예수께서 빵 한 조각을 적셔 유다에게 주셨다(요 13:26, 27하, 30상).

(7) 쓴 나물과 빵을 먹은 후에, 그들은 유월절 어린양을 먹는다. 모든 참석자들이 먹기에 어린양이 너무 작으면, 그들은 '학기가'(*Haggigah*, 축일 화목제)도 먹는다. 그러나 그 경우에 그들은 '학기가'를 먼저 먹는다. 그래서 유월절 어린양은 그들이 그날 밤 먹는 마지막 음식이 된다. 물론 후식은 없다.

(8) 저녁을 먹은 후에(세 번째로 손을 씻고), 주인은 '세 번째 포도주 잔'을 채우고, 그들은 모두 식후의 축복을 암송한다. 예수께서 식후 축복을 하시고 나서 제자들에게 떡을 나누어 주시며 "이것이 내 몸이라."고 말씀하셨다(고전 11:23 -24; 마 26:26b; 눅 22:19). 예수의 말씀은 충격적이었을 뿐 아니라, 저녁 후에 다른 음식 곧 빵을 떼어 주신 것은 비상한 일이다. 예수는 여기서 새로운 기념을 제정하신 것이다.

그리고 그들은 세 번째 잔에 부은 포도주에 대하여 또 하나의 특별한 축복을 영창하고, 모든 사람이 그것을 마신다. 예수께서 세 번째 잔에 대하여 축복하셨다(고전 10:16; 11:25; 마 26:28; 눅 22:20). 복음서의 최후의 만찬 기사들에서는 네 개의 '*세이더*' 잔 가운데 가장 중요한 두 개의 잔만을 언급한다. 특히 세 번째 잔에는 두 개의 이름이 있었으니, 식후의 축복을 한 뒤에 나왔으므로, "축복의 잔"이라 하고, 유월절 어린양의 피를 나타냈으므로 "구속(속량)의 잔"이라 하기도 했다.

(9) 세 번째 잔을 마신 후에, 그들은 *할렐*의 두 번째 부분(시 115-118편)을 암송하고 '네 번째 잔'을 마신다. 유월절 의식 순서는 "당신이 만드신 만물이 우리 하나님 여호와 당신을 찬양하나이다." 하는 말로 시작하고 "영원부터 영원까지 당신은 하나님이시며, 당신 이외에는 우리에게 다른 왕이나 구속자나 구주는 없나이다."라는 말로 끝나는 '끝맺는 노래나 찬송'으로 끝난다. 예수와 제자들은 찬미하고 감람산으로 나갔다(마 26:30).

신약성경에는 주의 만찬에 대한 많은 언급과 암시가 있지만, 가장 중요한 것은 네 개의 기사이다(마 26:26 – 29; 막 14:22 – 25; 눅 22:14 – 20; 그리고 고전 11:23 – 26). 최후의 만찬의 의미는 무엇인가? 네 가지 말씀을 중심으로 의미를 제시한다.

첫째, "이것이 내 몸이니라." 하는 말씀이다. 이는 예수께서 그의 "몸"을 우리를 위하여 주러 오셨음을 가르친다(벧전 2:24). 최후의 만찬에서의 빵(떡)은 하나님의 아들의 성육과 세상의 구속을 위하여 자신을 주심을 가리킨다.

둘째, "이것을 행하여 나를 기념하라."는 말씀이다. 이는 유월절을 계속 지켜온 것과 유사하게, 주의 만찬을 계속 기념하라고 예수께서 가르치신 것이다. "기념하라"는 것은 그리스도의 대속적인 죽음과 그의 미래의 다시 오심을 경축하고 자세히 얘기하고 요점을 반복하라는 명령이다.

셋째, "이것은 많은 사람을 위하여 흘리는바 나의 언약의 피니라." 하는 말씀이다. 이 잔은(즉, 잔 속의 포도주는) 희생으로 주신 그리스도의 생명을 상징하는데, 그것은 하나님이 지금 세우고 계시는 새 언약을 인치는 것이다. 언약의 피는 사람들의 죄를 속죄하는 것이다(마 26:28).

넷째, "내가 포도나무에서 난 것을 하나님 나라에서 새것으로 마시는 날까지 다시 마시지 아니하리라." 하는 말씀이다. 주의 만찬은 예수의 죽음을 되돌아볼 뿐 아니라, 장차 그의 오심을 바라보기도 하는 것이다.

겟세마네

{자료: 서인선, "마가복음 14:32 – 42(겟세마네 장면)의 한 연구", [믿음으로 일하며](안양: 성결대학교, 1996) 362 – 75}

유월절 음식을 잡숫고 주의 만찬을 제정하신 후에 예수께서는 겟세마네 동산으로 가셨다(마 26:36; 막 14:32). 예수는 베드로와 야고보와 요한을 데리고 따로 기도하러 가셨다. 성경의 기사들은 이때에 당하신 그의 큰 고통을 강조한다(막 14:33 – 34, 35; 눅 22:44). 예수는 "할 수만 있으면 그 잔을 내게서 면하게 해 달라."고 기도했다. 그것은 단지 육체적인 죽음을 두려워한 것이 아니라, 다른 사람들의 죄를 짊어지고 죽을 그가 죄에 대한 의로운 하나님의 진노를 경험하게 될 고뇌를 두려워한 것이었다(막 15:34). 그러나 그는 하나님의 뜻에 따랐다.

배반과 체포

예수의 열두 제자 가운데 하나인 유다는 자기 선생을 배반했다. 그가 한 일은 돈을 받고 어떻게 예수의 대적자들이 군중들 몰래 그를 체포할 수 있는지를 알려 주는 것이었다(요 13:27-30). 예수는 그의 대적자들이 보낸 사람들의 손에 체포되었다(막 14;43; 눅 22:52; 요 18:3). 그러나 예수는 피동적으로 체포되지 아니하시고, 그들에게 능동적으로 나아가 그들을 맞이하시고 붙잡히셨다. 그의 "때"가 왔기 때문이었다.

재판

겟세마네 동산에서 기도하시고 체포되신 후에 그는 재판을 받으셨다. 목요일 밤에 시작하여 금요일 아침까지 재판을 받고 십자가에 못 박히셨다. 재판을 둘러싸고 일어난 사건들은 다음과 같이 정리할 수 있을 것 같다. 예수는 체포된 후에 먼저 대제사장 안나스에게로 끌려갔다(요 18:12-14, 19-23). 예수에 반대되는 증거를 찾지 못한 안나스는 그를 대제사장 가야바에게 보냈다(막 14:53-65 및 그 평행; 요 18:24). 예수는 밤에 가야바로부터 심문을 받고, 또 아침에 공회(*산헤드린*) 앞에서 "재판"을 받았다. 산헤드린은 정치적인 죄목을 붙여서 예수를 가야바의 집에서 총독 빌라도의 본부로 보냈다(막 15:2-20; 눅 23:2; 요 18:31). 빌라도는 그에게서 죄를 찾지 못했다(요 18:36-38). 예수를 풀어 주려고 했지만 유대인들의 반대로 그렇게 하지 못했다. 그 대신 예수를 헤롯 안디바에게 보냈다. 예수는 헤롯의 물음에 대답하지 않았다. 헤롯은 예수를 다시 빌라도에게 돌려보냈다(눅 23:11). 빌라도는 다시 예수를 재판했다. 여전히 죄를 찾지 못한 그는 예수를 놓아주려고 여러 가지로 시도했으나 유대인들의 완강한 반대에 부딪쳐 결국 예수를 십자가에 못 박으라는 판결을 내리고 처형하도록 내어 주고 말았다(마 27:24-26).

십자가 처형과 장사

사형 판결을 받은 예수는 십자가(더 정확하게는, "가로 들보")를 지고 골고다까지 가서 십자가에 못 박혔다. 십자가 처형은 그 당시에 가장 고통스럽고 무서운 형벌의 수단이었다. 십자가에 달린 그의 죄 패에는 "유대인의 왕"이라고 기록되었다(마 27:37; 막 15:26; 눅 23:38; 요 19:19). 빌라도는 예수가 이스라엘의 왕이기에 처형당하고 있다는 것을 공중에게 알린 것이다(요 19:21). 복음서는 예수께서 십자가 위에서 일곱 말씀을 하신 것으로 우리에게 전한다(눅 23:34; 23:43; 요 19:26-27; 막 15:43; 요 19:28; 19:30; 눅 23:46). 예수께서 운명하신 후에 아리마데 요셉의 새 무덤에 장사되었다(마 27:57; 요 19:38). 네 복음서 모두 예수의 십자가 처형이 금요일에 일어났다는 데 동의한다(마 27:62; 막 15:42; 눅 23:54; 요 19:31, 42). 금요일 늦은 오후(주후 30년 니산월 제15일＝주후 30년 4월 7일) 그는 무덤에 장사되고, 무덤은 봉인되었다.

부활

{자료: McDonald and Porter, *Early Christianity and Its Sacred Literature*, 178
-224}

예수의 생애에 있어서 가장 중요한 사건은 죽은 자들 가운데서 다시 살아나신 것이다. 그는 죽은 자들 가운데서 제3일에("셋째 날에") 다시 살아나셨다. 예수의 부활은 역사적으로 입증이 가장 잘된 사건이다. 그의 무덤은 비어 있었고(또 여전히 비어 있으며), 그는 부활 후에 여러 차례에 걸쳐서 믿는 자들에게 보이셨다. 낙심하였던 제자들은 힘을 얻어 새로운 사람들로 변화되었다. 거룩한 날은 유대인의 안식일에서 예수의 부활을 축하하는 주일로 바뀌었다. 예수 그리스도의 교회가 이 땅 위에 존재하게 되었다. 부활하신 예수 그리스도는 승천하셔서, 사람이 되시기(성육하시기) 전에 소유하셨던 영광으로 되돌아가시고 하나님 우편으로 높임을 받으셨다. 기독교 역사상 수없이 많은 사람들이 부활하신 예수 그리스도를 개인적으로 만나는 경험을 갖고 또 그와 동행하는 삶을 살았다. 예수 그리스도의 생애는 아직도 끝나지 않고 지속된다. 그는 돌아오셔서 자기를 따르는 사람들과 함께 메시아의 잔치에 참여하실 날을 기다리고 계신다(막 14:25; 고전 16:22; 딛 2:13; 계 22:20).

3.5/4 예수는 누구인가?

{자료: Blomberg, *Jesus and the Gospels*, 401−12; Wenham & Walton, *Exploring the New Testament*, 174−87}

지금까지 살펴본 복음서에 기록된 나사렛 예수의 생애는 그가 남다른 비상한 사람임을 우리에게 알려 준다.

그리스도, 하나님의 아들

생전의 역사적 예수에게서 말씀을 듣고 그의 행하신 일을 목도한 사람들은 그의 가르치심에 놀랐으며(마 7:28), "이는 도대체 어떠한 사람인가?"라는 물음으로 경이로운 반응을 보일 수밖에 없었다(마 8:27; 막 4:41). 예수 당시의 사람들 가운데는 그를 다시 살아난 세례 요한, 마지막 때에 오실 엘리야, 예레미야나 선지자 중의 하나로 알아보는 자들이 있었다. 그러나 그는 이러한 위대한 사람들 이상의 존재였다. 그는 "그리스도시요 살아 계신 하나님의 아들"이었다(마 16:16). 그렇다.

예수 자신의 기독론(자의식)

이제 예수가 어떤 분인가에 대하여 좀 더 자세하게 고찰해 보자. 다른 사람들이 그에 대하여 말한 것도 중요하지만, 예수 자신이 자기에 대하여 어떻게 인식하고 있었는지가 더 중요하다. 예수의 기독론 혹은 예수의 자의식이라는 술어는 예수 자신의 자기 이해를 가리키는 것이다. 예수는 자기가 메시아라는 것과 또 자기가 하나님이라는 것을 알았는가? 복음서 내의 자료가 희귀함으로 인하여 이 질문에 대답하기 어려운 점들이 많이 있으나, 한 가지 말할 수 있는 것이 있다. 사람들이 그리스도의 정체에 대하여 참으로 진정하게 이해하는 것은 부활 이후에야 가능하다는 점이다(막 9:9; 요 2:22). 그러나 지상의 사역 중에 예수께서 자아를 어떻게 이해하였는가? 예수의 성취하려는 사명과 목표가 무엇이었는가? 예수의 의제와 의도는 무엇이었는가? 예수의 의제와 의도 혹은 그의 기독론을 밝히는 것은 복음서의 일반적인 신뢰성과 예수의 어록, 행위, 그리고 예수의 사역의 주제들에 의거하여 가능하다고 본다.

간단하게 말하면, 예수는 하나님 나라의 도착을 알렸고, 그를 따르려는 자들을 위하여 특히 사회적 관심의 분야에서 높은 윤리적 표준을 조장했고, 하나님의 뜻에 대한 직접적인 이해에 근본적으로 의거한 복음("좋은 소식")을 가지고 그 당시에 널리 보급되어 있는 많은 율법의 부적당한 해석들에 도전하였다. 예수는 그 당시의 유대인들과 여러 면에서 닮은 점이 있었으나, 그의 특정한 견해와 주장은 1세기의 어떤 다른 알려진 유대교 종파의 견해와 주장과도 달랐다. 예수의 독특성의 중심에는 세상의 죄를 위하여 죽어야 하고, 죽음에 이은 부활과 장차 영광으로 이 땅에 다시 오리라는 그의 확신이 있었다.

(1) 예수의 사명과 목표

예수 당시의 유대교에서 씨름하던 중심적 질문은 "누가 참된 이스라엘인가?" 하는 것이었다. 이 질문에 대한 답변에 중심적인 것은 깨끗함(정결함)의 문제였다. 예수는 자기 주변에 사람들을 모았다. 특히, 예수는 여러 방식으로 자신을 "참이스라엘"로 제시한다.

첫째, 예수의 재판에서 중심적인 비난은 그가 유대인의 왕이라고 주장했다는 것이다(막 15:2, 26, 32). 그러나 예수는 이렇게 명시적으로 자신에 관하여 말하지 않았다. 그의 가르침과 사역 가운데서 무엇인가 반대자들이 그렇게 보게 된 것이 있었다.

둘째, 예수의 행동과 가르침은 구약의 세 가지 이미지 곧 여호와의 종(사 42:1−4; 49:1−6; 50:4−9; 52:13−53:12), 인자(단 7:13−14, 18), 및 왕(삼하 5:1; 7:12−14; 시 2:7; 89:26−27)이라는 이미지들을 사용하여 자신의 정체를 밝힌다. 이 세 구약 인물은 각각 어떤 의미에서 이스라엘을 나타낸다.

셋째, 예수는 이스라엘에 관한 구약 문절들을 자신에게 적용했다. 여기에는 예수의 40일 금식 기간 동안 사탄의 시험을 받았을 때 이스라엘의 광야 생활에 대한 묘사를 적용하고(신 8:3; 6:16; 6:13; 마 4:1−11; 눅 4:1−13), 그의 가르침에서 이스라엘의 고난에 관한 시편을 반향시키고(시 118:22−23; 막 12:10−11), 또 호세아 6장 2절을 예수 자신의 부활에 적용하는 것 등 세 가지 유형의 예가 있다.

이러한 것들을 종합해 볼 때 예수는 자신을 이 땅에 와서 민족을 갱신할 참 이스라엘이요 메시아로 본다는 것을 강하게 시사한다. 예수는 이스라엘을 대표한다. 그뿐 아니라 예수는 그의 제자들과 그가 만나는 사람들과의 관계에서도 이스라엘 언어를 적용한다. 그는 열두 제자를 택했다(막 3:14). 이 열두 제자는 이스라엘의 열두 지파를 대표한다(마 19:28; 눅 22:30; 겔 37:15−28). 예수는 또한 이스라엘의 주변 인물들을 찾고 도왔다(막 7:24−30; 눅 4:16−30; 7:1−10; 13:16; 19:9).

예수는 그의 사명을 무엇이라 이해했는가? 그는 이스라엘을 갱신하는 주요 행위자요 메시아로서 여호와의 보냄을 받은 자로 자신을 보았다. 그는 그를 중심으로 민족이 재형성되고, 재구성되고, 또 헌신한 그의 추종자가 될 때에 이 갱신된 이스라엘의 일원이 됨을 결정하는 자이다. 그리하여 예수는 성전의 의식을 떠나 죄의 용서를 선언하고, 행하고, 또 사람들을 압제하는 악한 세력들에서 해방시켰다.

(2) 예수는 왜 죽었는가?

{자료: Wenham & Walton, *Exploring the New Testament*, 155−60}

예수는 십자가에 못 박혀 죽고 다시 살아나셨는데, 예수의 죽음은 예수께서 와서 하신 일의 핵심이라는 데 신약 저자들이 동의한다. 앞에서 이미 살펴본 바 있지만, 이 마지막 주간의 사건을 다시 한 번 더 간략하게 고찰함으로써 예수는 왜 죽었는가 하는 물음에 답해 보자.

예수는 예루살렘에 들어갈 때에 나귀를 타고 입성하였다. 이것은 특이한 점이다. 나귀를 요구하고 그것을 타고 들어온 것은 왕의 행차와도 같은 것이었다(막 11:2−3; 삼상 8:16−17; 슥 9:9−10; 삼하 15:30; 눅 13:34−35 참조). 군중의 행동과 외침은 유명한 순례자를 예루살렘으로 환영하여 맞아들이는 행위에 더 가까울 수 있으나(시 118), 여전히 예수의 도착에 왕 같은 함축이 있음을 인정한 것으로 볼 수도 있다(왕하 9:13; 마카비 1서 13:49−51; 막 11:10; 마 21:9; 눅 19:38; 요 12:13). 그런데 예수는 어떤 종류의 왕이 되려고 예루살렘에 온 것인가?

그는 성전에서 시위를 하였다. 성전에 대한 예수의 일반적인 태도는 긍정적인 것으로 보인다(눅 6:4; 마 5:23−24; 눅 2:41−51; 요 4:45; 7:10). 그러나 제사제도를 통하지 않고 죄를 용서하심으로써 예수는 암묵적으로 성전의 위치를 손상시켰으며, 또 성전보다 더 큰 이가 여기 있다고 주장하기도 하였다(마 12:6). 그는 이제 성전에서 시위를 하였다. 이 행위는 상징적인 것으로 보아야 한다. 그렇다면 예수의 행위의 의미는 무엇인가? 상업주의를 제거함으로써 성전의 개혁을 촉구하는 성전 "청결"인가? 그것만이 아니다. 예수의 행위에서 우리는 청결 이상의 의미를 읽어야 한다. 성전 "청산"을 상징하는 것이다. 예수의 행위에는 강한 메시아적 함축이 있다(슥 6:12−13; 14:21; 말 3:1−4 참조). 상을 뒤엎은 것은 성전의 멸망을 상징하고 경고한다(막 13:1−2; 14:58; 11:17; 렘 7:11; 요 2:21−22). 예수의 시위는 성전 종교의 부패를 강조하고, 또 주후 70년에 있을 성전의 함락으로 임하게 될 불가피한 하나님의 심판을 예시한 것이었다.

예루살렘의 승리의 입성과 성전에서의 시위 이후에 예수는 고참 유대인들의 다양한 그룹과 일련의 논쟁을 벌인다(막 11:27−12:40). 논쟁 끝에서 예수는 자기를 죽이려고 음모를 꾸미는 대제사장들, 서기관들, 장로들, 바리새인들, 헤롯당원들, 그리고 사두개인들을 성나게 했다(막 11:27; 12:13, 18, 28, 35, 38). 예수가 체포되고 유대 당국의 재판을 받음으로써 그를 죽이려는 음모에 속도가 붙었다. 그에 대한 고발의 내용은 두 가지였다. 첫째, 하나님에게만 속하는 특권을 주장하는 신성모독을 저질렀다는 것이다. 둘째, 왕 같은 메시아적 인물임을 주장했다는 것이다(막 14:61−64; 15:2, 9, 12, 18−20, 32; 마 27:37; 막 15:26; 눅 23:38; 요 19:19−20).

로마인들은 예수를 로마에 대항하는 정치적 군사적 '혁명가'로 여기지 않았다. 그의 생애 마지막 주간에 예수께서 예루살렘에 도착하신 사건과 성전을 청결케 하신 사건의 결과로 예수의 대적자들 특히 유대인 지도자들은 그를 없애려고 했다. 재판에서 그에게 제기된 유의미한 고발 내용은 그가 왕이라고 주장했다는 것(이는 예루살렘 입성의 의미이다.)과 그가 성전을 파괴하리라고 말했다는 것(이는 성전에서 행한 그의 행동의 중심주제이다.)이다(막 15:2; 막 14:58; 요 2:19 - 22).

(3) 예수는 자신의 죽음을 어떻게 보았는가?

예수는 자기가 고난과 죽음을 당하리라는 것을 예상하였다(막 2:20; 8:31; 9:31; 10:33). 예수의 고난과 죽음은 성경을 성취하는 것이며(막 9:12; 14:21, 49), 필연적인 것이며(막 8:31; 마 26:54; 눅 13:33; 17:25; 24:25 - 27), 또 예수께서 예루살렘에 올라가기로 결정한 이유였다(눅 9:51; 막 10:32). 그런데, 예수의 죽음을 이해하려면 우리는 그의 가르침에서 그의 죽음의 의미를 나타내는 데 사용된 세 가지 이미지를 살펴볼 필요가 있다.

첫째, 예수는 그의 죽음을 "잔을 마시는 것"으로 표현했는데, 이는 그가 그의 죽음을 "죄에 대한 하나님의 심판을 경험하는 것"으로 제시하는 것이다(막 10:38; 14:36; 참조, 시 75:8; 사 51:17 - 23; 렘 25:15 - 28; 겔 23:31; 합 2:16).

둘째, 그의 죽음은 "대속물 또는 몸값"이며, 구속 혹은 속량을 성취한다(막 10:45). 그의 죽음은 새로운 출애굽을 성취할 것이다(출 6:6; 신 7:8).

셋째, 예수는 자신을 하나님의 "종"이라고 암묵적으로 말한다. 예수는 구약의 이사야서에 있는 말씀을 암시함으로써 그의 죽음은 자유로 이끄는 새로운 출애굽을 일으켜, 용서를 가져오는 사건으로 본다(막 10:45; 사 53:12; 53:13 - 53:12).

이 세 가지 이미지는 예수께서 제자들과 함께 나누신 최후의 만찬에서 결합한다(막 14:22 - 25; 마 26:26 - 29; 눅 22:15 - 20; 고전 11:23 - 25; 참조, 출 24:8; 렘 31:31 - 34). 예수께서 죽으시는 것은 새로운 출애굽을 이루기 위한 것인데, 참원수는 로마인들이 아니라, 바로 죄(罪)와 악(惡)이다.

(4) 세 가지 방식

{자료: 서인선, "A Quest of the Messianic Self-Consciousness of Jesus", 성결
대학교 논문집 28: 신학, 자연과학 편(1999) 105-15}

예수의 기독론을 이야기할 때 간접적으로 그의 '말씀'과 '행동'을 통하여 자
신의 정체에 대한 이해를 나타낸 '암묵적(비칭호적) 기독론'과 직접적으로 그에
게 사용된 '칭호'들을 통하여 자신의 정체에 대한 이해를 나타낸 '명시적(칭호
들) 기독론'으로 나누어 이야기할 수 있으나, 여기서는 예수께서는 자기가 어떤
사람인가에 대한 자신의 이해를 세 가지 방식으로 설명하고자 한다. 즉, 그의
행동, 그의 말씀, 그리고 그가 사용하거나 받아들인 칭호를 통해서 그는 자기가
누구인지를 나타내었다.

행동

예수의 행동에는 권위의 독특한 주장이 나타난다(마 11:15-19; 막 1:27, 32
-34; 3:27; 1:29-31, 40-45; 4:35-41; 2:23-28; 5:21-43). 때로는 그가 죄
의 용서 등 하나님만이 하실 수 있는 일을 주장하였다(막 2:7). 복음서에는 예수
께서 행하신 기적이 34개나 기록되어 있는데, 이 예수의 기적들은 그의 독특성
을 증거하는 것이다(막 2:21). 또한 그는 자기에게 이루어지는 예배와 기도와 믿
음을 받아들였고(마 14:33; 막 5:34; 요 16:23-24), 구약에서 여호와에게 적용
된 은유들을 자기에게 사용하기도 하였으며(요 10:11), 마지막 주간에 '왕 같은'
메시아적 행위를 보여 주었다(슥 9:9 참조).

말씀

예수께서 자기 이해를 드러낸 또 하나의 방법은 그의 말씀을 통해서이다. 그
는 이스라엘 최대의 보배인 하나님의 율법에 대한 권위를 소유한다고 주장하셨
다(마 5:31-32, 38-39; 막 10:2-12). 그는 유례를 찾아보기 힘든 "진실로(*아*

멘) 내가 너희에게 말한다."(마 6:5; 막 10:29-30)는 표현을 통하여 그의 말은 절대적인 확실성을 갖는다고 주장하셨다. 그는 과거의 위대한 인물들과 자신을 비교하여 그들보다 더 위대하다고 주장하기도 했다(요 8:53). 그는 자신을 신적 지혜를 계시하는 자로 이해하기도 했다(마 11:25-27; 12:42). 또한 궁극적으로 사람들의 운명이 그에 대한 응답과 관계에 달려 있다고 주장하였다(마 10:32-33; 막 8:34-38). 그는 "전체주의적인" 충성을 요구하기도 하였다(눅 14:26).

칭호

그의 행동과 말씀에 암묵적으로 나타난 것은 예수께서 자기묘사로 사용하시거나 받아들인 기독론적 칭호에서 더 명시적인 것이 된다. 예수에게 사용된 칭호는 다양하게 많지만 예수의 자기 이해에 가장 큰 역할을 한 칭호들은 "하나님의 아들", "메시아/그리스도", 그리고 "인자/사람의 아들"이다. 예수는 "아들"이라는 말로 그와 하나님과의 독특한 관계에 대한 이해를 나타낸다(막 13:32; 마 11;25-27). 예수는 그의 사역에서 자신을 유대인들이 기다렸던 "메시아" 또는 "그리스도"로 인정했다(요 4:25-26; 마 26:63; 막 15:18, 32). "인자"는 예수께서 자기의 인격과 사역을 묘사하는 데 사용하신 가장 중요한 칭호이다. 복음서에서 82회 가운데 단 2회를 제외하고는 모두 예수께서 직접 사용하신 것이다. 예수께서 이 칭호를 즐겨 사용하신 이유 가운데 하나는 그 말의 모호성 때문이다. 그것은 마치 비유와도 같았다(막 4:10-12). 그는 아무런 위험에 빠지지 않고 그 말을 공개적으로 사용하고 사적으로 그 의미를 설명해 줄 수 있었다(막 4:34).

(5) 복음서 기자들의 관점

복음서 저자들은 각각 나름대로의 방식으로 예수 그리스도가 어떤 분인가 하는 것을 제시한다. 마태는 아브라함과 다윗의 자손으로 예수를 소개함으로써 일찍이 하나님이 하신 약속 가운데 오신 분이며, 우리와 함께하시는 하나님 곧 임마누엘로 오셔서 세상 끝날 때까지 항상 우리와 함께하시는 분임을 강조한다.

마가는 하나님의 아들 예수 그리스도의 복음을 기록하면서 예수께서 자기 목숨을 많은 사람의 대속물로 주시는 분임을 강조한다. 누가는 질서정연하게 기록한 것을 통하여 가장 완전한 인간의 모습으로 예수를 묘사한다. 요한은 하나님이신 예수의 본질을 처음부터 소개하면서 결국 "나의 주, 나의 하나님"이라는 고백 가운데 예수가 궁극적으로 어떤 분인가 하는 것을 제시한다. 나사렛 예수, 그는 실로 우리의 "주"이시며 우리의 "하나님"이시다!

3.6 예수 그리스도의 가르침

{자료: Robert H. Stein, *The Method and Message of Jesus' Teaching*(rev. ed.; Louisville: Westminster John Knox, 1994) 60－151; Blomberg, *Jesus and the Gospels*, 383－411; Wenham & Walton, *Exploring the New Testament*, 160－87; Elwell and Yarbrough, *Encountering the New Testament*, 137－51}

이제 예수 그리스도의 가르침을 살펴보려고 한다. 여기서는 하나님의 나라, 예수의 윤리, 율법과 복음의 관계, 예수와 유대교, 속량과 변호, 예수의 기독론에 대하여 간략하게 설명하고자 한다(Blomberg).

3.6/1 하나님의 나라

{자료: 조지 래드, [하나님의 나라: 하나님 나라의 복음, 하나님 나라에 관한 중대한 질문들. 미래의 현존](원광현 옮김; 서울: 크리스찬다이제스트, 1997); G. E. Ladd, *A Theology of the New Testament*(rev. Donald A. Hagner; Grand Rapids: Eerdmans, 1993) 80－88, 109－17; G. R. 비슬리－머리, [예수와 하나님의 나라](박문재 옮김; 서울: 크리스찬다이제스트, 1991); Wendell Willis, ed., *The Kingdom of God in 20th Century Interpretation*(Peabody: Hendrickson, 1987); Wenham & Walton, *Exploring the New Testament*, 160－69}

예수께서 많은 것을 가르치셨으나, 그 중심에는 하나님 나라에 대한 가르침이 있다는 데 대부분의 학자들이 동의한다.

핵심적 메시지

하나님의 나라는 예수의 진정한 메시지의 핵심이다. 구약에서 하나님의 나라는 여호와가 전 세계의 왕이시며(시 97:1), 특히 이스라엘의 왕이시라는 사상으로 표현된다(사 43:15; 단 2:31－45). 유대교에서는 하나님의 미래의 통치를 기대했다. 여호와가 전 세계를 다스리심을 모든 사람이 분명히 볼 "그날"이 올 것이며, 그날이 오면 "장차 올 시대"가 시작될 것이다. 예수는 "때가 찼고 하나님의 나라가 가까이 왔다"는 선언으로 무대에 등장했다(막 1:15). 예수에게 있어서, 하나님의 나라는 하나님이 역사 속으로 뚫고 들어와서 그의 구속 목적을 실현하신다는 사상을 표현한다. "나라"는 영토나 장소보다는 오히려 통치, 지배나 능력의 개념이 더 우선적이다.

미래와 현재

하나님의 나라에 대한 예수의 가르침에는 하나님의 통치의 현재적 요소(마 12:28; 막 1:15; 눅 4:21; 9:1; 11:20; 16:16; 17:20－21)와 미래적 요소(마 6:10; 7:21－23; 13:30; 막 9:1, 47; 눅 12:32; 13:28－29; 19:11)가 결합되어 있다. 하나님의 나라에 관한 예수의 신념들에 대하여 다섯 가지 기본적인 견해가 있다. 미래적 종말론(철저한 종말론), 실현된 종말론, 중간적 견해("이미, 그러나 아직은")(예수의 가르침은 곧 있을 예루살렘의 멸망을 가리킨다는), 역사적 견해, 그리고(예루살렘의 멸망과 예수의 재림을 가리킨다는) 역사적 견해와 구원사적 견해를 결합한 입장 등이다. 중간적 견해가 예수의 가르침을 가장 잘 묘사한다.

하나님의 나라와 교회

하나님 나라와 교회의 관계에 대한 이해도 필요하다. 하나님의 나라는 교회와 동일하지 않다. 래드(G. E. Ladd)가 적절하게 요약한 것과 같이, 교회는 나라가 아니고, 나라는 교회를 창조하고, 교회는 나라에 대하여 증거하고, 교회는 나라의 도구이며, 또 교회는 나라의 관리자이다. 나라의 특징은 죄인들을 환영하는 것이다(마 9:10 – 11; 막 2:15 – 16; 눅 5:29; 19:5 – 7). 이 나라의 하나님은 찾으시고, 초청하시나, 또한 심판하시는 아버지이시다. 예수의 사역에서 나라의 임재는 사람들에게서 응답을 요구한다(눅 14:15 – 24). 응답은 방해되는 모든 것을 버리고(막 8:34 – 35), 예수를 믿고 따르는 것을 의미한다(막 1:15).

3.6/2 예수의 윤리

{자료: Wenham & Walton, *Exploring the New Testament*, 169 – 74}

예수는 윤리와 도덕의 정수를 단순하고 분명하게 제시하였을 뿐만 아니라 성령에 의한 새로운 마음의 창조를 실현하셨다. 예수의 윤리적 가르침을 이해하려면 우리는 윤리적 행동에 대한 그의 가르침이 하나님 나라의 오심과 밀접하게 연관되어 있음을 인식해야 한다. 예수는 그의 제자들이 하나님 나라의 윤리를 살 수 있게 할 새로운 능력도 주셨다.

결단의 윤리

예수의 윤리적 가르침은 결단의 부르심으로 시작했다. 결단의 부르심은 복음서에서 상이한 형태로 나타난다. "회개하라", "따르라", "믿으라", "자기를 부인하라", "십자가를 지라", "예수를 시인하라", "예수의 말씀을 지키라", "그의 멍에를 메라", "자기의 목숨을 잃어버리라", "자기 가족을 미워하라", "자기 손이나 눈을 제거하라", "가진 것을 팔아 가난한 자들에게 주라" 하는 등등의 말씀은 모두 예수를 위한 결단을 촉구하는 부르심이다.

일반적 원리들

예수께서 제자들에게 가르치신 기도 가운데 "(당신의) 나라를 오게 하여 주시며, (당신의) 뜻을 이 땅 위에서 이루어 주십시오."라는 간구는 하나님의 나라와 윤리가 밀접하게 관계되어 있음을 보여 준다. 하나님 나라의 윤리는 생활의 모든 면에서 하나님의 뜻을 성취하는 것을 가리킨다. 그러나 이것은 행위로 말미암은 의를 의미하는 것은 아니다. 물론, 예수의 가르침 가운데 선을 행하라는 명령이 있고(마 5:20), 또 제자도의 삶은 믿음의 삶이라는 것을 분명하게 말하는 가르침이 있다(눅 17:7 – 10). 이 둘 사이의 긴장은 명령과 가르침이 제시된(역사적) 맥락을 고찰함으로써 해소할 수 있을 것이다. 예수의 명령은 대부분의 경우에 이미 제자도 가운데 그를 따르기 시작한 사람들에게 주신 것이다.

예수 윤리의 중심부에 놓인 장식은 "사랑"이다(막 12:29 – 31). 하나님을 사랑하고 이웃을 사랑하라는 이중 계명이다. "가족의 가치"는 또한 예수의 윤리적 가르침에서 집중적 초점을 받았고(막 10:1 – 16; 눅 14:26), 개인적 성실성(마 5:33 – 37), 대담하고, 끈질기고, 믿음으로 가득한 기도(눅 11:1 – 13), 겸손(마 18:1 – 5), 세금 납부(막 12:13 – 17) 등의 주제도 많은 주의를 받았다.

사회적 관심

{자료: Craig L. Blomberg, *Neither Poverty Nor Riches: A Biblical Theology of Material Possessions*(New Studies in Biblical Theology; Grand Rapids/ Cambridge: Eerdmans, 1999) 111 – 46, 213 – 27}

예수께서 가르치신 윤리 가운데 특히 주목을 받아야 할 것들은 자비와 정의와 봉사 등이다. 예수는 정치권력을 추구하거나, 사회혁명을 주도하지 않았다. 오히려 사람들의 중생한 마음이야말로 인간과 사회 변화의 기초임을 알았다. 또한 그리스도의 생애를 통하여 보여 준 그의 주요 관심사는 자비와 정의였다(눅 4:16 – 21; 15:1 – 32; 18:1 – 8). 하지만 예수께서 가장 많이 가르치신 분야는 우리의 물질 소유에 대한 청지기 정신이다(막 8:36; 눅 6:20; 12:13 – 21; 16:19 – 31).

3.6/3 율법과 복음

{자료: Douglas J. Moo, "Jesus and the Authority of the Mosaic Law", *JSNT* 20(1984) 3 – 49; David A. Dorsey, "The Law of Moses and the Christian: A Compromise", *JETS* 34(1991) 321 – 34; Klein, Blomberg, and Hubbard, Jr., *Introduction to Biblical Interpretation*(1993) 278 – 83; Wenham & Walton,

율법에 대한 예수의 견해는 무엇이었는가? 예수는 율법에 관하여 무엇을 가르쳤는가? 예수의 가르침과 구약 율법과의 관계는 무엇인가? 예수께서 새 율법을 만드셨는가? 옛 율법을 철폐하셨는가? 아니면, 중도적인 입장에서 예수께서 율법을 초월하시거나, 해설하시거나, 순종하시거나, 과격화시키시거나, 강화하시거나, 혹은 내면화시키셨다고 할 수 있는가?

무엇보다도, 예수께서 회당에 정규적으로 참석하고(눅 4:16), 유대교 절기에 동참하고(눅 2:41; 막 14:12－16), 금식을 하기도 하고(마 4:2), 성전세를 내신 것(마 17:24－27) 등으로 보아서, 유대인의 풍습을 유지했던 것으로 보인다. 동시에 마태는 예수께서 구약에 관하여 대단히 강하게 진술하신 것을 보고한다(마 5:17－20). 예수의 가르침과 구약 율법의 관계에 대하여 해답을 얻으려면, 가장 일관성이 있고 유효한 접근 방식은 마태복음 5:17－20에 기록된 예수 자신의 말씀을 따르는 것일 것이다.

첫째, 예수는 율법이나 예언자들의 말을 성취하러 또는 완성하러(완전하게 하러) 오셨다. 이는 율법과 예언자들의 말이 가리키는 실재로서 자신을 제시하고 있는 것이다(마 1:22; 2:15, 17, 23; 4:14). 예수는 자신의 사역을 성경의 약속이 실현되고 있는 때로 보며, 자신을 율법과 예언자들을 이해하는 열쇠로 보는 것이다. 예수는 그의 가르침이 율법의 윤리적 표준을 훼손하지 않고 오히려 더 높이 올리는 것이라고 주장한다(마 5:20).

둘째, 천지가 없어지기 전에는, 율법의 일점일획도, "다 이루어지기 전에는", 결코 없어지지 아니하리라고 했다(마 5:18). "다 이루어지기 전에는"이라는 어구는 "이 시대의 끝이 오기 전에는" 또는 "율법에 담긴 모든 것이 행하여지기 전에는"이라는 뜻이라기보다, "율법이 기대하는 모든 것이 도착했을 때"라는 의미로 이해하는 것이 좋을 것이다(마 24:34 참조). 그러면, 율법의 어떤 부분들은 (예수께서 완성하러 오신) 그때를 넘어서는 유효성을 상실할 것임을 의미한다(마 5:17 참조).

셋째, 예수는 이 계명들을 행하며 가르쳐야 한다고 했다(마 5:19). 이 계명은 "예수의" 계명(그의 가르침)을 가리키기보다, 17－18절에서 말하는 것과 동일한 주제를 다룬다고 본다(19절의 "그러므로"라는 말 참조). 예수는 구약 계명들을 범하는 자들을 비판하고 있는 것이다. 그러나 20절이 분명하게 해 주는 것과 같이, 예수는 서기관들과 바리새인들의 태도와 같은 성경에 대한 '시시한 일을 문제 삼는' 태도를 옹호하는 것이 아니라, 더 깊은 의로 그의 추종자들을 부른다.

예수는 율법에 관하여 대단히 긍정적이나 율법의 모든 말이 영원히 유효하다고 말하고 있지는 않다. 율법은 그 자체를 넘어 성취의 때 곧 예수의 때를 가리킨다. 그리고 하나님이 예수 안에서 또 예수를 통하여 행하고 계시는 것으로 인하여 율법의 역할은 변한다.

그리스도인들이 오늘날 어떤 문절이든지 구약 문절을 적용하려면, 예수의 가르침과 사역이 어떻게 그의 백성에 대하여 하나님이 하시는 요구의 본질을 변화시켰는지, 또는 변화시키지 않았는지 하는 틀에 걸러서 적용을 해야 한다. 예를 들어, 안식일에 관한 예수의 가르침을 보자. 그는 당시 유대인들이 안식일 정신을 오용하는 것에 관하여 불평을 하기보다, 더 근본적인 원리들에 호소하고 있다(막 2:27, 28; 마 12:12). 안식일의 문자적 이행을 뒤집어엎음으로써 예수는 이스라엘 도덕법의 핵심에 도전했다. 하지만, 복음은 근본적으로 도덕 그 자체이다. 거듭나고, 자신을 성령의 능력에 굴복시키고, 사람이 참으로 하나님을 사랑할 때, 그는 하나님을 기쁘시게 하는 일들을 행할 것이다.

3.6/4 예수와 유대교

예수는 당시의 유대인들과 유사점과 차이점을 가지고 있다. 그리스도인 학자들과 유대인 학자들은 "유대인 예수"라는 화두에 상당한 관심을 가지고 연구한다. 그들은 예수와 그의 제자들이 철저하게 유대적이었음을 보여 준다. 그러나 우리는 예수와 그의 동시대 유대인들 간에는 중요한 차이점들도 있음을 인정해야 한다. 예수는 유대교의 여러 종파들과 어떻게 비교되었는가? 각 종파와 유사점과 차이점이 있다. 예수가 가장 밀접하게 닮은 종파는 그래도 바리새파 운동이라 할 수 있다. 그러나 예수의 윤리는 바리새파 사람들과 달리 율법 중심적이 아니었고, 그는 의식보다 도덕에 훨씬 더 많이 초점을 맞추었고, 하나님 나라의 도착을 알렸고, 모든 사람을 위한 사랑을 강조했고, 또 하나님과 하나인 메시아라고 주장했다.

3.6/5 속량과 변호, 그리고 재림

제1세대 그리스도인들에게 있어서 예수의 생애 중 가장 중요한 요소는 그의 죽음과 부활이었다. 그의 사역에서 지극히 중요한 이 두 사건에 대하여 예수는 어떻게 이해했는가? 처음부터 예수는 두 사건을 예상했다(마 10:34; 11:12; 막 2:20; 3:27; 8:31; 눅 9:51; 13:32−33). 그에게 마셔야 할 고난의 "잔"이 있음을 알았다(막 10:38). 주의 만찬에서 하신 말씀 가운데 이 개념이 나타난다(막 14:24). 그의 죽음의 잔은 곧 속량을 위한 것이었다.

우리가 주목하는 것은 예수의 수난 예고에 항상 부활의 약속이 동반한다는 사실이다(막 8:31; 9:31; 10:33−34). 예수는 마지막 때에 있을 일반 부활에 앞서 개인 한 사람, 즉 자신의 부활을 믿은 것이다. 예수는 그의 부활이 마지막 날들을 개시하는 것으로 보았음이 거의 확실하다. 그는 또한 자신의 부활을, 메시아라는 그의 주장을 유효하게 만들며, 그의 삶과 죽음에 대한 변호로 보았을 것이다. 그러나 그에 대한 하나님의 변호는 그의 승천, 승귀, 그리고 하나님 우편으로 돌아감으로 완성되었다(행 1:9−11).

예수는 그의 부활과 재림 사이에 긴 간격이 있으리라고 예상하였는가? 그의 말씀에는 그렇지 않게 들리는 것도 있다(마 10:23; 막 9:1; 막 13:30 참조). 그는 다시 오실 것을 약속하셨다(막 8:38). 그러나 우리는 그리스도가 돌아오시는 때를 알지 못한다(막 13:32). 우리가 알 수 있는 것은 그리스도의 초림과 재림 사이에 교회가 복음의 일을 수행할 기간 곧 특정하게 정해지지 않은 길이의 기간이 있으리라는 것이다(막 13:10).

IV. 사도행전과 초기 기독교

신약성경에서 자리하는 사도행전의 위치는 독특하다. 예수의 생애와 교훈을 담고 있는 복음서와 삶 속에서 복음을 따라 살아가야 하는 모습을 담고 있는 편지들 사이에서 그것들을 연결해 주고 있다. 사도행전에서 우리는 또한 초대(원시) 기독교의 출현을 보게 되는데, 사도행전은 교회가 어떻게 시작되고 확장되었는지에 대한 흥미진진한 이야기들로 가득하다. 이 사도행전을 어떻게 읽고 연구할 것인가? 우리는 여기서 먼저 사도행전에 대한 서론을 다루고, 다음으로 사도행전과 관련된 몇 가지 흥미로운 이슈와 주제를 설명하고자 한다.

4.1 사도행전 서론

{자료: W. Ward Gasque, *A History of the Interpretation of the Acts of the Apostles*(Peabody: Hendrickson, 1989)(=권성수 · 정광욱 공역, [사도행전비평사], 도서출판 바실래, 1989); Walter L. Liefeld, *Interpreting the Book of Acts*(Guides to New Testament Exegesis; Grand Rapids: Baker, 1995); I. H. Marshall, *The Acts of the Apostles*(New Testament Guides; Sheffield: JSOT, 1992); 하워드 마셜, [누가행전(=*Luke: Historian and Theologian*)](이한수 역; 서울: 엠마오, 1994); Mark Allan Powell, *What Are They Saying about Acts?*(New York/Mahwah: Paulist, 1991); Ehrman, *The New Testament*, 115–32; Wenham & Walton, *Exploring the New Testament*, 267–300; Achtemeier, Green and Thompson, *Introducing the NEW TESTAMENT*, 245–69; Barnett, *Jesus & the Rise of Early Christianity*, 27–46, 195–375; Brown, *An Introduction to the New Testament*, 279–332; Carson & Moo, *An Introduction to the New Testament*, 285–330; Guthrie, *New Testament Introduction*, 351–402}

우리는 여기서 우선 사도행전과 누가복음과의 관계를 살펴보고, 다음으로 전통적인 서론의 문제, 즉 사도행전의 저자, 수신자, 연대, 장르, 내용과 구조, 그리고 목적 등을 서술하려고 한다. 그리고 초대(원시) 기독교의 출현, 사도행전의 연설들, 그리고 사도행전 읽기 등에 대하여 설명하고자 한다.

4.1/1 누가복음과의 관계

{자료: Powell, *What Are They Saying about Acts?* 5−9; Marshall, *The Acts of the Apostles*, 16−17; Gasque, *A History of the Interpretation of the Acts of the Apostles*, 347−351, 357; I. H. Marshall, "Acts and the 'Former Treatise'", in *The Book of Acts in Its First Century Setting: Vol.1, The Book of Acts in Its Ancient Literary Setting*(ed. Bruce W. Winter and Andrew D. Clarke; Grand Rapids: Eerdmans/Carlisle: Paternoster, 1993) 163−82; Achtemeier, Green and Thompson, *Introducing the NEW TESTAMENT*, 154−56}

사도행전 1장 1절은 "먼저 쓴 글"을 언급하는데, 이는 사도행전이 먼저 쓴 글의 속편임을 함의한다. 물론, 엄밀하게 말하면 누가가 원래 두 권으로 된 하나의 책을 저술했는데 신약에 배열될 때 제1권은 다른 세 복음서와 함께, 제2권은 독자적인 경력을 갖게 되었는지 우리는 확실하게 알 수가 없다. 그러나 1927년 캐드베리가 [누가−행전의 형성](Henry Cadbury, *The Making of Luke−Acts*)이라는 책을 출판한 이래, 사람들은 두 권으로 존재하는 한 책으로서 누가−행전을 이야기하는 것에 익숙해져 왔다. 누가복음과 사도행전을 하나로 묶어서 보는 것이 전혀 이상하지 않게 되고, 두 책의 통일성을 말하게 되었다.

통일성

우리가 누가−행전의 통일성(Unity)을 이야기할 때 그것은 무엇을 의미하는 것인가? 사실상 모든 사람들이 저자의 통일성, 즉 동일 저자를 인정하고, 사실상 모든 사람이 정경적 통일성의 결핍, 즉 복음서와 사도행전이 신약성경에서 분리되어 배치되어 있음을 받아들인다. 그렇다면 둘 사이에 신학적 통일성이 있는가? 하는 물음이 중요하게 되는데, 우리는 "이스라엘에 구원을 가져다주신 하나님이 계속하여 예수 그리스도를 통하여 그리스도인들에게 구원을 가져다주신다.”는 주제가 두 책을 하나로 묶어 준다고 본다. 이러한 신학적 통일성 외에 문학적 통일성 또는 내러티브적 통일성은 어떤가? 두 책에 나타나는 평행구조 등으로 보아 문학적 통일성이 있다고 볼 수 있겠다. 반면에, 칼슨과 무(Carson & Moo)가 지적한 것같이, 누가와 행전은 서로 밀접한 관계에 있는 두 개의 개별적인 책으로 보아야 할 것이다. 누가는 두 책을 염두에 두었다고 할 수 있으나, 신약에서 두 책이 차지하고 있는 정경적 신분을 존중하고, 그 자체로 고려하여야 할 것이다.

4.1/2 저자

{자료: Colin J. Hemer, *The Book of Acts in the Setting of Hellenistic History*(ed. Conrad H. Gempf; Winona Lake: Eisenbruns, 308—414; Stanley E. Porter, *The Paul of Acts: Essays in Literary Criticism, Rhetoric, and Theology*(WUNT 115; Tübingen: J. C. B. Mohr [Paul Siebeck], 1999) 10—46}

사도행전의 저자는 누가복음의 저자와 동일인이라는 데 의견의 일치가 이루어져 있다. 그러나 엄밀하게 말해서 두 책은 저자가 누구인지 밝히지 않는 익명의 책이다. 그러나 사도행전의 저자에 대하여 빛을 던져 주는 문절이 사도행전에 있다. 저자가 보통 3인칭으로(행 16:8, “그들이 무시아를 지나”[우리말 개역 성경에는 그들이라는 말이 드러나지 않는다.]) 말을 하다가 아무런 설명 없이 1인칭 복수로(행 16:10, “*우리가* 곧 마게도냐로 떠나기를 힘쓰니”) 전환하는 “우리—문절”이라 하는 것이다(행 16:10—17; 20:5—15; 21:1—18; 27:1—28:16).

우리—문절

이 “우리” 문절(We—passages)에 대하여 네 가지 설명이 제시되었다. 첫째, 우리 문절은 직접 목격자로서 저자가 사건들에 동참한 것을 나타낸다. 둘째, 우리 문절은 동참했던 사건들에 대한 저자 자신의 일기 또는 여행일정 기록을 재현한다. 셋째, 우리 문절은 그것들을 과감하게 편집했을 수도 있고 또는 그렇지 않을 수도 있는 저자 이외의 다른 사람의 일기나 기록을 재현한다. 넷째, 우리

문절은 저자의 문학적 창작 즉, 역사적 요점을 말하기보다 수사학적 요점을 말하려는 문체적 장치이다.

이 가운데 가장 자연스러운 설명은 첫 번째 것으로서, 사도행전의 저자가 이 문절에서 말하는 사건들 속에 동참하였다는 것이다(두 번째 설명도 결국은 저자가 직접 기록한 것을 나중에 사도행전에 편입시킨 것으로서 우리 문절이 저자를 포함시킨다는 말에 다름 아니다.). 저자는 우리 문절에서 거의 무의식적으로 3인칭에서 1인칭으로 바꾼 것에 지나지 않는다. 이 지점들에서 직접 기사를 기록하고 있기 때문이다. 간접적인 자료와 직접적인 자료를 구분하는 문학 장치라 할 수 있다. 이 견해는 사도행전의 나머지 부분과 문체와 언어가 균일하며, 사도행전 1장 1절에서 1인칭 단수를 사용하는 것으로 뒷받침된다. 이 부분의 저자는 목격자이며, 따라서 사도 바울의 여행 동반자임을 시사한다.

사도행전 저자는 마지막 우리 문절(행 20:5 − 28:16)에서 바울과 함께 로마로 갔으며, 아마도 바울이 2년간 로마에 가택 연금되어 지내는 동안에 그와 함께 있었을 것이다. 사도행전의 저자는 우리 문절에 이름이 언급된 사람 가운데 하나라는 것은 불가능하고, 바울이 로마에 있을 때에 쓴 옥중서신 중에 이름이 거명된 사람들 가운데 하나일 개연성이 농후하다. 초대 교회는 이 가운데 "의원 누가"(골 4:14)가 사도행전의 저자라는 전승을 확립했다. 18세기 말 이래 이 전승에 대한 회의가 널리 퍼져 있다. 사도행전의 전통적인 저작권에 대하여 반대하는 이유 가운데 하나는 사도행전이 묘사하는 사도 바울의 모습이 사도 자신의 편지에 나타난 "역사적 바울"을 왜곡한다는 것이다. 그러나 우리는 사도행전의 저자가 바울의 동행자였다는 것을 부인할 만한 설득력 있는 이유가 제시되지 않은 것으로 평가한다.

4.1/3 수신자

사도행전의 직접적인 수신자는 누가복음과 같이 데오빌로이다. 아마도 그는 누가의 후원자였을 것이다. 그러나 누가복음에서든 사도행전에서든 그에 대하여 더 이상 알거나 추론할 수 있는 것이 거의 없다.

데오빌로로 대표되는 독자

아마도 누가는 한 개인보다, 데오빌로로 대표되는 더 넓은 청중(독자)을 마음에 생각하고 있었을 것이다. 사도행전의 수신자는 그의 저술 목적을 고려한 후에 결정할 수 있는 문제이나, "하나님을 경외하는 자"였던, 이방인, 고넬료(행 10장) 같은 사람들을 염두에 두었다고 본다.

4.1/4 저술 연대

사도행전의 저작 시기에 대하여 주후 62-70년, 주후 80-95년, 또는 주후 115-130년 등의 여러 견해가 있으나, 늦은 시기보다 이른 저작 시기가 더 설득력이 있다.

주후 62년경

다음과 같은 사실들은 사도행전 기사가 끝나는 주후 62년경 후 얼마 지나지 않아서 기록된 것임을 시사한다. (1) 사도행전이 갑작스럽게 끝난다. (2) 주후 60년과 70년 사이에 일어난 중요한 사건들, 예를 들면, 네로에 의한 그리스도인의 박해, 유대인 전쟁, 그리고 예루살렘 함락에 대한 언급이 없다. (3) 사도행전은 사도 바울의 편지들에 대하여 관심을 보이지 않는다. (4) 사도행전의 주요 관심들이 예루살렘 함락 이전에 중요한 문제에 집중되었다(예: 유대인과 이방인의 관계). 사도행전은 유대교를 합법적 종교로 묘사한다. 이 상황은 주후 66년 로마에 대항하는 전쟁이 터짐으로써 급격하게 변했을 것이다. (6) 사도행전에 나타난 신학은 원시적 본질을 나타낸다(예: 예수에게 사용된 '인자', '하나님의 종'이라는 칭호들, 그리스도인들을 '제자'로 부르는 것 등). (7) 로마제국은 아직 교회를 향하여 불편부당한 자세를 취하는 것으로 묘사된다. 그리고 (8) 항해 중의 파선 기사(27:1-28:16)는 생생한 세부사항을 담고 있는데, 이는 아주 최근의 경험을 시사한다.

4.1/5 문학적 장르

{자료: Powell, *What Are They Saying about Acts?* 9－13; Marshall, *The Acts of the Apostles,* 13－23; Hemer, *The Book of Acts in the Setting of Hellenistic History,* 33－43; Brook W. R. Pearson and Stanley E. Porter, "The Genres of the New Testament", in *Handbook to Exegesis of the New Testament,* 131－65(특히, 142－48)}

사도행전은 고대의 문학적 장르 가운데 어느 것에 속할 것인가? 고대 그리스
－로마 세계에는 세 가지 주요 형태의 내러티브 산문이 있었다. 즉, 역사와 전
기와 소설이다. 사도행전은 이 세 가지 장르 가운데 어느 하나에 속한다는 주장
들이 제기되어 왔다. 신약에서 이 세 가지 장르에 모두 돌려진 책은 사도행전이
유일한 작품일 것이다.

역사

{자료: Darryl W. Palmer, "Acts and the Ancient Historical Monograph", in *The Book of Acts in Its First Century Setting*: Vol.1, *The Book of Acts in Its Ancient Literary Setting*(ed. Bruce W. Winter and Andrew D. Clarke; Grand Rapids: Eerdmans/Carlisle: Paternoster, 1993) 1－29; Brian S. Rosner, "Acts and Biblical History", in *The Book of Acts in Its Ancient Literary Setting,* 65－82}

고대 역사가들의 저술과 사도행전을 비교한 결과, 사도행전을 '일반적인 역
사'의 장르, 또는 구체적으로 '역사 모노그래프'라는 하위 장르에 것으로 보는
사람들이 있다. 기본적으로 사도행전이 헬레니즘 시대의 역사기록(역사편찬) 장
르에 속한다고 보는 것이다. 사도행전은 역사적 서문, 기사의 편집에 자료들을
사용한다는 주장, 연대기적으로 직선적인 이동, 일화적인 본질 등과 같은 고대
역사가 소유하는 특징들을 공유한다.

누가는 '그리스도인들'이라 하는 새로운 메시아 유대 종파의 역사에 관하여
모노그래프를 저술하는 진정한 헬라적 역사가이다. 사도행전은 적당한 길이의
한 권으로 구성되며, 약 30년이라는 한정된 기간을 다룬다. 지리적인 범위는 전
세계적이 아니라, 주제에 의 종파의 역사에 관하여 모노그래프를 저술하는 진정

한 헬라적 역사가이다. 사도행전은 적당한 길이의 한 권에 제한되어 있고, 적어도 저자의 관점에서 볼 때 그리스도교 선교의 진보라는 하나의 쟁점에 일관성 있는 초점이 맞추어져 있다. 그리고 누가는 이 주제에 봉사하여 한 번에 하나의 주요 인물을 묘사하는 경향이 있다. 사도행전에는 서언, 내러티브, 연설, 인용된 편지들이 들어 있다.

누가는 일반 헬라역사와 달리 "성서적 역사"(=구약의 역사서 일반에 대한 명칭)를 기술하고 있는 것이며, 사도행전은 구약의 역사 저작들과 많은 특징들을 공유하며, 누가는 구약 역사를 잇는 역사적 저작으로 생각하고 사도행전을 기록했다고 보는 견해도 있다. 누가는 의식적으로, 구약에서 발견되는 역사 기사들을 본으로 삼는다. 누가는 행전을 쓰면서 성서언어, 주제들, 모델들과 문학적 기교들을 사용했다. 가장 중요하게, 구약 전체에 기본적인, 인간 역사에 대한 하나님의 통제라는 개념이 누가의 역사 개념과 일치한다. 누가의 역사 개념 자체가 성서에서 연유한다. 누가는 행전에서 그의 옛 백성 이스라엘의 역사 속에서 그들에게 구원을 가져다주시며 일하신 하나님이 바로 교회에서 일하시는 동일한 하나님이심을 보여 준다.

전기(생애)

{자료: Charles H. Talbert, *Literary Patterns, Theological Themes and the Genre of Luke-Acts*(SBLMS 20; Missoula: Scholars Press, 1974) 125-34; idem, "The Acts of the Apostles: monograph or 'bios'? in *History, Literature, and Society in the Book of Acts*(ed. Ben Witherington, III; Cambridge: CUP, 1996) 58-72}

탈버트(Charles H. Talbert)는 '누가-행전'을 묶어서 '디오게네스 라에트리우스의 "철학자들의 생애들"'(*Lives of the Philosophers* of Diogenes Laertius)과 비교하여, '전기' 장르에 속하는 것으로 본다. 그는 라에트리우스에 의해 제시된 철학 학파들의 창설자들의 생애들과 누가-행전 간의 유사성들을 주목한다. 첫째, 내용에 있어서, 누가-행전은 디오게네스 라에르티우스와 마찬가지로, 종교 공동체의 창설자의 생애(누가복음), 창설자의 계승자들(사도행전)과 선정된 다른 제자들의 목록이나 내러티브 및 공동체의 교리에 대한 요약을 싣고 있다. 둘째, 형태에 있어서, 누가-행전은 디오게네스 라에르티우스의 "생애들(전기들)"과 같이, 창설자의 생애를 최초의 구조 단위로 가지고 있고, 다음에 둘째 단위, 즉 계승자들과 선정된 다른 제자들의 내러티브가 뒤따른다. 더욱이, 누가-행전과, 이 패턴을 따르는 "철학자들의 생애들" 간의 목적의 유사성이 있다. 둘 다 참된 전통을 현재 어디서 찾아야 하는지 말하는 데 관심이 있다. 그렇다면 누가-행전은 어느 정도 그리스-로마의 전기 장르, 특히 철학자들과 그들의 계승자들의 생애를 다룬 유형의 전기에 속하는 것으로 간주해야 한다는 것이다.

소설

{자료: Richard I. Pervo, *Profit with Delight: The Literary Genre of the Acts of the Apostles*(Philadelphia: Fortress, 1987)}

퍼보(Richard I. Pervo)는 사도행전을 독자를 즐겁게 해 주기 위하여 저술한 고대 소설로 본다. 그는 사도행전을 고대의 대중 내러티브와 비교하며, 사도행전의 역사적 정확성에 문제가 있음을 인정한다. 사도행전에 역사적 오류가 있다고 한다. 퍼보는 누가를 역사가나 설교자가 아니라 대중적 작가로 본다. 그는 사도행전을 역사적 허구로 읽어야 한다고 보는 것이다. 사도행전은 "재미있고, 행동으로 꾸려진" 이야기들의 연속이다. 사도들의 체포와 도피, 돌로 침과 때림, 재판과 소요, 여러 장소로의 여행, 그리고 장엄한 피날레로서 지중해 가운데서 파선하는 이야기가 나온다. 사도행전은 사람들을 즐겁게 해 주는 이야기로 가득하다. 퍼보의 명제는 정경에 들어 있는 사도행전은 역사 소설의 한 가지 유형의 예로 가장 잘 설명이 된다는 것이다. 누가의 저술은 그의 일차적 관심이 사도들의 행위(행적), 특히 바울의 행적이었음을 나타낸다. 족보적으로 말하면, 유대교 소설 아르타파누스(Artapanus)에 의해 전시된 저술 유형에서 사도행전으로, 외경 행전으로, 그리고 후대의 하기오그래피(hagiography)로 발전된 것을 추적할 수 있다고 주장한다. 이것은 근본적으로 외경 행전의 관점과 동일하다. 그는 외경 행전들이 같은 부류에 속하는 것으로 본다.

독특한 장르

{자료: Marshall, *The Acts of the Apostles*(NTG; 1992), 22-23}

사도행전은 역사, 전기, 소설의 장르에 맞아떨어지지 않으며, 오히려 어떤 목적을 위하여 사용되는 좋은 문학의 한 예라고 보아야 한다는 주장이 있다. 특히, 누가-행전이라는 저작은 유례가 없는 형태라는 것이다. 사도행전은 사람들을 즐겁게 하거나, 무덤덤한 사실들의 기록을 제공하는 것이 일차적 목표가 아니며, 사도행전에서 역사적 전기적 특징들을 볼 수 있지만, 사도행전에서 다루는 비상한 주제의 본질은 사도행전이 단지 기존의 어느 한 문학적 틀에 맞추어 넣을 수가 없다는 것이다. 사도행전에 있는 독특한 특징들(예를 들면, 신학적인 전망, 누가복음과의 관계 등)을 최소화시켜서는 안 되겠지만, 그렇다고 그러한 특징들이 사도행전을 고대 역사의 범주에서 빼 내오기에는 충분하지 않은 것으로 보인다. 사도행전을 전기 혹은 소설로 보는 것은 사도행전의 중요한 특징들(누가복음과의 관계, 사도행전의 이야기하기의 요소)을 상기시켜 주기는 하지만, 주장의 근거가 그렇게 강하지 않다. 사도행전의 문학적 장르는 고대 역사의 범주에 넣어야 한다. 그러나 형식에 있어 고대 헬라역사기술의 범주를 따르나, 내용에 있어 고대 유대역사기술의 범주에 속한다 할 것이다.

4.1/6 내용과 구조

{자료: Liefeld, *Interpreting the Book of Acts*, 35-48; F. F. Bruce, *The Acts of the Apostles: The Greek Text With Introduction and Commentary*(Third Revised and Enlarged Edition; Grand Rapids: Eerdmans/Leicester: Apollos, 1990) viii-xv; Elwell and Yarbrough, *Encountering the New Testament*, 209-50; Brown, *An Introduction to the New Testament*, 279-332}

어떤 책의 구조와 개요는 관계되어 있음이 분명하나, 동일한 과제는 아니다. 구조는 저자가 마음에 생각하고 있는 틀이며, 이는 독자에 의해 식별될 수 있는 것이다. 개별 독자들이 틀에서 보는 것에 대하여 부여하는 가치에 따라, 구조를 다르게 감지한다. 통상적인 의미에서 개요는 사상이나 행동의 연속을 분석하고,

가능한 한 객관적으로 이것을 논리적, 직선적 형태로 적어 두는 것이다.

내용/개요

브루스(F. F. Bruce)는 아주 상세한 사도행전 내용 개요를 제공하는데, 그 기본 골격을 따라 다음과 같이 간단한 형태로 제시하여 사도행전의 내용에 대한 개관을 돕고자 한다.

Ⅰ. 교회의 탄생(1:1 — 5:42)

　　가. 서언(1:1 — 26)

　　나. 오순절 날(2:1 — 47)

　　다. 치유의 역사와 그 결과(3:1 — 4:31)

　　라. 모든 것을 통용하여(4:32 — 5:11)

　　마. 다시 산헤드린 앞에 선 사도들(5:12 — 42)

Ⅱ. 박해와 확장(6:1 — 9:31)

　　가. 스데반(6:1 — 8:1상)

　　나. 빌립(8:1하 — 40)

　　다. 다소의 사울의 회심(9:1 — 31)

Ⅲ. 베드로 행전: 이방인들이 들어오다(9:32 — Ⅱ2:24)

　　가. 서부 팔레스타인에서의 베드로(9:32 — 43)

　　나. 고넬료 이야기(10:1 — 48)

　　다. 예루살렘의 시인을 받은 베드로의 행동(11:1 — 18)

　　라. 안디옥이 기독교 기지가 되다(11:19 — 30)

　　마. 헤롯 아그립바 1세와 교회(12:1 — 24)

Ⅳ. 안디옥으로부터의 교회 확장과 예루살렘의 사도적 교령(12:25 — 15:35)

　　가. 바나바와 사울(12:25 — 13:3)

나. 구브로(13:4 - 12)

다. 비시디아 안디옥(13:13 - 52)

라. 이고니온, 루스드라, 더베(14:1 - 28)

마. 예루살렘 회의(15:1 - 35)

V. 바울이 안디옥을 떠나 에게해 세계로 나아가다(15:36 - 19:20)

가. 다시 방문을 받은 최근에 개척한 교회들(15:36 - 16:5)

나. 빌립보(16:6 - 40)

다. 데살로니가에서 아덴까지(17:1 - 34)

라. 고린도에서의 바울(18:1 - 17)

마. 에베소(18:18 - 19:20)

VI. 바울이 예루살렘을 경유하여 로마를 방문하고자 하고, 예기치 않은 방식
으로 그 목적을 이루다(19:21 - 28:31)

가. 바울이 에베소를 떠나 마게도냐와 아가야로 가다(19:21 - 20:6)

나. 예루살렘으로 가는 여행(20:7 - 21:16)

다. 예루살렘에서의 바울(21:17 - 23:30)

라. 가이사랴에서의 바울(23:31 - 26:32)

바. 바울의 항해와 파선(27:1 - 44)

사. 멜리데에서의 겨울(28:1 - 10)

아. 마침내 로마에!(28:11 - 31)

구조

{자료: Powell, *What Are They Saying about Acts?* 25 - 27; Marshall, *The Acts of the Apostles,* 23 - 30; D. P. Moessner, "'The Christ Must Suffer': New Light on the Jesus - Peter, Stephen, Paul Parallels in Luke - Acts", NovT 28 [1986] 220 - 56; C. H. Talbert, *Literary Patterns, Theological Themes, and the Genre of Luke - Acts*(1974)}

사도행전의 구조를 식별할 수 있는 요소나 방법은 다양하다. 그러나 사도행전의 문학적 구조는 대체로 두 가지 방법 중 하나, 즉 지리적 구도에 따르거나, 본문 안에서 식별되는 형식적 패턴을 따라서 작성된다. 지리적 구도에 따른 사도행전의 구조는 주로 사도행전 1장 8절의 프로그램적인 진술을 기초로 한다. 예를 들면, 오닐(J. C. O'Neil)은 5중 구조를 제안하고(1:9－8:3; 8:4－11:18; 11:19－15:35; 15:36－19:20; 19:21－28:31), 마샬(I. H. Marshall)은 3중 구조를 제안한다(1:1－5:42; 6:1－11:18; 11:19－28:31). 형식적 패턴에 따른 사도행전의 구조는 주로 본문 안에서 발견되는 평행을 기초로 한다. 예를 들면, 베드로(1－12장)와 바울(13－28장) 사이에 그들의 연설, 유대 지도자들의 반대를 받은 사실, 투옥, 및 자신의 동아리에서 차지한 위치에 있어 유사성이 있다. 그러나 사도행전을 베드로 부분과 바울 부분으로 크게 나눌 때 중첩이 일어난다. 15장에 베드로가 등장하고, 9장에 바울이 등장한다.

누가가 사도행전에서 베드로와 바울을 묘사하는 것은, 어떤 면에서 누가가 복음에서 그리는 예수의 초상에 유사하다. 즉, 그들이 전하는 메시지, 그들이 적대적인 세계에서 사역하는 경험, 그리고 그들의 사역의 특징들과 그들의 사역에 대한 다양한 반응에 있어 유사하다는 것을 우리는 관찰할 수 있다. 또한 탈버트(C. H. Talbert)는 두 가지 문학적 모델, 즉 누가복음의 개요와 닮은 사도행전 문학적 개요에 나타난 패턴과 사도행전 자체 안에서 반복하는 패턴을 제시한다. 누가복음과 사도행전 사이에는 몇 가지 평행이 있다. 서언(눅 1:1－4; 행 1:1－5), 성령이 내려오시다(3:21－23//2:1－13), 예언/성취에 대한 설교들(4:16－30//2:14－40), 절름발이가 고침을 받다(5:17－26//3:1－10), 지도자들과의 갈등(5:29－6:11//4:1－8:3), 백부장들(7:1－10//10:1－11:18), 과부와 부활(7:11－17//9:36－43), 이방인들을 대한 선교(10:1－12//13:1－20:38), 예루살렘에서의 운명을 맞으러 가는 여행(9:51－19:28//19:21－21:17). 사도행전 자체 안에서 1－12장과 13－28장 사이에 몇 가지 평행이 있다. 성령과 설교(2:1－40; 13:1－40), 치유와 연설(3:1－26; 14:8－17), 돌에 맞음(6:8－8:4; 14:19－28), 이방인들을 대한 설교와 투옥(10:1－11:18, 12:1－9; 13:1－28:31).

4.1/7 목적

{자료: Liefeld, *Interpreting the Book of Acts*, 21 – 33; Powell, *What Are They Saying about Acts?* 13 – 19; Gasque, *A History of the Interpretation of the Acts of the Apostles*, 346 – 47; Marshall, *The Acts of the Apostles*, 31 – 46; R. Maddox, *The Purpose of Luke – Acts*(1982); F. F. Bruce, *The Acts of the Apostles: The Greek Text* ······ [1990] 21 – 27}

누가는 사도행전을 기록한 목적을 명시적으로 표현하지 않는다. 사도행전의 목적을 알기 위하여 사도행전의 서문을 분석하고, 독자를 확인하고, 플롯(plot)을 추적하고, 끝 부분들을 관찰하고, 문학적인 특성을 고려하고, 지배적인 주제들을 고찰할 때에, 기본적으로 사도행전은 초대 교회의 역사를 정확하게 기록한 책으로 이해되어야 함에도 불구하고, 이러한 여러 요소들과 사항들을 고려하면, 누가가 단순히 교회의 시작에 관한 기록을 교회에 제공하려고, 즉 단지 초대 교회의 역사를 기록하는 것으로 유일한 목적을 삼았다고 보기는 힘들다. 사도행전의 목적으로 제안된 것들은 편리하게 여섯 가지 범주로 나누어 설명할 수 있겠다.

화해적 목적

초대 그리스도교의 주요 불화(파열), 즉 베드로와 바울에 의해 각각 다르게 표현된 신앙에 뿌리를 둔 분열을 봉합하기 위하여 저술되었다고 보는 것이다(F. C. Baur). 초대 교회는 유대인 그리스도인들을 대표하는 베드로에 의해 주도되는 집단과 이방인들의 사도인 바울에 의해 주도되는 집단이 있었는데, 이 두 집단이 갈라서려는 것을 막고 이 파벌들을 화해시키고 교회에 일치를 회복하기 위하여 사도행전을 썼다는 것이다. 하나가 된 교회에 대한 누가의 이상주의적 묘사는 실제의 역사적 환경이라기보다, 이러한 하나 됨에 대한 그리스도인 공동체 내부의 막대한 소원을 반영하는 것이라고 보는 것이다. 그리스도인들 간의 차이점들을 제거하려는 노력의 일환으로 사도행전을 저술했다고 하는 것이다.

논쟁적 목적

이는 참된 그리스도인들과, 누가가 이단적이라고 생각한 자들 간의 차이점을 드러내기 위하여 저술하였다는 것이다. 구체적으로, 사도행전은 영지주의에 대한 공격으로 간주되어 왔다. 탈버트(Charles Talbert, *Luke and the Gnostics*)는 사도행전이 영지주의에 대항하여 방어하기 위하여 저술되었다고 본다. 사도행전에는 반영지주의적인 울림이 있다. '예수'라는 단순한 고유명사를 선호하고 '그리스도'와 '그리스도 예수'라는 술어들을 피하는 경향이 있는데 이는 고유명사가 예수의 인성을 강조하기 때문이라고 생각한다(행 2:22). 그리스도론적 칭호들은 영지주의자들에 의해 사용되었을 것이다. 샌더스(Jack Sanders)는 누가가 그리스도교의 유대교적인 형태들에 대항하여 논쟁을 한다고 생각한다. 즉, 누가는 기본적으로 반셈적이며 유대인들이 복음을 거부한 것을 항상 하나님께 반역을 해온 백성의 전형으로 간주한다(행 7:51－53; 참조, 행 2:36; 3:14－15; 13:27).

변증적 목적

사도행전은 분명히 변증적 가치가 있다. 법정에서 재판을 받게 될 바울을 위하여 변호하고, 기독교가 허용되어서는 안 된다고 하는 이유들과 관련된 다양한 비난들에 대하여 응답하고, 좀 더 구체적으로 유대교와 일치하지 않는 가르침의 비난에 대하여 변증하고, 바울이 예수와 같이 반복적으로 반대에 직면하는 경우들을 다루면서 바울이 무죄로 방면될 수 있었음을 암시하는 등 변증적 가치가 있다. 또한 사도행전 전편에 공격적 어조와 방어적 어조가 흐름을 감지할 수 있는데, 사도행전은 하나님이 그리스도를 변호하셨다는 공격적인 주장으로 시작하여, 스데반의 변호, 유대인들과 및 이교도들과의 여러 논쟁들, 바울의 여러 가지 변호, 그리고 마지막에서 이사야 6장 9, 10절을 담대하게 사용하는 것으로 끝난다. 이러한 것들을 고려할 때에, 사도행전은 좁게는 로마에서 재판을 받을 바울을 변호하기 위하여, 혹은 넓게는 기독교를 로마제국으로부터 방어하기 위하여 저술되었다는 것이다. 사도행전은 그리스도교가 합법 종교로서 공식적인 지위를 부여받아야 한다고 로마정부를 설득하려는 노력으로 저술된 것으로 본다. 유대교는 로마 세계에서 법적으로 인정을 받는 종교였으나, 그리스도교는 그렇지 못했다. 누가는 그러므로 그리스도교는 유대교의 산물임을 증명하려는 것이다. 그리스도인들은 박해를 받아서는 안 되고, 유대인들과 동일한 법적 재가를 수여해야 한다는 것이다. 누가는 그리스도인들의 정치적 무죄를 강조하고, 정치적으로 파괴분자가 아님을 보여 주려고 하는 것 같다(행 18:14; 25:18; 26:32). 또한, 누가는 유대인의 반대에 변증적으로 반응하며, 화해를 제기하기 위해서 사도행전을 썼다고 보기도 한다. 특히 누가는 유대인들에게 바울을 변호하고 바울이 수행한 이방인 선교를 합법화한다. 유대인들과 유대인 그리스도인들을 향하여 바울을 변호하는 것이다.

전도적 목적

로마 세계에 대하여 누가는 단순히 그리스도인들을 박해받지 않게 하려는 것을 넘어서, 그리스도교를 방어하는 차원이 아니라, 이방인들을 회심시키기 원해서 사도행전을 썼다는 것이다(행 13:7 − 12; 16:25 − 34; 26:25 − 29; F. F. Bruce; J. C. O'Neill). 사도행전을 누가복음의 목적과 밀접하게 결합하여 고려한다면, 누가가 복음 전도적 목적을 마음에 생각하고 있었으리라고 기대할 수 있을 것이다. 누가의 즐겁게 해 주는 이야기 스타일은 청중에게 매력적이었으며, 연설들은 다양한 형태로 된 복음을 담고 있다. 마샬(I. Howard Marshall)은 누가 저작에서 구원의 중요성을 오랫동안 강조해 왔는데, "예수께 대한 증거", "복음에 대한 증거"라는 어구들을 사용하여 사도행전의 목적을 묘사한다(*The Acts of the Apostles* [Sheffield: JSOT Press, 1992] 43 − 46). 마샬은 이것을 교회를 향하여 주시는 명령으로 파악한다. 그러나 불신자들에 대한 전도를 목적한다고 이야기할 때, 사도행전의 일차적인 청중은 이교도가 아니라, 그리스도인들이었다는 사실을 기억할 필요가 생긴다.

신학적 목적

이는 초대교회의 삶에 신학적 위기가 일어남으로 인하여 이에 대처하기 위하여 누가-행전을 저술하게 되었다는 것이다(H. Conzelmann). 문제는 파루시아의 지체였다(고전 7:29-31 참조). 예수의 지상 생애 기간은 "시간의 중간"을 나타냈다. 그것은 모든 역사의 중심이지만, 그 앞에 긴 "이스라엘 기간"이 있었고, 또 뒤에 긴 "교회 기간"이 따를 것이다. 사도행전은 이 교회 기간이 어떻게 시작되었으며 이러한 때 삶과 신앙이 무엇과 같아야 하는지 설명하기 위한 것이다. 마샬(I. H. Marshall)은 누가복음과 사도행전은 특정한 구원관을 제시하려고 저술되었다고 본다. 구원은 하나님께 속하는 것인데(행 28:28), 이 신적인 특권이 이제 부활하고 높임을 받은 주 예수에게로 옮겨졌음을 사도행전은 강조한다고 본다(행 2:36; 2:21). 슈버트(Paul Schubert)는 구약에 계시된 하나님의 계획을 "예언으로부터의 증거"라는 구도에 따라 해석하는 것으로 본다. 또 하나는 "약속과 성취"의 모티브를 중심으로 이해하는 것이다. 이는 누가가 하나님의 약속들의 확실한 성취를 선포하기 위하여 저술했다고 본다. 또한 좀 더 구체적으로 다음과 같은 신학적 쟁점들을 해결하기 위하여 누가가 사도행전을 저술했다고 보기도 한다. 하나님의 백성의 정체는 무엇인가(See J. Jervell, *Luke and the People of God* {1972}), 기독교의 "도"(the Christian "Way")가 진리라면 이것은 이스라엘에 관하여 무엇을 말하는 것인가, 누가는 중심에 유대인들에게 호의적이었는가, 호의적이지 않았는가, 믿는 유대인과 믿는 이방인 간의 관계는 무엇인가, 예루살렘 회의에서 나온 사도적 교령(행 15장)은 이 문제와 어떻게 관계되는가, 누가는 기독교인들에게 바울의 이방인 선교를 정당화하려고 하는가?

목회적 혹은 교화적 목적

사도행전이 일차적으로 신자들을 향하여 말하는 것이라면, 누가의 목적은 그들의 믿음을 강하게 함과 동시에 그들에게 목회적 안내를 제공함일 것이다. 반 우닉(W. C. van Unnik)은 "복음의 확증"을 제공하는 것으로 본다. 매독스(Robert Maddox)는 누가의 목적은 그의 독자들로 하여금 의심하게 만들 수도 있을 도전에 맞설 수 있게 하는 것으로 본다. 예를 들면, 왜 유대인들은 예수를 그들의 고대 예언을 성취하는 분으로 인정하지 않았을까? 하는 문제에 답하는 것이다. 누가는 단순히 역사를 제공하기 위한 것이 아니다. 그는 의식적으로

'주의 깊은 역사적 기사'를 쓰고 있는 것이다. 이는 확실히 믿음에 관한 확실성을 가져다줄 믿을 만한 보고를 얻고자 하는 데오빌로(와 다른 사람들)의 필요를 부분적으로 채워 줄 것이다. 매독스는 그리스도교 복음과 가르침의 진리에 관한 이 확신을 누가의 목적에 있어서 중심적인 것으로 본다(*The Purpose of Luke — Acts* [1982]). 에슬러(Philip Esler)는 그리스도교 운동에 "정치적 합법화"를 제공하기 위하여 누가는 그리스도인들은 좋은 로마 시민들로 제시한다. 로마 그리스도인들은 그들이 받아들인 신앙의 합법성에 의문을 가졌을지 모른다. 예수에 대한 신앙은 로마에 대한 충성과 양립하지 못하는 것이 아니다. 그리스도교 신앙을 방어하거나 그리스도교 신앙을 받아들이도록 하는 사도행전의 자료들에 초점을 맞춘다. 그러나 매독스와 에슬러는 이 호소는 이미 울타리 안에 들어온 자들에게 하는 것으로 해석한다. 또한 카리스(Robert Karris)는 누가는 그의 공동체에 하나님은 미쁘시며 하나님의 약속들은 성취될 것임을 확신시켜 주는 데 관심을 두었다고 한다.

결론

{자료: Powell, *What Are They Saying about Acts?* 20; Marshall, *The Acts of the Apostles*, 22 — 23, 45 — 46; Gasque, *A History of the Interpretation of the Acts of the Apostles*, 125 — 26, 355}

누가의 목적을 탐구하고 인식함에 있어서 가장 중요한 것은 증거가 복수적임을 인식하는 것이다. 사도행전은 복잡하고, 그 신학은 풍부하고, 교회의 선교는 멀리까지 미치는 것이다. 단 하나의 지배적 목적을 찾을 필요가 없고, 부수적 목적들과 다양한 강조들을 인식해야 한다. 그러나 누가는 다양한 구체적인 목적들을 가지고 썼을 것인데, 이 목적들은 더 크고, 일반적인 목적, 곧 그리스도인들의 교화를 위한 것으로 보는 것이 가장 좋다. 누가는 기독교 신앙의 역사적 기초를 묘사하고, 그 당시의 교회가 성서역사의 절정임을 보여 줌으로써, 이제 막 기독교 신앙으로 들어온 사람들을 완전한 믿음과 결신 위에 굳게 설 수 있도록 하려는 목적을 가진 것으로 본다(Carson & Moo).

4.2 초기(원시) 기독교의 출현

{자료: Elwell and Yarbrough, *Encountering the New Testament*, 201-205; McDonald and Porter, *Early Christianity and Its Sacred Literature*, 225-273; Arthur G. Patzia, *The Emergence of the Church: Context, Growth, Leadership & Worship*(Downers Grove: IVP, 2001); Oskar Skarsaune, *In the Shadow of the Temple: Jewish Influences on Early Christianity*(Downers Grove: IVP Academic, 2008) 147-63; Paul Barnett, *The Birth of Christianity: The First Twenty Years*(After Jesus 1; Grand Rapids: Eerdmans, 2005)}

사도행전은 우리에게 가장 이른 기독교 즉 원시 기독교의 출현에 대하여 일차적인 자료를 제공한다. 그러면 초대 그리스도인들은 어떤 사람들이었는가?

4.2/1 초대 그리스도인들

예수의 죽음과 부활이 아직 두 달도 지나지 않아서 오순절 때에 그리스도의 영이 예루살렘에서 그의 핵심적인 추종자들 가운데 새롭게 운행하셨다. 오순절 날 성령의 오심으로 인하여 제자들은 어떤 의미에서 전혀 다른 사람들이 되었다. 그들은 그리스도 안에서 새로운 사람이 되었다. 이 새로운 사람들로 예루살렘에서 시작된 초기(원시) 기독교는 사도행전 1:8의 구도에 따라 점점 확장되어 나갔다.

자기 이해

초대 그리스도인들은 자신들을 어떻게 보았는가? 그들은 자신들을 하나님의 백성과 구약 약속들의 상속자들로 보았다(갈라디아서 3장 참조). 그들이 전한 메시지는 "복음"이라고 불렸다. 이 좋은 소식은 예수를 중심으로 했다. 그들은 예수 그리스도를 주님으로 선포했다. 그들은 자신들을 도를 따르는 자, 형제, 제자, 신자(믿는 자), 성도, 그리스도의 종, 이스라엘의 남은 자, 참이스라엘, 교회, 증인들, 그리스도인들이라 묘사하거나, 또는 그렇게 묘사되었다(행 11:26).

예수 신앙

초대 그리스도인들은 구약을 그들의 성경으로 사용했고, 여러 가지 점에서 유대인들과 같은 신앙을 공유했다(행 23:6 참조). 그러나 유대인들과 그리스도인들이 모든 점에서 일치한 것은 아니었다. 그들은 특히 예수에 관하여 의견이 달랐다. 그들의 차이는 특히 예수에 관한 것이었다. 그리스도인들은 예수의 독특성을 주장했다. 예수 안에서 하나님 자신이 인간의 형태를 취하셨다는 놀라운 주장을 했다. 그러나 이는 하나님이 둘 이상 있다는 것을 의미하지 않았다. 오히려, 삼위일체의 하나님을 이야기하는 것이었다(요 5:18; 10:30; 빌 2:6; 골 2:9 참조). 또한 초대 그리스도인들은 예수의 죽음과 부활을 결정적인 사실로 받아들이고 선포했다. 예수의 죽음은 사람들의 죄를 속죄하기 위하여 죽은 것이었으며, 예수가 세상의 유일한 구주라고 주장했다(행 4:12; 롬 10:9).

공동체 삶

예수는 그의 제자들을 선교하는 일로 부르고(행 1:8; 마 28:19, 20), 그의 추종자들의 공동체를 세우려는 의도가 있었다(마 16:18; 18:17 이하). 초대 그리스도인들은 공동체를 형성하고, 점차 교회의 조직을 세워 나갔다. 처음에는 단순한 조직이었으나(행 2:42-46), 조직이 확장되어 나가고(행 6:1-6), 장로들(행 11:27-30), 사도들, 예언자들, 복음 전도자들, 목사들과 교사들(엡 4:11), 집사들과 감독들(빌 1:1)이 생겼다. 교회가 조직화되어 가는 과정에도 여전히 성령 은사를 나타내는 순회 예언자들과 교사들의 활동이 있었다.

초대 그리스도인들은 집에서 모였다. 그들은 모여서 예배를 드렸다. 초대 교회 예배에서 케리그마(선포, 설교)와 디다케(교훈)의 요소가 있었고, 신조와 신앙고백, 찬송, 윤리 교훈들이 있었다. 이들의 단편이 신약성경에 남아 있다. 예전의 요소와 표현들에는 기도, '아바', 주의 기도, '아멘', 송영들, 축도들, '마라나다', '할렐루야', 기도와 금식 등이 포함되었다. 그리스도인들은 예수가 부활하신 주의 날을 기념하였고, 물건을 통용하고, 성도들을 위하여 헌금을 하였다. 성례전으로 주의 만찬과 세례를 거행했다.

선교

초대 그리스도인 공동체는 예루살렘에서 시작하여 "땅끝"까지 확장되었으며, 이 과정에서 점차 아람어/히브리어를 말하는 유대인들(히브리파 유대인들), 헬라어를 말하는 유대인들(헬라파 유대인들), 디아스포라 유대인들, 유대교에 이끌린 이방인들, 그리고 이방인들로 구성되었다. 처음에 교회는 유대교를 실천하는 사람들과 구별하지 않았다. 그러나 헬라파 유대인 그리스도인들이 이방인들에게 복음을 전한 안디옥에서부터 점차 분리되기 시작하여, 주후 132－135년의 바코크바 반역 이후에 완전히 분리되었다.

4.2/2 초대 교회의 케리그마

초대 교회는 어떤 메시지를 선포하였는가? 케리그마는 선포된 것, 설교된 것, 전파된 것 등의 뜻을 가지고 있으며, 실제로 초대 교회 설교의 내용, 즉 예수에 대해 설교하고 있는 것을 말한다. 초대 기독교인들의 설교 내용은 예수 그리스도 안에서 행하신 하나님의 능하신 행위에 대한 것이었다.

내용

초대 교회의 케리그마를 좀 더 구체적으로 말하면 다음과 같다. (1) 선지자에 의해서 예언된 메시아 시대가 도래했다(행 2:16－21). (2) 메시아 시대의 성취는 예수 그리스도의 삶과 죽음과 부활을 통해 입증된다(행 2:24－31). (3) 부활로 말미암아 예수는 높임을 받으신 주님이시다(행 2:33－36). (4) 교회 안에 있는 성령의 임재는 하나님이 그 백성과 함께하신다는 표지이다(행 2:23－47). (5) 그리스도께서 세상의 심판자와 구주로 다시 오실 것이다(행 3:20－26). (6) 회개하라. 그리하면 죄의 용서를 받을 것이고, 구원의 보증으로 성령을 받을 것이다(행 2:38).

4.3 사도행전의 연설들

{자료: Powell, *What Are They Saying about Acts?* 30−32; Liefeld, *Interpreting the Book of Acts,* 61−77; Marion L. Soards, *The Speeches in Acts: Their Content, Context, and Concerns*(Louisville: Westminster/John Knox, 1994); Steve Walton, *Leadership and Lifestyle: The Portrait of Paul in the Miletus Speech and 1 Thessalonians*(SNTSMS 108; Cambridge: CUP, 2000) 17−32; C. H. Dodd, *The Apostolic Preaching and Its Development*(1956)(=윤종은 역, [사도적 설교와 그 전개], 한국장로교출판사, 2001); Gasque, *A History of the Interpretation of the Acts of the Apostles,* 209−35; Martin Dibelius, *Studies in the Acts of the Apostles*(ed. Heinrich Greeven; tr. Mary Ling; New York: Charles Scribner's Sons, 1956) 138−85; F. F. Bruce, *The Speeches in the Acts of the Apostles*(London: Tyndale, 1942) 8; Conrad Gempf, "Public Speaking and Published Accounts", in *The Book of Acts in its Ancient Literary Setting*(ed. B. W. Winter and A. D. Clarke; Grand Rapids: Eerdmans, 1993) 259−303(특히, 259)}

사도행전의 약 1,000절 가운데 300절 이상이 여러 인물들에 의해 행해진 연설이다.

4.3/1 본문들

연설이 나타나는 본문들은 다음과 같다: 1:16−17(베드로); 1:20−22(베드로); 2:14−40(베드로); 3:12−26(베드로); 4:8−12(베드로); 4:19−20(베드로); 5:29−32(베드로와 다른 사도들); 5:35−39(가말리엘); 7:2−53(스데반); 10:34−43(베드로); 11:4−17(베드로); 13:16−41(바울); 15:7−11(베드로); 15:13−21(야고보); 17:22−31(베드로); 19:35−40(에베소의 서기장); 20:18−35(바울); 22:1−21(바울); 23:1−6(바울); 24:1−8(변호사 더둘로); 24:10−21(바울); 25:8−11(바울); 26:2−29(바울).

4.3/2 연설에 대한 평가

이 연설들을 어떻게 읽을 것인가?, 시도행전 연설의 역사적 가치는 무엇인가?,

누가의 창작인가?, 역사적 기초가 있는 것인가?, 연설들은 실제로 말하여진 것에 대한 의존할 만한 보도들인가?

가장 중요한 부분

전통적으로, 20세기 전반에는 이 연설들이 사도행전의 가장 중요한 부분으로 간주되었다. 사도들이 선포한 복음의 실제 내용을 나타낸다고 생각되었기 때문이다. 연설들은 케리그마, 즉 사도적 메시지의 본질적 내용을 보존한다고 보았다. 그러나 오늘날 대부분의 학자들은 정반대로 생각한다. 사도행전의 연설들은 누가가 그의 문학적 면허를 가장 자유롭게 행사한 부분을 나타낸다고 본다. 누가는 연설들을 작성하고, 그가 보도하는 사건들을 어떻게 해석해야 하는지에 대한 자신의 이해를 제시하기 위하여 그것들을 주요 지점에 삽입했다는 것이다. 이러한 견해에 결정적인 영향을 끼친 사람은 디벨리우스(Martin Dibelius)이다. 그러나 브루스(F. F. Bruce)와 가스크(W. Ward Gasque)는 연설의 역사적 기초를 옹호한다. 또한 월튼(Steve Walton)은 바울의 밀레도 연설에 대한 연구를 통하여 누가가 사도행전에서 제시하는 바울의 밀레도 연설은 바울이 데살로니가인들에게 쓴 편지에 나타나는 내용과 일치함을 보여 준다.

역사적 정확성

사도행전의 연설들이 짧으므로 우리는 연설의 축약판을 보고 있는 것이라는 근거에서 사도행전의 연설들의 정확성을 반대할 수 있다. 그러나 축약은 연설을 보도할 때에 통상적으로 필요한 것이기에 쟁점은 축소 자체가 아니다. 중요한 것은 기억의 문제요 내용과 흐름에 대한 충실성의 문제이다. 예를 들면, 같은 대화를 기록하는 사도행전 10장 3-6절과 사도행전 10장 30-32절은 본질적인 내용이 동일하다. 디벨리우스의 전통을 따르는 사람들은 누가가 직접 듣지 못한 연설들에 대하여 누가 자신의 신학적 관심을 반영하며 자기가 하고 싶은 말을 하도록 연설을 작성했으리라고 주장할 것이다(Thucydides, *History of the Peloponnesian War* 1.22.1: 그는 "경우에 적절한" 말과 연설자가 "그것들을 표현했을” 방식에 일치하는 말을 연설자의 입에 넣었다고 말한다). 그러나 누가를 그의 원자료에 대비하여서 점검할 수 있는 곳에서, 누가는 주의 깊게 연설을 보도한다는 것이 입증된다. 예를 들면, 누가복음과 마태복음의 평행을 비교하게 되면, 둘 사이에 일어난 언어의 차이가 본질적 내용을 왜곡하지 않음을 알 수 있다. 또한 누가의 신학적 관심이(사도행전의 연설의 바탕이 된) 그의 자료의 신학적 관심과 다르다고 가정하는 것은 잘못이다. 저자가 그의 사상을 제시하기 위하여 그의 원천 재료들을 왜곡했다고 가정하는 것은 합법하지 않다. 겜프(Conrad Gempf)의 연구에 의하면, 고대 역사에 포함된 공적인 연설은 두 가지 목표를 가지는 것으로 보아야 하는데 곧 역사적 사건에 적절할 것과 전체로서의 역사적 작품에 적절해야 한다는 것이다.

4.4 사도행전을 어떻게 읽을 것인가?

사도행전은 세 가지 각도에서 읽을 수 있다. 이는 사도행전 연구의 역사에서 차례로 반영되어 왔다. 즉, 역사로, 신학으로, 그리고 문학으로 읽는 것이다.

4.4/1 역사로 읽기

{자료: Barnett, *The Birth of Christianity*(2005) 187－205; Powell, *What Are They Saying about Acts?* 80－95; Hemer, *The Book of Acts in the Setting of Hellenistic History*, 1－29, 63－243}

최근에 학자들은 사도행전의 신학적 가르침에 더 많은 관심을 보이고 있는 실정이다. 그러나 우리는 여전히 누가의 역사적 공헌에 더 많은 신용을 줄 필요가 있다. 보통 사람들은 사도행전을 초대 교회의 역사책으로 읽기 쉽고, 또 교회는 오랫동안 사도행전을 역사로 읽어 왔다. 사도행전은 초대 교회의 형성기에 일어난 일에 대하여 기록하고 있는 유일한 책이라는 사실은 사도행전의 역사적 가치를 돋보이게 한다. 여기에 두 가지 질문이 생긴다. 하나는 누가가 그 당시의 다른 역사가들과 어떻게 비교되는가? 하는 문제요, 또 하나는, 물론 가장 이른 교회의 역사에 관하여서이지만, 교회사를 저술함에 있어 사도행전을 어떻게 자료로 사용할 수 있는가? 하는 문제이다. 이 두 질문을 간단하게 다루고, 실제로 사도행전에 나타나는 재료의 역사적 가치를 검토하도록 하자.

고대인들 가운데의 누가

사도행전을 하나의 역사 "소설"로 읽는 학자가 있다(예: R. Pervo). 그러나 많은 학자들은 누가를 역사가로 인정한다. 물론 사도행전은 현대적 의미에서의 역사 저작은 아니나, 고대 역사 저술의 범주에 들어갈 수 있다는 것이다. 학자들은 고대의 역사가들에게서 기대되는 것들을 사도행전에서 기대할 수 있다는 결론에 이른다. 예를 들면, 헬레니즘 시대의 유대 저술들(예: 마카비 1서, 마카비 2서), 헬라 저자들(예: 리비[Livy])에 대한 비교, 디오니시우스(Dionysius), 루시안(Lucian)에 대한 비교 연구를 통하여 학자들은 누가가 그 자신의 시대의 틀 안에서 볼 때 유능한 역사가라는 것을 인정한다. 사도행전에는 고대 역사적 기사의 특징들, 즉 서문(눅 1:1 - 4; 행 1:1 - 5), 목격자(눅 1:2; 행 1:3; "우리" 문절들), 그리고 연설들이 나타난다.

교회 역사를 위한 자료로서의 사도행전

사도행전의 역사적 가치에 대한 평가는 학자에 따라 다르다. 바레트(C. K. Barrett)는 누가에게 있어서 역사는 설교(preaching)와 분리될 수 없음을 관찰하고, 처음 기간의 교회에 대한 언급과 누가 자신 시대의 교회에 대한 언급을 구별하여 교회의 역사 자료로 사용해야 할 것을 지적한다. 뤼데만(Lüdemann)은 "전승"(궁극적으로 누가의 구전 또는 성문 자료들에서 오는 것들)과 "편집"(누가 자신의 평집 활동에서 오는 것들)을 분리하고 구별하는 방식으로 바레트의 제안을 수행한다. 그는 사도행전에 편입된 전승들의 역사적 가치의 문제를 다루면서 사도행전의 역사적 가치를 다룬다. 헤머(C. Hemer)는 바울의 동행자를 사도행전의 저자로 보기 때문에 전승과 편집의 구별의 필요성을 느끼지 않는다. 다만 누가가 진리를 말하고 있느냐 하는 것이다. 그는 누가가 말하는 것을 다른 것에 비추어서 역사적 정확성을 검토하고, 입증할 수 없는 주장들에 대한 전망을 얻을 수 있다고 본다. 그는 뤼데만보다 사도행전의 역사성을 훨씬 더 많이 긍정한다.

사도행전 안에 있는 재료(내용)의 역사적 가치

{자료: Gerhard A. Krodel, *Acts*(ACNT; Minneapolis: Augsburg, 1986) 103 – 4; Powell, *What Are They Saying about Acts?* 87 – 88, 90 – 94; Walton, *Leadership and Lifestyle*, 2 – 13; F. F. Bruce, "Is the Paul of Acts the Real Paul", *BJRL* 58(1976) 282 – 395; Gasque, *A History of the Interpretation of the Acts of the Apostles*, 359}

사도행전의 역사적 읽기를 얻기 위하여, 우리는 사도행전 안의 재료를 다른 자료들에서 얻은 증거들과 비교하게 된다.

다른 자료들에 의해 확인된 재료(내용)

로마제국의 역사를 연구하는 역사가요 로마법과 행정에 대한 전문가인 셔윈 – 화이트(A. N. Sherwin – White)는 사도행전의 지리, 정치, 법, 행정에 관련된 문제들의 역사성이 압도적임을 밝힌다. 예를 들면, 누가는 빌립보와 데살로니가의 행정직에 대한 명칭을 정확하게 구별하여 사용한다(행 16:35["상관들", "부하"; *praetors, lictors*]; 행 17:7["읍장들", *politarchs*]). 이러한 세부사항에 대하여 성서학자들이 사도행전의 역사성을 의문시하는 것은 불합리하다고 본다. 히와트(Gordon Hewart)는 사도행전이 '팍스 로마나'와 그것이 의미하는 모든 것을 가장 잘 묘사하고 있다고 본다. 사도행전의 후반부에 있는 로마 관리들 앞에서 받는 바울의 재판에 초점을 맞춘 연구에서 타지라(Harry Tajra)는 사도행전의 법률 용어, 형법절차, 및 국가 기관들과 같은 문제의 처리에 있어서 본질적으로 정확하다는 결론을 내린다. 헹엘(Martin Hengel)은 사도행전에 묘사된 로마세계에 관한 많은 모호한 세부사항들이 유대 – 로마 역사가 요세푸스의 저술들에서 확인됨을 주목한다(행 5:36 – 37; 21:38). 이렇게 배경의 문제들에 있어서 사도행전은 주목할 만하게 정확한 것으로 평가된다.

사도행전은 또한 바울 자신의 편지들에 의해 제공된 정보와 일치하는 바울의 생애에 관하여 많은 세부사항을 제공한다. 크로델은 열한 개 이상의 이러한 것의 목록을 제공한다. (1) 바울은 자신이 그리스도인이 되기 전에 그리스도인들을 박해했다. (2) 바울은 그의 유대인 조상의 유전에 열심인 바리새인이었다. (3) 바울은 한 번은 광주리에 달려 도시 성벽으로 내려져 다메섹에서 빠져나갔다. (4) 바울은 첫 번째 예루살렘 방문 이후 수리아와 길리기아로 갔다. (5) 바울은 안디옥에서 바나바와 함께 일했다. (6) 바울은 안디옥, 이고니온, 루스드라에서 박해를 만났다. (7) 바울은 이방인 그리스도인들에게 할례를 받을 것을 요구하지 않았다. (8) 바울은 안디옥에서 바나바와 다툰 후 선교 여행에서 실라와 디모데를 데리고 갔다. (9) 바울은 빌립보, 데살로니가, 아덴, 고린도, 그리고 에베소에 교회를 세웠다. (10) 바울은 손수 일하여 자신을 부양했다. (11) 바울은 고린도와 에베소에서 브리스길라와 아굴라를 만났다. 바울에 대한 것 이외에도, 사도행전의 다른 사람들에 대한 세부사항들이 때때로 바울의 편지에 들어 있는 정보에 의해서 확인이 된다(행 18:24 – 28; 고전 16:12; 행 15; 20; 21:17 – 26; 갈 2:9 참조).

평행이 없는 내용

사도행전에서 제공되는 막대한 대다수의 정보는 다른 자료들에 의해 확인되지도 않고, 또 의문시되지도 않는다. 이러한 내용들에 대하여 콘첼만(Hans Conzelmann)과 캐드베리(Henry Cadbury)는 정확성에 의문을 던지나, 브루스(F. F. Bruce)와 마샬(I. H. Marshall)은 대체로 정확하다고 본다. 다른 곳에 있는 자료와 비교하여 정확성이 입증되는 재료들을 고려할 때에, 다른 곳에 평행이 없는 재료에 대하여 정확성을 의문시하고 들어가는 것은 적절하지 않아 보인다.

평행이 없는 사도행전 속의 내용에는 다음과 같은 유형이 있다. (1) 누가는 달리 알려지지 않은 상당히 많은 부수적 정보를 우리에게 제공하는데(행 1:23 – 26; 9:33; 9:36; 11:28[21:10]; 12:13; 16:4; 17:7; 17:34; 5:1, 9:10, 23:2), 특히 "우리" 부분에서 바울의 여러 지역에 대한 방문의 시간과 장소에 관하여 상세한 정보를 제공하기도 한다. (2) 다른 곳에서 발견되는 정보와 유사하지만, 그보다 더 구체적인 정보들을 포함한다(행 7:58//롬 11:1; 빌 3:5; 행 22:3//빌 3:5; 갈 1:14; 행 22:4; 26:10//갈 1:13; 행 13:44-46; 28:23-28//롬 1:16). (3) 많은 학자들이 본래 비역사적인 것으로 보려는 기사들이 있다. 지나치게 문학적인 이야기, 모험적인 이야기, 혹은 기적적인 이야기와 같은 것들이 여기에 속한다. 예를 들어, 사도행전 27-28장에 대하여 헹켄(Ernst Haenchen)은 그것이 고린도후서 11장 25절과 같은 본문에 의거하여 만들어진 이야기로 보나, 이러한 문학적이며 모험적이며 기적적인 이야기들이 누가가 묘사하는 대로 일어났음을 선험적으로 의심할 이유는 없는 것이다.

학자들은 다른 곳에 평행이 없는 사도행전의 내용의 개연적 역사성을 결정하기 위하여 시험을 하는데, 그것이 누가 자신의 숨겨진 의제에 이바지하는 여부를 기준으로 삼는다. 예를 들면, 바울이 다소 출신이라 하는 것(행 21:39; 22:3)에 대해서는 역사성을 인정하나, 바울이 로마 시민이라는 것(행 16:37-39; 22:25-29)에 대해서는 누가가 그리스도인들과 로마 간의 평화적 관계를 촉진하려는 목적에 이바지하는 것으로 보면서 의문을 던진다. 그러나 누가의 로마에 대한 "평화적" 목적을 사도행전에서 추론하고, 거기에 비추어서 로마 시민권의 역사성을 부인하는 것은 해석학적 순환의 오류에 빠지는 것이다.

다른 자료들과 긴장을 이루는 것으로 보이는 재료(내용)

다른 곳 특히 바울의 편지들에 표현된 것과 모순이 되는 것으로 보이는 내용이 있다. 예를 들면, 바울의 회심 후 예루살렘 방문과 관련하여 바울이 갈라디아서에서 말하는 것과 사도행전에서 말하는 것 사이에 긴장이 있는 것으로 보는 학자들이 있다(갈 1-2장[1:15-24; 2:1]; 행 9[9:27, 28-29, 30], 11, 15장). 몇몇 곳에서 사소한, 중요치 않은, 겉보기의 모순들이 나타나기도 한다. 예를 들면, 자신의 바리새인 됨에 대한 언급(갈 1:13-14; 빌 3:4-8[과거]; 행 22:3; 23:6[현재]), 다메섹에서 바울을 박해한 사람의 정체(고후 11:32-33[아레다 왕의 방백]; 행 9:23-25[유대인들]), 그리고 바나바와 다툰 이유(행 15:36-40; 갈 2:11-13) 등이다. 이러한 겉보기의 "모순들"에 대해서는 적절한 설명이 가능하다. 더 무겁고 의미 있게 논쟁이 되는 것은 사도행전의 바울과 바울의 편지에 나타난 바울 간의 관계이다.

이와 관련하여, 필하우어(Philipp Vielhauer)는 누가가 전기적으로 또 신학적으로 바울을 잘못 전한다고 주장한다. (1) 누가가 전하는 자연 신학을 옹호하는 바울의 아레오바고 연설(행 17:22-31)과 바울 자신이 강조하는 십자가의 복음을 전하는(고전 1:22-24) 바울의 신학은 모순된다. (2) 율법에 대하여, 바울은 편지에서 반대를 나타내나(롬 10:4; 갈 5:2), 사도행전은 율법에 충성하는 바울의 모습을 보여 준다(행 16:3). (3) 기독론에 있어서 사도행전의 바울은 그리스도의 선재와 예수의 십자가상 죽음의 구원하는 효과를 언급하지 않는다(행 20:28 예외). (4) 종말론에 있어서 사도행전의 바울은 임박한 종말론을 기대하지 않는다.

필하우어의 주장은, 하지만 일방적인 이해이다. 예를 들면, 바울의 편지에 자연신학이 나타나며(롬 1-3; 행 17:22-31), 또 바울은 반율법의 입장이 아니라, 반율법주의의 입장인 것이다. 더욱이, 브루스(F. F. Bruce)가 옳게 지적하는 것과 같이, (1) 행전에서, 바울은 그의 편지에 나타나는 것으로 보이는 것보다 더 적응할 수 있는 인물로 일관성 있게 묘사되고 있는데(아레오바고 연설, 디모데 할례 참조), 행전에 나타나는 적응을 잘하는 바울이라는 누가의 개념을 보증할 수 있는 것이 바울의 편지에 전적으로 없는 것은 아니다(고후 9:19-22 참조). (2) 누가의 비논쟁적인 바울의 모습은 사도행전에 생략되어 있는 것으로 인하여 독특하게 보이는 것이다(갈 2:11-14가 행전에 생략됨). (3) 행전의 바울과 편지의 바울이 상대하는 청중이 다르다는 사실도 간과하지 말아야 한다. 전자는 불신자였고, 후자는 신자였다(행 20:18-35; 20:21, 24, 32; 20:28 참조). 그리고 (4) 당사자의 묘사와 제3자의 관점 간의 차이를 참작해야 한다.

바울의 편지를 일단 제쳐 놓고, 사도행전의 관점에서 바울을 보게 되면, 사도행전은 달리 알려지지 않은 다른 측면의 바울을 우리에게 흘끗 보여 준다. 바울은 복잡한 인물이다. 사도행전의 바울에 대한 그림은 우리가 편지들에서 가지고 있는 것을 완성하고, 또 채워 준다. "역사적 바울"에 이르기 위하여 사도행전은 필수적인 자료가 되는 것이다. 이와 관련하여, 사도행전을 바울의 연구 자료로 사용하는 것에 대하여 세 가지 견해가 나타난다. (1) 행전의 바울과 편지의 바울은(다른 측면이 부각됨에도 불구하고) 일관성이 있으며, 사도행전은 바울의 편지와 마찬가지로 바울 연구의 일차자료이다. (2) 행전과 편지는 각각 바울의 일방적인 모습을 보여 주며, 역사적 완전함을 위해서 둘을 다 필요로 한다. (3) 행전은 믿을 수 없으며, 바울의 편지에 의해서 계속 시험과 교정을 받아야 한다. 첫 번째 입장이 사도행전과 바울서신을 가장 공정하게 다루는 것으로 본다.

결론

사도행전의 역사자료로서의 가치에 대하여 어떤 결론을 내릴 수 있는가? 사도행전의 역사적 정확성에 대하여 회의를 제기하는 이유들은 설득력이 없다. 바울의 동행자였던 누가가 그 저자인 사도행전은 기독교의 기원에 대하여 가장 이르며, 믿을 수 있는 정보를 제공한다.

4.4/2 신학으로 읽기

{자료: Powell, *What Are They Saying about Acts?* 38－57; Liefeld, *Interpreting the Book of Acts*, 79－98; Marshall, *The Acts of the Apostles*, 55; Beverly Roberts Gaventa, "Toward a Theology of Acts: Reading and Rereading", *Int* 42(1988) 146－57}

사도행전의 저자 누가는 오래전부터 역사가이며 신학자라는 평가를 받아 왔다. 신학으로 사도행전을 읽는 데 있어 우리는, 사도행전의 신학적 목적에서 논한 바와 같이, 누가가 직면한 문제에 대하여 제공한 신학적 해답이나 공헌에 대하여 다루거나, 혹은 누가가 그 시대의 교회에 복음을 진술하고 선포하기 위하여 제시하는 신학적인 주제들, 예를 들면, 하나님, 예수, 그리고 성령에 대한 신학을 다룰 수 있을 것이다.

사도행전에는 많은 주제가 있으나, 중요한 것으로 높임을 받으신 그리스도, 성령, 기도, 찬송, 빈곤과 부, 종말론, 구원과 은혜, 하나님의 주권과 신적 필연성, 하나님의 백성, 교회와 교회의 사역 등을 들 수 있다. 신학적 견지에서 말을 하면, "사도행전"이라는 이름에도 불구하고, 누가가 궁극적으로 관심을 가진 것은 "신적" 행위들(*divine* acts)이다. 따라서 누가가 자세히 얘기하는 모든 것은 신학적 의의를 가진다. 이 가운데 특히, 누가는 하나님과 그리스도와 성령에 대하여 무엇을 말하는가?

하나님

누가의 하나님 개념의 두 국면이 사도행전 전체에 내재한다. 하나는 하나님은 역사를 통제하신다는 것이요, 또 하나는 하나님은 약속을 하시고 그것을 지키신다는 것이다.

역사의 주

누가에게 있어서 하나님은 역사의 주이시다. 누가는 하나님의 예지, 의지, 계획, 또는 목적을 강조하는 동사를 자주 사용한다. 하나님은 성경에 예언된 사건들을 성취하시고 실현하신다(행 1:16; 3:18; 13:27; 14:26). 하나님은 개인들의 운명은 물론이거니와 역사의 시간표와 지리적 경계도 결정하신다(행 2:23; 10:42; 17:31; 17:26). 하나님은 때와 계절을 정하시고 개인의 삶을 위한 목적을 정하신다(행 13:47). 하나님은 사람들의 일시적 운명(행 22:10)과 영원한 운명(행 13:48)을 지정하신다. 그런데 누가가 사용하는 가장 중요한 이러한 동사는 작은 헬라어 단어 *데이*(dei)이다. 이는 "필요하다, 필연적이다, 해야 한다"는 뜻을 가지며, 신적 필연성을 표현하는 단어이다(행 17:3; 1:22; 19:21; 23:11; 25:10; 27:24; 14:22; 9:6, 16; 13:46). 누가가 *데이*와 또 필연성을 표현하는 다른 술어들을 풍부하게 사용함은 신적 목적에 대한 심오한 감각을 나타내는 것이다. 하나님의 목적에 대한 강조는 성경의 성취로 또 드러난다(행 2:16-21; 15:15-17; 28:25-28). 또한 신적 안내에 대한 묘사들도 하나님의 계획의 실재를 증거한다. 하나님은 성령에 의한 안내(행 8:29, 39; 10:19; 11:12; 13:2-4; 16:6-7; 19:21; 20:22-23, 28), 선지자(11:28; 21:11), 천사(5:19; 8:26) 및 환상(10:3, 11-19; 11:5-10) 등을 통하여 사람들을 지시하신다. 하나님은 역사를 관리하고 계시며, 신적 계획에 따라서 역사의 과정을 지시하신다. 하나님의 계획의 중심은 구원이다. 구원의 역사(구속사)에 관심을 가지신다. 하나님은 구원의 역사를 관리하시는 분이다.

약속을 지키시는 분

누가에게 있어서, 하나님은 또한 약속을 하시고 약속을 지키신다. 누가의 글에서는 약속과 성취를 강하게 강조한다. 누가가 신약 사건들에 의해서 성취된 것으로 간주하는 구약 문절들은 단순히 예언이 아니라 약속이다. 약속의 성취는 하나님의 주권을 증거할 뿐만 아니라, 또한 하나님의 미쁘심을 증거하는 것이다. 1950년대에는 "예언으로부터의 증명" 모티프에 따른 누가-행전 이해의 패러다임이 지배적이었다. 여기에는 성경의 권위에 대한 변증적 동기가 있다. 1969년에 마틴 레제(Martin Rese)는 신약이 구약을 인용하는 것은 신약 사건의 합법성을 수립하기 위한 것(변증적, 변호적)이 아니라, 신약 사건의 의미를 해석하거나 설명하기 위한 것(교훈적)임을 주장했다. 카리스(Karris)는 1979년에 "예언으로부터의 증명" 학파를 다른 방식으로 재생시켰다. 예언 성취는 예언들 또는 사건들의 합법성이 아니라 예언과 사건 배후에 계시는 하나님의 미쁘심을 입증하려고 한 것임을 주장한다. 하나님은 약속을 하시고 약속을 지키신다는 점을 말하려는 것이다. 하나님은 유대 사람들에게 하신 약속들에 충실하신가? 하나님은 예수를 통하여 그리스도인들에게 하신 약속들에 충실하실 것인가? 이에 대하여, 사도행전은 "그렇다"라고 답한다.

그리스도

사도행전의 그리스도론과 관련하여 가장 많이 제기되고 논의되는 질문들은 다음과 같다. 즉, (a) 사도행전에는 일관성 있는 기독론이 있는가? (b) 사도행전의 기독론은 누가복음의 기독론과 일관성이 있는가? (c) 사도행전은 예수를 부재하시는 분으로 제시하는가, 임재하시는 분으로 제시하는가? (d) 어떻게 예수가 구원하시는가? 이 질문들을 논의한 후에, 사도행전에서 말하는 "높임을 받으신 그리스도"와 또 그와 관련된 추가적인 국면들에 대하여 좀 더 살펴보고자 한다.

사도행전에는 다양한 자료를 사용하는 데서 기인하는 여러 가지 상이한 기독론이 혼재한다(행 3:19－21)고 보는 사람이 있다(예: 로빈슨[John A. T. Robinson]). 그러나 설령 자료를 사용했다 할지라도, 전체로서의 작품의 신학은 저자 자신에게 속하는 것이다. 따라서 우리는 사도행전에 일관성 있는 기독론이 있다고 본다. 사도행전에 나타나는 그리스도에 대한 다양한 묘사는 누가의 사상의 도량이 큼을, 아니 좀 더 옳게는, 초대 교회의 기독론의 풍성함을 함의한다.

누가－행전의 신학적 통일성, 기독론의 통일성은 어느 정도인가?, 일관성이 없는가?, 일관성이 있는가?, 사도행전은 양자론적 기독론을 보존하는가?(행 1:22; 2:32－36; 10:37 참조) 이에 대하여 우리는 누가－행전의 기독론은 일관성이 있으며, 특히 사도행전의 기독론은 양자론적이라 할 수 없다고 본다. 예수는 부활로써 주와 그리스도이심을 입증하고 성취했다. 복음서에 나타난 예수의 묘사와 행전에 나타난 묘사에 차이가 있다면, 그것은 의도적이다. 즉, 사도행전에서 누가복음과 다르게 이야기하는 것은 부활 이후 그리스도인들 가운데서 일어난 의식의 변화를 반영하는 것이라 하겠다(“주”[행 10:36], “인자”[7:56], “하나님의 아들”[9:20], “그 선지자”[3:22－23; 7:37]; “구원”[눅 9:19－20; 행 4:12]). 사도행전의 기독론은 사도행전이 제시하려고 의도하는 부활 이후 관점에 비추어서 복음서의 기독론보다 좀 더 높은 것이며, 논리적인 발전이다. 보크(D. Bock)는 예수가 누구인지 설명하기 위하여 누가가 구약 문절을 사용한 법을 연구하였다. 그에 의하면, 복음서는 예수를 메시아로 일관되게 묘사하면서도, “메시아 이상”임을 함의하는 긴장이 들어 있는데(눅 29:42－43; 22:69), 이 긴장은 사도행전에서 풀린다고 본다. 그러나 존즈(D. Jones)는 복음서와 행전에서 무슨 의미 있는 구별이 있다고 보지 않는다. 즉, 복음서의 지상의 예수와 행전의 높임을 받은 주를 구별하지 않는 것이다. 예수는 처음부터 줄곧 메시아(그리스도)이시며 주이시다(행 2:21, 34－36; 10:36, 43). 지상의 예수와 높임을 받은 주는 연속성이 있는 동일한 분이다. 제자들은 예수의 부활로 인하여 그를 더욱 확실히 이해하게 되었다.

콘첼만(H. Conzelmann)의 누가신학 이해에 의하면, 그리스도는 교회에 부재하시다. 강림이 지체되어 교회는 주께서 부재하신 가운데 그 역할을 정의하는 신학적 투쟁을 해야 한다. 모울(C. F. D. Moule)은 예수가 하늘에 있으며, 따라서 일시적으로 부재하시는 것으로 본다. 그러나 이러한 이해는 다른 곳에 있는 바울의 진술과 상치한다(롬 12:3 − 13; 고전 12:1 − 27). 맥리(George MacRae)는 부재자 기독론 개념을 수정하고, 네 가지 "임재 양식"을 주목한다(*Int* 27 [1973] 151 − 65). (1) 예수는 성령의 사역을 통하여 계속 그의 추종자들을 안내한다(행 16:7). (2) 사도행전에서 예수의 임재의 실재와 능력을 전달하는 의미에서 계속적으로 예수의 이름에 호소했다("구원", 2:21; 4:12; "치유", 3:6; 6:18; "죄 사함", 10:43). (3) 예수는 복음의 설교를 통하여 임재한다(행 13:26). (4) 예수는 그의 추종자들의 삶에 임재하신다. 크로델(Gerhard Krodel)은 예수께서 하나님 우편에 앉아 계시나(행 7:36), 지상에서 활동적일 수 있다고 본다(행 9:4 − 5[예수의 제자들과 동일시함]; 1:1 − 3).

예수의 임재와 부재 여부는 승천 내러티브의 해석에 달려 있다(행 1:9 − 11). 콘첼만은 '출발'(떠남)의 시간으로 본다. 그러나 프랭클린(Eric Franklin)은 승천을 그의 승귀(하늘 보좌에 앉으심)를 가리키는 것으로 보며, 기도와 예배를 통하여 그에게 접근할 수 있다. 매독스(Robert Maddox)는 '살아 계신 주님'을 나타내는 것으로 이해한다. 누가는 다른 신약 저자들보다 예수와 그의 추종자들 간의 관계를 묘사하는 데 상이한 개념 모델을 사용하는 것일 뿐이다. 누가는 신자들 안에 있는 그리스도의 내주보다, 지상의 제자들과 하늘에서 다스리시는 주님 간의 계속적인 수직적 커뮤니케이션을 묘사한다.

사도행전은 예수와 구원을 연결한다(행 4:12; 16:31). 그러면, 구원의 의미는 무엇인가?, 예수의 구원역할은 무엇인가? "구원, 구주"는 사도행전에 9회 나타난다. 구원은 헬라 세계에서는 축복과 선물의 수여를 나타내고, 구약에서는 원수로부터의 구출을 가리킨다. 헬라적 배경에서, 댕커(F. Danker)는 "은인들"(benefactors)의 개념을 사용한다(행 10:38["선한 일을 행하시는 자"]; 또한 행 4:8 참조). 탈버트(C. Talbert)는 헬라신화에서 "죽지 아니하는 자들"로 변화함이라는 개념을 도입하여 이해한다. 구약적 배경에서 보쓰(G. Voss)는 외래 능력들의 간섭으로부터의 보호와 해방으로 구원을 이해한다. 미니어(P. Minear)는 예언자로서의 예수 개념으로 구원을 이해한다(행 3:22).

이들과 좀 다른 접근이 마샬(I. Howard Marshall, *Luke: Historian and Theologian*)에게서 나온다. 그는 구원을 누가-행전의 주요 주제로 본다(행 3:19 -20, 23; 7:25). 구원은 "하나님에게" 속한다(행 28:28). 하나님은 참된 구주이다(눅 1:47). 구원은 하나님의 선물이다(행 2:39; 11:18; 참조, 렘 31:34). 죄의 용서와 구원의 수여라는 이 신적 특권들이 예수에게로 옮겨졌다(행 2:36; 2:21). 사도행전은 구원을 공급하시는 분으로 예수를 제시하는데, 이 구원은 일차적으로 그의 고난과 죽음의 덕택에 의해서가 아니라, 그의 부활, 승귀, 및 계속적인 주 되심의 덕택에 의해서 이루어지는 것이라고 본다. 사도행전은 구원의 본질에 대하여 미래의 유익보다 현재의 유익을 강조한다. 즉, 죄의 용서와 성령의 선물을 말한다(행 2:11). 이것들은 회심을 통하여 받는다. 회심은 말씀을 수용함과 회개함(행 26:20) 그리고 믿음(행 8:12; 16:31)으로 이루어진다. 사람이 말씀을 받아들이는 것은 하나님이 말씀을 받아들이도록 사람의 마음을 준비시키시기 때문에 가능하다(행 2:40; 15:11; 18:27; 20:24).

높임을 받으신 그리스도

사도행전은 높임을 받으신 그리스도를 제시한다. 누가는 승천과 그리스도의 돌아오심에 대한 언급으로 사도행전을 연다(임박한 그리스도의 승천[1:1-2]; 그리스도와 사도들 간의 대화 및 승천 자체의 간결한 묘사[1:9]; 그리스도의 돌아오심에 대한 천사의 말[1:10-11]). 승천으로부터 그리스도의 높임을 받으심을 추론할 수 있겠으나, 누가는 승천이 그리스도의 높임을 받으심을 촉진했다고 말하지 않는다. 승천의 중요성에 대한 누가의 생각은 누가복음에서 볼 수 있다. 그는 승천을 암시하고(눅 9:51[*아날렙프시스*, "들어 올림"]; 또한 행 1:2 참조), 또 실제 승천 내러티브를 기록한다. 실제 승천 내러티브는 복음서 가운데 누가에만 나온다. 누가는 누가-행전에서 그의 내러티브의 중요한 시점에서 승천에 주의를 끈다. ① 복음서 중간: 예수께서 가이사랴 빌립보에서의 메시아 고백으로부터, 또 변화(변모)로부터 예루살렘 곧 그의 운명의 도시로 주의를 돌릴 때(눅 9:51), ② 복음서 말미(눅 24:50-51), 그리고 ③ 사도행전 초두(행 1:2, 9, 22). 하나의 작품으로 볼 수 있는 누가-행전에서 승천은 중간에 두 번 나오는 셈이다.

"높임 받은"이라는 말은 사도행전 2장 33절에서 베드로의 연설에 나온다. "하나님이 오른손으로 예수를 '높이시매'(*휘프소데이스*)." 십자가에 못 박혔던 이 예수는 하나님 우편에 앉으시고(시 110:1; 행 2:34–35), "주"(*퀴리오스*)와 "그리스도"(*크리스토스*)가 되셨다(행 2:36). "높이다"(*휘프소오*)라는 말은 신약에 20회 나온다(마 11:23; 23:12[2×]; 눅 1:52; 10:15; 14:11[2×]; 18:14[2×]; 요 3:14[2×]; 8:28; 12:32; 12:34; 행 2:33; 5:31; 13:17; 고후 11:7; 약 4:10; 벧전 5:6). 사도행전에는 높임을 받으신 그리스도에 대한 환상을 경험한 사람이 둘 있다. 스데반(7:55)과 바울(9:5)이다. 사도행전에는 예수의 높임을 받으심의 첫 번째 국면인 그의 부활을 빈번하게 언급한다(행 1:22; 2:24–32; 3:15; 4:2, 10, 33; 5:30; 10:40; 13:30–37; 17:18, 32; 23:6; 26:23). 부활과 승천은, 다른 이유 들 가운데 특히, 하나님께서 그리스도를 변호하셨다는 것을 신호하기 때문에 중요하다. 하나님이 그리스도를 변호하셨다는 주제는 예수의 부활을 선언하고(행 2:33), 그의 승천에 관하여 시편 110편 1절을 인용한(행 2:34–35) 뒤에 나오는 베드로의 연설에 등장한다(행 2:36).

그리스도의 승천과 높임을 받으심은 사도행전에서 종말론과 굳게 연합되어 있기도 하다(행 1:11; 2:35[=시 110:1]; 또한 행 1:6, 7; 2:17–21 참조). 사도행 전 3장 12–26절 특히 19–21절은 종말론과 관련하여 또 하나의 중요한(그리 고 해석이 어렵기도 한) 분문이다. 하나님이 "만유를 회복하실"(3:21), "유쾌하 게 되는 날"(3:19)이 무엇을 의미하는지(이스라엘[민족]의 회복? 행 15:16–18 참조), 또 "만유를 회복하실 때"가 그리스도의 돌아오심에 뒤이은 천년의 지상 통치 기간을 함의하는지 토론의 여지가 많으나, 확실한 것은 하나님께서 만유를 회복하실 유쾌하게 되는 그날에 하늘에 계신 그리스도 예수를 보내실 것이라는 점이다(행 17:31 참조). 예수께서 "하늘에 계시는 것"은 누가에게 있어서 승천 자체의 사건 이상으로 중요하고, 종말론과 연결되어 있으며, 따라서 일시적이다 ("…… 하실 때까지 ……"[행 2:35; 3:21]).

"높임 받으신 그리스도"는 사도행전 처음의 장들에서뿐 아니라, 또한 사도행 전 안에서 계속되는 주제이다. 즉, 높임을 받으신 그리스도와 관련하여 세 가지 추가적인 국면을 추구할 수 있다. 그리스도의 "이름"과 그리스도의 칭호들, 그리고 사도행전 끝 부분의 장들에 나오는 바울의 변호에 나타난 기독론 등이다.

누가는 예수의 "이름"을 빈번하게 언급한다. 그 이름은 육체적 불구를 치유하고(행 3:16), 사람이(영적) 구원을 받을 수 있는 유일한 이름이며(행 4:12), 가르치고 전함의 근거이며(행 4:17, 18; 5:28), 위하여 기쁘게 능욕을 받을 수 있는 이름이며(행 5:41; 9:16), 그 이름을 불러서 죄 사함과 구원을 받으며(행 2:21; 10:43), 또 그 이름으로 세례를 받는 것이기도 하다(행 10:48; 22:16).

사도행전에는 "예수"의 이름, "주", "그리스도"라는 술어가 두드러지게 눈에 띈다. 베드로는 "너희가 십자가에 못 박은 이 예수를 하나님이 주와 그리스도가 되게 하셨느니라."고 전파한다(행 2:36). 사도행전에서 예수는 아주 메시아(그리스도)와 동일시되고, 또 그의 주 되심이 강조된다.

바울의 재판과 그의 변호: 바울의 재판들과 각 재판에서 한 바울의 변호는 바울을 위한 변증으로서 중요하기도 하지만, 기독론적 가치를 위해서도 중요하다. 특히 사도행전 22장 8−10절(다메섹에 나타나신 주는 예수이다), 23장 6−8절(그리스도의 부활), 24장 24절(그리스도 예수를 믿는 도), 26장 9, 12−18절(예수의 이름과 바울의 다메섹 도상 체험), 그리고 26장 23절(그리스도의 부활과 그의 고난) 등이 주목된다.

성령

사도행전에는 성령의 역할이 크게 나타난다. "성령의 복음" 또는 "성령의 행전"이라 일컬어지기도 한다. 그런데, 사도행전에는 오순절 이후 인간에 대한 성령의 관계를 어떻게 제시하는가? 대부분의 학자들은 누가가 인간에 대한 성령의 관계를 오순절 이후 변한 것으로 제시한다고 간주한다. 즉, 외향적인 것에서 내향적인 것으로, 간헐적인 것에서 영구적인 것으로, 개인적인 것에서 집합적인 것으로, 민족적인 것에서 세계적인 것으로 변했고, '그리스도'의 영으로 알려지게 되어 인격적 특성과 특질을 분명히 인식할 수 있게 되었다고 보는 것이다.

인격

성령은 누구인가?, 또는 무엇인가? 성령에 대한 이해의 배경에는 헬라 사상과 히브리 사상이 있다. 헬라 사상에서는 '사람 내부에 있는 어떤 힘'으로 이해했다. 히브리 사상에서는 '사람 밖에서 활동하는 독자적 실체'로 이해했다. 사도행전(누가)의 성령 개념은 헬라사상과 구약사상의 요소들을 포함하기는 하지만 그것들을 뛰어넘는다. 성령은 한 '인격'으로 묘사된다(행 5:3, 9; 10:19; 13:2).

활동

성령은 무엇을 하시는가? 어떤 식으로든, 행전에서 성령에게 부여되는 역할은 꽤 제한적이다. 성령의 여러 국면들을 도외시하고(고전 6:11; 엡 4:30; 갈 4:22 -23 참조) 누가는 필요 불가결한 것이라 생각하는 하나의 기능에 집중한다. 즉, 성령께서 예수의 제자들에게 증인이 될 능력을 공급하는 것에 집중한다(행 1:8). 사도행전에서 "성령"은 약 육십(60) 회 정도 등장한다(또한 행 16:7 참조: "예수의 영"). 오순절 때(행 2장)와 여러 회심 때에 성령을 수여하신 것(행 8장; 10-11장)에 더하여, 여기저기서 편만하게 성령에 대한 언급이 나온다. 다음과 같은 것들을 추릴 수 있겠다. (1) 예수의 부활 후의 교훈들(1:2), (2) 성령의 수여와 세례에 관한 예수의 교훈(1:5, 8, 33, 38), (3) 성경의 영감(1:16; 4:25; 28:25), (4) 사도들과 다른 사람들의 인격과 사역(4:8; 6:3, 5; 7:55; 11:24; 13:9; 20:22), (5) 아나니아와 삽비라가 성령을 거슬러 속임(5:3, 9), (6) 빌립을 인도함(8:29-39), (7) 바울의 회심과 그 결과로 일어난 교회의 건강(9:17, 31), (8) 하나님께서 이방인들을 받으셨다는 표지(10:45-47; 15:8), (9) 바울과 바나바의 위임(13:2, 4), (10) 예루살렘 회의의 결정(15:28), (11) 인도함(16:6, 7; 20:22), 그리고 (12) 예언(20:23; 21:4, 10-11). 그러므로 성령은 모든 생각할 수 있는 시점에서 그리스도인의 생활과 사역에 스며들며, 또 사도행전이 가르치는 중요한 신학적 교훈 가운데 하나는 성령께서 이 시대의 하나님의 백성 가운데서 정규적으로 활동하신다는 것이라 말할 수 있겠다.

성령을 받음

성령은 어떻게 받아지는가? 누구에게 주어지는가? 베드로는 오순절 날 설교의 결론에서 모인 군중들에게 "회개하여 각각 예수 그리스도의 이름으로 세례를 받고 죄 사함을 얻으라. 그리하면 성령을 선물로 받으리니."(행 2:38)라고 말한다. 여기에는 회개와 세례와 성령의 선물 세 가지 요소가 나온다. 이는 믿음의 삶을 위한 신적 순서를 제공하는 것인가? 사도행전에 나타난 상황은 복잡하다. 누가는 회심 때에 일어나는 성령의 역사를 크게 다룬다. 이들을 보면 특히 성령 주심과 세례의 순서가 일정하지 않다. 성령은 세례를 받고 또 얼마의 시간이 지나서 안수를 받은 후에 임하기도 하고(행 8:14 - 17), 세례를 받은 후에 즉시 안수를 받을 때 임하기도 하고(행 19:1 - 7), 또 내적 믿음에 대한 신적 응답으로서 세례를 받기 전에 임하기도 했다(행 10:44 - 48). 그렇다면, 사도행전 2장 38절은 규범적인 것인가? 다른 예들은 예외적인 것인가? 중요한 것은, 순서는 다를 수 있으나, 세 가지 요소는 함께 가야 한다는 것을 누가가 말한다는 점이다. 성령 주심은 하나님께서 이방인들을 받으셨다는 증거일 뿐 아니라, 또한 그들의 회심 과정에 있어서 중요한 요소이다(이는 행 19:1 - 7에서 분명해진다.). 성령과 관련하여 다른 요소들, 즉 기도(눅 11:13; 3:21 - 22; 행 1:14; 4:31; 8:15, 17)와 안수의식(행 8:17; 19:6; 또한 9:17; 13:3 참조)이 종종 강조된다. 어떤 곳들에서 강조되는 이 안수의식은 사도적 권위의 중앙집권화를 함의한다. 그러나 성령의 선물은 궁극적으로 예수께서 주로 높임받으심과 연결되는 구원의 한 국면임을 관찰할 필요가 있다. 이러한 관점에서 볼 때, 성령은 예수에 의해 자신의 주권적 특권에 따라 주어진다. 사도행전의 이야기들은 회개하고, 기도하고, 믿음을 가지고, 세례를 받는 사람들에게 예수께서 성령을 주시는 경향을 나타낸다. 결국, 예수께서 누구든지 그가 선정하는 사람에게 성령을 주실 수 있고 또 주시는 것이다.

오순절 성령강림

오순절 성령강림을 어떻게 이해해야 하는가? 사도행전 2장의 오순절 성령강림은 가장 중요한 사건으로 취급되며, 동시에 사람들에게는 가장 당혹케 하는 사건이 되고 있다. 오순절 성령강림의 중요성은 그 이야기가 사도행전의 시작 근처에 나온다는 점, 교회가 가장 처음으로 체험한 것이라는 점, 그리고 요엘 2장을 언급한 점 등에 의해서 밝혀진다(성령강림은 예언의 성취였다.). 오순절 성령강림은 또한 그것으로부터 이끌어 내는 다양한 추론들 때문에 가장 당혹케 하는 사건이다. 그 참된 의의는 무엇이었는가? 바벨(창 11:1-9)의 역전으로 이해되어야 하는가? 성령의 도착은 이제 하나님의 백성이 역사의 끝에 서 있다는 것을 의미하는가? 신구약을 통하여 하나님의 백성의 연속성을 나타내는가? 하나님의 백성에게 능력 주심을 의미하는데, 그러면 하나님의 백성 위에 임한 성령의 세례와 그 동일한 영에 대한 예수의 체험 간의 관계는 무엇인가? 오순절 성령강림은 신자가 받을 성령 세례 곧 "두 번째" 은혜를 의미하는가? 방언의 은사는 특히 교회의 선교와 관계가 있는가 등등 수없이 많다. 분명한 것은, 사도행전은 성령의 사역에 대한 이해 없이는 올바르게 해석될 수 없고, 또 그 이해 없이는 오늘날의 교회 생활과 사역에 올바르게 적용될 수 없다는 것이다.

결론

누가는 사도행전에서 예수 그리스도와 성령을 통하여 우리와 상호 작용하시는 하나님에 관한 자신의 독특한 생각들을 나타낸다. 사도행전은 하나님 중심적이다. 하나님은 역사의 관리자이시며, 인간의 소망은 하나님의 약속에 의존한다. 사도행전은 또한 그리스도 중심적이다. 하나님은 예수를 높여 "만유의 주"가 되게 하셨다(행 2:36; 10:36). 사도행전은 또한 성령 중심적이다. 높임을 받으신 주 예수는 그를 따르는 자들에게 성령을 부어 주셔서 그들이 그의 증인들이 되게 하신다.

4.4/3 문학으로 읽기

{자료: Liefeld, *Interpreting the Book of Acts*(1995) 49-59; Powell, *What Are They Saying about Acts?* 96-106; Beverly Roberts Gaventa, "Toward a Theology of Acts: Reading and Rereading", *Int* 42(1988) 146-57}

누가는 노련한 이야기꾼이며 사도행전은 그의 기술을 잘 나타낸다. 문학적 감상은 신학적 해석의 관심과 분리되지 않는다. 문학적 읽기는 단지 심미적으로 사도행전을 평가하기 위한 것은 아니다. 신학적 해석을 돕는다. 사도행전 연구에 특히 두 가지 접근 방식이 사용되었다. 수사비평과 내러티브 비평(혹은 "서사비평")이다. 전자에 대하여 간단히, 그리고 후자에 대하여 좀 더 자세하게 설명한다. 우리는 내러티브로서의 사도행전의 특성을 진지하게 고려해야 한다.

수사비평

수사비평(Rhetorical Criticism)은 문학 작품이 그 의도된 독자에게 끼치는 그 특정한 결과 혹은 영향을 성취하는 수단을 식별하려고 시도하는 방법론이다. 특히 아리스토텔레스에게까지 거슬러 올라가는 고대 수사학 곧 설득의 기술 이론을 이용하여 사도행전 안의 연설들에 대한 연구가 시행되었다. 현대의 문학 비평가들은 작품의 커뮤니케이션 전략을 분석하고 이것을 효과적으로 하기 위하여 청중의 상황을 확인할 필요성을 점점 더 강조하는 이 수사비평에 대하여 계속 관심을 가지고 있다. 수사적 논증은 수사적 상황(rhetorical situation or exigency)에 대응하는 것이다. 사도행전의 연설에 나타난 수사적 특징은 연설자들이 다양한 기회들을 이용하여 복음을 전한다는 점이다.

내러티브 비평(서사비평)

{자료: Mark A. Powell, What Is Narrative Criticism?(1990); Robert C. Tannehill, "Narrative Criticism", in *Dictionary of Biblical Interpretation*(1999) 2:488−89; S. McKnight, *Interpreting the Synoptic Gospels*(1988) 121−37}

내러티브 비평(Narrative Criticism)은 이야기들이 말하여지는 방법들에 특별한 주의를 기울임으로써 이야기들을 해석하려고 시도한다. 수사비평과 (또 편집비평과) 다른 점은 작품이 원래의 독자에게 끼치려고 의도한 결과 혹은 영향을 결정하는 데 관심을 두지 않는다는 것이다. 오히려 작품이 어떤 때와 장소의 독자(본문에 의해 전제된 함의된 독자[*implied* audience], 즉 저자에 의해 상상된 독

자) 또는 이상적인 독자)에게든지 끼칠 것이라고 작품이 가정하는 효과 혹은 결과를 확인하는 데 목표를 둔다. 내러티브 비평은 보편적이며 시간을 초월하는 것으로 보이는 이야기하기(storytelling)의 일반적 관행에 비추어 문학을 해석한다. 내러티브 비평은 내러티브 자체의 조건으로 본문에 접근하는 것이다. 역사성의 문제나 배경의 문제는 잠시 제쳐 둔다. 즉, 독자는 자기가 읽고 있는 본문 안에 있는 것에만 초점을 맞춘다. 그렇다고 해서 이것을 극단으로 끌고 가서는 안 된다. 여전히 내러티브 본문 자체의 철저한 독해를 위하여 배경 정보의 지식을 대체할 것이 없다. 복음서 편에서 이미 설명하였으나 사도행전과 관련하여 내러티브 비평의 요소와 방법을 조금 더 서술하고자 한다(Liefeld).

해설자(화자, 내레이터)

사도행전에서 이야기를 말하는 해설자(화자, 내레이터, narrator, "화자") 또는 목소리를 고려한다. 내레이터는 이야기를 이해하는 데 필요한 많은 정보를 제공한다(행 23:8의 내레이터의 논평). 행전의 내레이터는 신뢰할 만하다. 누가는 내레이터로 하여금 독자를 오도하지 않게 하고 내레이터가 무엇을 말하든지 신뢰하게 한다. 또한, 내레이터가 독자와 의사를 소통하는 방식을 고려한다.

플롯(구성, 줄거리)

사도행전의 플롯(plot), 즉 줄거리는 등장인물들, 사건들, 그리고 갈등 등으로 전개된다.

관점

내레이터의 목소리는 권위 있으므로, 그것은 내러티브의 인물들의 행동들과 진술들을 판단할 수 있는 규범이 된다. 우리 사도행전의 독자는 관점(point of view)을 구별할 필요가 있다. 내레이터의 관점의 표현인가?, 등장인물의 관점의 표현인가? 예를 들면, 사도행전 8장 18절의 안수하여 성령을 받는 것은 내레이터의 관점을 나타내는 것이 아니라, 다만 타락한 인물 시몬 마구스의 관점을 나타내는 것이다. 때때로 독자들은 사건에 대한 내레이터의 권위 있는 버전을 인물의 관점에서 보도된 다른 버전과 비교하도록 실제로 초청을 받는다(행 9:15-16[내레이터]//26:16-18[인물]; 25:1-2[내레이터]//25:14-21[인물]).

등장인물들

행전의 독자는 이야기에 등장하는 인물들(characters)에 주의하는 것을 배우게 된다. 이야기 가운데 나중의 어느 시점에서 중요한 역할을 할 사람들이 하찮은 인물들로 자주 소개된다(4:36[바나바]; 6:5[스데반, 빌립]; 7:58[사울]; 12:17[야고보]). 행전은 또한 전반적인 구성(줄거리, plot)에서 중요한 역할을 하지 않는 인물들에게 통상적인 것보다 더 많은 실재성(personality)을 주는 경향을 보인다(9:32-43). 행전은 또한 문학 비평가들이 "다면적이고 중후한 인물들"(round characters), 즉 변하거나 충돌하는 특징들이 더 실제적으로(real) 보이게 하는 인물들이라 부르는 것에 대한 기호를 나타낸다(21:37-38; 22:24-28; 23:12-24; 23:26-30). 사도행전의 가장 강한 흥미를 돋우는 인물들 가운데 예수의 제자들이 있다. 독자는 이미 누가복음에서 그들을 알고 있다. 복음서에서 제자들이 보여 준 결점들이 어떻게 사도행전의 이야기에서 이제 극복되는지 보여 준다. 제1장에서 베드로의 설교에서 볼 수 있는 것같이, 결점들이 매우 일찍 개선된 것으로 나타난다(눅 9:46; 22:24//행 1:17, 25; 눅 9:45; 18:34//행 1:16; 행 1:3//눅 24:45). 오순절 이후에, 이 개선들은 더욱더 주목할 수 있게 된다(눅 17:22; 19:11; 행 1:6의 시기상조의 메시아 기대를 버렸다; 행 5:42; 눅 6:22-23; 행 4:8-12, 19-20; 5:29-32; 눅 22:54-62; 행 3:14, 19).

사건들

독자들이 사건들(events)에 관하여 아는 순서가 의미 있을 수 있다(행 22:17-21[환상]; 9장; 20:17-38[에베소 장로들에게 하는 연설; 되돌아봄과 미리 봄]). 또한 사건들을 보도하는 데 있어 의미가 있는 것은 반복 또는 중복의 예들이다

([바울의 다메섹 도상 경험] 9:1－19; 22:4－16; 26:9－18; [베드로의 고넬료 만남] 10:1－48; 11:4－17; 15:7－11; [사도 교령] 15:19－20, 29; 21:25). 또한 "되울림"(유사하고, 평행하는 사건들의 보도, 평행법)이 있다. 단 한 절의 되울림의 예들은 행 2:37, 눅 3:10, 12, 14, 행 7:59－60, 눅 23:34, 46, 행 14:10, 3:8, 사 35:6, 행 11:3, 눅 5:30, 15:2, 19:7을 포함한다. 다른 사건들을 유사한 방식으로 보도하는 "유형 장면들"의 형태는 사도행전 16－19장(16:19－24; 17:6－9; 18:12－16; 19:25－41)에 나타난다. 이 네 개의 유사한 장면을 네 개의 연속되는 장에 포함시킨 것은 외부 세계가 그리스도인의 선교를 인식하는 방식과 그 인식들이 그리스도인들에게 미치는 결과들에 대한 관심을 증명한다. 반복의 기능은 선정된 내용에 대한 강조, 망각의 경향을 없앰, 설득 효과, 기대를 형성하고 개정하는 데 독자를 도움, 내러티브의 통일성 유지, 이야기에 시사적인 풍부함을 더하거나 "공명"을 더하는 것 등이다.

갈등

갈등(conflict)은 사도행전의 구성(줄거리, 플롯)에 필수적이다. 사도행전의 중심적 갈등은 유대교 내부에서 일어나며 유대인 그리스도인들에 의해 유발된다(행 2:47 [호의적 출발]; 그러나 [성전 당국] 4:1－2; 5:17－18; [예루살렘의 디아스포라 유대인들] 6:9－14; [유대인 사람들 일반] 6:12; [그리스도인 공동체에 대한 전반적인 박해] 8:1). 유대인들이 그리스도교 설교를 부분적으로 수용하나 대규모로 거부하는 주제는 바울의 선교 사역의 이야기들을 통하여 계속된다. 이 갈등은 어떻게 해결되는가? 갈등은 승리적으로 해결된다(행 28:28).

상징성(상징적 의미)

문학비평은 내러티브의 어떤 의미들은 문자적 적용들을 초월함을 인식한다. 행전에서 소유는 상징적으로 기능한다. 소유는 인간의 실존 또는 인간의 정체성에 대한 은유이다. 인물들이 그들의 소유를 가지고 하는 일은 사람으로서의 그들에게 일어나는 것을 상징적으로 표현한다(행 1:18; 4:34－35; 4:35, 37; 5:1－

11; 6:1 – 6). 바다 항해 내러티브를 상징적으로 읽을 수 있다. 바울이 로마로 여행하는 기사는 복음이 이방인 세계에서 구원, 믿음, 그리고 친교를 가져올 잠재성을 의도적으로 상징하는 방식으로 이야기되고 있다는 것이다(행 27:1 – 28:16).

결론

문학비평은 전통적인 역사적·신학적 연구들이 간과하는 본문들에 나타난 의미들의 뉘앙스들을 드러낸다. 문학적 방법들을 행전에 적용하여 학자들은 이 작품을 새로운 빛 속에서 볼 수 있다. 수사비평과 내러티브 비평은 사도행전을 저자의 관점이 아니라 독자의 관점에서 읽는다. 수사비평은 원래의 독자들에게 의도한 본문의 영향(effect)을 확인하려고 한다. 내러티브 비평은 어느 시간이나 장소의 함의된 독자들 또는 이상적인 독자들에게 끼치는 본문의 영향을 해석하려고 한다. 사도행전을 문학으로 읽는 것("거울")은 그것을 다른 어떤 목적에 대한 수단("창문")으로 취급하는 것이 아니라, 그 자체를 위하여 책에 만족함을 의미한다. 행전의 문학비평이 전통적인 역사적·신학적 해석 양태를 대치하지는 않을 것이다. 우리는 내러티브로서의 사도행전의 특성도 진지하게 고려해야 한다. 사도행전은 초대 그리스도교 신학의 표현으로 읽혀야 하고, 초대 그리스도교 역사의 재구성 자료로 사용되어야 하고, 또 문학으로 읽혀야 한다.

V. 바울과 그의 편지들

5.1 사도 바울

바울은 신약에서 가장 중요한 인물 가운데 하나이다. 그가 쓴 편지는 신약에 13권이나 들어 있다.

"우리는 하나님께서 사울을 택하신 일을 마치 하나님께서 주위를 둘러보시다가 도저히 그 일에 합당한 사람을 찾지 못하여 어쩔 수 없이 그를 택하신 것처럼 생각해서는 절대로 안 된다. …… 하나님께서는 지금도 그를 위한 위대한 일들을 이루기 위하여 특정한 남녀들을 택하사 그들도 모르는 사이에 준비시키시고 또한 감당할 자격을 갖추어 주시는 것이다."(Reymond)

"바울은 성령의 능력에 의해 그리스도 예수 주 안에서 믿음, 소망, 사랑의 삶을 삶으로써 이스라엘의 한 분 참되신 하나님을 순종하고 영화롭게 하는 다문화 공동체들의 광범위한 네트워크를 만드는 사명을 지닌 사람이다."(Gorman)

5.1/1 바울 연구의 자료

바울에 대한 지식은 신약 자체의 두 주요 자료, 즉 사도행전과 바울 자신의 편지들에서 나온다. 이 두 자료의 관계에 있어서, 누가가 바울의 편지를 알았는지 여부에 대하여 논쟁이 있으나, 분명하게 말할 수 있는 것은 두 자료가 요소들을 서로 보충해 준다는 것이다.

사도행전

사도행전은 바울에게 약 50%가 할애된다. 바울에 관하여 많은 내용을 담고 있다. 특히 바울의 생애에 대한 틀을 제공한다. 사도행전과 바울의 편지들 간에 평행들이 발견되며, 바울에 관하여 말하는 내용들은 두 자료가 대체로 일치한다.

바울의 편지들

바울에 관한 정보를 얻는 데 바울 자신의 편지가 더 가치가 있다고 주장할 수 있으나, 사도행전의 저자가 바울을 아는 사람이요, 또 때에 따라 그와 동행한 사람이라면, 사도행전은 바울에 관한 정보의 일차자료로 인정을 받아야 한다. 또한 수집된 바울의 편지들에서 얻을 수 있는 바울의 생애에 관한 정보는 단편적이라 할 수 있다. 사도행전과 같이 당대의 역사적, 연대기적, 및 지리학적 맥락 속에 설정된 사건들의 정연한 기사에서 얻는 정보를 대신할 수 없다.

5.1/2 바울 생애의 일반적 연대기

{자료: F. F. Bruce, *The Acts of the Apostles: The Greek Text with Introduction and Commentary*, [1990³] 92−93; Rainer Riesner, *Paul's Early Period: Chronology, Mission Strategy, Theology*(tr. Doug Stott; Grand Rapids/Cambridge, U.K.: Eerdamans, 1998) 318−26}

바울의 생애에 있어서 어떤 사건들에 대해서는 정확한 연대를 매길 수 없으나, 다음과 같은 대략적인 연대기를 제공할 수 있겠다. 이는 주로 브루스(F. F. Bruce)를 따른 것이다.

예수의 십자가형, 부활, 승천, 오순절	30년 4-5월
다소의 사울의 회심(행 9:1-22; 갈 1:15-17)	33년경
회심 후 바울의 첫 번째 예루살렘 방문(행 9:26-30; 갈 1:18-20)	35년경
세베데의 아들 야고보의 죽음, 베드로의 투옥과 탈출(행 12:1-17)	43년경
헤롯 아그립바 1세의 죽음(행 12:20-23)	44년 3월
유대의 기근(행 11:28)	45-48년
바나바와 바울이 예루살렘을 방문하다(행 11:30; 갈 2:1)	46년경
바나바와 바울이 구브로와 남갈라디아를 복음화시키다(행 13:4-14:26)	47-48년경
갈라디아서(Galatians)	48년경
예루살렘 사도회의(행 15:6-29)	49년경
바울, 실라, 및 디모데가 복음을 마게도냐에 전하다(행 16:9-17:14; 살전 1:2-2:2)	49-50년경
고린도의 바울(행 18:1-18; 고전 2:1-5)	50년 가을-52년 봄
데살로니가 전/후서(I & II Thessalonians)	늦은 50년
갈리오가 아가야의 총독이 되다(행 18:12)	51년 5월경
바울의 황급한 유대와 수리아 방문(행 18:22)	52년 봄-여름
에베소의 바울(행 19:1-20:1)	52년 가을-55년 여름
아시아 총독, 실라누스(Junius Silanus)의 살해	늦은 54년
바울이 디모데와 에라스도를 마게도냐에 보내다(행 19:22)	55년 초
고린도전서(I Corinthians)(고전 16:8 참조)	55년 봄
바울의 슬픈 고린도 방문(고후 2:1; 13:2)	55년 여름
디도의 고린도에서의 화해 사명(고후 2:13; 7:5-16)	55년 여름/가을
드로아의 바울(고후 2:12)	55년 가을
마게도냐와 일루리곤의 바울(행 20:1 이하; 롬 15:19)	55년 겨울-56년 가을
고린도후서(II Corinthains)	56년
아가야(고린도)의 바울(행 20:2 이하; 롬 15:25-28; 16:23)	56년 겨울-57년
로마서(Romans)	57년 초
바울의 예루살렘 도착과 체포(행 21:15-33)	57년 5월
바울이 가이사라에 억류되다(행 23:23-26:32)	57-59년
바울이 이태리를 향하여 항해하다(행 27:1 이하)	59년 9월
멜리데의 바울(행 28:1-10)	59년 겨울-60년
바울이 로마에 도착하다(행 28:14-16)	60년 2/3월
골로새서(Colossians), 빌레몬서(Philemon), 에베소서(Ephesians)	60년경
빌립보서(Philippians)	61년경
바울의 로마 억류가 끝나다(행 28:30)	늦은 61년 또는 62년 초
예루살렘에서 의인 야고보의 죽음	62년
목회서신(Pastoral Epistles)	62-64년?
로마의 대화재	64년 7월
로마 그리스도인들에 대한 네로의 박해; 베드로와 바울의 죽음	65년?
유대 전쟁의 발발	66년 9월
예루살렘의 멸망	70년 8-9월

5.1/3 바울의 생애와 사역

{자료: "사도행전"; "바울서신"; F. F. Bruce, "Paul in Acts and Letters", *DPL*(1993) 679-92; 로버트 L. 레이먼드, [바울의 생애와 신학](원광연 역; 서울: 크리스챤다이제스트, 2003); Michael J. Gorman, *Apostle of the Crucified Lord: A Theological Introduction to Paul and His Letters*(Grand Rapids: Eerdmans, 2004); Craig L. Blomberg, *From Pentecost to Patmos: An Introduction to Acts through Revelation*(Nashville: B & H Academic, 2006); F. F. 브루스, [바울](박문재

옮김; 서울: 크리스챤다이제스트, 1992); Richard N. Longenecker, ed., *The Road from Damscus: The Impact of Paul's Conversion on His Life, Thought, and Ministry*(Grand Rapids: Eerdmans, 1997); Ben Witherington III, *The Paul Quest: The Renewed Search for the Jew of Tarsus*(Downers Griove: IVP, 1998); William O. Walker, Jr., "Acts and the Pauline Corpus Reconsidered", *JSNT* 24(1985) 3−23; David Wenham, "Acts and the Pauline Corpus II. The Evidence of Parallels", in *The Book of Acts in Its First Century Setting*: Vol.I, *The Book of Acts in Its Ancient Literary Setting*(ed. Bruce W. Winter and Andrew D. Clarke; Grand Rapids: Eerdmans/Carlisle: Paternoster(1993), 215− 58; Joseph A. Fitzmyer, *Paul and His Theology: A Brief Sketch*(Englewood Cliffs: Prentice Hall, 1989) 3−5; Lea, *The New Testament*, 303−26, 331−55; Ehrman, *The New Testament*, 241−56; Elwell and Yarbrough, *Encountering the New Testament*, 253−271; Brown, *An Introduction to the New Testament*, 422−455; Achtemeier, Green and Thompson, *Introducing the NEW TESTAMENT*, 283−297; McDonald and Porter, *Early Christianity and Its Sacred Literature*, 323−377; Carson & Moo, *An Introduction to the New Testament*, 354−90; Guthrie, *New Testament Introduction*, 1001−10; Skarsaune, *In the Shadow of the Temple*, 165−78}

바울의 생애는 크게 셋으로 구분하여 살펴볼 수 있다. 즉, (1) 그리스도인이 되기 전의 다소 사람 사울, (2) 다메섹으로 가는 길에서의 그의 회심/부르심/위임, 그리고 (3) 이방인의 사도로서의 그의 선교사역이 그것이다. 브루스(F. F. Bruce)와 함께 다음과 같이 바울의 생애와 사역을 약술(略述)하여 보자.

(1) 회심 이전의 사울

사도 바울은 디아스포라 유대인이었으며, 신약성경에서 "사울이라 하는 청년"으로 사도행전 7:58에 처음으로 등장한다(또한 행 13:9 참조). 그는 스데반을 돌로 쳐 죽이는 것을 승인하였을 뿐만 아니라, 또한 하나님의 교회를 심히 핍박하고 박멸하려는 열렬한 유대교인("바리새파 사람")이었다(행 8:3; 9:1, 21; 23:6; 26:5; 갈 1:13−14; 빌 3:5−6).

가문과 시민권

{자료: Rainer Riesner, *Paul's Early Period: Chronology, Mission Strategy, Theology*(tr. Doug Stott; Grand Rapids/Cambridge, U. K.: Eerdamans, 1998) 147－56}

그는 길리기아의 수도 다소에서 주후 1－10년 사이에 출생하였다(행 9:11; 21:39; 22:3). 그에게는 "사울"(Saul)이라는 히브리 이름이 주어졌다(행 21:40; 22:2; 26:14 참조). "바울"(Paul)이라는 이름은 로마인의 가문명(家門名, *cognomen*)이었다. 그의 가문은 갈릴리의 기스갈라(Gischala) 출신이었고, 이스라엘 베냐민 지파의 유대인으로서, 번창하는 "장막제조"(또는 "가죽을 만드는 작업")를 가업으로 삼은(행 18:3 참조) 그의 부모는 로마 시민권을 소유하고 있었으며, 따라서 바울은 다소의 시민으로 태어났을 뿐 아니라(행 21:39), 또한 나면서부터 로마 시민권을 물려받았다(행 22:28). 로마 시민에게는 몇 가지 특권이 있었다(행 16:37; 22:25; 25:11).

예루살렘에서의 교육

다소는 그 당시 "소읍이 아닌" 도시로서(행 21:39) 상업이 발달하고 유명한 대학과 도서관이 있었다. 그러나 바울은 다소의 대학에서 공부한 적이 없는 것 같다. 바울의 사상을 형성한 교육은 예루살렘에 올라와서 가말리엘 문하에서 받았다. 그는 다소에서 태어나고, 예루살렘에서 자라고, 가말리엘의 문하에서 그의 조상들의 엄한 교훈을 받았다(행 22:3). 바울이 예루살렘에서 가말리엘 밑에서 훈련을 받았다는 사도행전의 언급에 관하여 의문이 제기되어 왔다. 그 근거는 갈라디아서 1장 22절의 "그리스도 안에 있는 유대의 교회들이 나를 얼굴로는 알지 못하고"라는 말이다. 이 말은 또한 바울이 예루살렘에서 교회를 박해했다는 사도행전의 묘사와 모순이 된다는 주장이 제기되었다. 그러나 이러한 주장은 회심 후의 접촉에 관한 바울의 논평을 너무 멀리 밀어붙이는 것 같다. 예루살렘 또는 유대의 교회들 가운데 아무도 그를 알지 못했다는 말은 확실히 아닐 것이다. 몇 년 뒤에 빠르게 성장하는 유대 교회들의 대다수의 회원들에게 바울은 얼굴이 잘 알려지지 않은 채, 교회 최초기의 시점에 예루살렘 교회의 지도적인 박해자였고, 가말리엘 문하에서 훈련을 받았을 것이다.

후대의 전승에 의하면, 가말리엘은 힐렐이 주전 10년경에 세운 랍비 학교의 교장(우두머리)이었다고 한다. 그러나 가장 이른 전승들에 의하면, 가말리엘을 힐렐 학파와 연관시키지 않는다. 오히려 마치 가말리엘이 자신의 학파를 세운 것같이, 다른 사람들이 가말리엘 학파에 속하는 것으로 이야기한다. 만약 가말리엘이 힐렐의 추종자였다고 해도, 바울이 힐렐파에 속했다고 볼 수는 없다. 바울의 저술은 그가 힐렐파였는지 아니면 경쟁상대인 샴마이 학파 신봉자였는지 확실하게 보여 주지 않는다. 갈라디아서 5장 3절(할례를 받은 자는 "율법 전체를 행할 의무를 가진 자라")에서 더 엄한 샴마이파 교리의 반영을 추론하는 것은 가능성이 있기는 하나, 이러한 결론은 논쟁 맥락에서 한 말로부터 안전하게 끌어낼 수 있는 것이 아니다. 교회를 박해하는 자로서의 열심은 오히려 사도행전 5장 34-39절에서 가말리엘이 옹호한 타협적인 정책과 대조된다. 바울은 유대교의 생활과 건강에 대한 기독교 운동의 심각한 함의들을 가말리엘보다 더 분명하게 보았던 것이라고 설명할 수 있겠다. 여하튼, 젊은 시절의 바울은 조상들의 종교에 심취하였다. 그는 유대교의 분파 가운데 바리새파에 속한 사람이었으며(행 23:6; 빌 3:5), 율법을 지키는 일에 흠이 없었다고 주장할 수 있을 정도였다(빌 3:6). 조상들의 종교에 대한 열정으로 인하여 그는 이제 막 태어난 기독 교회를 무자비하게 박해하였다.

교회의 박해자

바울은 기독교인이 되기 전에 적극적으로 교회를 박해한 사람이었다(갈 1:13-14, 23; 고전 15:9; 빌 3:6; 딤전 1:13; 행 8:3; 9:1, 21; 22:4, 19; 26:10-11). 이는 이스라엘의 율법과 유전에 대한 그의 열심을 부정적으로 표출하는 것이요, 할례를 전하는 것은 긍정적으로 표출하는 것이라 할 수 있다(갈 5:11 참조). 바울로 하여금 이렇게 열심히 교회를 박해하게 만든 것은 율법에 대한 그의 헌신이었다. 그러나 결국 그는 하나님과 그의 아들 그리고 그의 백성에 대항하여 싸운 것으로 판명이 나게 된다.

그는 예루살렘에서 집집마다 들어가 예수 믿는 남녀를 끌어다가 감옥에 넘기고(행 8:1－3), 그것도 모자라서 다메섹까지 가서 예수의 도를 따르는 사람을 만나면 남녀 가릴 것 없이 묶어서 예루살렘으로 잡아오려고 하였다(행 9:1－3; 26:9－11). 그는 후에 말하기를 "하나님의 교회"를 박해했다고 하는데(고전 15:9), 이 교회는 바로 예루살렘 교회를 가리키며(행 8:3), 행간을 읽게 되면(행 8:2는 사도들은 예루살렘에 남아 있었다고 한다.), 바울이 공격한 주요 대상은 히브리파 사람들이라기보다 헬라파 유대인들이라고 추론할 수 있다(행 6:1; 8:3 참조). 그러나 박해하기 위하여 다메섹으로 가는 도중에 부활하신 그리스도를 만남으로 말미암아 기독교로 개종한 후에는, 이방인의 사도로서 그리스도 예수의 복음을 전하는 일에 전심전력을 다하였다(행 9:1－22; 갈 1:17).

(2) 다메섹 도상의 사울의 회심과 사도로 부름을 받음

{자료: John Stott, *Men with a Message*(1994) 88－91; Terence L. Donaldson, "Israelite, Convert, Apostle to the Gentiles: The Origin of Paul's Gentile Mission", in *The Road from Damascus*, 62－84; 행 9:1－19; 22:3－16; 26:2－18; 갈 1:15－16; 고전 9:1; 15:8－10; 빌 3:4－11; 딤전 1:12－16}

바울은 다메섹으로 가는 길에서 부활하신 예수께서 찾아오심으로 극적인 생애의 전환을 맞이한다. "그리스도의 '철천지 원수' 다소 사람 사울의 회심 사건이야말로 진정한 의미에서 그리스도의 부활의 사실성과 기독교의 초자연적 기원과 초자연적 성격을 입증해 주는 네 번째 성경적 증거가 된다."(Reymond)

자료

바울의 회심은 예수께서 십자가에 처형되고 부활하신 지(주후 30년 니산월[4－5월] 제14일, 즉 30년 4월 7일 금요일) 2, 3년 후에 일어났는데(주후 33년경), 그 이야기는 사도행전에 세 번 기록되어 있다(행 9, 22, 26장). 세 기록의 세부 사항에 차이점들이 있기는 하나, 주요 내용은 동일하다. 바울은 그의 편지들에서 자기 회심 이야기를 누가처럼 자세하게 말하지는 않지만 언급은 한다. 그리고 사도행전의 언급과 일치한다.

의미

이 회심은 바울의 생애에 있어 전환점이 되었다. 이 그리스도와의 개인적인 만남은 그 이후의 바울의 사상과 행동의 전과정을 결정한 것이다. 부활하신 그리스도를 만난 순간 바울은 그리스도인이 되었을 뿐만 아니라 또한 나중에 "나의 복음"이라 부른 것과 그 복음을 전 세계에 전파하라는 위임을 함께 받았다(롬 2:16; 갈 1:11, 12). 바울이 교회를 그토록 박해한 데는 율법이 그 중심에 있었기 때문이었으나, 이제 바울의 중심에는 율법이 있는 것이 아니라, 그리스도가 있게 되었다(빌 1:21; 갈 2:20). 그는 그때에 비로소 자신의 의의 행위가 아니라, 그리스도의 구속의 행위를 통하여 하나님과 바른 관계가 세워짐을 알았다.

변화

다메섹에 들어가 아나니아가 와서 그에게 손을 얹고 기도할 때까지 3일 동안 어둠 속에서 생각하며 기도할 때, 바울의 마음에는 예수, 율법, 구원, 교회, 그리고 이방인에 관하여 근본적인 생각의 변화가 일어났다.

첫째, 예수에 관하여 바울은 그가 십자가에 달려 죽었지만 결국 메시아였다는 것을 깨달았다. 사람들은 예수를 나무에 달았으나, 하나님은 그를 죽은 자들 가운데서 다시 살리셨다. 그는 바로 "주"이시다.

둘째, 율법에 관하여 바울은 바리새인으로서 그것을 잘 지키려는 노력으로 인하여 메시아를 박해했다. 그러나 구약성경은 메시아를 반대하는 것이 아니라 오히려 그를 위하여 증거한다는 것을 그는 깨달았다.

셋째, 구원에 대하여 바울은 바리새인으로서 율법에 순종함으로써 구원에 이른다고 생각했다. 조상들의 유전에 대하여 열심을 다했기 때문에 하나님 나라에서 한자리를 얻게 되리라고 확신했었다. 그러나 하나님이 받아 주시는 것은 예수 그리스도께서 그를 위하여 죽으셨기 때문이라는 것을 깨달았다. 하나님의 저주를 유발한 죽음 그 자체가 범하여진 율법의 저주에서 그리스도의 사람들을 해방시키는 것으로 판명되었음을 보게 되었다(신 21:23; 갈 3:10 - 14).

넷째, 교회에 관하여 바울은 주님과 그의 교회 또는 신자들 사이는 아주 밀접하게 연합되어 있어서 교회를 핍박하는 것은 곧 주님을 핍박하는 셈이라는 것을 깨달았다(행 9:4). 바울은 마침내 교회가 그리스도의 몸이라는 것을 알았다.

다섯째, 이방인에 대하여 바울은 바리새인으로서 이스라엘과 이방인을 날카롭게 구별했었다. 그러나 그를 값없이 받아 주시고 또 이방인의 사도로 부르신 하나님께서는 이방인도 값없이 은혜로 받아 주신다는 것을 깨달았다(행 22:15, 21; 26:16 - 18).

즉각적인 활동

바울은 다메섹에 며칠 있는 동안 즉시로 회당에서 예수가 하나님의 아들이심을 전파하고(행 9:20 - 22), 또 다메섹에서 아라비아, 즉 나바티안 아랍인들의 영토로 갔다(갈 1:17; 고후 11:32 - 33). 여기서 무엇을 하였는지 분명하게 밝혀지지 않으나, 아마도 이방인들에게 복음을 전하라는 부르심에 응답하여 복음을 전하였을 것이다. 그는 다시 다메섹으로 돌아왔다가(갈 1:17), 다메섹에서 도망하여(고후 11:32 - 33; 행 9:23 - 25), 예루살렘으로 올라가 두 주 동안 머물며 베드로와 야고보를 만났고(고전 15:5, 7 참조; 갈 1:18 - 20; 행 9:26 - 29; 이 기간은 주후 33 - 36년이다), 또한 수리아와 길리기아 지방(갈 1:21 - 22), 즉 가이사랴와 그의 고향 다소로 갔다(주후 37 - 45년; 행 9:30). 그는 이렇게 10여 년의 시간을 보냈다.

(3) 이방인의 사도로서의 바울의 사역

그의 회심은 주 예수께로 돌아온 것일 뿐 아니라, 그의 사도로 부르심이요, 또한 이방인을 위하여 복음을 위탁한 사건이기도 하다.

이방인을 위한 사도

바울 자신은 예수 그리스도의 "사도"임을 강하게 주장하였다. 그는 어떤 의미에서 사도였는가? 누가는 예수의 공중 사역 기간 동안 내내 예수와 동행한 사람들 곧 열두 사도에게 국한하여 사도라는 말을 사용한다(행 1:21, 22). 이 기준을 엄격하게 적용하면, 바울은 사도의 자격에 맞지 않는다. 그의 자료에서 넘어왔을, 바울과 바나바를 "사도들"이라 부르는 사도행전 14장 4, 14절 이외에서는 누가는 바울을 사도라고 부르지 않는다. 바울의 입장은 좀 다른 것으로 보인다. 그는 자신을 사도로 주장했으며, 또 바나바를 당연히 사도로 인정하였을 것이다. "나보다 먼저 사도 된 자들"(갈 1:17)은 열두 사도를 가리킨다. 바울은 주의 형제 야고보를 사도로 간주함이 거의 확실하다(갈 1:19). 고린도전서 15장 7절에서 말하는 "모든 사도들"은 고린도전서 15장 5절에서 언급한 열두 사도들과 구별되는 집단이다. 안드로니고와 유니아는 아마도 친히 "사도들"이었을 것이다(롬 16:7). 그러나 고린도후서 8장 23절의 "사도들"은 다른 범주에 속한다(한글 개역 개정판은 "사자들"로 옮긴다.).

그러나 유의해야 할 중요한 점이 있다. 사도에게 있어 가장 필수적인 일은 예수의 부활을 증언하는 것이다(행 1:22). 바울은 부활하신 주를 보고 또 그에 의해서 그의 증인과 사신이 되라는 부르심과 위임을 받았기에, 두드러지게 예수 그리스도의 사도라 할 수 있고, 또 그의 사역에 동반한 사도적 "표적"과 사역의 열매에 의해 사도임이 입증되었다(고전 9:1-2; 고후 12:12; 롬 11:13; 갈 1:16; 2:7-8). 바울은 열두 사도의 신임장 같은 것이 없었다. 그의 신임장은 그가 얻은 회심자들과 그가 개척한 교회들이었으니, 이들은 적당한 신임장 이상이다(고전 9:2 참조). 중요한 것은 그의 칭호가 아니라, 그의 일이었다(빌 2:16 참조).

안디옥으로 돌아옴

바울이 아직 다소에 있을 때 바나바의 요청으로 수리아 오론테스의 안디옥으로 돌아왔다(행 11:22-26; 주후 45년). 이는 바울의 사역에 관하여 또 하나의 전환점이라 할 만하다. 거기서 바울은 바나바와 함께 1년간 안디옥 교회의 큰 무리를 가르쳤다(행 11:25-26). 안디옥에는 스데반이 돌에 맞아 순교한 직후 예루살렘에서 일어난 박해를 피해서 달아난 사람들에 의해 교회가 설립되었다(행 11:19-26). 안디옥 교회는 두 가지 점에서 중요하다. 첫째, 유대인으로만 구성된 예루살렘 교회와는 달리, 유대인과 이방인을 포함하는 인종적 다양성을 지닌 교회의 모델을 제공한 것이다. 둘째, 기독교 역사상 가장 이른 시기에 최초의 선교하는 교회가 된 것이다. 수리아 안디옥 교회는 바울의 선교 기지가 되었다. 바울의 최초의 선교 여행은 안디옥에서 출발하였다(행 13:1-3). 바울은 안디옥 교회의 파송을 받아 그 후 약 20년에 걸쳐 세 차례의 선교 사역을 하게 된다.

예루살렘에서의 집담회

안디옥 교회는 주로 이방인으로 구성된 교회였다. 팔레스타인 땅에 큰 기근이 들었을 때, 바나바와 바울을 대표로 뽑아 예루살렘 모교회를 위하여 부조금을 보냈다(행 11:27-30). 나중에 또 다루겠지만 우선 말해 둘 것은 이때에 바나바와 바울은 바울이 갈라디아서 2장 1-10절에서 묘사한 집담회(conference)를 갖게 되었다. 예루살렘 교회 지도자들, 즉 세 "기둥"이라 할 수 있는 주의 형제 야고보와 베드로와 요한이 바나바와 바울을 영접하였다. 집담회의 결과, 바나바와 바울은 이방선교에 집중하고, 예루살렘 지도자들은 유대인들 가운데서 복음을 증거하기로 합의하였다. 두 개의 다른 복음이 포함된다는 함의가 없다. 그들은 율법에서 자유로운 복음에 합의하였다. 차이가 있다면, 선교지역의 차이요, 전하는 메시지는 동일하다. 그러나 합의는 몇 가지 애매함을 숨기고 있었다. 양측이 완전한 신뢰를 유지하지 못하게 되면 언제 긴장이 생길지 모를 일이었다. 여하튼, 바나바와 바울은 예루살렘 지도자들의 요구에 따라 모교회의 가난한 자들을 기억하는 일을 맡았고, 특히 바울은 이를 매우 심각하게 받아들였다.

1차 선교여행

바울은 안디옥 교회에서 바나바와 함께 "선교사"로 파송을 받았다. 바울은 바나바와 함께 제1차 선교여행을 떠났다(행 13:1-14:28; 주후 47-48년경). 그들은 마가라 하는 요한을 수행원으로 데리고 갔다(행 12:25; 13:5). 그들은 안디옥을 떠나 구브로(살라미, 바보)에서 복음을 전하고, 소아시아의 밤빌리아 버가에 이르렀다. 그러나 요한은 버가에서 예루살렘으로 돌아가 버렸다(행 13:13). 남은 두 사람은 비시디아 안디옥, 이고니온, 루가오니아의 두 도시인 루스드라와 더베와 그 근방에 가서 복음을 전하였다(빌 4:15 참조). 그들은 "갈라디아" 교회들을 세웠다.

바울의 선교 사역에는 일정한 패턴이 나타난다. 먼저 유대인의 회당을 발견하면 그곳에 들어가 성경을 통하여 예수를 증거한다(행 17:2 참조). 회당에는 대개 유대인들과 이방인으로서 유대교에 입교한 경건한 사람들과 하나님을 경외하는 사람들이 모였다(행 13:16, 43). 강론을 들은 사람들 가운데 믿는 무리가 생긴다. 이에 믿지 아니하는 유대인들은 시기하여 선교사들을 박해한다. 그러면 그들은 그곳을 떠날 수밖에 없게 되고, 다른 도시로 이동한다. 특징적인 것은 하나님이 복음을 전하는 사람들로 표적과 기사를 행하게 함으로써 그의 은혜의 말씀을 증언하시는 것이다.

사도행전의 기록에 나타나는 모형에 의하면, 바울 일행은 방문하는 곳에서 먼저 회당으로, 유대인 공동체로 가고, 그다음에야 이방인에게로 간다. 이것을 갈라디아서 2장 10절에서 말하는 합의와 긴장되는 것으로 보는 사람들이 있어 왔다. 그러나 그 합의를 바울은 유대인에게 결코 사역하지 말아야 한다는 것으로 이해해야 하는지 의심스럽고, 유대인 공동체는 바울과 그의 동료들이 도시 공동체로 들어가는 자연스러운 길을 제공하였고, 또 그 정책은 바울이 로마서에 피력하는 신적 우선순위에 대한 진술('먼저 유대인에게 다음 이방인에게')과 전적으로 일치한다. 사도행전은 거의 전적으로 "믿지 아니하는 유대인들"이 선봉에서 선교 활동을 반대함을 말한다. 이는 유대교 출신의 두 사람(바울과 바나바)이 유대인들과 그들의 동조자들을 복음전도의 출발점으로 삼았다면 역사적으로 의미가 통한다. 절대적인 유대인들이 바울과 바나바의 선교에 대하여 예루살렘에 보고한 것으로 인하여 유대주의자들이 안디옥과 갈라디아에서 할례 찬성 운동을 벌이게 되었을 것이다.

또, 어떤 사람들은 우리가 제1차 선교여행이라 부르는 바울의 선교활동의 역사성에 의문을 제기한다. 그것은 회당에 모인 청중에게(행 13:16－41), 또 이교도 청중에게(행 14:15－17) 복음을 설교하는 방식을 포함하여, 단지 선교운동을 수행해야 할 방법에 대한 누가의 생각을 밝혀 주는 하나의 모범적 여행으로 해석되어 왔다. 그러나 여행의 세부 사항은 역사적 지리학에 비추어 볼 때 강한 사실적 진리의 인상을 주며, 또한 루스드라에서 선교사들이 우상숭배에 대하여 항의한 것과 바울이 편지를 쓸 때 데살로니가인들에 대하여 회상하는 것 사이에는 현저한 유사성이 있다(살전 1:9).

바울과 바나바는 돌아오는 길에 루스드라와 이고니온과 비시디아 안디옥을 거쳐서 다시 밤빌리아 버가에 이르렀다. 그들은 각 교회에서 장로들을 세웠다(행 14:23). 이는 사도행전 저자가 저지른 시대착오적 진술이 아니다. 장로라는 술어는 혹시 후대의 것이라 할지라도 가장 이른 바울 교회들 안에 구조적 지도력의 증거가 있다(갈 6:6; 살전 5:12; 참조, 빌 1:1). 바울 일행은 버가에서 앗달리아를 거쳐 수리아 안디옥으로 돌아와 선교활동 곧 "하나님이 하신 모든 일과 이방인들에게 믿음의 문을 여신 것"에 대한 보고를 하였다(행 14:27). 그리고 그곳에서 제자들과 오래 머물렀다.

이방인을 교회로 받아들이는 조건

오늘날의 우리에게는 사람들이 유대인이 되지 않고도 그리스도인이 될 수 있다는 것이 당연하게 들리지만 최초의 유대인 출신 그리스도인들에게는 이것이 결코 분명하지 않았다. 첫 번째 선교 모험에 나선 바울과 바나바처럼, 그들은 유대인들이 복음을 거부할 때 "이방인들이 듣고 기뻐하여 하나님의 말씀을 찬송하며 영생을 주시기로 작정된 자는 다 믿더라."(행 13:48)는 것을 경험으로 발견하게 되었다. 성령께서는 이방인들이 주 예수를 믿는 것만을 요구하시는 것 같았다. 그들은 그리스도인이 되기에 앞서 유대인이 되어야 한다는 요구를 받지 않았다. 선교 여행이 끝났을 때 바울과 바나바는 하나님께서 "이방인들에게 믿음의 문을 여셨다."고 기쁘게 결론을 맺을 수 있었다(행 14:27).

그러나 그들 가운데 역사하신 성령의 하신 일에 대하여 주의 깊게 해석할 필요가 있다고 확신하는 사람들이 있었다. 대표단이 안디옥에 도착하여 "너희가 모세의 법대로 할례를 받지 아니하면 능히 구원을 받지 못하리라."고 주장했다(행 15:1). 그래서 누가가 사도행전 15장에 묘사하는 일화는 방금 끝난 선교의 결과이다. 이에 대하여 조금 뒤에 '예루살렘 회의'에서 더 자세하게 설명하게 되나, 여하튼 바울과 바나바가 다른 사람들과 함께 예루살렘에 올라가서 "사도들과 장로들"(행 15:4)과 더불어 "구원을 받기 위하여 이방인들이 먼저 유대인이 되어야 하는가?" 하는 문제를 해결하도록 임명을 받는다.

바나바와 바울은 오론테스에 있는 안디옥에 돌아와서 머지않아 논쟁에 휘말렸다. 아마도 최근에 예루살렘에서 맺어진 합의가 두 집단에 의해서 다르게 이해된 것 같았다. 바울은 무엇보다도 예루살렘 지도자들이 그 정신을 준수하고 있지 않다고 느꼈다. 바울과 베드로 간에 안디옥에서 충돌이 생겼다. 바울은 베드로와 안디옥의 다른 유대인 그리스도인들 및 바나바와 맞섰다(갈 2: 11 – 14). 이 사건으로 인하여 예루살렘 회의가 열리게 되는데(행 15), 교회의 일치와 복음의 본질 자체에 영향을 끼치는 이 정도의 불일치를 해결하기 위함이었다.

회심 후의 예루살렘 방문들

바울은 회심 후에 예루살렘에 몇 번 올라갔는가? 바울의 예루살렘 방문에 대하여 사도행전의 기록과 바울 자신의 편지 특히 갈라디아서의 기록 간에 충돌이 있다고 보는 사람들이 있으나, 반드시 그렇게 볼 일은 아니다. 두 기록을 종합할 때 바울은 최소한 세 차례 이상 예루살렘을 방문한 것으로 나타난다. 바울은 회심 후 3년 만에 첫 번째 예루살렘 방문을 한다(행 9:26 – 30; 갈 1:18 – 20; 주후 35년경). 두 번째는 유대에 큰 기근이 있어서(주후 45 – 48년; 행 11:28) 안디옥 교회에서 보내는 부조를 가지고 바나바와 함께 예루살렘을 방문하는 것이다("기근 방문", 주후 46년경; 행 11:29 – 30; 12:25; 갈 2:1). 세 번째는 예루살렘 공의회 곧 예루살렘 사도 회의에 참석하기 위한 것이다(주후 49년경; 행 15:6 – 29). 그 이후에는 바울이 황급하게 유대와 수리아를 방문했을 때 예루살렘을 방문했을 가능성이 있고(주후 52년 봄 – 가을; 행 18:22), 마지막으로는 예루살렘 성도를 위한 이방 교회의 모금을 전달한 후 로마로 가려는 계획을 갖고 그곳을 방문한다(주후 57년 5월; 행 21:15 – 33). 그는 예루살렘에 도착하여 얼마 안 있어 체포되었고, "죄수"의 몸으로 로마로 이송되는 여러 해의 세월을 보낸다.

갈라디아 교회들의 문제

바울과 바나바가 첫 번째 선교 여행을 하고 돌아온 후에 "갈라디아" 교회들에 교회를 "어지럽게 하는 자"들이 나타났다(갈 5:12; 참조, 1:7; 3:1). 바울이 선교여행에서 안디옥으로 돌아왔을 때(행 14:26－28), 베드로와 바나바가 연루된 "안디옥 사건"이 일어나기도 하였다(갈 2:11－14). 갈라디아 교회들을 어지럽히는 자들은 이방인들이 구원을 받으려면 할례와 같은 유대인의 관행들을 받아들여야 한다고 주장했다(갈 6:12). 그래서 바울은 갈라디아서를 써 보내어(주후 48년경) 칭의 또는 하나님 앞에 받아짐은 율법에 대한 순종에 달린 것이 아니라, 오직 믿음으로 연합되는 그리스도에게 달렸다는 견해를 정열적으로 방어하였다. 이 바울의 견해는 예루살렘 회의(주후 48/49년경)에서 채택된 것이기도 하다(행 15장). 이 쟁점이 해결되자 복음이 방해를 받지 않고 땅끝까지 전파될 튼튼한 기초가 놓이게 되었다.

예루살렘 회의

예루살렘에서 사도들과 바울 일행이 이방인을 받아들이는 문제에 대하여 논의하였다. 예루살렘 사도들과 장로들이 회의를 소집하고, 안디옥 교회에서 대표자들이 왔다. 예루살렘 교회의 회원들은 이방인 회심자들이 할례를 받고 모세 율법에 복종해야 한다고 주장하였다. 그러나 성령의 인도를 받아 사도들과 장로들이 내린 결정은 이런 조건을 부과하지 않는다는 것이었다. 그들은 다만 피를 먹거나 이교 신들에게 바쳐진 동물들의 고기를 먹지 말고, 음행을 멀리할 것만을 요구하였다(행 15:23－29). 베드로는 이 딜레마의 해결을 환영하였음에 틀림없을 것이다. 그러나 바울은 나중에 고린도에 있는 그의 회심자들로부터 우상에게 바쳐진 고기를 먹는 것에 관하여 문의를 받았을 때, 자기의 양심을 범하거나 동료 그리스도인들에게 걸림돌이 되지 않는 한, 이러한 고기를 먹는 것이 해롭지 않다고 대답했다. 바울은 음행 금지에 대해서는 동의했다. 음행은 창조의 질서를 위반하고 인류를 남자와 여자를 창조하신 하나님의 목적을 좌절시키는 것이다.

2차 선교여행

예루살렘에서 돌아온 바울은 안디옥에서 유하며 수많은 다른 사람들과 함께 주의 말씀을 가르치며 전파하였다(행 15:35). 바울은 바나바와 함께 주의 말씀을 전한 각 도시로 다시 가서 형제들의 형편을 살펴보기를 원했다. 그러나 요한 마가를 데리고 가는 문제로 의견이 맞지 않아 서로 심히 다투고 바울과 바나바는 피차 갈라서게 되었다. 바나바는 마가를 데리고 구브로로 갔고, 바울은 실라를 데리고 두 번째의 선교여행을 떠난다(행 15:40－18:22; 주후 49－52년). 실라(또는 실루아노)는 예루살렘 회의의 결과를 수리아와 길리기아의 이방교회들에게 전달하기 위하여 예루살렘과 교회가 선정한 사신들 중의 한 사람이었다. 그는 마음이 맞는 바울의 동반자가 되어 서쪽으로의 선교 탐험 여행에 동행하였다.

그들은 먼저 안디옥을 떠나 수리아와 길리기아로 다니며 바울과 바나바가 세운 교회들을 방문하고 견고하게 했다(행 15:36－41). 바울은("남"갈라디아라 할 수 있는) 더베와 루스드라에 이르러 거기서 디모데를 발견하고 선교 여행을 위하여 그를 데리고 떠난다(행 16:1－5; 참조, 고후 1:19). 서쪽으로 여행을 계속하였다면 에베소에 이르렀을 것이나, 그러나 성령께서 개입하셔서 아시아에서 말씀을 전하지 못하게 하시고, 그들을 더 멀리 보내셨다. 그들은 북서쪽으로 가서 알렉산드리아 드로아에서 에게해에 도달하여 거기서 배를 타고 마게도냐 네아볼리로 갔다. 바울과 실라와 디모데는 복음을 들고 유럽 대륙으로 건너가기로 결정한다(행 16:10). 그들은 부르기아와 갈라디아 땅을 다녀가("북"갈라디아 지역? 갈 4:13; 고전 16:1; 행 16:6 참조) 무시아 앞에 이르러 북쪽 비두니아로 가려고 했으나 예수의 영이 허락하지 않았다. 무시아를 지나 드로아에 내려갔을 때(행 16:7－10) 바울은 밤에 환상 중에 나타난 마게도냐 사람에게서 마게도냐로 건너와서 우리를 도우라는 요청을 받는다. 바울은 그것이 하나님의 부름심인 줄 알고, 사모드라게와 네압볼리를 거쳐 마게도냐에 이른다.

그들은 결국에는 마게도냐 땅에 이르러 빌립보(행 16:11－40; 살전 2:2; 고후 11:9), 데살로니가(살전 2:2; 참조, 살전 3:6; 빌 4:15－16; 행 17:1－9), 베뢰아(행 17:15－34)에서(주후 49－50년경; 행 16:9－17:14; 살전 1:2－2:2) 복음을

전했다. 그러나 그들은 유대인들에 의한 반대로 인하여 그곳을 곧 떠날 수밖에 없게 되었다. 그들은 아덴(행 17:15−34; 살전 3:1; 참조, 살전 2:7−9)을 거쳐 고린도(행 18:1−18; 참조, 고후 1:19; 11:7−9)에 이르러 1년 반 동안(행 18:11) 성공적으로 사역을 한다(주후 50년 가을−52년 봄).

빌립보와 데살로니가는 에게해를 아드리아해와 연결시키는 주요 도로인 에그나티아 가도에 있었다. 바울은 그 서쪽 종점까지 가서 이탈리아로 넘어갈 생각을 했을는지 모른다(롬 1:13 참조). 그러나 그가 서쪽으로 더 갈 수 없었던 것은 섭리적인 명령이었으리라. 만약 그가 갔다면 주후 49년 글라우디오의 추방령 때문에(행 18:2) 동쪽으로 오는 유대인들을 만나게 되었을 것이다. 바울은 에그나티아 가도를 떠나고, 또 마게도냐를 떠날 수밖에 없게 되었다. 그는 아덴을 거쳐 고린도로 갔다. 바울의 짧은 마게도냐 선교는 사실 놀랍도록 성공적인 것임이 입증되었다. 후에 마게도냐의 교회들은 그에게 많은 격려와 감사의 원인이 되었다. 처음 사역을 할 당시에는 실패처럼 보였음에 틀림없었다. 바울은 깊은 실망 속에서 마게도냐를 떠나 고린도에 "약하며 두려워하며 심히 떨었노라." 하는 가운데 도착했다(고전 2:3). 고린도도 마게도냐 못지않게 바울을 환영하지 않았다. 그러나 어쨌든 거기서 18개월을 보낼 수 있었다.

고린도 사역

{자료: Dan P. Cole, "Coninth & Ephesus: Why Did Paul Spend Half His Journeys in These Cities?" *Bible Review* 4(1988) 20−30; Riesner, *Paul's Early Period*, 157−211; John McRay, *Archaeology and the New Testament*(Grand Rapids: Baker, 1991) 225−27}

두 번째 선교여행에서 가장 두드러지는 것은 바로 고린도에서 장기 체류하면서 사역한 것이다. 바울이 안디옥에 있는 그의 "본부" 교회로 돌아가기 전에 고린도에서 일 년 반 동안 머물며 복음을 전한 것이다(주후 50년 가을−52년 봄; 행 18:1−18; 고전 2:1−5). 고린도에서 바울은 로마에서 추방당한 아굴라와 브리스길라 부부를 만나 동역하게 되었다. 이들은 바울에게 평생의 도움이 되고 헌신적인 친구들이 되었다(롬 16:3−5 참조). 주후 49년에 발령된 글라우디오의 칙령으로 인하여 아굴라와 브리스길라는 로마를 떠나지 않을 수 없게 되었었다 (행 18:2).

또한 이 기간에 중요한 역사적 사실은 갈리오가 아가야의 총독이 된 것이다 (주후 51년 5월경; 행 18:12). 델피에서 발견된 한 비명에서, 갈리오가 51년 5월 경에 아가야 총독이 되었다는 것이 알려졌다. 이 사실 기록은 바울의 연대기를 확정하는 데 중요한 기여를 한다. 어떤 유대인들이 고린도에서 바울에 대해 고소를 한 것은 바로 이 관리가 임관된 지 얼마 되지 않고서였다. 바울의 고린도 사역 동안 바울의 활동을 종식시키려는 하나의 심각한 시도가 있었다. 사람들이 바울을 갈리오 총독, 즉 시(市) 행정관이 아니라 황제가 임명한 제국의 관리로 아가야 주 총독이 된 갈리오에게 로마법에 의해 인정되지 않은 형태의 종교를 선전한다는 명목으로 고소를 하였다. 그러나 고소를 들은 갈리오는 그것이 유대 인의 율법 해석들에 관한 논쟁을 포함하는 것이라는 결론을 짓고 그 고소를 취급하지 않았다. 사도행전 18장 12절에 나타난 갈리오에 대한 언급은 바울의 연대기를 정하는 데 하나의 고정된 시점을 제공한다. 델피에서 발견된 비명은 최근에 아가야 총독이 된 갈리오를 언급한다. 이는 갈리오가 주후 51년 초여름에 총독이 되었음을 함의한다. 다른 자료에 의하면, 그는 건강이 나빠서 총독 직책을 오래 수행하지 못했다. 바울이 고린도에서 18개월의 사역을 끝냈을 때 그 뒤에는 크고도 은사가 풍성하나 도덕적 견실성이 결핍된 기독교 공동체를 남겨 놓았다.

바울이 고린도에서 사역을 하는 동안 데살로니가 교회에 두 통의 편지를 보내게 된다(늦은 주후 50년). 뒤로 돌아가서, 바울 일행이 데살로니가에서 한 사역은 성공적이었다. 그러나 바울은 그곳을 떠날 수밖에 없었다. 그것은 전적으로 타의에 의해서였다(행 17:1-9, 10). 바울은 디모데를 데살로니가에 보내어 그들의 형편을 살피게 했다(행 17:14-15; 18:5; 살전 3:1-8). 데살로니가전서 는 바울이 아덴에 머물러 있는 동안 데살로니가로 보냈던, 디모데로부터 그 교회에 대한 소식을 접수한 후에 기록된 것이다(살전 3:1-6). 사도행전 18장 5절 은 디모데와 바울이 고린도에서 만났음을 보여 준다(살전 3:6). 아마도 실루아노 (=실라)가 디모데와 동행하였을 것이다(살전 1:1 참조). 디모데와 실라가 가져 온 소식에 위로를 받은 바울은 그들에게 첫 번째 편지를 써서 디모데 편에 보낸다. 그리고 몇 달 후에 두 번째 편지를 써서 보낸다. 바울은 고린도에서 사역을 마치고, 그곳을 떠나 겐그레아(행 18:18), 에베소(＝아나톨리아 지역; 행 18:19－21; 에베소에서 아볼로는 고린도로 가라는 바울의 요청을 받는다. 고전 16:12; 행 18:17), 가이사랴(행 18:22), 예루살렘("교회의 안부를 물은 후에", 행 18:22)을 거쳐 안디옥으로 내려간다(행 18:18－22).

바울의 두 번째 선교 여행은 약 3년이 걸렸고 약 4,800킬로미터의 길을 여행한 것이었다. 바울은 감옥에 갇히기도 하고, 직접적인 신체적 위해와 폭력의 위협에 부딪힌 적도 있었지만, 이러한 반대에도 불구하고 데살로니가, 빌립보, 고린도에 보낸 바울의 편지들이 웅변적으로 증거하는 것같이 교회 개척의 노력은 많은 결실을 맺었다.

3차 선교여행

{자료: Dan P. Cole, "Corinth & Ephesus: Why Did Paul Spend Half His Journeys in These Cities?" *Bible Review* 4(1988) 20－30}

바울은 두 번째 선교여행을 마치고 안디옥에서 얼마 있다가 다시 떠나 갈라디아와 브루기아 땅을 차례로 다니며 모든 제자들을 굳건하게 하였다(행 18:23; 참조 행 16:6; 북 갈라디아에 대한 두 번째 방문?). 그러나 바울의 세 번째 선교여행은 주로 에베소에서 이루어졌다(행 18:23－21:16). 그는 그곳에서 3년(행 20:31; 또는 적어도 2년 3개월; 행 19:8, 10 참조) 동안 사역을 하였다(행전 19:1－20:1; 고전 16:1－8; 참조, 행 20:31; 주후 52년 가을－55년 여름; 행 18:23－20:1, 31). 바울은 제2차 선교여행 때 고린도에서 오래 머물며 사역을 한 것 같이(행 18:21), 에베소를 사역의 중심지로 삼을 생각을 전부터 품고 있었던 것이 아닌가 생각된다.

에베소 사역

고린도에 뒤이은 바울의 다음 활동기지는 아시아 주의 에베소였다. 에베소는 안디옥과 마찬가지로 로마 제국에서 가장 큰 도시들 중 하나였으며, 로마 속주 아시아의 수도였고, 큰 주변 지역 생활의 중심지였다. 바울로 하여금 1년 6개월 동안 머물게 했던 고린도의 "매력들"이 에베소에는 그 정도가 더 컸다. 에베소 는 로마 세계에서 3, 4개의 최대 도시 중 하나였다. 바울 당시 인구가 250,000 명 정도로 추산된다. 도시의 부가 도처에 반영되었다. 에베소는 고린도와 같이, 전략적 위치에 있었다. 부유한 로마 속주 아시아의 수도였다. 24,500석의 극장 이 있었고(행 19:23 – 41), 아데미 신전, 지방 마술사들과 축사자들이 들끓었다 (행 19:13 – 19). 에베소에 복음전도의 문이 활짝 열렸다(고전 16:9). 에베소는 학 문과 지적 탐구의 강한 전통이 있었다(행 17:18, 32 참조).

바울은 에베소에 3년이라는 더 큰 기간을 체류했는데, 바울의 전 사도적 사역 가운데 가장 열매를 잘 맺은 국면들 중 하나가 되었다. 이 기간 동안 바울과 그 의 동료들에 의해서 아시아 주의 복음화가 이루어진 것이다. 특히 바울의 지도 를 받은 에바브라가 루코스(Lycus) 계곡의 전도자로 봉사하여 히에라볼리, 라오 디게아 및 골로새 교회를 설립하게 되었다(골 1:7 – 8; 4:12 – 13 참조).

이 기간에 바울은 회당에서 하나님의 나라에 관하여 강론하고(석 달 동안) 또 두란노 서원에서 강론하였다(두 해 동안). 이 강론을 통하여 아시아에 사는 유 대인이나 헬라인이나 많은 사람들이 주의 말씀을 듣게 되었다(행 19:8 – 10). 에 베소에서의 사역은 성공적이었다. 특히 마술을 행하던 많은 사람들이 주 예수께 돌아와서 자복하는 놀라운 결과가 있었다. 그러나 다시 한 번 성령께서 개입하 셔서 선교 전략에 대한 바울의 마음을 형성하시는데 이번에는 로마였다. 바울이 다녀가기로 결정한 곳들(행 19:21; 20:1 – 6)은 좀 가기가 힘든 길인데 아마도 그가 예루살렘 교회를 위하여 모으고 있는 모금을 거두어 가려고 그렇게 결정 한 것으로 보인다(롬 15:25 – 27 참조).

바울이 에베소에 체류하는 기간 동안 아시아 총독 유니우스 실라누스(Junius Silanus)가 살해되는 사건이 발생하였다(주후 늦은 54년). 바울이 에베소에 더 머 무는 동안 디모데와 에라스도 두 사람을 마게도냐로 보냈다(주후 55년 초; 행 19:22). 또한 바울은 예루살렘 교회의 성도를 섬기는 일을 위하여 디도를 고린 도로 앞서 보냈다(고후 8:16 – 19).

바울은 에베소 사역 기간 중 위험을 당하지 않은 것이 아니었다. 누가는 이 위험 가운데 몇 가지를 기록하고(행 19:19-41), 바울 자신은 그것들을 암시한다(고후 11:23). 바울은 아시아에서 당한 극심한 환난을 상기한다(고후 1:8-10). 이는 바울이 당한 가장 큰 개인적 위험을 가리킨다. 그는 아주 위협적이어서 죽음이 불가피하게 보인 정황에 관하여 이야기하는 것이다. 그리고 아무런 가망성이 없는 상황에서 마침내 구조되었을 때 바울은 그것을 죽은 자들을 다시 살리시는 하나님의 능력의 표로 받아들였다.

바울이 생존하여 주의 강림을 목도하지 못할 것 같다는 확신을 갖게 된 것은 거의 확실히 이 경험(고후 1:8-10) 때문이었을 것이다. 이전의 강림에 대한 언급에서는 자신을 그때에도 살아 있을 사람들 가운데 포함시키는 경향이 있었으나, 이제부터는 죽은 자들 가운데서 살리심을 받을 사람들 가운데 포함시키는 경향이 있다. 증거상으로 볼 때 처음으로 바울은 사망 직후 그의 조건이 어떻게 될지 심각하게 고려한다. 바울에게 있어서 사망 직후 신자의 환경은 "주와 함께 거하는 그것"이라는 말로 요약된다(고후 5:1-10).

삶에 대한 바울의 태도에 심오한 영향을 끼친 또 하나의 경험은 에베소에서의 경험보다 여러 해 전에 있었던 경험이다(고후 12:2-10). 그것은 신비적 경험이었으며, 신체적 무력과 "육체의 가시"를 가져다주었다. 바울은 그이 연약함 가운데 그리스도의 능력을 더 완전하게 의지하는 데 도움을 주기 때문에 그것을 기뻐하게 되었다.

바울은 에베소에 머물며 사역을 할 때까지 고린도 교인들과 커뮤니케이션이 없었던 것으로 보인다. 바울과 고린도인들 간의 커뮤니케이션은 바울이 에베소에서 사역을 할 때 이루어졌다. 바울은 고린도전서 이전에 편지를 하나 써서 보낸 적이 있다. 그러나 고린도 교인들이 바울의 말을 오해한 듯하다(고전 5:9, 10-11). 그의 이전의 편지에 대한 고린도인들의 오해를 들음과 동시에 글로에의 집 사람들로부터 고린도 교회의 분열 소식을 듣게 되었다. 또한 답변을 요구하는 여러 질문을 가지고 온 스데바나, 브드나도, 아가이고 등 교회 대표단을 맞이하기도 하였다(고전 16:17). 즉, 에베소에 있는 바울에게(행 18:6) 고린도 교회에서 글로에, 스데바나, 및 그 밖의 사람들이 방문하고(고전 1:11; 16:17), 편지를 가져왔다(고전 1:11; 16:17). 이에 응답하는 편지를 써서 보냈는데, 바로 고린도전서이다(주후 55년 봄; 고전 16:8, 19; 행 19:10 참조). 분명하지 않으나, 에베소에서 바울이 투옥된 적이 있을 가능성이 있다(고전 15:32; 고후 1:8 참조). 바울은 디모데를 고린도로 보낸 적이 있다(고전 4:17; 16:10). 고린도전서를 가지고 갔을 가능성이 있으나, 오히려 편지가 배달된 직후에 도착했을 가능성이 더 크다. 디모데의 역할은 바울의 충고가 받아들여지고, 읽히고, 또 실천되는지 알아보는 것이었다. 바울은 마게도냐와 고린도(아가야)와 예루살렘과 유대, 그리고 로마를 방문하려는 계획을 갖고 있었다(고전 16:3－8; 행 19:21; 참조, 고후 1:15－16).

그 이후 고린도 교회와 바울의 관계는 좀 복잡하게 전개되었다. 바울은 고린도 교회의 좋지 않은 다른 소식을 듣고 직접 고린도를 방문하여 그 문제를 해결하려고 하였으나, 불행하게도 이 두 번째의 고린도 방문은 고통스러운 경험이 되었다(주후 55년 여름; 고후 2:1; 13:2). 그는 황급히 에베소로 되돌아와서, 큰 환난과 애통하는 마음으로(고후 2:4) "눈물의 편지"를 써서 디도 편에 보내어 화해의 사명을 하게 하였다(주후 55년 여름/가을; 고후 2:13; 7:5－16). 그 후에 바울은 디도를 만나기 위하여 에베소를 벗어나 드로아까지 갔으나 만나지 못하고(고후 2:12), 기다리다 못해 마게도냐로 이동했다(주후 55년 겨울－56년 가을; 행 20:1이하; 고후 2:13; 7:5; 9:2－4). 디도가 드디어 마게도냐에 도착하였다. 거기서 디도로부터 고린도 교회의 호의적인 소식을 다시 들은 바울은 그의 엄중한 슬픔의 편지와 디도의 사명이 성공한 것으로 인하여 안도하는 가운데 고린도후서를 써서 보낸다(주후 56년). 바울이 일루리곤까지 복음을 전한 것은 이 마게도냐에 있을 때가 아닌가 한다(롬 15:19). 바울이 마게도냐 지역에 체류한 것이 아마 6개월 이상은 될 것이다(행 20:2 "여러 말로 …… 권하고" 참조). 또한 바울은 예루살렘 교회의 성도를 섬기는 일을 위하여 디도를 고린도로 앞서 보냈다(고후 8:16－19).

바울이 전하는 말씀으로 인하여 에베소에서 아데미의 신상 모형을 만들어 벌이를 하는 사람들에 의해서 적지 않은 소동이 일어났다. 소요가 그치자 바울은 마게도냐로 떠났다. 그 지방에서 여러 말로 제자들에게 권하고, 헬라(아가야, 고린도)로 내려가서 석 달 동안 있었다(행 20:2－3; 주후 56년 겨울－57년). 그는 가난한 성도들을 위하여 모금한 것을 가지고 마게도냐를 거쳐서 예루살렘으로 가기 전에 아가야 곧 고린도에서 겨울을 보낸 것이다(롬 15:26; 16:1). 이는 바울의 세 번째 고린도(아가야) 방문이 된다(고후 13:1). 바울은 그때까지 로마 교회를 방문한 적이 없었다. 바울은 여러 번 로마를 방문할 의향이 있었으나 길이 막혔다(롬 15:21). 바울은 세 번째 선교 여행 중에 예루살렘 성도들을 위한 모금을 막 마치고(롬 15:25, 26) 예루살렘을 향하여 가려는 생각을 하고 있었다(행 20:1 이하). 그러나 바울은 그 전에 벌써 예루살렘을 거쳐서 로마로 가려는 계획을 품고 있었다(행 19:21). 바울은 아가야 지방에 석 달 머무는 동안 고린도 가이오의 집에서 로마서를 써서 보냈다(주후 57년 초; 행 19:29; 20:2-3, 4; 롬 16:23; 고전 1:14). 로마서 15장 22-33절에 의하면, 바울은 방금 모금을 마치고 예루살렘을 향해 떠나려는 참이었다. 이는 정확하게 사도행전 20장 3-4절에 묘사된 환경이다.

예루살렘을 위한 모금

에베소 사역이 끝날 즈음에 바울은 에게해 동, 서쪽의 자기가 개척한 교회들에서 예루살렘 교회의 만성적인 가난을 구제하기 위한 모금을 조직하는 일에 바쁘게 종사했다. 바울은 예루살렘 집담회에서 합의한 "가난한 자들을 기억하라."(갈 2:10)는 위탁을 그때와 그 이후의 사역을 통하여 내내 엄숙한 의무로 여겼다. 동시에 이 특별한 모금 배후에 하나의 추진력이 있으니, 곧 이방인 교회들과 예루살렘 교회를 좀 더 가깝게 함께 묶으려는 바울의 강한 욕망이었다. 그는 두 교회가 감사와 신뢰와 사랑의 결속을 이루기를 원했다. 그렇게 된다면 바울은 그의 모금 사역이 참으로 보람이 있었음을 느끼게 될 것이다. 이방교회들의 넉넉한 선물은 복음에 대한 이방인들의 결단이 진정하고 실제적인 것임을 모교회에 설득할 것이었다. 바울은 편지로, 또는 직접 방문함으로써 넉넉하게 주라고 이방교회들에게 강권하고, 또 마게도냐 교회들과 고린도 교회 간에 이 점에서 경쟁정신을 고취시켰다. 예루살렘 교회를 위하여 모금을 해서 전달하는 것은 바울의 눈에 지금까지 그의 사도적 봉사의 절정이 되었을 것이다. 모금 전달은 그의 "제사장 직무"(롬 15:16)의 면류관으로서, 예루살렘에서 하나님께 드리기로 계획한 저 "이방인들의 제물"의 가시적 표적이 되었을 것이다. 바울은 여러 해 전에 주께서 그에게 나타나셔서 저 "멀리 이방인들에게 보내신"(행

22:17－21) 예루살렘 성전에서의 예배 행위로 과거에 대한 감사와 미래에 대한 헌신을 극점에 달하게 하기를 바랐다.

로마로 가려는 여행 계획

바울은 아시아 주에서의 길고도 열매 맺은 사역 후에 마게도냐와 아가야 교회들을 다시 방문하였다. 바울과 디도는 교회들로 하여금 연보를 완성하게 했다. 그리고 아마도 바울이 에그나티아 가도를 따라 서쪽으로 여행하고 북쪽으로 일루리곤으로 방향을 돌린 것이 이때였을 것이다(롬 15:19).

바울은 마게도냐를 다녀서 헬라(아가야)로 가서 거기에 석 달을 머물고, 수리아 안디옥으로 돌아가려고 하였다(행 20:1－3). 그러나 그를 해하려는 유대인들로 인하여 다시 마게도냐를 거쳐 돌아가기로 작정하였다. 바울은 일행과 함께 "무교절 후에" 빌립보에서 배로 떠나 드로아에 이르렀다(행 20:4－6). 바울은 드로아를 떠나(행 20:6－12), 밀레도에 이르렀다(행 20:15－38). 바울은 수리아로 향하여 두로, 돌레마이를 거쳐 가이사야에 이르렀다(행 21:7－14). 거기서 바울은 예루살렘으로 올라갔다(행 21:15－23:30). 그러나 바울의 궁극적인 목적지는 로마였다. 그는 예루살렘을 거쳐서 로마로, 그리고 서반아(스페인)까지 가기를 원했다(롬 15:22－27). 바울은 예루살렘 방문에 대하여 염려했음이 분명하다. 그는 로마의 그리스도인들에게 "나로 유대에 순종치 아니하는 자들에게서 구원을 받게 하고 또 예루살렘에 대한 나의 섬기는 일을 성도들이 받음직 하게"(롬 15:31) 해 달라는 기도를 요청한다. 누가는 다가오는 투옥을 가리키는 예언적 메시지들을 보고함으로써 불길한 일이 있으리라는 이 예감을 강조한다(행 20:22－23; 21:10－14). 그리고 아니나 다를까, 바울이 예루살렘에 도착하자 곧 그의 율법에서 자유한 복음을 인정하지 않는 유대인들 및 유대 그리스도인들과 곧 분란이 일어난다.

예루살렘에서의 체포

바울은 고린도에서(주후 56－57년) 겨울을 지낸 후에 예루살렘 교회로 보내는 교회들의 연보를 가지고 가도록 지명된 이방 교회 대표자들과 함께 유대를 향해 항해하였다. 회심 이후 마지막이 되는 예루살렘 방문, 그렇다 예루살렘에 도착한 바울은 예루살렘 교회의 야고보와 다른 장로들의 따뜻한 영접을 받는다. 그러나 곧 예루살렘의 유대인들에 의해 거의 죽임을 당할 뻔하다가 로마 군인들에 의해 구출을 받으나(주후 57년 5월; 행 21:15 – 23:11), 체포되어 갇히는 처지가 된다.

가이사랴에서의 재판

그를 살해하려는 음모가 전해져서 밤중에 해변에 있는 가이샤라로 이송되어 벨릭스 총독 때 거기서 2년을 갇혀 있게 된다(주후 57 – 59년; 행 23:12 – 26:32). 바울은 로마 시민권이 있는 사람이기에(행 22:25 – 29) 황제 앞에서 재판을 받을 수 있는 권리가 있었다(행 22:25 – 29). 그는 보르기오 베스도가 벨릭스를 대신하여 총독이 된 후 얼마 안 되어 바울은 가이사에게 상고했다(행 24:27; 25:10 – 12).

로마를 향하여

바울이 재판을 받기 위하여 로마를 향하여 항해할 때(주후 59년 9월; 행 27:1 – 28:15), 사도행전의 저자가 동행하는 것으로 나타난다("우리" 부분). 항해 초에, "금식하는 절기" 곧 대속죄일(늦은 9월 – 이른 10월)이 이미 지났다(행 27:9). 그레데에서 겨울을 지낼 가능성이 제기되었다(행 27:12). 풍랑으로 인하여 배가 파선하고 멜리데에 구조되어 겨울을 나고, 석 달 후에(행 28:11), 다시 로마로 떠난다(주후 59년 겨울 – 60년; 행 28:1 – 10).

로마에 이르다

바울은 드디어 로마에 이른다. 로마에 도착한 바울은(주후 60년 2/3월; 행 28:14 – 16) 2년간 가택연금 상태로 갇히나 밖에서 사람들이 그에게 올 수 있었고 그는 아무런 방해를 받지 않고 복음을 전할 수 있었다(행 28:16-31; 주후 60-62년). 사도행전의 기록은 바울이 2년 동안 로마에서 자기 셋집에 머물면서 자기에게 오는 사람들을 다 영접하고 하나님의 나라를 전파하며 주 예수 그리스도에 관하여 모든 것을 담대하게 거침없이 가르친다는 이야기로 갑자기 끝난다(행 28:30-31).

로마에 갇혀 있는 동안 바울은 빌레몬서, 골로새서, 에베소서(주후 60년경), 그리고 빌립보서(주후 61년경)를 써서 보낸다. 내적 증거는 골로새서, 빌레몬서, 에베소서가 동시에 저술되고 보내졌음을 보여 준다. 바울은 죄수였지만, 방문자들을 자유롭게 맞이할 수 있었는데, 이는 로마가 저술 장소임을 가리킨다. 빌립보서에는 바울의 석방에 대한 기대가 묻어난다. 이 "옥중서신"의 출처가 로마임을 시사한다고 본다. 또한 빌립보와 로마 간의 여러 차례 여행에 대한 언급으로 보아 빌립보서는 2년의 투옥 기간 후반 연대임이 엿보인다.

사도행전의 마지막 장들은 전 성경에서 가장 흥미를 끄는 글을 담고 있다. 주목할 만한 일은 사도행전 21장 30절에서 폭동을 일으키는 군중들에 의해 바울이 붙잡힌 순간부터 그가 자유를 다시 찾지 못한다는 것이다. 그는 로마의 정의의 장난 앞에서 스스로 어떻게도 할 수 없는 죄수로 사도행전의 마지막 부분을 보낸다. 그러나 누가는 전혀 다른 인상을 주게끔 이야기한다. 바울은 매여 있거나 스스로 어떻게도 할 수 없는 것이 아니었다. 하나님의 계획이 실행되고 있었다. 바울은 예루살렘에서 큰 군중에게, 유대 산헤드린에게, 두 명의 로마 총독에게, 헤롯왕과 그의 아내에게, 배에 승선한 300명 가까운 사람들에게, 멜리데의 제일 높은 사람과 그를 통하여 많은 다른 섬사람들에게, 로마의 큰 유대인 공동체의 지도자들에게, 그리고 마지막으로 제국의 수도에서 그에게 와서 그의 말을 듣기를 원하는 모든 사람들에게 증거할 기회를 가졌던 것이다.

사도행전 이후의 바울

{자료: 레이먼드, [바울의 생애와 신학], 304-60}

바울은 가이사 앞에서 청문회를 갖고 일단 로마 억류에서(주후 늦은 61년 또는 이른 62년) 풀려났는가? 바울은 로마 황제의 재판을 기다리며 로마에 갇혀 있다가 재판을 받고 순교하였는가? 아니면, 일단 풀려났다가 다시 감옥에 갇혀 재판을 받고 네로 황제에 의해 순교를 당하였는가? 바울이 방면되고 마침내 서반아에서 복음을 전하는 희망이 실현되었다는 것이 로마의 클레멘트 이후 여러 저자들에 의해 전제되거나 함의되어 있다(Clement, *1Clement* 5.7; 롬 15:23 – 29 참조). 그러나 확고한 증거는 없다.

"목회서신"에 언급된 바울과 그의 동역자들의 동정은 사도행전의 이야기 속에 짜 넣을 수가 없다. 그래서 바울이 로마에서 2년 후 석방되고 동부 지중해 지역(에베소, 마게도냐[딤전 1:3]; 그레데[딛 1:5]; 드로아[딤후 4:13]; 니고볼리[딛 3:12])에서 어느 기간의 시간을 보냈다고 가정할 수밖에 없다. 즉, 우리의 견해는 바울이 일단 풀려나서 소아시아를 중심으로 추가적인 활동을 한 것으로 보는 것이다. 이 무렵 예루살렘에서는 의인 야고보가 죽임을 당했다(주후 62년). 바울은 이 기간에 목회서신을 썼다(주후 62 – 64년?).

디모데전서와 디도서 간의 저술 순서는 확정하기 어려우나, 바울은 마게도냐에서 에베소에 남겨 둔 디모데에게 편지를 쓰고(딤전 1:3), 그레데에 있는 디도에게 편지를 쓴다(딛 1:5). 그때 바울은 어디에선가 니고볼리를 향해 여행하고 있는데, 그는 그곳에서 겨울을 보내기를 희망한다(3:12). 바울은 다시 한 번 로마에 갇힌다. 그리고 디모데에게 두 번째, 그리고 그의 마지막 편지를 쓸 때 그는 죽음이 머지않음을 직감하고 있었다(딤후 1:16 – 18; 4:6, 16 – 18).

이번에는 무죄 방면되지 않았다. 그는 유죄선고를 받고, 오스티안 가도(Ostian Way) 3번 이정표 아쿠아 살비아(Aquae Salviae)라 불리는 곳에서 칼로 목 베임을 당하고, 바실리카 양식의 성벽 밖에 있는 성 바울(St. Paul Outside the Walls) 교회당이 덮고 있는 위치에 묻혔다. 로마의 대화재가 있은(64년 7월) 후에 로마의 그리스도인들은 박해를 당하고 순교를 당했는데, 이때 베드로와 바울도 순교했다고 초대 교회 전승은 전한다(주후 65년?). 그 이후 유대 전쟁이 발발하고(66년 9월), 마침내 예루살렘이 멸망한다(주후 70년 8 – 9월).

5.1/4 바울에 관한 몇 가지 흥미로운 질문

바울의 생애와 사역과 관련하여 흥미로운 질문들이 제기된다. 몇 가지에 대하여 간략하게 다루고자 한다.

바울은 왜 교회를 박해했는가?

{자료: Todd D. Still, *Conflict at Thessalonica: A Pauline Church and its Neighbours*(JSNTSup 183; Sheffield: Sheffield Academic Press, 1999, 165−70; Seyoon Kim, *The Origin of Paul's Gospel*(WUNT 2.4; Tuebingen: J. C. B. Mohr [Paul Siebeck], 1984) 41−46; David Rhoads, "Zealots", ABD 4:1043−54}

바울이 다메섹 도상의 경험 이전에 왜 하나님의 교회 곧 그리스도인들을 멸하려고(갈 1:13, 23) 했는가? 바울이 교회를 박해한 적확한 이유들에 대한 제안은 다수이다. 첫째, 교회가 권위 있는 유대 법정의 승인을 받아 범죄자로 정죄를 받고 십자가에 못 박힌 메시아를 선포했기 때문이다(고전 1:23; 갈 3:13; 5:11; 6:12 참조). 둘째, 헬레니즘 시대(헬라파)−유대인 그리스도인들이 성전과 율법에 대하여 자유주의적 태도를 취했기 때문이다. 셋째, 유일신론과 관련된 쟁점과 더불어, 신자들이 예수에게 존경을 표했기 때문이다. 넷째, 그리스도인들이 자신들을 예수의 제자로, 즉 메시아가 그들에게 나타났다고 주장했기 때문이다. 다섯째, 예수를 따르는 자들이 히브리 성경을 사용하여 그들의 신앙과 행위를 뒷받침했기 때문이다. 여섯째, 하나님 나라를 공격적으로 선포하는 것이 로마인들을 불쾌하게 만들리라고 바울이 믿었기 때문이다. 그러나 증거가 결핍하여 결정적인 결론을 내리기는 힘들다.

우리가 말할 수 있는 것은, 회심하기 전의 바울도 유대인의 관습을 열정적으로 지키려는 사람들 중의 하나였고, 그는 예수를 믿는 유대인들이 율법을 따르는 데서 벗어나 유대인의 방식을 위협하는 위험한 자들로 보았다는 것이다. 바울이 예수 편으로 돌아섰을 때 다른 유대인들도 그를 그렇게 간주했을 것이다. 바울은 두 별개의 경우에 교회에 대한 박해를 유대인의 문물에 대한 열심과 연결 짓는다(갈 1:14; 빌 3:6; 참조, 행 22:3−4). 열심과 교회에 대한 박해를 긍정적으로 상관 짓는 것으로 보아 그의 회심 전에 예수 믿는 자들을 반대하게 된 것은 유대인의 조상의 풍습 특히 토라와 바리새파의 구두 전승으로 율법을 해석하는 것을 위하는 열정이었음을 시사한다. 오랫동안 전해 내려온 전통들을 충실하게 지키는 것은 유대인 됨의 일부분이었고, 그렇게 하지 못하는 자들은 종종 이탈자들로 간주되었다. 바울은 교회에 대한 박해를 조상의 전통에 대한 열심의 한 예로 회상한다(갈 1:13-14). 그러나 "열심이 있었다."는 것은 반로마적 태도를 취하는 열심당원이었다는 이야기는 아니다. 오히려, 바울의 열심은 이스라엘의 순수성과 정체성을 유지하며 유대인 공동체의 경계를 지키려는 유대인의 전통에 오래 이어져 오는 율법에 대한 '열심주의' 노선을 배경으로 이해되어야 하는 것이다(행 21:20; 22:3).

바울의 다메섹 도상 경험의 의미는 무엇인가?

{자료: Richard N. Longenecker, "Introduction", in *The Road from Damascus: The Impact of Paul's Conversion on His Life, Thought, and Ministry*(ed. Richard N. Longenecker; Grand Rapids/Cambridge, U. K.: Eerdmans, 1997) xiii; Krister Stendahl, *Paul Among Jews and Gentiles and Other Essays*(Philadelphia: Fortress, 1976) 7-12; Bruce Corley, "Interpreting Paul's Conversion-Then and Now", in *The Road from Damascus*, 1-17}

바울의 회심에 대한 사도행전의 세 기사들(9, 22, 26장) 간에 차이가 있으나, 대체로 유사하다. 기사들 간의 차이점은 다음과 같은 것들이 있다. 9장의 기사는 훨씬 더 완전하고, 26장의 기사가 가장 짧다. 9장 7절에서는 소리를 들었으나 빛을 보지 못하였고, 22장 9절에서는 빛을 보았으나 소리를 듣지 못하였다. 26장에서는 다메섹 도상에서 이방선교 사명을 들으나, 9장과 22장에서는 그냥 다메섹에 가서 지침을 받는다. 9장에서는 아나니아가 환상을 보나, 바울은 이에 대한 정보를 받지 못한다. 22장에서는 아나니아가 바울에게 그의 사명을 말한다. 누가는 이러한 사소한 일탈로 인하여 걱정하지 않았음이 분명하다. 역사적 정확성에 대한 누가의 관심이 결핍되었을 가능성을 상정할 수 있고, 누가가 상이한 자료들을 사용했을 가능성을 제기할 수 있다. 누가는 현대의 학자들이 시사하는 얼마의 방법들로 세 회심 이야기들을 설명하거나 조화시키려 할 수 있었을 것이다. 그러나 우리의 관심은 바울의 회심에 대한 누가의 기사들이 그에 대한 바울 자신의 언급과 어떻게 맞먹는가 하는 것이다.

바울은 그의 편지들에서 자기 회심 이야기를 누가처럼 자세하게 말하지는 않지만 언급은 한다(고전 9:1; 15:8; 갈 1:13 – 17; 참조, 행 9:7; 22:14; 26:16 참조). 갈라디아서 1장 13 – 17절의 기사는 사도행전의 기사와 모순되지 않고, 몇 가지 점에서 잘 들어맞는다. 예외가 있다면 아마 갈라디아서 1장 16절일 것이다. 사도행전에서는 아나니아가 바울의 회심 드라마에서 중요한 역할을 한다. 갈라디아서 1장 16절의 말은 예루살렘 사도들에 대한 바울의 관계에 대한 논쟁적 논의의 맥락에서 읽어야 한다(갈 1:11, 12 참조). 바울이 "혈육과 의논하지 아니하였다."는 말은 이 맥락에서 바울이 그 시점에서 어떤 사도들이나 사도들의 대표자들과 공식적인 협의(의논)를 하지 않았다는 의미일 것이다. 그리고 사도행전의 언급과 일치한다.

이 회심은 바울의 생애에 있어 전환점이 되었다. 바울의 다메섹 도상의 경험의 본질은 "회심(conversion)", "변화(transformation)", "전환(alternation)", 또는 "소명(call)"이라는 말로 이해되어 왔다. 그러나 그것은 회심과 소명의 복합으로 이해하는 것이 가장 좋겠다. 다메섹 도상에서의 만남으로 인하여 바울은 예수를 따르는 자, 아니 그 이상으로 곧 예수를 전하는 자로 변화되었다. 스텐달(Krister Stendahl)은 바울이 "종교"를 바꾼 것이 아니기 때문에, 곧 동일한 하나님을 섬기며 하나님을 섬김에 있어서 바울이 새롭고 특별한 소명을 받기 때문에, 바울의 이 경험은 회심 경험이 전혀 아니고 당연히 소명 경험이라고 주장한다. 그러나 유대교와 기독교 간의 연속성이 있다고 할지라도 신약은 유대교와 기독교가 구별되며, 오직 기독교 안에만 구원이 있음을 분명히 한다. 그러므로 바울의 경험은 회심이라 부르는 것이 타당하다. 동시에, 바울의 다메섹 도상의 경험 기사들은 각각 바울의 회심은 또한 사역에의 부르심이었다는 것을 분명히 한다(행 9:15; 22:15; 26:15 – 18; 및 갈 1:16). 바울에게 있어서 회심과 소명은 함께 결합되며, 바울은 자신을 하나님의 손안에 있는 특별한 도구로 보았다. 바울 자신은 그의 소명이 특히 이방인들에게 전하는 소명이었음을 강조한다(갈 1:16; 살전 2:4; 롬 1:1, 5; 15:15 – 16).

바울의 회심에 대한 이해의 모델은 여러 가지가 제시되었다. 그의 신학에 대한 바울의 회심의 영향에 관하여 네 가지의 모델이 제시되어 왔다. 구원론적인 모델은 다메섹이 율법의 마침으로서의 그리스도를 계시했고(롬 10:4), 십자가에 못 박힌 메시아는 그의 부활로 말미암아 율법의 저주를 극복하고 율법을 떠나서 얻는 구원을 제공했다는 것이다. 기독론적 모델은 다메섹이 이스라엘의 메시아로서의 그리스도를 계시했는데, 그의 죽음과 부활은 "앞으로 올 시대"를 시작하고 구약성경의 언약 약속들을 성취했다는 것이다. 선교론적 모델은 다메섹이 이방인들을 믿음으로 말미암은 하나님의 백성에 합병시키고 세계 선교를 위하여 바울을 주장하시는 하나님의 의도를 계시했다는 것이다. 송영론적 모델은 다메섹이 영광의 주로서의 예수를 계시했는데(고후 4:6), 그의 광채가 바로 하나님의 임재와 앞으로 올 종말론적 영광을 공표했다는 것이다.

회심 뒤에 바울에게 어떤 일들이 일어났는가?

{자료: F. F. Bruce, "The Acts of the Apostles: Historical Record or Theological Reconstruction", *ANRW* 25/3(Berlin: de Gruyter, 1985) 25−80; M. Hengel, *Acts and the History of Earliest Christianity*(1979) 84, 86−87}

회심에 뒤이어 일어난 일들에 대하여 사도행전(9:19−30; 22:17−21; 26:20−23)과 바울의 편지들(갈 1:16−23; 고후 11:32−33) 사이에 차이가 있는 것으로 보일 수 있으나, 모순이 있다고 말할 수 없다. 왜냐하면, 차이점들은 충분히 개연성 있는 설명이 가능하기 때문이다. 누가의 기사와 바울의 기사 간의 차이점들은 무엇인가?

첫째, 사도행전은 바울의 회심 후 아라비아 방문에 대한 지식을 전혀 보여 주지 않는다. 사도행전으로부터 우리가 얻는 인상은 바울이 회심 직후에 예루살렘에 갔다는 것인 반면에, 갈라디아서는 3년의 시간이 경과한다.

둘째, 사도행전은 바울을 사도들에게 소개하는 바나바를 묘사하는 반면에, 바울은 그의 회심 후 첫 번째 예루살렘 방문에서 베드로와 주의 형제 야고보만을 만났을 뿐이라고 말한다.

셋째, 사도행전은 예루살렘에서(그리고 22장에서는 유대에서) 담대하게 사역하는 바울을 묘사하고, 반면에 갈라디아서에서 바울은 유대의 교회들에게 알려져 있지 않았다고 주장한다.

넷째, 갈라디아서 1장뿐 아니라, 고린도후서 11장 32, 33절도 사도행전 이야기의 병행일 개연성이 있다. 이는 사도행전의 기사를 뒷받침해 줄 수도 있으나, 사도행전과 바울 간의 새로운 모순을 제공한다. 바울은 그를 죽이려는 음모에 대하여 아레다 왕의 고관을 비난하는 데 반하여, 누가는 유대인들을 비난한다(행 9:23). 갈라디아서 1장과 사도행전 9장의 바울의 회심 후 경험에 대한 기사 간의 불균형에 대하여 많은 비평가들은 누가가 심각하게 오보를 전달받았으며, 또 그의 이야기는 이 시점에서 의미심장하게 오도하고 있다는 확신을 갖는다. 누가는 바울의 회심 후 아라비아 방문과 사역을 알지 못했고, 그 결과 여러 가지 일들을 오해했다는 것이다. 그는 다메섹에서 바울에 대한 음모를 바울의 유대인 적대자들에게 돌리며, 바울을 아라비아로 보내는 대신 바울이 그의 회심 직후 명백한 일을 하게 한다. 곧 예루살렘에 올라가서 사도들과 그의 신임장을 수립하는 것이다. 예루살렘에서 강력하고 공개적인 사역을 하는 바울이라는 사상은 실제로 일어난 것(갈 1:22)과는 반대되나, 일어나리라고 누가가 순전히 가정한 것이다.

그래서 바울의 회심 후에 일어난 일들에 대한 누가의 기사가 여러 가지 점에서 역사적으로 부정확하다는 결론을 피하기 어렵다고 생각하는 사람이 있다. 이러한 결론을 피하기 어려울는지 모르지만, 그 논증들이 처음에 보이는 것만큼 그렇게 강하거나 명쾌하지 않다. 우리가 더 주목할 가치가 있는 요점들이 있다.

첫째, 누가는 바울의 회심 후 최초의 방문에 관한 몇몇 현저한 사실들을 정확하게 이해한다(행 9:19, 25, 26, 30). 그래서 누가가 이 부분에서 부정확하다고 해도, 그는 여전히 역사적 골격 안에서 작업을 하고 있는 것이다(행 9:20; 갈 1:16).

둘째, 사도행전 9장에 나오는 바울의 다메섹 체류에 대한 언급(19절)은 반드시 그 성에서 체류한 것이 매우 짧았음을 함의하는 것은 아니다. "며칠"(19절)과 "여러 날"(23절) 사이에 긴 아라비아 방문을 전제하는 것은 현명치 못하다. "그의 제자들이 달아 내렸다"는 등의 언급과 누가의 어법으로 보아서 다메섹에서의 사역과 체류가 더 길었음을 추론할 수 있다. 바울의 아라비아 방문은 아주 짧은 방문이었으며, 그의 회심과 최초의 예루살렘 방문 사이의 3년(갈 1:18)의 대부분을 다메섹에서 보냈을는지 모른다.

셋째, 바울이 유대인들을 피하려고 광주리를 이용하여 다메섹에서 도망하였다는 누가의 설명(행 9:25)은 누가의 신학적 구성이거나 정보가 없는 가정일 수 있다. 그러나 회심한 바울이 아라비아에서 그리고 다메섹에서 유대인들에게 예수에 대하여 증거했으리라는 것은 아주 가능성이 있고, 개연성까지 있으며, 유대인들이 적대감을 갖고 응답했으리라는 것은 아주 있음직한 일이다.

넷째, 사도행전 9장의 "사도들"에게 바울을 소개했다는 이야기(27절)에서 사도들이 베드로와 야고보 이외의 사도들을 포함한 것으로 이해함이 자연스럽기는 하지만, 그것은 일반화시킨 진술이며 전체 사도들의 집합을 의미하는 것은 아니라고 볼 수 있다.

다섯째, 바울을 소개하는 바나바에 대한 기사는 그 방문이 회심사건 후 곧 일어났다면 뜻이 잘 통한다. 그러나 대원수에 대한 극단의 의심이 예루살렘의 기독교도들 가운데 여전히 남아 있었을 것이다. 갈라디아서는 이 방문에 관련된 바나바에 대하여 언급하지 않는다. 나중에 그들이 협력한 것을 고려하여, 누가가 바나바를 이 이야기에 끌어들인 것인가? 나중에 그 둘 사이의 협력은 어디에선가 또 어떻게 해서든 시작되었을 것이다. 그러나 그들이 이 시점에서 예루살렘에서 만났고, 바나바가 나중에 바울을 불러 안디옥에서 자신을 돕게 했다고 하는 것은 전혀 개연성이 없는 것이 아니다.

여섯째, "그리스도 안에 있는 유대의 교회들이 나를 얼굴로는 알지 못하고"(갈 1:22)라는 바울의 말은 그의 회심 후 방문 때에 예루살렘에서의 사역에 대한 기사와 모순되는 것같이 보인다(또한 행 26:20과도 모순되는 것 같다.). 그러나 이 진술은 아마도 방문에 관한 논평이라기보다는, 그의 방문 후의 기간에 관하여 바울이 일반화시켜서 한 말일 것이다. 바울은 그가 그의 회심 이후 예루살렘 방문 동안(또는 전에) 유대 그리스도교 현장에서 상대적으로 잘 알려지지 않은 인물이었음을 의미하는 것이지, 유대 그리스도인들이 아무도 그를 알지 못했음을 의미하는 것이 아닐 것이다.

일곱째, 바울이 그의 방문 동안 유대인들과의 토론에 휩쓸려 들었다는 사도행전(9:29)의 시사는 갈라디아서에 의해 확증되지는 않지만, 충분히 있을 수 있는 일이다. 로마서 15장 19절에서 바울이 "예루살렘으로부터" 그리스도의 복음을

전했다고 하는 말은 그 기간이 얼마나 짧았든지 간에 예루살렘 자체에서 행한
복음 선포를 가리키는 것으로 보인다. 그리고 회심 이후 예루살렘 방문을 염두
에 두고 하는 말일 가능성이 아주 크다.

여덟째, 그 결과로 유대인들이 바울을 죽이려는 음모에 대한 사도행전(9:29)
의 묘사는 있음직하지 않은 일이 아니다(살전 2:15는 이것을 가리키는 것일 가
능성이 있다.). 바울을 죽이려는 음모에 대한 사도행전의 이야기를 지지하는 추
가적인 또 하나의 요점은 바울의 회심 후 첫 번째 방문과 두 번째 방문 간의
긴 간격일 수도 있다("14년 후에", 갈 2:1). 바울이 그토록 오랫동안 예루살렘을
멀리한 것은 첫 번째 방문 때 마주친 생명을 위협하는 적대감 때문이었을는지
모른다.

이상의 고찰을 통하여 우리는 회심 직후의 바울의 기사에 대하여 몇 가지 결
론을 도출할 수 있다.

첫째, 누가는 바울의 회심 뒤에 일어난 일들에 대하여 모든 세부사항을 다 알
지 못했을 수도 있으나, 바울이 말하는 것과 일치하는 의미 있는 분량의 정보를
가지고 있다.

둘째, 누가의 기사는 압축되어 있다. 그는 사도행전 11장에 가서야 비로소 바
울 이야기를 자세하게 하기 시작한다.

셋째, 누가의 기사는 어떤 점들에서(예를 들면, 사도들을 만나는 바울에 대한
언급, 예루살렘 교회가 바울의 회심에 관하여 바나바에 의한 정보가 필요했다는
시사 등) 역사적으로 오도할 수가 있다.

넷째, 그러나 사도행전과 바울서신 간에는 의미 있는 모순이 입증되지 않고,
또 갈라디아서의 기사에 대한 누가의 첨가는 역사적으로 가능한 것들이다.

바울은 회심 후에 예루살렘을 몇 번 방문하였는가?

{자료: Wenham, "Acts and the Pauline Corpus Ⅱ. The Evidence of
Parallels", 215－58}

바울의 회심 후 예루살렘 방문에 대한 사도행전의 기록과 갈라디아서의 기록

간의 관계에 있어, 가장 뜨겁게 논쟁이 되는 쟁점은 갈라디아서 2장의 예루살렘 방문을 사도행전 11장의 방문과 동일시하느냐, 아니면, 15장의 방문과 동일시하느냐 하는 것이다. 갈라디아서 2장과 사도행전의 두 문절(11:27-30 & 12:25; 15:1-35)의 관계에 대하여 온갖 다른 견해들이 제시되었다. 그 가운데 유력한 두 가지 견해는 다수의 학자들이 지지하는 것으로서 갈라디아서 2장 1-10절을 사도행전 15장과 동일시하는 것과 및 의미 있는 소수의 학자들이 지지하는 견해로 갈라디아서 2장 1-10절을 사도행전 11장 27-30절 및 12장 25절과 동일시하는 것이다. 여기서는 바울이 갈라디아서 2장에서 말하는 예루살렘 방문을 사도행전 11장의 이른바 "기근 방문"과 동일시하는 입장에서 서술한다.

갈 2:1-10 = 행 15:1-35

이 견해를 지지하는 주요 논증은 갈라디아서 2장과 사도행전 15장에 묘사된 방문들 간에 다루는 주제, 관련된 참석자들, 그리고 나온 결과가 일치한다는 것이다. 그러나 이 견해에 다음과 같은 문제가 있다. 즉, 사도행전 11장 30절을 설명할 필요가 있고, 갈라디아서 2장("사적인" 모임)과 사도행전 15장("공적인" 모임)의 성격이 다르고, 사도행전에서는 일치된 의견을 공식 편지로 작성하여 전달하나(행 16:4 참조), 바울은 갈라디아서에서 이러한 교령을 전혀 언급하지 않고, 본문들을 면밀하게 읽어 보면 쟁점이 되고 있는 문제들이 다르게 묘사되고 있고, 또 회의의 결과에 대하여, 갈라디아서 2장은 예루살렘에서의 협의를 통하여 어떤 것도 상당히 많이 해결하지 못했음을 분명히 한다.

사도행전 15장은 회심자의 할례와 유대인 그리스도인과 이방인 그리스도인 간의 식탁교제에 관한 협의임에 반하여, 갈라디아서 2장은 토의 주제가 바울 자신과 그의 복음이었음을 시사한다. 그러나 바울은 그의 복음에 대한 토의가 이방인들의 할례 문제와 어떤 관련성이 있음을 분명히 한다(갈 2:3, 4-5). 그럼에도 여전히 바울이 모임의 결과를 묘사할 때 결국 갈라디아인들에게 중요한 할례 쟁점에 관한 어떤 결정도 언급하지 않고, 그렇게 자기중심적으로 묘사한다는 것은 매우 진기하다. 그리고 회의를 통하여 이방인 회심자들에 대한 할례 문제가 사라지지 않았고(갈라디아서를 쓸 필요가 있었다.), 또 식탁 교제의 문제도 해결되지 않았다(갈 2:11 − 14에 의하면, 베드로와 바나바도 혼란을 겪었다.).

갈 2:1 − 10 = 행 11:30 & 12:25

갈라디아서 2장의 방문을 사도행전 11장(11:30; 12:25)의 방문과 동일시하는 견해는 종종 학자들에 의해 무시를 당해 오고 있지만, 진지한 주장이다. 이 견해에서는, 사도행전 11장 30절을 별도로 설명할 필요가 없고, 갈라디아서 2장과 사도행전 11장에서 모두 바울이 바나바와 함께 예루살렘으로 올라간다는 점에 일치하고, 갈라디아서 2장에서는 계시로 인하여 예루살렘에 올라가고, 사도행전 11장에서는 아가보의 기근 예언에 응답하여 올라갔는데, 계시를 기근예고와 동일시하기 어려우나, 두 기사에서 모두 예루살렘 방문을 어떤 종류의 예언활동 맥락에 둔다는 것은 인상적이다. 그리고 두 기사에 모두 물질적 궁핍의 상황이 깔려 있다. 사도행전은 큰 흉년에 관하여 말하고, 갈라디아서 2장 10절은 예루살렘 사도들의 마음에 물질적 어려움을 두고 있었음을 알려 준다. "다만 우리에게 가난한 자들을 기억하도록(현재 시상) 부탁하였으니 이것은 나도 본래부터 힘써 행하여 왔노라(과거완료의 의미를 갖는 부정과거 시상＝내가 하려고 힘써 왔었던)." 하는 말은 사도행전에 묘사된 방문의 공식적 목적에 대한 간접적인 언급일 수 있다.

사도행전 11장 30절을 갈라디아서 2장의 방문과 동일시하는 것에 대하여 다양한 반대 의견들이 가능하다. 그리고 이 반대 의견들에 대하여 적절한 응답도 가능하다.

첫째, 사도행전 11장 30절에는 이방인 논쟁이 없다는 것은 침묵으로부터의 논증이며, 이에 다양한 응답이 가능하다. 즉, 사도행전 문절의 직전 문맥에서 바울과 바나바가 안디옥에서 이방인들 가운데 행한 개척사역을 묘사하며, 예루살렘 방문 중 이방인 문제가 제기되었을 것이다. 특히 할례를 받지 않은 디도의 동행으로 이러한 논의가 있었을 가능성이 있다. 또한 갈라디아서 2장에서 받는 인상은 "기둥들"과 토의된 주 쟁점이 할례가 아니라 바울 자신과 그의 복음과 사도직이었다. 갈라디아서 2장은 사도행전 15장의 협의에 대한 일방적인 해석일 수 있으나, 사도행전 11장의 문맥에서 그 의미가 아주 잘 통한다.

이에 대하여, 두 가지 관찰이 특히 유용하다. 하나는, 바울이 안디옥에서 예루살렘 교회가 고려하여야 할 선교사로 등장한다는 것이다. 예루살렘 교회의 신뢰받는 사절인 바나바가 바울을 안디옥으로 데려온 후에 두 사람의 협력사역으로 말미암아 예루살렘의 선교지였던 안디옥 교회가 점점 더 커지고 영향력 있게 되고, 또 예루살렘 교회에 비교적 덜 알려진 바울의 역할이 점점 더 두드러지게 되었다. 따라서 바나바와 바울이 안디옥 교회에서 선물을 가지고 예루살렘에 왔을 때 이러한 발전들을 논의하고 또 바울의 권위 문제와 예루살렘에 대한 문제를 명료하게 해 둘 필요가 있었으리라는 것이 자연스럽다. 다른 하나는, 사도행전 11장 27-30절의 기근구제 방문이 이방인 고넬료와 그의 가족에 대한 베드로의 논쟁 여지가 있는 사역에 대한 기사(10:1-11:18)에 직접 연달아 나온다는 것이다. 베드로와 고넬료 이야기가 아직 예루살렘 사람들의 마음에 생생하게 남아 있을 때, 바나바와 바울이 안디옥에서 왔다면, 그들은 누가 이방인 선교를 책임지느냐(베드로냐? 바울이냐?)의 문제를 논의했으리라고 추론할 수 있다. 갈라디아서 2장 1-10절은 정확하게 이러한 논의를 전제한다. 베드로는 할례자에게, 바울은 이방인들에게, 그리고 바울과 바나바의 사도직 또는 권위에 대한 최고수준의 인정을 얻은 후에 두 이방인을 위한 사도가 함께 더 멀리 선교 여행을 떠났으리라는 것이 의미가 통하는 일이다(행. 13-14장).

둘째, 사도행전 11장 30절에는 갈라디아서 2장에서와는 달리 사도들이 등장하지 않는다는 것도 침묵으로부터의 논증이다. 오히려, 그 당시 예루살렘 교회에서 장로들이 교회 행정을 책임지고 있었었기 때문에 안디옥 교회의 부조가 "장로들에게" 전달되었을 가능성이 크다(행 11:30; 21:18 참조). 그러나 베드로와 요한이 아직 예루살렘에 있었기에, 바울과 바나바가 자연스럽게 안디옥 선교에 관한 더 큰 문제들을 이 "기둥들"과 논의했을 가능성이 있다. 이 제안을 찬성하는 두 가지 사실이 있다. 하나는, 바울이 기둥들과의 협의를 사적인 모임으로 묘사한다는 것이다. 공적 업무는 기근구제 부조를 전달하는 것이었고, 바울의 사역에 관한 토론은 부차적인 문제였다. 또 하나는, 사도행전 12장이 헤롯 아그립바가 예루살렘 교회를 공격하는 것을 묘사한다는 것이다. 야고보는 순교를 당하고, 베드로는 감옥에 갇히나 기적적으로 탈출한다. 사도행전은 이 헤롯의 살인적인 행위들에 대한 묘사를 기근구제 방문 이야기로 둘러싼다. 기근구제 방문(11:27-30), 헤롯 아그립바의 공격(12:1-23), 그리고 기근방문으로부터의 귀환(12:15)으로 이야기가 전개된다. 이 배열이 함의하는 바는 헤롯 이야기가 기근구제 방문과 어떻게든 관계된다는 것이다. 사도행전 12장은 예루살렘 교회 내에서 사도들로부터 장로들로 권력이 이동함을 설명하는 기능을 한다고 주장할 수 있다(행 11:30의 "장로들에게" 참조). 누가는 바나바와 사울이 장로들에게 구제기금을 가져오는 것을 언급하고, 이어서 12장에서 어떻게 예루살렘 교회에서 이제 장로들(주의 형제 야고보)이 사도들을 대신하여 활동적인 지도력을 행사하고 있는지 설명하는 것이다. 사도행전 12장을 전환 곧 예루살렘 교회 안의 사도들로부터 주의 형제 야고보와 장로들로의 권력이동에 대한 설명으로 보는 것이 옳다면, 누가는 필경 기근구제 방문이 권력이동 후에 일어났음을 함의하는 것 같다. 갈라디아서 2장의 내용은 이 상황에 잘 들어맞는다. 주의 형제 야고보가 베드로보다 먼저 나온다. 이는 그가 우두머리 역할을 함을 함의한다. 그러나 동시에 사도들은 여전히 교회 안의 중요 인물들로 남아 있다. 누가가 바로 이러한 지도력 이동의 전환기 맥락에 기근 방문을 두고 있다. 헤롯의 공격으로 사도 야고보가 죽자, 베드로는 얼마 동안 예루살렘 밖으로 나갈 수밖에 없어 옛 지도력이 종식되었으나, 헤롯 사망 후에 베드로와 요한이 돌아올 수 있었고, 주의 형제 야고보와 함께 "유력한 자들" 또는 "기둥들"의 삼두체제를 형성했을 것이다. 그러나 교회의 일상 업무는 야고보와 장로들의 수중에 있었고, 사태는 베드로와 요한에게 계속 위험한 상태였을 것이며, 이 단계에서 공적 업무는 장로들에게 남기고, "기둥들"은 사적으로 활동하는 것이 현명했을 것이다.

셋째, 사도행전 11장 30절을 갈라디아서 2장 1-10절과 동일시함에 있어 최종적인 논증은 갈라디아서 2장 11-14절의 안디옥 사건과 관계가 있는데, 이 안디옥 일화가 사도행전 11장 30절 이후 그리고 사도행전 15장 이전이라야 의미가 통하기 때문이다. 먼저, 갈라디아서는 2장 1-10절에서 묘사하는 "기둥들"과의 논의들에서 할례 문제와 식탁 교제의 문제들이 해결되지 않았음을 분명히 한다(이 문제들은 오히려 사도행전 15장의 회의에서 해결되었다.). 갈라디아서는 갈라디아의 이방인 그리스도인들에게 할례를 받게 하려는 유대주의자들에 대항하여 쓴 것이다. 안디옥 위기는 유대인과 이방인 간의 식탁교제의 문제에 대한 불확실성으로 인하여 일어났다. 다음, 사도행전 15장의 회의는 안디옥 사건에 대한 응답으로서 의미가 통한다. 갈라디아서에 의하면, 안디옥 사건은 바울의 회심 후 두 번째 예루살렘 방문 뒤에, 그리고 그의 갈라디아 사역 이후에 일어 났다(갈라디이서는 안디옥 사건 직후에 기록되었다고 주장할 수 있다.). 비슷하 게, 사도행전 15장의 회의는 바울의 회심 후 두 번째 예루살렘 방문 뒤에, 그리 고 바울과 바나바의 "남"갈라디아 선교 이후에 일어난다. 갈라디아서에 의하면 (2:12), 안디옥에서 일어난 사건은 갈라디아 교회들을 요란케 하고 할례를 강요 한 무리와 동일한 자들로 추정되는 "야고보에게서(할례당의) 어떤 이들이(사람 들이)" 내려왔을 때 일어났다. 비슷하게, 사도행전 15장의 회의는 "모세의 법대 로 할례를 받지 아니하면 능히 구원을 받지 못하리라."고 가르친 "어떤 사람들 이" 안디옥에 도착함으로써 촉진되었다(갈 2:12; 행 15:1). 갈라디아서에 의하면, 식탁교제의 문제로 충돌이 일어났다. 사도행전 15장은 회의에서 식탁교제의 특 정한 문제가 논의되었음을 언급하지 않고, 바울과 동료들 간의 분열도 언급하지 않는다. 그러나 "적지 아니한 다툼과 변론"에 대하여 언급한다(행 15:2). 갈라디 아서 2장 11－14절에 묘사된 논쟁에 참석한 일행들이 사도행전 15장의 회의 기사의 등장인물과 정확하게 동일하며, 그들은 갈라디아서와 사도행전의 "보수/ 자유" 스펙트럼에서 동일한 종류의 입장을 나타낸다. 회의에서 나온 교령이 식 탁교제를 촉진하는 규정을 포함한다는 사실은 그 문제가 회의에서 중요한 것이 었음을 시사한다(행 15:19－21). 안디옥에서 겪은 베드로의 말썽을 언급하지 않 지만, 베드로의 모습과 그의 고넬료와의 경험이 사도행전 15장 논의에 중심적 이었다(7－11절). 회의에 대한 누가의 묘사에 바나바와 바울 간의 긴장에 대한 시사가 없지만, 그들은 사실 마가에 대한 의견의 차이로 갈라섰다(행 15:36). 그 러나 안디옥 사건이 그들의 결별을 촉진하였음은 아주 개연성이 있다.

　사도행전 11장 30절과 갈라디아서 2장 1－10절을 동일시하는 주장은 우리가 깨닫는 것보다 더 무게 있는 주장이다. 정확한 동일시라면, 갈라디아서는 사도 행전 15장의 예루살렘 회의 전에 남갈라디아 교회들에게 쓴 것이라 할 수 있다. 사도행전 11장 30절과 갈라디아서 2장 1－10절을 동일시하는 논증은 누가의 역사적 정확성 논증을 제고할 것이다. 그러나 누가의 기사는 대단히 부분적이 다. 누가가 갈라디아서의 안디옥 사건에 침묵하는 것은 아마도 그 당시에는 바 울에게 그토록 문제가 되었으나, 이제 사도행전을 쓸 때는 누가에게 있어 그러한 차이점이 과거의 역사가 되었고 중요하지 않았기 때문이었을 것이다.

바울의 선교사역의 모형은 무엇인가?

{자료: E. P. Sanders, *Paul and Palestinian Judaism*(1977) 441-43; F. Hahn, *Mission in the New Testament*(1963); D. Senior and C. Stuhlmueller, *The Biblical Foundations for Mission*(1983); Munck, *Paul and the Salvation of Mankind*(1954) 42; Terence L. Donaldson, "Israelite, Convert, Apostle to the Gentiles: The Origin of Paul's Gentile Mission", in *The Road from Damascus*, 62-84}

사도행전에 의하면, 바울은 먼저 유대인 회당으로, 다음에 이방인들에게 향하여 복음을 전했다. 궁극적으로, 바울은 일생 동안 가능한 한 많은 부분의 이방 세계를 그리스도를 위하여 얻으려고 노력을 아끼지 않는다.

그는 특히 세 번에 걸친 선교 여행을 통하여 약 10년간 정열적인 선교 활동을 수행한다. 그의 선교 활동에서 몇 가지 모형이 나타난다.

첫째, 지역 교회들을 설립한다. 바울이 직접 지역의 모든 사람들에게 일일이 복음을 전할 수 없으나, 지역 그리스도인들로 그 일을 계속할 수 있게 한다.

둘째, 개척 전도에 종사한다. 바울은 스스로 터를 놓으며, "그리스도의 이름을 부르는 곳에는" 복음을 전하지 않는 개척 복음전도를 시행한다(롬 15:20-21).

셋째, 신적 인도하심에 대하여 민감하게 응답한다. 그의 전 활동은 "성령의 능력으로" 이루어지며(롬 15:19), 특별한 때에 성령의 인도하심을 경험한다(예: 행 16:6-10; 롬 1:13; 15:22 참조).

넷째, 동역자들의 도움을 얻는다. 바울은 때때로 동료들의 도움을 받는다. 에베소에서 사역을 하는 동안(행 19:10) 그의 동료들이 아시아 외곽 지역에서 사역한다.

다섯째, 지리학적 이동을 염두에 둔다. 바울은 주로 동쪽에서 서쪽으로 연속적으로 이동한다. 그는 주요 도로를 따라 위치한 도시들에서 복음을 전한다. 그의 복음 전도 사역은 집중적이기보다는 광범위하다. 주후 47년에는 갈라디아, 아시아, 마게도냐, 아가야 속주들에 교회가 없었으나, 10년 후에 이 네 개의 속주에 복음이 전해진다(롬 15:19).

여섯째, 교회들을 돌보는 선교이다. 바울은 개척한 교회들을 위해 목회적 돌봄을 계속 유지한다. 바울에 의해 개척된 지역 교회들은 회중을 형성하고, 바울의 사도적 사역을 연장해 나가야 하기 때문이다. 바울은 교회를 세우고 기본적인 가르침을 주고 나면, 그 교회가 그의 복음 증거를 맡아서 메시지를 전파하리라는 확신 속에서 다른 지역으로 가서 사역할 수 있기를 바란다(살전 1:8).

신약에서 바울의 선교가 유일한 이방인 선교는 아니었다. 그러나 그는 그 어느 누구보다도 "더 많이 수고하였다."(고전 15:10) 천직으로 알고 몰두하는 이런 선교의 수고는 어떤 사상을 바탕으로 하고 있는가? 적어도 세 가지 설명이 가능하다.

첫째, 바울의 소명감이다. 그의 선교 사상을 이해하기 위한 적절한 출발점은 예수 그리스도는 주시라는, 그 안에서 하나님이 모든 믿는 자들의 구원을 위하여 준비하셨다는, 그리고 그가 곧 돌아오셔서 만물을 종식시키시리라는 확신과 그(＝바울)가 이방인의 사도로 부르심을 받았다는 확신이다. 그리스도 안에서 얻을 수 있는 구원은 모든 사람 곧 유대인과 및 헬라인을 위한 것이라고 바울이 이해하게 된 것은 바로 그의 소명감이었다.

둘째, 보편주의이다. 바울의 사도적 선교는 새 믿음 안에서 유대교의 배타주의가 포기되어야 하고, 유대인과 이방인 간의 민족주의적 구별이 체계적으로 거부되어야 하고, 또 구원은 모든 사람을 위한 것이라는 원리가 확립되어야 한다는 그의 확신이 밖으로 표현된 것에 지나지 않는다.

셋째, 바울의 종말론적 자기이해이다. 바울이 이방인 선교에 헌신한 것은 이방인들 가운데서 택함을 받은 자들의 수가 완전히 모아질 때 종말이 임한다는 그의 특수한 신학적 확신에서 생긴 것이다. 바울의 선교적 자의식은 종말론적 성격을 띤다. 바울의 사람됨과 신학의 중심에는 종말론적 형태로 나타난 그의 사도적 인식이 있다. 그의 부르심은 민족들을 모아들이는 구약 종말론적 기대를 성취하는 것이었고, 이 목적을 위하여 그는 최후의 날이 오기 전에 땅끝까지 복음을 전파하는 일을 수행했다.

바울은 왜 유대인들의 반대를 받았는가?

{자료: Still, *Conflict at Thessalonica*, 61-82, 150-90}

바울은 데살로니가에서뿐 아니라 다른 곳에서도 종종 그의 동족 유대인들의 반대에 부딪혔다(행 14:19; 17:5, 13; 고후 11:24, 25, 26; 롬 15:31; 딤후 3:11; 참조, 행 18:13; 21:21). 왜 어떤 유대인들은 바울을 반대했을까? 이에 대하여 스틸(Todd Still)은 일반적으로 여러 헬레니즘시대-유대인 작가들(특히, 필로, 요세푸스, 마카비 3, 4서의 저자들)이 동료 디아스포라 유대인들을 의심의 눈초리로 흘겨보거나 아예 '배교자'로 보는 여섯 가지 이유를 주목한다.

디아스포라 유대인들이 수용할 수 없는 것으로 판단하는 종류의 행동과 태도를 요약하면 다음과 같다.

첫째, 그들은 유대인의 방식들 곧 유대인 조상의 풍습, 유대인의 전통을 버리는 것을 수용하지 못했다(마카비 3서 1:3; 필로, *Jos.* 254; *Virt.* 182; *Spec. Leg.* 3.29; 요세푸스, *War* 7.46-53; *Ant..* 20.100; [18.159-160, 259; 19.276-277; Tacitus, *Ann.* 15.28; 요세푸스, *War* 2.309, 487-98; 4.616; 5.45-46; 6.237; 2.220 참조]; 18.138, 141; 20.147; [*Apion.* 2.123 참조]; [*Ant.* 12.240; 12.241; 4.100-115 참조]; 마카비 4서 5:23-24; 8:7-8; [1:33; 4:26; 5:2 참조]).

둘째, 다른 신들을 예배하는 것 곧 "우상숭배"를 수용하지 못했다(마카비 3서 2:32; 7:10; 2:31; 7:11; 2:33; 7:15; 7:10-15; 필로, *Vit. Mos.* 1.295-305; *Spec. Leg.* 1.54-58; *Virt.* 34-44; 요세푸스, *Ant.* 4.126-155; *War* 7.50).

셋째, 음식물 금기 율법들(음식 금기법)을 무시하는 것을 수용하지 못했다(마카비 3서 7:11; 마카비 4서 4:26; 5:3; 필로, *Virt.* 182; 1.2; 요세푸스, *Ant.* 4.126-155; [Strabo, *Geo.* 16.2; Tacitus, *Hist.* 5:4; Diodorus 34.1.2 참조]).

넷째, 다른 백성들(국민, 민족)과 결혼하는 것을 수용하지 못했다(필로, *Spec. Leg.* 3.29; *Vit. Mos.* 2.193; 요세푸스, *Ant.* 8.191-192; 7.192[?]; [4.126-155 참조]; 18.310-379).

다섯째, 재정적 번영을 추구하는 것을 수용하지 못했다(필로, *Vit. Mos.* 1.31, 32; [*The Letter of Aristeas* 139-140 참조]).

여섯째, 유대인의 성경('율법')을 비판하는 것을 수용하지 못했다(필로, *Agr.* 157; *Quaest. in Gen.* 1.53; 2.2; 3.43; 4.168; *Abr.* 178-193; *Conf. Ling.* 2-13).

그러면, 바울은 이방인들에게 복음을 나누려고 애쓸 때 구체적으로 왜 자신의 유대인 동족들로부터(고후 11:26d) 상당한 저항에 부딪혔는가?

첫째, 바울은 유대인들로부터 사십에 하나 감한 매를 다섯 번 맞았다고 한다(고후 11:24; 참조, 고후 11:25b). 이는 유대교 회당의 태형 징계였다(신 25:1-3; 요세푸스, *Ant.* 4.238, 248; *m. Mak.* 3.10, 12-14, 15 참조). 바울이 회당의 태형 징계에 복종한 이유는 무엇인가? 두 가지를 생각할 수 있다. 하나는 그의 백성에 대한 바울의 깊은 사랑과 충성이다(롬 9:2-3). 그는 회당에 접근할 수 있는 권리를 유지하여 동족에게 그리스도의 복음을 전할 기회를 갖고자 했다(롬 9:3; 10:1-13; 11:14; 16:7, 11; 고전 10:18 참조). 또 하나는 회당의 징계에 복종함으로써 경건한 이방인들 곧 하나님을 경외하는 자들을 계속 접촉할 수 있도록 했다. 바울이 회당의 태형 징계를 받은 이유는 무엇인가? 태형을 당하는 이유는 여러 가지이나, 정확하게 바울이 당한 이유를 적시하기는 어렵다. 더 넓은 질문이 필요하다. 유대인들로 하여금 바울을 반대하도록 촉진한 것은 무엇인가?

둘째, 할례가 싸움(논쟁)의 원천이었다. 갈라디아서에는 박해에 대한 언급이 많다(갈 1:13, 23; 3:4; 4:29; 4:12-20). 바울은 유대인들이 그를 통하여 그리스도인이 된 자들을 압제함을 암시한다(갈 4:29). 그러나 바울은 자기가 박해를 받는 이유와 그의 유대인 그리스도인 대적자들이 박해를 받지 않는 이유에 대한 의견을 말한다(갈 5:11; 6:12). 바울은 현재 할례를 전하고 있지 않으며, 이로 인하여 계속 박해를 당한다고 주장한다(갈 5:11). 언약 공동체에 들어오는 데 이방인들에게 할례를 요구하지 않는다고 바울을 박해한 자들은 누구인가? 외부의 비그리스도인 유대인들이었을 것이다. 바울은(갈라디아 교회들을) '요란케 하는 자들'이(자기들의 동료 유대인들로부터의) 박해를 피하기 위하여 이방인 회심자들에게 할례를 요구했다고 주장하는 것으로 보인다(갈 6:12; 참조, 4:17). 또 바울은 갈라디아서 5장 11절과 6장 12절에서 그리스도의 십자가를 전함으로써 자기가 박해를 받는다고 주장한다. 바울의 마음에는 할례와 '십자가에 못 박힌 그리스도'가 그의 동료 유대인들과의 충돌의 두 요인이었다. 그러나 바울과 다른 유대인들(그리스도인 유대인들, 비그리스도인 유대인들) 간의 싸움의 일차적 원

천은 바울이 이방인 회심자들에게 할례를 요구하지 않은 것이었다(갈 2:3; 5:2
-12; 6:12-16; 3:28; 고전 7:19; 12:13; 골 3:11; 행 21:20-21; 롬 2:29; 필로,
Migr. Abr. 92-95; 요세푸스, *Ant.* 20.34-48 참조).

셋째, 음식 쟁점들에 대한 논쟁이 싸움의 이유였다. 이방인들과의 식탁 교제
에 관하여 바울이 망설임이 없었던 것이 또한 그의 동료 유대인들을 요란케 했
다(갈 2:11-14; 고전 8-10; 롬 14:1-4, 13-23). 바울은 갈라디아서 2:12에
서 베드로를 '겁쟁이'라 부른다. 베드로가 무엇을 또는 누구를 두려워했는가?
베드로가 이방인들과 자유롭게 어울린다는 소문이 퍼지면 유대인들에 대한 그
의 사역에(갈 2:8-9) 지장이 있으리라는 말을 들었을 것이다. 또한 이방인들
가운데서 행한 그의 행동이 예루살렘 유대인들에게 알려지면 예루살렘의 그리
스도인들에게 부정적인 영향이 있을지도 모른다. 이방인들과 음식을 먹는 것에
대한 바울의 의견은 유대인 그리스도인들 가운데 소수 의견이었다(갈 2:13; 단
1:3-17; Jdt. 10:5; 12:17-19; *Ep. Arist.* 181-294 참조).

바울의 배경들은 무엇인가?

바울은 진공 속이나 구름 위에서 산 것이 아니었다. 그리스-로마 사회와 유
대교와 원시 기독교는 그가 살았던 세계의 배경을 이루었다. 바울 당시의 무대
는 헬라 문화와 로마 정부가 상호 협력하면서 이끌어 가는 세계였다. 이러한 세
계에서 호흡하며 살던 바울의 삶의 일부가 그의 편지들 속에 녹아들어 있다. 코
이네 헬라어, 헬라 문학 스타일, 그리스-로마 철학과 종교, 그리고 도시 생활
의 모습 등이 그의 편지들에 반영되어 있다. 그러나 바울을 형성하는 데 지대한
영향을 발휘한 것은 무엇보다도 유대교였으며, 그의 다메섹 경험은 기독교 경험
의 핵심을 이룬다.

유대인으로서의 바울은 이중적인 유산을 가지고 있었다. 그는 경건한 유대인
이었으며(빌 3:4-6; 히브리말을 할 줄 알았다.), 헬라파 유대인의 유산을 가지
고 있었다. 바울이 인용한 성경은 70인경(LXX)이었으며, 그는, 유창한 헬라어를
말했다. 그는 그리스 작가들을 잘 알았다. 그는 당시의 문학 형식들을 그의 편
지에서 사용했다. 그러므로 바울은 그리스-로마세계의 영향을 받았으리라고

생각이 된다. 그러나 그의 서신의 내용은 철저히 유대적이었다. 그리고 그것은 다메섹 도상의 체험에 의해 새롭게 이해되었다. 간단히 말하면, 바울을 이해하는 데 필요한 배경은 3중적이니, 곧 그리스－로마 배경, 유대 배경, 그리고 원시 기독교(초대 교회) 배경 등이다.

5.2 바울의 편지들

{자료: F. F. Bruce, *Paul & His Converts: How Paul Nurtured the Churches He Planted*(Downers Grove: IVP, 1985) 15, 34－37; McDonald and Porter, *Early Christianity and Its Sacred Literature*, 377－393, 409－516; Carson & Moo, *An Introduction to the New Testament*, 331－53; Patzia, *The Making of the New Testament*, 68－89; Stanley K. Stowers, *Letter Writing in Greco－Roman Antiquity*(LEC 5; Philadelphia: Westminster, 1986); Calvin J. Roetzel, *The Letters of Paul: Conversations in Context*(4th ed.; Louisville: Westminster, 1998); Witherington III, *The Paul Quest*, 327－41; Bruce N. Fisk, "The Paul: Life and Letters", in *The Face of New Testament Studies: A Survey of Recent Research*(ed. Scot McKnight and Grant Osborne; 2004) 283－325}

신약성경 중에서 가장 많은 저술을 한 사람 중 한 명이 바울이다. 그는 13편의 편지를 저술하였다. 바울의 편지는 신약성경의 약 1/5분량이며, 사도행전의 약 50%는 바울에게 할애되어 있다. 신약성경 중에서 약 1/4분량이 바울 자신에게 할당되어 있는 것이다.

5.2/1 편지작가 바울

바울은 "편지작가"라 불리기에 손색이 없다. 바울은 그 누구보다도 더 많은 편지를 남겨 주고 있다. 신약에는 우리가 일반적으로 "책, 권"이라 부르는 27개의 문서들이 있는데, 이 가운데 21개는 편지이며, 이 가운데 13개가 바울의 이름으로 되어 있다. 이 13개 가운데 9개는 세워진 지 얼마 되지 않은 교회들, 곧 지체들이 아주 최근에 기독교로 개종하고 경험이 없는, 새로 세워진 교회들(갈라디아, 데살로니가, 고린도, 로마, 에베소, 골로새, 빌립보)에 보낸 편지들이다.

이 교회들의 대부분은 바울 자신에 의해 세워졌고, 교회의 지체들은 바울의 강력한 복음 제시를 통하여 기독교로 개종하였다. 그가 그들에게 편지를 쓸 때 그는 자녀에게 말하는 아버지 같았다. 그는 그들 안에 있는 칭찬할 만한 모든 것을 칭찬하고 그들의 부족한 점들에 대하여 책망한다. 이는 개인들(빌레몬, 디모데, 디도)에게 보낸 4개의 편지에도 해당된다.

바울의 대부분의 편지들은 가장 이른 복음서보다도 먼저 기록되었다. 갈라디아서와 데살로니가에 보낸 편지들은 신약의 문서들 가운데 가장 이른 것들이다(아마도 야고보서도 가장 이른 편지에 속할 것이다.). 이는 바울이 예수의 삶과 죽음과 부활을 언급하거나 그의 가르침 가운데 어떤 것을 언급할 때 그는 우리의 가장 이른 살아남은 증거를 제공하는 것이다. 예를 들어, 고린도전서 11장 23-26절의 성찬 제정을 보자. 이는 고린도인들에게 편지를 쓰기 전 몇 년 전에 이미 구두로 복음을 전할 때 그들에게 "전달한" 것이며, 더 중요한 점은 그들에게 전한 것은 바울이 그리스도인의 경력을 시작할 때에, 아마도 17년 전에, "받은" 것이라는 것이다. 우리가 바울의 편지들을 읽을 때 기억할 것이 있다. 바울은 편지를 쓸 때에 권위를 가지고 쓴다. 그러나 바울이 주장하는 권위는 자신 안에 있는 것이 아니라, 그를 사도로 세우시고 바울이 회심자들에게 그의 명령을 전하는 주님에게 있다. 바울의 편지의 궁극적인 권위는 주께로부터 나오는 것이다.

5.2/2 바울의 편지저술

바울의 편지들에 관하여 두 가지 확실성이 있다. 하나는, 바울이 많은 개인들과 교회들에 편지를 썼다는 것이다. 또 하나는, 교회가 주후 397년 칼타고 회의(Council of Carthage)에서 신약 27권을 정경으로 확정하였을 때에, 바울에게 돌려진 14개(히브리서 포함)의 편지를 선택하였다는 것이다. 그런데, 이 제1세기와 제4세기 사이에 어떤 일이 일어났는지에 대해서는 상당한 논란이 일고 있다. 먼저, 바울의 편지저술에 대하여 몇 가지 설명하고, 다음의 별도 항목에서 그의 편지들에 대한 수집에 대하여 설명하고자 한다.

편지의 유일한 저자인 바울

바울은 그에게 돌려진 편지들의 실질적으로 유일한 저자라는 결론을 내릴 수 있다. 바울은 모든 필요한 집필 재료를 마음대로 쓰게끔 갖고 있었고, 기회가 있는 대로 편지들을 썼음을 알 수 있다(고전 16:21). 그는 여러 곳에서 편지를 썼다. 예를 들면, 고린도전서는 바울이 3차 전도여행 중 에베소에서 3년 동안 있었는데, 그때 기록하였고, 고린도후서는 마게도냐에서 소식을 듣고 집필했다. 또한 그는 감옥에 있는 동안에도 편지를 썼다.

바울의 대서자 이용

바울은 대서자를 사용했다는 것을 알 수 있다. 바울의 몇몇 편지들을 주의 깊게 읽어 보면 대서자가 등장한다(롬 16:22; 고전 16:21; 갈 6:11; 살후 3:17; 골 4:18; 딤후 3:17). 이는 그 당시의 '문학적 관례'를 따른 것이다. 그리고 바울의 편지의 인사말에 바울 이외에 여러 동역자의 이름이 나온다. 학자들은 그들이 편지를 쓰는 데 도움을 준 사람이 아닌가 하는 추측을 한다. 바울 당시 로마 사회에는 세 종류의 대서자가 있었다. 즉, (1) 저자가 구술한 것을 그대로 기술한 대서자, (2) 저자가 구두로 말한 것 또는 기록한 노트를 근거로 최종 원고를 작성하는 역할을 한 대서자, 그리고 (3) 특정한 목적을 위하여 편지를 작성하라는 명을 받고 작성하는 대서자들 등이다.

바울이 그의 몇몇 편지를 집필할 때 비서 혹은 대서자를 사용한 것은 명백하지만 바울이 어느 정도 그들을 사용하였고, 또 바울 자신이 그 최종 원고에 어느 정도 영향력을 미쳤는지는 확실하지 않다. 리차즈(E. R. Richards)는 "만일 바울이 그의 서기(비서, 대서자)에 대하여 많은 통제를 행사하였다 할지라도 많은 현대 주석가들이 허용해 온 것보다 더 많은 영향이 서기로부터 나왔을 가능성이 있다."고 평가한다. 그러나 바울은 여전히 저자로 간주되며 전부 그의 마음에서 나왔든지 나오지 않았든지, 문체와 내용에 책임이 있다. 바울의 처한 상황은 사람들을 스태프로 사용하여 자료를 수집하고, 작성하고, 저술하고, 또 편집하게 하는 많은 현대 작가들에 유사하다. 그들은 "서문" 혹은 "서언"에서 그 점을 인정하나, 결과물에 대하여 한 사람이 저자로 간주된다.

바울 저작권에 대한 반대: 위명사용, 혹은 제2의 바울서신

{자료: Lea, *The New Testament*, 337－45; Linnemann, *Biblical Criticism on Trial*, 100－63; Brown, *An Introduction to the New Testament*, 411, 498, 551, 585－88; Guthrie, *New Testament Introduction*, 1011－28}

바울 편지들의 저작권에 대한 두 가지 견해가 있다. 첫째, 전통적 견해는 바울의 이름을 지닌 13편지의 저자는 모두 바울이라고 본다. 그의 사역 기간 중 곧 주후 64년 이전에 저술했다는 것이다. 그러나 둘째, 19세기 비평적 학문이 주도권을 잡으면서 어떤 바울의 편지들(살후, 골, 엡, 딤전, 딤후, 딛)의 진정성에 대하여 의문을 제기하기 시작했다. 그러므로 다른 견해들이 제시되었는데, 그중에 하나는 위명사용의 가능성을 이야기하는 것이요, 또 하나는 제2의 바울서신 이론이다.

이러한 주장들의 근거로는 첫째로, 위명 사용은 고대 세계에서 용인된 문학적 관례였다는 것이다. 둘째로는 교리(특히 기독론, 교회론, 그리고 종말론)와 문체와 언어가 진짜 바울의 편지와 미묘한 차이점을 나타낸다는 것이다. 셋째, 바울이 죽은 이후의 역사적 상황을 반영하고 있다는 것이다.

특히 제2의 바울 가설을 옹호하는 사람들은 바울의 생전에 바울과 그의 가장 가까운 동역자들 중 몇몇은 바울의 신학을 아주 깊게 토론했을 어떤 유형의 학파를, 아마도 바울이 3년을 보낸 에베소에서 형성하였을 것이며, 바울이 죽은 후 어떤 개인들이 바울의 이름으로 편지를 써야겠다고 생각했을 것이라고 주장한다. 그들의 동기는 후대의 신자 세대들에게 바울의 신학과 사도적 권위를 추천하려는 것이었다.

이러한 제2의 바울서신 이론을 옹호하는 입장은 독자들이 편지를 받고도 그 편지가 위조된 편지라고 생각하지 않았다고 본다. 이 이론에 따르면, 독자들은 이 편지들을 "위조"로 간주하거나, 그 저자들을 "남의 이름을 사칭하는 자들" 또는 "크게 풍을 떠는 사람들, 협잡꾼들"로 간주하려 하지 않았다는 것이다. 그러나 이는 역사적인 근거를 가지지 못한다. 위명사용이 유대교와 기독교 작가들에 의해 실천되고 복음서와 묵시저술에 흔히 있었던 것은 사실이지만, 위명을 사용한 편지들을 교회에서 받아들였다는 결정적인 역사적 증거가 없다. 이는 또한 도덕적, 윤리적으로 용인될 수 없는 것이다. 즉, 자기가 쓰면서 다른 사람의 이름을 도용하는 것은 기만적이며, 부정한 기획이요, 위조문서를 진짜 문서로 속여 넘기려는 것은 비윤리적, 부정직한 시도이다.

성경의 많은 도덕적 권면을 알고 있는 기독교 작가가 어떻게 독자를 속이려는 계획에 가담할 수 있는가? 독자들은 바울의 죽음을 알고 그의 사후 그의 이름으로 나온 편지들을 즉각 거부하지 않았겠는가? 또한 바울은 거짓 편지에 대해서 경계하도록 하였으며(살후 2:2), 편지가 진짜인지 검사하도록 하였다(살후 3:1). 바울 편지들의 저작권(진정성) 문제에 대하여 나중에 더 다루게 될 것이다.

바울의 편지들에 대한 개찬

바울편지의 편집자들, 개찬자(삽입자, 가필자)들 및 편집―교정자들이 바울의 편지를 중간에 손질한(편집한) 흔적이 있다는 주장이 제기되어 오고 있다. 예를 들어, 고린도후서 같은 경우 여러 개의 문서(편지조각)를 편집하여 놓은 것이라는 흔적이 있다거나, 로마서 16장은 후에 에베소 신자들에게 보낸 편지에서 추가된 것이라거나, 혹 빌립보서는 바울의 세 개의 개별 편지들(1:1―3:1; 3:2―4:9; 4:10―20)로 구성되었다는 것들이다. 그러나 편찬, 편집, 가필, 교정 등의 이론은 받아들일 만한 확실한 근거가 있는 것으로 보이지 않는다.

5.2/3 바울 편지들의 수집

{자료: Guthrie, *New Testament Introduction*, 986―1000; Patzia, *The Making of the New Testament*, 79―87; Carson & Moo, *An Introduction to the New Testament*, 335―36; Gorman, *Apostle of the Crucified Lord*, 92―93}

바울이 13편의 편지를 쓰고, 주후 397년에 정경으로 선택될 때까지, 그 사이에 그의 편지들에 무슨 일이 일어났는가? 우리가 넉넉히 추정할 수 있는 대로, 바울의 편지를 받은 교회들은 예배로 모일 때 자기 교회에서 그것을 읽었을 뿐 아니라(살전 5:27), 또한 다른 교회들과도 나누어 읽었다(골 4:16). 이렇게 하여 바울의 편지들이 모아지고 정경이 되는 과정을 시작하였을 것이다.

수집에 대한 이론들

이러한 과정이 특히 기독교 초기인 제1, 2세기에 어떻게 전개되었는지 우리는 확실하게 알 수가 없다. 하지만, 어떤 시점에서 누군가는 바울의 편지들을 수집하기로 하였을 것이다(벧후 3:15 – 16 참조). 바울의 편지들이 궁극적으로 유포되고, 수집되고, 정경화되었다면 어떤 종류의 과정이 이 초기 단계 동안 활동하였음이 분명하다. 이에 대하여, 점진적인 수집 이론, 돌연한 수집 이론, 그리고 바울 자신의 수집 이론 등이 제시되어 왔다.

점진적인 수집이론

이는 바울의 편지 가운데 잃어버린 것이 있기는 하지만(고전 5:9; 고후 2:4; 7:8; 골 4:16 참조), 편지를 받은 교회들이 그것을 보존하고, 바울의 편지들이 점진적으로 수집되었다는 이론이다. 바울의 편지들은 보존되고, 돌려가며 읽히기도 하고, 또 필사본이 다른 교회에 보급되기도 하였을 것이다. 예를 들어, "고린도에 있는 하나님의 교회에게"(고전1:2) 보낸 편지는 고린도 지협을 따라 많은 가정 교회들 가운데 유포되었을 것이며, 아마도 바울이 디모데와 같은 사람을 보내어 편지를 전한 것같이, 중요한 사람(누가, 디모데, 오네시모, 말시온, 혹은 바울 "학파"?)을 통해서 유포되고 수집되었을 것이다. 바울의 편지들이 유포되고 제한적으로 수집된 것은 소아시아(골로새, 에베소, 히에라폴리스, 라오디게아), 마게도냐(데살로니가, 빌립보), 이태리(로마) 같은 지역에서 시작되었을 것이다. 이렇게 지역적으로 수집된 것들이 언제인가 바울 전집을 이루었을 것으로 추측할 수 있다. 그러나 불행하게도 확실한 것은 없다.

돌연한 수집 이론

이는 바울의 편지들이 흥미를 끌지 못하고 한동안 잊혀 있다가 갑자기 수집되기 시작하였다는 이론이다(굿스피드[E. J. Goodspeed]). 즉, 바울의 편지는 상황적 편지이므로 그 밖의 누구에게도 가치가 거의 없어서 교회의 상자에 저장되어 점차 묻혀 버리고, 사람에게 멀어져 갔다가 사도행전이 출간된(주후 90년) 이후에 비로소 바울에 대한 관심이 되살아났다는 것이다. 이 초대교회의 역사를 읽는 사람은 바울에게 매료되었을 것이며, 사도의 저술활동에 관하여 질문을 하였을 것이요, 그래서 바울의 편지가 수집되었을 것으로 주장한다. 그 수집자와 출판자는 바울의 친구요 나중에 에베소의 감독이 된 오네시모가 아닌가 하고 추측한다. 에베소서는 바울 작품(전집)의 표제 편지로 저술되었다고 본다. 그러나 대부분의 사람들(예, 브루스[Bruce])은 이러한 것들을 그대로 인정하지 않는다. 바울의 편지들은 사도가 사망한 직후 초대교회의 생활과 신학에 계속하여 상당한 영향력을 미쳤으며, 디모데가 바울의 편지를 출판하는 데 중요한 역할을 했을 것으로 추측한다(딤후 4:13). 그리고 몇몇 바울의 편지는 적어도 주후 65년 이전에 베드로에게 알려졌다(벧후 3:16).

바울 자신의 직접수집 이론

{자료: David Trobisch, *The First Edition of the New Testament*(Oxford/New York: Oxford University Press, 2000) 60−62}

몇몇 최근의 연구는 바울 자신이 죽기 전에 자기 서신 가운데 얼마를 편집하고 수집하기 시작하였다는 가설을 주장한다. 바울은 그의 편지를 쓸 때 비서(서기)의 도움을 이용했을 뿐만 아니라, 또한 비망록(notes)을 보관하고 각각의 교회에 보내기 전에 대부분의 편지들의 개인적 사본을 만들어 두었고(딤후 4:13 참조), 최초의 바울의 편지들의 수집은 이 개인적 사본들로 구성되었다고 제안하거나(리차즈[Richards]), 혹은 바울의 편지들의 편집과 수집은 사도 자신에 의하거나 그의 요구에 의해 시작되었다고 주장하는 것이다(트로비쉬[Trobisch]). 트

로비쉬는 바울의 편지들의 수집이 세 개의 중요한 편집 단계들을 거쳐 이루어
졌다고 본다. 제1단계는 저자 자신의 "승인된 교정판"(로마서, 고린도전서, 후
서, 갈라디아서)이요, 제2단계는 사도 바울의 사후에 편집자들에 의해 남은 편
지들이 더 첨가된 "확대판"이며, 그리고 제3단계는 13개의 편지로 구성된 바울
의 편지 작품을 담고 있는 "종합판"이라는 것이다.

클레멘트에서 칼타고 회의까지

바울에서 클레멘트까지에 바울의 편지들에 어떤 일이 있었는지는 자료의 부
재로 인하여 추측의 영역으로 남는다. 바울의 편지들에 대한 언급(인용)이 사도
적 교부들 가운데 클레멘트(Clement of Rome)의 글에 비로소 나온다.

클레멘트(주후 96년경)

그는 고린도 교회에 보낸 편지 곧 클레멘트 1서(주후 96년경)에서 바울의 고
린도전서와 로마서를 암시하는 말을 한다. 이는 바울 편지들이 제한적으로나마
수집되어 있었음을 시사하는 것으로 볼 수 있을 것이다.

폴리캅(주후 69-155년)

제2세기에 들어와서 바울의 편지들에 대한 여러 언급은 바울 수집들이 존재
함을 시사한다. 이는 초대 안디옥 교회의 감독인 이그나티우스(Ignatius, 주후 50
-107년)의 서신과 서머나 교회의 감독이었던 폴리캅(Polycarp)의 서신에서 볼
수 있다. 폴리캅은 빌립보 교회에 보낸 편지에서 그 교회가 바울의 편지에 대하
여 어떤 종류의 수집활동을 하고 있다는 것에 대하여 알고 있음을 나타낸다
(3:2; 13:2).

말시온(주후 100 - 165년)

적어도 2세기 초엽에는 바울의 편지가 모아지고 하나의 수집물로 유포되기 시작하였는데, 말시온의 활동이 중요한 요소로 나타난다. 그는 로마 교회의 초기 지도자로서 말시온 정경을 만든 사람이다. 그는 주후 144년경에 교회에서 출교를 당했는데, 그 이유는 구약성경을 거부한다는 것이었다. 그가 편찬한 *아포스톨리콘*(Apostolikon)에 10편의 바울 편지(갈라디아서, 고린도전서, 후서, 로마서, 데살로니가전서, 후서, 에베소서, 골로새서, 빌레몬서, 빌립보서)를 수집하여 놓았다. 목회서신은 빼고, 구약을 거부하는 그의 생각에 들어맞는 바울의 편지들만 선정해 놓은 것으로 보인다.

무라토리 단편(2세기 말)

{자료: Bruce M. Metzger, *The Canon of the New Testament: Its Origin, Development, and Significance*(Oxford: Clarendon Press, 1987) 191 - 201; Harry Y. Gamble, *The New Testament Canon: Its Making and Meaning* (Philadelphia: Fortress, 1985) 93 - 95; Geoffrey Mark Hahneman, *The Muratorian Fragment and the Development of the Canon*(Oxford: Clarendon Press, 1992)}

무라토리(Muratori)는 이태리 어느 도시의 도서관 책임자였는데, 도서관의 책을 관리하는 가운데 라틴어로 작성된 22권의 신약성경 목록을 발견하게 된다. 이는 무라토리 정경으로 알려졌는데, 전통적으로 제2세기 말경 서방(로마)교회의 산물로 본다. 이 목록에는 교회들에 보낸 편지와 개인들에 보낸 편지 두 그룹으로 나뉜 바울의 13편의 편지들이 나온다. 이는 2세기 말에 이르러서는 바울 정경이 대체로 확정되었음을 보여 주는 것이다.

P^{46}

이 체스터 베티 코덱스(Chester Beaty Codex)는 현존하는 바울 편지 사본 가운데 가장 연대가 이른 사본이다(주후 200년경). 이는 총 104쪽 중에 86개가 남아 있는데, 로마서(5:17)에서 시작하여 히브리서, 고린도전서, 고린도후서, 에베소서, 갈라디아서, 빌립보서, 골로새서, 그리고 데살로니가전서를 포함한다. 잃어버린 부분 속에 데살로니가후서가 포함되어 있었을 것으로 생각된다. 그러나 개인들에게 보낸 편지(빌레몬서, 목회서신)까지 포함할 여백은 없었을 것이다.

후기 교회 교부들

후기 교회 교부들 가운데, 리용의 감독 이레네우스(Irenaeus, 130/150－202년경)는 말시온과는 달리 바울의 편지에 목회서신을 포함시킨다(그러나 빌레몬을 언급하지 않는다.). 알렉산드리아의 클레멘트(Clement of Alexandria, 150－215년경)는 13편의 바울서신을 언급하고(빌레몬 제외, 히브리서 포함), 오리겐(Origen, 185－254년경)은 13편이 보편적으로 수용되고 히브리서는 논쟁이 되고 있다는 것을 진술한다. 이 후대의 교회 교부들은 바울의 13개 혹은 14개(히브리서 포함) 서신을 인정하고 받아들였다. 제3세기 중엽에 이르러서는 바울 저작의 내용에 관하여 상당히 일관된 의견일치가 있었다.

칼타고 회의

가이사랴의 유세비우스(Eusebius of Caesarea, 339년경)는 그의 신약 목록에 바울의 편지 13편과 히브리서를 포함시키고, 알렉산드리아의 감독 아타나시우스(Athanasius, 367년경)는 바울의 편지 13편을 포함하여 신약정경 27권의 목록을 제시하였다. 주후 397년 칼타고 회의(Council of Carthago)에 이르러서는 바울의 편지들이 신약을 이루는 복음서들과 다른 편지들과 함께 '정경'으로 공인되었다.

5.2/4 바울 편지들의 성격

{자료: Gorman, *Apostle of the Crucified Lord*, 74－78}

바울은 누구보다도 더 많은 편지를 써서 신약성경에 남겨 놓았다. 바울의 편지의 성격은 무엇인가? 바울의 편지의 역할과 목적은 무엇인가? 그것은 한마디로 말하면, 사도 바울을 대신하는 역할을 했으며, 교회이든 개인이든 바울이 직접 만났을 때에 말하고자 하는 것들을 담고 있다는 것이다. 이는 바울의 편지의 내용에서 드러난다. 바울의 편지는 사도의 임재로서 곧 바울 자신을 대리하는 것이라 할 수 있다. 우리는 바울의 편지들을 '부재중의 사도직'으로 규정하는 고먼(Gorman)과 더불어, 편지의 네 가지 성격을 설명하고자 한다.

이야기를 말하는 편지

바울의 편지는 이야기를 담고 있다. 바울은 항상 이야기들을 말하고 있다. 바울의 편지에는 하나님의 이야기, 바울의 이야기, 그리고 수신자들의 이야기가 교차한다. 이 이야기들은 하나의 이야기로 수렴되는데, 곧 "특정한 하나의 사도와 그의 동역자들의 조력으로 특정한 하나의 공동체에서 경험된 하나님의 구원하시는 능력의 이야기"이다.

우발적인 편지

바울의 편지들은 그 성격이 우발적이다. 삼각적인 이야기 관계에 있는 어느 특정한 지역 회중들에 의해 야기된 문제들에 응답하기 위하여 저술된 것들이다. 대개 바울은 그의 선교활동의 와중에 편지들을 썼는데, 그의 선교활동의 결과로 세워진 교회들이 완전하지 못하기에 교회들 안에 문제가 생기게 마련이었다. 대부분의 바울의 편지는 바울이 임재해서 상황을 직접 다루지 않는 어떤 교회들의 필요로 인하여 요청되었다는 의미에서 우발적인 혹은 상황적인 문서들이다. 그러나 우리에게 있는 것은 바울 한쪽의 말이다. 저쪽의 말을 듣기 위하여 상대방의 상황을 재구성하는 데 최선의 노력을 기울일 필요가 있다.

목회적인 편지

바울의 일차적인 사명은 교회를 세우는 것이었다. 그는 영적 부모로서 그 교회들을 돌보고, 그들이 그리스도 안에서 성숙하기를 바랐다(갈 4:12－20). 바울의 편지는 영적 부모의 책임을 행사하는 수단이요, 또 그를 통하여 그리스도를 믿는 자들이 계속적으로 영성을 함양하게 하는 수단이었다. 바울의 편지는 '목회적 편지'(목회서신)라는 새로운 장르로 규정할 수 있다. 바울은 그의 편지를 개인들이 아니라, 전체 공동체들에게 보냈다. 바울 사도는 공동체들의 목회를 위하여 그들에게 권면(위로)하기도 하고 책망(교정)하기도 하였다. 바울의 편지는 공동체 형성을 위한 성격이 있는 것이다.

권위있는 편지

바울은 그의 편지가 회중 앞에서 읽히기를 기대하였다. 신자들이 예배하기 위하여 모였을 때에 그의 편지를 그들에게 읽어 줄 것을 주문하였는데(살전 5:27; 골 4:16), 이는 중요한 의미를 갖는다. 신자들이 모였을 때에 이스라엘의 성경(구약성경)을 읽었을 터인데, 그와 더불어 바울의 편지를 읽는다는 것은 그것이 성경의 신분을 지니는 것을 함의한다. 바울의 편지를 예배하러 모인 회중에게 읽어 주는 것은 어떤 면에서 그리스도의 사도로서의 권위를 행사하는 것이다. 바울 사도의 권위는 궁극적으로 그리스도에게서 나오는 것이요, 신자들은 그리스도를 따라야 했다.

5.2/5 바울 편지들의 양식: 고대 편지의 사용

{자료: William G. Dotty, *Letters in Primitive Christianity*(GBSNTS; Philadelphia: Fortress, 1973); Stanley E. Porter, "Exegesis of the Pauline Letters, Including the Deutro-Pauline Letters", in *Handbook to Exegesis of the New Testament*, 543-50); Brown, *An Introduction to the New Testament*, 412-19; Achtemeier, Green and Thompson, *Introducing the NEW TESTAMENT*, 271-81}

오늘의 편지와 마찬가지로 고대의 편지에도 일정한 양식이 있었다. 고대 편지의 가장 기본적인 형식은 (1) "도입" 부분, (2) "몸통" 부분, 및 (3) "결말" 부분으로 구성된다. 다음의 예가 이를 잘 보여 준다.

"내 형제 이시도루스에게 문안한다. ^ 안티노오폴리스에 도착하자마자 네 편지를 받았는데 그 편지를 통하여 너를 보는 느낌을 경험했다. 그러므로 나는 너에게 계속 편지 쓰기를 강권하노니, 이렇게 하여 우리의 우정이 증가될 것이기 때문이다. 내가 너에게 편지 쓰는 것이 늦을 때, 이런 일이 쉽게 일어나는데, 이는 네가 있는 곳으로 여행하는 사람을 찾을 수 없기 때문에 그렇게 되는 것이다. 너는 내가 지체하지 않게 응할 줄을 알고 있으니, 너에게 어떤 필요가 있든지 그 필요에 관해서 내게 편지하라. 만일 네가 내게 편지를 쓰면 그것을 아데미스의 집에 있는 내 친구 헤르메스에게 보내어 그로 그 편지를 내게 전달하도록 하라. ^ 헤르메스 자신과 그의 누이 타우시리스가 너에게 많은 문안을 보낸다. 안녕 (……로부터) 필라델피아에 있는 내 친구 이시도루스에게 배달하라."

바울의 편지도 대체로 이러한 그 당시의 편지 형식을 따른다. 그러나 그는 그것을 기계적으로 따르지 않고, 그의 환경과 필요에 맞게 변경하여 창조적으로 사용하였다. 일반적으로 그의 편지는 비슷한 구성으로 이루어지는데, (1) 서두의 "인사" 부분(여는 인사말: 보내는 자, 받는 자, 인사말), (2) "감사" 또는 축복(종종 중보기도와 더불어서), (3) 편지의 "몸통"(본론), (4) "윤리교훈"(파레네시스), 및 (5) "결말"(문안, 송영, 축도) 등의 체제를 갖춘다. 간단한 설명을 곁들인다.

서두

1세기의 헬레니즘 세계에서 편지의 통상적인 서두는 세 가지 요소를 포함했다. 보내는 사람, 받는 사람, 그리고 인사. 종종 "A가 B에게 문안드립니다(*카이레인*)."로 형식화되었다. 바울은 서두에서 몇 가지 변경을 도입했다. 바울은 종종 공동 저자를 포함시키고(살전 1:1), 종종 보내는 사람이나 받는 사람의 명세를 확대했다(롬 1:1-6; 고전 1:2). 또한 인사말을 변경했다. 단순한 "문안드립니다." 대신에 "은혜"와 "평강"이라는 말을 포함하고, 또 "긍휼"을 덧붙였다(딤전, 딤후).

감사

많은 그리스-로마 편지들은, 받는 사람의 복지를 위하여 기도나 감사의 말을 드리는, 건강 기원을 포함했다. 이는 종종 세라피스 같은 이집트 신들 중의 하나에게 드렸다. 바울은 또한 감사의 동사(*유카리스토*)가, 감사의 이유와 함께,

하나님께 말하여지는 공식을 사용했다. 바울은 또한 헬라 편지 양식을 그의 서신적·신학적 목적에 맞게 조정했다(갈라디아서는 감사가 없고, 데살로니가전서는 감사가 여기저기 나온다.). 바울은 종종 감사를 이용하여 편지에서 논의하게 될 주제들을 예시했다(살전 1:2－10; 고전 1:7). 그러나 감사와 편지의 내용 간의 관계는 감사가 바울과 특정 교회 간의 관계에 일반적인 방향성을 제공한다는 것이다.

몸통(본론)

바울 편지의 몸통은 보통 세 부분으로 나뉜다. 몸통 서두, 몸통 중간 또는 몸통 자체, 그리고 몸통 결말. 바울은 여러 공식에 의존하여 몸통의 여러 부분들의 시작과 끝을 표하고 그가 소개하는 다양한 생각들의 의의에 주의를 끈다. 주목할 가치가 있는 도입 공식에는 전환적인 요구나 호소 공식(고전 4:16; 16:15; 몬 8, 10)에 등장하는 '권한다'(*파라칼레오*)는 동사, 폭로 정형문구(롬 1:13; 고후 1:8; 살전 2:1; 빌 1:12; 갈 1:11), 그리고 놀라움의 표현(갈 1:6) 등이 있다. 몸통 결말 공식은 몸통의 논증을 결합하고 편지의 몸통 부분을 닫는 것이다. 다음의 결말 공식을 주목할 가치가 있다. 확신 공식(롬 15:14; 고후 7:4, 16; 9:1－2; 갈 5:10; 살후 3:4; 몬 21), 그리고 종말론적 결론(롬 8:31－39; 11:25－26; 고전 4:6－13; 갈 6:7－10; 빌 2:14－18; 살전 2:13－16). 또한 바울은 종종 여행담을 몸통 결말 근처에 사용한다(살전 2:17－3:13; 롬 15:14－33; 몬 21－22; 고전 4:14－21; 살전 2:17－3:13; 고후 12:14－13:13; 갈 4:12－20; 빌 2:19－24; 참조, 롬 1:10; 고전 4:21; 빌 2:24).

윤리교훈

바울의 윤리교훈(파레네시스) 부분은 올바른 그리스도인의 행동에 관심을 갖는다. 윤리교훈은 종종 무엇이 올바른 그리스도인의 행동인지 구체적으로 말하고, 다양한 전통적 도덕 교훈 양식들을 사용하여 이것을 표현한다. 전통적 도덕 교훈 양식들에는 도덕적 격언, 악과 덕 목록들, 그리고 가정의 식구들 간의 상호복종을 구체적으로 말하는 가훈표(엡 5:21-6:9; 골 3:18-4:1) 같은 것들을 포함한다. 바울은 그의 교훈을 만듦에 있어, 구약, 당대의 유대교 사고, 그리스-로마 사상, 그리고 헬레니즘의 도적 전통들을 포함하여, 다양한 자료를 사용한다. 가장 잘 알려진 바울의 윤리교훈 부분은 로마서 12:1-15;13, 갈라디아서 5:13-6:10, 및 데살로니가전서 4:1-5:22이다.

결말

전형적인 헬레니즘의 편지 결말은, 종종 결말 명령법, 작별의 말, 그리고 '잘가요'(*에로소, 에로스데*) 하는 말로, 건강기원을 표현했다. 그러나 바울은 그의 결말에 여러 다른 요소들을 포함시킨다. 문안(롬 16:3-23; 고전 16:19-21; 고후 13:12-13; 빌 4:21-22; 살전 5:26; 몬 23-25), 송영(롬 16:25-27; 빌 4:20; 살전 5:23), 축도(롬 15:33; 16:20; 고전 16:23; 고후 12:14; 갈 6:18; 빌 4:22; 살전 5:28; 몬 25), 그리고 거룩한 입맞춤으로 하는 서로의 문안(롬 16:16; 고전 16:20; 고후 3:12; 살전 5:26). 바울은 또한 기독교 방식으로 결말을 신학화하여, 그의 수신자들에게 하나님께 찬양과 영광을 드리고(롬 16:25-27) 수신자들에게 은혜와 평강을 주는 결말을 남긴다(고후 13:13).

5.2/6 바울의 편지와 고대 수사학

{자료: Brown, *An Introduction to the New Testament*, 409-412; Gorman, *Apostle of the Crucified Lord*, 83-85; Insawn Saw, *Paul's Rhetoric in 1 Corinthians 15: An analysis Utilizing the Theories of Classical Rhetoric*(Mellen Biblical Press, 1995)}

바울은 복음의 능력에 반대되는 것으로 수사(rhetoric)에 관하여 의심을 가졌지만, 아이러니컬하게도 그 자신은 수사에 능하였다. 그의 편지들은 그의 훌륭한 수사학적 기술을 입증한다. 고전 수사학은 바울의 편지를 이해하는 데 도움을 준다. 신약 저자들의 일부 특히 바울의 글에 대해 고전 수사학을 가지고 이해하려는 시도는 초대 교회 때부터 있었으며, 특히 1970년대부터는 성경을 고선 수사학으로 연구해 보려는 시도가 활발하게 이루어져 오고 있다.

고전 수사학

고전 수사학은 범위가 아주 광범위하고, 다양한 이론과 실전으로 구성되어 있다. 여기서는 간단하게 몇 가지만 말할 수밖에 없다. 고대 수사학의 역사 속에는 많은 저자들이 있지만, 이런 여러 사람들의 글을 종합하여 고전 수사학을 이해할 수 있겠는데, 여기서는 수사(연설)의 종류와 연설 작성의 단계에 대한 고전 수사학의 이론을 간단히 살펴보기로 하자.

연설의 종류

수사(또는 연설, 웅변)의 종류는 보통 세 가지로 분류된다. 첫째, 법정수사(forensic rhetoric)로서, 이는 과거의 행동을 방어하거나 비판하려는 연설이며, 법정에서 송사하거나 방어하는 경우에 사용된다. 둘째, 심의수사(deliberative rhetoric)로서, 두 가지의 문제가 놓였을 때 어느 하나를 택하거나 여러 개 중에 하나를 택하도록 하는 연설이다. 즉, 어떤 가능한 미래의 행동에 관하여 청중을 강권하거나, 설득하거나, 혹은 하지 않게 하는 수사이다. 셋째, 예시수사(epideictic rhetoric)로서, 이는 어떤 특정한 사람의 과거의 행동들 혹은 현재적이거나 계속적인 행동이나 자질을 찬양하거나 비난하는 연설이다.

연설 작성의 단계

연설 작성은 보통 세 단계로 구성된다.

첫째, 발견(invention)으로서, 이는 연설자는 자기의 주장을 설득력 있게 할 만한 주제를 생각하고, 찾고, 고안해 내는 것이다. 연설을 설득력 있게 하기 위해서 뒷받침할 만한 증거(증명)가 있어야 하는데 그것에는 비인위적인 증명(이미 존재하고 있는 자료, 예를 들면, 증인, 계약, 문서, 서약 등)과 인위적인 증명(논쟁의 방법과 '예'[例] 또는 우리 자신의 노력에 의해서 구성할 수 있는 증명)이다. 인위적 증명의 방법에는 3가지가 있다. 에토스(*ethos*)는 연설자의 인격과 관계되는데, 연설자가 자기 연설에서 가질 수 있는 신뢰성을 가리킨다. 파토스

(*pathos*)는 청중의 기분과 관계되며, 청중들이 연설자의 연설에 의해서 마음이 돋우어질 때 연설자는 청중을 수단으로 하여 설득하는 것이다. 그리고 로고스(*logos*)는 연설 자체와 관련된다. 연설자는 각각의 개별적 주제에 적용할 수 있는 설득의 수단으로부터 참된 것, 또는 참되게 보이는 것을 보여 주어야 하는 것이다.

둘째, 배열(arrangement)이다. 이는 각 부분이 자리 잡아야 할 장소를 분명히 하는 것이다. 연설의 부분은 대개 5개로 구성된다. 서론(도입, *exordium*)은 청중이 주위를 기울이게끔 준비하는 것으로 연설의 시작이며, 연설자는 나머지 연설을 받아들이도록 마음의 준비를 하게 하는 것이다. 내력/사실의 진술(*narratio*)은 전에 일어났던 사건을 보고하거나 상기하고, 현재의 일을 배열하는 등 사건의 본질을 말하여 증명할 길을 나타내는 것이다. 증명(*probatio*)은 사활적인 것으로, 논증을 확증하는 것과 함께 논증을 제시하는 것이다. 논박(*refutatio*)은 대적하여 논증하고, 파괴하고, 비난하고, 반박하고, 경감시키는 것이다. 그리고 결론(*peroratio*)은 연설의 끝맺음이다. 청중의 호의를 갖게 하고 대적자에게 호의를 갖지 않도록 청중을 감동시키고, 연설을 요약하여 반복하기도 한다.

셋째, 문체(style)이다. 이는 어떻게 말하느냐 하는 것을 다루는 것이다. 연설자는 말해야 할 내용뿐 아니라 말하는 법을 알아야 한다. 이것은 문체와 관계가 있다. 정확한 언어의 선택과 배열 등을 포함한다.

바울 편지의 수사학적 분류

바울의 편지들은 목회적인 성격을 고려한다면, 일차적으로 심의수사의 예들이라 할 수 있을 것이다. 그러나 고대 연설과 바울의 편지들도 두 개 이상의 수사 종류를 한 연설이나 편지에 결합하여 사용할 수 있었다는 점을 고려할 필요가 있다. 예를 들어, 고린도전서의 경우 전반적으로는 고린도인들의 행동을 변화시키려는 심의적인 목적이 있다 할 것이나, 9장은 법정수사의 요소를 담고 있고, 13장은 예시수사의 예이다. 그리고 바울의 편지들 가운데 심의수사의 차원들을 가지고 있으면서, 그 기능에 있어서는 사법적이거나(갈라디아서) 혹은 예시적일 수 있다(데살로니가전서).

5.2/7 바울 편지들의 내용

{자료: Gorman, *Apostle of the Crucified Lord*, 75, 83－85; S. Kim. "Jesus, Sayings of", DPL(1993) 474－92}

바울의 편지를 읽어 보면, 다양한 종류의 내용이 나온다. 말하자면, 개인적 인사, 감사와 축복과 기도, 바울과 수신자들 사이의 관계 및 복음에 대한 수신자들의 경험에 대한 회상, 기본적 신앙의 요약, 성경 본문의 인용과 설명, 신학적 개념의 실제적 설명, 도덕적 교훈과 권면, 비판과 경고, 자전적 진술, 여행 계획 등이다. 바울이 편지를 쓸 때에 사용한 지식(정보)의 관점에서 이야기하면, 두 가지 주요 출처를 말할 수 있다. 계시(啓示, Revelation)와 전승(傳承, Tradition)이다.

계시

바울은 복음의 계시와 갈라디아에서 진술하고 있는 특수한 해설은 주님께로부터 온 특별한 계시였다는 것을 강조한다(갈 1:11－12, 1:16－17). 바울은 갈라디아서에서 진술하는 그의 복음 곧 그의 특정한 해석은 주님께서 특별히 알려 주신 것임을 강조한다. 그는 사도로서의 합법성을 확립하고, 다른 복음으로 갈라디아인들이 돌아가는 것을 방지한다(갈 1:6－7).

전승

바울의 두 번째 자료는 초대 교회의 전승들이다. 바울은 그의 사역에 있어서 초대 기독교의 케리그마를 이용했다.

케리그마

이 케리그마는 바울이 초대 기독교 공동체들과 연관하여 물려받은 기독교 진리들을 가리킨다. 바울은 그리스도인으로 형성되는 여러 해 동안 그리고 그 이후까지도 예배하고 가르치는 초대 교회의 일부였다. 바울은 예루살렘, 안디옥, 다메섹, 다소의 교회들로부터 초대 기독교 사상들과 실천들과 주님께 관한 전승들을 접할 기회를 가졌다. 바울은 "받는다"와 "전한다"라는 술어를 사용한다(고전 11:23－25; 고전 15:3－4). 그리스도의 사도로서 이러한 전승들을 받아들이고 그의 가르침과 설교를 통하여 전승들을 전수했다는 것은 자연스러운 일이다.

신조, 신앙고백, 예전, 윤리교훈

바울의 편지는 초대 기독교 케리그마 이외에 초대 기독교 전승에 빚지고 있는 것이 더 있다. 즉, 초대 기독교 신조들과 신앙고백들(롬 1:3－4; 10:9; 고전 16:22; 15:3－4; 딤전 3:16), 초대 기독교의 예전적 표현들(찬송들, 세례공식 문구들, 기도들; 롬 6:1－11; 고전 16:22; 갈 4:6; 엡 5:14; 빌 2:6－11; 골 1:15－20; 딤전 3:16; 딤후 2:11－13; 딛 3:4－7), 초대 기독교의 파레네시스, 즉 윤리교훈이 그것들이다. 이 윤리교훈은 바울이 독자들에게 가르침을 받는 것을 계속 믿고 행하라고 권하는 많은 구절을 포함한다(고전 11:2; 빌 4:9; 골 2:1; 딤전 4:1; 딤후 2:15; 3:6). 윤리교훈에서 특히 두 가지 목록이 눈에 띈다. 악과 덕의 모범(갈 5:19－23; 엡 5:3－5; 골 3:5－15)과 가정 규칙/가정 법전/가훈집(엡 5:21－6:9; 골 3:18－4:1; 딛 2:1－10)이다. 바울이 편지에 사용한 재료의 상당한 양은 초대 교회에서 물려받았고, 그것을 회중들에게 전달했다.

예수의 말씀과 그의 교훈들

바울의 편지에는 예수의 말씀을 직접 인용하는 경우는 아주 드물지만, 그의 말씀과 교훈에 대하여 언급하거나 암시하는 경우가 상당히 많이 나온다. 적어도 25가지의 예를 들 수 있다(고전 4:11－13; 7:10－11; 9:14; 11:23－25; 살전 4:15－17; 5:1－7; 롬 8:15; 12:14－21; 13:7, 8－10; 14:14; 갈 4:6; 5:14 등).

5.2/8 바울 편지들의 분류

신약성경에는 바울의 편지가 13편(히브리서 제외) 들어 있다. 바울은 주로 선교 여행 중에 또는 옥중에서 편지를 썼다. 첫 번째 선교여행을 마치고 나서 그의 최초의 편지라 할 수 있는 갈라디아서를 집필하고, 두 번째 선교 여행 중에 데살로니가전서와 후서를 쓰고, 또 세 번째 선교 여행 중에는 고린도전서와 후서 및 로마서를 집필하였으며, 로마에서 이른바 옥중서신을 쓰고, 일단 사도행전 28장의 로마 옥중("가택연금")에서 풀려난 후의 사역과 관련하여 목회서신으로 알려진 세 편의 편지들을 썼다. 바울의 편지는 다음과 같이 분류할 수 있을 것이다.

순회서신

이는 전도여행 중에 집필한 편지들이다. 갈라디아서, 데살로니가전서와 후서, 고린도전서와 후서, 그리고 로마서가 여기에 해당한다. 이 가운데 데살로니가전서와 후서는 초기서신으로 불리기도 하고, 또 갈라디아서, 고린도전서와 후서, 로마서는 "4대(大)" 주요서신으로 간주되기도 한다. 이들은 바울의 메시지(복음)의 내용과 목적에 대한 지식의 주요 원천을 형성한다.

옥중서신

이는 골로새서, 빌레몬서, 에베소서, 빌립보서를 한데 묶어서 일컫는 말이다. 이 편지들은 바울이 사도행전의 마지막 부분에 기록된 로마의 옥중(가택연금 상태)에 있을 때에 기록한 것이다. 이 가운데 빌레몬서와 골로새서는 동일한 삶의 정황을 나눈다(골 4:9, 17; 몬 2). 에베소서(엡 1:1)에서 바울은 그의 이방인 사역을 하나님의 영원한 목적 곧 그리스도 안에서 우주를 하나 되게 하는 것의 성취에 대한 수단으로 인식함을 나타낸다.

목회서신

이는 디모데전서, 디모데후서, 디도서를 가리킨다. 바울이 로마에서 풀려난 후에 지중해 연안과 마게도냐 지역에서 사역을 하는 가운데 기록한 편지들이다. 디모데후서는 바울이 다시 체포되어 순교하기 얼마 전에 기록한 마지막 편지이다. 이 편지들은 바울의 개인적인 이야기를 많이 포함하나(특히 디모데후서), 디모데전서와 디도서는 초기 교직편람 같아 보이고, 디모데후서는 개인적인 유언의 성질이 있다.

(*) 바울 편지의 분류

	순회서신		
1차 선교여행	갈라디아서	48년	수리아 안디옥
2차 선교여행	데살로니가전서	50-51년	고린도
	데살로니가후서	50-51년	고린도
3차 선교여행	고린도전서	55년	에베소
	고린도후서	56년	마게도냐
	로마서	57년	고린도
	옥중서신		
	골로새서	60-61년	로마
	빌레몬서	60-61년	로마
	에베소서	60-61년	로마
	빌립보서	61-62년	로마
	목회서신		
	디모데전서	63-64년	마게도냐
	디도서	63-64년	마게도냐
	디모데후서	64-65년	로마

5.3 갈라디아서

{자료: Lea, *The New Testament*, 365-79; Elwell and Yarbrough, *Encountering the New Testament*, 296-303; Brown, *An Introduction to the New Testament*, 467-82; Achtemeier, Green and Thompson, *Introducing the NEW TESTAMENT*, 355-75; Carson & Moo, *An Introduction to the New Testament*, 456-78; Guthrie, *New Testament Introduction*, 465-88; Gorman,

Apostle of the Crucified Lord, 183−226; Blomberg, *From Pentecost to Patmos*, 117−37; Udo Schnelle, *The History and Theology of the New Testament Writings*(tr. M. Eugene Boring; London: SCM, 1998) 93−107; 김경희 외 12인, [신약성서 개론: 한국인을 위한 최신 연구](서울: 대한기독교서회, 2002) 315−26}

갈라디아인들에게 보낸 바울의 편지는 그의 편지 가운데 가장 열정적이며, 그의 강렬한 감정을 드러내고 있다(1:8−9). 그러나 이는 갈라디아인들을 돌보는 목회적인 관심에서 우러나오는 것이기도 하다(4:19−20). 한 가지 쟁점에 대한 논쟁의 열기 속에서 나온 갈라디아서는 가장 강력하고 영향력 있는 본문들을 담고 있다. 갈라디아서의 내용은 로마서와 유사하고(갈 2:15−21; 롬 3:19−28; 갈 4:21−31; 롬 9:6−13 등), 어조는 고린도후서 10−13장과 유사하다. 갈라디아서는 바울의 편지 중 관련된 역사적인 사실에 대하여 가장 상세하게 말한다.

5.3/1 저자

갈라디아서의 저자는 바울이다(1:1). 이에 대하여 이의가 없다. 그러나 바울은 대서자를 이용하였음에 틀림없는 것으로 보인다(6:11).

5.3/2 수신자

{자료: W. M. Ramsay, *The Church in the Roman Empire*(Grand Rapids: Baker, 1954) 97−111; Guthrie, *New Testament Introduction*, 465−72}

바울은 "갈라디아의 교회들에게" 편지를 썼고(1:2), 수신자들을 "갈라디아 사람들"이라고 불렀다(3:1). 그러면 갈라디아는 어디를 가리키는 것인가? 갈라디아에 대하여 북갈라디아설과 남갈라디아설이 있다. 북갈라디아설은 인종적으로 갈라디아인들이 살던 북쪽 지역(영토), 즉 안키라, 페씨누스, 그리고 타비움의 중심지들을 갈라디아라고 보는 견해이다. 남갈라디아설은 행정적으로 로마 속주 갈라디아, 즉 바울이 1차 선교여행에서 복음을 전한 안디옥, 이고니온, 루스드라, 그리고 더베를 포함한 지역을 가리켜 갈라디아로 보는 견해이다.

남갈라디아설

남갈라디아설을 지지하는 몇 가지 요소는 다음과 같다.

첫째, 누가가 사도행전 13-14장에서 바울의 남갈라디아 방문을 보고할 때, 그는 북쪽의 도시들에 대한 방문을 언급하지 않았다. 바울은 그가 방문한 장소에 편지를 써서 보냈다는 것이 더 그럴듯하다.

둘째, 갈라디아 교회들이 예루살렘의 성도들을 위하여 헌금을 하였는데(고전 16:1), 모금한 것을 전달하러 갈 때 바울과 동행한 사람들 가운데 남갈라디아 출신이 두 사람 있었다는 사실(행 20:4)은 남갈라디아설을 더 지지한다.

셋째, 바쁜 무역 길에 위치한 남갈라디아가 상대적으로 고립된 북갈라디아보다 교회에 침입한 '유대주의자들'의 거짓된 가르침에 넘어가기 더 쉬웠다.

넷째, 바나바는 이 지역에 바울과 동행하고 그 이상의 지역에 동행하지 않았기 때문에, 갈라디아서 2장 1절, 9절, 13절에서 바나바가 언급된 것은 남갈라디아설을 지지하는 데 이바지한다.

다섯째, 사도행전 16장 6절의 "부르기아와 갈라디아 지방"과 18장 23절의 "갈라디아(또는, 갈라디아 지방)와 부르기아 지방"은 이제 로마(속주) 갈라디아에 위치한 부르기아의 옛 영토를 가리키는 것이다.

북갈라디아설

북갈라디아설을 지지하는 몇 가지 요소는 다음과 같다.

첫째, 바울의 이 지역 방문에 대한 누가의 기록(행 13-14)은 심한 박해를 시사하나, 바울은 그의 갈라디아서에서 박해를 언급하지 않았다(그러나 갈라디아서 3:4; 6:12은 약간의 박해가 있었음을 시사할 가능성이 있다.).

둘째, 바울은 갈라디아를 방문했을 때 겪은 질병을 언급하나(갈 4:13), 사도행전은 이 병을 언급하지 않는다.

셋째, 바울이 갈라디아서 3장 1절에서 독자를 가리켜 "어리석은 갈라디아 사람들이여"라고 하는 것은 루가오니아의 도시들인 루스드라와 더베, 그리고 비시디아 안디옥에 거주하는 사람들에게 적용할 수 없다(행 13:14; 14:6)(그러나 루가오니아와 비시디아로 알려진 속주들은 그 지역에 대한 더 낡은 명칭이며, 갈라디아라는 술어는 사도행전 13-14장에 언급된 도시들의 거주민을 가리키는 말로 사용할 수 있었다. 그 기간의 저자들인 스트라보, 플리니, 프톨레미는 각각 비시디아를 갈라디아 속주의 일부로 포함시켰다. 더욱이, 남부 비시디아의 페드넬리쑤스에서 나온 한 비명에서 그 도시를 "갈라디아의 도시"로 부른다.).

넷째, 사도행전 16장 6절과 18장 23절의 "부르기아와 갈라디아 지방" 또는 "갈라디아와 부르기아 지방"은 각각(남쪽의) 부르기아 속주와(북쪽의) 갈라디아 속주를 가리킨다(그러나 이는 인접 지역 부르기아에 대한 관계에서 갈라디아의 남부 부분들을 묘사하는 어구 곧 "브루기아의" 갈라디아로 읽어야 한다.).

결론

남갈라디아설은 갈라디아서를 사도행전 13-14장에 나타나는 배경과 정보와 관련지어 읽을 수 있게 한다. 특히 사도행전 13장 39절에 언급된 말("또 모세의 율법으로 너희가 의롭다 하심을 얻지 못하던 모든 일에도 이 사람을 힘입어 믿는 자마다 의롭다 하심을 얻는 이것이라.")은 갈라디아서의 주제(2:16)와 일치한다. 갈라디아의 교회들은 바울이 1차 전도여행에서 복음을 전한 지역의 교회들을 가리키는 것으로 본다(갈 3:1-5; 4:12-16 참조).

5.3/3 갈라디아인들과 바울

바울은 바나바와 함께 사도행전에 기록된 그의 첫 번째 선교여행에서 소아시아 남부 해안 내륙("밤빌리아에 있는 버가")에서 비시디아 안디옥으로 이동하였다(행 13:13-14). 그는 회당에 들어가서 복음을 전하였는데(행 13:16-41), 그 메시지는 "그리스도를 통한 죄의 용서", 그리고 "믿는 자들을 위한 해방 혹은 칭의"(행 13:39) 곧 모세의 율법이 제공할 수 없는 하나님과의 회복된 관계에 대한 메시지였다(행 13:39-40). 그의 메시지는 잘 받아들여졌다(갈 4:12-15). 갈라디아인들은 복음을 믿고, 그리스도께로 세례를 받고(갈 3:27), 또 성령을 받았다(갈 3:1-5; 4:6; 5:25). 안디옥에서 그에 대한 유대인들의 반대가 있게 되

자, 바울은 성에서 쫓겨날 때까지 이방인들에게로 가서 복음을 전했다(행 13:44
-51; 갈 4:8-9). 안디옥을 떠난 바울과 바나바는 차례로 이고니온(현대의 코
냐; 행 14:1-7), 루스드라(행 14:8-20), 그리고 더베(행 14:20-21)로 갔다. 더
베에서 되돌아가는 길에 그들은 온 길을 다시 밟아 가면서 박해에 직면한 교회
들을 격려하고 장로들을 임명하였다(행 14:21-23).

바울은 수리아 안디옥으로 돌아왔다(행 14:26-28). 그리고 시간이 어느 정도
지났다(행 14:28). 바울이 보기에, 갈라디아인들은 아주 최근까지 믿음의 달음질
을 잘하고 있었다(갈 5:7). 그러나 외부 침입자들로 인하여 문제가 발생하였다
(갈 1:6-10). 그리고 공동체 내에 다루어져야 할 긴장들과 도덕적 이슈들이 발
생하였다(갈 5:13-6:10). 그리하여 갈라디아서가 집필된다.

바울은 이제 실라와 함께, 이방인들에게 할례를 요구하거나 모세의 율법을 지
킬 것을 요구하지 말고 복음을 전하라는 예루살렘 지도자들의 축복을 받은 후
에(행 15:1-29), 두 번째 여행을 시작했다. 그는 고향 다소를 지나서 더베와 루
스드라를 방문하였는데, 루스드라에서는 디모데를 합류시켰다. 놀랍게도, 바울
은 데모데에게 할례를 받게 하였다(행 16:1-3). 이는 지역 유대인들의 민감성
에 순응한 행위였다. 그들은 이름을 밝히지 않은 다른 도시(마을)들도 방문하였
다(행 16:4-5). 마침내 마게도냐를 거쳐서 그리스(아가야)에 이르렀다. 이 여행
중에 바울이 중앙 갈라디아 혹은 북부 갈라디아에서까지 교회를 세웠다고 하는
주장이 있으나(행 16:6; 18:23 참조), 이는 기껏해야 모호할 뿐인 이야기이다. 세
번째 선교여행에서, 도시들의 이름이 나오지 않지만, 바울은 갈라디아 지역을
다시 방문하였다(행 18:23).

5.3/4 저술 연대

{자료: Barnett, *The Birth of Christianity*(2005)}

갈라디아서가 언제 기록되었는지에 대하여 대략 세 가지 견해가 있다. 이른
연대, 중간 연대, 그리고 늦은 연대가 그것이다. 이른 연대에서는 대체로 남갈라
디아설을 선호하고, 편지는 예루살렘 공회의(행 15장) 이전에, 48/49년경에 안디
옥에서 기록된 것으로 본다. 갈라디아서 2장의 예루살렘 방문은 사도행전 11장

의 방문과 동일시된다. 중간 연대는 남갈라디아설을 취하면서도, 예루살렘 공의회 이후, 50/51년경에 기록되었다고 본다. 갈라디아서 2장의 방문은 사도행전 15장의 방문과 동일시된다. 그리고 늦은 연대에서는 북갈라디아설을 취하고, 공의회 이후 53－55년경에 에베소에서 기록되었다고 본다. 갈라디아서 2장의 방문은 사도행전 15장의 방문과 동일시된다.

늦은 연대에 대한 반론

늦은 연대를 지지하는 주요 논증 가운데 하나는 갈라디아서의 신학적 언어가 로마서와 아주 유사하므로(법정적인 논증, 그리고 칭의 언어의 사용 등) 갈라디아서도 그때에 기록되었음이 틀림없다고 보는 것이다. 그리고 바울 신학의 진화론적 모델을 상정하여, 초기의 바울은 종말론 이슈들에 몰두하고(데살로니가전서, 후서, 고린도전서), 더 성숙한 바울은 화해의 이슈들에 관심을 갖는다고 주장한다(고린도후서, 로마서). 그리고 갈라디아서는 더 성숙한 바울의 시기(時期)에 속한다는 것이다. 이에 대하여 다음과 같이 반론을 제기할 수 있다.

첫째, 바울이 시간이 지날수록 더 성숙하여졌다는 것에 대해서는 쉽게 동의할 수 있을 것이다. 그러나 서쪽을 향하여 선교를 시작할 때에 그는 결코 "초보자"가 아니었다. 그는 이미 40대의 나이에 접어들었고, 15년간의 활발한 선교활동에 종사하였고, 데살로니가전서(50년경 집필)는 성숙한 한 편의 문학으로서 이미 발전된 구원론과 기독론을 포함하고(살전 1:10; 5:9－10), 또 칭의 어휘는 없으나, 개념적으로는 칭의가 존재한다(살전 1:9; 2:13).

둘째, 바울은 순간의 목회적 이슈들에 응답하는 능력이 뛰어났다는 점을 간과해서는 안 된다. 데살로니가서신과 고린도전서에 종말론적인 이슈들이 지배적인 것은 바울이 에게해(海) 선교를 하였을 때 초기의 몇 년 동안이며(50－54년), 이는 그 이슈들이 교회들의 관심사였기 때문이었다.

셋째, 갈라디아서에 명백하게 정교한 논증이 나타난다고 해서 그 자체가 더 늦은 연대를 세우는 것은 아니다. 바울이 안디옥에 기반을 둔 선교를 시작하였을 때에 이르러서는 율법 이슈와 기독론 이슈에 저항하는 유대인들과 종종 논쟁을 벌여 왔었을 것이며, 아브라함과 모세와 관련된 본문들에 대한 석의와 함께 변증할 것을 일찍이 확립해 놓았을 것이다. "유대인"의 이슈와 "유대주의화"의 이슈가 일어났을 때에 바울은 이미 응답할 것을 형성해 놓은 상태이고, 그것으로 쉽게 응답하였다고 할 것이다.

이른 연대를 지지하는 논증

갈라디아서의 이른 연대를 지지하는 논증 가운데 특히 두 가지를 중심으로 설명하고자 한다(so Barnett). 즉, 바울의 책망 곧 "이같이 속히"(갈 1:6)라는 말에 대한 이해와 갈라디아서에서 발견되는 모금에 대한 언급이 그것이다.

첫째, 바울이 갈라디아인들을 향하여 "이같이 속히"(1:6)라고 책망하는 말은 그들이 바울의 복음을 버린 속도보다는 바울의 선교와 그들의 배교 사이에 시간이 짧았던 것을 가리키는 것으로 이해함이 더 좋다. 바울은 편지에서 상당 부분을 과거 사건의 회고에 할애하는데, 그것의 지리학적 개관은 갈라디아인들에게 하였던 최초의 사역으로 끝난다(갈 3:1 - 5). 이것은 편지가 이르다는 것을 시사한다. 만일 편지가 50년대 중반에 기록되었다면, 그때까지 이루어진 일들에 대하여 언급하였을 터이나, 아무런 언급이 없다. 그리고 편지는 전체적으로 갈라디아인들을 개인적으로 다루는 열정적인 긴박성의 분위기를 나타낸다(갈 4:19 - 20; 6:17).

둘째, 50년대에 기록된 바울의 편지들(고린도전서 및 후서, 그리고 로마서)의 지배적인 관심사는 갈라디아, 아시아, 마게도냐, 그리고 아가야 교회들로부터 예루살렘의 성도를 위한 모금을 마무리하고, 그들 지역을 떠나는 것이었다(고전 16;1 - 9; 고후 8 - 9장; 롬 15:22 - 33). 갈라디아서에도 가난한 자를 위한 모금에 대한 언급이 나오나, 이는 50년대의 만개한 사상보다는 40년대에 그 사상이 발생하기 시작한 단계에 속하는 모금 언급임을 보여 준다(갈 2:10; 6:7 - 10). 이 밖에 이른 연대를 수용하는 다른 근거들에는 갈라디아서에 예루살렘 공의회 교령(행 15장)에 대한 언급이 없다는 것, 안디옥에서 베드로가 이방인과의 식탁교제에서 철수한 것은 예루살렘 공의회 이전에 일어난 일로 봄이 더 적합하다는 점(갈 2:12), 그리고 이른 연대를 취할 경우에 사도행전의 내러티브와 갈라디아서의 연대기가 정확하게 들어맞는다는 것 등이다.

결론

갈라디아서는 바울의 가장 이른 편지이다. 48년경에 기록되었을 것이다.

5.3/5 저술의 계기

바울은 어찌하여 갈라디아서를 쓸 수밖에 없었는가? 갈라디아서에 반영되어 있는 것들을 읽어 내고, 그것에 근거하여 그럴듯한 추론을 할 수 있을 것이다.

편지에서 알아낼 수 있는 것들

우리는 편지에서 다음과 같은 것들을 알아낼 수 있다. 물론 이는 거울 읽기(mirror-reading)에 해당한다. 갈라디아에서 바울의 권위가 손상을 당하고(1:1; 6:17), 누군가가 갈라디아인들에게 할례를 받을 것과 모세의 율법을 지킬 것을 강요하여(4:10, 21; 5:2-6; 6:12), 그들로 하여금 다시 종의 멍에를 메게 하려고 하고(5:1; 참조, 행 11:2-3; 15:1; 21:20), 바울에 대하여 비판하고(1:10; 2:1-5; 5:11; 참조, 행 16:3; 고전 9:20-22), 또 무엇보다도 복음에 대하여 타협하려는 위험이 있다는 것(1:6-7) 등이 읽힌다.

이러한 소식들이 바울에게 닿았을 때에 그는 갈라디아인들에게 편지를 쓰게 되었고, 이 생동적인 편지는 오직 그리스도 안에 있는 믿음으로 말미암아 의롭다 함을 받는 것의 의미를 고전적으로 표현한다(Carson & Moo, 468).

그럴듯한 추론

갈라디아서에 나타난 이와 같은 것들에 비추어서 우리는 다음과 같은 추론을 할 수 있다. 즉, 바울과 바나바가 갈라디아에 교회들을 개척하고 떠난 후에(행 13-14장), 그리스도인이라 고백하는 일꾼의 유대인들이 외부로부터 그 지역에 들어와서 그리스도교의 구원을 받아들이는 이방인들은 모세의 율법(토라)을 지켜야 하고(2:11-14; 3:5, 10, 12; 4:9-10; 5:2-4), 그것을 지키기 시작하는 표징으로서 할례를 받아야 한다고 가르쳤다는 것이다(갈 5:2 - 12; 6:12 - 13; 행 21:20 - 26 참조). 그들은 이방인 신자들을 설득하여 "유대인답게 살게 하는 것"을 목표하였다(갈 2:14).

그들의 주장

이 갈라디아의 침입자들을 가리켜서 바울은 "말썽을 일으키는 자들"(갈 1:6 - 8; 5:10, 12) 혹은 "선동자들"이라 부른다. 그들은 누룩같이 교회에 스며들어서 (갈 5:9) 바울의 복음화 노력에 도전하고, 또 그것을 교정하려고 노력하였다. 이 외인들이 예루살렘의 어느 사도에게나 직접적으로 승인을 받아서 왔다는 증거는 없다(갈 2:4, 11 - 14 참조). 이들의 주장은 결국 이방인들이 그리스도 예수를 믿는 것으로 충분하지 않고, 할례를 받고 율법을 지킴으로써 예수를 믿는 그들의 새로운 믿음을 완성하여야 한다는 것으로 요약할 수 있다. 이를 공식화하면, "믿음＋율법＝(믿음의) 완성"이라는 것이다. 그들은 죄를 위하여 죽으신 그리스도 죽음의 중요성 자체를 부인하지 않지만, 그리스도의 십자가에 중심을 두지 않고, 율법 선생으로서의 그의 역할에 중심을 두었던 것으로 보인다. 그들의 메시지는 불가피하게 바울에 대한 비판을 가져왔다. 그의 사도직은 수상쩍고, 메시지는 결함이 있고, 또 사역이 위험하다고 그들은 본 것 같다. 갈라디아 교인들 가운데는 그들의 메시지에 귀를 기울인 사람들이 있었다(갈 1:6; 3:1 - 5; 4:9, 20; 참조, 갈 5:10).

그들의 정체

갈라디아에 침입한 거짓 선생들에 대하여 부여되는 명칭은 다양하다. 혹은 유대주의자들(Judaizers)이라 하고, 혹은 방문 설교자들이라 하고, 선동자들이라 하고, 순회 선교사들 혹은 선생들이라 하고, 혹은 열심당원, 혹은 할례 주창자들(Circumcisers), 혹은 언약적 신율주의자들(Covenantal Nomists)이라 한다. 이 가운데 여전히 가장 적절한 것은 유대주의자들이라는 명칭이다. 그들을 언약적 신율주의자들로 규정할지라도, 결국은 여전히 칭의를 위하여 믿음 이외에 율법의 행위를 추가로 요구하기 때문이다.

바울의 응답

갈라디아에 유대주의자들이 출현하여 복음을 왜곡하고 있다는 소식을 듣고 편지를 써서 보낸 것이 갈라디아서인데, 갈라디아인들이 바울과 그의 복음을 의심하기 시작한 것에 대하여(갈 1:6; 4:15), 그는 어떻게 응답하였는가? 그는 본능적으로 감정적인 반응을 보이기도 하였다(갈 1:6, 8－9; 3:1; 4:11－20; 5:12; 6:12, 13). 이는 복음이 걸린 문제이기 때문이었다(갈 1:6－7; 2:5, 14). 그러나 감정적인 반응보다 더 중요한 것은 바울이 복음의 변증과 설명을 위하여 조직적으로 논리적인 반응을 보였다는 것이다. 그는 감정적 폭발들을 신중하게 구성된 내러티브식 논증에 담는다. 즉, 바울은 일련의 이야기들을 말함으로써 갈라디아의 위기에 응답하는바, 그 이야기들은 곧 바울 자신, 그리스도 예수, 갈라디아인들과 그들의 성령체험, 하나님, 율법, 성경인물들, 그리고 공동체 생활에 관한 이야기들로 이루어진다. 이 모든 이야기들은 이방인 갈라디아 신자들로 하여금 할례를 받지 않게 하려는 바울의 주된 목적에 이바지한다. 갈라디아서에는 양자택일의 도전으로 가득하다(누구 혹은 무엇을 택할 것인가? 바울/율법주의자들? 할례/십자가? 행위/믿음? 율법/약속? 육체/성령? 종(매임)/자유? 등).

5.3/6 갈라디아서 내용/개요/구조

갈라디아서의 구조와 내용은 여러 각도에서 고찰되어 왔다. 서신상의 구조, 전통적인 내용 개요, 그리고 수사학적 구조 등을 살펴보자.

서신 상의 구조

갈라디아서는 서신의 구조상으로 크게 서두(1:1－10, 인사, 감사), 몸통(1:11－5:26, 본론, 윤리교훈), 그리고 결말(6:1－18)로 이루어진다.

내용 상의 개요

내용적으로는 예수 그리스도에 관하여 진술하는 갈라디아서 1장 4절의 세 가지 주요 내용(드림, 건짐, 따름)을 이용하여서, 크게 1-2장(그리스도의 십자가의 죽음과 이신칭의), 5-6장(해방과 자유, 그리고 성령의 인도), 3-4장(성경의 약속, 언약과 율법)으로 각각 묶어서 내용을 풀어낼 수 있기도 하다. 전통적인 방식의 또 하나의 좋은 예는(so McKnight), 갈라디아서를 서론(1:1-9), 그 메시지에 대한 바울의 개인적 변호(1:10-2:21), 그 메시지에 대한 바울의 신학적 변호(3:1-4:31), 그 메시지의 실제적 적용(5:1-6:10), 그리고 결론(6:11-18)으로 개괄하는 것이다. 이와는 달리, 조금 더 구체적으로 갈라디아서는 바울의 사도적 권위와 복음에 대한 주장(1:1-2:14), 이신칭의라는 갈라디아서의 명제(2:15-21), 바울의 명제를 방어하는 논증들(3:1-18), 율법의 본질과 목적에 대한 논의(3:19-4:7), 바울의 명제를 방어하는 더 많은 논증들(4:8-31), 성령으로 말미암아 그리스도 안에서 누리는 자유에 대한 묘사(5:1-6:10), 그리고 끝맺음(6:11-18)의 줄기를 타고 흘러간다고 할 수도 있다.

수사학적 구조

갈라디아서를 변증서신으로 보는(so Betz) 수사학적 분석을 통하여 전기(pre-script, 1:1-5), 서론(*exordium*, 1:6-11), 내력(*narratio*, 1:12-2:14), 명제(*propositio*, 2;15-21), 증명(*probatio*, 3:1-4:31), 권면(*exhortatio*, 5:1-6:10), 그리고 후기(postscript, 6:11-18)의 구조를 제시할 수도 있다. 다른 예를 들면(so Longenecker), 갈라디아서를 크게 인사(1:1-5), '법정적 수사가 우세한' 비난부분(1:6-4:11), '심의적 수사가 우세한' 요구부분(4;12-6:10), 그리고 서명(6:11-18)으로 나누고, 다음과 같이 수사학적 구조의 요소들을 제시할 수도 있다. 저술 이유/문제가 되는 쟁점(*exordium*, 1:6-10), 변호하는 자서전적 진술(*narratio*, 1:11-2:14), 갈라디아서의 명제(*propositio*, 2:15-21), 증명하는 논증들(*probatio*, 3:1-4:11), 유대주의화의 위협에 대한 교훈(*exhortatio*, 제1부, 4:12-5:12), 그리고 자유분방한 경향에 대한 교훈(*exhortatio*, 제2부, 5:13-6:10).

5.3/7 신학적 주제들

갈라디아서에는 바울 복음의 진수인 이신칭의(以信稱義)의 주제가 고전적으로 다루어지고 있다. 성경을 읽는 법 곧 성경의 구속사적 읽기(예를 들면, 아브라함), 그리스도인의 자유(5:1), 성령으로 걷는 그리스도인의 삶(5:16) 등도 중요한 주제로 등장한다.

5.3/8 최근의 연구

갈라디아서에 나타난 바울의 적대자들의 정체, 갈라디아서에 대한 수사학적 분석, 율법의 행위에 대한 이해에 있어 언약적 신율주의 논쟁(Sanders), 로마서와 갈라디아서의 관계(율법관)에 대한 이해, '피스티스 크리스투'(*pistis Christou*)의 해석(그리스도를?/그리스도의?)에 대한 논쟁, 갈라디아서 3장 26–29절의 해석에 대한 논쟁 등이 계속되고 있다.

5.4 데살로니가전서

{자료: F. F. Bruce, *First and Second Thessalonians*(WBC 45; Waco: Word Books, 1982)(=김철 역, [데살로니가전후서], 솔로몬, 1999, 17–55); Lea, *The New Testament*, 379–91; Ehrman, *The New Testament*, 257–70; Elwell and Yarbrough, *Encountering the New Testament*, 327–332; Brown, *An Introduction to the New Testament*, 456–66; Achtemeier, Green and Thompson, *Introducing the NEW TESTAMENT*, 427–39; Carson & Moo, *An Introduction to the New Testament*, 532–53(데살로니가후서 포함); Guthrie, *New Testament Introduction*, 585–606(데살로니가후서 포함); Gorman, *Apostle of the Crucified Lord*, 146–66; Blomberg, *From Pentecost to Patmos*, 139–49; Schnelle, *The History and Theology of the New Testament Writings*, 43–55; 김경희 외 12인, [신약성서 개론: 한국인을 위한 최신 연구], 309–15; Gene L. Green, *The Letters to the Thessalonians*(PNTC; Grand Rapids/Cambridge, UK: Eerdmans; Leicester: Apollos, 2002) 1–77}

바울이 데살로니가인들에게 보낸 것으로 되어 있는 편지가 신약에 두 개 있다. 이 편지들을 읽거나 공부할 때, 일반적으로 바울의 생애와 사역에 대한 지식 이외에, 특별히 관심을 기울여야 할 사항들이 있다. 예를 들면, 다음과 같은 것들이다. 마게도냐는 어떤 곳인가? 데살로니가는 어떤 곳인가? 마게도냐와 데살로니가에 어떻게 복음이 전파되었는가? 데살로니가서는 누가, 언제, 어디서, 왜, 무엇을 위하여 썼는가? 데살로니가서의 주요 내용은 무엇인가? 데살로니가서는 생각의 흐름이 어떻게 전개되는가? 데살로니가 편지들을 통하여 우리는 데살로니가 교인들에 대하여 무엇을 알 수 있는가? 바울과 마게도냐 교회들의 관계는 어떻게 발전되었는가? 데살로니가에서 선교사 일행과 데살로니가 신자들은 어떤 일을 당하였는가? 데살로니가서의 주요 가르침은 무엇인가? 특히 데살로니가서에서 가르치는 종말론은 무엇인가? 데살로니가서를 오늘의 우리에게 어떻게 적용할 것인가? 데살로니가서의 교훈 가운데 특히 나에게 적용할 것은 무엇인가?

5.4/1 데살로니가에 복음이 전파되다

데살로니가에 복음이 전파되고 교회가 설립되는 이야기는 사도행전 17장 1－9절에 자세하게 나와 있고, 데살로니가 편지들에도 약간 나온다(살전 2:1－12; 살후 2:15; 3:7－10). 데살로니가 선교는 사도행전 16장 6절－17장 14절에 기록된 더 넓은 마게도냐 선교의 일부이다. 예루살렘 공의회(행 15:5－29) 직후 바울은 실라(실루아노)와 함께 두 번째 선교여행을 떠난다. 그들이 원래 마게도냐에 가서 복음을 전하려 했던 것은 아니다. 처음에는 아시아, 나중에는 비두니아로 가기를 원한다. 그러나 예수의 영이 허락하지 않는다. 그들이 이고니온 혹은 비시디아 안디옥에서(이제 루스드라에서 합류한 디모데와 함께) 북서쪽으로 돌아서 에게해 알렉산드리아 드로아 항구에 도달한다. 이 시점에서 사도행전의 첫 번째 "우리" 부분이 시작된다(16:10－17). 이제 네 사람(바울, 실라, 디모데, 누가)의 선교사들은 바다를 건너 네압볼리(현대의 카발라)로 가서 에그나티아 가도(*Via Egnatia*)를 따라 약 16킬로미터가량 떨어진 로마 식민지 빌립보로 여행한다. 빌립보에서 그들은 몇 사람의 회심자를 만든다. 아마 누가를 그곳에 남겨두고, 세 사람은 에그나티아 가도를 따라 서쪽으로 여행을 계속하여 빌립보에서

약 154킬로미터의 거리(3일 길)인 데살로니가에 도착한다(행 17:1).

마게도냐

마게도냐는 원래 그리스 국가들의 북쪽으로 발칸 반도에 있던 고대 왕국이었다. 주전 제4세기에 이르러서 마게도냐는 가장 실제적으로 그리스 세계의 일부가 되어 있었다. 빌립 2세(주전 356-336년)는 그리스-마게도냐의 지배권을 확립하였고, 알렉산더 3세 곧 알렉산더 대왕이 죽자(주전 323년) 곧 단독 왕국이 되었다. 그 후 마게도냐 왕국은 로마인들과 여러 차례 충돌하였는데, 결국 페르슈스(Perseus)가 제3차 마게도냐 전쟁(주전 171-168년)에서 패배하자 마게도냐 왕조는 폐지되고, 네 개의 공화국으로 분리되었다. 그리고 주전 148년 이후 마게도냐는 로마의 속주로 합병되었고, 네 공화국은 행정구역으로 남았다.

에그나티아 가도

로마인들은 지배를 견고히 하기 위해 주전 130년경에 군사용 고속도로를 건설하였는데, 에그나티아 가도가 바로 그것이다. 이 길은 마게도냐 서쪽의 아드리안 해안의 아폴로니아와 드라기움에서 데살로니가까지, 그리고 후에 동쪽으로 빌립보와 네압볼리, 그리고 비잔티움까지 연장되었다(마카비 1서 8:1-16 참조). 이정표에 의하면 이 도로의 총길이는 790킬로미터(493마일)였다. 에그나티아 가도는 원래 군사용 도로로 건설되었으나 곧 아시아와 유럽의 국제 상업 및 이주 통로가 되었다.

신약시대의 마게도냐

에그나티아 가도와 같은 좋은 도로들로 인하여 신약시대의 마게도냐는 경제적으로 급속한 발전을 이루게 되었다. 마게도냐는 주전 27년(아구스도 때)에 원로원이 관장하는 속주가 되고, 주후 15년에 아가야와 뫼시아(Moesia)와 결합하여 황제가 관장하는 속주가 되고, 주후 44년에 다시 원로원이 관장하는 속주가

되었다. 마게도냐 속주 행정의 중심지(수도)는 데살로니가였다. 글라우디오 황체
치하(주후 41 - 54년)에서 처음으로 마게도냐에서 동전이 주조되었다. 마게도냐
에는 그리스도께서 부활 승천하신 지 20년이 채 안 되어 복음이 도달하였다(행
16:6 - 17:14; 살전 2:2, 4, 17, 18; 3:1).

데살로니가

데살로니가(현대의 '살로니가')는 마게도냐의 한 고대 도시이다. 이 도시는 크
호르티아티스 산의 경사지에, 테르메만의 곳에, 자연적인 반원형 분지에 있다.
데살로니가는 주전 316년에 알렉산더 대왕의 장군 가운데 하나인 카싼더
(Cassander)에 의해 고대의 테르메(더메) 자리에 건설되었는데, 그 이름은 카산더
의 아내이며 알렉산더의 이복누이인 데살로니가의 이름을 따서 명명한 것이다.
주전 146년에 마게도냐가 로마의 속주가 되었을 때, 속주의 수도가 되었다.

신약시대의 데살로니가

신약성서에서 데살로니가는 전적으로 사도 바울의 선교활동과 관련하여 언급
되고 있다(행 17:1 - 13; 20:4; 27:2; 살전; 살후; 빌 4:16; 딤후 4:10). 데살로니
가는 신약시대에도 여전히 마게도냐의 수도였다. 로마 장군 폼페이 때로부터 마
게도냐 속주 총독이 주재하는 곳이 되었다. 주후 44년에 원로원 관할에 놓여,
데살로니가는 '자유도시'의 신분을 향유했다. 이 자치 행정은 '읍장'으로 알려진
5, 6명의 최고 행정관들에 의해 이루어졌다. 데살로니가는 이태리에서 동쪽으로
가는 주요 간선 도로인 에그나티아 가도(양단의 중간지점)와 상업용 해로(海路)
들 위에 놓여 있는 전략적 위치로 인하여 시인들과 철학자들과 수사학자들이
와서 교양 있는 청중을 가르치거나 그들에게 연설하는 세계 문화의 중심지가
되었다. 자유 도시로서 데살로니가는 세금감면 등의 특권을 누렸다. 전략적 위
치와 자유도시로서의 신분으로 인하여 도시는 번창하였다. 종교 생활을 위하여
유대인의 회당과 많은 이교 제의들이 있었다.

데살로니가의 "읍장"이라는 칭호는 맞지 않다는 주장이 제기되어 왔다. 그러나 이 사도행전 기록의 정확성을 입증하는 중요한 고고학적 발굴이 있었다. 데살로니가는 바울 당시의 모습을 보여 주는 의미 있는 고고학적 발굴이 기대만큼 이루어지지 못하고 있는 형편인데, 이는 현대의 살로니가(Salonika)가 고대 로마시대의 데살로니가의 땅에 묻힌 유적들 위에 자리하고 있기 때문이다. 그러나 바울의 데살로니가 접촉과 관련된 질문에 답하는 중요한 고고학적 단서가 하나 있으니, 곧 데살로니가로 들어가는 서쪽 입구의 바르다르 아치 혹은 관문(Vardar Arch or Gate) 유적에서 "*폴리타르케스(politarches)*의 때에"라는 글이 새겨진 깨어진 비명이 발견된 것이다. 이 말은 사도행전 17장 6절에서 데살로니가의 통치자들을 묘사한 "읍장"이라는 말과 동일한 것인데, 이는 현존하는 다른 그리스 문헌(본문)에 나타나지 않는 것으로 알려졌었다. 그러나 이 말을 담고 있는 비명들이 여러 개 발견되었으니, 이 비문들은 마게도냐에 "읍장" 제도가 일찍이 페르슈스 왕 때(주전 179년 즉위)부터 존재했음을 보여 주며, 또 사도행전의 역사적 정확성을 방증하는 한 예이다.

데살로니가 교회

데살로니가에는 상당히 큰 유대인 공동체와 그들의 회당이 있었는데, 바울이 데살로니가에 이르렀을 때에 회당을 발견하고 그곳에서 세 안식일에 복음을 전한다. 바울과 그 일행은 회당에 참석하고, 특히 바울은 성경(구약)이 고난당하는 메시아를 예언하고, 이 메시아가 곧 예수라는 인물로 오셨다고 강론하였다(행 17:2, 3). 바울의 성경강론을 통하여 회중 가운데 설득을 당한 사람들이 생겼다. 곧 야손, 아리스다고(골 4:10; 몬 24; 행 19:29; 20:4; 27:2), 그리고 경건한 헬라인들("하나님을 경외하는 이방인들")이다(행 17:4). 이 사람들이 데살로니가 교회의 핵을 이루게 되고, 이교도 가운데 많은 사람이 주께로 돌아온다(살전 1:9). 그러나 바울의 성공에 대하여 유대인들은 극심한 적의를 불태웠다. 유대인들은 돈으로 폭도들("저자의 어떤 괴악한 사람들")을 동원하여 소동을 일으키고, 바울과 실라를 찾아서 해하려 했으나 찾지 못하자 대신 야손과 몇 형제들을 읍장들 앞으로 끌어가서 가이사 이외에 다른 왕이 있다고 전한다고 고소한다(행 17:5－7). 그러나 야손과 나머지 사람들은 보석금을 내고 풀려난다. 데살로니가 형제들은 바울의 안전을 염려하여 바울과 실라를 베뢰아로 보낸다(행 17:10).

바울 일행이 받은 혐의

바울이 데살로니가에서 복음을 전한 때(주후 48/49년경)는 호전적 메시아주의가 로마 제국 전체를 통하여 유대인 공동체들 가운데 퍼지고 있었던 때였다. 동쪽(유대)에서 온 호전적 유대인들로 말미암아 일어난 지속적인 소요로 인하여 글라우디오 황제가 유대인들을 로마에서 추방한 것이 이때쯤이었다. "천하를 어지럽게 하던 이 사람들"이라는 잘못된 낙인이 찍힌 바울과 그 일행도 동쪽에서 데살로니가에 온 사람들이었다. 그들은 심각한 비난, 곧 "가이사의 명"(*도그마타, dogmata*)을 거역하여 말하되 "다른 임금 곧 예수라 하는 이가 있다 하더이다."라는 무거운 혐의로 고소되었다(행 17:7). 이와 관련된 어떤 '가이사의 칙령'이 있었던 것은 아니다. 그러나 이러한 선동은 공법(公法)에 저촉되는 위반이며 그것을 불법으로 삼기 위하여 가이사의 특정한 명을 필요로 하지 않았다.

반면에 데살로니가서신을 보면 사도 바울은 예수가 우주의 재판관으로 지상에 다시 나타날 것이라고 확언하였다(살전 1:10; 살후 1:7－10). 이러한 선언은 쉽사리 통치자의 교체에 대한 예언으로 해석되었을 것이다. 로마 황제들(아구스도, 디베료)은 점성술가나 점쟁이들의 활동에 상당히 예민하였고, 어떤 사람의 죽음에 대한 예언을 금하고 명으로 세웠으며, 또 황제의 건강에 대한 자문을 금지하였다. 또한 글라우디오는 유대인의 호전성을 용인하지 않고 그것은 불가하다고 공식적인 명(命)으로 표현하였을 가능성이 있다. 그렇다면 바울과 그의 일당에 대한 기소의 말들은 이러한 명에 대한 그들의 불순종을 암시하는 것이 될 것이다.

데살로니가 읍장들은 이런 상황에서 아주 일을 잘 처리하였다. 즉, 보석금을 받고 놓아주고는 바울이 조용히 그 성을 떠날 것을 보증하도록 하였다(행 17:9). 바울은 주저하였지만 친구들을 보호하기 위해서는 떠날 수밖에 없었다. 그리하여 바울과 실라는 밤중에 조용히 베뢰아로 떠났다. 그리고 그곳 회당에서 성경을 통하여 또 그리스도를 증거한다. 그 결과로 많은 유대인(행 20:4; 롬 16:21)과 여러 높은 지위의 헬라 여인들이 믿게 되었다(행 17:12). 데살로니가에서 바울과 실라를 반대하였던 자들 중 어떤 이들이 베뢰아에서 이루어지는 활동 소식을 듣고 거기까지 따라와서 소란케 했다. 바울과 실라는 아덴으로 떠난다. 거기서 잠깐 머물다 그들은 다시 고린도로 내려간다(고전 2:3 참조). 바울은 데살로니가인들에게 교훈을 충분히 주지 못했다고 생각하여서 그곳을 다시 방문하려고 여러 차례 시도했었으나 실현하지는 못했다(살전 2:18). 그러한 와중에 어쨌든 데살로니가 교인들은 핍박과 환난을 잘 견뎌 낸다(살후 1:4).

팀 사역

데살로니가에서 이루어진 실제의 선교를 언급하는 데살로니가전서 2장 1 − 12절에서 바울이 "우리"라는 복수 인칭을 사용하는 것으로 보아 실루아노와 디모데가 거기서 교회를 세우는 일에 동역하였음을 추론할 수 있다(살전 1:1; 살후 1:1 참조). 바울은 데살로니가에서 그들과 더불어 선교동역 팀을 구성하여 사역하였던 것이다. 디모데는 바울에게 종속된 관계에 있었고(살전 3:1 − 6 참조), 실루아노는 선교 사역에서 아마도 바울과 동등한 자의 역할을 한 것으로 보인다. 디모데는 바울의 가장 충성스러운 동역자 가운데 하나였다(행 16:1 − 3; 행 17:15; 살전 3:1 − 7; 고후 1:19; 행 19:22; 고전 4:17; 16:10 − 11; 롬 16:21; 행 20:4 − 5; 골 1:1; 몬 1; 빌 1:1; 딤전 1:1 − 2; 딤후 1:1 − 2; 히 13:12; 고전 16:10; 빌 2:19 이하; 딤후 1:5; 3:10 이하). 실루아노는 예루살렘 모(母)교회의 공식적인 대표자로 바울과 동행했는지도 모른다(행 15:36 − 41). 그는 사도행전의 실라와 동일인으로 보는 것이 정설이다(고후 1:19; 살전 1:1; 살후 1:1; 벧전

5:12; 행 15:22－35; 16:19, 25, 29; 17:4, 14, 15; 18:5).

메시지

사도행전에 의하면 바울은 주로 유대인과 경건한 이방인들을 대상으로 회당에서 전도하였다. 그러나 바울과 그의 동역자들이 데살로니가에서 대체로 자급(自給)하면서 사역을 수행하였으므로(살전 2:9; 살후 3:8; 참조, 행 16:14) 바울은 그의 작업장에서 일하면서 그의 메시지에 관심을 보인 사람들과 이야기를 나누며 많은 시간을 보냈을 것이다. 그는 회당에서 유대인에게 알맞은 설교를 하였으나(행 17:2－3), 작업장에서 만난 이방인들에게는 어떤 메시지를 전하였을까? 데살로니가전서 1:9－10에 의거하여 유추하여 보면, 바울은 유대교에서 물려받은 유일신 신앙과 예수의 죽음과 부활을 선포하고, 또 예수께서 오심의 의미는 현시대의 특징인 불경건과 사악함에 대하여 임박한 신적 심판으로부터 구원하는 것이라는 말로 복음을 전하였다.

절제 있는 사역

데살로니가 사역은 성공적이었음에도 불구하고, 바울은 데살로니가인들에게 빚을 지지 않으려고 하였다(빌 4:16 이하; 살전 2:9). 그것은 아마도 데살로니가인들 자신이 후하지 않아서가 아니라, 오히려 번창하는 교회의 상태로 인하여 바울 자신이 자급의 엄격한 모범을 보이지 않으면 기생충 같은 식객들이 들끓게 되지 않을까 염려하였기 때문일 것이다(살후 3:8－12).

주목할 교인들

데살로니가교인 가운데 특히 우리의 주목을 받는 사람이 있으니, 곧 야손과 아리스다고이다. 야손은 앞에서 이미 언급되었다(행 17:5－9; 참조, 롬 16:21). 아리스다고는 바울이 후에 마게도냐와 아가야에서 거둔 모금을 예루살렘으로 갖고 가는 여행길에 데살로니가인 세군도와 함께 바울을 동행하였다(행 19:29;

20:4). 그는 로마까지 바울을 따라갔고(행 27:2), 사도가 거기서 갇혀 있을 때에 그의 곁에 있었다(골 4:10; 몬 24). 널리 알려진 큰 인물은 아닐지라도 그의 충성은 우리의 모범이 된다.

바울과 마게도냐 교회들과의 관계

바울은 말썽을 일으키는 사람처럼 마게도냐 이 성에서 저 성으로 추방되다시피 하고, 그리하여 하나님의 인도하심으로 인하여 이루어진 마게도냐 선교가 처음에는 실패한 것처럼 보였으나, 결국 큰 열매를 맺었다(F. F. Bruce). 그 이후 바울은 데살로니가와 그 밖의 다른 마게도냐 교회들과 계속적으로 관계를 맺었는데, 바울의 편지들을 통하여 볼 때 그것은 대단히 행복한 관계였다. 그들은 바울의 부족한 사역 비용을 보충하기도 하였고(고후 11:9), 예루살렘 성도를 위한 모금에 동참하기도 하였다(고후 8:1-5; 롬 15:26 참조).

마게도냐 재방문

바울은 마게도냐를 떠난 지 5년 뒤에 다시 그곳을 방문할 수 있었다. 에베소 사역이 끝날 때쯤이었다. 바울은 원래 마게도냐를 지나 계속 남쪽으로 내려가서 고린도에 있는 그의 친구들을 만나 볼 계획이었다(고전 16:5, 8-9). 그러나 고린도 교회 안에서 일어난 말썽으로 인하여 계획이 변경될 수밖에 없었다(고후 1:15-2:13). 그는 정말 마게도냐에서 상당한 시간을 보낸다(행 20:1, 2). 주후 56년 늦은 여름에 일루리곤(롬 15:19)에서 돌아와 그는 에그나티아 가도를 따라 동쪽으로 이동하여 동부 마게도냐에서 남쪽으로 고린도(헬라)까지 내려가 거기서 겨울을 보냈다(행 20:3). 주후 57년에 항해 철이 시작될 때쯤 이방 교회들의 대표자들이 그에게 합류하였다(행 20:4; 참조, 고전 16:1-4). 그들은 먼저 겐그레아에서 드로아로 항해(航海)하여 갔다. 그러나 바울은 육로를 통하여 북쪽의 마게도냐로 가서 빌립보 항에서 배를 타고 알렉산드리아 드로아로 가서 그들을 만났다(행 20:5, 6). 바울은 사도행전 이후 로마에서 석방되어 다시 마게도냐에 갈 수 있었다(딤전 1:3).

5.4/2 저자

데살로니가전서는 바울의 편지, 곧 바울전집(全集, *Corpus Paulinum*)에 포함된
다. 비평학계에서도 바울의 진정한 편지라고 보는 7개의 서신의 하나로 본다.
그러나 그 편지는 저자들로 "바울과 실루아노(실라)와 디모데"의 이름을 든다
(살전 1:1; 또한 살후 1:1). 그러면 데살로니가전서를 "바울의 편지"라 하는 것
과 이 공저자(共著者)들을 어떻게 보아야 하는가?

실루아노와 디모데는 바울과 동행하여 데살로니가에서 복음을 전했고, 이 세
사람은 서로 떨어졌다가 나중에 고린도에서 다시 결합하였다(행 17:1 − 5; 18:5;
고후 1:19). 그곳에서 세 사람의 이름으로 데살로니가인들에게 편지를 보낸다.
그리고 편지에는 1인칭 복수("우리")가 지배적으로 많이 등장한다. 이는 바울과
공저자인 실루아노와 디모데가 실질적으로 책임 있는 역할을 했을 것임을 시사
한다. 그러나 편지 곳곳에서 또한 1인칭 단수("나" 혹은 "나 바울")가 갑자기 튀
어나온다(살전 2:18; 3:5; 5:27; 또한 살후 2:5; 3:17). 인사부분에 바울의 이름이
나오고, 또 데살로니가후서의 끝에서는 그의 서명을 포함시키는 것으로 보아 바
울을 '제1저자'로 간주하는 데 무리가 없다. 데살로니가전서는 다름 아닌 바울
의 목소리를 담고 있는 것이다.

5.4/3 저술의 계기

바울은 그렇게 급하게 데살로니가를 떠나기를 원치 않았을 것이다. 그러나 상
황은 황급히 데살로니가를 떠날 수밖에 없게 되었다. 그는 베뢰아로 피신하여
복음을 전하였으나, 거기까지 유대인들이 따라와 소동을 피우자 다시 아덴을 거
쳐서 고린도로 내려갔다(행 17:15 − 16; 18:1). 분명하지는 않지만, 추론하건대,
바울이 실라와 함께 데살로니가를 떠날 때 디모데에 대하여 언급하지 않는 것
으로 미루어 보아 그는 데살로니가에 더 머물다 나중에 베뢰아에 합류한 듯하
다. 바울이 베뢰아를 떠나 아덴으로 갈 때에 실라와 디모데는 거기에 더 머물렀
다(행 17:13 − 15). 바울은 그들이 속히 아덴에 오도록 명하였다(행 17:15). 그들
이 아덴으로 와서 바울과 합류한다(행 17:16; 살전 3:1 − 2). 바울은 방금 세운
마게도냐 교회들에 대하여 염려하게 되어 디모데를 데살로니가에 보내어 그 교

회가 박해와 반대 속에서 어떻게 지내고 있는지 알아보도록 하였다(살전 3:1-2). 동시에 실라는 마게도냐의 다른 곳으로 보냄을 받은 것으로 보인다(행 18:5; 살전 3:1). 바울은 아덴을 떠나 고린도로 갔다(행 18:1). 고린도에서 데살로니가인들의 영적 안녕을 염려하고 있던 차에, 드디어 실라와 디모데가 마게도냐에서 고린도로 와서 다시 그와 합류하였다. 그들은 좋은 소식을 가져왔다(행 18:5; 살전 3:6). 데살로니가인들이 박해 중에도 믿음에 굳게 서 있을 뿐 아니라, 복음을 전파하기까지 한다는 소식을 듣고 안도하는 가운데 기쁨을 표현하며, 어려움 가운데서도 믿음을 굳게 지키는 것을 축하하고 또 그들이 시작한 것을 계속하도록 더욱 격려하기 위하여 바울은 펜을 들어 데살로니가전서를 써서 보낸다(살전 3:1-7). 바울은 디모데가 가지고 온 데살로니가인들의 문제들을 더 다루고, 그들에게 필요한 교훈을 제공한다(살전 1:6; 2:13-16; 3:3, 4; 1:3, 8; 3:6; 2:3-13; 4:2-12; 4:13-5:11).

5.4/4 저술 연대

데살로니가전서는 데살로니가가 최초로 복음화된 직후에, 곧 바울의 제2차 선교 여행 중(50년경)에 저술되었다는 데 일반적으로 의견이 일치하고 있다. 그것은 바울의 고린도 체류 초기에 기록되었다. 데살로니가전서는 갈라디아서의 이른 연대를 수용하지 않을 경우 바울의 최초의 편지로 간주된다.

5.4/5 편지의 내용/목적/구조/개요

{자료: F. F. Bruce, 1 & 2 *Thessalonians*(WBC 45; 1982); C. A. Wanamaker, *The Epistles to the Thessalonians: A Commentary on the Greek Text*(NIGTC; Grand Rapids: Eerdmans, 1990); Carson & Moo, *An Introduction to the New Testament*, 544-46; Green, *The Letters to the Thessalonians*(2002) 69-77}

내용과 목적

데살로니가전서에서 바울은 문안(인사)하고(1:1), 데살로니가인들의 믿음과 확고부동함에 대하여 감사하고(1:2-10), 선교사들이 데살로니가에서 했던 일들을 회상하는 가운데(2:1－3:13) 그들의 행위를 설명하고(2:1－12), 데살로인가인들로 인하여 다시 감사하고(2:13－16), 바울 일행이 데살로니가를 떠난 이래의 사건들을 이야기하고(2:17－3:10), 빨리 그들과 재결합하기를 위하여 소원기도를 하고(3:11－13), 이제 그들에게 권면을 하기에 이른다(4:1－5:22). 윤리적인 교훈을 주는 가운데 거룩한 삶과 형제 사랑을 격려하고(4:1－12), 예수 그리스도의 두 번째 오심(파루시아)에 관련된 문제들에 대하여 가르침을 주고(4:13－5:11), 회중의 행위에 대한 일반적인 권면을 제공하고(5:12－22), 또 결말부분(5:23－28)에서 소원기도(23－24)와 마지막 인사(요청; 25－27)와 축도(28)로 끝을 맺는다.

　데살로니가전서의 내용으로 보아, 바울에게는 편지를 쓰는 세 가지 기본적인 목적이 있었음을 알 수 있다. 즉, 바울이 황급히 데살로니가를 떠남으로 인하여 야기된 그 자신의 사역의 동기들에 관한 오해를 푸는 것(1－3장), 그들의 새로운 신앙이 지니는 몇 가지 주요 윤리적 함의들을 데살로니가인들에게 상기시키는 것(4:1－12), 그리고 몇몇 동료 그리스도인들이 죽은 것에 대하여 데살로니가인들을 위로하는 것(4:13－5:11) 등이다(Carson & Moo).

　바울은 특히 데살로니가전서 2장 1－12절에서 방어적인 자세를 취하는데, 이 반대적 스타일로 가득 찬 문절에 대한 이해에 있어서 두 가지 견해가 대두된다. 하나는 바울이 그를 비난하는 명확한 적대자들과 싸우고 있다는 것이요, 또 하나는 바울이 자신의 동기의 순수성에 관하여 긍정적인 주장을 하면서 순전히 자신을 윤리적 모범으로 제시하고 있다는 것이다. 우리는 데살로니가전서에서 명확한 적대자에 대한 훌륭한 증거를 찾을 수 없다는 데 동의하면서, 동시에 거기에 어떠한 변증적 동기도 없다는 주장을 받아들이지 않는다. 그 당시의 사람들에게서 돈을 취하는 궤변가들과 같은 부도덕하고 파렴치한 순회하는 선생들에 대한 일반적인 비판을 염두에 두면서 바울이 말하고 있다고 본다.

구조와 개요

　데살로니가전서의 구조 혹은 개요에 대하여 여러 제안들이 있는데, 다음과 같은 예들을 제시할 수 있다. 이들은 데살로니가전서를 어떻게 보는지에 대한 이해의 일단을 드러낸다.

전통적 구조/개요(F. F. Bruce)

1. 인사(1:1)

2. 감사(1:2 − 10)

3. 사도의 변호(2:1 − 12)

   (가) 선교사들의 방문(2:1 − 4)

   (나) 선교사들의 행동(2:5 − 8)

   (다) 선교사들의 모범(2:9 − 12)

4. 한층 더한 감사(2:13 − 16)

5. 두 번째 방문 계획(2:17 − 3:13)

   (가) 눈에서 멀어졌다고, 마음에서도 멀어진 것은 아니다(2:17 − 3:13)

   (나) 디모데의 사명(3:1 − 5)

   (다) 디모데의 보고로 인한 기쁨과 감사(3:6 − 10)

   (라) 데살로니가 그리스도인들을 위한 첫 번째 소원기도(3:11 − 13)

6. 권면(4:1 − 5:24)

   (가) 전승을 지키는 것에 대하여(4:1 − 2)

   (나) 성적 순결에 대하여(4:3 − 8)

   (다) 형제 사랑에 대하여(4:9 − 12)

   (라) 세상을 떠난 신자들에 대하여(4:13 − 18)

   (마) 때와 시기에 대하여(5:1 − 11)

   (바) 지도자들에 대한 인정에 대하여(5:12 − 13)

   (사) 여러 가지 그리스도인의 의무에 대하여(5:14 − 22)

   (아) 데살로니가 그리스도인들을 위한 두 번째 소원기도(5:23 − 24)

7. 편지 끝맺음(5:25 − 28)

수사학적 구조/개요(C. A. Wanamaker)

1. 서신규정(전기, 인사)(1:1)

2. 서설(*Exordium*)(1:2 − 10)

3. 내력(＝사실의 진술)(*Narratio*)(2:1 － 3:10)

  (가) 데살로니가인들 가운데서 바울의 선교 스타일(2:1 － 12)

  (나) 사실의 진술(*Narratio*) 내에서의 여담(Digression)(2:13 － 16)

  (다) 바울의 데살로니가에 있는 그 박해받는 회심자들과 계속되는 관계
     (2:17 － 3:10)

    (a) *데살로니가인들을 보고자 하는 그의 소원과 그들을 다시 방문하고자*
     하는 시도들(2:17 － 20)

    (b) *디모데를 보냄*(3:1 － 5)

    (c) *디모데가 돌아옴*(3:6 － 10)

4. 내력에서 증명(*Probatio*)으로의 전환(*Transitus*)(3:11 － 13)

5. 증명(*Probatio*)(4:1 － 5:22)

  (가) 윤리적 권면(4:1 － 12)

    (a) *현재의 행동에 계속 머무르라는 권면*(4:1 － 2)

    (b) *성적 기준의 보강*(4:3 － 8)

    (c) *가족 사랑과 조용한 생활*(4:9 － 12)

  (나) 파루시아와 승천에 관한 교훈(4:13 － 18)

  (다) 종말론적 기대와 훈계(Parenesis)(5:1 － 11)

  (라) 일반적 권면들(5:12 － 22)

    (a) *5:19 － 22의 통일성과 목적*

6. 결론(Peroration)과 서신 끝맺음(5:23 － 28)

서신적 구조/개요(Gene L. Green)

1. "바울과 실루아노와 디모데는 데살로니가인의 교회에" － 서신의 인사(문
안)(1:1)

2. "우리가 너희 모두로 말미암아 항상 하나님께 감사하며" － 복음의 임함과
그것의 수용(1:2 － 10)

3. "너희가 아나니 ……" － 편지의 몸통(2:1 － 5:22)

  (가) "우리가 너희 가운데 들어간 것이 헛되지 않은 줄을" － 복음이 데살로

니가에 도착하다(2:1 - 3:13)

(a) "우리가 들어간 것" - 사도의 들어감(2:1 - 12)

(b) "우리가 하나님께 감사함은 …… 너희가 하나님의 말씀으로 받음이니" - 복음의 수용(2:13 - 16)

(c) "우리가 너희를 떠난 것은" - 사도들의 나감과 돌아가려는 시도들(2:17 - 20)

(d) "우리가 디모데를 보냈노니" - 디모데의 사명(3:1 - 5)

(e) "그러나 디모데가 방금 우리에게 와서" - 데살로니가인들로 인하여 하나님께 감사드림(3:6 - 10)

(f) "우리 하나님이 우리 길을 너희에게로 갈 수 있게 하시오며" - 데살로니가로 돌아가도록 해 달라는 기도(3:11 - 13)

(나) "우리가 너희에게 무슨 명령으로 준 것을 너희가 아느니라" - 하나님을 기쁘시게 하는 삶(4:1 - 5:22)

(a) "너희가 어떻게 행하며 하나님을 기쁘시게 할 수 있는지를 우리에게 배웠으니" - 서론(4:1 - 2)

(b) "곧 음란을 버리고" - 거룩함(4:3 - 8)

(c) "이제 …… 에 관하여는" - 질문들에 대한 답변들(4:9 - 5:11)

(1) 형제의 "사랑"(4:9 - 12)

(2) "자는 자들"(4:13 - 18)

(3) "때와 시기"(5:1 - 11)

(d) "너희 가운데서 수고하는 자들을 알라." - 공동체와 그 리더십(5:12 - 13)

(e) "권계하며 …… 격려하고 …… 붙들어 주며 …… 오래 참으라" - 공동체에서의 삶(5:12)

(f) "악으로 악을 갚지 말게 하라" - 비보복의 삶(5:15)

(g) "기뻐하라 …… 기도하라 …… 감사하라" - 하나님과의 영적 교감(5:16 - 18)

(h) "성령의 불을 끄지 마라" - 공동체에서의 예언(5:19 - 22)

4. "하나님이 친히" - 마지막 기도, 문안들, 그리고 축복(5:23 - 28)

(가) "하나님이 너희를 온전히 거룩하게 하시고"(5:23 – 25)

(나) "모든 형제자매에게 문안하라"(5:26 – 27)

(다) "우리 주 예수 그리스도의 은혜가 너희에게 있을지어다"(5:28)

5.4/6 신학적 주제들

데살로니가전서는 미래에 있을 그리스도의 강림(降臨)이라는 의미로 *파루시아*라는 말을 사용한 최초의 문헌이다. 데살로니가전서에는 종말론이 가장 중요한 신학적 주제로 다루어지고 있다. 이는 데살로니가 교회의 종말론에 관한 관심에 기인한다고 볼 수 있다. 그런데 종말론 논의에 있어서 가장 강조되는 것은 윤리적 함축 의미들이다(살전 5:6, 11). 파루시아의 시기에 대해서는 더 이상 명확한 표시가 없다(막 13:33 – 37 참조). 다시 오시는 그리스도는 밤에 도적같이 오나, 그날이 갑자기 임하는 것은 믿지 않은 자들에게 해당되는 것이다(살전 5:2 – 4). 신자들에게는 해당이 되지 않으니, 그들은 준비가 되어 있고, 또 항상 준비하면서 살아가야 하기 때문이다(살전 5:5). 그리스도인의 삶을 산다는 것은 영구적으로 그 큰 날을 위해 준비하고 있는 것이다(살전 5:5 – 11). 건전치 않은 흥분은 억제되어야 하고, 오히려 도덕적으로 항상 경계하면서 제정신을 갖고 침착하게 사는 삶이 요구된다(살전 5:6). 종말론 이외에 특히 우리가 더 주목하여야 할 주제는 하나님의 말씀(복음)에 대한 강조이다(1:5, 6, 8; 2:2, 4, 8, 9, 13).

5.4/7 최근의 연구

데살로니가전서에 대하여 저작권, 상황, 신학과 같은 전통적인 분야가 계속 연구되고 있을 뿐 아니라, 특히 최근에는 신약연구에 있어 사회학적(社會學的) 조사, 문학적(文學的) 분석, 그리고 발달 신학적(發達 神學的) 제안들이 초점을 이루고 있듯이, 그러한 연구가 데살로니가전서에도 적용되고 있다. 예를 들면, 데살로니가전서를 바울의 가장 이른 편지로 볼 때에 그의 나중의 편지들과 신학적 내용을 비교하여 바울의 신학이 어떻게 발달하였는지를 연구하는 것이다. 이와 관련하여, 데살로니가전서에 이신칭의(以信稱義) 교리의 유무(有無)에 대한 논쟁이 있다. 이 논쟁에 있어 우리가 고려하여야 할 것은 바울이 데살로니가전서를 기록할 때에 이르러서는 "초보(初步)" 신학자가 아니라, 이미 15년의 현장 경험이 있는 설교자였다는 사실이다.

5.5 데살로니가후서

{자료: Carson & Moo, *An Introduction to the New Testament*, 532−53; Guthrie, *New Testament Introduction*, 585−606; Gorman, *Apostle of the Crucified Lord*, 167−82; Blomberg, *From Pentecost to Patmos*, 151−62; Schnelle, *The History and Theology of the New Testament Writings*, 315−26; 김경희 외 12인, [신약성서 개론], 403−7; Bruce, *1 & 2 Thessalonians*(1982); Wanamaker, *The Epistles to the Thessalonians*(1990); Michael W. Holmes, *The NIV Application Commentary: 1 & 2 Thessalonians*(1998); Carson & Moo, *An Introduction to the New Testament*, 544−46; Green, *The Letters to the Thessalonians*, 1−77; Linnemann, *Biblical Criticism on Trial*, 100−12, 118−22, 138−40, 148−49, 152−53}

데살로니가후서라! 우리는 전혀 새로운 영토에 발을 들여놓은 것이 아니라, 이미 들어가서 거닐었던 땅을 다시 찾은 것이다.

5.5/1 저작권

{자료: Green, *The Letters to the Thessalonians*, 59−64; Carson & Moo, *An Introduction to the New Testament*, 536−42; Blomberg, *From Pentecost to Patmos*, 151−62; Linnemann, *Biblical Criticism on Trial*, 118−22; 148−49; Schnelle, *The History and Theology of the New Testament Writings*, 316−18}

데살로니가후서 자체는 "바울과 실루아노와 디모데"가 데살로니가인들의 교회에 편지한다고 밝히고(1:1; 3:17), 신용할 수 있는 초대교회의 전승은 바울의 저작권을 의문시(疑問視)한 적이 없다. 그러나 현재로서는 성서학자들 가운데 대략 반 정도가 데살로니가후서는 위명(僞名) 서신이라고 믿고, 그것의 진정성(眞正性, authenticity)을 수용하지 않는다. 바울의 이름으로 되어 있으나, 실제는 바울에 의해 쓰이지 않았다는 것이다.

그들이 내세우는 주장은 대체로 문학적(文學的) 논증, 역사적(歷史的) 논증, 그리고 신학적(神學的) 논증에 기반을 둔다(see Carson & Moo, 그리고 Green). 즉, 데살로니가후서의 어휘와 스타일(文體)이 바울의 것으로 확실하게 인정되는 편지들과 다르고, 데살로니가후서는 세부사항에 있어 바울 이후의 시대를 반영하고, 또 무엇보다도 데살로니가후서는 전서와 너무나 비슷해서 바울이 썼다고 보기 어렵고(살전 1:1a//살후 1:1a; 1:3//1:11; 1:3//1:3-4; 1:4//2:13; 2:9//3:8; 4:1//3:1; 4:5//1:8; 5:28//3:18), 또 역설적이게도 후서는 특히 종말론에 있어서 전서와 너무 달라서 두 편지를 바울이 썼다고 보기 어렵다는 것이다(살전 4:17; 5:1-4; 살후 2:1-4). 그리고 위명사용은 당시에 거부감 없이 받아들여진 관행이었다고 주장한다(so Schnelle).

이것들이 처음에 아주 그럴듯하게 보이나, 충분히 바울의 저작권을 충분히 옹호할 수 있으며, 반론에 대하여 우리는 더 나은 설명을 제공할 수 있다(Carson & Moo). 첫째, 두 편지 사이에 유사성이 존재하는 것은 사실이나, 정확한 언어 평행은 드물고, 그것도 공식적(정형적) 언어의 반복을 기대할 수 있는 편지의 처음과 마지막 부분에 나오며(also Linnemann), 편지의 구조도 언뜻 보기에 서로 유사한 것 같으나, 실은 상당히 다른 요소가 있다. 예를 들면, 후서에는 전서의 2장 1절-3장 13절 같은 긴 단락이 없다. 그리고 유사한 편지를 미지의 바울 추종자가 썼다고 보기보다는 바울 자신이 같은 교회에 유사한 두 편지를 써서 보냈다고 하는 것이 더 그럴듯하다. 둘째, 바울은 데살로니가전서와 후서에 존재하는 두 가지 종말론적 요소, 곧 "임박성"과 "경고의 표적들"을 함께 주장할 수 없지 않다. 많은 유대인의 묵시적 교훈들에서 동일한 혼합이 존재하기 때문이다(마 24:33; 24:44b 참조). 바울이 데살로니가전서와 후서에서 초점을 다르게 맞춘 것은 다루고 있는 목회적 상황이 다르기 때문으로 이해된다(also Linnemann). 셋째, 위명사용이 특히 유대 세계의 묵시 장르에서 아주 흔했다고 해도, 위명의 편지들에 대한 증거는 아주 빈약하다. 그리고 바울 추종자가 속일 의도가 없이 바울의 이름으로 편지를 썼을 것이라는 주장은 특히 데살로니가후서 3장 17절을 고려할 때에 심각한 난점에 봉착한다(또한 살후 2:2, 15).

데살로니가후서는 전서와 마찬가지로 바울이 쓴 편지이다.

5.5/2 저술의 계기

바울과 실루아노와 디모데가 데살로니가인의 교회에 첫 번째 편지를 써서 보낸 지 얼마 되지 않아서 바울과 그의 동료들은 데살로니가인들 가운데 여전히 해결하여야 할 몇 가지 문제가 있다는 후문을 들었다. 그래서 두 번째 편지를 써서 보낸 것이다.

데살로니가에서 일어난 새로운 발전에 대하여 바울이 어떻게 알게 되었는지 우리는 모른다. 다만 하나의 가능성은 데살로니가가 빌립보와 고린도 사이에 위치하는 것으로 보아 고린도에 있는 바울에게 빌립보 교회가 보내는 재정적 선물을 전달하기 위해 파견을 받은(빌 4:15 – 16 참조) 빌립보 교회의 누군가가 데살로니가를 지나오면서 얻은 정보를 바울에게 전했으리라는 것이다(살후 3:11; Holmes, 23).

여하튼 아주 분명한 점은 재림에 관한 바울의 가르침이 얼마간 오해되었다는 것이다. 그래서 데살로니가 교회의 어떤 사람들은 재림이 임박한 미래에 있을 것으로 상상하였다. 만물의 마지막이 그렇게 임박한 줄로 알고 계속 일한다는 것이 의미가 없다고 생각하는 사람들까지 있었다. 바울은 이에 대하여 재림이 있기 전에 어떤 사건들이 일어나야 함을 지적함으로써 오해를 해결해 주었다.

또 바울은 일하려고 하지 않음으로써 동료 그리스도인들의 자선에 의존하는 성가신 존재가 되려는 자들에게 어떤 호된 말을 하였다. 어떤 이유에서든지 간에, 데살로니가에서 세상의 종말에 대하여 유해할 정도의 흥분이 일어났음이 명백하다. 바울은 이러한 흥분을 차분하게 진정시키기 위하여 데살로니가인들에게 두 번째 편지를 쓴 것이다(Bruce, 56).

5.5/3 두 편지의 순서, 그리고 저술 연대

우리가 의례히 그러려니 하고 여겨 온 신약정경에 들어 있는 데살로니가전서와 후서의 순서에 대하여 후서가 먼저 기록되었다는 주장이 제기되기도 한다(so Wanamaker). 디모데가 아덴에서 데살로니가로 돌아갈 때(살전 3:2) 후서를 가지고 갔고, 그가 좋은 소식을 갖고 돌아왔을 때 전서를 보냈다는 것이다.

후서의 우선권

후서의 우선권을 지지하는 논증은 다음과 같은 것들이 있다(see Bruce, Blomberg). 첫째, 후서 1장 4-7절에는 데살로니가인들이 현재 박해를 견디고 있는 것으로 말하나, 전서 2장 14절에는 박해가 과거에 있었던 것으로 언급된다. 둘째, 후서 3장 11, 12절에서는 교인들의 게으름이 이제 막 저자에게 알려진 것으로 나타나나, 전서 4장 10-12절, 5장 14절에는 이미 잘 알려져 있는 것으로 나타난다. 셋째, 후서의 끝에 있는 개인적 서명은(3:17) 첫 번째 편지가 아니면 의미가 없다. 넷째, 데살로니가인들이 후서 2장 1-12절의 종말론 교훈을 이미 받았다면, 전서 5장 1절의 진술이 적절하다. 다섯째, "……에 관해서는"으로 시작하는 전서의 두 부분("형제 사랑"과 "때와 시기", 4:9; 5:1)은 후서에서 이미 건드린 화두들이다(3:6-15; 2:1-12).

전서의 우선권

그러나 이러한 논증들을 함께 묶어서 본다 하여도 상당히 취약하다. 여전히 전서의 우선권을 지지하는 논증이 더 설득력이 있다. 첫째, 전서에는 먼저 편지에 대한 분명한 언급이 없으나 후서 2장 15절에는 있다. 둘째, 대부분의 독자들은 전서의 박해가 후서에서 더 심해진 것으로 이해한다. 게으름의 문제에 있어서도 전서의 상황이 후서에서 더 악화된 것으로 읽는 것이 더 자연스럽다. 바울은 매번 펜을 들어 끝맺는 문안을 쓰지만 항상 그 문안에 주의를 환기시키지는 않는다. 셋째, 전서가 더 이르다면, 전·후서 두 편지의 종말론 가르침을 이해하기가 더 쉽다(살전 5:2; 살후 2:1-12). 주의 날에 앞서는 어떤 잘 정의된 사건들과 밤에 도적같이 임한다는 이중 경향이 예수의 종말론 가르침에 대한 공관 복음서 전승에도 나온다(눅 17:26-30; 막 13:7, 10, 14, 26; 눅 17:22-37; 21:5-36; 마 24:1-51; 막 13:32-37; 눅 17:25; 눅 17:37; 마 24:28). 전서의 종말론은 주로 개인적 수준(개인적 종말론)이고, 후서는 주의 날에 대한 우주적 시각을 이야기한다. 그리고 바울의 나중의 편지들에서 데살로니가서의 묵시론적 용어들을 사용하지는 않지만 그의 종말관(終末觀)의 내용은 변하지 않았다(롬

13:1 − 7; 11 − 13 참조).

연대

전서와 동일한 세 사람의 이름으로 편지를 보냈다는 것과 전서와 유사한 언어와 구조를 반영하는 것으로 보아 50년 초에 전서를 써서 보낸 지 얼마 되지 않아서(아마 몇 주 혹은 몇 달 이내?), 그리고 데살로니가를 두 번째 방문하기 전(행 20:1 − 2), 여전히 고린도에 머무는 동안(행 18:11)에 후서를 기록했다고 추정할 수 있다.

5.5/4 데살로니가후서의 내용/구조/개요

{자료: Elwell and Yarbrough, *Encountering the New Testament*, 332 − 334; Brown, *An Introduction to the New Testament*, 590 − 98; Achtemeier, Green and Thompson, *Introducing the NEW TESTAMENT*, 439 − 46}

데살로니가후서에서 바울은 세 가지 주요 화두(話頭)를 다루는데, 곧 데살로니가 교회가 경험하고 있던 격렬한 박해(1:3 − 12), 주의 날에 관한 그들의 오해(2:1 − 12), 그리고 회중 가운데서 어떤 사람들이 분란을 일으키는 행동(3:6 − 15) 등이다.

내용

전서에서 바울은 자신의 개인적 성실성(誠實性, integrity)을 강하게 변호했는데(2:1 − 12), 후서에서 그것을 반복하지 않는 것으로 보아 아마도 데살로니가인들이 바울의 말을 받아 준 것으로 보인다. 그러나 전서에서 간략하게 다룬 바 있는 게으름의 문제는 사도가 바라는 만큼 효과를 거두지 못하고 오히려 더 악화된 것 같다(살후 3:6 − 15). 또 전서를 받은 이후 데살로니가 교인들 가운데 주의 강림에 관하여 새로운 오해가 생긴 것으로 보이며, 그들 가운데 주의 날이 이미 임했다고 결론을 내린 사람들이 있었다. 바울은 후서에서 특히 주의 강림 문제에 많은 관심을 갖고 이 오해를 불식시키려고 노력한다(살후 2:1-12). 동시에 데살로니가에서 한동안 잠잠하던 박해가 다시 일어났든지 혹은 박해가 더 강화되었든지 간에 바울은 신자들에게 궁극적인 승리와 상급과 공의를 확신시킨다(살후 1:3-12).

구조와 개요

바울은 전서에서와 마찬가지로 후서에서 그리스-로마 편지의 표준 양식을 따른다. 서론(인사, 1:1-2)과 감사(1:3-12)와 편지 몸통(본론과 권면, 2:1-15), 그리고 결말(3:16-18)이다. 더 깊은 고찰을 위하여 몇 개요를 제시한다.

서신적 개요(Blomberg)

1. 서론(1:1-12)
    A. 문안(1:1-2)
    B. 감사(1:3-12)
2. 파루시아에 대하여 좀 더: 아직 와야 할 표적(표징)들이 있다(2:1-17)
    A. 명제 진술(2:1-2)
    B. 아직 일어나야만 할 표적들(2:3-7)
    C. 불신자들에 대한 심판(2:8-12)
    D. 신자들을 위한 신실하심(2:13-17)
3. 결론(3:1-18)
    A. 권면(3:1-15)
    B. 끝맺는 기도와 문안(3;16-18)

전통적 개요(Bruce)

1. 인사(전기)(1:1-2)
2. 감사, 격려 및 기도(1:3-12)

(가) 감사(1:3－4)

(나) 격려(1:5－10)

(다) 기도보고(1:11－12)

3. 불법의 사람의 흥망(2:1－12)

4. 한층 더한 감사, 격려 및 기도(2:13－17)

(가) 감사(2:13－14)

(나) 격려(2:15)

(다) 첫 번째 소원기도(2:16－17)

5. 한층 더한 기도(3:1－5)

(가) 기도 요청(3:1－2)

(나) 확신의 표현(3:3－4)

(다) 두 번째 소원기도(3:5)

6. 권면(3:6－16)

(가) 게으름에 대하여(3:6－13)

(나) 권징에 대하여(3:14－15)

(다) 세 번째 소원기도(3:16)

7. 편지 끝맺음(3:17－18)

수사적 구조(Wanamaker)

1. 서신 규정(전기)(1:1－2)

2. 서론(*Exordium*)(1:3－12)

3. 분할(*Partitio*)(2:1－2)

4. 증명(*Probatio*)(2:3－15)

(가) 첫째 증명(2:3－12)

(나) 둘째 증명(2:13－15)

5. 결론(*Peroratio*)(2:16－17)

6. 권면(*Exhortatio*)(3:1－15)

(가) 일반적 권면(3:1－5)

(나) 경제적 자급자족에 대한 권면(3:6 － 15)

7. 서신 끝맺음(3:16 － 18)

5.5/5 주요 신학적 주제

전서와 마찬가지로 후서에서도 종말론이 가장 중심적인 신학적 주제로 다루어진다. 그리고 두 편지에서 하나님(살전 1:1, 9; 2:2, 8, 14; 4:3; 5:18, 23; 살후 1:2, 5; 2:16; 3:5)과 그리스도(살전 1:3; 3:2; 5:9, 18; 살후 1:1; 3:5)와 성령(살전 1:5; 4:8; 5:19, 23; 살후 2:13), 그리고 그리스도인의 삶(살전 1:3 － 8; 살후 2:13 － 15; 3:6 － 15)에 대한 가르침이 두드러진다.

5.5/6 최근의 연구

데살로니가후서의 저작권(authorship)과 관련하여 편지의 위경적(僞經的, pseudepigraphic) 성격 혹은 위명사용(僞名使用, pseudonymity)에 대한 논의가 여전히 계속되고 있다. 비평학계에서는 위명사용이라는 데 광범위한 합의가 이루어지고 있으나, 여전히 바울의 저작권을 지지하는 주장이 나오고 있다. 물론 복음주의 학계에서는 일반적으로 진정성을 주장한다. 위명사용을 수용하는 학자들은 데살로니가후서가 언제, 무엇을 위하여(목적) 기록되었는지에 대하여 논쟁을 계속한다.

5.6 고린도전서

{자료: Lea, *The New Testament*, 393 － 436(고린도후서 포함); Elwell and Yarbrough, *Encountering the New Testament*, 287 － 96(고린도후서 포함); Brown, *An Introduction to the New Testament*, 511 － 540; Achtemeier, Green and Thompson, *Introducing the NEW TESTAMENT*, 334 － 346; Carson & Moo, *An Introduction to the New Testament*, 415 － 55(고린도후서 포함); Guthrie, *New Testament Introduction*, 432 － 64(고린도후서 포함); Gorman, *Apostle of the Crucified Lord*, 227 － 86; Blomberg, *From Pentecost to Patmos*, 163 － 202; Schnelle, *The History and Theology of the New Testament Writings*, 55 － 74; 김

경희 외 12인. [신약성서 개론: 한국인을 위한 최신 연구], 341−53}

고린도전서는 바울의 편지들 중 가장 귀중한 것들 중 하나이다. 이 서신은 사도의 인격과 마음을 알려 주고(2:16), 복음을 힘차게 제시하고(1:18−31; 15:1−11), 1세기 중엽의 한 특정한 지역 교회의 실제생활과 문제들에 대한 생생한 모습을 우리에게 그려 주고, 또 바울의 편지들 가운데 나타나는 가장 고상한 장들 중 얼마를 담고 있다(1, 13, 15장).

5.6/1 고린도시(市)

{자료: G. D. Fee, *The First Letter to the Corinthians*(NICNT; Grand Rapids: Eerdmans, 1987); J. Wiseman, "Corinth and Rome I: 228 B. C.−A.D. 267", *ANRW* VII/(1980) 438−548; S. E. Johnson, *Paul the Apostle and His Cities*(GNS 21; Wilmington: Michael Glazier, 1987) 94−105; Achtemeier, Green and Thompson, *Introducing the NEW TESTAMENT*, 327−31}

고린도(Corinth)는 헬라(그리스) 펠로폰네수스 반도와 내륙을 연결하는 16㎞ 폭의 지협 남서 모퉁이에 위치하였다. 지협의 가장 좁은 지점은 5.95㎞에 불과하였다. 고린도는 아크로고린도(Acrocorinth, 약 570m 높이)의 기슭에 있는 넓은 평지에 위치하였다. 바다에서 불어 들어오는 서늘한 바람으로 기후가 온화했다. 전략적으로 로마와 제국의 동부세계를 연결하는 상업적 위치로 인하여 번영을 누렸다.

역사

고린도에는 주전 4천여 년 전부터 정착자들이 있어 왔다. 하지만 고린도의 역사는 본질적으로 두 부분으로 나눈다. 첫째, 그리스 도시−국가로서 주전 5세기 전후에 아덴(Athens)의 황금시대가 반영되고, 주전 제2세기 중엽에는 아가야 연맹의 지도자로 로마와 충돌하여, 주전 146년에 로마 집정관 뭄미우스(Lucius Mummius)에게 멸망을 당한 고대 원(原)고린도이다. 둘째, 100여 년 동안 사람이 살지 않는 황량한 장소로 남아 있던 지역에 줄리어스 씨저(Julius Caesar)가 주전 44년에 로마 식민지(植民地)로 재건한 고린도이다. 그는 고린도 위치의 군사적·상업적 이익 등을 알아본 것이다. 고린도는 번창하였는데, 주후 제2세기 말경에는 그리스의 가장 현대적인 도시가 되었다. 그러나 그 이후에는 내리막길을 걸었다. 1858년의 지진으로 인하여 옛 고린도는 황폐하게 되었고, 나중에 마을들은 다른 위치에 건설되었다.

신약시대의 고린도

고린도는 주전 27년에 원로원이 주관하는 속주 아가야의 수도가 되었다. 주후 제1세기에 이르러서는 도시가 번성하였는데, 인구는 70만으로 추정된다. 그 중 20만은 자유인이요, 50만은 노예였다고 한다. 고린도는 상업을 하기 좋은 전략적 위치에 있었으며, 도시의 번영으로 인해 많은 사람들이 모여들었다. 이태리의 돈 많은 귀족들, 온갖 종류의 장인(匠人)들, 무역인들, 예술가들, 그리고 철학자들이 돈(사업)을 보고 모여들었다. 순회하는 선전자(宣傳者)들과 유혹자(誘惑者)들도 모여들었다(고전 1:10－17; 9:3－14 참조).

고린도 인구는 혼합적이었다. 각양각색의 잡다한 인종(로마인들, 그리스인들, 유대인들, 및 소아시아, 이집트, 시리아에서 온 사람들)으로 이루어졌다. 고린도의 로마인들 혹은 로마식 이름을 소유한 사람들로 디도 유스도(행 18:7), 그리스보(행 18:8; 고전 1:14), 가이오(고전 1:14), 보두나도(고전 16:17), 갈리오(행 18:12) 등이 신약에 나온다.

고린도는 경제적으로 번영하였을 뿐 아니라, 또한 악(惡)과 종교(宗教)가 나란히 번창하였다. 제1세기 그리스－로마 세계에 편만한 대부분의 종교들이 고린도에 있었다. 그리고 부도덕의 풍토가 형성되었다. 고린도의 종교적 표현은 그 인구만큼이나 다양하였는데, 적어도 26개의 신성한 장소가 있었다. 그 가운데는 "히브리인(유대인)의 회당"도 있다(행 18:2－4). 고린도에는 실로 많은 신들과 많은 주들이 있었으며(고전 8:5), 마치 로마와 헬라의 만신전(萬神殿)과 같았다.

고린도의 큰 번영으로 강직한 사회 계층이 나타났다. 중간층(중산층)이 없었다는 것이 가장 흥미 있는 사회적 특성 중 하나다. 상류층의 가장 부유한 수준의 귀족들, 금권가(金權家), 부호들은 1% 정도였다고 한다. 나머지는 일반 노동자, 농부, 천민들, 노예들 등 여러 다른 수준의 하급계층이었다. 많은 사람들이 농업에 종사하였기에, 바울이 고린도서에서 아주 많은 농업적 비유들을 사용한다(고전 9:7－11 참조).

바울은 또한 고린도의 사회생활을 흘끗 비치고 있다(고전 8:1－13; 9:24－27 등). 또한 그리스도인들의 사회적 신분을 바울은 넌지시 말한다. 가난한 자들(고전 1:26), 노예들(7:21－23), 고린도 여인들(14:34－35), 그리고 바울의 동반자들 가운데 있는 고린도 공동체의 지위가 있는 사람들(가이오, 글로에의 사람들, 그리스도)에 대하여 언급한다(고전 1:11, 14; 행 18:8; 롬 16:23).

고린도 지협에서는 2년마다 이스드미아 경기(Isthmian Games)가 개최되었다. 전차 경주, 레슬링, 경보, 권투 등의 경기가 열렸다. 고린도에는 3,000명 좌석의 실내 극장과 70,000명 좌석의 실외극장이 있었다.

5.6/2 바울의 고린도 사역

우리는 바울의 고린도 사역에 대하여 사도행전 18장 1－17절에서 읽을 수 있다. 바울은 제2차 전도여행 중 고린도를 방문한다. 글라우디오(Claudius)가 그 당시의 로마 황제였다. 바울은 고린도에서 아굴라와 브리스길라를 만난다. 그들도 바울과 같이 천막 짓는 자들이었다. 바울은 그들과 함께 살며 일하였다(행 18:3; 롬 16:3). 바울은 안식일마다 회당에서 강론하였다.

바울은 아덴에서 바로 고린도로 왔는데(고전 2:3), 고린도에 도착하여 곧 실라와 디모데가 데살로니가 소식을 가지고 왔다(행 18:5). 바울은 힘을 얻었다. 그는 하나님의 말씀에 붙잡혀 유대인들에게 "예수는 그리스도다."라고 밝히 증언하였다. 그러나 유대인의 반대에 부딪혔다. 그는 이방인들에게 전도했다(행 18:6). 하나님을 경외하는 자였던 디도 유스도가 믿었다. 그리고 회당장 그리스보가 그의 온 집안 식구와 더불어 주를 믿었고(고전 1:14), 또 수많은 고린도 사람들도 듣고 믿어 세례를 받았다(행 18:7－8). 고린도의 초기 회심자들 가운데는 가이오와 스데바나도 있었다(고전 1:14－16; 16:15). 고린도 교인 가운데 하나인 에라스도는 고린도시(市)의 재무관이었다(롬 16:23).

갈리오가 아가야 총독이 되었을 때(주후 51/52 또는 52/53년)에 유대인들은 바울을 재판정으로 끌고 갔다(행 18:12 – 17). 바울은 이제 고린도를 떠난다. 그는 고린도에 1년 반 동안 체류하였다(행 18:11). 그 이후 아볼로가 고린도에서 사역하기도 하였다(고전 3:4 – 6, 22; 16:12; 행18:27 – 28). 바울은 3차 전도여행 중 에베소에 머물면서 고린도전서를 썼고(주후 56년, 고전 1:11; 16:17), 고린도를 다시 방문하기도 하였다(고후 12:14; 13:1). 바울은 문제가 많은 도시(都市) 고린도에서 복음을 전하여 많은 열매를 맺었다(행 18:9 – 11).

왜 고린도에 1년 6개월씩이나?

{자료: Dan P. Cole, "Corinth and Ephesus: Why Did Paul Spend Half His Journeys in These Cities?" *Bible Review* 4(1988) 20 – 30}

바울은 고린도에서 1년 6개월을 머물렀다(행 18:11). 이는 보통 어느 지역이나 도시에서 복음을 전하고는 그곳을 떠나는 그의 선교 패턴을 보면 이례적이다. 바울은 사실상 고린도(1년 6개월)와 에베소(2년 6개월)에서 그의 선교 사역의 대략 반 이상의 시간을 보냈다. 왜 그랬을까? 고린도는 바울이 이 도시에서 거주하기로 결정한 것을 설명하는 데 도움이 되는 특별한 특징들이 있기 때문이었다.

전략적 위치

첫째, 무엇보다도 고린도의 전략적 위치이다. 고린도는 로마제국의 동부(東部)와 서부(西部) 사이를 여행하는 데 있어 중심 도시였다. 고린도 만(灣)과 사로닉 만(灣)을 분리하는 좁은(6.4㎞ 폭) 지협에 일찍이 주전 6세기에 돌로 포장한 도로(*diolkos*)가 놓였는데, 배를 끌어당겨 이 도로로 지협을 건넜다. 그러면, 320㎞의 항해 길이가 절약되고, 바다로 도는 것보다 더 안전하였다. 또한 고린도는 자연적인 교통의 통로였다. 로마의 속주들로부터 그리고 속주들을 향해 여행자들이 끊임없이 유동했다.

이 중심(허브)에서부터, 여행 일정에 갑자기 편입되는 짧은 방문을 하기가 쉬웠다. 고린도에 오기 전에 바울은 데살로니가와 베뢰아를 황급히 떠날 수밖에 없었다. 베뢰아에 남았던 디모데가 아덴에서 바울을 만났다. 바울이 고린도로 떠나면서 디모데를 데살로니가로 되돌려 보냈다. 바울이 고린도에 도착한 후 얼마 안 되어 디모데가 데살로니가에서 마음을 안심시키는 소식을 가지고 왔다(살전 3:1－7). 바울이 고린도에서 데살로니가전서를 썼다. 디모데를 데살로니가로 보내어 편지를 전달했다. 바울은 고린도에서의 활동을 방해받지 않고 데살로니가의 그리스도인들과 활발하게 접촉을 유지할 수 있었다. 그리고 고린도에 머물면서도 바울은 계속해서 항해사들, 여행하는 상인들, 그리고 로마제국 전역에 와서 그 도시를 통과하는 다른 사람들에게 전파함으로써 많은 새로운 지역에 복음을 전할 수 있었다(행 2:5－13 참조).

고린도는 또한 두 가지 유형의 순례자들이 찾아오는 곳이었다. 하나는 온갖 종류의 질병으로 고생하는 사람들이다. 고린도의 아스클레피에이온(Asklepieion) 곧 신격화된 헬라 의사 아스클레피오스(Asklepius)에게 바쳐진 치료하는 전당에 온갖 종류의 질병으로 고생하는 사람들이 모여들어, 이 탄원자들은 고린도에 머물곤 했다. 때로 가족과 함께, 수주간 또는 수개월간 치료를 받을 것이라는 희망 속에서 머물렀다.

또 하나의 부류는 바울이 거기에 있었던 주후 51년 여름을 포함하여, 2년마다 열린 이스드미아 경기에 참석하려고 고린도에 온 사람들이다. 경기는 고린도에서 16㎞쯤 떨어진 곳 곧 바다신(海神) 포세이돈(Poseidon) 전당이 있는 곳에서 열렸다. 더 잘 알려진 올림피아(Olympia) 경기같이, 이스드미아 경기도 "범헬라적"이어서, 지중해 전체의 그리스 정착지들로부터 많은 경기자들(운동선수들)과 관객들을 끌어모았다. 이스드미아 경기와 건강 온천은 직업이 천막 짓는 사람이었던 바울에게 자신을 부양할 수 있는 특별한 기회를 제공하였다. 그는 교회들로부터 후원을 받지 않으려고 했다(고전 9:12, 15). 그는 아굴라와 브리스길라업이 같았다(행 18:2－3). 고린도 아스클레피에이온(Asklepieion)과 이스드미아 경기에 몰려온 대부분의 사람들은 천막을 치고 머물렀다. 바울은 그의 설교를 들은 청중들에게서 또한 자신을 부양할 준비된 수단을 발견했다.

둘째, 역설적으로, 고린도는 바울에게 또 하나의 매력적인 특성을 제공했다. 즉 오래 지속된 부도덕과 방탕의 평판이다. "고린도인이 되다."라는 말은 곧 부도덕을 의미했다. "고린도인의 삶을 산다." 하거나 여자를 가리켜 "고린도 아가씨"라고 부르는 것은 그녀의 정조를 중상하는 것이었다. 고린도의 평판은 5세기 전 고전시대에서만큼 바울 때에도 악명이 높았다. 로마 지리학자 스트라보(Strabo)는 한때 아크로고린도에 있는 아프로디테(Aphrodite) 신전은 1,000명의 제의(祭儀) 창녀들이 섬겼다고 기술했다. 이는 과장이기는 하겠지만, 반면에 33개 이상의 포도주 상점에 있는 방에서 여하튼 상당한 수의 세속 창녀들이 바쁘게 돌아갔을 것이다. 항해자들, 여행하는 상인들, 경기 관람객들이 오고 가기 때문이었다(고후 12:21 참조).

고린도는 또한 "이교" 종교들과 강한 연대가 있었다. 아스클레피오스 예배, 포세이돈 신전, 아크로고린도의 아프로디테 신전, 그리고 다른 전통적인 헬라 신들(아데나, 헤라, 헤르메스)에게 바친 제단들과 신전들이 있었다. 한 신전은 "모든 신들"에게 바쳐졌다. 또한 바울이 도착하기 전 2세기 동안, 새로운 예배 형태들이 고린도 내의 소수 민족 거주지에 사는 외국인들에 의해 도입되었다. 이집트 신들인 이시스와 세라피스에게 드린 전당, 황제 아우구스투스의 신격화된 누이 옥타비아에게 드린 전당이 있었고, 또 더 새로운 몇몇 신비종교들이 고린도에서 번창했다. 이들은 특별한 종류의 개인적 구원과 구주-신들과의 교제를 제공했다. 바울에게는 이 모든 것이 특별한 도전과 특별한 기회를 나타냈다. 바울은 선교여행을 통해서 이방인들이 기독교로 개종하는 데 할례를 받을 필요가 없고, 유대인의 율법의 모든(의식) 규정을 지킬 필요가 없다고 했다. 율법의 규제에 의존하지 않고 도덕적으로 바른 이방인 회심자들의 교회를 세울 수 있다면, 그리스도교의 복음은 어느 곳에서도 뿌리를 내릴 수 있다. 이방세계가 제공할 수 있는 가장 적대적인 토양에서도!

바울은 고린도교회에 보낸 편지에서 그들의 행위가 도덕적으로 상승되는 것에 특별한 열정을 나타낸다. 고린도 교회는 바울에게 "전시장" 회중이었다. 예루살렘에 있는 유대 그리스도인 지도자들 가운데 가장 회의적인 사람들에게 율법이 구원에 필요하지 않다는 것을 그는 확신시켜 주기를 바랐다. 고린도교회 회중을 통하여!

고린도 교회

고린도 교회는 여러 가지로 고린도시(市)의 거울이었다(행 18:1－8; 고전 1:10－17; 16:15－17; 롬 16:23). 교회 안에는 유대인, 헬라인, 노예, 자유자가 있다(고전 12:13). 아굴라, 브리스길라, 그리스보는 유대인이요, 보드나도, 가르도, 가이오, 디도 유스도는 로마인이요, 스데바나, 아가이오, 에라스도는 헬라인이었다. 노예들도 있었다(고전 1:16, 26; 7:20－24; 16:15－17). 공동체 안에 나타난 긴장 가운데 어떤 것은 잘사는 자와 가난한 자의 긴장에서 나오는 것도 있었다(고전 11:17－34).

고린도 교인들은 전에 우상을 숭배하던 자들이요, 주로 이방인들이었다(고전 6:10－11; 8:7; 12:2). 신전 축제들에 가는 것은 이방인의 현상이다(8:1－10:22). 결혼을 죄라고 생각하는 것(7장), 법정에 송사하는 것(6:1－11), 창녀에게 갈 권리를 주장하는 것(6:12－20), 미래의 몸의 부활을 부인하는 것(15:1－58)은 유대적이라기보다 헬라적임을 나타낸다. 고린도 공동체는 현저하게 이방인의 공동체요, 부유한 두세 가정이 있었지만, 대부분은 사회, 경제적 사다리의 낮은 끝에 있었던 공동체의 그림이 그려진다.

초대 그리스도인들의 사회생활 수준은 어떠했는가? 고린도전서 1장 27절에 근거하여, 초대 교인들과 바울과 그 회중들은 무산 계급, 가난한 하층 계급 사람들이었다고 이해되어 왔다. 아돌프 다이스만(Adolf Deissmann)은 신약이 비문학적 파피루스의 평민의 코이네 헬라어로 기록되었음을 보여 주었고, 신약의 저작들은 하층계급에 속했다고 보았다. 바울은 중간 계급이나 하층 계급과 관계가 있다고 보았다. 그리스도인들은 로마 속주들의 가난하고 소유한 것이 없는 자들 가운데서 왔다는 것이다.

그러나 최근에는 고린도 교회 안에서 "사회의 단면"을 볼 수 있다는 것을 주장하는 경향이 있다. 저지(E. A. Judge)는 상층계급의 역할을 특히 강조한다. 바울과(그의 회중들)의 교육 수준은 중간 계층보다 높았다고 본다. 타이센(Gerd

Theissen)은 고린도 교회가 비교적 높은 경제적·사회적 수준에 있었다는 견해를 보인다. 그는 교회가 계층화되었음을 강조한다. 바울의 회중은 일반적으로 도시 사회의 공정한 단면을 반영하고, 바울 동아리의 가장 활동적이며 현저한 멤버들은 일관되게 높은 신분의 사람들이었다는 것이다.

5.6/3 저자

고린도전서가 바울의 저작이라는 데 대하여 반대가 없다. 편지 자체에서는 "바울과 형제 소스데네"가 공동 발신자로 나온다(1:1). 전승에 의하면, 고린도의 회당장(會堂長)이었던 소스데네(행 18:17)는 나중에 회심하여 바울을 돕는 자가 되었다고 한다(고전 1:1). 그러나 두 사람이 동일 인물인지 확인할 길은 없다.

5.6/4 저술의 계기

고린도전서는 바울이 고린도를 떠난 때(주후 51-52년의 어느 시점)와 대략 3년 뒤에 본서를 쓴 사이에 고린도 교회에서 발전된 상황에 대한 우발적, 상황적, 특별한 응답이다. 대체로 바울은 고린도의 상황에 대하여 글로에의 집을 통한 구두보고(1:11; 5:1; 11:18)와 교회의 대표단을 통하여 그에게 문의한 문제들에 대하여 편지를 쓴 것으로 보인다(7:1; 16:17). 바울은 적어도 11가지의 관심사를 다루는데, 이들은 공통점이 없고, 본질이 다르다. 그중 10가지는 행동에 관한 것이고, 15장만이 신학적인 것이다. 그런데 거기서도 윤리적 경고와 명령으로 주요 부분을 결론짓는다(15:33-34, 58).

고린도 교회 자체의 문제?

그런데 고린도전서를 보내는 바울은 고린도 교회에 대하여 어떤 관계에 놓였는가? 이에 대하여, 한편으로는 바울이 고린도인들의 부족하거나 잘못된 곳에 대하여 가르치거나 교정하는 것이라고 보는 사람들이 있다. 예를 들면, 미첼(M. M. Mitchell)은 고린도인들이 파당으로 구분된 것에 대하여 응답한 것으로 본다(고전 1:10-12; 3:4-5; 11:18-19). 고린도 교회의 상황은 분열(1:10; 11:18;

12:25), 분쟁(1:11; 3:3), 싸움(3:3), 갈라짐(1:13), 파당(11:19), 얕보고 뽐냄(4:6)으로 표현된다. 미첼은 고린도전서 1-4장에서 바울이 목표하는 바는 이단에 대한 반박이 아니라, 플루타크가 정치학의 예술의 목적으로 묘사한 것, 즉 분열을 방지하는 것이라고 읽는다(1:10-4:21). 고린도전서의 내용은 궁극적으로 파벌주의와 일치(화해)의 주제에 근거한 일련의 논증들이라는 것이다. 고린도전서 1장 10절은 정치적 일치에 관한 정치연설과 논문에서 나온 전문술어들을 담고 있다. 고린도전서라는 전체 편지는 이 논제 진술(1:10)과 일치하여, 고린도에 있는 교회에 하나가 되고 그 파벌주의를 끝내라고 호소하는 것으로 본다. 고린도전서 주석사(註釋史)의 현저한 결론은 파벌주의와 파당 투쟁은 1-4장에 국한하고, 5-16장은 고린도 교회가 당면한 목회적·신학적 쟁점들을 다룬다는 것이다. 그러나 미첼은 고린도전서 전체가 사실은 파벌주의를 논하고 투쟁하는 정치적 수사에 사용된 어휘와 화두로 편만해 있다고 논증한다. 바울의 수사적 전략은 파벌주의 현상 자체와 투쟁하는 것이지 각 개별적 파당을 직접적으로 투쟁하는 것이 아닌 것이다. 고린도전서에서 바울이 응답하는 논증은 정치적 언어와 화두(topoi)를 채용하여 고린도 교회의 파벌주의를 타파하고, 다시 일치(화해)를 이루게 하려는 것이다.

바울과 고린도 교회 간의 문제?

반면에 고린도 교회와 바울 사이에 "나쁜 감정"이 생긴 것으로 보고 바울이 일종의 고린도 적대자들을 향하여 공격하는 것이라고 보는 사람들이 있다. 예를 들면 피(G. D. Fee)는 바울이 고린도전서에서 그들을 가르치거나 교정한다는 암시는 없고, 문학적 무기를 총동원하여 그들을 공격하고 도전하고 있을 뿐이라고 본다. 편지는 그 전체가 온 교회를 향하여 말하고 있고, 한 집단에게 말하다가 다른 집단에게 말한다는 암시가 없으며, 거의 모든 것이 제2인칭 복수("너희")로 되어 있다고 관찰한다. 피는 기본적으로 고린도 안의 역사적 상황은 교회와 그 설립자 간의 갈등 상황이라는 것이다. 이 갈등은 바울에게 이중적으로 그의 권위와 그의 복음에 대하여 위기를 가져왔다. 바울과 고린도 교회 사이에 일어난 일들의 경과를 재구성하면, 먼저, 바울에 의한 고린도 교회의 설립이 있고(행

18장; 주후 약 49-51년), 다음, 2년쯤 뒤에 에베소에서 "이전의 편지"를 써서 보내고(고전 5:9), 이제 고린도전서를 써서 보낸다. "이전의 편지"는 고린도 교회의 어떤 상황에 대한 바울의 응답이었을 것인데, 그들은 그의 편지를 오해하였다(5:9-11). 고린도전서는 일차적으로 고린도 교회의 스데바나, 보두나도, 아가이고가 바울에게 가져온 편지에 대한 응답이다(16:15-17). 아마도 바울의 '이전의' 편지에 대한 고린도인들 편에서의 응답이었을 것이다. 바울이 고린도전서에서 보인 응답의 전투적 성질을 보면, 그들의 편지에서 바울의 입장 내지 금지 사항에 대해서 여러 개의 상당한 예외를 두려했던 것 같다. 그러고 나서 글로에의 집사람들 편에 구두로 분쟁소식을 들었다(고전 1:11; 참조, 11:2).

결론

고린도전서는 고린도후서와 갈라디아서와는 아주 대조적으로, 고린도후서 10-13장에 언급된 외부 사람들이 침입해 들어왔다는 증거가 없다(고전 9:12 참조). 사도 바울 혹은 그의 복음에 대하여 반대하는 자들이 있었다(15:12; 참조, 4:18). 그러나 반바울적인 정서가 일부 교회 안에 생겼을지라도(고전 1:12; 4:3, 6, 18-20; 9:3; 10:29-30; 14:37; 15:12), 고린도 교회 전체가 바울과 적대관계에 빠진 것은 아니었다. 그들은 바울에게 편지나 구두로 소통하였다. 바울은 여전히 그들의 사도였다. 바울의 책망은 영적 아버지와 사도로서의 책망이었다(고전 4:14-15). 바울의 눈에 고린도 교인들은 적대자가 아니라, "목회적 훈육의 대상"이었다.

5.6/5 저술 연대

고린도전서는 바울의 3차 전도여행 중 에베소에서 55년경에 기록되었다.

5.6/6 고린도전서의 구성/내용/구조/개요

{자료: Guthrie, *New Testament Introduction*, 460-62; Margaret M. Mitchell, *Paul and the Rhetoric of Reconciliation: An Exegetical Investigation of the*

Language and Composition of I Corinthians(HUT 28; Tubingen: J. C. B. Mohr [Paul Siebeck], 1991) 65-183}

내용/개요(Guthrie)

1. 인사와 감사(1:1-9)
2. 바울에게 보고된 무질서들(1:10-6:20)
    (가) 분열의 정신(1:10-4:21)
    (나) 도덕적 이완/타락의 문제들(5:1-13; 6:12-20)
    (다) 이교도 법정에 송사함(6:1-11)
3. 고린도인들에 의해 제기된 문제들(7:1-15:58)
    (가) 성적인 관계들(7:1-40)
    (나) 우상에게 바쳐진 고기(8:1-11:1)
    (다) 공중예배에서의 무질서들(11:2-34)
    (라) 영적 은사들(12:1-14:40)
    (마) 부활(15:1-58)
4. 결론(16:1-24)

편지의 구성/수사적 개요(Mitchell)

고린도전서의 구성에 대한 논의에 있어서 일차적으로 중요한 것은 고린도전서의 두 개의 큰 부분으로 여겨지는 것 간의 관계를 설정하는 것이다(1-4장과 5-16장 또는 1-6장과 7-16장). 많은 주석가들이, 고린도전서 7-16장은 고린도로부터 온 서면 질문에 대한 응답이기 때문에 몇 개의 단락 부분, 또는 편지 단편들의 조합으로 본다(고전 16:17). 고린도전서 1-6장(혹은 1-4장)과 7-16장 사이의 변화는 구두보고(고전 1:11; 5:1; 11:18)에 기인한다고 본다. 그러나 미첼은 고대 편지 저자가 정보에 관해서 얻은 대로 응답을 해야만 한다고 가정할 이유는 없다고 주장하며, 정작 중요한 쟁점은 고린도전서의 배열에 대해서 누가 또는 무엇이 책임이 있는가 하는 것이라고 본다. 그리고 여기서 바울 자신의 창조적 역할을 중시하여야 할 것을 제안한다. 고린도전서는 바울 자신의 창작이라는 것이다. 자기 자신의 발견과 배열, 즉 논증의 발견과 배열을 반영하면서, 여러 가지 다른 사람들에 의해서 알려진 고린도 교회 안의 다양함과 다투기 좋아하는 상황에 대하여 응답하는 바울 자신의 창작이다. 의제를 설정하는 것은 고린도인들이 아니라 바울일 것이다. 수사학적 관점에서, 고린도전서는 통일성이 있는, 일치를 강권하는 심의적 편지이다. 고린도전서는 다시 하나가 되도록 고린도에 있는 그리스도인 공동체를 설득하는 심의 논증을 포함하는 일원적 구성의 단일 서신이다.

1. 서신 인사(1:1－3)
2. 서신 감사(1:4－9)
3. 서신 몸통(1:10－15:58)
   (가) 명제(논제)(1:10)
   (나) 사실들의 진술(1:11－17)
   (다) 증명들(1:18－15:57)
      (a) 1:18－4:21 첫째 증명 부분: 고린도 파벌주의에 대한 비난과 바울의 충고의 필요
      (b) 5:1－11:1 둘째 증명 부분: 외부적 불결에 대하여 고린도 공동체의 순전성
         (1) 5:1－7:40 πορνεία와 집단 연대성
         (i) 5:1－13 πορνεία의 한 사례
         (ii) 6:1－11 법정 투쟁들
         (iii) 6:12－20 πορνεία의 두 번째 사례, 일반적 원리들에 의한 조치와 함께
         (iv) 7:1－40 결혼과 신분
         (2) 8:1－11:1 우상제물, 자유 그리고 집단통일성
         (i) 8:1－13 우상제물과 분열. 첫 번째 처리
         (ii) 9:1－27 모범에 의한 논증: 공동선을 위한 자유의 타당한 사용
         (iii) 10:1－13 광야세대의 부정적 모범(본)

（ⅳ) 10:14－22 우상 숭배, 두 번째 처리: 규범과 표준으로서의 제의
적 일치

（ⅴ) 10:23－11:1 파벌주의에 반대된 공동유익에 대한 마지막 호소.
증명의 두 번째 부분에 대한 결론

(c) 11:2－14:40 증명의 셋째 부분: “함께 모일”때 고린도 파벌주의의 나타
남들

(1) 11:2－16 예배에서의 분열적 관습들

(2) 11:17－34 주의 만찬에서의 분열들

(3) 12:1－14:40 영적 은사들과 통일성

（ⅰ） 12:1－31a 영적 은사들, 첫 번째 처리, 그리스도의 몸: 다양성 안의
일치

（ⅱ） 12:31b－14:1a 모범에 의한 논증: 파벌주의에 대한 교정수단으로서
의 사랑의 은사

（ⅲ） 14:16－40 영적 은사들, 두 번째 처리. 언어의 다양성 안의 일치

(d) 15:1－57 증명의 넷째 부분: 최종 목표로서의 부활. παραδόσεις(전승) 안의
일치

(라) 15:58 ἐπίλογος/결론/서신의 본체 안의 논증에 대한 요약

4. 서신 끝맺음(16:1－24)

(a) 16:1－4 모금에 대한 교훈

(b) 16:5－12 방문계획(바울, 아볼로, 디모데)

(c) 16:13－18 논증의 요점을 되풀이함. 일치를 위한 최종적인 구체적 충고

(d) 16:19－21 서간 인사

(e) 16:22－24 사랑과 예수 그리스도 안에서 일치를 요청하는 마지막 저주
와 기도

바울은 여러 경로를 통해 소식을 들었다(1:11; 5:1; 7:1; 11:18; 16:17). 고린도
인의 논쟁의 주제들은 성적 도덕, 시민(민권) 절차, 결혼관계, 우상제물 소비, 머
리양식, 주의 만찬, 영적 은사의 의미와 사용, 부활 등이다. 바울은 어느 한 집
단을 지원하는 대신, 모두에게 일치의 길을 훈계한다. 다시 하나 되는 것이 그

들이 따라야 할 가장 유익된 과정이라고 고린도인들을 설득한다. 고린도인들이 미래의 행동 과정을 선택하는 데 대하여 표준들을 다시 정의한다. 바울 자신을 살아 있는 모범, 곧 비파벌주의와 비분열주의적 과정의 모범으로 제시한다. 고린도전서는 처음부터 끝까지 갈라진 고린도교회에 하나 됨의 과정을 강권하는 통일된 서신이다.

5.6/7 주요 신학적 주제들

고린도전서에서 다루어지고 있는 가장 중요한 신학적 주제는 죽은 자의 부활이다(15장). 그리고 교회론, 십자가 신학과 삶과 윤리, 성령의 은사 등에 대하여 귀중한 교훈을 제공한다.

5.6/8 최근의 연구

고린도서신의 그리스-로마 사회적 배경 분석, 바울의 율법관, 성령의 은사, 여성운동과 관련하여 고린도전서 11:2-16; 14:33b-36에 대한 연구 등이 활발하게 이루어지고 있다.

5.6/9 특강 1: 고린도전서 15장: 고전 수사학을 활용한 읽기

{자료: 이 부분은 필자의 출판된 논문 Insawn Saw, *Paul's Rhetoric in 1 Corinthians 15*(1995)의 주요 내용을 요약한 것이다. 각주는 생략하였다.}

1. 여는 말

바울이 고린도 교회에 보낸 현존하는 첫 번째 편지의 열다섯 번째 장은 그것이 "신약에서 [예수의] 부활에 대한 최초의 기록된 증언"이기도 하며, 그리스도 안에서 모든 신자들의 궁극적인 소망인 죽은 자의 부활에 관한 신약의 가르침의 주요 원천이기도 하기 때문에 중요하다. 따라서 성서 특히 신약 해석자들은 고린도전서 15장 전체 또는 그 일부를 다양한 시각, 예를 들면, 역사 비평적, 종교사적, 석의적, 신학적, 사회학적, 인류학적, 수사학적 시각, 또는 이것들을 결합한 시각에서 빈번하게, 활발하게, 또 상세하게 정밀 조사해 왔다. 각각의 접근 방식은 고린도전서 15장을 이해함에 있어 여러 가지 국면에 상당한 이해의 빛을 비춰 주었다.

그러나 현대 신학자들 가운데는 그리스도의 부활의 실재를 거부하는 학자들도 있다. 퀴란(Manfred Kwiran)은 바우르(F. C. Baur)에서 퀴네트(W. Künneth)까지 독일 개신교 신학에 있어 고린도전서 15장의 석의에 대한 논문에서 이렇게 관찰한다.

> 그들의 고린도전서 15장 석의에 대한 연구를 진행하는 가운데 여러 신학자들을 고찰할 때 우리는 광범위하고 다양한 해석 노선이 있음을 알았다. 정직하게 전통적인 기독교를 부인하고 자기 길을 간 이들도 있으며(슈트라우스), 반면에 비록 바울이 실재적이며 역사적인 우주론적 종말론을 제시하지만, 이는 그가 잘못 생각한 것이었다고 주장하는 이들도 있다(불트만).

그리스도의 부활의 실재를 부인하는 자들에 대하여 응답하는 것으로서, 퀴란은 이런 현상에 대한 연구의 말미에 이렇게 호소한다.

> 신학의 과제란 철학화시키는 것이 아니라, 철학과 언어학을 포함하여, 이용할 수 있는 모든 도구를 사용하여, 신학화시키는 것이니, 곧 우리에게 맡겨진 것을 제시하는 것인데, 구약과 신약은 우리에게 맡겨진 것에 대한 유일한 자료들이다. …… 책임 있는 기독교인으로서 우리는 되풀이하여 자료들로 돌아가서, 하나님의 말씀을 듣고, 우리 자신에 대해서는 이전보다 더 비평적이며, 자료들로 하여금 말하도록 해야 한다.

그는 한 걸음 더 나아가서 이렇게 초대한다. "장차 종말론에 대하여 논의함에 있어, 특히 장차 그리스도와 죽은 자의 부활에 대하여 논의함에 있어 만일 바울과 같이 복음으로 받은 것을 전해야 한다는 것을 우리가 마음에 새긴다면 좋을 것이다."

1.1 목적

고린도전서 15장은 예수 그리스도의 역사적 부활에 근거하여 죽은 자들의 부활을 논증하고 있다. 이 논문을 통하여 하고자 하는 것은, 바울이 고린도전서

15장에서 죽은 자의 부활에 관하여 말하고자 하는 것을 가능한 한 주의해서 면밀하게 듣기 위하여, 고린도전서 15장의 수사를 분석하는 것이다. 이는 곧 본문으로 하여금 스스로 우리에게 말하게 하며, 나름대로의 자기해석(*eisegesis*)이 아닌 석의(*exegesis*)의 정신으로 본문을 읽으려 함을 뜻한다. 이 일을 하기에 가장 좋은 방법 중 하나는 고전 수사학의 이론과 수사비평을 이용하는 것인데, 수사비평의 "궁극적 목적은 …… 간단히 말해서, 저자의 의도를 발견하고 또 그것이 어떻게 본문을 통하여 청중에게 전달되는지를 발견하는 것이다." 라이트(N. T. Wright)가 이미 올바로 관찰한 것과 같이, "[수사학이 교육의 중요한 일부를 형성한] 그리스－로마 세계에 대한 이런 관심을 특정하게 또 잠재적으로 결실이 풍부하게 적용하는 것 한 가지는 신약과 관련하여 고대 수사학을 연구하는 것이다." 그리하여, 이 논문은 수사비평의 방법론으로 고린도전서 15장을 분석하고 해석하려는 시도에 관한 것이다.

이 논문은 그렇다고 해서 고린도전서 전반이나 그 일부, 특히 제15장에 대하여 최초로 이루어진 수사비평적 연구는 아니다. 다음에 나올 고린도전서에 대한 수사학적 연구의 개관에서 보여 주겠지만, 고린도전서에 대한 수사학적 연구가 이미 적지 않게 나타났다. 그렇다면 본 논문의 독특한 점은 도대체 무엇인가? 그것은 고린도전서 15장에 대한 단편적이 아닌, 포괄적이며 상세한 수사학적 분석을 제공한다는 점이다.

1.2 논제

이 논문에서 고전 수사학의 이론을 이용하여 논증하려고 하는 명제는 다음과 같다. "고린도전서 15장에서 바울은 역사적 사실로서와 죽은 자의 부활의 한 예로서 예수의 부활에 기초하여 미래에 있을 죽은 자의 부활의 확실성을 입증한다. 더 나아가서 바울의 궁극적 목적은 단지 죽은 자의 부활에 관한 올바른 가르침을 주는 것이 아니라, 청중 곧 고린도인들을 설득하여 그들이 하는 주의 일을 계속하도록 하는 것이다." 이 논문에서 고린도전서 15장은 한 편의 심의수사(deliberative rhetoric)로 이해하는 것이 가장 좋다는 것을 보여 줌으로써 이 명제를 증명하려고 한다. 심의수사는 "권고하거나 단념시키는 것이니, 사적으로 충고를 하는 자들도, 집회에서 연설하는 자들도 변함없이 권고하거나 단념시킨

다."(Arist. Rh. 1.3.3.1358b)

1.3 구성

이 논문은 여는 말("1")을 포함하여 전(全) "4" 부분으로 구성된다. "1"에서는 이 논문의 목적과 논제와 구성을 제시한다. "2"는 수사학과 수사비평 서론을 제공하는데, 수사, 수사학의 정의, 신약 연구에 수사학을 사용함의 몇 가지 정당성, 고린도전서에 대한 수사학적 연구의 개관, 그리고 수사비평의 방법론에 대한 서술 등이 포함된다.

"3"은 이 논문에서 이용할 고전 수사학에 대한 설명을 담고 있는데, 발견, 배열, 그리고 문체 등에 대한 개관(synopsis)으로 구성된다. "4"는 사실 이 논문의 핵심 부분이다. 여기서 고린도전서 15장을 심의적 담화(deliberative discourse)로 이해하는 것이 가장 좋다고 주장된다. 이러한 주장은 다른 대안에 대한 비평적 분석의 맥락 속에서 이루어진다. "4"는 또한 발견, 배열, 그리고 문체에 관하여 고린도전서 15장에 대한 철저한 수사학적 분석을 제공한다. 이는 "이 요소들이 바울의 논증에 어떻게 공헌하며 고린도전서 15장의 설득의 질을 어떻게 실현하는가?"라는 질문에 주의를 기울이는 가운데 이루어질 것이다.

2. 수사학과 수사비평

소울런(Richard N. Soulen)이 언급한 것처럼, "수사학적 연구에 의해 망라되는 분야는 지극히 광범위하고 또 예로부터 내려왔으니, 그것은 모든 형태의 인간의 커뮤니케이션을 포함하며 또 아리스토텔레스의 [수사학]으로까지 거슬러 올라갈 수 있는 것이다." 고대 그리스인들에 의해 개념화된 수사학은 대단히 오래된 역사를 지니는데, 그 역사를 통하여 볼 때, 상당히 오랜 기간 동안 고대 그리스인들과 로마인들 가운데서 시민 생활과 교육에 있어 필수적인 자리를 누리면서, 유용하게 사용되고 상당한 관심을 끈 때도 있고, 또 때로는 평판이 나빠져서 거의 사용되지 않고 잊힌 때도 있었다. 그러나 제20세기에 들어와서 수사학에 대한 관심이 되살아났음을 수사학의 역사는 보여 주고 있다. 이런 새로운 관심과 더불어 고전 수사학도 새로운 주의를 받게 되었다. 우리 당대의 기간에 많은 수사학 이론들과 다양한 수사비평 방법들이 제출되고 탐구되어 왔다. 수사학과 수사비평의 일차적 영역 중 하나는 특히 미국에 있어서 스피치 커뮤니케이션 학부들(departments of speech communications)이었다. 그 결과로 대부분의 수사학과 수사비평 방법 저작들은 스피치, 영어, 수사학, 또는 커뮤니케이션 분야에 전문적으로 종사하는 자들에 의해서 저술되었다. 현재는 수사학이 성서연구, 문학비평, 언어학, 어의론, 해석학, 사회학, 심리학, 구조주의, 그리고 여성학 등등과 같은 많은 지식 분야에서 사용되고 있다. 이 가운데 성서에 대한 수사학적 연구도 상당히 활발하게 이루어지고 있는 것이다.

이러한 발전의 결과로, 성서문헌에 대한 수사비평의 방법론적 환경(setting)을 탐색하면서 케슬러(M. Kessler)는 수사비평에 관하여 기본적인 문제를 "영문학 비평가들이 낡아 빠진 술어인 '수사'(rhetoric)가 무엇을 의미하는지 또는 무엇을 의미해야 하는지에 관해서 결코 의견일치를 본 적이 없다는 것"으로 파악한 바 있듯이, 수사, 수사학, 수사학적, 그리고 수사비평이라는 술어들은 사람에 따라 아주 각기 다른 의미로 사용되게 되었다. 예를 들면, 부쓰(Wayne C. Booth)는 수사를 넓고도 느슨하게 정의하여 "사람의 마음을 변화시키는 온갖 종류의 기술"이라 하였으며, 반면에 어떤 이들에게 있어서는 수사가 단지 사법적 수사 곧 법정에서 사용되는 수사만을 가리키기도 하였다. 수사학적 스펙트럼의 이 두 극단 사이에 수사의 다양한 개념들과 정의들이 있다. 예를 들면, 리차즈(I. A. Richards)는 수사학을 "언어의 이해와 오해에 관한 연구"(a study of verbal understanding and misunderstanding)로, 스콧(R. L. Scott)은 수사를 "의사소통(커뮤니케이션)의 한 가지 유형"으로 이해하면서 "고도로 의도적인 그리고 공공 환경에서 일어나는 의사소통 행위"로, 골든, 버퀴스트, 그리고 콜먼(Golden, Berquist, and Coleman)은 "연사와 저자, 청중과 독자를 모두 포함하는 의사소통 과정"으로 정의하고, 수사라는 술어는 우리에게 "알려 주거나 설득하려고 의도한 목적이 있는 강화(담론, discourse)"를 함의하며, 수사는 언어 상징과 비언어 상징을 모두 포함한다고 본다. 버크(Kenneth Burke)는 수사가 "본래 상징들에 응답하는 존재들에게서 협력을 유발하는 상징적 수단으로서 언어를 사용하는 것"에 뿌리를 두고 있는 것으로 인식한다. 브록, 스콧, 그리고 치스브로(Brock, Scott, and Chesebro)는 "상징의 사용을 통하여 협력을 유발하려는 인간의 노력"

으로 정의할 수 있다고 본다. 비커스(Vickers)는 "설득을 위한 의사소통의 기술"로, 월레스(K. R. Wallace)는 "일차적으로 담론(강화, discourse)의 기술"로 정의한다.

수사와 수사비평이 다른 사람에게 다른 것을 의미하는 것은 성서의 수사학적 연구에 있어서도 마찬가지이다. 그러므로 이 논문에서 사용하는 수사학의 종류와 수사, 수사비평이라는 술어에 대하여 좀 더 정확한 정의를 내리려고 하는 것이다.

2.1 어느 수사학을 사용할 것인가? 옛 수사학인가?, 새 수사학인가?

수사학에 대한 개념과 정의가 다양하기 때문에 지나친 단순화의 위험이 있을 수 있기는 하지만, 수사학, 수사비평과 그 방법론은 크게 둘 또는 셋, 즉 고전 수사학만을 기초로 하는 것, 현대적 수사학 이론만을 기초로 하는 것, 그리고 절충적으로 고전 수사학과 현대적 이론을 결합하는 것으로 나눌 수 있을 것이다.

2.2 현대 수사학을 사용하는 수사비평

2.2.1 여는 말

현대 수사학 이론(contemporary rhetorical theories)에는 의미로서의 수사, 가치로서의 수사, 동기와 드라마로서의 그리고 입론과 앎의 방식으로서의 수사 등 네 가지 일반적인 주제(theme)가 나타나지만, 그 모두에 있어서 현대 수사학과 수사비평의 이론과 시각은 그 특징이 고전 수사학에 근거를 둔 전통적인 수사학으로부터 탈출하려고 시도하는 것이다. 바꾸어 말하면, 현대 수사학과 수사비평의 이론과 시각은 현대의 신(新)아리스토텔리안 이론가들이 채용하고, "고대인들이 가르친 설득의 수사의 한계"를 극복하려는 노력인 것이다. 그들은 "제20세기의 개념과 필요에 적합한 이론"을 개발하려고 힘썼다. 곧 현대 이론들은 "사람과 실재에 대한 현대적 견해와 좀 더 양립할 수 있는 새로운 체계를 수립하려는" 시도인 것이다. 고전 수사학과 현대 수사학 간의 본질적 차이를 험프리스(R. A. Humphries)는 이렇게 지적한다. "본질적인 차이는 고전 수사학은 포부가 있는 웅변가들을 훈련시키려고 고안된 규범 과목이었음에 반하여, 현대 수사학은 그 많은 부분의 힘을 광범위하게 다양한 언어 의사소통(verbal communication)에 대한 분석에 바친다는 것이다."

이러한 우리 당대의 수사학 이론들 가운데 페렐만(Chaim Perelman)이 상술한 "신수사학(New Rhetoric)"이 특별한 관심을 받을 만한데, 그 이유 가운데 하나는, 휘셔(W. R. Fisher)가 버크(Kenneth Burke)의 수사학 이론과 함께 페렐만의 수사학 이론을 제20세기의 가장 중요한 수사학 이론 가운데 하나로 간주하고 있기도 하지만, 페렐만의 저작이 성서 본문의 어떤 수사학적 연구에 상당한 영향을 끼쳤기 때문이다.

2.2.2 페렐만의 "신 수사학" 설명

페렐만은 원래 철학과 법학을 연구하고 있었다. 그런 가운데 그 자신에게 제시된 "가치 판단의 논리"를 발견해야 할 필요성을 느끼게 되었는데 이 필요성으로부터 그의 수사학 이론이 기원한 것이다. 바꾸어 말하면, 페렐만은 그의 연구 과정 속에서 "인간사에 있어서 의사 결정의 문제들"에 대한 해답을 찾아야 할 필요성을 느꼈고, 이로 인하여 아리스토텔레스의 [전제론](*Topics*)과 [수사학](*Rhetoric*)에서 전개된 변증적 추론과 수사학 개념을 찾아가 "전제론과 수사학을 청중을 고려하는 하나의 추론 연구 분야(one single branch of the study of reasoning with an audience in view)로 묶고" 이 과목을 "신수사학"(the new rhetoric)이라 불렀던 것이다.

그 에센스(정수)를 말하자면, 이 신수사학은 '예술', 또는 '수사의 철학'이라는 통상적 의미에서의 수사학이 아니라, "확대된 논증"(extended argument)이며, "입론의 이론"(a theory of argumentation)이다. 그러면 입론이란 무엇인가? 페렐만에 의하면,

> 입론은 항상, 연설자라 불리는 사람에 의해서—말에 의해서든지 혹은 글로든지— 청취자들 또는 독자들이라는 청중에게 말하여진다. 그것은 어떤 명제에 대한 청중의 신봉(adherence), 즉 연설자가 바라는 것에 대한 동의를 획득하거나 강화시키는 것을 목표로 한다. 옛 수사학과 마찬가지로, 신수사학은 설득하거나 납득시키려고 노력한다. 즉, 결국에는 행동하고 싶어 하는 의향을 통하여 나타날 수 있지만, 우선 처음에는 이론적일 수 있는 신봉, 또는 즉각적 행동 곧, 결정을 내리는 일을 유발하거나, 아니면 행위의 실행을 유

입론은 보통 청중으로 하여금 하나 또는 그 이상의 명제를 신봉하도록 하기 위한 목적을 지닌 많은 수의 논증들을 결합하는, 가변적인 길이의, 말하여진 또는 쓰인(기록된) 담론(강화)이다. 따라서 연설의 목표는 "가치에 대한 신봉을 강화시키고, 행동하고자 하는 의향을 일으키고, 또 마지막으로 사람으로 행동을 하게 하는 것"이다.

이와 관련하여, 페렐만은 수사의 예시적 장르(epideictic genre)의 중요성을 배타적으로 강조하며, "예시적 연설들은 …… 행동을 정당화시키는 것을 가능케 하는 가치들에 대한 헌신을 우리 안에서 증진시킨다."고 주장한다. 페렐만은 예시적 장르들을 가치에 관한 내성(communion)을 창조하고 강화시키는 기능을 하는 뛰어난 교육적 장르로 간주한다. 그리하여, 고대 수사학자들과는 달리(예를 들면, Arist. Rh. 1.3.2－3.1358b), 페렐만은 예시 수사(epideictic rhetoric)는 단지 칭찬하거나 책망하는 것이 아니라 청중의 행동 선택에 영향을 끼치는 것이라고 주장하는 것이다. 그에 의하면, 청중의 행동 선택에 영향을 끼치기 위하여, 연설자는 가치에 호소하며, "가치의 신봉을 강화시키려는 노력은 예시적 강화에서 이루어진다."는 것이다.

2.2.3 페렐만의 "신수사학" 평가

페렐만은 그의 이론에 "광범위한 분야의 형식화되지 않은 사상"(the vast field of nonformalized thought)을 포함시킴으로써 수사학과 입론을 넓혔다. 페렐만은 고전 수사학에서 영감을 받았고, 그의 전반적 입론 이론을 형성함에 있어서 아리스토텔레스의 [수사학]과 [전제론]에서 분석된 논증의 기교들을 결합시켰다. 그러나 동시에 그의 신수사학은 자신의 철학과 인식론에 따라 "옛" 수사학을 개정하려는 의식적인 노력이었다. 그러므로 필자의 견해로는 그 모든 장점에도 불구하고 성서본문의 수사학적 연구에 이르러서는 제한된 용도 곧 입론의 분석 용도에 유용한 것이다. 이런 점에서 많은 학자들이 성서본문의 수사학적 연구에 페렐만의 "신수사학"을 이용해 왔다. 페렐만의 최대의 공헌은 입론이 고대 수사학에서 차지한 중심적 위치에 대한 재발견으로 말미암아 우리로 하여금 고전 수사학에서 입론의 중요성을 새롭게 인식하게 만든 것이다.

2.3 고전 수사학을 사용하는 수사비평

2.3.1 여는 말

이 논문에서는 고전 수사학을 사용하는 수사비평의 방법론을 채택한다. 곧, 이 논문에서 수사비평을 하는 데 사용하는 수사학은 고전 그리스－로마 수사학을 말하는데, 아리스토텔레스는 "어떤 주제에 관하여서든 가능한 설득의 수단을 발견하는 능력"(δύναμις 1는 것이다(*Inst.* 2.14.5; 2.15.34, 38). 이 논문에서 제시하려는 것은, 미첼(Margaret M. Mitchell)의 말을 빌리면, "제1세기에 활동 중인 문학적/수사학적 규약들에 비추어서 이루어지는 고린도전서 [제15장]의 역사적 수사학적 분석"인 것이다. 제1세기에 활동 중인 문학적/수사학적 규약들을 사용하게 되면 제1세기의 산물인 신약본문을 분석함에 있어 역사적 통제를 기할 수 있기 때문이다. 따라서 고전 수사학을 사용하여 수사비평을 할 때, 곧 고린도전서 15장의 수사에 대한 분석을 함에 있어, 아리스토텔레스, 위－아낙시메네스(Anaximenes), 시세로(Cicero), 퀸틸리안, 그리고 할리카누스의 디오니시우스(Dionysius of Halicarnassus), 위－데메트리우스(Demetirus), 그리고 위－롱기누스(Longinus)를 포함한 기타 저자들의 수사학 핸드북(편람)을 주로 사용하는 것이다.

2.3.2 고전 수사학을 신약 연구에 사용함의 정당성

역사적으로 보아 수사학과 철학 간의 뿌리 깊은 갈등이 있었음은 널리 알려진 사실이며, 성서본문을 수사학으로 다루기를 주저하는 경향이 여전히 일부에 남아 있음을 고려할 때 신약본문을 해석함에 고전 수사학을 이용함의 정당성을 먼저 제공하는 것이 필요한 줄로 안다. 신약 연구에 그리스－로마 수사학을 사용하는 것은 다음과 같은 이유로 정당화될 수 있다.

2.3.2.1 역사적 정당성

신약 연구에 고전 수사학을 사용함은 역사적으로 정당화된다. 약 300년에 걸친 점진적인 헬라화 과정의 결과로 제1세기의 그리스－로마 세계는 헬라 문화가 지배하였다. 헬레니즘 문화의 특징적 현상 중 두 가지는 바로 헬라어(κοινή 헬라어)와 수사학이었다. 고대 그리스 사회에서, 수사학은 "교육의 필수 부분과 시민 생활의 기초"였다. 이 현상은 그리스－로마 세계에서 여전히 동일했다. 수사학은 중등학교(secondary schools)의 교과 과정에서 주요 역할을 했고 고등 교육(higher education)에서 중요한 자리를 차지하였다. 학교의 수사학 이론들은 시민 생활의 다양한 분야에 걸쳐서 "거의 모든 형태의 구두 소통 및 문서 소통"에 적용되었다. 지적해야 할 더 중요한 사항은, 수사학과 수사학의 산물들(예를 들면, 연설 등)의 용도는 학교에서 정식 수사학 훈련을 받을 수 있는 여유가 있는 사람들에게만 국한되지 않았다. 정식 훈련을 받지 못한 자들도 수사학과 수사학의 산물을 접하곤 했던 것이다. 그리스 도시의 모델을 따라 도시가 세워진 곳은 어디든지, 거기에 있는 모든 사람이 체육관, 극장, 그리고 시장 터(ἀγορα,)에서 연설을 하고 또 연설을 들을 기회가 곧잘 있었던 것이다. 헬라 문화는 "수사학의 문화"였으며 수사학의 산물들은 "완전히 공공 업무"였다. 십중팔구, 복음서 기자들과 바울을 포함하여 초대 기독교인들은 수사학에 노출되었으며 "연설의 수사학을 들을 수 있도록 훈련된 귀"를 가졌을 것이다.

2.3.2.2 철학적 정당성

신약 연구에 수사학을 사용하는 것은 철학적으로 정당화된다. 문명 세계에서 인간이 함께 사는 곳은 어디든지, 설득을 하기 위하여 언어를 사용한다. 설득의 필요성이 있는 곳, 그곳에는 수사학이 있게 마련이다. 이런 의미에서 수사학은 "인간 지성과 마음의 기본 활동에 의해 또 모든 인간 사회의 본질에 의해 조건 지어지는 보편적 현상"이다. 수사학을 개념화하고 수사 기술들을 확인하고 그것들에 명칭을 부여한 것이 바로 헬라인들이었다. 기술(예술)로서의 수사학은 그리스인들로 더불어 시작하였고, "고대 수사학의 역사는 대체로, 많은 저자들과 교사들이 공헌을 한 단 하나의, 위대하고, 전통적인 이론의 성장의 역사"인 것이다. 그러므로 헬라인들로 시작되었으나 수사학을 보편적으로 신약 연구에 이용할 수 있는 것이다.

2.3.2.3 신약의 수사적 본질 자체로 인한 정당성

신약 연구에 수사학을 사용하는 것은 신약의 글들, 특히 편지들이 본질상 수사학적이기에 정당화된다. 시(詩) 작품들과는 달리, 특정한 상황과 문제에 대한 직접적인 응답으로 작성된 편지들은 전달할 메시지를 갖고 있으며 청중을 설득하여 메시지를 믿게 하거나 아니면 메시지에 따라 행동하도록 만들려고 한다.

신약 편지들은 회중 앞에서 읽히도록 의도되었다는 사실도 고려해야 한다(골 4:16; 살전 5:27을 보라; 참조, 눅 4:16). 신약 저자 자신들이 "그들의 배경이 되는 문화에 관례적인 수사학적 표현들(rhetorical figures)과 입론의 모형(패턴)들을 풍부하게 사용하였다."는 것을 우리는 또한 발견한다(예를 들면, 막 4:2; 눅 12:10; 고전 1:17; 히 2:1−4 등). 이러한 사실은 제1세기에 활동 중인 연설 기술(기교)들을 신약 저자들에게 적용하는 것을 정당화시켜 준다.

2.3.2.4 키니어비의 연구에 의한 정당성의 보강

방금 말한 요점과 관련하여, 키니어비(Kinneavy)의 노력을 고려하는 것이 당연하다. 키니어비는 수사학 자체가 "기독교의 신앙 개념의 가능한 기원, 출처, 또는 유사물"이라는 것을 유력하게 주장했다. 그는 헬라 사상과 신약에 나오는 πίστις라는 헬라 단어를 분석하여, "신약에서 발견되는 신앙 개념의 상당 부분을 수사학적 설득 개념에서 발견할 수 있다."고 결론을 지었다. 어의론적, 역사적, 분석적 단계 등 세 단계로 이루어진 그의 논증들은 유력하다. 그러나 그의 논증에 있어서 근본적인 결점은 수사학 이론에서 πίστις라는 말이 증명(proof)을 의미하는 전문 술어로 사용되었음을 고려하지 못한 것이다. πίστις는 수사학 핸드북에서 "증명"이라는 의미의 전문 술어였으며, 신약 저자들은 πίστις를 "증명"으로 사용한 사람이 없다. 그럼에도 불구하고, 우리는 다우닝(Downing)과 함께, "신앙과 신앙의 설득력 있는 언어 표현이 서로에게 절대 필요한 것인 한에 있어서 초기 기독교 신앙이 당연히 그리스 수사학에 뿌리를 두는 것으로 보인다."고 말할 수 있는 것이다. 그러므로 키니어비의 연구는 신약 저술의 연구에 수사학을 이용하는 것의 정당성을 강화시켜 준다고 할 수 있다.

2.3.2.5 고전 수사학에 대한 관심의 고조를 고려한 정당성

일반적으로 수사학에 대한 그리고 특별히 고전 수사학에 대한 관심의 부활에 동반하여 최근에 성서의 수사에 대한 관심이 고조되고 있다. 수사학은 고대 교육에서 주요 역할을 했다. 수사학은 중세 교육의 삼학(*trivium*) 중 하나였다(다른 둘은 "문법"과 "논리학"이다.). 이는 수사학에 대한 존중을 함의하는 것이었다. 그러나 제19세기 동안, 수사학적 연구는 일반적으로 나쁜 평판을 받게 되었다. 그리고 여러 가지 이유로 인하여 수사학은 아주 최근까지도 많은 나라에서, 전과목들(전 분야들)에서 조직적으로 추방되었다. 그렇지만 이미 앞에서 관할한 대로 제20세기에 들어와서 수사학에 대한 관심이 부활하고, 수사학에 관한 많은 저작이 나타나기 시작했다.

현대에 이르러 수사학에 대한 관심의 부활에 동반하여, 최근에 성서의 수사에 대한 관심이 고조되고 성서의 수사에 대한 관심은 많은 성서본문들의 수사학적 연구를 산출했다. 키니어비가 관찰한 대로, "신학자 자신들은 보통 수사학을 향한 그 시대의 지적 분위기에 참여하였다." 수사학에 대한 관심의 부활과 고조는 그리스―로마 수사학을 신약 연구에 적용하려는 노력을 지지하는 것이다. 사실, "수사학은 성서 해석자들 가운데 주목받는 르네상스를 경험하고 있는 중이다." 그러나 그렇다고 해서 이는 반드시 최근의 수사학적 저작들이 모두 그리스―로마 수사학을 이용했다는 말은 아니다. 수사학적 연구의 넓은 경계 안에서 다양한 접근 방식들이 나타났던 것이다. 말하고자 하는 요점은 고대 수사학의 현대적 부흥과 수사학적 분석에 대한 새로운 관심이 신약의 수사학적 연구에 추가적인 정당성을 제공한다는 것이다.

2.4 케네디의 수사비평 모델: 설명

2.4.1 여는 말

신약 저작의 일부, 특히 바울의 글에 대하여 고전 수사학을 이용하여 이해하려고 한 시도는 교회 초기부터 있어 왔으나, 성서 학계에서 "수사비평"이라는 명칭은 1968년에 뮐렌버그(J. Muilenburg)에 의해서 최초로 제안되었다. 뮐렌버그는 주로 구약을 대변했는데, "양식 비평의 한계를 뛰어넘어 다른 문학적 특색들을 탐구하자고 호소하고", 그 방법론을 "수사비평"이라 명명했던 것이다. 그럼에도 불구하고, 성서의 수사비평은 그의 제안이 있기 오래전에 실천되었다. 교회의 이른 날들부터 신약의 글들은 "수사적 작문(구성)"(rhetorical compositions)으로 읽혔다. 종교개혁 때부터, 계몽주의를 거쳐서, 제19세기 말과 제20세기 초에 이르기까지 성서의 수사학적 조사, 특히 바울의 수사에 대한 관심이 계속되었다. 성서의 수사적 특징들을 연구한 저작들이 나타났다. 그러나 1910년 루돌프 불트만(Rudolf Bultmann)의 박사학위 논문 이래, 신약과 관련한 고대 수사학의 연구는 놀랍게 거의 주의를 받지 못했었다. 그렇지만, 수사학적 연구에 대한 수십 년간의 무시가 지나가고, 이제 성서 특히 신약에 대한 수사비평이 부흥을 경험하고 있는 중이다. 1960년대에 와일더(Amos N. Wilder)와 훵크(Robert Funk)의 저작들이 성서에 나타난 양식들의 수사학적 특질에 대한 인식을 새롭게 하도록 일깨워 주었다. 1970년대 중반 이래, 신약의 거의 모든 책에 대한 수사학적 연구가 나타났다.

교회 초기부터 이루어져 온 신약 저작에 대한 수사학적 연구를 방법론적인 측면에서 살펴볼 때, 수사학을 단편적으로 이해하고 이용하는 경향이 있었다. 과거의 대부분의 수사학적 연구에서 수사학이 사용될 때 그것은 제한되고, 왜곡되고, 또 단축되었던 것이다. 그러나 수사학 핸드북들에 의하면, 그리스－로마 수사학은 발견, 배열, 문체, 기억, 및 연설로 구성된 포괄적인 과목이었다. 그러므로 신약 성서의 수사비평을 위하여 이러한 수사학을 포괄적으로 다루는 방법론의 모델이 필요한 것이다. 밀렌버그는 수사비평가의 두 가지 주요 관심사를 논했으나, 사용할 만한 수사비평의 모델을 제시하지 않았고, 1975년에 발표된 베쯔(H. D. Betz)의 논문은 "그리스－로마 수사학을 사용하여 시도한 신약의 한 부분에 대한 최초의 수사학적 분석"이며, 또한 그의 갈라디아서 주석은 그리스－로마 수사학의 '발견'과 '배열'을 사용하여 서신 전체를 분석하고 해석한 최초의 작품이라 할 수 있다. 그러나 베쯔의 갈라디아서 연구와 주석은 대체로 발견과 배열에 집중한 것이다. 1970년대와 80년대에 몇 가지 수사비평의 모델이 제시되기는 했으나, 가장 포괄적이며 독특한 모델은 고전 학자인 조지 케네디(George A. Kennedy)가 제공한 것이다.

2.4.2 케네디의 수사비평 단계들: 설명

케네디는 그의 책 [수사비평을 통한 신약 해석](*New Testament Interpretation through Rhetorical Criticism*(1985)에서 매우 유용한 수사비평 실행의 다섯 단계를 말한다.

첫째 단계는 "연구할 수사 단위(rhetorical unit)"를 결정하는 것이다. 수사 단위는 편지 전체, 또는 책의 한 부분일 수 있으나, 시작, 중간, 종결이 있어야 한다.

둘째 단계는 "단위의 수사 상황(rhetorical situation)을 정의하는 것"이다. 수사 상황이란 실제적 또는 잠재적 긴급사태(exigence)를 제공하는 사람들, 사건들, 대상들, 및 관계들의 복합체를 말하며, 긴급 사태란 "개인이 어떤 응답을 하도록 요청받은 상황"을 가리킨다.

셋째 단계는 "하나의 우선적인 수사 문제, 쟁점, 및 수사의 종류"(one overriding rhetorical problem, stasis, and the species of rhetoric)를 판정하는 것이다. 하나의 우선적인 수사 문제는, 예를 들면, 연설자를 향한 청중의 의향이나 연설자에 대한 청중의 인식 또는 그 반대로 청중을 향한 연설자의 의향이나 청중에 대한 연설자의 인식과 관계가 있다. 쟁점이란 피고인과 고소자 간의 "최초의 충돌에서 생기는 종류의 문제"(Quint. Inst. 3.6.5)이다. 수사의 종류에는 세 가지가 있다. 법정(judicial), 심의(deliberative), 및 예시(epideictic) 수사.

넷째 단계는 "자료의 배열(the arrangement of material)을 고려하는 것"이다. 이렇게 하기 위하여, 수사비평가는 "논증을 그리고 문체의 장치들을 한 줄 한 줄 분석하는" 일을 할 필요가 있다. 이 단계에서 발견, 배열, 그리고 문체를 분석한다.

다섯째, 마지막 단계는 "단위 전체를 뒤돌아보고 전체 단위가 수사적 긴급 사태에 맞서는 일에 성공하였는지 또 단위 전체가 연설자나 청중에게 주는 함의들이 무엇일지 세밀히 검토하는 것"이다. 물어야 할 한 가지 질문은 "상세한 분석이 수사적 단위의 전반적인 영향과 일치하는가?" 하는 것이다.

2.4.3 케네디의 수사비평 모델: 평가

케네디의 방법론은 고전 수사학의 원리들 및 개념들과 수사의 본질과 기능들에 대한 현대의 설명들을 결합한다. 비록 그가 로이드 비쩌(Lloyd F. Bitzer)의 '수사 상황'이라는 개념을 사용하지만, 그의 모델은 대체로 고전 수사학 이론에 근거한다. 그의 방법론은 실행하기에 극도로 적합한 모델인 것이다. 그러나 그 모델의 다섯 단계가 신약의 온갖 종류의 장르의 모든 본문에 엄밀하게 적용되지는 않는다고 본다. 또한 몇 가지 면에서 정제와 수정이 필요하다.

첫째, 수사 단위에 대하여 "다섯이나 여섯 절이 아마도 구별된 단위로서 수사비평을 받을 수 있는 최소한의 본문을 구성한다."는 케네디의 진술은 좀 자의적인 말로 들린다. 둘째, "수사 상황"과 "긴급사태"라는 개념들은 고전 수사학에 이질적인 것이다. 이것들 대신에 수사와 쟁점(στάσις, *status*)의 종류(*genera*)를 이용하는 편이 더 낫다. 마지막으로, 셋째, 케네디에 의하면, 수사비평의 일차적인 목표는 본문의 효과를 이해하는 것인데, 수사 상황의 긴급 사태를 맞서 처리하는 일에 있어서 수사의 전반적인 효과성을 어떻게 평가하는지 분명하지 않다. 더군다나, 이것은 고전 수사학 이론의 영역 밖에 있는 것이다. 오히려, 일차적인 초점은 연설자에게 맞추어져야 한다. 수사학 핸드북들은 좋은 연설자의 훈련을 위하여 쓰였기 때문이다.

2.5 고전 수사비평: 제시된 수정 모델

우리는 케네디의 모델을 수정하여 현대 수사학 이론을 사용하지 않고 제1세기에 통용된 고전 수사학 이론만으로도 오히려 신약 성서 본문의 수사비평 모델을 형성할 수 있다고 본다. 고전, 그리스-로마 수사학은 광대하고 복잡한 체계로 구성되었다. 그의 "고대 수사학체계의 도식적 개관"에서, 홈멜(H. Hommel)은 적어도 열 개의 중요한 구분의 목록을 말할 수 있었다. 그러나 신약의 본문에 대한 고전 수사학적 분석의 방법론적 절차의 기초로서 이 모든 것이 필요하지는 않다. 다만 다음의 도식을 제안한다. (1) 연설의 종류들: 법정, 심의, 예시, (2) 연설자의 작업 단계들: 발견(쟁점들; 증명들), 배열(연설의 부분들), 문체(문체의 특질들, 문체의 종류들 등). 그러므로 신약 성서 본문의 고전 수사비평은 다음의 단계들을 취한다.

(1) 수사비평을 위한 본문을 선정한다. 이것은 어느 한 책 또는 서신 전체일 수 있고, 하나의 수사 단위를 이루는 것으로 보이는 부분일 수 있다.
(2) 선정된 책 또는 수사 단위를 분석하여 수사 종류를 판정한다. 이때 쟁점, 질문 등을 동시에 규명한다.
(3) 저자/연설자의 작업의 다섯 단계 가운데 발견, 배열, 및 문체를 차례로 분석한다. 기억 및 연설은 다루지 않는다.
(4) 설득 목적을 위한 저자 또는 연설자의 수사의 효과성을 평가한다. 또한 본문의 수사 분석을 통하여 얻어진 본문 이해의 결과를 평가한다.

2.6 결론

여기서 수사비평이란 무엇을 가리키는지 정리해 보자. 신약 성서의 수사비평이란 역사 비평적 방법의 한 분야로 보아야 하며, 저자/연설자가 말하려는 바를 분석하고 이해하는 데 초점을 두어야 한다. 즉, 신약 성서가 기록된 제1세기에 통용된 문학적/수사학적 규약에 비추어서 역사적-수사학적으로 신약 본문을 분석하는 것이라야 하며, 연설자와 청중 양자에게 초점을 맞추지만 어떤 의미에서는 오히려 연설자에게 더 초점을 맞추는 수사비평을 제안한 것이다. 이렇게 할 때 우리는 신약 본문에 대한 분석에 있어서 역사적 통제를 갖게 되며, 우리는 이러한 수사비평을 통하여 신약 성서 본문 저자의 의미를 더 잘 이해할 수 있게 되는 것이다. 수사학이란 "어떤 주제에 관하여서든 설득의 가능한 수단을 발견하는 능력"(Arist. *Rh.* 1.2.1.1355b)이며, 또 "말을 잘하는 것에 관한 과학"(Quint. *Inst.* 2.14.5; 2.15.34, 38)이다. 그러면, 수사비평이란 무엇인가? 수사비평이란 저자 또는 연설자가 자신의 설득 목적을 위하여 수사학의 요소들을 얼마나 효과적으로 이용하고 있는가를 살펴보기 위하여, 성경의 어느 부분이든지 또는 한 책 전체이든지, 성경 본문을 그리스-로마 세계의 수사학에 따라 분석하며, 이러한 분석이 성서 본문의 의미에 대한 이해에 얼마나 기여했는가를 평가하는 것이다.

3. 고전 수사학 이론의 개관

고전 수사학(Classical Rhetoric)은 다양한 이론들과 실행들로 구성된다. 그러나 다양성과 복잡성에도 불구하고, "고대 수사학의 역사는 대체로, 많은 저자들과 교사들이 기여한 단 하나의, 위대하고, 전통적인 이론의 성장의 역사"라 할 수 있다. 아리스토텔레스(Aristotle), 씨세로(Cicero), 퀸틸리안(Quintilian) 등과 같은 고대의 주요 수사학자들이 남긴 수사학 핸드북(편람)들이 있다. 그러므로 어느 한 핸드북에 전적으로 의존하지 않고 종합적이며 절충적인 방식으로 위에서 제시한 수사비평 모델을 위하여 고전 수사학의 이론을 간단히 개관하도록 한다.

3.1 수사의 종류들(Kinds of Rhetoric)

아리스토텔레스는 세 종류의 수사를 체계적으로 제시했는데, 후대의 수사학자들은 일반적으로 그의 삼중 구분을 받아들였다. 아리스토텔레스는 세 종류의 청중에 따라 수사를 구분한다. "수사의 종류는 세 종류의 청중에 상응하여 수가 셋이다. 왜냐하면 모든 연설은 세 부분 즉, 연설자, 그가 다루는 주제, 그리고 주제가 말하여지는 사람들 곧 청중으로 구성되기 때문이다. 청중은 필연적으로 단순한 구경꾼이든지 판결자인데, 판결자는 과거의 일들의 판결자 또는 미래의 일들의 판결자이다. 그러므로 필연적으로 심의적, 법정적, 및 예시적 수사 등 세 종류의 수사 연설이 있다."(Arist. *Rh*. 1.3.1－3.1358a－b). 각 종류의 수사 연설은 때, 목적, 수단, 및 논쟁의 유형에 관하여 자체의 특성들을 갖고 있다.

3.1.1 법정수사(Forensic or Judicial Rhetoric)

법정수사는 법적 논쟁에 기초를 두며, 형사 소추 또는 민사 소송, 그리고 변호로 구성된다. 법정수사는 법정에서 사용되며 고발과 변호를 포함한다. 법정 연설자들은 항상 이미 일어난 일들에 관하여 고발하거나 변호하므로, 법정 수사에 가장 적절한 시간적 차원은 과거이다. 법정수사의 목적 또는 목표는 옳은 것 또는 그른 것이다. 법정 연설가는 행동이 옳거나 그르다는 것을 증명해야 한다. 법정 연설가를 위해 가장 알맞은 유형의 논증은 생략삼단논법(enthymeme)이다.

3.1.2 심의수사(Deliberative Rhetoric)

심의적 연설들은 문제가 두 가지 행동의 진로 간에 택하는 것과 관계되는 종류의 연설, 또는 여러 개 중 하나를 택하는 것을 고려하는 종류의 연설이다. 사적으로 조언을 하는 심의 연설가, 또는 집회에서 말하는 심의 연설가는 변함없이 권고하거나 단념시킨다. 심의 연설가는 미래에 일어날 가능성이 있거나 일어나지 않을 가능성이 있는 일들에 관하여 조언하는 것이므로, 심의수사에 적합한 시간은 미래이다. 심의 연설의 주제는 방법과 수단, 종교 의식, 입법, 헌법의 형태, 다른 국가들과의 동맹과 조약, 나라의 방어, 수입과 수출, 전쟁, 평화, 및 재정을 포함할 수 있다. 심의 연설가는 어떤 행동 진로를 더 좋은 것으로 추천하거나 더 나쁜 것으로 따르지 말라고 조언하는 것이므로, 심의 연설가가 성취하려고 노력하는 목적 또는 목표는 이로운 것 또는 해로운 것이다. 심의 연설을 위해 가장 적합한 논쟁의 수단은 예들(examples)이다.

3.1.3 예시수사(예찬수사, Epideictic Rhetoric)

예시수사는 어떤 특정한 사람에 대한 찬양 또는 비난에 바쳐지는 것이다. 찬양하는 사람의 목표와 책망하는 사람의 목표를 구성하는 목적은 고상함과 수치스러움, 덕과 악이다. 예시수사에 가장 적절한 시간은 현재이다. 모든 수사 논쟁에 공통적인 전제(topics) 가운데 예시수사에 가장 적합한 것은 부연(amplification)이다.

3.2 수사술의 부분들(Parts of the Art of Rhetoric)

전에 이미 언급한 대로, 고전, 그리스-로마 수사학에서 수사술의 부분은 수가 다섯이다. 발견, 배열, 문체, 기억, 및 연설. 이 다섯 부분들은 또한 연설가가 설득/단념시키고, 변호/고발하고, 칭찬/비난하려고 할 때 수행해야 하는 임무를 나타내는 것이다. 기록된 본문의 수사비평에 있어서 우리 앞에 그것을 암기하고 연설할 고대의 연설자가 없으므로, 이 다섯 가지 중에 우리는 발견, 배열, 및 문체만을 논한다.

3.2.1 발견(Invention)

연설자가 제일 먼저 해야 할 일은 자기의 주장을 설득력 있게 할 참되거나 그럴듯한 생각과 주제를 창안하고, 찾고, 고안하고, 발견하는 것이다. "발견"은 논증을 찾는 것만을 가리킬 수도 있으나, 더 넓은 의미에서의 발견은 쟁점, 증명, 연설의 부분들, 전제들, 수사의 종류들, 그리고 연설들의 구조 등과 같은 다양한 주제를 다룰 수 있다. 수사의 종류들은 앞에서 다루었고, 연설의 부분들은 배열에서 다룰 것이므로, 여기서는 쟁점, 질문, 증명, 및 전제에 관해서 발견을 간단히 다룬다.

3.2.1.1 쟁점(Issue)

연설자에게 연설과 토론으로 해결해야 할 논쟁을 자체 안에 담고 있는 주제가 있을 때, 그는 먼저 그 문제(case)에서 쟁점이 무엇인지 결정해야 한다. 쟁점이란 고발에 대한 변호 또는 답변에서 생기는 탄원의 최초의 갈등(the first conflict of pleas) 또는, 좀 더 정확하게 말하여, 최초의 갈등에서 생기는 종류의 질문(the kind of question which arises from the first conflict)이다. 쟁점에는 네 종류가 있다. 추측(사실), 정의, 특질, 그리고 절차의 쟁점.

3.2.1.2 질문(Question, *quaestio*)

쟁점의 유형을 찾은 후에, 연설자는 변호의 정당화 동기(the justifying motive)와 고발의 중심 요점(the central point)을 추구해야 한다. 이것들로부터 연설자는 판결하는 요점(the point to adjudicate)이라 불리는 결정을 위한 질문(the question for decision, [*quaestio*])을 결정한다. 그리하여 질문은 탄원의 최초의 갈등에서 생기는 토론의 주제(the subject of debate)와 관계가 있는 것이다.

3.2.2 증명(Proofs)

질문 또는 판결하는 요점을 결정한 후에, 연설자는 청중 또는 판사를 설득하려고 노력한다. 우선 무엇보다도, 설득의 가능한 수단은 증명으로 구성된다. 연설자가 마음대로 할 수 있는 증명들은 두 종류이다. 비인위적 증명과 인위적 증명.

3.2.2.1 비인위적 증명(Inartificial Proofs)

비인위적 증명은 우리 자신에 의해 공급되는 것이 아니라 이미 존재해 있는 모든 것이며, 법, 증인들, 고문, 계약들, 서약들 등과 같은 것들이다.

3.2.2.2 인위적 증명(Artificial Proofs)

인위적 증명은 논증의 방법들과 예들에 의해 또 우리 자신의 노력에 의해 구성될 수 있는 모든 것이다. 인위적 증명은 에토스(ethos), 파토스(pathos), 로고스(logos) 등 기본적으로 세 종류가 있다.

'에토스'는 연설자의 인격과 관계가 있다. 즉, 연설자가 그의 연설에서 수립할 수 있는 신뢰성을 가리킨다. 연설자는 그가 신뢰할 가치가 있는 사람이라는 방식으로 그의 연설이 전달될 때 에토스로써 설득을 하는 것이다. 청중은 선함(goodness), 선의(호의, good will), 양식(good sense), 덕(virtue) 등과 같은 어떤 특질을 나타내는 연설자를 신뢰할 것이다.

'파토스'는 청중의 기분과 관계가 있다. 청중들이 연설자의 연설에 의해 감정이 돋우어질 때, 연설자는 청중을 수단으로 하여 설득하는 것이다. 파토스는 사람으로 판단에 관하여 의견을 바꾸게 하며, 또 분노, 동정, 두려움, 그리고 모든 유사한 감정과 그 반대되는 것들과 같은 기쁨과 고통이 동반되는 모든 정(affections)이다.

'로고스'는 연설 자체와 관계가 있다. 연설자는 각각의 개별적인 주제에 적용할 수 있는 설득의 수단으로부터 참된 것 또는 참되게 보이는 것을 확립할 때 연설 자체로써 설득을 이룬다. 논리적 증명 또는 로고스로부터의 추론에는 연역적 증명과 귀납적 증명 등 두 종류가 있다. 귀납법에는 예(examples, παραδείγματα)가 속하는데, 예에는 두 종류가 있다. 역사적 예들과 고안된 예들. 예들로부터 연설자는 그가 말하려 하고 있는 요점의 진리를 청중에게 설득할 수 있을 과거의 어떤 행동을 인용한다.

연역적 증명에 속하는 것은 표징(signs, *signa*), 논증(arguments, *argumenta*), 및 전제(topics, *loci*) 등이 있다. 표징은 오감 중의 하나로 파악되는 그 무엇이며 또 그 결과 논리적으로 귀결되는 그 무엇을 나타내는 것이다. 표징의 종류에는 그 것으로부터 논리적 삼단논법을 구성할 수 있는 필연적 표징과 삼단논법적 형태가 될 수 없는 비필연적 표징이 있다. 논증은 주어진 사실로부터 결론을 추리하는 증명이다. 논증의 형태 또는 방법은 삼단논법적 추론(syllogistic reasoning, *ratiocinatio*)이며, 논증의 내용은 전제(*loci*, "장소")와 관계가 있다.

삼단논법적 추론(*ratiocinatio*)은 삼단논법(συλλογισμός), 생략삼단논법(ἐνθύμημα), 및 완전삼단논법(ἐπιχείρημα)으로 구성된다. '삼단논법'은 '삼단논법적 추론'의 논리적으로 완전한 형태이며, 항상 전제와 결론을 갖는다. '수사적 삼단논법'이라 불리는 '생략삼단논법'은 두 부분 곧 명제(proposition)와 논거(reason)로 구성되나 형식적 결론이 없는 불완전한 형태의 '삼단논법'이다. 생략삼단논법은 명시적 진술을 하지 않고 그것의 증명이 이해되는 것으로 만족하는 것이다. '에피케이레마'(ἐπιχείρημα) 곧 '완전삼단논법'은 셋에서 다섯 또는 그 이상의 부분으로 구성되는, '엔뒤메마'(ἐνθύμημα) 곧 '수사적 삼단논법'의 완전한 형태이다(Quint. *Inst.* 5.14.6).

분명하게, 논증에 얽매여 있는 것이 전제론(topics, τόποι, loci)이다. 연설자는 그의 논증을 이끌어 낼 수 있는 전제 또는 장소를 알아야 한다. 전제 또는 장소는 논증들이 저장되어 있는 칸('비둘기장의 드나드는 구멍')인 것이다. 연설자는 그의 논증을 사람(persons)과 사물(things)로부터 끌어낼 수 있다. 전제 또는 '장소'에는 두 가지 기본적 유형이 있다. 모든 종류의 사물 또는 모든 종류의 수사에 적용할 수 있는 공통적인(또는 보편적인) '장소'(또는 전제)와 어떤 종류의 사물과 어떤 종류의 수사에만 적용할 수 있는 특정한 '장소'(또는 전제)(Arist. *Rh.* 1, 2, 21 − 22.1358a).

3.2.3 배열(Arrangement)

자료를 '발견'한 후에, 연설자는 그것을 배열해야 한다. 배열(*dispositio*, τάξις)이란 각 부분이 자리 잡아야 할 장소를 분명하게 하며, 자료를 분배하고 순서를 잡는 것이다.

3.2.3.1 배열의 종류

배열은 두 종류가 있는데, 하나는 수사의 원리들에서 생기는 배열이요, 다른 하나는 특수한 환경에 적응시키기 위해, 수사술의 규칙에 의해 규정된 배열을 수정하는 배열이다. 수사의 원리에 기초를 둔 배열은 두 가지인데, 하나는 연설 전체를 위한 것이요, 다른 하나는 개별적 논증을 위한 것이다. 후자는 명제, 논거, 논거의 증명, 장식, 및 요약에 따라 배열한다. 전자는 연설의 부분들을 사용한다.

3.2.3.2 연설의 부분들

아리스토텔레스는 연설의 필요한 부분들은 둘뿐이요, 최대한 넷이라 했고, 키케로는 여섯 부분까지 논하며, 퀸틸리안은 법정 연설의 부분을 다섯으로 구분하는 것에 동의한다. 여기서는 여섯 부분을 간단히 기술한다.

3.2.3.2.1 서론(Προοίμιον, *exordium*)

'서론'은 연설의 시작이며, 서론으로써 연설자는 연설의 나머지를 받아들이는 적절한 상태를 갖도록 청중의 마음을 준비시키는 것이다. 이는 청중을 연설자에 대하여 호의를 갖게 하고, 연설에 주의를 기울이게 하고, 연설을 잘 받아들이게 만듦으로써 성취될 것이다.

3.2.3.2.2 사실의 진술(내력, Διήγησις, *narratio*)

‘사실의 진술’은 전에 일어난 사건들을 청중에게 보고하거나 상기시키거나, 또는 현재의 사실들을 제시하고 그룹으로 배열하거나, 또는 어떤 일이 일어날 것인지를 예상하는 것이다. 사실의 진술로써 연설자는 청중 또는 판사가 판단을 내려야 할 주제의 본질을 나타내며, 증명을 위한 길을 예비한다. ‘사실의 진술’은 세 가지 특질을 가져야 한다. 간결성(brevity), 명료성(clarity), 및 합리성(plausibility).

3.2.3.2.3 분할(*partitio*)

‘분할’이란 연설자가 어떤 문제들에 대하여 의견이 일치하며 어떤 문제들에 대하여 이의가 있는가를 밝히고 논의하려고 하는 점들이 무엇인가를 알리는 것이다.

3.2.3.2.4 증명(Πίστις, *probatio*)

‘증명’은 연설자에게 사활적인 것이다. 왜냐하면 승리의 온 희망과 설득의 온 방법은 증명과 논박에 달려 있기 때문이다. 증명은 논증들을 확증하는 것들과 함께 우리의 논증들을 제시하는 것이다. 연설자는 비인위적 증명들을 사용할 수 있고 에토스와 파토스 위에 세울 수도 있으며 또 삼단논법과 같은 자신의 논증들을 구성할 수 있다.

3.2.3.2.5 논박(Λύσις, *refutatio*)

‘논박’이란 우리 대적들의 논증들을 파괴하는 것이며, 비난을 부인하고, 반박하고, 방어하거나 경감시키는 일에 있다. 대적의 논증들을 논박하기 위하여 연설자는 그가 증명에서 사용하는 ‘발견’의 동일한 자료들을 이용할 수 있다. 왜냐하면 어떤 명제든지 그것을 지지할 수 있는 동일한 추론 방법들로 공격할 수 있기 때문이다. 동시에, 논증의 전제를 허용하지 않거나, 허용한다면 전제로부터 나오는 결론을 부인함으로써 논박을 할 수 있다.

3.2.3.2.6 결론(’Επίλογος, *peroratio*)

‘결론’은 전 연설의 결말이다. 연설자는 결론에서 청중이 연설자에게 호의를 갖게 하고 적대자에게는 호의를 갖지 않게 하며, 청중의 감정을 일으키며, 그가 지금까지 말한 것의 요점을 반복한다.

3.3 문체(Style)

연설자는 말해야 할 내용뿐만 아니라, 말하는 법을 알아야 한다. 이 말하는 법은 문체와 관계가 있다. 설득술(說得術)인 수사의 한 국면으로서 문체란 발견한 자료에 알맞은 언어를 맞추는 것이다.

3.3.1 단어와 단어 배열에 나타난 문체

문체는 무엇보다도 개별 단어들과 단어 배열 또는 단어 결합에 나타난다. 문체를 나타냄에 있어서 하나하나의 단어들은 원하는 결과를 산출하도록 순수하고, 분명하고, 우아하고 적합해야 한다. 단어들을 결합시킬 때, 연설자는 먼저 배열을, 다음에 리듬과 균형을 다루어야 한다. 문체에서의 단어 배열은 정확하고, 적절하게 배치되고 또 알맞은 문채(文彩, figures, 비유적 표현)로 장식되어야 한다.

3.3.2 문체의 특질들

데오프라스투스(Theophrastus)는 문체의 네 특질을 처음으로 제시한 사람인데, 후대의 수사학자들은 대체로 그의 체계에 기초하여 문체의 특질을 해설한다. 이 네 특질은 순정성, 명료성, 적합성 및 장식이며, 각각을 아래에 간단히 설명한다.

3.3.2.1 순정성(purity/correctness, Ἑλληνισμός)

‘순정성’ 또는 ‘정확성’은 문체의 기초이며 최고의 덕이다. 이것이 없이는 다른 특질들은 소용이 없다. 순정성은 정확한 헬라어 어휘와 관용어를 가리킨다. 언어를 순수하고 정확하게 유지하기 위하여 연설자는 ‘무무한 말투’(barbarism)와 ‘어법 위반’(solecism)을 피해야 한다.

3.3.2.2 명료성(perspicuity/clarity/lucidity, Σαφήνεια)

‘명료성’이란 연설의 의미 또는 언어를 명료하고, 분명하고, 이해할 수 있게 하는 것이다. 청중이 연설을 이해하려면 연설은 명료해야 하는 것이다. 연설자는 무엇보다도 정확한 언어를 사용함으로써 명료성을 성취할 수 있고, 바르고 적합한 말들과 은유들만을 사용하며, 현행의 용어들을 사용하고, 말들의 순서가 똑발라야 하고, 모호성과 애매성과 쓸데없는 말들을 피해야 한다.

3.3.2.3 적합성(propriety/appropriateness, Τὸ πρέπον)

'적합성'은 어느 문제가 연설에 가장 알맞은가 하는 문제를 다루는데, 연설자는 생각뿐만 아니라 언어도 적합성을 갖도록 하여야 한다. 연설자는 장소, 시간, 청중을 고려하여 연설에 적합한 문체를 사용하고, 또한 연설의 다른 부분들에서 각각 다른 문체들을 사용하기도 하여야 하며, 또 연설의 주제, 연설자 또는 청중의 감정, 연설의 대상에 적합한 문체를 사용하여야 한다.

3.3.2.4 장식(ornamentation, κατασκευή κόσμος)

문체에 '장식'을 준다는 것은 문체를 다양하게 장식하며 문체를 꾸미는 것이다. 장식은 인상에 남는 것(impressiveness)과 매력(charm)을 포함하기도 한다. 연설자는 일차적으로 단어 선택과 단어 배열을 통하여 장식을 하지만, 또 '비유적 표현'(figures)에 장식이 있다. 비유적 표현에 대한 논의는 필연적으로 '비유적 용법'(trope)을 포함한다. 비유적 용법은 개별적 단어들과 관계가 있으며, 단어나 어구를 그 고유의 의미에서 다른 의미로 예술적으로 변경하는 것이다. 비유적 표현은 우리의 언어에 명백하고 통상적인 것이 아닌 다른 형태(conformation)를 주는 것이다. '비유적 표현'에는 두 종류가 있다. 단어들이 아니라 사상(idea)에서 어떤 구별을 이끌어 내는 생각의 비유적 표현(figure of thought)과 언어 자체의 섬세한 세련에 있는 언어의 비유적 표현(figure of speech). 비유적 표현을 수단으로 하여 문체를 장식하면 인상에 남는 것, 구별, 및 매력을 주게 된다.

3.3.3 문체의 종류

문체의 종류는 말씨의 일반적 특성과 어조와 관계있다. 수사학 편람에서는 문체를 두, 세, 또는 네 종류를 논한다. 그러나 웅대한 문체(the grand style), 중간 문체(the middle style), 및 평이한 문체(plain style) 등 삼중적 짬이 가장 잘 알려진 문체 이론 형태이다. 이 문체들은 기본적 문체이며, 연설자는 환경이 요구하는 대로 모든 문체를 사용할 수 있으며, 전체 연설뿐만 아니라 연설의 다른 부분들의 요구에 의해 문체를 선택한다.

4. 고린도전서 15장의 수사학적 분석

4.1 서론

4.1.1 고린도전서 15장에 대한 수사학적 연구 개관

고린도전서 15장에 대한 수사학적 연구는 그리 많은 편이 아니다. 1984년에 뷘커(Michael Bünker)는 그의 1981년 비엔나 대학교 논문을 출판하였는데, 이 논문(*Briefformular und rhetorische Disposition um 1. Korintherbrief*)에서 두 가지 과제를 수행했다. 고대 서신 이론에 비추어서 바울이 고린도에 보낸 편지들을 고찰하는 것과 고린도전서의 두 개의 별개 부분(1:10－4:21; 15:1－58)을 수사학적으로 분석하는 것. 먼저, 그는 고린도 서신, 그리고 바울 자신이, 얼마나 광범위하게 교육받은 계층의 서신 이론, 특히 우정 편지(the friendship letter) 이론을 함께했는지를 보여 주려 했고, 다음 바울은 학교를 통하여 가르쳐진 당대의 수사학을 의식적으로 이용했다고 주장했다. 그는 또한 바울이 두 부분에서 법정 수사를 이용하여 특히 1:10－4:21에서 파당에 에워싸인 공동체에서 권위를 재확립하려 했다고 주장했다. 따라서 그는 15장에 대하여 다음과 같은 배열을 제시한다. 15:1－3상(*exordium*), 15:3하－11(*narratio*), 15:12－28(*argumentatio* Ⅰ), 15:29－34(*peroratio* Ⅰ), 15:35－49(*argumentatio* Ⅱ), 15:50－58(*peroratio* Ⅱ). 그러나 뷘커(Bünker)의 실제 관심은 "고린도 공동체의 사회 계층"에 있었다. 그는 "암시적 독자를 '몇 안 되는 교육받은 자, 능한 자, 그리고 문벌 좋은 자'(고전 1:26)에서 찾아야 하는데, 이들에 대하여 명시적 독자인 다중의 고린도 기독교인들이 반대 입장에 서는데, 이들은 하층 사회 계층에 속한다."고 주장했다. 뷘커(Bünker)에 의하면, 교육받은 자 중의 하나인 바울은 교육을 잘 받고, 사회적 신분이 높고, 또 고린도에서 파당 분쟁을 일으킨 몇 안 되는 고린도 기독교인들에게 편지를 썼다는 것이다.

1986년에 고르도(P. Angel Perez Gordo)는 고린도전서 15장 본문의 수사 구조를 고찰한 대단히 긴 논문(article)을 썼는데("¿ES I Co 15 UNA HOMILIA?" *Burgense* 27 [1986] 9－98), 다음과 같은 개요를 제시했다. 1－2절(*exordium*), 3－11절(narration), 12－34절(proof), 35－57절(argumentation), 그리고 58절(peroration).

1989년에 미첼(Margaret M. Mitchell)은 시카고 대학교에서 "Paul and the

Rhetoric of Reconciliation: An Exegetical Investigation of the Language and Composition of 1 Corinthians"라는 논문을 썼는데, 15장을 편지의 *probatio*(proofs, 1:18 – 15:57) 안에 있는 하나의 증명 곧 증명의 네 번째 부분이라고 보며, 58절은 편지 전체의 *peroratio*로 본다.

또한, 1989년에 보스터(J. N. Vorster)는 현대 수사학의 시각에서 15장을 분석한 것을 제공한다("Resurrection Faith in 1 Corinthians 15", *Neot* 23 [1989] 287 – 307).

1990년에 맥(Burton Mack)은 *Rhetoric and the New Testament*에서 고린도전서 15장을 "논제 상술(a thesis elaboration)의 간략한 개요"를 따른 "수사적 논쟁의 한 완전한 예" [즉 15장은 완전한 논증의 상술을 위한 패턴에 따라(according to a pattern for the elaboration of a complete argument) 구성된 것]이며 "본질적으로 심의적인 연설(decalmation)"로 이해한다. 그는 다음과 같은 기본적 개요를 제공한다. 1 – 2절(*exordium*), 3 – 20절(*narratio*), 21 – 50절(argument), 그리고 51 – 58절(conclusion). 그는 15장의 논제(thesis)는 20절에서 발견되며, 15장의 논증(argument)은 논제의 전반부(20절상)를 지지하려는 것이 아니라 후반부(20절하)를 지지하려는 것이라고 주장했다. 즉, 그에 의하면, 고린도전서 15장의 논증들은 "케리그마는 죽은 자의 부활을 보증한다는 바울의 취지(contention)"를 지지하기 위해 도입된 것이다.

1992년에 왓슨(Duane F. Watson)은 "Paul's Rhetorical Strategy in 1 Corinthians 15"을 발표하였는데(*Rhetoric and the New Testament: Essays from the 1992 Heidelberg Conference* [1993] 231 – 49), 그리스 – 로마(즉, 고전) 수사학의 발견(invention)과 배열(arrangement)의 규약에 따라 15장을 분석한 것이다. 그는 특히 무시되었던 *confirmatio*와 *refutatio*의 요인들과 심의 수사에 있어서 이들의 역할에 초점을 맞추었다. 그는 주제들과 논증들의 전개를 위한 고대의 패턴이 15장의 *confirmatio* 부분의 기초가 됨을 강조한다(an ancient pattern for the development of themes and arguments underlies the *cofirmatio* portions of the chapter). 그는 다음과 같은 바울의 수사적 전략을 제시한다. *Exordium*(1 – 2절), *Narratio*(3 – 11절), *Confirmatio*(*Probatio*)와 *Refutatio*(12 – 34절), *Refutatio*와 *Confirmatio*의 첫 번째 단위(12 – 34절: *Refutatio*[12 – 19절], *Confirmatio*[20 – 28절], Peroratio

[29-34절]), Refutatio와 Confirmatio의 두 번째 단위(35-37절: Refutatio[35-44 상절], Confirmatio의 첫 번째 단위[44하-49절], Confirmatio의 두 번째 단위[50 -57절]), Peroratio(58절).

4.1.2 고린도전서 15장의 수사 장르

고린도전서 15장이 자체로 하나의 부분을(a section by itself)을 구성한다고 볼 수 있지만, 그것을 별개의 "편지"로 간주하지 않는 한 15장의 수사 장르는 고린도전서 전체의 장르에 의존하게 된다고 보아야 하는데, 고린도전서 전체 또는 일부분에 대하여 세 가지 장르 곧 법정, 심의, 예시 수사가 모두 제안되었다. 그러나 미첼(Mitchell)이 논증한 대로 고린도전서는 시간구조로서의 미래(1:10; 15:58; 16:15-16), 목적으로서의 유익(6:12; 7:35; 10:23, 33; 12:7), 증명의 수단으로서의 예(1:22, 26; 4:16; 11:1; 9:7; 10:1-13; 12:; 13:; 14:; 15;), 심의에 적합한 주제들(1:10; 16:10-18) 등 심의수사의 어떤 본질적 특성들을 공유한다. 그러므로 고린도전서를 한 편의 심의수사로 이해하는 것이 가장 좋다.

특히, 고린도전서 15장도 수사학 핸드북에 규정된 심의수사의 특징들을 나타낸다고 필자는 주장한다. 그러나 이 특징들을 살펴보기 전에 바울의 "수단"과 "청중" 문제를 고려할 필요가 있다. 그는 고발하고 변호하는가, 설득하고 만류하는가, 아니면 칭찬하고 책망하는가?(Arist. *Rh.* 1.3.3.1358b). 그는 누구에게 연설을 하고 있는가 하는 것이다. 고린도전서 15장에서 바울은 사도적 전승을 대표하는 '옹호자'로서 기능하고 부활을 부인하는 자들은 '대적자'로서 기능하며 고린도전서의 독자들은 '심판관'으로 기능한다. 하지만 바울은 대적자에게 직접 말을 걸지 않고(ἐν ὑμῖν τινες, 12절), "형제와 자매"라 부르며(1, 50, 58절에서 ἀδελφοι,) 고린도인들에게 말을 걸고 직접화법을 사용한다(1, 2, 3, 12, 34, 51절에서 ὑμῖν; 14, 17, 58절에서 ὑμῶν; 17절에서 ἐστέ). 바울은 대적자를 대항하여 자신을 변호하지 않는다. 오히려 특정한 신앙과 행동에 관하여 고린도인들을 조언하고 설득하려고 애쓴다(12, 32-34, 35, 52, 58절).

15장에서는 고린도인들의 믿음에 관하여 책망과 칭찬이 발견되는 것은 사실이다. 그러나 칭찬 또는 비난은 예시가 아닌 다른 원인들에 사용될 수도 있다는 것을 주목해야 한다. 이 예시적 요소에 더하여, 15장에서 몇 가지 법정 요소들도 발견된다. 나중에 논의하겠지만, 바울은 많은 생략삼단논법(enthymeme)을 사용하고 법정(forensic) 논쟁 구조를 사용하는 것이다. 이는 바울이 고린도인들에게 원하는 행동 과정을 취하도록 권하기 전에 죽은 자의 부활을 주장해야 한다는 사실에 기인한다. 고전 15장의 전반적인 목적은 심의 연설의 목적을 지닌다(58절). Ὥστε, ἀδελφοί μου ἀγαπητοί, ἑδραῖοι γίνεσθε, ἀμετακίνητοι, περισσεύοντες ἐν τῷ ἔργῳ τοῦ κυρίου πάντοτε, εἰδότες ὅτι ὁ κόπος ὑμῶν οὐκ ἔστιν κενὸς ἐν κυρίῳ.}

이제 고린도전서 15장에서 심의연설의 특징적 특색들을 찾을 차례이다. 고린도전서 15장에서 시간 관계는 주로 미래이다. 2, 12－13, 15－16절에서 동사들이 현재형이나, 미래를 위하여 사용되었다. 22절, 49절 및 51절에서 변화는 미래에 일어날 것이다. 58절에서 분명히 미래 지향적인 진술을 본다. 거기서 바울은 충성스러운 자들의 미래적 보상을 언급하며, 주의 일에 항상 힘쓸 것을 권한다(고전 3:8; 16:13－14 참조). 그러나 심의수사의 특징으로(Arist. *Rh.* 1.8.7.1366a) 또한 12절(λέγουσιν)에서와 같이 현재 시간 지시대상도 있다. 대적에 대한 확인은 그들의 현재 활동에 의거한다.

심의 연설가의 목적(τέλος)은 "이로운 것 또는 해로운 것"이다. 1－2절에서 바울은 복음을 믿는 것이 고린도인들에게 주는 이익에 호소한다. 13－14절과 16－17절에서 바울은 죽은 자의 부활을 부인하는 것이 그들에게 주는 해로운 결과에 호소함으로써 죽은 자의 부활이 있다는 것을 보이려고 한다(29－32절 참조). 50－53절에서 바울은 썩지 아니할 것으로 다시 살리심을 받을 때 고린도인들이 누릴 이점들에 관해서 이야기한다. 변화는 고린도인들에게 이롭도록 또는 유익하도록 일어날 것이다. 그러나 이익의 문제를 중심한 바울의 논증은 "너희 수고가 주 안에서 헛되지 않은 줄을 앎이니라."(58절) 하는 바울의 결론에서 절정에 이른다.

바울은 고린도전서 15장의 논증에서 많은 예를 사용한다. 예는 역사에서 얻은 예와 고안해 낸 예 등 두 종류이다. 역사적 예들은 사람들, 사건들, 또는 사실들에서 끌어낸 것들이다. 35－44절에서 바울은 씨와 천체들의 다양한 조명의 예를 사용하여 부활체의 본질을 설명한다. 그러나 15장에서 가장 중요한 것은 죽은 자의 부활을 주장함에 있어 바울이 예수의 부활을 역사적 예로 사용하는 것이다. 바이쓰(J. Weiss)가 말한 대로, "부활에 관한 전장(고전 15장)은 그리스도의 부활이라는 의문의 여지가 없는 사실에 의존하는데, 그리스도의 부활은 결코 의심되지 않는다. 만일 이 기초가 흔들린다면, 전체 논증이 무너질 것이다."

4.2 발견(Invention)

연설자는 자기가 말할 것에 관하여 할 수 있는 한 많은 정보를 모아야 한다. 바꾸어 말하면, 연설자는 자기가 응답해야 하는 상황에 대해서 어떤 인식을 가질 필요가 있다. 고린도전서를 기록하도록 촉진한 상황을 바울은 시사적인 방식으로만 나타내고 상세하게 밝히지는 않는다. 고린도의 상황에 관하여 바울에게 이른 보고들 즉 구두의 보고 또는 기록된 보고로 인하여(1:11; 5:1; 7:1; 16:17, 18) 바울이 응답하게 되었다. 그 결과적인 응답이 고린도전서인 것이다.

바울로 하여금 고린도전서 15장을 쓰게 만든 긴급사태는 고린도 회중 가운데 죽은 자의 부활을 부인하는 자들이 존재한 것이다(12절). 12절의 언어로 미루어 보아 이 그룹은 회중 내부에 있었음이 나타난다. 그들은 외부에서 침입해 들어온 자들이 아니었다. 그들은 바울이 죽은 자 가운데서 다시 살리심을 받은 그리스도를 전하는 것을 들었다. 그러나 그들이 어떻게 죽은 자의 부활이 없다고 주장하게 되었는지 시사되어 있지 않다. 그들의 정체에 관하여, 학자들은 다른 의견을 갖는다. 그렇지만 본문에서 볼 때 한 가지는 확실하다. 바울은 긴급사태가 중대한 것임을 인식했음이 분명하다. 이러한 가르침은 믿음 그 자체에 치명적이기 때문에(13－14; 15－19절) 바울은 긴급사태를 즉각적인 주의를 요하며, 긴급한 것으로 간주한다. 몇몇은 이미 그들의 가르침에 속임을 당했을는지도 모른다(33－34절).

바울은 죽은 자의 부활을 부인하는 자들이 잘못되었다는 확신을 청중 곧 고린도 형제자매들이 얻기를 원한다. 그는 부인하는 자들에 의해 이미 설득을 당한 자들을 적극적으로 확신시켜 죽은 자의 부활을 부인하는 자들과 그들의 길을 포기하게 하려고 한다. 이렇게 하여, 그는 부인하는 자들의 영향력을 종식시키고 주의 일을 하는 데 회중이 게으르지 않게 하도록 한다(32－34, 58절). 부인하는 자들은 고린도 회중 가운데 존재한다. 바울이 연설하는 고린도 형제자매들은 긴급사태에 지배를 받고 또 요구받는 대로 긴급사태를 변화시킬 수 있다.

공동체가 조언을 들은 대로 호의적으로 응답할 수 있고 또 응답하리라는 완전한 확신이 15장 어조의 기저에 흐르고 있다(58절).

4.2.1 쟁점("스타시스")

바울과 고린도인들 간의 논쟁은 기록된 문서에 대한 것이 아님이 명백하다. 오히려, 그것은 어떤(논리적) 증명 여하에 달리는 일반적 추론의 경우(사례, case)이다. "스타시스"의 네 가지 주요 형태 가운데 고전 15장의 "스타시스"는 주로 사실의 "스타시스"이다. 심의수사의 특징들을 공유하는 한 편의 작품으로서 고전 15장의 지배하는 목표는 "우리가 무엇을 할 것인가?"라는 쟁점에 대해 말하는 것이다. 그러나 바울은 "우리가 무엇을 할 것인가?"라는 쟁점에 답할 수 있기에 앞서 사실의 쟁점을 다루어야 한다. 고린도인들 가운데 있는 부인하는 자들은 죽은 자의 부활이 없다고 말하며 죽은 자의 부활을 문제 삼는다(12절). 고린도전서 15장의 쟁점은 죽은 자의 부활 여부인 것이다.

4.2.2 질문

쟁점은 사실에 관한 쟁점이며, 또 고전 15장 수사의 배후에는 단 하나의 질문이 있으며, 그 점에 관해서는 단순한 경우(사례, case)이다(Cic. *Inv.* 1.12.17). 질문은 다음과 같다. "죽은 자의 부활이 있는가?" 바울은 다양한 방식으로 죽은 자의 부활이 있다는 것을 증명하려고 애썼지만, 그 주장(case)은 문제가 되어 있는 질문에 대한 답변에 따라 성립되든지 와해되든지 할 것이다(Quint. *Inst.* 3.6.9).

질문은 이성적인 질문이다(Quint. *Inst.* 3.5.4). 더욱이, 지식/신앙에 관련된 종류의 질문이다. 그래서 연설자 바울은, 그들의 수고가 주 안에서 헛되지 않을 줄을 알고 주의 일에 더욱 힘쓰도록 고린도인들을 권하기 위하여, 전체 연설을 죽은 자의 부활이 있다는 것을 증명하는 방향으로 나가야 한다.

4.2.3 증명

연설자가 청중을 설득하려고 애쓸 때 증명과 함께 주장을 제시해야 한다. 증명은 비인위적 증명과 인위적 증명 두 종류인데, 고전 15장에 두 종류의 증명이 다 나온다.

4.2.3.1 비인위적 증명

비인위적 증명이란 이미 존재하고 있는 증명들을 말한다. 바울은 고전 15장에서 비인위적 증명들을 많이 사용한다. 1−11절에서 그는 전승(3−5절)과 증인들(6−8절)을 사용한다. 또한 논점을 말하기 위해 여러 곳에서 구약을 인용한다(45, 54−55절; 참조, 25, 27, 32절). 바울은 논증에서 그리스 희극시인 메난더(Menander)의 격언을 인용하기도 한다. μὴ πλανᾶσθε· φθείρουσιν ἤθη χρηστὰ ὁμιλίαι κακαί(33절).

4.2.3.2 인위적 증명

인위적 증명이란 논쟁의 방법들에 의해, 예들에 의해, 또 연설자 자신의 노력에 의해 구성되는 증명들을 말한다. 기본적으로 에토스, 파토스, 로고스 등 세 가지 종류가 있다.

4.2.3.2.1 에토스(ἦθος)

에토스란 연설자의(도덕적) 인격을 제시함을 통하여 성취되는 증명의 수단이다. 효과적인 설득자가 되기 위해 연설자는 연설 자체 안에서 양식(φρόνησις), 덕(ἀρετή,), 후의(εὔνοια) 등 세 가지 자질을 나타내야 한다. 양식이란 "선한 것과 악한 것에 관하여 사람으로 현명한 결정에 이르게 할 수 있고, 행복과 연결된 것으로 언급되어 온, 이성의 덕"이다(Arist. Rh. 1.9.13.1366a). 덕이란 "좋은 것을 제공하고 보존하는 능력, 사실, 모든 경우에 모든 것의 많고 큰 유익을 가져오는 능력(faculty)"이다(Arist. *Rh*. 1.9.4−13.1366a−b). 후의란 "자기의 청중에게 호의를 나타내는 자질"이다. 양식이 없는 연설자는 좋은 조언을 주지 않을 것이다. 선한 도덕적 성품의 사람은 청중을 위해 최선을 원할 것이라고 신뢰할 수 있다. 후의를 소유하는 연설자는 청중을 오도하지 않을 것이다. 오히려 청중과 우정의 의향을 확립할 것이다.

15장에서 바울의 에토스는 다양한 방식으로 나타난다. 바울이 청중을 "형제"(1, 31, 50, 58절)로 규정짓는 것은 우정 어린 말로 말한다는 점에서 청중을 향한 후의를 나타낸다. 바울이 그들에게 어떻게 전파했는지 또 그들이 바울에게 어떻게 응답했는지를 다시 이야기함으로써 바울이 그들의 으뜸가는 선생이었다는 기억을 되살린다(1−5절).

바울은 부활하신 주께서 자기에게 보이신 것에 관해서 말한다(8절). 이로써 고린도인들을 위한 바울의 에토스가 고양되었을 것이다. 그는 부활하신 주를 본 증인들 중 하나이기 때문이다. 거짓 증인이 아니라는 것을 함의할 때 바울은 또한 에토스에 호소하는 것이다. 바울이 그리스도의 부활을 증거했다는 점에서 예수의 부활에 대한 재확언은 그의 신뢰성과 관계된다(15절).

자신을 낮춤으로써(9절), 바울은 청중의 후의를 얻는다. 그는 자신이 고린도인들을 위한 권위 있는 선생임을 보여 준다. 그러나 그는 오만하게 이렇게 하지 않는다. 또한 열심히 일한 것은 자기가 아니라 하나님의 은혜로 말미암은 것임을 강조한다(10절).

그는 명령형을 사용함으로써 권위를 보여 주며(33, 34, 58절), 성경을 인용함으로써 권위를 고양한다(45, 54-55절; 참조, 27, 32, 33절). 재료를 제시하는 방식에서 독자를 대하는 권위적인 논쟁(argumentation) 스타일 또한 에토스에 대한 호소로서의 역할을 한다(1, 31, 50, 52, 58절). 이 점에 관하여, 우리는(수사적) 질문들(12, 35절)과 돈호법(35 [τις], 36절 [ἄφρων])의 사용을 인용할 수 있을 것이다.

4.2.3.2.2 파토스(πάθος)

감정에 호소하는 증명의 수단은 청중들이 연설을 통하여 감정에 감동을 받을 때 일어난다. 아리스토텔레스가 말한 것같이(Arist. *Rh.* 1.2.5.1356a), "우리가 내리는 판단들은 기쁨 또는 슬픔, 사랑 또는 증오에 의해 영향을 받을 때 동일하지가 않으므로", 연설자는 청중의 감정을 일으키도록 노력해야 한다. 파토스는 웅변가의 연설(delivery)에 의해서보다는 연설의 재료(내용)에 의해서도 일어날 수 있다. 즉, 논쟁의 어떤 생략삼단논법 형태들을 사용하여 원하는 감정적 응답을 불러일으킬 수 있는 것이다(예: "A는 Z이므로, 여러분은 Y를 느껴야 합니다."). 파토스는 호소하고 에토스는 로고스(이성적 호소)를 보완한다. 에토스와 파토스는 다 청중이 연설자 그리고 연설의 내용에 관하여 내리는 결정에 영향을 끼치는 감정적 응답과 관계가 있다.

고린도전서 15장 12절에서 바울은 그릇된 교리에 대하여 몇몇을 책망하여 고린도인들이 분노의 감정을 일으키도록 한다(35-36절 참조). 바울이 사망아, 너의 이기는 것이 어디 있느냐?
사망아, 너의 쏘는 것이 어디 있느냐?
사망의 쏘는 것은 죄요
죄의 권능은 율법이라
(55-56절)

고 말할 때, 또한 고린도인들에게 사망을 향한 분노를 일으키게 하는 것이다.

바울은 만일 죽은 자의 부활이 없다면 구원을 잃을지도 모른다는 것을 말할 때 청중에게 두려움의 감정을 일으킨다(2, 13-19절). 그는 또한 연민(동정, pity)의 감정에 호소한다(19절; 참조, 30-32절).

청중 가운데 얼마는 하나님을 알지 못한다는 것을 지적해 낼 때 바울은 청중으로 수치를 느끼게 한다(34절: ἀγνωσίαν γὰρ θεοῦ τινες ἔχουσιν, πρὸς ἐντροπὴν ὑμῖν λαλῶ; 또한 36절; 6:5를 보라.).

하나님의 역사와 신자라는 주제는 여러 곳에 나타난다(15, 19, 23-24, 30, 58절). 하지만, 만일 죽은 자가 다시 살지 못하면 믿음은 헛된다(2, 17절; 참조, 32절). 결론에서 바울은 주의 일에 대한 보답의 약속으로 청중의 감정을 자극한다(58절).

4.2.3.2.3 로고스(λόγος)

연설자는 또한 "연설 그 자체로"(ἐν αὐτῷ τῷ λόγῳ, Arist. *Rh.* 1.2.3.1356a) 청중을 설득한다. 이 어구에서 λόγος는 연설 또는 말을 의미한다. 하지만 그것이 가리키는 증명 양식은 이성적 또는 논리적 수준에서 일어난다. 로고스로부터 두 가지 양식의 추론이 있다. 하나는 연역적인 것(deductive; 삼단논법/생략삼단논법)과 다른 하나는 귀납적인 것(inductive; 귀납법/예).

고린도전서 15장에서 바울은 로고스로부터 얻는 두 가지 양식의 추론을 다 사용한다. 고린도전서 15장의 장르를 논하는 부분에서 우리는 이미 귀납적인 형태 곧 예들을 고찰한 바 있다. 이제 바울이 사용한 로고스로부터의 연역적 형태들을 검토한다.

고린도전서 15장에서 바울이 해야 할 과제는 동전의 양면을 갖고 있다. 바꾸어 말하면, 죽은 자의 부활을 부인한 자들을 향해서 자신이 직접 말을 하지는 않지만, 바울은 고린도인들 가운데 있는 "대적자들"의 죽은 자의 부활이 없다는 주장을 반박해야 하고, 또 동시에 고린도 형제들에게 죽은 자의 부활이 있다는 것을 보여 주어야 한다. 따라서 바울의 논증은 특히 12－19절에서 두 길로 기능을 발휘한다. 환언하면, 거기서 논증적 생략삼단논법(demonstrative enthymeme)과 논박적 생략삼단논법(refutative enthymeme)이 기능상 혼합되어 있다. 논증적 생략삼단논법은 대적자가 인정한 사실들에서 결론을 끌어내고, 반면에 논박적 생략삼단논법은 동일한 것에서 결론을 끌어내지만 그 결론은 적대자가 문제 삼는 결론이다. 바울과 고린도인들은 그리스도가 죽은 자 가운데서 부활하셨다는 전승을 공유했다(3－11절). 그러나 고린도인들 중 몇몇은 죽은 자의 부활이 있다는 것을 부인했다. 바울은 공유한 전승에 근거를 두고 죽은 자의 부활이 있다는 것을 논증한다. 한편, 죽은 자의 부활을 부인한 자들에게 있어서 바울의 논증에 있어 생략삼단논법은 논박적 생략삼단논법으로 기능한다. 반면에 나머지 고린도 형제들에게 있어서는 논증적 생략삼단논법으로 기능한다.

12절에서 "그리스도께서 죽은 자 가운데서 다시 살아나셨다 전파되었거늘 너희 중에서 어떤 이들은 어찌하여 죽은 자 가운데서 부활이 없다 하느냐?"고 할 때 바울은 귀결의 부인(denial of consequents; Quint. Inst. 5.14.1－4, 24－26)으로부터 결론을 이끌어 냈었는지 모른다. 귀결의 부인에서 오는 생략삼단논법은 여기서 이렇게 전개된다. "죽은 자의 부활이 있는 것은 그리스도께서 죽은 자 가운데서 다시 살아나셨다는 것을 아무도 부인할 수 없기 때문이다."

13, 16절에서 바울은 화두(전제, topic, τόπος)를 "더 많은 것과 더 적은 것"(ἐκ τοῦ μᾶλλον καὶ ἥττον, "만일 더 적은 것이 존재한다면 더 많은 것도 역시 존재한다는 규칙")에서 끌어낸다. 바울은 그리하여 그리스도의 부활은 죽은 자의 부활이 있다는 사실을 증거한다고 논증한다. 그의 논증은 이런 식으로 전개될 수 있다.

죽은 자의 부활이 있다.
그러므로, 그리스도께서 죽은 자 가운데서 다시 살아나셨다.

또는 반대로,

그리스도께서 죽은 자 가운데서 다시 살아나셨다.
그러므로, 죽은 자의 부활이 있다.

바울은 또한 자기 입장에 반대하여 말하여진 것을 적대자들에게 돌린다. 적대자들은 죽은 자의 부활이 없다고 말한다. 그러나 만일 그들이 말한 것이 옳다면 그리스도는 죽은 자 가운데서 다시 살아나지 못하셨을 것이며 그렇다면 그들의 믿음도 헛되고 쓸데없게 될 것이라고 주장하면서, 바울은 이것을 그들에게 돌린다. 그렇게 죽은 자의 부활이 있다는 것을 바울은 묵시적으로 주장하는 것이다.

바울은 또한 죽은 자의 부활이 있다는 것을 증명하려는 노력에서 필연적 표징(τεκμήριον)을 사용한다. 20−29절에서 바울은 그리스도의 부활을 "잠자는 자들의 첫 열매"로 언급한다(20절; 또한 23절). 첫 열매는 필연적으로 나머지 곡식의 추수를 함의한다. 우리는 그래서 바울의 논증을 다음과 같이 재구성하게 된다.

그리스도의 부활은 죽은 자의 부활의 첫 열매이다.
첫 열매는 나머지 추수를 보증한다.
그러므로, 죽은 자의 부활이 확실히 있을 것이다.

29−31절에서 바울은 또한 죽은 자의 부활이 있다는 것을 증명함에 있어 생략삼단논법을 사용한다. 거기서 바울은 형식적 결론을 내리지 않으나, 죽은 자의 부활이 있다는 결론을 청중이 이해하게 한다.

어떤 이들이 죽은 자를 위하여 세례를 받는 것은, 여하튼 죽은 자들이 다시 살아날 것이기 때문이다.
그러므로 죽은 자의 부활이 있다(29절).

그리고

우리가 때마다 위험에 처하는 것은(고난으로 인하여), 죽더라도 다시 살아날 것이기 때문이다.
그러므로 죽은 자의 부활이 있다(30−31절).

36-49절에서 바울은 부활 몸의 본질을 위하여 논증할 때 사물의 유비 (analogy in things, ἐκ τοῦ ἀνάλογον τοῦτα συμβαίνειν)에서 연유한 화두(topic)를 사용한다. 바울의 논증을 이렇게 재구성할 수 있을 것이다.

> 너희가 뿌리는 것은 살아나기 위해서 죽어야 한다.
> 하나님은 각각의 씨에 그 자체의 몸(형체)을 주셨다.
> 마찬가지로, 하나님은 죽은 자를 썩지 아니할 몸으로 다시 살리신다.

4.3 배열(Arrangement)

4.3.1 서론

배열(arrangement, τάξις, *dispositio*)이란 "이렇게 발견된 논증들을 타당한 순서로 분배하는 것"을 말한다(Cic. *Inv.* 1.7.9). 배열은 두 종류로 구성된다. 하나는 수사학의 원리에 근거를 둔 배열이요 다른 하나는 특정한 환경에 순응한 배열이다(*Rhet. Her.* 3.9.16-10.18). 하지만 수사학의 원리에서 생기는 배열도 두 가지이다. 하나는 전체 연설을 위한 배열이요 다른 하나는 개별적 논증들 또는 부분들을 위한 배열이다. 고린도전서 15장은 통일된 편지인(a unified letter) 고린도전서의 일부이다. 그래서 개별적 논증들 또는 부분들을 위한 배열이 고전 15장에 적용된다.

논증들의 증명과 논박에서의 배열에 대하여, *Rhetorica ad Herennium*의 저자는 다음과 같은 지침을 제공한다.

> (1) 가장 강한 논증들은 변론의 처음과 끝에 놓여야 하며, (2) 중간의 힘을 지닌 논증들, 그리고 담화에 쓸데없지도 않고 증명에 필수적이지도 않은 논증들, 곧 개별적으로 따로따로 제시되면 약하나 서로 합쳐질 때 강하게 되고 개연성이 있게 되는 논증들은 중간에 놓여야 한다. (3) 그리고 나머지에 대하여, 마지막에 말하여진 것은 쉽게 기억되므로, 연설을 그칠 때, 어떤 매우 강한 논증을 청중의 마음에 새롭게 남겨 두는 것이 유용하다 (3.10.18).

바울이 고린도전서 15장에서 죽은 자의 부활을 위한 논증을 배열하는 것은 대체로 이 지침에 부합한다. 그는 자기의 주장(case)을 위한 가장 강한 논증을 처음에 놓고(12 - 19절), 중간 정도의 힘이 있는 논증을 가운데 놓고(29 - 34절), 또 하나의 강한 논증을 마지막에 놓는다(50 - 57절).

그러나 그리스도의 부활의 전승을 15장의 첫 부분에 놓은 것을 보면(1 - 11절), 바울은 문제 자체의 중요성에 대한 자신의 인식에 따라서 재료를 배열하는 것으로 보인다(*Rhet. Her.* 3.9 - 10.17 참조). 바울이 문제를 보는 대로는(1:11, 12 참조: ἐδηλώθη γάρ μοι περὶ ὑμῶν, λέγω δὲ τοῦτο ὅτι……). 죽은 자의 부활을 부인하는 것은 사활적으로 복음 자체와 관계가 있는데, 복음의 중심 요소들은 그리스도의 죽음, 장사, 그리고 부활로 구성된다(3 - 5절). 바울에게 있어서 죽은 자의 부활을 부인하는 것은 그리스도의 부활을 부인하는 것이 된다(13, 16절). 그래서 그는 먼저 고린도 형제들에게 자기가 전한 복음(τὸ εὐαγγέλιον)을 상기시킨다. 결과적으로, 고린도전서 15장의 수사학적 배열을 다음과 같다.

4.3.2. 제안된 배열

다음과 같이 고린도전서 15장의 수사학적 배열 및 죽은 자의 부활을 위한 논증을 필자는 제안한다.

고린도전서 15장

죽은 자의 부활을 위한 논증

15:1 - 11	증명을 위한 준비: 공유된 그리스도의 부활의 복음
15:1 - 2	서론(*Exordium*)
15:1상	연설자: 나 [바울]
	청중: 너희 [고린도] 형제들
15:1하 - 2	주제: 복음
	복음의 전수와 수용
	구원을 위한 복음의 중요성
	복음의 조건
15:3 - 11	내력(*Narratio*)
15:3상	전승에로의 전환

예이다.

15:14－15 2. 두 번째 논증: 우리의 전파하는 것과 증거하는 것은 그리스
         도의 부활에 근거를 둔다.

15:14   (1) 우리의 전파하는 것과 너희의 믿음

15:15   (2) 우리는 참된 증인들이다.

15:16   3. 첫 번째 논증의 반복 [강조를 위하여]

15:17－19 4. 두 번째 논증의 반복: 우리의 믿음과 소망은 부활에 근거를
         둔다.

15:17   (1) 너희의 믿음

15:18   (2) 그리스도 안에서 잠자는 자들

15:19   (3) 우리의 소망

15:20－28 두 번째 증명(*Probatio*)

15:20－22 1. 첫 번째 논증: 그리스도의 부활은, 첫 열매인데, 죽은 자의
         부활을 보증한다.

15:20   (1) 부활의 첫 열매, 그리스도

15:21－22   (2) 아담과 그리스도의 유비

            ㄱ. 사망은 아담으로 말미암아 왔다.

            ㄴ. 죽은 자의 부활은 그리스도로 말미암아 왔다.

15:23－24 2. 부활의 순서

15:23상   (1) 첫 열매인 그리스도

15:23하   (2) 그리스도 오실 때에 그에게 속한 자들

15:24   (3) 그 다음 끝이 온다.

            ㄱ. 그는 나라를 아버지 하나님께 바친다.

            ㄴ. 그는 모든 정사와 모든 권세와 모든 능력을

15:25－28 3. 그리스도의 통치

15:25   (1) 그리스도의 모든 원수들을 그에게 복종시킴

15:26   (2) 마지막 원수, 사망이 멸망당할 것이다.

15:27   (3) 성경적 증명

15:28   (4) 아버지께 대한 아들의 복종

15:29−34   세 번째 증명(*Probatio*)

15:29   1. 첫 번째 논증: 죽은 자를 위한 세례는 죽은 자의 부활이 있
음을 증명한다.

15:30−32상 2. 우리가 기꺼이 위험을 당함은 죽은 자의 부활의 소망에 근거
를 두는 것이다.
(1) 때마다 위험 속에
(2) 날마다 죽음
(3) 역경과 대항하여 싸움(맹수로 더불어 싸움)

15:32하−34 3. 권면
(1) 죽은 자의 부활을 부인하는 것이 삶에 끼치는 결과
(2) 경고
(3) 권면

15:35−49   논박(*Refutatio*): 죽은 자의 부활을 주장하는 데 나타나는 난점들
에 대한 논박

15:35   예상되는 반론들

15:35상   1. 죽은 자들이 어떻게 다시 살리심을 받는가?

15:35하   2. 어떤 종류의 몸으로 죽은 자들이 오는가?

15:36−49   반론들에 대한 답변

15:36−38   1. 첫 번째 논증: 씨는 죽음을 통하여 살아나고 하나님은 씨에
형체(몸)를 주신다.

15:36   (1) 씨들은 살아나기 위해서 죽어야 한다.

15:37   (2) 뿌려진 씨는 알갱이이다.

15:38   (3) 하나님은 알갱이에 형체를 주신다(죽은 자들은 하나님에
의해 다시 살리심을 받는다는 것을 함의한다.).

15:39−41   2. 두 번째 논증: 모든 몸이 같지 않다.

15:39   (1) 모든 육체가 같지 않다.
ㄱ. 사람들의
ㄴ. 짐승들의

15:51−53   2. 변화의 비밀(신비)

15:51   (1) 우리가 다 변화하리라.

15:52상   (2) 시간: 순식간에, 마지막 나팔 소리에

15:52하   (3) 죽은 자들이 다시 살고 우리도 변화하리라.

15:53   (4) 썩을 것/죽을 것에서 썩지 아니할 것/죽지 아니함으로

15:54−57   3. 사망을 이기는 마지막 승리

15:54−55   (1) 기록된 말씀이 응함

15:56   (2) 사망과 죄와 율법에 대한 비난

15:57   (3) 우리 주 예수 그리스도로 말미암아 사망을 이기는 승리
                의 감사에 넘치는 외침

15:58   결론적 권면(*Exhortatio*)

            1. 권면: 주의 일을 계속하라.

            2. 보답의 약속: 너희 수고가 주 안에서 헛되 않을 것이다.

위에 제시된 것을 간단히 정리하면, 15:1−2 서론(*Exordium*), 15:3−11 내력(*Narratio*), 15:12 분할(*Partitio*), 15:13−34 증명(*Probatio*)(13−19절: 첫 번째 증명, 20−28절: 두 번째 증명, 29−34절: 세 번째 증명), 15:35−49 논박(*Refutatio*), 15:50−57 죽은 자의 부활을 위한 마지막 논증(*Peroratio*), 그리고 15:58 결론적 권면(*Exhortatio*)이다.

4.3.3 죽은 자의 부활을 위한 논증: 수사학적 해설

4.3.3.1 증명을 위한 준비: 공유된 그리스도의 부활의 복음(1−11절)

무엇보다도, 바울은 그리스도의 죽음, 장사, 부활, 그리고 나타남에 관한 전승을 진술한다. 이는 고린도인들과 공유하고 있는 것이다. 12절에 나타난 것과 같이, 바울과 고린도인들 간의 이 공유전승은 죽은 자들의 부활을 위한 바울의 논증의 기초가 된다.

통일된 서신의 일부로서, 고린도전서 15장은 본질적으로 서론(*exordium*)을 가질 필요가 없을 것이다. 하지만, 바울은 지금까지 고린도전서에서 많고 다양한

이슈들을 다루어 왔고, 이제 막 새로운 주제 곧 죽은 자의 부활의 문제를 다루려고 한다. 그리하여 그는 그 주제에 대한 어떤 서론을 필요로 한다. 1-2절이 서론의 기능을 한다.

서론의 목적은 청중으로 하여금 경청하고, 수용하고, 또 호의적인 마음을 갖도록 준비시키는 것이다. 많은 이슈들을 길게 논의한 후에, 이제 막 새로운 주제를 시작하려고 할 때에 바울은 청중이 주의를 기울이게 하는 것이 특히 필요하다. 그리하여 그는 "형제들아 내가 복음을 너희에게 알게 하노니"(Γνωρίζω δὲ ὑμῖν, ἀδελφοί, τὸ εὐαγγέλιον, 1절)라고 말함으로써 주의를 기울이게 하려고 한 번 더 노력한다(Arist. *Rh*. 3.14.9.1415b 참조). 바울은 또한 그가 논의하려는 주제(곧 복음)가 중요하다는 것(3절, 먼저, ἐν πρώτοις)과 청중 속에 있는 자들에게 관련이 있다는 것을 보여 줌으로써 그의 청중으로 주의를 기울이게 만든다. 바울은 오만하지 않게 자신의 행위와 섬김을 언급함으로써(1, 8-10절) 자기 자신으로부터(from his own person), 그리고 그들이 행한 것을 언급함으로써(1-2절), 또 청중을 "형제들"(ἀδελφοί)이라고 부름으로써(1절) 청중들로부터(from the persons of the audience) 호의를 얻는다.

주제를 더 적절하게 도입하기 위하여, 연설자는 그것이 어떤 종류의 원인(*causa*)인지를 고려하여야만 한다. 고린도전서 15장의 원인은 명예로운 종류에 속하는데, 이는 "모든 사람들이 방어할 가치가 있는 것을 우리가 방어하거나, 모든 사람들이 공격하여야 할 의무가 있는 것으로 보이는 것을 공격할"(*Rhet. Her*. 1.3.5) 때에 발생한다. 바울은 모든 신자들이 방어할 가치가 있는 것으로 보이는 것, 곧 복음을 다룬다. 다른 말로 하면, 원인은 바울의 청중들 곧 고린도 신자들에게 명예로운 것인데, 이는 바울이 복음(τὸ εὐαγγέλιον)을 방어하기 때문이다. 그들은 바울과 복음을 공유하고 복음으로 구원을 받는다.

바울은 서론에서 *principium*("소개/도입" 혹은 "직접적인 시작")의 형태를 취하는데(Cic. *Inv*. 1.15.20), 이는 직접적으로 또 평이한 언어로 청중에게 말할 때에 청중으로 하여금 즉각적으로 그가 말하려는 것에 주의해서 듣게 준비시키는 것이다. 몇몇 동료 그리스도인들이 곁길로 나갔지만, 바울은 그들에게 직접 말하지 않는다.

3-11절에서 바울은 죽은 자의 부활을 부인하는 자들에 관한 사실들과 그들

이 어떻게 그것을 부인하게 되었는지에 대하여 이야기하지 않는다. 그렇지만 그는 원인에 영향을 끼치는 사실들을 정말 진술한다. 바울이 그의 청중으로 하여금 긴급 상황에 관하여 내리기를 원하는 결정은 그리스도의 부활에 관한 과거의 사건들에 대한 서술(이야기하기)에 의해 도움을 받기 때문이다. 고린도인들이 그리스도의 죽음, 장사, 부활, 그리고 나타남에 관한 전승을 어떻게 받게 되었는지에 대한 서술(이야기하기)은 죽은 자의 부활을 찬성하는 바울의 논증을 펼치기 위한 무대를 설정한다.

그 내러티브(이야기)는 부분적으로 역사적 사실들에 근거하고(3-8절), 부분적으로 사람들에 근거한다(9-11절)(*Rhet. Her.* 1.8.13). 사람들에 근거한 내러티브 단락에서, 자신을 작게 만드나(9, 10절), 그래도 그의 권위를 세우는 데 실패하지 않을 때 바울은 자기를 향하여 청중의 호의를 이끌어 내는 에토스(*ethos*)에 호소한다(Quint. *Inst.* 4.2.125).

반면에, 바울은 그리스도의 죽음, 장사, 부활, 그리고 나타남에 관한 전승을 역사적 사실들에 근거한 내러티브에 합병한다. 청중은 전승에 대하여 아무런 교훈이 필요하지 않았을 것인데, 이미 그것을 들었기 때문이다. 하지만, 바울은 그의 청중에 관련된 지점에서 시작한다(3절). 그들의 신앙을 재차 확인하기 위하여(Quint. *Inst.* 4.2.21 참조), 그리스도의 죽음, 장사, 부활, 그리고 그의 추종자들에게 나타나심의 전승을 그들에게 전달하였음을 그는 청중에게 상기시킨다.

바울의 서술(3-11절)은 전적으로 바울에게 호의적이며, 내력(사실들의 진술, *narratio*)의 세 가지 특질의 얼마를 나타낸다. 바울이 사건들이 일어난 대로 하나씩 하나씩 제시하고 시간적으로 사건들의 순서를 보존하기에(ὅτι καὶ ὅτι καὶ ὅτι καὶ ὅτι εἶτα ἔπειτα ἔπειτα εἶτα ἔσχατον, 3-8절), 내러티브는 명백하다. 적절하고 유의마한 말(단어)들로 이야기를 진술함으로써, 또 사실들(παρέδωκα παρέλαβον ἀπέθανεν ἐτάφη ἐγήγερται ὤφθη)과 사람들의 독특한 기사를 순서적으로 말함으로써 명료성이 또한 성취된다.

내러티브는 또한 우리가 시작할 필요가 있는 곳, 즉 세례, 공(公)생애의 시작이 아니라, 그리스도의 죽음(3절)에서 이야기를 시작함으로써 간결성을 성취한다. 내러티브는 요약적이며, 상세하지 않다(*Rhet. Her.* 1.9.14). 바울은 그냥 "그가 죽었고, 장사되었고, 살아났고, 또 나타났다."라고 쓸 수 있었을 것이다. 그러나 주제가 아주 중요해서 그는 그것에 "꼭 필요한 것과 꼭 충분한 것"(Quint. *Inst.* 4.2.45)을 덧붙였다.

바울은 내러티브를 세 개의 표제로 나눔으로써 지루함을 피한다. 원(原)전승(3-5절, 추가 전승(6-8절), 그리고 바울 자신(9-11절)(Quint. *Inst.* 4.2.49-50).

바울은 성경에 호소함으로써, 또 부활하신 그들에게 그리스도가 나타난 증인들로써 그리스도의 부활의 사실성을 확립한다. 바울은 부활하신 그리스도께서 나타나신 자들의 대부분이 지금까지 살아 있다는 것을 언급할 때에 내러티브의 개연성을 강화한다. 바울은 또한 그리스도께서 그 자신에게 나타나신 그 자신의 경험에 대한 간증으로, 그리하여 연설자로서의 그의 에토스(*ethos*)를 증진시키며, 그리스도의 부활의 내러티브의 신뢰성을 더 높인다(Quint. *Inst.* 4.2.11-12, 62 참조).

4.3.3.2. 죽은 자의 부활을 위한 논증들(12-34절)

증명을 하기 위한 토대를 놓고서, 바울은 죽은 자의 부활을 지지하는 논증으로 진행한다. 바울의 논증은 세 단락으로 떨어진다. (1) 부정적 형태의 논증(12-19절), (2) 긍정적 형태의 논증(20-28절), 그리고 (3) 권면을 동반한 보충적 논증(29-34절).

12-19절에서 논증들은 부정적 형태로 나타난다. 12-15절에서 바울은 그와 고린도인들 중 몇 사람 사이에 동의된 것과 논쟁이 되는 것이 무엇인지를 먼저 분명하게 하고(12절), 다음 그의 주장(case)을 논증하는 데로 진행한다(13-19절). 분할(*partitio*)의 결과로서, 바울은 고린도 청중을 위하여 그들이 주의를 고정시켜야 할 명확한 문제를 설정한다.

그리스도께서 죽은 자들 가운데서 다시 사셨다는 것에 대하여 동의(합의)가 이루어져 있지만, 죽은 자의 부활을 부인하는 자들이 존재한다. 바울은 그리하여 논증들을 제시함으로 말미암아 그의 주장의 정당성을 청중에게 설득시키려고 노력한다(13-19절).

그의 논증들(13-19절)에서 바울은 반대로 죽은 자의 부활이 있다는 그의 주장을 증명하기 위하여, 한 가지가 아니기 때문에 또 다른 한 가지도 아니라고 논증하는 증명의 형태를 활용한다(Quint. *Inst.* 5.8.7). 바울의 논증은 이렇게 전개될 것이다.

> 만일 죽은 자의 부활이 '없다'면, 그리스도도 다시 살아나지 '않았다.'
> 만일 그리스도가 다시 살아나지 '않았다'면, 그러면 우리의 전하는 것이 유효하지 '않고',
> 너희 믿음 역시 유효하지 '않다.'
> '그러나' 그리스도는 우리가 동의하는 대로 다시 살아나셨다.
> '그러므로' 죽은 자의 부활이 있다.

그리하여 그의 논증에서 바울은 그리스도의 부활을 죽은 자의 부활의 하나의 예로 사용한다(13, 16절). 바울의 전하는 것과 증언하는 것은 또한 그리스도의 부활에 기반을 두며(14-15절), 우리의 믿음과 소망은 죽은 자의 부활에 기반을 둔다(17-19절).

13-19절에서 바울은 또한 부연(敷衍, amplification)에 의하여 그의 논증을 강화하는데, 부연은 "감정을 불러일으킴으로써 말(연설)하는 과정에서 신임을 얻으려고 의도된, 일종의 더 무게 있는(중요한) 확언"(Cic. *Part. Or.* 15.53)이다. 부연은 여기서 말(단어)들의 반복(13-15, 16-19절)과 더 낮은 술어들에서 더 높은 술어들로의 점차적인 상승으로써 성취된다(14절의 κενόν; 17절의 ματαία; 19절의 ἐλεεινότεροι). 바울은 또한 두려움과 불쌍함의 감정들을 불러일으키면서, 죽은 자의 부활을 부인함의 결과를 요약할 때에 부연을 하는 것이다(14-15, 17-19절).

논증들은 20-28절에서 긍정적인 형태를 취한다. 앞의 단락에서 바울은 그리스도의 부활은 이미 청중에 의해 받아들여졌고, 반대자들에 의해 논란거리가 되지 않았음을 지적함으로써 부인하는 자들의 입장을 약화시켰다(12절; Quint. *Inst.* 5.10.11-13 참조). 그리고 아무도 그리스도의 부활을 부인하지 않을 것이므로, 바울은 부정적인 방식으로 그의 요점(주안점)을 증명하려고 노력할 수 있었다.

이제 바울은 잠자는 자들의 첫 열매인 그리스도의 부활이 죽은 자의 부활을 보증한다는 긍정적인 논증으로 향한다(20-22절). 여기서 사용된 증명은 인위적인 증명(ἔντεχνοι), 즉 표적(a sign)이다. 표적, 곧 첫 열매는 나머지 곡식의 추수, 곧 죽은 자의 부활을 가리킨다.

그리스도 안에서 모든(죽은) 사람이 다시 살아나게 되리라는 것을 보여 준 후에, 바울은 부활의 순서에 관하여 이야기한다. 첫 열매이신 그리스도, 그의 오실 때에 그리스도에게 속한 자들, 그리고 '죽음'을 포함하여 모든 그의 원수들이 멸망하게 될 끝(종말)이 온다(23-28절). 부활의 순서에 대한 바울의 논의가 주제에 관련이 없는 것은 아니다. 오히려, 그것은 바울의 논증을 강화하는 부연이다. 바울은 죽은 자의 부활의 주제에 계속 머무르나, 또한 범위를 확대하여 부활의 순서를 포함함으로써 그것을 부연하는 것이다([Longinus], *Subl.* 12.2 참조).

바울은 29-34절에서 그의 논증을 보충(보완)한다. 그리스도 안에서 모든 사람이 다시 살아나게 되고 죽음이 폐기되리라는 것을 논증한 후에, 바울은 그들의 행동의 근거로서 죽은 자의 부활의 소망을 가리키는 예들을 언급함으로써 (ἐπεί, "그렇지 않으면, otherwise", 29절) 그의 논증을 보충한다. 그 예들은 죽은 자를 위하여 세례를 받는 자들과 바울의 개인적인 고난이다(29-32절). 이 두 예들은 죽은 자들이 다시 살아나리라는 그들의 믿음에 기반을 둔다고 바울은 논증한다. 다른 말로 말하면, 그는 청중으로 하여금 이 예들로부터 죽은 자의 부활이 있다는 것을 추론하게 만든다(Quint. *Inst.* 5.10.80-86 참조).

우리에게 또한 죽은 자의 부활을 부인하는 것과 관련하여 권면이 있다(33-34절). 죽은 자의 부활을 부인하면 자유 방종한 삶의 스타일에 빠지게 될 것이다. 이는 하나님을 아는 지식이 없어서 속임을 당하고 죄를 짓는 삶이다.

4.3.3.3 죽은 자의 부활을 주장하는 데 나타나는 난점들에 대한 논박(35-49절)

부인하는 자들은 죽은 자의 부활의 사상(idea)을 즉각적으로 거부할 수 있다. 그러나 그 사상의 방어자로서 바울은 "수천의 예술(기술)과 전략을 필요로 한다."(Quint. *Inst.* 5.13.2) 그리하여 그의 주장을 지지하는 논증 뒤에, 바울은 적대자들이 제기할 수 있는 몇 가지 난점들로 향한다(35-49절). 그리하여 이 단락은 입론에 있어 논박(*refutatio*)으로서 기능한다. 논박할 때에 연설자는 (1) 응답하여야 하는 것이 무엇인지, (2) 적대자의 논증들을 한 무더기로 공격해야 하는지 혹은 하나하나씩 처리하여야 할지, 그리고 (3) 적대자들의 논증을 논박해야 하는 방법을 고려하여야만 한다(Quint. *Inst.* 5.13.4, 11, 15).

바울은 그의 논증에 맞서서 제기될 수 있는 반대(의견)들을 예기한다(35절).

반대는 두 개의 관련된 질문으로 이루어진다. (1) 어떻게 죽은 자들이 다시 살아나는가? 그리고 (2) 어떤 종류의 몸으로 그들이 오는가? 이 질문들은 죽은 자의 부활에 포함된 난점들로 인하여 부활이 없다는 것을 시사하는지 모른다. 반대로 바울은 이 난점들을 논박함으로써 죽은 자의 부활을 수립한다.

바울은 씨를 뿌리는 유비와 아담과 그리스도의 유비를 사용함으로써 반대(의견)를 논박한다. 그는 첫 번째 질문을 직접적으로 다루지 않으나, "부활의 가상성(可想性), 부활체의 가능성"을 논의함으로써 그에 함축적으로 답한다. 바울은 씨가 죽음을 통하여 산다는 것과 그것에 몸을 주시는, 즉 죽은 자를 살리시는 분은 하나님이라는 것을 그저 말한다(36－38절). 그는 그리고 그의 논증의 대부분을 "어떤 종류의 몸으로?"의 질문에 답하는 데 할애한다.

바울은 모든(every) 몸이 같지 않다(39－41절). 죽은 자의 부활체(몸)는 육신(육체)의 몸과 다르다(42－442절). 그리고 부활체는 산 영(the living soul)인 아담과 생명을 주는(살리는) 영(the life－giving spirit)인 그리스도의 유비에서 추론된다(45－49절)는 것을 논증한다. 그리하여 바울은 죽은 자의 부활을 지지하는 논증에서 나타나는 난점들을 논박한다.

4.3.3.4 죽은 자의 부활을 위한 마지막 논증(50－57절)

이 단락은 결론(*peroratio*)으로서 기능하는데, 이는 바울의 논증들을 부연하고 요약하고, 또 청중의 감정들을 일으킴이다. 바울은 방금 말한 요점을 짧게 요약하고 그것을 부연한다. 변화가 필요하니, 이는 살(flesh)과 피(blood), 곧 육신의 몸(physical body)은 하나님의 나라를 물려받을 수 없음이다. 나라를 물려받기 위하여 우리는 모두 변화를 받을 것이다. 죽은 자는 썩지 않을 것과 죽지 않을 것으로 다시 살리심을 받을 것이다. 죽음에 대한 최후의 승리는 확보되었다(50－57절). 그래서 결론에서 죽음의 패배로 인한 승리의 소리가 울려 퍼진다.

4.3.3.5 결론적 권면(58절)

마지막으로, 청중/독자가 호의적으로 응답하리라는 가정 위에서, 바울은 주의 일을 계속하도록 그들에게 권면한다(58절). 지금까지 그는 죽은 자의 부활을 위하여 논증하여 왔다. 하지만, 그의 결론은 논리적인 것이 아니라, 주의 일에 항상 많이 힘쓰라고 고린도인들에게 주는 권면이다.

4.4 문체(Style)

4.4.1 서론

지금까지 바울의 발견과 배열을 고찰하였다. 이제, 바울이 발견한 것을 어떻게 말하는지(문체)의 문제를 살펴보자. 문체란 "발견한 제재에 적당한 언어를 맞추는 것"을 말한다. 문체는 단어와 단어 배열에 나타난 문체, 문체의 특질들, 문체의 종류, 그리고 구성(composition)의 종류로 구성된다.

4.4.2 단어와 단어 배열에 나타난 문체

고린도전서 15장에서 바울은 여러 가지 어형으로 나타난 79개의 명사와 62개의 동사와 34개의 형용사와 22개의 부사를 사용한다. 이 단어들을 면밀하게 조사해 보면 바울이 특별히 성서적인 단어를 사용하는 것이 아니라 그 당시에 흔하며, 통용하고 있는 단어들을 사용함을 알 수 있다. 바울에 나타나는 드문 단어들이 많이 발견된다. 바울이 만든 새로운 단어들은 발견되지 않는다. 은유적으로 사용된 단어들도 있다(8, 9, 20, 23, 24, 42－44절을 보라).

바울은 자음들의 빈번한 거친 충돌 또는 모음들의 접속을 피함으로써 일종의 연결과 원활함을 주는 예술적 구성(artistic composition)을 달성한다(Cic. *De Or.* 3.43.171). 바울은 또한 동일한 문자의 반복(두운, 14절), 동일한 단어의 반복(치환, transplacement), 그리고 같은 격어미들을 가진 연속적인 일련의 단어들(homoeoptoton)을 사용한다. 그러나 이들을 지나치게 사용하지는 않는다.

4.4.3 문체의 특질들

하나의 단어들과 이 단어들의 배열은 어떤 특질들 또는 장점들(virtues)을 나타내야 한다. 고전 15장에 나타난 문체의 네 가지 특질 곧 순정성(정확성), 명료성, 적합성, 장식 등을 차례로 논한다.

4.4.3.1 순정성(Ἑλληνισμός, purity, correctness)

이 특질은 정확한 헬라어 어휘와 관용구를 가리키며 언어(헬라어)의 문법과 관계가 있다. 바울은 헬라어 언어의 정확한 용법을 따른다(예를 들면, 3－8절: 그리스도에 관하여 완료 시제와 부정과거 시제의 사용, 39－40절: 불변화사 μέν δέ δέ δέ와 μέν δέ의 정확한 사용).

4.4.3.2 명료성(σαφήνεια, clarity, perspicuity, lucidity)

명료성은 사람의 연설의 의미 또는 언어를 명백하고, 분명하고, 또 이해할 수 있게 하는 것을 가리킨다. 바울은 여러 방식으로 명료성을 성취한다. 그는 정확한 헬라어를 사용하고, 배열에서 본 바와 같이 재료를 질서 정연하고 똑바르게 제시하고, 또한 사건들을 일어난 시간 순서로 제시하고(3-8, 22-24, 42-49절), 또 그의 제시에 있어서 동일하거나 유사한 생각들을 반복할 때 지나치게 간결하게 하지 않는다(13-19, 24-28, 42-49, 50-54절). 아리스토텔레스는 명료성을 지나치게 산만하지도 않고 지나치게 간결하지도 않은 것으로 정의한다(Arist. *Rh.* 3.12.6.1414a).

4.4.3.3 적합성(πρέπον, propriety, appropriateness)

적합성이란 주장(cause), 청중, 연설자, 경우, 또는 연설의 부분에 관해서 가장 알맞은 문체를 말한다. 바울은 주제(제재, subject matter)를 청중의 신앙에 사활적인 것으로 간주한다. 그래서 단어들을 주의해서 선정하고 논증을 잘 배열하여 제시하는 것으로 보아 주제를 아무렇게나 취급하지 않고 신중하게 취급한다.

청중의 영적인 아버지로서, 바울에게 있어서는 복음을 그들에게 한 번 더 알리고(1, 5절), 질문을 하고(12, 29-30절), 또 명령을 하는 것(33-34, 58절)이 적합하다. 바울은 또한 논증의 결론 부분에서 사망에 대하여 적합하게 울려 퍼지는 승리의 소리로써 자기가 청중으로 하기를 원하는 대로 행하도록 청중을 설득한다(58절).

4.4.3.4 장식(κόσμος, ornamentation)

장식은 연설자가 단어들을 선정하고 단어들을 결합하는 것으로 시작한다. 하지만 또한 연설자가 사용하는 비유(figures; 비유적 표현, figures of speech) 안에도 존재한다. 바울은 고전 15장에서 많은 비유(figures)를 사용하여 문체를 치장하고 논증을 강화시킨다. 고전 15장에서 가장 현저한 비유들 가운데 하나는 대조법(antithesis)이다. 대조법이란 문체가 단어들 또는 사상들의 반대(contraries)에 의거하는 비유를 말한다(*Rhet. Her.* 4.15.21). 12-58절의 전체 부분은 사실 사상과 단어의 점에서 보아(죽은 자의 부활을 부인하는 것에 반대하는 논증의 형태로) 대조로서 구성된다. 21-22절에서 사망과 부활이 대조된다. 39절에서 대조가 분명하게 예증된다. 40절에서 하늘에 속한 것과 땅에 속한 것이 대조된다. 42−49절에서 바울은 부활 몸을 설명하는 데 대조법을 훌륭하게 사용한다. 우리가 하나님의 나라를 상속받기 위해서 몸의 변화가 필요하다는 것을 바울이 설명할 때, 단어와 사상의 대조가 또한 50−54절에서 이용된다. 대조법이라는 비유로 바울은 청중을 위해 "깊은 인상과 높은 기품"을 창조한다(*Rhet. Her.* 4.15.21).

반복법(Reduplication, *conduplicatio*, ἀναδίπλωσις)은 부연(확대, amplification) 또는 동정에의 호소를 위하여 하나 또는 둘 이상의 단어들을 반복하는 비유이다. 고전 15장에 나타나는 가장 중요한 예 가운데 하나는 12−19절에 나오는데 바울은 몇몇 어구들 또는 절들을 반복함으로써 깊은 인상을 준다. ἀνάστασις νεκρῶν οὐκ ἔστιν이라는 어구가 12−13절에서 반복된다. 16−19절은 13−15절을 반복하고 부연한다.

4.4.4 문체와 구성의 종류

바울은 일상생활에서 매일 사용하는 일반적인 말(단어)들을 사용하고 은유를 사용하는 경우도 있다. 드물고, 낯설거나 낡은 말들을 거의 사용하지 않는다. 구성(작문)은 거칠거나 엄밀하거나 볼품없지 않다. 오히려, 그의 구성은 예술적이고, 매끄럽고, 조화를 이루고, 또 때로는 리드미컬하다. 바울은 15장 전체를 통하여 다양한 비유들을 사용한다. 그의 문체에는 순정성, 명료성, 그리고 장식의 장점이 있다. 이러한 요인들을 고려하면 고전 15장에 나타난 바울의 문체는 중간 문체(middle style)에 속한다 할 것이다.

닫는 말

바울은 그 당시의 모든 가능한 수사학적 규약을 이용하여 죽은 자의 부활을 위해 논증했다. 고린도전서 15장에 나타난 바울의 수사는 죽은 자의 부활을 부인하는 자들을 포함하여 고린도 신자들에게 축적된 능력으로 임했을 것이다. 또한 죽은 자의 부활에 관하여 바울이 말하는 것을 가능한 한 주의 깊게 들을 때에 우리 위에 축적된 능력으로 임할 것이다.

(논문에 없는 첨부부분) 이제 죽은 자의 부활에 대하여 묵상하여 보자. 나에게 있어 눈을 감고 깊이 묵상할 때에 내 심장을 뜨겁게 만드는 것 가운데 하나가 바로 나사렛 예수의 "부활"이다. 그 이유는 그가 내 죽음의 문제를 해결하여 주셨고, 또 나에게 삶의 의미와 능력을 제공하시기 때문이다. "그가 살아나셨고 여기 계시지 아니하니라."(개역개정판, 막 16:6b) 부활의 아침에 무덤 앞에서 천사가 선언한 소식이다. 예수 부활의 의미를 다시 한 번 더 생각하여 본다.

첫째, 나사렛 예수 자신에게 있어서, 그의 부활은 육신을 입고 활동한 그의 생애가 결코 헛되거나 거짓된 것이 아님을 하나님께서 변호하신 것이다. 그는 '범죄자'로 십자가에 못 박혀 죽었으나, 그 판결이 잘못되었음이 드러났다. 하나님께서 그를 살리셔서 "주"와 "그리스도"로 삼으셨다. "그런즉 이스라엘 온 집은 확실히 알지니 너희가 십자가에 못 박은 이 예수를 하나님이 주와 그리스도가 되게 하셨느니라."(행 2:36; cf. 빌 2:6－11) 신약성경 사도행전에 기록된 최초의 설교에서 베드로가 선포한 말이다.

둘째, 앞에서 말한 내용을 좀 더 부연하자면, 예수의 부활은 최초의 예루살렘 교회에서 기독론의 형성을 가능하게 하고, 기독론의 형성은 기독교의 발생을 가능하게 하였다는 것이다. 예수 이후, 교회 초기의 20년 동안에 형성된 기독론, 즉 예수는 "그리스도"요, "하나님의 아들"이요, 또 "주"이시라는 것은 사도들의 가르침의 중요한 일부분이었으며(행 2:42; 4:33; 5:28), 이러한 사도적 가르침을 통하여 기독교의 탄생이 이루어지게 된 것이다. 부활이 없었다면 기독론이 없었고, 기독론이 없었다면 기독교가 있지 못하였을 것이다.

셋째, 우리 인간에게 있어서, 예수의 부활은 궁극적인 죽음의 문제에 대하여 영원한 해답을 제공하였다는 것이다. 사람에게 있어 가장 두려운 것은 무엇인가? 죽음, 곧 죽음의 공포요 위협임을 부인할 수 있는 사람이 있을까? 이러한 인생의 모습을 가리켜 히브리서 저자는 "죽기를 무서워하므로 한평생 매여 종노릇하는 모든 자들"이라 표현한다. 그러나 나사렛 예수께서 우리와 같은 혈과 육을 입고 죽음을 통하여, 죽은 자들 가운데서 다시 살아나심으로써, 죽음의 세력을 잡은 자 곧 마귀를 멸하셨다(히 2:14－15).

넷째, 예수의 부활은 죽은 자의 '몸의' 부활을 보증한다는 것이다. 죽은 자 가운데서 부활이 없다는 잘못된 주장에 대하여 사도 바울께서는 그리스도의 부활은 죽은 자의 부활이 있음을 전제한다는 것과 또 죽은 자의 부활을 보증한다는 상관관계를 고린도전서 15장에서 완벽하게 다루었다. '고린도전서 15장에 나타난 바울의 수사에 대한 분석'이라는 나의 박사학위논문은 이렇게 시작한다. "바울이 고린도에 보낸 첫 번째 편지의 제15장은 중요한데 왜냐하면 신약에서 예수의 부활에 대하여 기록한 가장 이른 증거요, 또 그리스도 안에 있는 모든 신자들의 궁극적인 소망인 죽은 자의 부활에 관한 신약 가르침의 주요 원천이기 때문이다."

다섯째, 예수의 부활은 그가 지금 우리 가운데 살아 계심을 의미한다는 것이다. 단지 거기에 혹은 저 높은 곳에 '멀리' 계시는 분으로 존재하는 것이 아니라, 우리와 함께하셔서 우리가 만날 수 있고, 우리를 찾아와 주시고, 우리의 삶을 '터치'하여 주시는 분으로 계신다는 것이다. 개인적으로는 바로 이것이 부활절에 다시 한 번 더 깊이 생각하게 되는 예수 부활의 의미이기도 하다. 내 생각, 내 계획, 혹은 내 주장을 그리스도에게 굴복시키고 그의 인도하심을 따르는 것이야말로 나의 삶을 능력 있게 만드는 것이리라! 이런 관점에서 보면, 사실 예수의 부활은 부활절에만 특별하게 축하할 일이 아니라, 그렇게 할 뿐 아니라, 또한 오히려 매일매일의 일상의 삶 속에서 우리 그리스도인들이 그 능력을 경험하면서 살아야 할 일이다.

여섯째, 예수의 부활은 이 땅의 죽음 저 너머에 새로운 하늘의 세계(Heaven)가 있음을 보증하는 것이다(행 7:55－56). 천국에 대한 보증인 셈이다. 미국 시카고 근교에 위치한 '트리니티 복음주의 신학대학원'에 유학하여 공부할 때(1984년), 맨 처음 첫 학기에 수강한 과목들 가운데에 "전도"(Evangelism)가 있었다. 강사는 로버트 콜먼(Robert Coleman) 교수였다. 그는 어떤 전도의 기술이나 요령으로 시작하지 않고, '천국'(Heaven) 이야기로 시작하였다. 하늘에 대한 확신이 있을 때에 전도에 대한 동기가 부여된다는 가르침에 큰 감명을 받은 기억이 새롭다. 예수의 부활은 천국을 보증한다(계 21－22장).

일곱째, 예수의 부활은 죄, 악, 사탄, 마귀에 대한 우주적인 싸움에 있어 승리가 하나님께 있음을 보증하는 것이다.

그리스 정교회(Greek Orthodox Church)의 부활절 인사말을 한 번 나누어 보도록 하자. (A) "*예수스 아네스태!*"(예수께서 살아나셨습니다.) (B) "*알레도스 아*

네스태!"(진실로 그가 살아나셨습니다.)

5.6/10 특강 2: 고린도 서신(書信) 읽기

우리는 방금 고린도전서에 대한 소개를 마쳤다. 그런데 바울이 고린도 교회에 보낸 편지로 신약성서에 들어 있는 것은 하나가 더 있다(고린도후서). 그것에 관하여 이내 곧 소개하겠지만, 여기서 바울이 고린도인들에게 보낸 두 개의 편지를 한데 묶어서 고린도 서신을 어떻게 읽을 것인지에 대하여 말하고자 한다.

읽기란 무엇인가?

{자료: 서인선, [복음서 입문](2003) 21 – 29; 송원준, [영성이 깊어지는 큐티](서울: 두란노, 2001); 하워드 헨드릭스, 윌리엄 헨드릭스, [삶을 변화시키는 성경공부](서울: 디모데, 1993) 62 – 253; 피. 스튜어트, [성경을 어떻게 읽을 것인가?](서울: 성서유니온, 1988]; Brown, *New Testament Introduction*(1997) 20 – 47; D. A. Carson, "Approaching the Bible", *New Bible Commentary*(4th.; 1994) 11}

'읽는다'라는 말은 여러 수준에서 사용된다. 단순히 성경의 내용을 파악하는 읽기, 경건의 시간(Quiet Time)에서 묵상을 위한 읽기, 귀납적 성경연구에서 관찰을 위한 읽기, 성경을 이해/해석/석의하기 위한 읽기, 그리고 학문적 혹은 과학적 연구의 대상으로 읽기, 혹은 '새 해석학'에서 말하는 상이한 이념적인 성경 읽기(예를 들면, 사하라 사막 이남의 흑인 아프리카인 읽기, 해방신학 읽기, 페미니스트 읽기, 백인 앵글로-색슨 남성 프로테스탄트 읽기, '게이' 읽기 등)에 이르기까지 여러 수준이다. 여기서는 단순히 내용 파악의 수준에서 벗어나, 더욱 풍성하고 심오한 '조용한 시간'(Q.T.)을 위하여 튼튼한 기초를 놓기 위하여, 적어도 본문을 이해/해석/석의하는 수준에서의 읽기를 다루고자 한다. 고린도서신에 대한 새로운 읽기 이론을 소개하는 것이 아니라, 그들을 읽고 이해하는 데 필요한 실제적인 오리엔테이션을 제공하려는 것이다.

고린도 서신 읽기(1): 준비

바울은 최소한 네 통의 편지를 고린도인들에게 보냈다(고전 5:9; 고후 2:4 참조). 그러나 현존하는 것은 고린도전서와 후서로 알려진 두 통이다. 이 편지들을 제대로 읽기 위해서 우리는 우선 고린도는 어떤 곳인가, 고린도 교회는 어떻게 세워졌는가, 바울은 왜 고린도인들에게 편지를 써서 보냈는가, 또 고린도 서신은 어떻게 구성되어 있는가 하는 질문들에 대한 답을 찾는 것이 큰 도움이 된다.

(1) 고린도는 어떤 곳인가?

고린도라는 도시는 오랫동안 자랑스러운 역사를 지닌 헬라(그리스) 도시였었으나, 로마와 갈등을 일으켜, 주전 146년에 로마 장군 뭄미우스에 의해 멸망을 당하고, 100여 년 동안 폐허로 남아 있다가, 주전 44년에 율리우스 시저의 결정에 따라 로마의 식민지로 다시 건설되었다. 고린도는 아가야 로마속주의 총독이 거주하는 곳이 되었고, 곧 아덴(아테네)보다 인구가 더 많아졌다. 로마의 식민지란 대체로 '군인 정착지'로서 로마의 퇴역 군인들과 노예 신분에서 풀려난 로마에서 온 자유인들로 구성된 도시였으나, 고린도는 그 지리학적 위치로 인하여 빨리 문화와 무역의 중요한 중심지가 되었다. 그리스의 부유한 가문들 가운데 얼마가 고린도로 이주하여 아크로고린도 기슭의 교외 주택지에 정착하고, 도시의 지도적인 민간 은인(恩人, benefactor)들이 되었다. 기독교가 시작될 때에 이르러서는 고린도의 후원으로 이스드미아 경기들이 재개되었다. 고린도의 항구로는 레가이온과 겐그레아가 있었다(롬 16:1 참조). 고린도는 풍부한 문화의 도시였으며, 그 시민들은 아덴 시민들과 마찬가지로 많은 신을 예배하였다. 그중 가장 잘 알려진 것은 여신(女神) 아프로디테이다.

(2) 고린도 교회는 어떻게 세워졌는가?

고린도 교회는 주후 50년에 바울(과 실라와 디모데 그리고 그의 동역자 아굴라와 브리스길 라 부부)에 의해 세워졌다. 바울은 제2차 선교여행(주후 48－51년) 중 주후 50년 가을에 한 세기 동안 로마의 식민지로 있어 온 고린도에 도착한다. 바울의 고린도 선교에 대한 묘사는 사도행전 18:1−17, 18과 고린도전서 2:1−5 등에 나온다. 바울은 "두려움과 떪"으로 고린도에 왔다(고전 2:3). 그는 처음에 유대인의 회당에서(행 18:4), 다음에 하나님을 공경하는 이방인 디도 유스도의 집에서(행 18:7) 예수를 증거하였다. 복음을 전한 결과로 회당장 그리스보와 그의 온 집을 포함한 소수의 유대인과 하나님을 경외하는 디도 유스도를 포함한 다수의 고린도(이방)인들이 믿었다(행 18:7−8). 바울은 사역을 하는 가운데 실망의 시간을 겪기도 하였으나, 주께서 직접 개입하심으로써 큰 격려를 받는다(행 18:9−11).

유대인들의 적대로 불가피하게 어린 '교회'와 회당이 충돌하였다. 유대인들은 그리스도인들에 대한 형사 소송을 제기하려고 시도하였으나, 이 시도는 새로 부임한 아가야 총독 갈리오가 싹이 트고 있는 그리스도교를 유대교의 우산 아래 있는 것으로 판결하였기에 실패했다(행 18:12−17). 이 판결은 그리스도인들에게 유대인과 같은 특혜적 신분을 주는 것을 함의했다. 그리스도교가 유대교 내의 한 분파가 아니라 완전히 다른 종교라는 인식이 형성될 때까지 그리스도인들은 유대인들과 같이 황제예배(Emperor Worship)에 참여해야 할 의무에서 면제받는 결과를 가져왔다. 바울은 고린도에서 18개월 동안을 사역한 후에 그의 선교여행에서 두 번째로 오래 머문 도시를 떠난다(행 18:11). 고린도 사역은 아볼로에 의해 계속되었다(행 18:24−28; 고전 3:6). 베드로도 고린도에 있었던 것으로 보인다(고전 1:12).

고린도 교회의 지체들은 다수의 이방인과 소수의 유대인으로 구성되는데, 약하고 멸시받는 자들(고전 1:26−28), 노예들(고전 7:21ff.; 12:13), 회당장(행 18:8; 고전 1:14), 시(市)의 재무관(롬 16:23) 등이 있다.

(3) 어떻게 해서 바울이 고린도 교인들에게 편지를 써서 보내게 되었는가?

A. 고린도전서

바울이 고린도인들에게 고린도전서를 써서 보낸 것은 세 번째 선교여행 중 에베소에서였다(행 19:1−10, 21−22; 20:1, 31). 이 편지를 쓰기 이전에 바울은 부도덕한 사람과 연합하는 것에 관한 편지를 보낸 것으로 보인다(고전 5:9). 바울은 에베소에 있을 때에 구두와 편지의 두 통로를 통하여 고린도 교회의 소식을 접하게 된다. 그는 고린도 교회에 편지(고린도전서)를 써서 보낼 때, '이전에 보낸 편지'의 내용을 분명히 밝히고(고전 5:9－11), 글로에 집의 사람들로부터 전해 들은 고린도에 관한 소식에 대하여 응답하고(1:10－12; 5:1), 고린도인들이 그에게 보낸 편지에서 그의 가르침을 구하는 다수의 복잡한 목회적 질문들에 답하고(7:1; 16:17), 그 자신의 인격과 사역에 대하여 생겨나는 몇몇 비판에 대하여 해명하고(4:1－18), 이 기회를 이용하여 '성도를 위하는 연보'에 관하여 지시하고(16:1－4), 디모데의 고린도 방문을 위한 길을 예비하고(4:17; 16:10－11), 또 마게도냐를 거쳐서 고린도를 방문하고 예루살렘으로 가려는 자신의 계획을 그들에게 알린다(16:5－9). 고린도전서는 신약에서 가장 긴 목회적인 서신이며, 어려운 목회 이슈들이 다루어져야 하는 방법에 대하여 중요한 실마리를 제공하고, 또 이런저런 방식으로 여전히 오늘의 교회를 괴롭히는 중대한 문제들에 대한 결정적인 대답들을 제공하기도 한다.

B. 고린도후서

바울은 왜 고린도후서를 써서 보내게 되었는가? 이를 이해하기 위해서는 바울과 그의 고린도 회심자들 간에 어떤 일들이 일어났는지의 모든 과정에 대하여 무언가를 좀 아는 것이 필요하다. 고린도전서를 쓰기 전에 일어난 일들에 대해서는 이미 언급하였기 때문에, 이제 그 이후에 일어난 사건(일)들의 순서를 재구성하면 족하다. 이는 다음과 같이 간결하게 정리될 수 있다.

① 디모데의 고린도 방문(고전 4:17; 16:10－11; 고후 1:1)

② 바울의 '고통스러운' 고린도 방문(고후 2:1－2; 12:21)

③ 바울의 '준엄한' 편지(또는 '눈물의' 편지)(고후 2:3－4, 9; 7:8－12, 14 －16; 8:6)

④ 바울이 마게도냐에서 디도를 만나다(고후 2:12－13; 7:5－7; 8:1－2)

⑤ 바울이 고린도후서를 써서 보내다(1－9, 10－13장; 1－13장?)

⑥ 바울의 세 번째 고린도 방문(행 20:2－3; 롬 15:26－27; 고후 11:7－

11; 12:13 − 18).

C. 고린도에 보낸 바울의 편지들

　① 이전의 편지
　② 고린도전서
　③ 준엄한 편지/고린도후서 10 − 13장(＝준엄한 편지)
　④ 고린도후서 1 − 13장(1 − 9, 10 − 13장?)/고린도후서 1 − 9장

(4) 고린도서신은 어떻게 구성되어 있는가?

각각의 '책'에 대하여 다음과 같은 내용 개요를 제시할 수 있을 것이다.

A. 고린도전서

1:1 − 3 인사말
1:4 − 9 감사/그리스도의 완전한 충족으로 인한 감사
1:10 − 4:21 고린도 교회의 분쟁: 교회의 사역에 대한 기독교적 접근/1:10 − 17 기독교 선생들의 우상화로 인한 교회의 분열성/1:18 − 2:5 복음의 요체인 그리스도의 십자가: 세상의 지혜와 대조되는 하나님의 지혜/2:6 − 16 성령에 의해 제시된 지혜/3:1 − 23 고린도인들의 계속적인 문제: 육신에 속함으로 인하여 파생되는/4:1 − 5 사역과 비판/4:6 − 13 사역과 신분/4:14 − 17 고린도인들의 영적 아버지로서의 바울/4:18 − 21 고린도인들이 직면할 수 있는 일들
5:1 − 6:20 도덕적 이슈들/5:1 − 8 음행(근친상간의 사례) 및 교회 징계의 적법한 영역/5:9 − 13 교회 안에 있는 악한 자들에 대한 교회의 판단/6:1 − 11 교인들 가운데 일어난 법정 소송/6:12 − 20 기독교 자유론에 맞서서
7:1 − 40 결혼 문제에 대하여/7:1 − 6 결혼한 자들에게/7:7 독신의 은사와 결혼/7:8 − 9 결혼 배우자가 없는 자들/7:10 − 11 결혼한 자들에게/7:12 − 16 믿지 않는 배우자가 있는 경우의 가능한 선택/7:17 − 24 하나님의 개인적인 부르심/7:25 − 38 결혼하지 않은 자들에게: 지금 결혼할 것인가? 아니면, 기다릴 것인가?/7:39 − 40 과부

8:1－11:1 우상 제물에 대하여: 다원주의적 세계에 있어 복음의 의무들/8:1－
13 우상에게 바쳐진 고기/9:1－14 사도의 권리와 사역/9:15－23 바울의 값없는
복음/9:24－10:13 달음질과 넘어지지 아니함/10:14－11:1 우상 축제들과 주의
만찬: 우상숭배를 피하라.

11:2－14:40 질서 있는 교회 생활/11:2－16 남자와 여자의 구별에 대하여: 예
배 때에 머리를 덮음/11:17－34 주의 만찬에서 일어나는 문제들: 회중의 식사에
접합하지 않은 행동에 대한 구두보고에 대한 응답/12:1－14:40 신령한 은사에
대하여: 오직 하나의 성령이 있다/12:14－31 오직 하나의 신자들의 몸이 있다
/13:1－13 헌신된 관계(사랑)의 맥락에서 행사되는 은사들/14:1－19 예언, 방언,
그리고 교회/14:20－25 예언, 방언, 그리고 불신자들/14:26－36 알맞고 질서 있
게/14:37－40 경고와 결론

15:1－58 그리스도인의 몸의 부활/15:1－11 복음과 그리스도의 부활의 확실
성/15:12－34 그리스도의 부활과 우리의 부활/15:35－44 씨와 몸의 유비/15:45
－49 아담과 그리스도의 유비/15:50－57 승리의 확신/15:58 결론적인 교훈

16:1－12 연보와 그 밖의 일들/16:1－4 성도를 위하는 모금에 대하여/16:5－9
바울의 여행 계획/16:10－11 디모데 방문의 소식/16:12 아볼로에 대하여

16:13－24 끝맺음/16:13－18 끝맺는 윤리 교훈: 스데바나 집의 경건한 예
/16:19－24 끝맺는 문안(19－20), 사도적 경고(21－22), 그리고 축도(23－24)

B. 고린도후서

1:1－2 인사말

1:3－11 감사

1:12－7:16 해결된 위기에 대한 바울의 응답/1:12－14 사도의 진지성/1:15－
2:4 바울이 반복된 여행 계획의 변경을 변호하다/2:5－11 범법한 자의 처리: 용
서/2:12－17 드로아에서 마게도냐까지의 사역에 대한 보고/3:1－3 "추천서"/3:4
－6 새 언약의 사역자들/3:7－18 두 사역의 대조/4:1－6 바울의 사역 행위/4:7
－12 질그릇에 담긴 보배/4:13－15 믿음의 정신/4:16－5:10 바울의 궁극적인
소망/5:11－7:4 화목의 사역/7:6－16 위기 해결 후에 얻은 바울의 기쁨

고린도 서신 읽기(2): 편지로 읽기

고린도전서와 후서는 편지이다. 우리는 고린도 서신을 편지로 읽을 줄 알아야 한다. 신약성서에는 복음, 행전, 편지, 그리고 묵시 등 다양한 문학적 장르가 들어 있다. 모든 장르에 공통적으로 적용되는 일반적인 성경 접근법이 있고, 또 각각의 장르에 특수하게 적용되는 접근법이 있다. 고린도서는 편지이다. 따라서 편지의 본질을 이해하는 것이 필요하다.

(1) 고대의 편지

고대 세계의 그리스(헬라) 편지는 두 개인 간의 접촉을 유지하는 유용한 소통 수단이었고, 일정한 양식을 지니고 있었고, 다양한 종류의 편지가 존재하였고, 저자(송신자)의 개인적 임재를 대신하였고(롬 15:14-33; 고전 4:14-21; 고후 12:14-13:13; 갈 4:12-20; 빌 2:19-24; 살전 2:17-3:13; 몬 21-22), 또 특정한 일 곧 우발적인 상황에 대응하는 성격을 지녔다. 바울은 편지를 사도직의 도구로 여겼고, 그의 편지는 공식적인 특성을 지녔다(고전 16:22; 갈 6:17 참조).

(2) 편지의 양식과 각 부분의 기능

A. 인사(문안)

기본형식은 "A가 B에게 문안한다."이다. 바울은 자신의 특정한 필요에 따라 융통성 있게 변형하여 자신의 목적에 맞춘다(갈 1:1-5, 11-12; 롬 1:1-7; 몬 1-3 참조). 또한 '문안한다'(*카이레인*)는 말을 기독교적인 '은혜와 평강'으로 확대한다.

① 보내는 사람(고전 1:1; 고후 1:1a)

② 받는 사람(고전 1:2; 고후 1:1b)

③ 문안(고전 1:3; 고후 1:2)

B. 감사/축복/기도(고전 1:4-9; 고후 1:3-11)

이는 편지 열기를 끝내고, 편지의 기본적인 의도를 신호하고, 또 본문에서 고려하게 될 주요 화두의 개요를 제공하기도 한다. 감사는 갈라디아서를 제외하고 바울의 모든 편지에 등장하고, 각각의 경우에 바울은 수신자들의 상황을 드러낸다.

고린도전서 1장 4-9절은 고린도 그리스도인들의 은사적 구변과 지식을 미래의 "우리 주 예수의 날"과 연결시킨다. 바울은 여기서 고린도전서의 기본적인 관심을 알리는 것이다. 학자들은 고린도인들이 지혜(1:18-4:21)와 성령 은사적 구변(12-14장)에 몰두하는 것은 이 세상에서 완전한 구원을 주장하는 종교적 열광에서 나온 것임을 주목해 오고 있다. 바울이 감사에서 미래의 "우리 주 예수의 날"을 언급하는 것은 고린도 교인들의 종말론적 관점을 조정하려는 의지를 나타내는 것이다. 바울이 미래의 "주의 날"을 강조함은 여기서 지금 이미 "주의 날"을 경험하고 있다고 주장하는 자들을 열광을 제한하기 위한 것이다.

고린도후서 1장 3-11절도 고린도전서 1장 3-11절에서와 같은 기능을 갖는데, 편지의 몸통에서 나오게 될 한 가지 주요 강조점을 미리 보여 준다. 그것은 '고난(환난)과 위로'이다. 이 말들은 전체 편지가 말하는 상황과 관련성이 있다. 환상과 이적(능한 일들)과 성령의 다른 경이를 가지고 그들의 주장을 확인하려는 자들에게 맞서서, 바울은 옥에 갇힘과 매 맞음과 파선과 다른 환난을 내세운

다. 그의 적대자들이 죽음의 악취라고 하려는 것을 바울은 "그리스도의 향기"라
고 부른다(고후 2:14-17). 다른 사람들의 사역에 대비하여 바울은 자기의 사역
을 고난, 박해, 그리고 가난에 비추어서 정의한다. 바울은 이러한 것을 그리스도
의 고난에 참여하는 것으로 이해하고, 이를 통하여 사역의 위로와 힘을 발견한
다(고후 7:5-12). 고린도후서에서 우리는 바울이 어떻게 독자의 상황과 감사를
연결시키고, 또 감사가 어떻게 편지의 주요점을 들여다보는 구멍 역할을 하게
되는지 본다.

C. 몸통(본문)(고전 1:10-4:21; 고후 1:8-13:10)

감사와 본문은 기능적으로 서로 보완한다. 감사에서 기도로써 바울과 독자를
하나님의 존전에 놓고, 본문에서 바울은 그리스도 안에서 하나님께서 그와 독자
들에게 주장하시는 것들을 해석한다. 바울의 편지의 몸통에는 그의 신학적 이해
만큼이나 광범위하고, 교회들의 필요만큼이나 다양한 주제들이 등장한다. 그러
나 편지 몸통의 초두 근처에 바울의 자전적 단락이나 활동보고가 종종 나오고
(고전 1:10-17; 고후 1:8-2:13; 갈 1:10-2:21; 빌 1:12-26), 또 편지의 본론
(몸통)에는 반복해서 나오는 패턴이 있다. 예를 들면, 다음과 같이 간략하게 요
약할 수 있을 것이다.

(가) 본문(몸통)을 여는 정형(공식) 문구들

    ① 요구 문구: "[형제들아] 내가 너희를 권한다."(고전 1:10-16)
    ② 폭로 문구: "[형제들아(나는) 너희가 알지 못하기를 원치 않는다."(고
      후 1:8-12; 롬 1:13; 살전 2:1; 빌 1:2; 갈 1:11)
    ③ 기쁨 문구: "내가 기쁨을 얻었다."(몬 4-7)
    ④ 놀람의 표현들: "내가 이상히 여기노라."(갈 1:6)

(나) 종말론적 결론(들)

    ① 고전 4:6-13; 고후 6:1ff.
    ② 롬 8:31-39; 11:25-36; 갈 6:7-10; 빌 2:14-18; 살전 2:13-16

참조.

(다) 본문(몸통)을 닫는 정형(공식) 문구들

① 바울의 여행 계획, 또는 바울 자신의 방문 계획(고전 4:14－21; 16:5
－9; 고후 12:14－13:13; 롬 15:14－33; 갈 4:12－20; 빌 2:19－24;
살전 2:17－3:13; 몬 21－22)

② 이 여행담의 기능은 사도의 방문을 약속함으로 기록된 말을 강화하
는 것이다.

D. 윤리 교훈과 권면(고전 5:1－16:12－18; 고후 13:11a)

바울의 편지에는 적어도 세 가지 다른 유형의 '윤리 교훈'이 발견된다. 구슬
들을 줄에 꿰어 놓은 것처럼, 관계가 없는 도덕적 격언들의 묶음(롬 12:9－13),
덕과 악의 목록들(갈 5:19－23), 그리고 특정 화두에 대한 긴 권면이나 설교(훈
계)(고전 5－15장; 살전 4:13－18; 5:1－11).

편지 여기저기 흩어져 나오는 윤리적 교훈들과 '윤리 교훈 단락'은 구별되어
야 한다. 윤리 교훈 중에는 일반적인 성격을 지니고 있는 것들이 있으나, 바울
은 특정한 교회의 상황과 관련성을 갖게 한다. 윤리 교훈에서 복수 행위를 하지
마라, 외인들에게 선을 행하라, 지도자들에게 순종하라, 교회에 덕을 세우라 등
과 같은 일반적인 훈계들이 편지들에 정규적으로 나오나, 이 윤리 교훈들은 모
든 문제 해결의 규칙서가 아니라, 복음이 어떻게 시행되는지에 대한 예나 예증
이다. 윤리 교훈 단락들은 실제적인 안내를 제공하나, 또한 정보를 전달하고, 요
구들을 제시하고, 또 상기하여야 할 것들을 말하기도 한다(살전 4－5장 참조).

E. 끝맺는 말(고전 16:19－24; 고후 13:11b－13)

이 부분에는 평강의 기원, 기도의 요청, 문안, 축도가 나온다. 종종 사도적 선
언이 나오기도 한다. 일반적으로, 이 모든 것 앞에 한 벌의 최후 순간의 교훈들
이 나온다. 평가의 기원으로 이 문턱을 넘으면, 바울은 헤어질 준비를 하고, 또
편지를 통한 대화를 종결한다.

① 평강의 기원(－/고후 13:11bc)

② 문안(고전 16:19−20a; 고후 13:12)

③ 입맞춤(고전 16:20b; 고후 13:11d)/사도적 명령(고전 16:22/−)

④ 축도(혹은, 은혜)(고전 16:23−24; 고후 13:13)

고린도 서신 읽기(3): 문맥(맥락)을 따라 읽기

일반적으로 편지를 읽을 때, 특정하게 고린도 서신을 읽을 때, 가장 중요하게 고려하여야 할 것은 문맥 또는 맥락이다. 고린도 서신의 역사적 문맥과 문학적 문맥을 살펴보자.

(1) 역사적 문맥

저자가 편지를 쓸 때에 염두에 두던 상황을 가상적으로, 그러면서도 근거 있게 다시 구성하는 일이 필요하다. 실제적으로 이를 위하여 성경 사전이나 주석의 서론 부분을 이용할 수 있을 것이다. 또한 가능하면, 편지 전체를 단번에, 그리고 반복해서 읽고, 다음의 질문들에 관련된 내용을 기록하여 둔다. 여기서는 고린도전서를 사용한다.

(가) 고린도에 어떤 상황이 있었고, 바울은 그것을 어떻게 알게 되었는가?(1:10−12; 5:1/7:1; 7:25; 8:1; 12:1; 16:1; 16:12/16:17)

(나) 수신자들에 대하여 말하는 것은 무엇인가?(6:9−11; 8:10; 12:13/1:18−2:5; 4:10; 8:1−13; 6:5/4:18; 5:2, 6/4:1−5; 9:1−18)

(다) 바울은 그들과 어떤 관계에 있었는가? 어떻게 접촉을 했었는가?

(라) 바울과 그들의 태도가 편지에 어떻게 반영되었는가?(4:8−21; 5:2; 6:1−8/4:14−17; 16:10−11/6:18−20; 16:12−14)

우리는 또한 고린도전서에 자연스럽게 나타나는 논리적인 내용-구분(1−6장, 7−16장), 즉 개요를 통하여 어느 정도 역사적 상황을 짐작할 수 있다. 그러나 정작 중요한 것은 바울의 답변을 이끌어 낸 고린도 교회의 문제의 상황들에 대하여 정확하게 성격을 규명하는 것이다. 하나의 예로 고린도전서 1−4장을 들어 살펴보자.

(가) 이 장들에서 바울이 특별히 말하는 내용은 무엇인가?

그것은 고린도 교인들 사이에 지도자들에 따라 분쟁이 있었고(1:10−12; 참조, 3:4−9; 3:21−22; 4:6), 그 분쟁은 단순한 견해의 차이를 넘어 서로 대적하고 다툴 정도였다는 것이다(1:12; 3:3; 4:6).

(나) 드러나는 두 가지 사실은?

고린도인들 가운데는 바울에 대하여 반감을 갖는 어떤 이들이 있었고(4:1−5; 4:18−21), 이 단락의 중심적인 낱말은 '지혜'와 '지혜로운'이라는 것이 드러난다. 이 말은 1−3장에 26회 등장하고, 바울 편지의 다른 부분들에서는 겨우 18회 등장한다. 이 말들은 경멸의 뜻으로 더 많이 사용되었다(1:18−22, 27−28; 3:18−20/1:18−25/1:26−31/2:1−5/1:30). 따라서 지혜가 당시 고린도 교회의 분쟁의 한 가지 요인이었음을 시사한다. 바울에 반대했던 사람들은 지혜를 내세워서 그렇게 했으리라는 추측이 가능하다.

(다) 바울의 회답에서 찾을 수 있는 세 가지 중요한 사실은?

고린도인들은 교회 지도자의 본질과 기능에 대해 심각하게 오해하고 있었고(3:5−23), 복음의 본질에 대하여 오해하고 있었고(1:18−3:4), 또 그들 가운데 바울에 대해 그릇된 판단을 하고 있는 어떤 사람들이 있었다(4:1−21)는 것이다.

(2) 문학적 문맥

다음 단계는 앞에서 가상적으로 세운 문제점들에 대한 해답으로서 바울의 논증을 추적해 나가는 일이다. 곧, 우리는 주어진 큰 단락의 문단을 구분하고, 또 각 문단은 전체에 대하여 어떤 역할을 하는지 설명하여야 한다. 하나의 예로, 우리는 고린도전서 3장 5−17절을 읽으려고 하는데, 그 앞에 1장 18절−3장 4절이 나온다. 먼저 이 문절을 다음과 같은 문단으로 나눌 수 있다. 한두 문장으로 된 문단의 요점을 덧붙인다.

(가) 고린도전서 1장 18절-3장 4절

① 1장 18-25절: 복음의 핵심은 인간의 지혜와 반대되는 것이며, 고린
도인들은 복음을 오해하였다.

② 1장 26-31절: 인간과 대비되는 하나님의 지혜의 예는 고린도인들을
택하신 데 나타난다.

③ 2장 1-5절: 하나님의 역사는 인간의 지혜와 모순된다는 사실의 예
를 제시한다.

④ 2장 6-16절: 그러한 하나님의 역사도 지혜이다. 그 지혜는 성령을
소유한 하나님의 새 백성에게 성령께서 주시는 지혜이다.

⑤ 3장 1-4절: 고린도인들은 성령을 소유하고 있으므로, 바울은 약간
주제를 바꾸어서 그들에게 성령을 소유하지 않은 자들처럼 행동하지
말라고 교훈한다. 그들은 육신에 속한 자들이다.

(나) 고린도전서 3장 5-17절

이 구절은 세 개의 문단으로 나눌 수 있는데, 각 문단의 역할은 무엇인가? 우
리는 고린도인들의 분열 문제를 다루는 큰 문맥을 중심으로 각 문단을 생각하
고 해석하여야 한다.

① 3장 5-9절: 고린도인들이 파당을 이루어 다투고 있는 지도자들의
본질과 기능을 말하는데, 이는 고린도 교회의 결정적인 현안 문제에
대한 대답이다. 바울은 여기서 농사의 비유를 사용한다.

② 3장 10-15절: 9절 마지막에서 바울은 농사의 비유에서 건축의 비유
로 전환하고, 10절의 이 문단에서 계속 그 비유를 사용한다. 두 비유
의 상세한 내용은 서로 같다. 그러나 각 비유의 말하고자 하는 요점
은 서로 다르다. 3:10-15의 요점은 10절에 분명히 나타나 있다. 여
기서 짓고 있는 것은 교회라는 사실을 주목하여야 한다. 신자 개인이
어떻게 그리스도인다운 삶을 영위하는가에 대해서 말하는 것이 아니
다. 바울이 여기서 말하고 있는 것은 바로 교회를 이끌어 가는 자들
이 조심스럽게 그 일을 감당해야 한다는 사실이다. 심판의 날이 가까

왔기 때문이다.

③ 3장 16-17절: 이 문단도 조금 뒤에 나오는 6:19("성령의 전")의 경우처럼 개인에게 적용하여 한 개인이 몸을 더럽히거나 영적 삶을 도외시하는 것을 뜻하는 것으로 생각하는 것은 잘못이다. 바울은 여기서 집합적인 의미로 "너희"(고린도 교회)를 가리켜 하나님의 성전이라는 말을 사용하는 것이다(고후 6:16; 엡 2:19-22 참조).

(다) 바울의 논증

바울은 고린도인들이 복음을 잘못 이해하여 왔다는 것부터 지적한다. 복음은 인간의 지혜를 근거하지 않을 뿐 아니라 모든 면에서 인간의 지혜와 모순을 일으킨다. 그다음, 바울은 교회의 지도자들에 대한 고린도인들의 잘못된 이해를 지적하며, 동시에 지도자와 교회 자체에 대하여 분쟁을 조장하는 자들에게 하나님의 심판이 있을 것을 경고한다. 그리고 3장 18-23절에서는 이 두 주제를 한데 묶어서 결론을 맺는다. 인간의 지혜는 어리석다. 그러므로 "더 이상 사람을 자랑하지 마라."

(라) 또 하나의 예: 고린도전서 16장 12-14절

고린도전서 16장 12절은 고린도인들의 편지에서 마지막으로 다루는 문제, 즉 아볼로가 고린도로 돌아오는 요청을 언급한다. 바로 뒤에 나오는 16장 13-14절은 아볼로가 고린도로 돌아가는 문제와 관계가 없는 교훈처럼 보인다. 그러나 더 넓은 문맥을 고찰할 때 그렇지 않음이 드러난다(Bruce Winter, "1 Corinthians", *New Bible Commentary*, 1186).

고린도인들은 아볼로가 고린도로 다시 돌아오도록 요청했다(16:12). 그러나 아볼로에 대한 그들의 태도에 비추어서 볼 때(1:12; 3:4-6, 22; 4:6; 참조, 행 18:24; 19:1), 이러한 요구를 하는 어떤 고린도인들의 동기는 분명히 수상하다. 바울이 돌아와서 오랫동안 머무는 것에 대한 대안으로 생각한 것이었다. 이 모든 것에도 불구하고 바울은 아볼로에게 돌아가서 사역하도록 강권했다. 그러나 아볼로의 반응은 부정적이었다. '그리고 그가 지금 가는 것이 전혀 뜻이 아니었다.' *기회가 있으면,* 문자적으로는 *때가 적절하면* 갈 것이다. 이는 바울과 교회

간의 긴장을 고려하여 아볼로가 이번에 초청을 받아들이는 것이 고린도 회중에게 이익이 되지 않는다고 판단했음을 시사한다. 아볼로가 자기를 대신하여 바울로 하여금 답변하게 했다는 것이 흥미롭다. 바울과 아볼로 간에는 분명 경쟁 정신이 없고, 그들의 동기를 고려하여 아볼로도 고린도 교회의 추어올림에 끌려 거기에 가려고 하지도 않았다. 바울은 세상적인 경쟁 정신에 굴복한 고린도의 기독교 사역자들의 태도를 나중에 기록하게 되었다(고후 10:12).

고린도전서 16장 13－14절은 아볼로 문제와 관계가 없는 것처럼 보일 수도 있으나, 여기에 주어진 명령들(*깨어 있어라; 믿음에 굳게 서라; 남자답게 강건하여라; 너희 모든 일을 사랑으로 행하라.*)은 복음 사역에 대한 고린도인들의 잘못된 태도에 비추어서 보면 뜻이 잘 통한다. 즉, 고린도전서 16장 13－14절은 일반적인 교훈에 지나지 않는 것으로서가 아니라, 고린도의 특정한 상황과 연결되는 교훈으로서 이해할 수 있다. 그들은 "깨어 있어라." 하는 요구를 받는다. 그들은 분명 아볼로와 바울에 관하여 세속적인 사고방식들에 굴복했다(고전 3:3－4 참조). 십자가에 못 박히신 그리스도에 대한 믿음에 굳게 서는 것은 복음의 전달자들에게 필요한 것만큼이나 고린도인들에게 필요했다(고전 1:17－2:5 참조). 용기 있는 사람이 되고 강하라고 하는 것은 세련되고 능란한 웅변의 세속적인 범주들에 따라 사역을 형성하라는 압력에 저항하는 것을 포함하는 말이다(바울의 예, 고전 4:8－16 참조). 모든 것을 사랑으로 하라는 것은 이전의 선생들에 대하여 그들이 분쟁하고 시기하는 것과 아볼로를 돌아오라고 청함의 배후에 있는 동기들을 책망하는 것일 게다(1:10; 3:3; 4:6 참조).

고린도 서신 읽기(4) : 수사(학적으)로 읽기

고린도전서에서 바울의 일차적인 과제는 파벌로 고통받는 회중의 지체들을 서로에게 화해시키는 것이었고, 고린도후서에서 그는 고린도인들을 위하고 또 그들과 함께한 사역의 정당성과 실제들을 기운차게 옹호함으로써 그들을 바울 자신에게 화해시킬 필요가 있었다. 고린도후서의 배경이 되는 것으로, 고린도인들에게서 바울을 멀어지게 만든 요인들이 있었으니, 곧 바울의 경쟁자들 혹은 적대자들(고후 11장), 고통스러운 방문 중 바울에게 슬픔을 가져다준 사람(2:6－

11), 이교 신전에서의 향연(고후 6:14 – 7:1), 자주 변경되었던 바울의 여행 계획 (1:15 – 24; 7:8; 12:14; 13:1 – 2, 14), 그리고 고린도인들과의 보호자 – 피보호자 관계들을 들 수 있다(11:7 – 9; 12:14 – 18).

수사학적으로 신약의 편지들을 읽을 때 우리에게 주는 유익한 점은 특히 서신 전체의 흐름에 대한 이해를 돕는다는 것이다. 특히 고린도후서의 경우에 그렇다. 언뜻 보기에 고린도후서는 통일성이 없는, 여러 편지들이 모여 편집된 것처럼 보이는 구석이 있으나(6:13과 7:2의 유연한 연결; [6:14 – 7:1]; 7:2; 8 – 9장의 독립성; 1 – 9장과 10 – 13장의 다른 어조), 고전 수사학 이론을 활용하여 전체로서의 고린도후서가 왜 현재의 모양을 취하고 있는지 설명하는 것이 가능하다. 더 이상의 자세한 설명은 다음에 나오는 '고린도후서' 항(項)에서 다룰 것이다.

고린도 서신 읽기(5): 경전(經典)으로 읽기

"성경은 하나님의 말씀이기 때문에, 우리가 읽을수록 겸손을 도야하는 것, 우리가 숙고하고 연구할수록 묵상적인 기도함을 육성하는 것, 우리가 이해하고 순종하려고 할수록 성령의 도우심을 구하는 것, 우리가 이해하는 것이 더 많아질수록 죄를 고백하고 마음과 동기와 관계들의 깨끗함을 추구하는 것이 사활적으로 중요하다. 이 분야들에서 실패하면 학자는 될 수 있을는지 모르나, 성숙한 그리스도인은 되지 못한다."(D. A. Carson, "Approaching the Bible", *New Bible Commentary*, 18 – 19).

맺는말

이사야 66장 2절는 말하기를 여호와는 "나의 말을 인하여 떠는 자"를 돌보신다고 한다. 우리는 성경(하나님의 말씀)을 읽고(계 1:3), 듣고(롬 10:17), 공부하고(행 17:11), 외우고(시 119:11), 또 묵상하기(시 1:2 – 3)를 힘써야 할 것이다.

5.7 고린도후서

{자료: Ben Witherington Ⅲ, *Conflict and Community in Corinth: A Socio-Rhetorical Commentary on 1 and 2 Corinthians*(Grand Rapids: Eerdmans/ Carlisle: Paternoster, 1995); Brown, *An Introduction to the New Testament*, 541 -558; Achtemeier, Green and Thompson, *Introducing the NEW TESTAMENT*, 347-354; Gorman, *Apostle of the Crucified Lord*, 287-337; Blomberg, *From Pentecost to Patmos*, 203-32; Schnelle, *The History and Theology of the New Testament Writings*, 75-92; 김경희 외 12인, [신약성서 개론: 한국인을 위한 최신 연구], 353-69}

5.7/1 저자, 연대, 장소

고린도후서의 저자가 사도 바울이라는 데에 논란의 여지가 없다. 마게도냐에서 56년경에 기록하였다.

5.7/2 저술의 계기

{자료: Witherington Ⅲ, *Conflict and Community in Corinth*, 35-48; Guthrie, *New Testament Introduction*, 437-53; Lea, *The New Testament*, 412}

고린도전서는 기본적으로 고린도교회 자체의 문제, 곧 파당/분쟁/분열의 가장 근원적인 문제를 해결하기 위한 것이었다. 바꾸어 말하면, 바울의 일차적인 과제는 분쟁에 빠진 고린도 교인들을 서로서로에게 화해시켜 하나 되게 하는 것이었다. 그런데 고린도전서와 후서를 자세히 읽어 보면 두 편지 사이에 무엇인가 다른 분위기를 느낄 수 있다. 사실 전서에서도 그런 낌새를 전혀 느낄 수 없었던 것은 아니지만, 후서에서 우리는 바울이 자신의 사역과 사도직에 대해서 변호하는 모습을 본다. 즉, 전서와 후서는 상황이 아주 다르다. 간단히 말하면, 고린도후서에서 바울이 일차적으로 다루고 있는 문제는 고린도교인들 간의 문제가 아니라, 고린도교인들과 바울 간의 문제이다. 그리고 보면, 고린도전서를 쓴 이후 후서를 쓸 때까지의 사이에 바울과 고린도인들과의 관계에 무슨 일이, 아마도 확실히 나쁜 방향으로, 생겼음이 분명하다. 둘 사이의 관계가 악화되었다는 말이다. 물론 이는 바울이 고린도인들을 나쁘게 생각하게 되었다는 것이 아니라, 고린도인들이 사도 바울에 대하여 나쁘게 보게 되었다는 것이다. 전서와 후서 사이에 바울과 고린도인들 간에는 무슨 일이 있었을까?

에베소에서

바울은 제3차 선교 여행 중 에베소에서 3년간 활동을 했는데(행 19:1 - 20:1), 가르치고 복음을 전하는 사역을 통하여 많은 열매를 맺었다(행 19:10 - 12, 17 - 20). 그러나 심한 시련을 당하기도 했다(행 19:9, 19:21 - 20:1, 20:31, 고후 1:8). 이 기간 중에 고린도 교회 안에 있는 악을 교정하기 위해서 고린도전서 5장 9절에 언급된 편지("내가 너희에게 쓴 편지", 소위 '이전의 편지')를 보냈다. 이 '이전의 편지'는 고린도전서 혹은 고린도후서 6장 14절 - 7장 1절에 일부 보존되었을 가능성이 있으나, 잃어버렸다. 내용은 부도덕한 사람과 연합하지 말라고 경고하는 것이었으나, 이것이 오해된 것 같다(고전 5:9 - 11). 에베소에서 사역이 끝나 갈 무렵 고린도 교회의 상황에 대한 소식을 듣고(고전 1:11; 16:17) 다시 편지를 써서 보내니, 곧 '고린도전서'이다.

고통스러운 방문

고린도전서 16장 10 - 11절을 보면 디모데가 고린도를 방문한다고 했는데, 그 이후의 경과는 잘 알 수 없으나, 아마도 디모데가 가져온 소식을 듣고, 혹은 다른 경로를 통하여 그 좋지 않은 보고를 듣고, 바울이 고린도를 황급히 방문하게 되었다. 그러나 그것은 고통스러운 경험이었다. 거기서 그는 어느 고린도 교인으로부터 개인적인 도전을 받고, 마음에 큰 상처를 입었다. 이것이 소위 '고통스러운 방문'이라는 것이다(고후 2:1; 12:14, 21; 13:2; 참조, 고후 12:14; 13:1; 13:10). 그는 급히 떠나올 수밖에 없었다.

가혹한, 눈물의 편지

바울은 에베소로 돌아와서 다시 편지를 써서 디도 편에 보낸다(고후 2:3, 4, 9, 13; 7:8, 12 [5 - 16]; 12:18). 바울에게 직접적으로 무례를 범하며 도전을 한 고린도 교인을 치리하라는 가혹한 내용이었다(고후 2:5 - 11). 바울은 아주 슬픈 마음으로 이 편지를 썼는데, 이는 보통 '눈물의 편지' 혹은 '슬픔의 편지'라 불린다(고후 2:3 - 4; 7:8). 전통적으로는 고린도전서로 보았으나, 이는 더 이상 받아들여지지 않고, 고린도후서 10 - 13장에 부분적으로 보존되었다는 주장이 제기되기도 한다.

고린도후서

이 편지를 보내 놓고, 바울은 견딜 수 없어 하루라도 빨리 디도를 만나기를 원하며 에베소를 떠난다. 그는 디도가 '눈물(슬픔)의 편지'를 전달하고 고린도에서 가져올 소식을 기다리며 드로아에 머물러 있었으나(고후 2:12), 그곳에서 디도를 만나지 못하자, 마게도냐로 건너가서(고후 2:12 - 13; 행 20:1 - 2; 롬 15:19; 고후 7:5) 마침내 디도를 만나고, 고린도의 상황에 대한 좋은 소식을 듣는다. 고린도 교회에서 영적 각성이 일어나고 있었으나(고후 7:5 - 16), 아직도 문제가 있었다(예를 들면, 고후 10:2, 10; 11:4; 12:16, 20 - 21). 가장 큰 문제는 그동안 고린도 밖에서 거짓 "사도"들이 침입해 들어와서 문제를 일으키는 것이었다. 바울은 그래서 문제를 해결할 뿐 아니라, 세 번째 고린도 방문을 준비하기 위해서 마게도냐(좀 더 구체적으로는, 빌립보?)에서(고후 7:5) 고린도후서를 써서 디도 편에 전달한다(고후 8:6, 16 - 24). 바울은 그 이후에 마게도냐를 거쳐서 예루살렘으로 가기 전에 고린도에서 겨울을 보낸다(행 20:2 - 21:17; 롬 15:25 - 28; 16:21 - 23). 이는 세 번째이자 마지막 고린도 방문이다.

후서에 나타난 바울과 고린도 교회의 문제

한마디로 말해서, 고린도후서에서 바울이 근본적으로 다룬 문제는 그의 사역과 사도직에 대한 변호이다. 고린도인들 가운데 바울에 대하여 미심쩍어함이 생겨 그들과 바울 사이에 마음의 틈이 벌어지게 되고, 바울은 그들을 자기에게로 화해시켜야 할 필요를 느낀 것이다. 이렇게 고린도인들과 바울과의 관계를 소원하게 만들고, 바울의 사도직에 대하여 미심쩍어하게 만든 요인들은 무엇인가? 다음과 같은 위터링톤(Witherington Ⅲ)의 설명은 적절해 보인다.

첫째, 바울의 경쟁자들, 적대자들이 있었다. 바울이 떠난 후 고린도에 바울의 경쟁자들이 나타난 것이다. 그들은 바울을 반대하고, 바울의 회심자들의 마음을 얻으려고 노력했다. 이들은 유대인들(11장), 또는 유대인 그리스도인들로서, 추천서를 지참했고, 사역의 실행 및 사역과 사역자들에 대한 평가의 기준이 바울과 달랐고, 기독교 지도자에 대한 고린도인들의 이미지를 흔들어 놓았고, 그 당시 흥왕한 소피스트(Sophist) 운동의 상승 조류에 영향을 받은 자들이었다.

둘째, 고통스러운 방문 중 그에게 슬픔을 가져다준 사람이 있었다(2:6-11). 이에 대하여 바울은 화해의 한 주요 장애물이 이미 제거된 것을 감사한다고 강조함으로써 고린도인들의 호의를 얻으려고 했다. 고린도인들이 그 문제를 잘 처리한 것에 감사했다는 것이다. 여기서 바울은 화해하게 하는 은혜의 모범이 되기를 원한다. 바울이 격려, 위로를 받은 것같이, 고린도인들에게 그 책망받은 자의 위로자요 화해자가 되라고 권한다.

셋째, 신전에서의 향연(饗宴)이 있었다. 이것은 화해의 또 하나의 장애물이 되었다. 이교 신전에서 또는 아스클레피온(Asklepion) 같은 종교적인 건물에 딸린 식당 홀에서 베풀어지는 향연에 참석하는 어떤 고린도 그리스도인들(아마도 부유한 이방 남자들)의 관행이 있었다. 고린도전서 8-10장에 이어, 고린도후서 6장 14절-7장 1절에서 이 문제를 다시 다룸에 있어서, 어느 정도 동의어이며, 어떤 활동에 동참하는 사람들에 관해서 말하는 많은 말들을 사용한다(14-16절: *헤테로주군테스, 코이노니아, 숨포네시스 및 순카타데시스*). 여기서 그 활동은 잘못된 종류의 군중과 잘못된 종류의 활동에 관여되어 있다(고전 3:16; 10:21-22; 고후 6:15-16 참조). 고린도후서 6장 14절-7장 1절이 후서의 바로 그 위치에 나타나는 것은 아마도 바울이 하나님과 고린도인들의 종이 되기 위하여 행하고 포기한 모든 것을 말했기 때문일 것인데, 바울은 고린도인들에게 상응한 것을 요구하고 있는 것이다. 그들도 그리스도와 그의 사도와 조화를 이루기 위해서는 기꺼이 어떤 것을 포기하고 어떤 희생을 치러야 한다는 것이다.

셋째, 바울의 여행 계획이다. 바울은 고린도후서 전체에 걸쳐서 몇 번이고 그의 여행 계획을 거론한다. 바울은 고린도 그리스도인들을 가 보려고 계획하였지만 아직 그렇게 하지 못했다(1:15－24). 그는 대신 자신의 대리인들을 보냈다(7, 8장). 그는 편지의 마지막 부분에서 고린도에 갈 계획을 서술한다(12:14; 13:1－2, 14). 이로 미루어 보건대, 바울의 적대자들이 바울의 말과 행동이 다르다고 비난한 것 같다. 바울은 다음의 방문이 고린도인들과 화해를 이루는 데 마지막 단계가 되기를 원했기 때문에 언행불일치 또는 위선의 비난을 없애기 위해 여행 계획을 한 번 이상 말한다.

넷째, 고린도인들과 보호 관계 혹은 후원 관계들이 있다. 고린도인들이 바울을 비난한 일들 가운데 하나는 바울이 그들로부터 후원을 받으려 하지 않았다는 것이다. 고린도후서 11장 7절 이하에서 볼 때, 바울에게는 후원을 받지 않는 신학적 이유가 있었다. 자유로운 은혜의 복음은 값없이 주어져야 한다. 하지만 빌립보로부터는 지원을 받았다(11:9). 고린도에서는 상황이 달랐다고 바울은 인식한다. 고린도인들 중에는 *바울의* 은인이 되고, 그리하여 바울을 그들에게 빚진 상태에 두기를 원하는 자들이 있었다. 바울의 거절 이유는 일부분 신학적이었다. 그는 오히려 자신을 고린도인들의 은인 혹은 후원자로 보았다. 고린도인들은 그의 영적 자녀들이었다. 바울이 그들의 후원자(은인)였다(12:14). 바울과 고린도인들 간의 관계에 영향을 미치는 권위의 위기는 부분적으로 이 관계에 있어서 누가 은인(benefactor) 혹은 보호자(patron)이며, 누가 피보호자 혹은 은전을 입은 자인가? 하는 것에 대한 오해로 인하여 발생했다. 거짓 *아포스톨로이가* 이 틈을 파고 들어왔다(12:13; 11:1－14; 12:11－18). 이 문제에 대한 바울의 해결책은 고린도인들이 은인이 될 수 있지만, 바울의 은인은 아니라는 것이었다. 예루살렘의 가난한 그리스도인들을 구제하는 연보에 풍족히 드리라고 그들에게 강권한다. 그렇게 함으로써 그들은 은인이 될 수 있다는 것이다(고후 8－9장; 참조, 고전 16:1－3; 고후 9:5; 9:2－5; 8:1－7).

5.7/3 바울의 적대자들

고린도후서에 나타난 바울의 적대자들에 대하여 많은 견해가 제시되어 왔다. 그러나 여기서는 고린도후서 자체에서 얻을 수 있는 자료(data)에 의해 제시되는 바울의 적대자들을 묘사하는 것으로 한정한다.

1－9장에서

먼저, 1－9장 부분에서는 적대자들에 대한 명시적인 언급들이 2:17("수많은 사람들"), 3:1("어떤 사람들"), 5:12("외모로 자랑하는 자들") 등에 나오고, 그들을 암시하는 것으로 보이는 것들이 2:16b－6:10 여기저기에 흩어져 있다(특히 2:16b; 3:1; 3:4, 12; 3:7－18; 4:1, 2; 4:8－9; 5:13a; 6:4c－5). 적대자들이 고린도 교회의 무대에서 보인다. 그들은 불순한 동기를 가지고 "하나님의 말씀을 혼잡하게 하고" 있다(2:17). 그들은 추천장을 가지고 외부에서 고린도로 왔는데, 이러한 추천장을 고린도인들에게서도 받으려고 하였고(3:1), 또 "마음으로 하지 않고 외모로 자랑하고" 있다(5:12). 2;16b와 3:1의 수사적 질문들은 적대자들 편에서 충분히 자격이 있음과 적격자임을 자랑하는 것을 반영하는 것일 가능성이 있는데, 그들은 고린도 회중의 눈에 바울이 작게 보이도록 만들려고 노력하였다 (3:2－3, 4, 5－6, 12 참조). 또한 5:13a("미쳤어도")에서 우리는 무아지경의 황홀한 경험들이 적대자들의 자랑거리에 들어 있었다는 것을 추론할 수 있다. 4:8 －9와 6:4c－5의 고난 목록들은 바울의 경력은 연약함만을 나타냈다고 그들이 바울에 대하여 비난하였음을 나타내는 것일 가능성이 있다. 그들의 잘못된 사역의 개념은 3－4장의 바울의 논쟁적이며 변증적인 어조에 반영된다.

10－13장에서

그리하여 바울은 고린도후서를 쓰기 시작하였을 때에 사도직을 주장하는 경쟁자들이 고린도에서 활동하고 있음을 알아차렸음이 명백하다. 그들의 모습은 10－13장에서 더 분명하여진다. 이 장들은 바울이 나쁜 소식을 더 들은 후에 기록되었다고 주장된다. 10:2, 7, 10-11, 12; 11:5-6, 12-15, 18-20, 21b-23a; 12:11의 적대자들에 대한 더 많은 정보를 담고 있는 명시적인 언급들에서 명백하게 알 수 있는 것은 그들이 1-9장에 나타난 것보다 더 많은 것들로 바울을 비난하였다는 것이다. 예를 들면, 바울은 "육신에 따라" 행한다(10:2), 그리스도와 무슨 특별한 관계가 없다(10:7), 풍채가 인상적이지 않고, 사람들 앞에서 말하는 것과 그의 편지들에서 말하는 사도적 주장들을 수행하는 것이 시원치 않다(10:10-11; 11:5, 6), 지식이 없다(11:6)는 등이다. 하나님의 말씀을 혼잡하게 하는 침입자들로서, 그들은 고린도에 "다른 복음"을 가져왔고, 바울 자신이 고린도에서 전한 그리스도에게서 회중이 멀어지도록 어느 정도 성공을 거두면서 유인하려 하였고(11:3-4), 또 고린도인들의 손님 대접(환대)을 이용해 먹었다(11:19-20). 그들은 우월한 사도적 자격들을 자랑하면서 스스로를 추천하고(10:12; 11:18; 참조, 11:15; 12:11), 자신들을 참된 사도라고 거짓 전하였다(11:12-15). 그들은 헬레니즘의 수사술(修辭術)에 능해 보였다(11:6; 참조, 10:10). 그들은 유대 종족에 속하는 것에 관하여 특히 자랑하였다(11:21b-22). 하지만, 그리스도를 위한 바울의 고난을 열거하는 11:24-33절에서 추론하게 되는 것은 그들이 "그리스도의 종"이 되는 것에 대하여 잘못된 개념을 가졌다는 것이다. 즉, 그들은 그리스도를 위하여 고난을 당하지 않고 "그리스도의 종"이 되는 것을 자랑하고 있었다.

그들은 바울의 선교 터에 침입하여 바울이 거기서 행한 일의 공(功)을 차지하려고 시도하였다(10:13-18). 그들은 또한 "어리석은 자의 연설" 도처에서 암시되는데(11:1-12;13), 이는 그들에 대한 명확한 언급들이 없는 곳에서도 그렇다. 그의 "자랑"은 그가 반대하는 자들의 터무니없는 주장에 의해 촉발되었음을 바울이 강조하기 때문이다(11:18). 그의 연약함만을 자랑한다는 바울의 주장으로 보아(11:30; 12:5, 9b-10), 적대자들은 비상한 능력과 경험을 자랑하였음이 명백하다(12:12, 19; 13:3, 4). 그들은 고린도인들로부터 재정적 지원을 받지 않는 것에 대하여 바울을 공격하였을 것이다(11:7-11; cf. 11:5-6; 12:11, 13). 그들은 또한 바울이 예루살렘을 위하여 기부금(헌금)을 간청하는 것에 관하여 의구심을 불러일으켰을 것이다(11:14-18).

지금까지 개관한 자료에 근거하여, 고린도후서에 나타난 바울의 적대자들에 관하여 다음과 같은 것을 말할 수 있다. 그들은 바울이 복음을 전한 지역에서 다른 곳에서 받은 추천장을 수단으로 하여(3:1) 자신들을 사도의 권위가 있는 자들로 세우려고 한 외부에서 들어온 사람들이다(10:12-18). 그들은 그리스도와의 관계(10:17)와 바울의 것보다 더 우월한 사도적 권위(11:15; 12:11 참조)를 주장했으며, 또 고린도 그리스도인들을 그들의 복음 버전으로 끌어오고(11:4; 12:21) 회중의 리더십을 취하려고 노력하였다(11:20). 그들은 유대 종족에 속함에 관하여 또 사도직의 특별한 "표적"에 관하여 자랑하면서, 추천장으로뿐만 아니라, 또한 지나치게 스스로를 천거함으로써(10:12) 그들의 주장을 뒷받침하였다. 그리고 사도직의 외적 표적을 매우 존중하는 것에 따라, 바울을 연약하고 무능하다고 비판하였다.

바울의 반응

바울은 그들에게 어떻게 반응하였는가? 첫째, 바울은 적대자들을 체계적으로 묘사해 주지 않는다는 것을 다시 유의하여야 한다. 오히려 그가 적대자들에 관하여 언급하는 것은 부수적이다. 그의 주된 관심은 그들이 거짓 사도들임을 드러내고(11:13), 그들이 고린도에서 제기하고 있는 비난과 의구심에 대하여 자신의 사도적 권위를 방어하는 것이다. 둘째, 바울은 2인칭으로 언급하면서 그들과 직접 부딪치지 않았다는 것을 또한 관찰하여야 한다. 그는 단지 3인칭으로 간접적으로 언급할 뿐이다. 적대자들은 "지극히 크다는 사도들"(11:5; 12:11), "거짓 사도요 속이는 일꾼"(11:13), "가장한 사탄의 일꾼들"(11;13c-15), 그리고 "어리석은 자들"(11:19)과 같은 비하적인 말들로 표현된다. 그들은 또한 "어떤 사람"(3:1; 10:2, 7, 12; 11:20, 21b; 참조, 2:5), "여러 사람"(2:17; 11:18), "그런 사람들"(10:11; 11:13; 참조, 2:6, 7)과 같은 모호한 표현들로만 언급된다. 그리고 종종 그들의 행동을 묘사하는 명사적으로 쓰인 분사들이 사용되었다(5:12; 10:12; 10:18; 11:4; 11:12). 바울은 모호한 말들로만 그들을 언급함으로써 그들의 이름을 사용하는 것으로 그들에게 부여할 수 있는 그러한 신분조차도 적대자들에게 부인하는 것으로 보였다. 셋째, 결국, 그리고 어떤 의미에서, 바울의 진짜 적대자들은 고린도인들 자신이며, 또 바울은 그들을 다시 이끌어 와서 그들의 덕을 세우려는(교화하려는) 목적을 가지고 고린도인들에게 말을 하고 있다 (10:18; 12:19; 13:10; 참조, 13:9). 경쟁자들은 다는 아니지만 얼마의 고린도인들을 바울에게서 자신들에게로 이탈시키는 데 성공했음에 틀림없다. 그러한 고린도인들은 거짓 사도들과 협력하여 바울의 사도직에 관하여 그를 적대하였다 (10:2, 7; 11:3－4; 12:11－13, 21; 13:3). 고린도인들에게 응답하면서, 바울은 그들에게 더 이상 잘못을 하지 말도록(13:7) 강권한다(10:1). 그는 고린도인들을 향하여 그의 애정을 쏟아붓는다(11:2, 11; 12:15). 그리고 진정한 시험은 바울이 아니라, 고린도인들에게 주어진다(13:5, 6).

결론

자료에 의해 그려진 그림에 근거해서 우리는 고린도후서에 나타난 바울의 적대자들의 정체를 꼭 집어서 특정할 수 없다. 일반적으로 말을 할 수 있는 것은 그들이 유대적 배경, 헬레니즘적 유대교 배경에 속했다는 것이다. 바울은 그 배경이 헬레니즘 유대교인 배회하는 선교사들을 적대하고 있었다. 그러나 바울에게 있어서 진짜 문제는 이 적대자들이 아니라, 고린도인들 자신이다. 그러므로 그는 적대자들이 속이는 자들임을 드러내고, 자신의 사도적 권위를 방어하고, 또 바울이 많은 애정을 가지고 있는 고린도인들에게, 바울이 아니라, 그들 스스로를 살피도록 도전하며, 고린도인들을 향하여 말하였다.

5.7/4 수사로서의 고린도후서

{자료: Witherington III, *Conflict and Community in Corinth*, 35－48}

오늘날 '수사, 수사적, 수사학'(rhetoric)이라는 말이, 내용은 없고 미사여구만 있는 말의 성찬을 가리키는 부정적인 의미로 널리 인식되어 있다. 그러나 고대 그리스－로마 세계에서 수사학이란 '어떤 주제에 관하여서든 가능한 설득 수단을 발견하는 능력 곧, 설득의 기술(說得術)'로서, 특히 제1세기 로마 고등 교육에서 가장 중요한 과목이 되었고, 시민 사회－문화생활의 일부였다. 또, 고대에는, 옛날 우리나라에서도 그랬지만, 읽을 때 큰 소리로 읽는 것이 보통이었다(행

8:28 참조). 그래서 읽는 것과 연설하는 것이 종종 별반 차이가 없었다. 바울에게 있어서 편지는 직접 가서 연설하거나 대화하는 것을 대신하는 것이었다. 그래서 수사학적 규약과 기술은 편지 작성에도 유용한 도구였다.

바울의 수사학 사용

그리하여, 바울은 형식적인 이유에서 수사학을 사용하였다. 무슨 말인가 하면, 바울은 그의 청중이 그의 메시지를 듣고 마음에 둘 그런 방식으로 말하기를 원했을 것이라고 보는 것이다. 수사학은 시민들 가운데 아주 널리 사용되고 있어서, 명령의 수단이 아니라, 설득의 수단으로 고린도인들을 다루려고 할 때(바울은 '*파라칼레오*'라는 말을 많이 사용함), 수사학은 그에게 아주 쓸모 있는 도구라는 말이다. 바울은 또한 실체적인 이유에서 수사학을 사용했다. 앞에서도 잠깐 언급했지만, 고린도전서에서는 바울의 일차적인 과제가 분쟁에 빠진 회중의 지체들을 서로에게 화해시키는 것이었다. 고린도후서에서는 상황이 달랐다. 바울이 일차적으로 다루고 있는 문제는 고린도교인들 간의 문제가 아니라, 고린도교인들과 바울 간의 문제였다. 고린도후서에서는 바울이 고린도인들을 위해서, 그리고 그들과 함께한 사역의 정당성과 관행들을 기운차게 변호함으로써 고린도인들을 자신에게 화해시킬 필요가 있었다. 그래서 바울은 주저하지 않고 다양한 종류의 설득을 사용하여 그의 목표를 달성하려고 했다.

고전수사의 종류

바울 당시, 그리스-로마 세계에서, 수사에는 기본적으로 세 가지 종류가 있었다. 첫째, 법정수사(forensic rhetoric)인데, 이는 법정에서 주로 사용된 형태의 수사이다. 둘째, 심의, 또는 협의수사(deliberative rhetoric)인데, 이는 주로 도시(*polis*)가 취할 올바른 진로에 대해 자유롭게 논쟁할 때 집회에서 사용하는 수사이다. 셋째, 예시수사, 또는 예찬수사(epideictic rhetoric)인데, 이는 어떤 사람 또는 일을 칭송하거나 책망할 때 장례식 조사 또는 공중 연설에서 가장 자주 사용된 수사이다. 그런데, 실제의 연설에 있어서 연설의 성격은 연설의 *기능*이 일차적으로 어떤 미래의 행동에 관하여 청중을 설득하는 것인지(심의수사), 어떤 과거의 행동 과정을 변호하는 것인지(법정수사), 아니면, 현재의 무엇인가에 관해서 칭송 또는 비난을 하는 것인지(예시/예찬수사)에 따라 결정된다. 이렇게 볼 때, 고린도전서는 고린도인들 간의 일치를 촉구하는 심의(협의)적 수사의 편지이며, 고린도후서는 바울이 부재중에 대신 전달되어 그의 사역을 열렬하게 변호하는 법정적 수사의 편지이다.

분할이론과 수사학

{자료: Witherington Ⅲ, *Conflict and Community in Corinth*, 35−48; Lea, *The New Testament*, 425−26; Robert H. Gundry, *A Survey of the New Testament*(rev. ed.; Grand Rapids: Zondervan, 1981) 272; Carson & Moo, *An Introduction to the New Testament*, 429−42}

수사학의 관점에서 고린도후서를 다룰 때 해결에 도움이 되는 문제가 하나 있는데, 고린도후서의 분할이론이다. 분할이론(partition theories)이란 고린도후서는 통일성이 있는 편지가 아니라, 여러 가지 편지의 부분들이 모여서 편집된 서신이라는 이론을 말한다. 최근의 대표적인 분할이론은, 첫째, 고린도후서 6:14−7:1은 바울 이전의 글 또는 바울이 전에 써 놓은 글인데 현재의 위치에 삽입되었다는 주장(6:13→7:2), 둘째, 고린도후서 8−9장은 별도의 문서(들)로 보아야 한다는 주장, 그리고 셋째, 고린도후서 1−9장과 10−13장은(9장에서 10장으로 넘어가면서 일어나는 어조의 변화와 초점의 변화가 설명되어야 할) 바울의 두 별개의 편지의 일부분들이라는 주장을 포함한다.

그러나 *전체로서의* 고린도후서가 왜 현재의 모양을 지니는가를 설명할 수 있는 이론이 있다면, 우리는 그 이론을 선호해야 할 것이다. 수사학을 통하여 전체로서의 고린도후서가 왜 현재의 모양을 취하고 있는지 설명할 수 있다(Witherington Ⅲ).

첫째, 고린도후서에 나타나는 바울의 논증은 변명(*apologia*)의 형태 곧 바울의 사도직에 대한 변호로 보아야 한다. 논증은 바울과 고린도 그리스도인 청중 간에 이루어지는 것이다.

둘째, 이미 1-9장에는 바울의 몇몇 논평 배후에 거짓 사도들이 있다는 암시들이 나타나고, 또 1-9장 배후의 주제들이 10-13장에도 나타난다(2:17; 4:2; 5:12>11:22-23; 6:8>10-13장).

셋째, 편지의 양(兩) 부분(1-9장; 10-13장) 전체에 걸쳐서 '자랑'과 '영광'의 쟁점이 크게 부상한다. 좋은 의미와 나쁜 의미에서의 자랑, 그리고 올바른 방식과 그릇된 방식으로의 영광(돌림)이 양 부분에 나타난다(*독사; 카우카오마이, 카우케마, 카우케시스*). 또한 바울은 편지의 양 부분에서 *파라칼레오*와 그 동족어(*파라클레시스*)의 형태와 의미의 변화를 구사한다.

넷째, 전체로서의 서신을 위한 명백한 전개 계획을 볼 수 있다. 전서에서와 마찬가지로, 후서도 먼저 격려, 위로와 자만, 자랑과 관계가 있는 제일 중요한 주제들을 소개하고, 다음 외부 세계에 대한 공동체의 경계들과 관련된 문제들, 징계 사례와 이교도들과의 연합과 같이(이들은 이미 전서에서 언급됨) 고린도인들이 바울과 하나님께 완전히 화해케 되는 데 장애가 되는 문제들을 다룬다. 그리고는 연보라는 내부적 문제에 착수한다. 그러나 새로운 문제에 외부적 근원이 있는 것이기에 편지의 끝맺는 부분에서 거짓 선생들에 온전히 주의를 기울인다.

다섯째, 바울은 그 자신의 사역뿐만 아니라, 고린도 그리스도인들 자신들의 사역과 증거에 관해서도 무엇인가를 말해야 한다. 그들은 바울의 *순에르고이* 곧 그의 사역의 "동역자들"이며(1:24), 고린도에서 세상에게 보내는 그의 편지이다(3:2-3). 바울은 만일 고린도인들이 그에게서 멀어지고, 그리하여 하나님에게서 멀어진다면 공중 앞에서의 증거에 미칠 결과에 관심을 가졌다.

여섯째, 고린도후서 6장 14절-7장 1절에서 바울은 여러 가지 방식으로 교제(파트너십)와 협력에 관하여 말한다. 6장 14절-7장 1절이 여담이기는 하지만, 그에 대한 준비는 이미 6장 1절에서 되고 있다(6:1을 6:14에 비교해 보라.). 6장 1절에서 바울은 하나님과 고린도인들과 복음에서 교제하는 것에 관심을 갖고 있다. 6장 14절 이하에서는 그 교제와 반대되는 것, 즉 이교 예배와 불신자들과의 연합에 있어서 꺼림칙하고 대등하지 못한 교제에 초점을 맞춘다(특히 16a절을 주의하라.). 이 두 교제는 상호 배타적인 선택이다. 전자를 확언하려면 후자를 거부해야 한다. 고린도후서는 바울과 하나님을 선택했음을 보여 준 대다수의 고린도인들 편에 근거하려고 한다(고후 2장 참조). 다음으로 완전한 *코이노니아*

("교제", 파트너십)에 장애가 되는 것들을 추가로 더 제거하는 일을 하는데, 그 중에 가장 큰 장애물, 곧 거짓 사도들을 편지 마지막에 가서 다루어 훌륭한 수사학적 관행을 따른다.

일곱째, 1−9장과 10−13장 간의 어조의 변화는 수사학적 규약을 따르는 바울이 편지에서 강한 감정적 호소를 하는 시점, 즉 결론/결말(*peroratio*)에 이른 것이라고 설명할 수도 있다. 결론에서는 주요 논증 부분들을 반복하고, 간청, 눈물, 열정 등의 감정을 유발한다. 이는 서두/서론(*exordium*)과 대조를 이룬다. 서두에서는 부드럽게 말하고, 호의를 얻고, 선의를 유발하고, 연설자 자신은 공평하다는 것을 보여 주고, 자기에 대한 편견을 제거한다. 그러나 10−13장 전체를 결말이라 하는 것은 무리이고, 오히려 어조의 변화는 바울이 수사학적 '*쉰크리시스*'(*synkrisis*, "비교")라는 수단으로 이제 반격을 개시하기 때문이라고 보는 것이 좋다. 이에는 '파토스' 곧 더 강한 감정에 호소하는 것이 포함된다. 10−13장은 고린도인들을 설득하여 이 문제로 그들을 징계하기 위해 고린도에 가야 하는 일을 피하려는 바울의 마지막 시도이다. 이 10−13장은 단지 변명(*apologia*)이 아니라, 적대자들의 그를 비난하는 부당성, 무지, 그리고 허식을 가지고 그들을 비난하며, 적대자들에 반격을 가하는 것이다. 바울은 자신을 자랑하고 변호하고, 고린도인들을 위협하고, 비난하고, 또 책망하며, '초(슈퍼)−사도들'에 대한 반격을 착수한다.

결론

이런 식으로 고린도후서를 보게 되면, 고린도후서의 통일성을 십분 이해하게 된다. 고린도후서는 통일성(unity)이 있는 편지이며, 그 당시의 고전적 그리스−로마 수사학의 이론을 활용하면 고린도후서를 이해하는 데 큰 도움을 얻을 수 있다.

5.7/5 고린도후서의 내용/구조/개요

내용 개요

1. 1－7장: 문제의 해결과 바울의 기쁨
2. 8－9장: 예루살렘 성도의 구제를 위한 모금
3. 10－13장: 거짓 사도들에 대항하는 바울의 변호

수사학적 구조/개요(Witherington lll)

고린도후서의 전체적인 구성은 '법정(사법)수사'의 한 예이다. 편지와 수사의 틀을 사용하여 구조와 내용을 정리하면 다음과 같은 것을 제시할 수 있다.

1. 서신 규정(전기, 1:1－2)
2. 서신 감사와 서두(*exordium*)(1:3－7)
3. 내력(*narratio*)(1:8－2:14) 및 전환(2:15－16)

   편지를 쓰게 만든 몇 가지 사실을 설명하며, 추가적인 감사와 전환(2:15－16)으로 절정에 오름
4. 명제(*propositio*)(2:17)

   논쟁을 빚고 있는 기본적인 사실을 진술함
5. 증명(*probatio*)과 논박(*refutatio*)(3:1－13:4)

   (가) 논증 1) (3:1－6:13)

   바울의 사역과 수사학에 대한 반－궤변적 접근에 대한 특징을 묘사함

   ① 구분 1) (3:1－18): "두 사역 이야기"

   ② 구분 2) (4:1－5:10): "질그릇에 담긴 보화"

   ③ 구분 3) (5:11－6:2): "새로운 피조물"

   ④ 구분 4) (6:3－13): "사역의 특권들"

   (나) 논증 2): 심의적 여담(*egressio*)(6:14－7:1): "말려드는 동맹"

   바울은 그의 독자들을 방어적인 입장에 처하게 하며, 그들이 이교도

친구들과 함께 신전 축연에 참여하는 일을 그만두도록 강권함

(다) 논증 3) (7:2 − 16)(*amplicatio*가 있는): "기쁨과 슬픔으로 불타는 마음"
엄중한 편지에 대한 바울의 변호

(라) 논증 4) (8 − 9장): "연보와 회상"
대체적으로 심의적인, 연보에 관한 논증

(마) 논증 5) (10:1 − 13:4)
바울과 고린도에 있는 그의 경쟁자들, 곧 거짓 *아포스톨로이*와의 수사학적 *순크리시스*(비교), 강한 감정적 호소가 있음

① 구분 1) (10:1 − 18): "자랑하는 권리"

② 구분 2) (11:1 − 12:10): "어리석은 생각"

③ 구분 3) (12:11 − 13:4): "닫는 논증들"

5. 결말(*peroratio*)(13:5 − 10): "마지막 열변: 방어 받침대(Defense Rests)"

6. 닫는 서신 문안과 논평(13:11 − 13): "작별의 장면(Parting Shots)"

5.7/6 주요 신학적 주제들

고린도후서에서는 특히 사도직(사역자)과 기독교 사역의 본질이 무엇인지를 잘 보여 준다.

5.7/7 최근의 연구

고린도후서의 통일성에 대한 문학− 비평적 분석, 고린도후서에 나타난 율법관(3장), 바울의 화해신학(5장)의 배경에 대한 연구 등이 있다.

5.8 로마서

{자료: Douglas J. Moo, *The Epistle to the Romans*(NICNT; Grand Rapids/Cambridge, U.K.: Eerdmans, 1996) 1 − 35; Ehrman, *The New Testament*, 299 − 310; Elwell and Yarbrough, *Encountering the New Testament*, 273 − 86; Brown, *An Introduction to the New Testament*, 559 − 584;

Achtemeier, Green and Thompson, *Introducing the NEW TESTAMENT*, 299–326; Carson & Moo, and Morris, *An Introduction to the New Testament*, 391–414; Guthrie, *New Testament Introduction*, 403–31; Gorman, *Apostle of the Crucified Lord*, 338–411; Blomberg, *From Pentecost to Patmos*, 233–69; Schnelle, *The History and Theology of the New Testament Writings*, 107–29; 김경희 외 12인, [신약성서 개론: 한국인을 위한 최신 연구], 369–84}

로마서는 이제까지 기록된 것 중 가장 영향력 있는 편지요, 기독교 역사에 있어서 '회심', '교리', '논쟁', '개혁'을 불러일으켜 온 가장 중요한 편지이다. 역사적인 예를 들면, 어거스틴(Augustine)은 성경을 집어 들어 로마서 13장 13–14절을 읽음으로써 회심하게 되었고, 어거스티니안 수도승이던 루터(Martin Luther)는 로마서를 읽음으로써 그의 신학적 가구(家具)를 재배치하게 되고, 나중에 말하기를 "(로마서는) 신약에서 가장 중요한 문서 …… 가장 순수한 표현의 복음"이요 …… "나는 그것을 읽음으로써 다시 태어났다."고 했다. 앵글리칸(영국교회) 사제로 나중에 감리교회의 창시자가 된 요한 웨슬리(John Wesley)는 올더스게잍 거리에 있는 예배당에서 루터의 *로마서 서문*을 읽는 것을 들은 후에 그리스도께로 회심하는 경험을 가졌다. 스위스 신학자 칼 바르트(Karl Barth)는 20세기 초에 로마서 주석으로 "자유주의 신학자들의 놀이터에 폭탄"을 떨어뜨림으로써 신학적 부흥의 시대를 열었다. 그리고 1999년에 발표된 로마 가톨릭—루터교 합동의 "칭의 교리에 대한 선언문"(A Joint 1999 Roman Catholic—Lutheran "Declaration on the Doctrine of Justification")은 바울과 로마서에 대하여 새롭게 관심을 갖게 되면서 '신앙과 행위'에 대한 끝없는 에큐메니칼적 대화를 가져오게 되었고, 그 결과의 하나로 나온 것이다(Gorman).

로마서 하면, 우리는 '교리'를 떠올리게 된다. 사실, 바울의 로마서는 철저하게 교리적이다. 루터의 말처럼 "가장 순수한 복음"이다. 로마서는 신학적으로 넓이와 깊이가 있는 편지임에 틀림없다. 종교 개혁자 루터의 후계자인 멜랑흐톤(Melanchthon)은 로마서를 "기독교 종교의 적요(摘要)"라고 했다. 그러나 우리가 기억할 것은 로마서는 역사에 뿌리를 두고 있다는 사실이다. 그것은 조직신학이 아니라, 역사적으로 특정한 시점에서, 특정한 환경 속에서, 특정한 목적을 갖고 기록된 편지이다. 이러한 의미에서 로마서는 우발적이다. 편지라는 성격상 로마서는 우발적이나, 바울은 거기서 그의 '복음'을 가장 체계적으로 제시해 주는 것도 사실이다. 로마서의 메시지는 시간을 초월하나, 그 메시지를 바르게 이해하기 위해서는 로마서가 그 안에서 기록되어 나온 특정한 상황(콘텍스트)을 인식할 필요가 있다(Moo).

5.8/1 저자

로마서의 저자가 바울이라는 데에 이론의 여지가 없다. 로마서는 바울에 의해서 기록되었다는 주장은 그대로 받아들여진다(1:1). 바울은 그의 다른 많은 편지들(고린도전서, 후서 빌립보서, 골로새서, 데살로니가전서, 후서, 빌레몬서)과는 달리, 로마서에서 단독 저자로 등장한다(또한, 갈라디아서, 에베소서, 디모데전서, 후서, 디도서). 그러나 그는 정규적인 고대 관습과 일치하여 대서자를 사용하였다(16:22, 더디오). 대서자의 책임의 범위는 다양하였다. 바울은 더디오에게 "구술"을 한 것으로 보인다.

5.8/2 저술 환경, 장소 및 연대

로마서 저술의 일반적인 정황에 대해서 의심의 여지가 없다. 바울은 로마서 15장 22-29절에서 그의 당면한 계획에 있어 세 장소, 곧 예루살렘, 로마, 스페인(서반아)을 두드러지게 말한다. 바울은 지금 대체로 이방인으로 구성된 교회에서 모금을 마치고, 그것을 예루살렘의 유대인 성도들에게 전달하려고 예루살렘으로 가고 있는 중이다. 그는 예루살렘을 거쳐서 로마로 갈 계획을 하고 있었다(롬 15:24, 28). 그러나 로마에 오래 머물기보다는 스페인으로 가려는 교두보로 삼으려 하였다(롬 15:19-20 참조).

바울이 직접 로마서에서 말한 것을 누가의 사도행전 이야기와 비교해 보면, 로마서는 소위 바울의 3차 선교여행 끝에 가서 바울이 예루살렘으로 돌아갈 준비를 할 때 기록되었다고 옳게 추정을 할 수 있을 것이다(행 20:3-6; 롬 15:25-26; 16:1-2, 23). 바울은 예루살렘을 향해 여행을 시작하기 전 그리스(헬라)에서 석 달을 보낸다. 이때에 고린도에서 로마서를 썼으리라는 것이 정설이다(롬 16:1-2, 23; 고후 13:1, 10 참조). 로마서의 저술 연대는 고린도전서(55년),

고린도후서(56년) 이후, 57년경으로 본다.

바울은 그의 선교 경력에 있어 중요한 전환 시점에서 로마인들에게 보내는 편지를 썼다. 그는 거의 25년 동안 지중해 동부에서 교회를 개척해 왔는데, 이제 그 사역의 실제적인 열매(연보)를 예루살렘에 가져갈 준비를 하고 있고, 또 예루살렘을 넘어서, 추수하기에 무르익은 밭인 스페인으로 가기를 바라는 가운데, 그 길에 로마를 들르겠다는 것이었다.

5.8/3 수신자: 로마 교회

바울은 직접 세우지도 않고, 아직 방문한 적도 없는 로마 교회에 편지를 썼는데, 그렇다면 로마 교회는 어떻게 세워졌는가? 또 바울 당시 로마 교회의 모습이 어떠하였을 것인가?

기원

로마 교회의 기원은 모호하고, 또 바울 당시 교회의 구성과 본질도 불분명하다. 정확하게 알 수가 없다. 바울이 로마서를 저술한 당시 로마의 기독교 공동체의 정황을 재구성하는 데 사용할 직접적인 증거가 없기 때문이다. 로마 교회의 기원에 대하여, 베드로에 의해 설립되었다는 전승이 있으나, 이는 옳아 보이지 않는다. 그렇다면, 바울이 거기에 가려고 하지 않았을 것이고(롬 1:8−15; 15:20 참조), 또 베드로가 그렇게 일찍 로마에 갔을 것 같지도 않다(행 12:16−18; 15:7 참조). 아마도 가장 그럴듯한 시나리오는 예루살렘에 왔다가 오순절 때에 복음을 받아들이고 로마로 돌아간 로마 유대인들에 의해서 시작되었다는 것이다(행 2:10). 그들은 메시아로서의 예수에 대한 신앙을 갖고 고향 회당으로 돌아갔으며, 그렇게 해서 로마의 기독교 운동이 시작되었다고 보는 것이다.

유대인 추방

로마 역사가 수에토니우스는 로마 황제 클라우디우스(Claudius)가 유대인들을 로마에서 추방한 것에 대하여 기록한다. "유대인들이 크레스투스의 선동으로 계속 소요를 일으키고 있기 때문에 유대인들을 로마에서 추방했다." 이것은 그리스도(메시아)라는 예수의 주장에 대하여 일어난 유대인 공동체 내부의 논쟁에 대한 언급일 것으로 보이는데, 이 추방은 주후 49년에 일어났다. 이때는 아직 로마 당국이 유대인과 유대인 그리스도인을 구별하지 않던 시기였으므로, 그리스도인 유대인들도 추방에 포함되었을 것이다(행 18:1−3). 그러나 이 추방은 오래 지속되지 않았으니, 황제가 죽은(주후 54년) 이후 유대인들은 곧 로마로 돌아갈 수 있었을 것이다(롬 16:3 참조).

유대인의 로마 추방이 일시적인 것이었을지라도, 틀림없이 로마 교회의 발전에 중요한 영향을 끼쳤을 것이고, 특히 교회들 안에 유대인 그리스도인들이 부재함으로 인하여 생겨난 결과가 상당히 현저하게 드러나게 되었을 터인데, 이는 신학적으로는 유대적 기원에서 멀어지는 기독교 공동체 운동이 가속화되었음을 의미한다. 유대 공동체는 분권적인 본질을 지녔는데, 거기서 기독교 공동체가 나왔으니, 로마에 있는 그리스도인들은 여러 개의 가정 교회로 그룹 지어져 있었을 것이다(롬 16장).

교회의 구성

로마 교회는 유대인의 회당에서 시작되었고, 유대인의 추방으로 인하여 한동안 교회 안에 유대인 요소가 제거되었지만, 로마서가 저술될 때에 이르러서는 적어도 브리스길라와 아굴라 같은 얼마의 유대인 그리스도인이 돌아와 있었을 것이다. 로마의 이방인 기독교의 기원들에 관해서는 우리에게 직접적인 정보가 없다. 그러나 바울의 선교 모형에서 유추하자면, "하나님을 경외하는 자들"이 새로운 신앙에 이끌린 최초의 사람들이었을 것이라는 추측을 우리는 너끈히 할 수 있다. 로마서 저술 연대에 이르러서는 이방인들이 로마 교회의 중요한 부분을 이루었다(11:13−32; 15:7−12 참조). 바울이 로마서를 기록할 때 로마 교회는 어떻게 구성되었는가? 우리가 확실하게 말할 수 있는 것은 그 교회가 유대인 그리스도인들과 이방인 그리스도인들로 혼성되어 있었다는 것이다. 그렇다면 문제는 바울이 편지를 쓸 때 이 두 집단을 다 독자로 생각하고 있었는가 하는 것이다.

유대인 그리스도인들?

로마서 안에는 바울이 유대인 그리스도인들을 염두에 두었음을 시사하는 증거가 있다. 예를 들어 보자. 첫째, 16장에서 바울은 유대인-그리스도인들인 브리스길라와 아굴라 부부, 그리고 바울의 친척인 안드로니고, 유니아, 및 헤로디온에게 문안한다(3, 7, 11절). 둘째, 2장에서 그는 "유대인"을 향해 직접 말한다(17절). 셋째, 바울은 독자들을 모세의 율법과 밀접하게 연결한다(6:14; 7:1, 4). 넷째, 아브라함을 "육신으로 *우리 조상*"이라고 말한다(4:1). 다섯째, 로마서는 유대인들에게 특별한 관심이 있는 쟁점들에 대하여 많이 할애되어 있다(2:1-3:8; 3:19-20, 27-31; 4:12-15; 5:13-14; 20; 6:14; 7; 7:2-4; 9:30-10:8; 4장, 그리고 9-11장).

이방인 그리스도인들?

그러나 동시에 바울이 이방인-그리스도인들을 독자로 삼고 있다는 징후도 명백하다. 예를 들어 보자. 첫째, 바울은 편지의 인사말에서 로마 그리스도인들을 바울 사역의 대상인 이방인들 가운데 포함시킨다(1:5-6). 둘째, 바울은 하나님의 계획 속에 있는 유대인들의 위치에 관한 논증을 하면서(11:11-24), 그 논증은 "이방인인 너희에게" 향한 것이라고 주장한다(11:13; 그리고 14-24절에 나타나는 2인칭 복수 "너희"를 주목하라.). 셋째, 15:7의 "(너희도) 서로 받으라."는 간청은 특히 이방인 그리스도인들을 향한 것으로 보인다(15:8-9 참조).

다수의 이방인 소수의 유대인

로마서는 역설적이게도 이처럼 이중적 특성을 나타낸다. 바울은 유대인 그리스도인들을 독자로 삼는가, 이방인 그리스도인들을 독자로 삼는가? 이 문제에 대하여 우리가 선택할 수 있는 길은 이방인-그리스도인 독자층의 증거를 기각하거나 경시하고, 편지는 오직 혹은 적어도 주로 유대인 그리스도인들에게 보내진 것이라고 결론을 내리거나, 아니면 유대인 그리스도인들에 관한 언급들을 적절히 평가하고, 이방인을 가리키는 더 분명한 진술을 예로 들어 가면서, 오히려 바울의 독자들은 이방인 그리스도인들이었다고 주장할 수 있다. 후자의 입장이 로마서의 자료(data)를 더 잘 설명하는 것으로 보인다. 즉, "이방인 가운데 너희도 있다."("among all the nations, including you", ESV)고 말하는 1장 5-6절은 바울이 수신자들을 이방인 그리스도인들로 간주했음을 강하게 나타낼 뿐만 아니라, 유대인-그리스도인 독자층을 염두에 두었다는 증거가 특별히 강한 것도 아니다. 예를 들면, 16장의 문안은 로마 공동체에 유대인 그리스도인들이 있었음을 보여 주는 것이지, 편지가 그들에게 보내졌다는 것을 요구하지는 않는다. 2장의 2인칭 단수(17절, "유대인") 연설은 문학적 장치이며, 편지의 실제 독자들에 관해서는 아무것도 말해 주지 않는다. 바울이 아브라함을 "우리" 조상이라고 부를 때(4:1), 그 자신과 함께 독자를 포함하기보다는 다른 유대인들 또는 유대인 그리스도인들을 포함시키는 것으로 읽을 수 있다. 또 14장 1절-15장 13절에서도, 아마도 유대인 그리스도인들을 배제할 수는 없겠지만, 바울의 논증은 주로 "믿음이 강한" 자들(이방인 그리스도인들)을 향하고 있다.

　바울이 이방인 그리스도인들을 독자로 염두에 두었다고 한다 해서 유대인 그리스도인들을 전적으로 배제시킬 수 있겠는가? 그렇지는 않아 보인다. 바울은 "로마에서 하나님의 사랑하심을 받은 …… '모든' 자에게" 말하고 있는데(1:7), 로마에 유대인 그리스도인이 있었다는 것은 분명하기 때문이다. 또한 "강한 자"와 "약한 자"에게 주는 바울의 권면은 그의 청중 속에 두 집단(유대인과 이방인)이 있을 때 의미가 가장 잘 통하게 된다. 1장 18절-4장 25절에서 바울의 "유대교와의 대화"는 오로지 이방인 청중에만 근거해서도 설명이 될 수 있지만, 적어도 얼마의 유대인 그리스도인들이 바울의 청중 속에 있다면 더 적절하게 설명될 수 있으리라는 생각을 하지 않을 수 없다. 그러면, 로마서는 상이한 부분들이 교회의 상이한 집단들을 향하여 말하는 것으로 볼 수 있는가? 편지에 나타난 바울의 논증이 진행되는 흐름으로 보아서 계속적으로 청중이 바뀌었다고 생각하기 어렵다. 오히려, 바울은 전체 공동체, 곧 유대인 그리스도인들과 이방인 그리스도인들로 구성된 혼합 그룹을 마음에 두고 편지를 쓰고 있다고 가정하는 것이 맞다. 바울은 로마서에서 유대인 그리스도인들과 이방인 그리스도인들의 혼성 그룹을 향하여 말하고 있는 것이다. 아마도 이방인 그리스도인들이 다수였고, 유대인 그리스도인들이 소수였을 것이다. 로마 교회는 두 부류의 혼합 집단이기는 하지만 여러 가지 면에서 이방인 기독교의 양상을 띠었을 것이다(롬 1:5 − 6).

5.8/4 본문의 보전(保全)

지금 우리 성경에 인쇄되어 있는 로마서는 바울이 로마의 그리스도인들에게 보낸 편지와 동일한가? 로마서 내의 문학적 고찰을 통하여 많은 학자들이 아니라고 답하나, 사본들의 증거는 본문이 잘 보전되었다는 주장을 더 설득력이 있게 만든다. 하지만, 사본들에 근거하여 현재 우리가 손에 가지고 있는 16장 형태의 로마서는 바울이 로마의 그리스도인들에게 보낸 편지가 아니라는 생각을 하는 학자들이 상당수 있다. 사본 전통에 나타나는 여러 형태의 본문을 다음과 같이 목록으로 만들 수 있겠다.

1. 1:1 − 14:23, 15:1 − 16:23, 16:25 − 27: p^{61}? ℵ, B, C, D, 1739, etc.
2. 1:1 − 14:23, 16:25 − 27, 15:1 − 16:23, 16:25 − 27: A, P, 5, 33, 104
3. 1:1 − 14:23, 16:25 − 27, 15:1 − 15:24: Ψ, the "majority" text, sy^h
4. 1:1 − 14:23, 15:1 − 16:24: F, G [archetype of D?], 629
5. 1:1 − 14:23, 16:24 − 27: $vg^{1648,\ 1792,\ 2089}$
6. 1:1 − 15:33, 16:25 − 27, 16:1 − 23: p^{46}

이러한 사본(寫本)상의 자료에 근거하여, 로마서의 원형은 14장 혹은 15장이었을 가능성이 있다는 주장이 제기되기도 한다. 이는 16장이 원래 로마서의 일부가 아니라는 것에 다름 아니다.

로마서 16장의 문제

로마서의 본문에 있어 송영(16:25－27)의 위치보다도 더 실질적으로 중요한 것은 16장의 문제이다. 16장은 원래 로마서의 원문의 일부인가? 먼저, 14장과 15장의 내용상 긴밀한 관계는 15장이 없는 원래의 로마서를 생각할 수 없게 만든다. 본문(사본)상, 15장만을 담고 있는 사본이 하나도 없기 때문이다. 그리고 16장을 생략하여야 한다는 내적 논증도 강하지 않다. 17－20절의 거짓 선생들에 대한 마지막 순간의 경고는 다른 편지들에서 바울의 절차들과 어떤 평행이 있으며, 더욱이 로마서의 특별한 환경이 그것이 왜 여기에 나타나는지를 설명해 준다. 더 큰 문제는 3－15절의 광범한 문안이다. 바울은 뵈뵈 이외에 25명의 개인, 두 가정, 한 "교회", 그리고 명기하지 않은 수의 "동료 신자들"과 "성도들"에게 문안한다. 그러나 유대인들과 유대 그리스도인들의 로마 추방으로 인하여 그들이 동방에서 있던 망명의 기간 동안 바울이 이 많은 사람들을 만날 수 있는 기회를 가졌을 것이다. 우리는 바울이 로마에 쓴 편지는 현대의 본문과 번역에서 발견되는 16장 전부를 포함했다고 결론을 내린다.

5.8/5 본질과 장르

말할 필요도 없이 로마서는 물론 편지이다. 그러나 고대의 편지에 상당히 많은 종류가 있는데, 로마서는 어떤 종류의 편지인가? 개인들에게 보낸 바울의 편지에도 넓게는 목회적 목적들이 있고, 가장 일반적인 편지(로마서, 에베소서)도 특정한 공동체에 보내졌을 뿐 아니라, 문안과 같이 개인들이 관심을 둘 수 있는 내용도 포함된다.

우발적 편지

편지로서의 로마서의 두드러진 특징은 서두(1:1－15)와 결말(15:14－16:27)에서 우발적인 본질을 나타내지만, 1장 16절－11장 36절에서 일반적이며 지속적인 논증을 제공한다는 것이다. 로마서의 이 장들은 교회 자체의 문제들에 답하는 고린도전서와 달리 바울 자신의 가르침의 내적 논리에 따라 전개된다. 이 장들에서 바울은 한 번도 로마에 있는 공동체에 독특한 환경을 암시적으로 언급하지 않는다. 청중을 직접 부르는 그의 말도 너무 일반적이어서 거의 어느 교회에나 적용할 수 있다(7:1, 4; 8:12; 10:1; 11:13, 25). 이러한 상황은 12장 1절-15장 13절에서도 많이 바뀌지 않는다. 다루어지는 이슈들 중 어느 것도 범위가 분명히 지역적이거나 특정적이지가 않다.

논문적 편지

이러한 특색들은 로마서의 주(主) 몸통을 "학술논문" 또는 "소논문"이라 부를 수 있게 만든다. 그것은 특정한 지역 문제들의 상황 내에서보다는 제1세기 중엽의 기독교를 배경막으로 하여 주요 신학적 쟁점들을 말한다. 그럼에도 불구하고, 로마서는 시간을 초월한 논문이 아니라, 특정한 경우에, 특정한 공동체에게 쓴 *편지*임을 잊어서는 안 된다. 이 점에 있어서, 로마서가 바울의 신학을 포괄적으로 요약해 주는 것이 아님을 주목하는 것이 필요하다. 그러면, 로마서는 '논문 편지'(tractate letter)이며, 그 핵심에 일반적인 신학 논증, 또는 일련의 논증들이 있다고 말할 수 있다(Moo). 더 구체적인 장르 확인은 어렵다.

5.8/6 목적

> {자료: Moo, *Romans*, 8-17; L. Ann Jervis, *The Purpose of Romans: A Comparative Letter Structure Investigation*(1991) 11-28}

그러면 바울은 왜, 혹은 무엇을 위하여 로마서를 썼는가? 사실 로마서 서론에서 다른 항목들은 그렇게 논쟁거리가 되지 않는다. 일반적인 것과 특별한 경우를 위한 우발적인 것이 흥미롭게 혼합되어 있는 로마서와 관련하여 가장 논쟁이 되는 이슈는 바로 로마서의 목적에 대한 것이다. 로마서에 제시된 것이 아무리 일반적이며 조직적이라 할지라도, 로마서는 편지이며, 바울이 왜 이 편지를 이 교회에 썼는가 하는 문제는 회피할 수 없다.

바울은 로마를 방문하고자 하는 의도에도 불구하고(1:8-15; 15:14-33) 로마서를 쓸 때까지 그곳을 방문해 본 적이 없다. 로마 교회는 적어도 10여 년 이상은 존재해 왔고, 아마도 더 일찍 존재하기 시작했다(행 2:10). 복음이 로마 제국 도처에 전파되면서, 다양한 배경의 신자들이 로마 교회에 출입을 했을 것이다. 바울은 로마 신자들 중 얼마를 알았다(롬 16: 거의 30명의 명단). 전적인 추측이기는 하지만, 바울은 여러 가정 교회들(롬 16:5)의 수백 명의 신자 가운데 10% 정도는 알았을 것이다. 그럼에도 바울은 분명히 로마 교회들의 '영적 아버지'가 아니었다. 그러면 왜 바울은 이 16장(章)이나 되는 긴 편지를 썼는가?

제안들

로마서의 원래의 목적에 대하여 오늘날 여전히 합의된 대답이 없다. 이렇게 된 이유는 로마서의 편지 장르와 내용 간에 존재하는 특이한 긴장 때문이다. 즉, 로마서는 진정한 의사소통, 대화의 대용물, '특정한' 또는 '상황에 의한' 편지이지만, 로마서의 내용을 납득하게 하는 어느 특정한 경우나 목적을 제안하기가 어렵다는 것이다. 바울 자신은 편지의 목적에 대하여 거의 아무것도 이야기하지 않는다(1:1－15; 15:15, 22－29 참조). 그러므로 로마서를 저술한 목적은 편지의 내용을 편지의 계기(契機)에 맞춤으로써만 결정할 수 있을 것이다. 바울이 편지를 쓰게 된 구체적인 계기는 무엇인가? 로마서의 목적을 신학적인 것, 선교적인 것, 그리고 목회적인 것으로 대별하여 볼 수도 있으나(Jervis), 로마서를 쓰게 된 계기에 대한 제안들에 초점을 맞추어 그것들을 두 가지 기본적 유형으로 나눌 수 있다. 하나는, 바울 자신의 정황과 환경을 강조하는 유형이고, 또 다른 하나는 로마 공동체 내부의 문제들에 초점을 맞추는 유형이다(Moo). 이 둘 중 어느 하나를 완전히 무시할 수 없으나, 목적을 재구성할 때 각각에 부여하는 중요성의 정도에 차이를 드러낸다.

바울에 초점을 맞추는 목적들

이는 바울이 초점을 맞추는 장소에 대한 언급에 따라, 분류할 수 있다. 대부분의 학자들은 바울의 로마서 저술의 목적들 중 하나는 그의 서반아(스페인) 선교를 위해 준비하는 것이었다고 생각한다(15:24). 로마서는 그의 선교 "후원자" 명단에 들어오기를 바라는 교회에 대한 바울의 "소개장"으로 볼 수 있다는 것이다. 다른 제안은 로마서에 등장하는 유대인 관련 쟁점들을 주목하면서, 로마서는 바울이 갈라디아와 고린도에서 유대주의자들과 투쟁하는 과정에서 애써 만들어 낸 그의 입장을 요약한 것으로 간주하는 것이다. 그렇더라도 이는 왜 하필 그것을 로마 교회에 보냈는지 설명하지 못한다. 또 하나의 제안은 바울이 모금한 것을 가지고 예루살렘에 갈 때에 거기서 연설하려고 준비한 내용을 담고 있다는 것이다(15:30-33). 그러나 로마서를 쓸 때에 임박한 예루살렘 방문이 바울의 최우선적인 관심이었다는 증거가 없다. 바울은 편지의 처음과 끝 부분에서 오히려 로마를 방문하고자 하는 바람을 말하고 있다(1:11-15; 15:22-33).

로마 공동체에 초점을 맞추는 목적들

종교 개혁 이래 로마서는 시간을 초월한 신학 선언서로 생각하는 경향이 널리 퍼져 있었으나, 이에 대항하여 바우르(F. C. Baur)는 로마서가 바울의 다른 편지들과 마찬가지로 보내진 교회의 구체적인 쟁점들을 다루고 있다고 주장함으로써 로마서에 대한 새로운 접근방식의 시대를 열었다. 바울은 로마 교회를 방문한 적은 없었지만, 거기에서 벌어지고 있는 상황을 환히 알고 있었다는 증거는 충분하다(1:8; 7:1; 11:13; 14-15장 등). 바우르는 로마서가 유대인 그리스도인들의 주장에 이의를 제기하는 논쟁적 목적을 갖는다고 보았다.

클라인(G. Klein)은 바울이 로마에서 "교회"의 창설에 필요한 사도적 기초를 공급해 주는 목적을 갖고 썼다고 생각한다. 편지의 인사말(1:7)에 "교회"(*에클레시아*)라는 말이 없고, 또 로마의 그리스도인들은 교회를 구성하는 데 필요한 사도의 "허가"(*imprimatur*)가 없었기에, 바울은 로마서에서 그리스도인 공동체를 그리스도인 교회로 변화시킬 "근본적인 케리그마"를 자세히 이야기함으로써 이 사도적 검인(檢印)을 제공한다는 것이다. 그러나 개인적인 "사도적 기초"가 없이는 교회가 존재할 수 없다는 클라인의 논제는 근거가 없다.

로마서 14장 1절 - 15장 13절

최근에 바울이 로마 교회의 필요를 마음 깊은 곳에 간직하고 쓴다고 생각하는 사람들의 대부분은 14장 1절-15장 13절의 함의들을 편지의 목적을 푸는 열쇠로 이용한다. 강력한 반대가 없는 것은 아니나, 바울이 로마서를 쓰기 여러 해 전에 로마에서 다음과 같은 일이 일어난 것으로 본다. 즉, 주후 49년에 클라우디우스의 칙령으로 유대인들이 로마에서 추방되었고(행 18:2), 유대인 그리스도인들이 5년 동안 부재함으로 인하여, 이방인들이 로마 교회의 전부는 아니라도 태반을 이루었으며, 이방인 리더십, 선교, 및 신학을 발전시켰고, 클라우디우스가 죽고 유대인들이 로마로 돌아오자, 유대인 그리스도들이 믿음의 이방인 동기(同期)들과 다시 결합하려고 함에 따라 이제 이방인 그리스도인들은 다문화적 갈등을 겪게 되고, 그들은 우월 콤플렉스는 아니라도 무언가 독립 정신 같은 것을 발전시켜 왔을 수 있고, 유대계 신자들은 이제 무시당한다거나 주변으로 밀려난다고 느낄 수 있었을 것이고, 두 집단 사이에 신앙과 실천의 차이점들이 나타났고, 이 불일치와 그 결과로 생긴 긴장이 14-15장에서 바울에 의해 묘사되었다. 이 시나리오가 정확하다면, 바울이 로마의 가정 교회들에 보낸 편지는 이 정황을 다루기 위한 것이라 할 수 있다.

이렇게 보면, 로마서의 주제, 곧 유대인과 이방인을 구별하지 않고 같이 베푸시는 하나님의 은혜(=복음)는 바울의 가장 깊은 관심들을 구현하는 것이요, 따라서 로마서에서 체계적으로 펼쳐지는 것이다. 만약에 교회들이 이방인들로만 구성되었다면, 그의 복음의 제시는 달라졌을 것이다. 바울은 로마에 간다면 유대인 그리스도인과 이방인 그리스도인들에게 들려주고 싶은 복음을 로마서에서 요약한다. 그리고 1-11장의 논문은 14-15장에서 바울이 일치를 호소하는 것에 대한 신학적 기초를 공급하고, 12-13장은 일치의 호소에 대한 일반적인 윤리 교훈적 기초를 제공하는 것으로 읽힌다. 바울이 로마서를 쓴 목적들 가운데 많은 부분은 이방인 그리스도인들과 유대인 그리스도인들 간의 파당을 하나로 묶으려고 하는 것이다.

결론

로마의 그리스도인들은 복음을 다시 들을 필요가 있었다(1:11, 13, 15; 11:13-21; 15;15-16, 20). 그들 가운데는 "강한 자"와 "약한 자"의 두 집단이 있었다(15:1, 7). 그들 사이에 힘의 차이가 있었다. 그들 가운데 힘의 우위에 대한 자랑이 있었다. 우리는 바울이 실로 로마의 공동체의 구체적인 문제를 염두에 두고 쓴다고 생각한다(14:1-15:13; 11:13-24 참조). 그러나 우리는 또한 로마 교회의 분쟁은 바울 당시의 교회 일반의 긴장들을 반영한 것이라고도 생각한다. 이런 의미에서, 로마서는 바울의 다른 어떤 편지보다도 특정한 교회와 엮인 이슈들에 훨씬 덜 결부되어 있다. 1-11장은 자체의 내적 논리로 전개된다. 바울의 초점은 로마인들과 그들의 필요보다는 복음과 복음의 의미에 놓인다. 11장 13절에 가서야 비로소 로마인들에 대한 직접적인 언급이 나올 뿐이다. 14장 1절-15장 13절은 전체 편지를 들여다보는 창문이라는 견해에 우리는 동의한다. 그러나 또한 바울이 로마서를 쓴 목적은 복합적임을 우리는 인식한다. 그리고 편지의 역사적 배경과 목적을 가능한 한 정확하게 정의하려는 정당한 욕구로 인하여 로마서가 하나님의 계시 자체의 본질에 의해 제기되는 신학적 쟁점들을 어느 정도로 다루고 있는지를 모호하게 만들어서는 안 된다. 우리는 로마서가 바로 '우리'에게 주신 하나님의 말씀이라는 것을 인식하고 그 안에서 하나님이 우리를 위하여 가지고 계시는 메시지를 발견하려고 노력하면서 읽을 필요가 있다. "로마서는 로마 공동체의 특정한 필요들에 의해 계기가 주어진 복음에 대한 일반적인 강해이다."(Moo)

5.8/7 주제(테마)

로마서의 주제는 무엇인가? 로마서의 주제를 무엇으로 보느냐 하는 것은 로마서를 어떻게 읽고, 이해하고, 해석하느냐 하는 것과 아주 밀접하게 관계가 있다. 로마서 해석의 역사를 개관하면, 지나치게 단순화시켜서 이야기하는 것이기는 하지만, 로마서의 주제에 대한 논의는 서신의 처음에 초점을 맞추는 데서 시작하여 점차 마지막 부분으로 초점을 옮겨 가는 형국이다.

단순한 개관

종교 개혁자들과 그 추종자들은 루터의 인도를 따라 1−5장("이신칭의")을 서신의 중심으로 보았다. 로마서의 중심은 칭의(하나님의 의)에 있다는 것이다. 20세기 초(初) 슈바이처(A. Schweitzer)와 다른 이들은 로마서의 실제 중심을 5−8장에서 찾아야 한다고 생각했다. 곧 그리스도와 연합의 교리, 하나님의 영의 사역을 로마서의 중심으로 본다. 샌더스(E. P Sanders)는 5−8장의 "참여주의"적 범주들의 중요성을 강조한다. 스텐달(K. Stendahl) 같은 학자는 "죄 있는 사람이 어떻게 하나님과 바른 관계를 맺을 수 있는가?" 하는 문제는 루터의 문제이지, 바울의 문제가 아니며, 바울의 문제는 "어떻게 이방인이 구원사의 연속성을 위태롭게 하지 않고 하나님의 백성 가운데로 유대인과 합병할 수 있는가?" 하는 것이었다고 주장하면서, 9−11장은 편지의 진정한 주제에서 우회된 부분이 아니라 편지의 핵심이라고 본다. 아마도 가장 인기 있는 최근의 견해는 로마서가 구원사(救援史)에 있어 유대인들의 역할에 대하여 말한다는 것이다. 지난 30년은 로마 교회의 필요들에 주의를 돌린 우발적 편지로서의 로마서를 강조해 오고 있다. 즉, 14장 1절−15장 13절에 나타난 일치에 대한 바울의 권면이 편지의 주요 목적을 표현한다고 보는 것이다. 이 밖에 편지의 다른 초점들이 많이 제시되어 왔다. 예를 들면, 하나님, 소망, 그리고 구원 등이다.

로마서의 주제: 복음

{자료: Ehrman, *The New Testament*, 302−4}

우리가 로마서의 주제를 논의할 때에 유의할 점은 바울이 전혀 그렇게 생각해 본 적이 없는데, 단 하나의 주제를 로마서에 부과하려 하는 것은 아닌지 조심해야 한다. 그리고 주제란 로마서 전체의 표제가 될 수 있는 전반적인 화두여야 할 것이다. 또한 주제를 발견함에 있어서 고려하여야 할 사항은 신학적 출발점과 개념적 골격(틀)이다.

편지의 신학적 토대요 출발점은 기독론이다. 그리스도 안에서 하신 하나님의 행위는 바울의 모든 사고의 출발점이며 초대 교회에 기본적인 것이어서, 바울은 로마의 그리스도인들이 이 확신을 그와 함께 공유한다고 믿을 수 있었다. 이런 의미에서, 기독론은 로마서의 어느 곳에서도 명시된 화두는 아니나, 어느 곳에서나 그 기저에 있는 출발점이다. 바울이 로마서에 나타난 그의 주요 사상들을 표현하는 신학적 골격은 구원사 혹은 구속사(救贖史)라 부를 수 있다. 구원사적 접근방식의 정당성은 하나님께서 역사적 과정의 일부로서 구속을 성취하셨다는 사실에 대한 마땅한 인식으로 시작한다. 그리스도 안에서 하신 하나님의 일은 역사의 중심이며, 그 지점으로부터 과거와 미래가 이해되어야 한다. 모든 사람은 집합적으로 "옛 시대"에 아담의 죄에 참여함으로 출발하여(롬 5:12, 18-19), 그리스도의 죽음, 장사, 그리고 부활에 참여함으로써 그리스도에게 결합하여 새 시대로 옮겨진다(롬 6:1-6). 그러나 새 시대가 시작되기는 하였으나, 아직 옛 시대를 대체한 것은 아니다. 두 시대가 동시에 존재한다. 시대의 변화는 역사적으로 십자가에서 일어났지만(롬 3:21) 개인에게는 신앙의 시점에서만 실제의 것이 된다.

로마서의 주제(중심)로 여러 가지가 제안되었다. 예를 들어, "하나님의 새 언약 백성 내에서 유대인들과 이방인들의 관계", "하나님의 의" 혹은 "이신칭의", "하나님의 영광" 등이다. 로마서의 주제로 이신칭의가 가장 강력한 후보 중 하나이기는 하지만, 전반적인 주제로 보기는 어렵다. 로마서에는 칭의의 제목 아래 포괄될 수 없는 것이 너무 많기 때문이다. 우리로 하여금 칭의 혹은 하나님의 의가 그의 끊임없는 준거점이라고 생각하게 만들 만큼 바울은 충분히 자주 그렇게 하지 않는다. 로마서에서 칭의가 강조된 것은 1장 18절-4장 25절에서 뿐이다. 결론적으로, 로마서의 주제는 "복음"으로 보는 것이 가장 좋다. "복음"이라는 말과 그 동족어 동사 "복음을 전하다"라는 말이 로마서의 서신적 틀에 두드러지게 나타나고(롬 1:1, 9, 16; 15:16, 19; 16:25; 그리고 1:15; 15:20), 로마서의 주제에 대한 바울의 진술에서 복음이라는 말이 최고의 자리를 차지하고(롬 1:16, 17), 또 로마서의 중요한 내용(구원, 유대인과 이방인, 이신칭의 등)은 이 구절들의 주된 화두, 곧 복음을 자세하게 풀어놓은 것이기 때문이다. 바울은 로마서 서두에서 로마 그리스도인들에게도 복음 전하기를 원한다고 했다(1:11, 13, 14, 15). 그리스도의 이름을 부르지 않는 곳에서 복음 전하기를 원한다고도 했다(1:13; 15:20). 바울은 로마인들이 복음을 다시 들을 필요가 있다고 믿었고, 또 이방인의 사도로서(11:13; 15:15 − 16), 이방인이 현저하게 더 많은 이 로마 교회는 그의 사도적 책임 내에 있다고 바울은 믿었을 것이다. 또한 어떤 점에서, 바울이 주로 로마에 도착하는 것을 준비하기 위하여 로마서를 썼다고 본다면(1:15; 15:16), 바울은 로마에 갔을 때 그들에게 전할 복음을 편지에 담아 보낸 것이다.

5.8/8 로마서의 내용/구조/개요

개요

1. 1−8장: 복음의 해설
2. 9−11장: 복음과 유대인
3. 12−15장: 복음과 그 실천
4. 16장: 문안

구조

로마서의 본론(몸통)은 "신학적 논문"이기 때문에, 편지의 구조의 개요들은 조직신학의 제목들과 유사한 경향이 있다. 그러나 이는 그렇게 좋은 것이 아니다. 누차 이야기하였듯이, 로마서는 바울신학의 개요 혹은 조직신학이 아니기 때문이다. 우리는 대신에 편지에서, 특히 1−11장에서 논리적 이동과 흐름을 찾아야 한다. 여기서 바울의 논증의 과정은 우발적 문제들보다는 복음의 내적 논리에 더 빚을 지고 있다. 하나의 유의미한 예외가 있으니, 5장의 위치인데, 이를 빼고는 편지의 주요 단락들에 대하여 일반적으로 일치하고 있다. 오랫동안 5장을 1−4장의 이신칭의에 관한 바울의 논증의 결론으로 보아 왔으나, 현재 인기를 얻고 있는 것은 5장을 6−8장과 함께 다루는 것이다. 바울은 기독교 실존(존재)과 소망에 대하여 "두 시대"를 제시한다고 보는 것이다.

논증의 흐름

{자료: Ehrman, *The New Testament*, 307 – 9}

로마서의 이야기는 "복음"이라는 주제(1:16 – 17)의 깃발 아래 다음과 같이 전개된다고 할 수 있다(Moo).

1. 편지의 시작(1:1 – 17).
2. 인간의 딜레마가 있으니, 모든 사람이 하나님 앞에서 정죄를 받았다(1:18 – 3:20).
3. 하나님의 해결책이 있으니, 그리스도의 죽음을 통하여 구원이 이루어졌다 (3:21 – 31).
4. 복음 메시지는 성경에 뿌리를 두고 있다(4:1 – 25).
5. 그리스도의 죽음과 부활은 하나님을 반대하는 세력들로부터 자유를 가져온다(5:1 – 8:39).
6. 복음 메시지는 하나님이 이스라엘을 다루시는 것과 일관성이 있으며, 그의 약속의 성취를 나타낸다(9:1 – 11:36).
7. 율법에서 자유로운 복음은 무법적 행동으로 이끌지 않는다(12:1 – 15:13).
8. 편지의 끝맺음(15:14 – 16:27).

로마서, 어떻게 읽을 것인가?

사람들이 로마서를 어떻게 읽느냐 하는 것은 편지의 어느 부분을 편지 배후에 있는 이야기의 가장 중요하고 의미심장한 것으로 보느냐 하는 것에 상당히 의존한다. 전통적으로, 1 – 8장에 초점을 맞추어, 로마서는 칭의, 성화, 그리고 영화에 대한 신학적 논문으로 읽혀 왔다. 그러나 최근에는 그 이후의 장들에 초점을 맞춘다. 9 – 11장을 통하여 하나님의 신실하심과 이스라엘의 운명에 관한 바울의 관심이 초점이라고 보기도 하고, 14장 1절 – 15장 13절을 중심으로 하여 파당들과 주관적 판단주의에 대한 바울의 관심이 초점이라고 보기도 하고, 또 15장 22 – 33절을 중심으로 그의 사역을 위한 로마의 지원에 대한 바울의 관심을 중요시하기도 한다. 가장 중요하다고 보는 초점이 어디든지 간에, 그들은 편지의 첫째 부분(1 – 8장)과 둘째 부분(9 – 16장)을 연결하고, 또 전체로서의 편지를 바울의 사역과 연결하려고 노력한다. 그리고 오늘날 대부분의 해석자들은 편지가 어떻게 해서든지 그의 선교 사역과/혹은 목회 사역을 촉진함에 틀림없다고 생각한다.

우리는 전체 편지를 이해하기 위하여 로마서의 둘째 부분(9 – 16장, 특히 13 – 15장)에 유의미한 강조를 두고 읽어야 한다고 본다. 바울은 1 – 8장에서 공동체의 유대인 – 이방인 갈등의 해결을 위한 신학적 토대(“복음”)를 제공한다. 즉, 유대인과 이방인에 관한 심오한 신학은 그 갈등의 해결을 그 일차적인 목표 중 하나로 삼는 것이 확실하다. 로마서는 바울의 신학이 항상 목회적 기능을 가지고 있음을 보여 준다. 유대인 – 이방인 마찰을 해결하는 것 이외의 다른 여러 목적들이 있다고 해도, 이들 역시 그리스도 안에 있는, 곧 지역적으로 로마에 있거나 전 세계적으로 예루살렘부터 로마와 그 너머까지에 있는 하나의 언약 공동체의 이방인과 유대인의 하나 됨에 대한 바울의 결의의 일부분이다. 바울은 로마에 가서 로마 그리스도인들에게 전할 복음을 편지에 담고 있다. 우리는 다음과 같은 개요로 로마서를 제시할 수 있을 것이다.

로마서 개요

<table>
<tr>
<td>1:1 – 15</td>
<td colspan="9">1:16 – 11:36</td>
<td colspan="2">12:1 – 15:13</td>
<td colspan="2">15:14 – 16:27</td>
</tr>
<tr>
<td></td>
<td>1:16 – 17</td>
<td colspan="7">1:18 – 8:39</td>
<td>9:1 – 11:36</td>
<td>12:1 – 13:14</td>
<td>14:1 – 15:13</td>
<td>15:14 – 33</td>
<td>16:1 – 27</td>
</tr>
<tr>
<td></td>
<td></td>
<td colspan="3">1:18 – 4:25</td>
<td colspan="4">5:1 – 8:39</td>
<td></td>
<td></td>
<td></td>
<td></td>
<td></td>
</tr>
<tr>
<td></td>
<td></td>
<td>1:18 – 3:20</td>
<td colspan="2">3:21 – 4:25</td>
<td>5:1 – 21</td>
<td>6:1 – 23</td>
<td>7:1 – 25</td>
<td>8:1 – 39</td>
<td></td>
<td></td>
<td></td>
<td></td>
<td></td>
</tr>
<tr>
<td></td>
<td></td>
<td></td>
<td>3:21 – 31</td>
<td>4:1 – 25</td>
<td></td>
<td></td>
<td></td>
<td></td>
<td></td>
<td></td>
<td></td>
<td></td>
<td></td>
</tr>
<tr>
<td></td>
<td></td>
<td>죄</td>
<td colspan="2">칭의</td>
<td>결과?</td>
<td>죄</td>
<td>율법?</td>
<td>성령</td>
<td></td>
<td>성결</td>
<td>접대: 환대</td>
<td></td>
<td></td>
</tr>
<tr>
<td></td>
<td>명제</td>
<td colspan="3">이신칭의: 정의</td>
<td colspan="4">이신칭의: 특성/ 성령을 통한 성화</td>
<td>이스라엘 신분</td>
<td>원리, 은사, 사랑</td>
<td>기독자 관용</td>
<td>여행 계획</td>
<td>문안</td>
</tr>
<tr>
<td>서론</td>
<td colspan="9">복음에 대한 신학적 강해</td>
<td colspan="2">복음의 윤리적 함의</td>
<td colspan="2">결론</td>
</tr>
</table>

로마서 분해(Moo)

{자료: Moo, *Romans*, 33-35; Wilber T. Dayton, "The Epistle of Paul to the Romans", *The Wesleyan Bible Commentary* 5(1965) 5-9}

Ⅰ. 편지 서두(1:1-17)

A. 규정(전기)(1:1-7)

B. 감사와 이유(계기)(1:8-15)

C. 편지의 주제(1:16-17)

Ⅱ. 복음의 핵심: 이신칭의(1:18-4:25)

A. 죄의 보편적 통치(1;18-3:20)

1. 모든 사람은 죄에 대해서 하나님에게 책임이 있다(1:18-32)

2. 유대인들은 죄에 대해서 하나님에게 책임이 있다(2:1-3:8)

3. 모든 인간의 죄책(3:9-20)

B. 이신칭의(3:21-4:25)

1. 칭의와 하나님의 의(3:21-26)

2. "오직 믿음으로만"(3:27-4:25)

Ⅲ. 복음에 의해 공급된 확신: 구원의 소망(5:1-8:39)

A. 영광의 소망(5:1-21)

1. 칭의에서 구원으로(5:1-11)

2. 은혜와 생명의 통치(5:12-21)

B. 죄의 속박으로부터의 자유(6:1-23)

1. 그리스도와의 연합을 통하여 "죄에 대하여 죽다"(6:1-14)

2. 죄의 권세에서 벗어나 의를 섬기다(6;15-23)

C. 율법의 속박으로부터의 자유(7:1-25)

1. 율법에서 풀려나 그리스도에게 결합하다(7:1-6)

2. 율법 아래에서 유대인들의 역사와 경험(7:7-25)

D. 성령 안에서 영생의 확신(8:1-30)

1. 생명의 영(8:1-13)

  2. 네 형제로 넘어지게 하지 마라(14;13 − 23)

  3. 다른 사람을 먼저 생각하라(15;1 − 6)

  4. 서로를 용납하라!(15:7 − 13)

Ⅵ. 편지 결말(15:14 − 16:27)

 A. 바울의 사역과 여행 계획(15:14 − 33)

  1. 회고: 동부에서 바울의 사역(15:14 − 23)

  2. 전망: 에루살렘, 로마, 그리고 서반아(15:22 − 29)

 B. 문안(16:1 − 23)

  1. 뵈뵈에 대한 천거(16:1 − 2)

  2. 로마 그리스도인들에게 드리는 문안(16:3 − 16)

  3. 경고, 약속, 그리고 은혜를 구하는 기도(16:17 − 20)

  4. 바울의 동료들이 보내는 문안(16:21 − 23)

 C. 끝맺는 송영(16:25 − 27)

5.8/9 주요 신학적 주제

로마서는 풍부한 신학적 주제들을 다루고 있다. 그 가운데 복음, 이신칭의(칭의론), 율법, 유대인과 이방인의 관계 등이 특히 중요한 신학적 주제로 여겨진다.

5.8/10 최근의 로마서 연구

 {자료: Lea, *The New Testament*, 399; E. P. Sanders, *Paul and Palestinian Judaism*(Philadelphia: Fortress, 1977); R. H. Gundry, "Grace, Works, and Staying Saved in Paul", *Biblica* 66(1985) 1 − 38; Richard Longenecker, *Paul, Apostle of Liberty*(New York: Harper & Row, 1964) 65 − 85}

최근의 로마서 연구는 세 가지 이슈에 초점을 맞추었다. 곧 로마서의 본질과 장르, 목적, 그리고 유대인과 모세의 율법을 어떻게 다루었는지에 대한 연구 등이다(Carson & Moo). 특히 마지막 이슈는 샌더스(E. P. Sanders)가 그의 단행본 [바울과 팔레스타인 유대교]에서 소개한 관점에 의해 크게 영향을 받아 왔다. 그가 주장하는 요점은 바울 당시의 유대인들은 행위를 구원의 수단으로 보지 않고, 하나님과의 언약 관계에 있는 그들의 신분을 유지하는 수단으로 보았다는 것이다. 샌더스는 그의 견해를 "언약적 신율주의"(covenantal nomism)라고 명한다. 그리고 제1세기 유대인들은 하나님이 그의 언약 백성으로 그들을 선택하신 것이 그들의 구원의 원천이라고 느꼈다고 그는 주장한다. 로마서를 해석할 때 바울은 율법주의에 대항하여 집필한 것이 아니라, 언약적 신율주의의 배경에 대항하여 집필했음을 고려해야 한다고 그는 주장한다. 그러나 샌더스를 비판하는 사람들은 그의 견해는 여전히 행위의 역할을 허용하여 어떻든 구원에 행위가 요구됨을 지적한다. 또한 제1세기의 유대인들이 신율주의적(율법준수적) 관점을 가졌다 할지라도, 신율주의적이라기보다 율법주의적인 사람들이 개중에 있었을 것임을 우리는 기대할 수 있다. 제1세기 유대교에 대한 재구성을 제안하고 그 한 가지 틀에 맞추어 로마서를 해석해야 한다는 것은 빈약해 보인다. 제안된 구성에 의거한 어떤 해석들에 본문을 종속시키는 것보다, 우리 앞에 있는 본문에 근거하여 성경을 이해하는 것이 가장 현명한 길이다.

5.9 '옥중'서신 또는 '감금'서신

{자료: Lea, *The New Testament*, 437−68; Elwell and Yarbrough, *Encountering the New Testament*, 307−326; Guthrie, *New Testament Introduction*, 489−95}

바울은 그의 네 개의 편지 곧 빌레몬서, 골로새서, 에베소서, 그리고 빌립보서에서 자신을 가리켜서 "죄수"라 하거나 "갇혀 있다"고 한다(몬 1, 9, 23; 골 4:3, 18; 엡 3:1; 4:1; 6:20; 빌 1:7, 13, 14; 참조, 딤후 1:16−17). 그리하여 이 편지들을 통칭하여 "옥중"서신이라 한다. 그러나 실상은 바울이 감옥에 있다기보다는 구류되어 있는 상태이다. "옥중"(獄中, Prison)서신보다는 "감금"(監禁, Captivity)이라는 말이 더 정확하게 바울이 편지를 쓸 때 처한 조건을 표현한다고 할 수 있는 이유이다. 이 가운데 세 개의 편지는 바울의 생애에 있어 동일한 장소와 시간에 밀접하게 관련된다(엡 6:21−22; 골 4:7−8; 골 4:10−14; 몬 23). 골로새서 4장 7−8절과 에베소서 6장 21−22절의 진술들은 두기고가 이

두 편지를 그들의 수신지에 가져갔음을 시사한다. 이 두 편지의 내용의 유사성 (엡 5:22－6:9; 골 3:18－4:1 참조)으로 보아, 아마 바울이 이 편지들을 거의 동시에 썼으리라고 유추할 수 있다. 골로새서 4장 9절에서 바울은 오네시모가 두기고와 동행했다는 것을 말한다. 오네시모가 필경 빌레몬서를 배달한 사람이었으리라는 사실은 빌레몬서의 저술 환경이 에베소서와 골로새서와 같음을 시사한다(몬 8－10; 또한 골 4:10－14; 몬 23도 참조). 빌레몬서 2절에 언급된 아킵보는 또한 골로새서 4:17에서 바울로부터 메시지를 받았다. 이 사실은 빌레몬서와 골로새서를 기록한 때가 한층 더 가깝다는 것을 시사한다.

5.9/1 집필 장소

사도행전은 바울이 오랫동안 투옥된 장소로 두 곳을 언급하는데 곧 가이사랴와 로마이다(행 24:27; 28:30－31). 또한 바울의 말들을 통하여 에베소에서의 투옥도 하나의 가능성으로 제기된다(고전 15:32; 고후 1:8－11; 11:23).

가이사랴

노예 오네시모는 골로새에 사는 그의 주인 빌레몬에게서 도망쳤다(몬 2; 골 4:17 참조). 그는 거리상 로마보다는 가이사랴나 에베소로 도망하는 것이 더 쉬웠을 것이다. 이것이 가이사랴를 투옥(감금)의 장소로 보는 이유이다. 그러나 바울이 가이사랴에서 편지들을 기록하지 않았으리라는 것을 시사하는 몇 가지 특징이 있다. 첫째, 가이사랴에서의 바울은 그의 친구들에게만 접근할 수 있었다(행 24:23). 그러나 '옥중'서신에서의 바울은 더 자유로워 보인다(엡 6:19－20; 빌 1:12－13; 골 4:3－4). 이는 바울이 로마에서 가졌던 자유와 더 유사하다(행 28:30－31). 둘째, 빌레몬서 22절에서 바울은 빌레몬에게 자기를 위하여 숙소를 하나 마련해 달라고 부탁하는데, 이는 곧 풀려날 것을 염두에 둔 것으로 보인다. 그러나 가이사랴에서는 이러한 전망이 보이지 않는다(행 25:10－11). 셋째, 가이사랴의 더 엄격한 조건에서 오네시모와 같은 전직 노예가 바울에게 접근하기는 어려웠을 것이다. 그러나 로마에서는 덜 엄격하였다(행 28:30－31). 넷째,

이론적으로는 바울이 가이사랴에서 옥중서신을 썼으리라고 할 수 있으나, 그의 편지들 안에는 이 이론을 지지할 만한 것이 없다.

에베소

{자료: George S. Duncan, *St. Paul's Ephesian Ministry*(New York: Charles Scribner's Sons, 1930)}

바울은 사도행전에 언급된 것 이외에도 투옥되었던 적이 많았다(고후 11:23). 그가 에베소에서 맹수와 싸웠다는 언급(고전 15:32)과 아시아에서 위기를 경험했다는 언급(고후 1:8−11)으로 인하여 어떤 사람들은 바울이 에베소에서 투옥되었을 것으로 생각한다. 그러나 에베소 투옥설은 근거가 강해 보이지 않는다. 첫째, 맹수와 싸웠다는 것은 어려운 경험에 대한 비유적인 표현일 것이다. 로마 시민으로서, 바울은 맹수와 맞서서 싸우지 않아도 되었다. 둘째, 바울이 에베소에서 심각한 어려움이 있었고 필경 거기서 크게 낙담했던 것은 사실이나(행 19 장; 고후 1:8−11), 성서 본문에는 바울이 에베소에서 투옥되었음을 분명하게 나타내는 것이 없다. 셋째, 에베소 투옥을 증명할 수 있다고 해도, 바울이 꼭 거기서 감금서신을 썼다고 할 수는 없다(행 16:22−40 참조). 넷째, 에베소서, 골로새서, 혹은 빌레몬서의 에베소 기원을 지지하는 증거가 거의 존재하지 않으나, 빌립보서의 경우는 에베소 기원에 대하여 더 강한 주장을 마련할 수 있다. 그러나 빌립보서를 포함하여 바울의 어떤 편지에 대하여도 에베소 기원을 지지할 만한 분명한 증거가 없다. 또 바울이 에베소에서 빌립보서를 썼다는 주장의 난점은 편지에 예루살렘 신자들을 위한 모금에 대한 언급이 없다는 것이다. 바울은 이 기간에 쓴 다른 모든 편지(고린도전서, 후서, 그리고 로마서)에서 그것을 언급하는데, 빌립보서에 그렇게 하지 않은 것은 빌립보서를 에베소에서 기록하였다고 보기 어렵게 만든다.

로마

로마는 전통적으로 "감금"서신 출처로 지목된 장소이다. 로마 기원의 증거가 존재한다고 하여도, 옥중서신 기원의 모든 문제를 해결하는 것은 아니다. 하지만, 증거는 다른 어떤 장소보다도 로마로 균형이 기운다. 첫째, 사도행전 28장 30-31절은 바울이 두 해 동안 로마에 투옥된 것을 묘사하는데, 이는 바울이 네 편지를 쓰기에 충분한 긴 기간이었다. 둘째, 바울의 로마 여행 동반자들(누가, 아리스다고)의 이름이 옥중서신에 나타난다(행 28장의 '우리' 부분; 몬 24; 골 4:14; 그리고 행 27:2; 몬 24; 골 4:10). 셋째, 바울이 로마에 있었을지라도 (행 28:30-31), 여전히 빌립보와 바울의 투옥 장소 사이를 왕래하거나 소식을 전달할 수 있었을 것이다. 넷째, 로마 기원설을 손상시키는 하나의 특징은 바울이 골로새에 있는 빌레몬을 방문하겠다는 의도를 말한 것이다(몬 22). 만일 바울이 로마에서 썼다면, 스페인을 방문하겠다는 그의 발표된 계획(롬 15:28)과 모순되는 것처럼 보인다. 스페인 방문과 골로새 방문이 그 후에 어떻게 실현되었는지 확실하지 않으나, 아마도, 바울의 투옥을 둘러싼 환경으로 인하여 바울이 마음을 바꾸었을 것이다. 또한 골로새 교회의 필요가 스페인 여행보다 더 중요하게 되었을 가능성이 있다. 바울은 골로새의 변하는 상황에 응답하기 위하여, 이전의 여행 계획을 변경했을 것이다(고전 16:5-7; 고후 1:15-17 참조).

5.9/2 집필 연대

로마에서 기록된 것으로 보면(행 28:16-31), 이 편지들은 60년대 초에 기록되었다. 에베소서, 골로새서, 빌레몬서는 거의 같은 시기에 한 무리의 편지로 기록되었다는 것을 이미 살펴보았다(아마 60-61년경). 빌립보서는 다른 세 편지보다 늦게 기록된 것으로 보인다(아마 61-62년경). 풀려날 것에 대한 바울의 태도가 빌립보서에서 더 낙관적이기 때문이다. 빌립보서 1장 19절, 25-26절은 빌레몬서 22절보다 더 나중의 낙관론을 반영하는 것으로 볼 수 있다. 빌립보서는 아마도 재판 곧 청문회가 끝나고 곧 석방되리라는 기대를 가지고 있을 때 기록한 것으로 추정된다. 옥중서신의 정확한 집필 순서는 말하기 어려우나, 빌

레몬서, 골로새서, 에베소서, 그리고 빌립보서의 순서로 각 편지의 서론을 간단
하게 기술하고자 한다.

5.10 빌레몬서

{자료: Achtemeier, Green and Thompson, *Introducing the NEW TESTAMENT*, 421-26; Brown, *An Introduction to the New Testament*, 502-10; Carson & Moo, *An Introduction to the New Testament*, 588-95; Guthrie, *New Testament Introduction*, 660-67; Gorman, *Apostle of the Crucified Lord*, 454-70; Blomberg, *From Pentecost to Patmos*, 275-84; Schnelle, *The History and Theology of the New Testament Writings*, 143-50; 김경희 외 12인, [신약성서 개론: 한국인을 위한 최신 연구], 338-41}

빌레몬서는 바울의 편지 가운데 가장 짧고, 가장 사적이며, 또 가장 구체적인
경우를 위하여 집필된 우발적(偶發的) 편지이다.

5.10/1 저자

빌레몬서의 저자는 바울이다(1, 9, 19절).

5.10/2 수신자

다른 사람들도 등장하나, 편지의 주된 수신자는 빌레몬이다(2절). 수신자들은
골로새에 살았다(골 4:17 참조). 빌레몬은 노예 소유자였고, 그에게서 오네시모
가 도망갔다. 빌레몬은 아마 바울이 에베소에서 3년간 사역하는 동안에 회심하
지 않았나 싶다(행 20:31; 몬 19). 자매 압비아는 빌레몬의 아내요, 아킵보는 그
들의 아들이라고 생각하는 사람들이 있으나, 확인할 길이 없다. 빌레몬의 집에
서 교회가 모였다.

5.10/3 저술의 계기

빌레몬서의 내용을 통하여, 우리는 오네시모가 빌레몬을 버리고 도망했음을 추론할 수 있다. 아마 그는 도망하면서 그 주인의 것을 훔쳐간 것으로 보인다(18절). 어떻게든 하여 오네시모는 로마에 있는 바울과 접촉하게 되고, 회심을 하였다(10절). 골로새 사람인 에바브라가 바울과 함께 있기에(골 1:7; 4:12 - 13; 몬 23), 오네시모가 로마로 갔다는 제안이 있다. 바울은 이제 오네시모를 빌레몬에게로 돌려보내며, 그를 은혜스럽게 대해 달라는 요청을 한다(16 - 17절). 오네시모는 복음을 전하는 데 있어 바울에게 쓸모가 있었다(13절). 그를 곁에 두고 싶었으나, 빌레몬에게 그를 돌려보내며, 그를 형제로 받아 줄 것을 요구한다. 빌레몬은 바울의 요구에 어떻게 응답하였을까? 편지가 보존된 것으로 미루어 보아 아마 빌레몬은 바울의 소원을 따랐을 것이다(21절). 최근에는 "주인의 친구"(*amicus domini*)를 구하는 일반적인 로마의 관행을 따라 오네시모가 빌레몬과의 분쟁을 해결하는 데 도움을 얻기 위하여 바울을 찾아갔다는 시나리오가 제시되기도 한다(16, 18절).

5.10/4 빌레몬서의 내용/개요

{자료: Blombeg, *From Pentecost to Patmos*, 277; Lea, *The New Testament*, 465 - 66}

1. 서신 문안/서론(1 - 3절)
2. 서신 감사/빌레몬에 대한 감사(4 - 7절)
3. 사신 몸통/실제적인 요구(8 - 22절)

   A. 오네시모의 회심(8 - 11절)

   B. 오네시모의 돌아감(12 - 16절)

   C. 오네시모를 위한 요청(17 - 21절)

   D. 바울의 개인적인 요청(22절)

5. 끝맺는 문안/문안과 축도(23 - 25절)

5.10/5 빌레몬서의 가치

{자료: John M. G. Barclay, "Paul, Philemon, and Christian Slave-Ownership",
NTS 37(1991) 161-86}

이 편지에는 신약 연구를 큰 가치가 있게 만드는 두 가지 특징이 있다. 첫째,
빌레몬서는 노예 제도의 사회적 문제에 대한 그리스도교적 접근방식의 예를 제
공한다. 노예 제도를 곧바로 공격했으면 무익했을 것이다. 그는 오히려 노예들
을 동정심을 가지고 대하도록 주인들에게 권했다(몬 16-17; 골 4:1). 둘째, 이
편지는 또한 바울에 대한 친밀하고, 개인적인 기사를 제시한다. 그는 신학자로
나, 이방인을 대한 사도로 편지를 쓰는 것이 아니라, 오히려 자기가 전한 복음
을 적용하는 그리스도인 남자로서 편지를 쓴다. 그의 성실성(18-19절), 빌레몬
(7절)과 오네시모(16절)에 대한 진정한 동정심이 잘 드러난다. 그리고 우리는 또
한 이 편지에서 바울(사도)과 빌레몬(주인)과 오네시모(종) 간의 상호 사랑과 존
경의 아름다운 모습을 읽을 수 있다. 이는 그리스도의 몸 된 교회를 특징짓는
모습이 되어야 할 것이다.

5.10/6 최근의 연구

{자료: Markus Barth and Helmut Blanke, *The Letter to Philemon: A New
Translation with Notes and Commentary*(ECC; Grand Rapids, MI/Cambridge.
UK: Eerdmans, 2000}

사회적 정황(배경)과 사회적 관계들에 대한 관심, 편지 배후의 역사적·사회
적 환경(노예제도 등), 그리고 빌레몬서의 기독교 정경에 대한 공헌 등이 특히
논의되고 있다.

5.11 골로새서

{자료: Brown, *An Introduction to the New Testament*, 599-619; Achtemeier,
Green and Thompson, *Introducing the NEW TESTAMENT*, 407-420; Carson &

Moo, *An Introduction to the New Testament*, 331－42; Guthrie, *New Testament Introduction*, 564－84; Gorman, *Apostle of the Crucified Lord*, 338－411; Blomberg, *From Pentecost to Patmos*, 285－301; Schnelle, *The History and Theology of the New Testament Writings*, 281－99; 김경희 외 12인, [신약성서 개론: 한국인을 위한 최신 연구], 387－96}

5.11/1 저자

{자료: Linnemann, *Biblical Criticism on Trial*, 100－12, 113－17, 138－40, 142－48, 152}

19세기까지는 골로새서의 바울 저작권에 대하여 심각한 의문을 제기한 학자들이 없었다. 그러나 최근의 수십 년에, 저자는 바울 자신이 아니라 그의 부관이었다고 주장하는 학자들이 생겼다. 그들은 다른 몇 개의 편지글과 더불어 제2 바울 서신으로 분류한다. 그들이 주장하는 이유는 다음과 같다. 첫째, 골로새서의 언어와 스타일은 비(非)바울적이다. 둘째, 골로새서의 신학(기독론, 교회론, 종말론)이 바울의 신학과 다르다. 셋째, 골로새서와 에베소서가 아주 유사한데, 한 사람이 유사성이 아주 많은 두 개의 편지를 쓰지 않았을 것이다. 그러나 바울의 저작권에 반대하는 이 논증들은 결정적이지 못하다. 첫째, 바울은 다른 곳에서와는 다른 특정한 골로새 이단에 대응하기 위하여 거기에 적합한 언어를 사용할 수 있었다. 둘째, 신학이 다른 것처럼 보이나, 그 차이를 과장하여서는 안 된다. 바울의 다른 편지에서도 골로새서에서 말하는 요소들을 발견할 수 있다. 셋째, 유사성과 차이점은 오히려 바울이 두 개의 유사한 편지를 썼다고 보는 것이 더 말이 된다. 골로새서는 바울의 저작권을 주장하며(1:1), 바울이 친필로 문안한다는 진술로 끝을 맺는다(4:18).

5.11/2 골로새 교회

골로새는 로마 속주 아시아의 소아시아 남서 모퉁이에 위치했고, 에베소에서 동쪽으로 160㎞ 떨어져 있었다. 근처에는 히에라폴리스와 라오디게아가 있었다. 이 세 도시는 루코스 강(Lycus River) 계곡에 놓였다. 바울이 여행을 하는 동안 골로새를 통과했을 가능성이 있으나, 골로새서에는 바울이 그곳에 교회를 세웠다는 아무런 표시가 없다. 아마도, 에바브라가 골로새 교회를 세웠음이 분명하다(1:7). 하지만, 바울은 골로새의 신자들에게 큰 관심을 가졌다(1:4; 2:1). 골로새는 바울이 에베소에 오래 머물러 있는 기간 동안에 복음화되었을 것이다(행 19:10). 에바브라가 이 기간 동안에 회심하고 그의 고향 도시로 돌아가서 복음을 전하지 않았나 싶다. 골로새 교인의 대부분은 이방인이었으나(1:27; 2:13), 유대인들이 교회에나 혹은 그 지역에 있었음에 틀림없다(2:16-17, 20-21 참조). 바울이 편지를 쓸 때에, 아킵보가 교회를 책임지고 있었던 것으로 보인다(4:17).

5.11/3 골로새의 거짓된 가르침

골로새에는 거짓된 가르침이 퍼져 있었다(골 2:8-3:17). 바울은 그 당시에 골로새에 퍼져 있는 거짓된 가르침("골로새 이단")에 대하여 아주 조직적으로 응답을 하지 않아 보인다. 다만 우리는 바울의 응답을 통하여 거짓된 가르침을 얼마간 식별할 수 있다. 예를 들어 보자. 첫째, 바울은 그리스도의 지고(至高)하심을 강조했다(1:15-19). 이는 거짓 선생들이 바울의 높은 기독론을 폄하했음을 시사한다. 둘째, 바울은 인간의 철학에 의해 속임을 당하는 것에 대하여 경고했다(2:8). 이는 초기 영지주의의 발전이 있음을 암시한다. 셋째, 골로새 신자들에게 유대인의 관행들을 부과하려는 노력이 있었다(2:11; 2:16; 2:8). 넷째, 금욕주의가 이 이단의 특성이었다(2:21-23). 다섯째, 거짓된 가르침은, 최고의 하나님과 물리적 우주 사이의 매개체인 천사들에 대한 숭배를 포함하였다(2:18). 이렇게 이단의 내용은 혼합적이다. 이들은 유대 율법주의와 헬라의 사변과 영지주의, 그리고 동양의 신비주의가 혼합된 거짓 가르침이었다. 편지에 나타난 골로새 이단적 "철학"은 결국 기독론과 구원론과 인간론에 악영향을 끼쳤다. 바울은 이에 대하여 차례로 응답하는 것으로 볼 수 있다(2:9-15, 16-23; 3:1-17).

5.11/4 내용/개요

{자료: Blomberg, *From Pentecost to Patmos*, 289}

Ⅰ. 서론(1:1 − 14)

  A. 문안(1:1 − 2)

  B. 감사(1:3 − 14)

Ⅱ. 편지 몸통(1:15 − 2:23)

  A. 신학적 강해(1:15 − 2:23)

    1. 그리스도 찬가(1;15 − 20)

    2. 그리스도 찬가의 적용(1:21 − 2:23)

  B. 윤리적 함의들(3:1 − 4:6)

    1. 거룩함(성결)에 대한 정의(3:1 − 17)

    2. 가훈표(3:18 − 4:1)

    3. 알맞은 기도와 말(4:2 − 6)

Ⅲ. 끝맺는 문안(4:7 − 18)

5.11/5 골로새서의 중요성

모든 세대의 그리스도인들은 그 시대의 철학들을 만난다. 골로새는 당대의 혼합주의적 철학에 의해 감동을 받았다. 그 당시의 잘못들을 다루는 바울의 노력을 조사함으로써, 우리는 우리 시대의 잘못된 생각과 어떻게 씨름하는지 배울 수 있다. 바울은 또한 문화를 초월하여 호소하는 실재들을 강조한다. 즉, 남편과 아내, 부모와 자녀, 고용주와 피고용인의 관계들에 우리의 그리스도에 대한 신앙적 결단의 영향이 나타나야 한다.

5.11/6 최근의 연구

골로새서의 저작권, 골로새의 이단, 그리고 편지 내의 전통적 재료와 예전(禮典)적 자료에 대한 관심과 연구가 계속되고 있다.

5.12 에베소서

{자료: Brown, *An Introduction to the New Testament*, 620−637; Achtemeier, Green and Thompson, *Introducing the NEW TESTAMENT*, 377−389; Carson & Moo, *An Introduction to the New Testament*, 479−97; Guthrie, *New Testament Introduction*, 496−540; Gorman, *Apostle of the Crucified Lord*, 498−531; Blomberg, *From Pentecost to Patmos*, 303−23; Schnelle, *The History and Theology of the New Testament Writings*, 299−314; 김경희 외 12인, [신약성서 개론: 한국인을 위한 최신 연구], 396−402}

5.12/1 저자

{자료: Linnemann, *Biblical Criticism on Trial*, 100−12, 113−17, 126−28, 138−42, 152}

에베소서 자체는 저자가 바울이라고 주장한다(1:1). 이 편지의 존재는 그리스도교 초기부터 알려졌고, 바울의 저작권은 심각하게 의문시되지 않아 왔다. 그러나 현대 비평 학자들 가운데 여러 가지 이유로 바울의 저작권에 의문을 제기하고, 제2 바울 서신으로 분류하는 사람들이 많이 생겼다. 그들이 바울 저작권을 부정하는 것은 대체로 언어적(문학적), 역사적, 그리고 신학적 논증을 통하여 이루어진다. 진정한 바울의 편지라는 데에 이의가 제기되지 않는 일곱 개의 편지들과 비교하여(갈라디아서, 데살로니가전서, 고린도전서, 후서, 로마서, 빌레몬서, 빌립보서), 그들과 언어적으로, 그리고/혹은 신학적으로 맞지 않으므로 바울의 편지라고 할 수 없다는 논증을 펼친다. 에베소서의 경우도 마찬가지이다. 바울의 저작권을 거부하는 이유 가운데는 다음과 같은 것들이다. 첫째, 에베소서에 사용된 어휘가 바울의 다른 저술에 거의 나타나지 않는 희귀한 단어들을 포함한다(예, 2:12의 '폴리테이아', 즉 '시민권'[개역개정판] 혹은 '공동체'[표준 새번역 개정판]라는 말). 또한 에베소서의 헬라어 문장들은 길고 좀 부담스럽고, 갈라디아서와 같은 편지에서 분명한 열정적인 특질이 없다. 둘째, 에베소서는 바울의 다른 저술들에 분명하게 나타나는 요소인 그리스도의 재림에 대한 열정적인 기대를 반영하지 않는다(롬 13:11−12; 살전 4:13−18; 또한 고전 3:11;

엡 2:20 참조). 셋째, 바울이 잘 알고 있을 에베소 교회에 보낸 편지치고는 잘 알지 못하는 교회에 보낸 듯한 분위기가 나타난다(행 19-20장; 엡 3:2; 4:21). 넷째, 골로새서의 경우에 이미 언급을 하였지만, 에베소서가 골로새서와 내용과 개요와 어법에서 아주 비슷하다(엡 5:22-6:9; 골 3:18-4:1; 에1 6:21-22; 골 4:7-8; 엡 1:3-14; 골 1:9-17; 엡 1:5-10; 골 1:15-20 등). 한 사람이 거의 같은 두 개의 편지를 쓸 수 없다는 것이다. 그러나 이러한 난점에도 불구하고 바울 저작권에 대한 의심은 편지 자체의 주장과 초대 교회의 의견을 전복시키기에 충분하지 못하다. 제1세기의 바울 모방자("위서자")가 바울의 스타일에 90-95% 일치하는 글을 썼다는 것보다, 차라리 바울 자신이 그의 통상적인 스타일에서 5-10% 벗어난 편지를 썼다는 것이 더 그럴듯하다. 그리고 다른 대안적 설명은 바울이 편지를 씀에 있어서 대서자(*amanuensis*)에게 더 큰 자유를 부여했을 수도 있다는 것이다. 그는 바울의 편지("골로새서")를 베낄 수도 있었을 것이며, 동시에 자신의 특징적 스타일을 반영할 수도 있었을 것이다.

5.12/2 수신자

에베소서는 바울이 로마에 투옥되어 있는 동안, 60년대 초에 기록하였다. 두기고를 통하여 목적지에 전달한 것으로 보인다(엡 6:21-22). 그러나 "에베소서"의 독자/수신자가 누구인지에 대하여 논란이 있다. 왜냐하면, 이 편지의 가장 이르고 가장 믿을 만한 세 개의 사본($\wp^{46}$, ℵ, B)에서 "에베소에 있는"이라는 어구가 1장 1절에 나타나지 않는다는 것이다. 그리고 앞에서도 이미 언급한 바 있지만, 일반적으로 편지의 어조는 개인적 관계가 없는 비개인적인 어투이다. 저자가 독자를 알지 못한다는 것을 함의할 정도의 진술들도 있다(엡 1:15; 3:2; 4:21). 바울은 에베소에서 3년이나 사역을 하였으며(행 19:10; 20:31), 사도행전 20:36-38에 그려진 바울과 에베소인들과의 관계는 따뜻하고 애정이 있다. 이것을 설명하는 가장 좋은 방법은 에베소서가 원래 아시아 도처의 교회들에게 보낸 "회람 서신"으로 작성되었다고 보는 것이다(골 4:16 참조). 따라서 원래 편지에는 수신자가 빈칸으로 남아 있었을 것으로 추정한다. 에베소서가 원래 일반적인 회람 서신이었다는 견해에는 바울이 에베소와 접촉한 것을 매우 개인적으로 언급하는 난점이 있다(엡 3:13). 이러한 난점이 있음에도, 회람 서신 가설이 편지의 인사에서 "에베소에 있는"이라는 말이 빠진 것에 대하여 가장 논리적인 설명을 제공한다. 아시아 속주에서 차지하는 에베소의 중요성으로 인하여 목적 지가 빈칸으로 남아 있는 편지의 무슨 사본에라도 수신자로 에베소를 적어 넣 게 되었을 것이다.

5.12/3 골로새서와의 관계

에베소서와 골로새서는 바울의 편지들의 어떤 짝들보다 더 밀접하게 서로 유 사하다. 두 편지는 그리스도를 교회의 머리라고 말하며(엡 1:23; 골 1:18), 신자 들의 가정 내 의무들에 대한 논의들을 담고 있고(엡 5:22 − 6:9; 골 3:18 − 4:1), 또 주로 교리적인 부분으로 시작하고 주로 실천적인 부분으로 끝난다. 이 유사 성은 두 편지가 거의 같은 시기에 기록되었음을 시사한다. 그러나 대조를 이루 는 점으로, 골로새서는 그리스도의 인격을 극소화시키는 거짓된 가르침에 대한 논박을 담고 있고, 에베소서는 모든 신자들의 일치 곧 하나 됨을 강조하고 그리 스도 안에서 참여하는 축복들에 대하여 찬양을 드리는 것을 예로 들 수 있다.

5.12/4 목적

에베소서의 정확한 목적을 결정하는 것은 어렵다. 바울의 대부분의 편지들은 교회들의 특정한 필요들을 충족시키기 위하여 기록되었으나, 에베소서가 기록된 특정한 계기를 발견하기 어렵다. 에베소서는 교회, 그리스도인의 일치, 그리스도 안에 있는 우주적 일치, 그리고 그리스도인의 행위에 관한 그리스도교 진리를 일반적으로 진술한다. 아마도 바울은 독자들에게 독특한 기독교(그리스도인)의 정체성을 말하려고 기록한 것으로 보인다.

5.12/5 내용/개요

1. 문안(1:1 − 2)
2. 신학적 강해: 신자들의 일치를 가능하게 하는 교회의 영적 특권들(1:3 −

3:21)

3. 윤리적 함의들: 그리스도인의 책임들(4:1 — 6:20)

4. 끝맺는 문안(6:21 — 24)

5.12/6 주요 신학적 주제들

기독론, 교회론, 종말론, 그리고 그리스도인의 윤리 등을 찾을 수 있다.

5.13 빌립보서

{자료: Brown, *An Introduction to the New Testament*, 483 — 501; Achtemeier, Green and Thompson, *Introducing the NEW TESTAMENT*, 391 — 405; Carson & Moo, *An Introduction to the New Testament*, 498 — 515; Guthrie, *New Testament Introduction*, 541 — 63; Gorman, *Apostle of the Crucified Lord*, 412 — 53; Blomberg, *From Pentecost to Patmos*, 325 — 41; Schnelle, *The History and Theology of the New Testament Writings*, 129 — 43; 김경희 외 12인, [신약성서 개론: 한국인을 위한 최신 연구], 326 — 37}

5.13/1 저자

빌립보서의 저자는 바울이다(빌 1:1).

5.13/2 수신자: 빌립보 교회

빌립보는 마게도냐의 빌립 2세의 이름을 따라 명명된 도시이다. 주전 200년 이후 로마의 통제에 들어갔다. 로마의 옥타비안(나중의 아우구스투스 시저)은 주전 31년에 악티움에서 안토니의 군대를 패배시킨 후, 그의 패배한 대적들 가운데 얼마를 빌립보에 정착시키고, 그 도시를 로마의 식민지로 만들었다. 빌립보는 마게도냐 지방에서 으뜸가는 도시였다. 바울은 그의 두 번째 선교 여행 때에 처음으로 빌립보를 방문했다. 바울과 실라가 빌립보에서 복음을 전하고, 겪은 일들은 사도행전 16장 12 — 40절에서 읽을 수 있다. 빌립보 교회는 바울과 끝까지 아주 좋은 관계를 유지한 아름다운 교회였다.

5.13/3 저술의 계기 및 목적

빌립보 교회는 에바브로디도를 보내어 바울에게 선물을 전달하였다(2:25 -
30). 바울과 함께 있는 동안 심각한 병에서 회복한 후에 에비브로디도는 빌립보
로 돌아갈 준비가 되었다. 바울은 이 믿을 만한 친구를 통하여 전달된 선물에
대하여 감사의 말을 보낸다(4:10 - 18). 바울이 빌립보서를 쓴 일차적인 목적은
이와 같이 교회에서 보낸 선물에 대하여 감사를 표하는 것이었다. 바울은 또한
빌립보 교회가 투옥당하고 있는 그에 대하여 느낀 불안과 염려를 누그러뜨리기
원했다. 바울은 그의 환경을 대략적으로 말하고(1:12 - 14), 하나님이 그의 투옥
을 통하여도 복음이 진보하게 하셨음을 시사했다(1:15 - 18). 빌립보 교회 교인
들은 불일치와 다툼이 있었다. 바울은 이에 대하여 그들을 책망하고(2:1 - 11),
또 서로에 대하여 겸손하도록 그들을 격려했다. 빌립보 교회는 구원의 조건들을
희석시키거나 추가한 유대주의자들로부터 도전을 받았다(3:1 - 6). 바울은 유대
주의자들을 책망할 뿐 아니라 엄중한 언어를 사용하여 빌립보의 일단의 완전주
의자들을 책망했다(3:12 - 16). 육욕과 물질적 탐욕에 이끌리는 경향을 지닌 다
른 집단도 있었다(3:18 - 19). 바울은 그들에게 강한 경고를 발했다. 이러한 집단
들에 대하여 각각 강하게 저항하여야 한다. 바울은 빌립보 교회가 이러한 집단
들을 다루는 데 도움 주기를 원했다. 바울은 편지를 통하여 또한 곧 있을 디모
데와 자신의 방문을 위하여 준비하였다(2:19 - 24).

5.13/4 내용/개요

{자료: Blomberg, *From Pentecosr to Patmos*, 329; Lea, *The New Testament*,
455}

1. 문안(1:1 - 2)

2. 감사(1:3 - 11)

3. 바울의 개인적 경험들(1:12 - 26)

4. 빌립보인들에게 하는 호소들: 그리스도를 닮은 삶을 살라(1:27 − 2:18)

5. 디모데와 에바브로디도의 이동에 관한 정보(2:19 − 30)

6. 거짓 선생들에 대한 경고(3:1 − 21)

7. 하나 되고, 기도하고, 고상한 마음가짐을 가지라는 호소(4:1 − 9)

8. 선물에 대한 감사(4:10 − 20)

9. 끝맺는 문안(4:21 − 23)

5.13/5 최근의 연구

빌립보서 2장의 그리스도 찬가(찬송), 바울의 투옥 장소, 편지의 통일성, 그리고 바울의 적대자들의 정체에 대한 연구들이 나타난다. 바울이 빌립보서를 쓸 때 갇혀 있던 장소에 대해서는 앞에서 이미 논의하였으므로, 나머지 세 가지에 대하여 간단히 설명하고자 한다.

첫째, 2장 6 − 11절의 문제이다. 현대 학자들은 이 문절의 말을 가리켜 "찬송" 혹은 "찬가"라 부른다. 초대 교회의 예배에서 왔을 가능성을 시사하는 것이다. 찬송의 목적과 내용에 대하여 내려지는 평가는 일치하지 않다. 찬송에 들어 있는 절의 수, 찬송의 원래의 자료, 및 찬송 내용의 신학적 의미에 대하여 해석자들은 일치하지 않다. 찬송은 그리스도의 생애를 선재의 기간, 지상의 시간, 및 하늘로의 승귀로 나누는 것으로 보인다. 그리스도는 하나님과 동등함을 자신의 유익을 위하여 사용할 지위로 여기지 않았다고 바울은 가르쳤다. 그는 서로의 관계에서 그리스도가 그의 성육과 십자가에 못 박히심에서 보여 준 겸손을 본받으라고 그리스도인들에게 강권했다.

둘째, 바울의 적대자들의 정체이다. 빌립보서에 나타나는 적대자들에 대한 바울의 묘사는 다양한 운동들을 가리킬 가능성이 있다(1:15 − 18; 1:28 − 29; 3:1 − 6; 3:12; 3:18 − 20). 이 적대자들은 누구인가? 바울의 이 모든 묘사는 단일 집단을 가리키는가? 바울은 둘 이상의 전선에서 그의 적대자들을 공격하고 있는 것인가? 그렇다. 바울은 다방면의 적대자들을 다루고 있다. 외부에서 온 적대자들과 내부에서 생긴 적대자들을 다루는 것이다(1:27 − 30; 3:2 − 6).

셋째, 빌립보서의 통일성이다. 어떤 해석자들은 빌립보서가 몇 개의 별개의 편지를 결합한 '복합 서신'이라는 증거를 찾는다. 예를 들면, 3장 1절과 4장 8절에서 "마지막으로"라는 말은 별개의 편지들의 결론을 신호하는 것으로 보며, 3장 1절과 3장 2절 사이에서 격려와 경고로 분위기가 바뀌었음을 거론한다. 빌립보서에서 세 개의 별개의 단편을 구별하는 사람들이 있다. 즉, 재정적 선물에 대한 감사를 표현하는 4장 10-20절, 교회 분열들에 대하여 경고하는 1장 1절-3장 1절, 4장 4-7절, 4장 21-23절, 그리고 거짓 선생들에 대하여 공격하는 3장 2절-4장 3절, 4장 8-9절로 구별한다. 그러나 문제는 단편들을 찾을 수밖에 없도록 하는 본문 증거가 없다는 것이요, 또 편지의 이전의 부분들은 나중의 부분들에 대하여 예비한다는 것이다. 예를 들면, 불일치에 대한 경고(1:15-17, 28; 2:21-22)는 거짓 선생들에 대한 공격(3:2-4:3)을 예비한다. 빌립보서는 다중적 목적을 위하여 기록된 하나의 편지로 보는 것이 정당하다.

5.14 '목회'서신

{자료: Thomas C. Oden, *First and Second Timothy and Titus*(Interpretation; Louisville: John Knox, 1989); Walter L. Liefeld, *NIV Application Commentary: 1 and 2 Timothy, Titus*(Grand Rapids: Zondervan, 1999); I. Howard Marshall, *The Pastoral Epistles*(ICC; Edinburgh: T & T Clark, 1999); William D. Mounce, *Pastoral Epistles*(WBC 46; Nashville: Thomas Nelson, 2000); Margaret Davies, *The Pastoral Epistles*(NTG 14; Sheffield: Sheffield Academic Press, 1996; Elwell and Yarbrough, *Encountering the New Testament*, 334-343}

"목회서신"이라는 말은 1703년에 베르도트(D. N. Berdot)에 의해 처음 사용되고, 독일 할레의 주석가였던 폴 안톤(Paul Anton, 1661-1730)이 1726년에 디모데전서와 후서 그리고 디도서 등 세 편지를 묶어서 "목회서신"이라고 부른 이래로, 일반적으로 그 세 개의 편지를 총칭하는 술어로 사용되어 오고 있다. 그러나 목회서신이라는 말은 목회신학의 모든 것을 일목요연하게 제공하는 '목회신학편람'이라는 의미로 이해되어서는 안 될 것이다. 이 세 편지들은 목회신학의 모든 항목에 대한 내용을 제공하는 것이 아니기 때문이다. 또한 목회자를 위한 편지들이라는 말로 이해해서도 안 될 것이다. 목회서신이라는 말로 세 편지를 총칭할 때 일반 신도들은 이 편지를 무시해도 된다는 뜻은 아니다. 다만 목회서신이라는 말은 세 편지를 구별하는 데 유용하다. 동시에 디모데전서와 후서 그리고 디도서 세 편지들이 가지고 있는 일반적으로 목회적인 성격을 잘 나타내 준다. 즉, 이 편지들은 평신도든 성직자든 어느 독자에게라도 교회를 어떻게 돌보는지에 대하여 조언한다는 의미에서 목회적인 것이다. 또한 사도행전 20장 28절에 나타난 것과 같은 목회적 자질들이 오늘날 필요한데, 이런 의미에서 "목회적"이라는 말이 세 편지를 묘사하는 데 가치가 있다. 뿐만 아니라, 목회서신은 평신도의 영적 건강에 결정적인 문제들, 즉 기도생활, 공예배의 의미, 가난하고 빈궁한 자들에 대한 돌봄, 거룩한 삶의 기반이 되는 건전한 가르침 등에 대해서 말한다는 것을 잊지 않아야 한다.

5.14/1 저자 문제

{자료: Guthrie, *New Testament Introduction*, 607−49; Lea, *The New Testament*, 470−78; Linnemann, *Biblical Criticism on Trial*, 74−99, 128−32, 100−12, 150−51, 153−54; Achtemeier, Green and Thompson, *Introducing the NEW TESTAMENT*, 461−464; Carson & Moo, *An Introduction to the New Testament*, 554−70; Gorman, *Apostle of the Crucified Lord*, 532−35; Blomberg, *From Pentecost to Patmos*, 343−49; Schnelle, *The History and Theology of the New Testament Writings*, 326−48; 김경희 외 12인, [신약성서 개론: 한국인을 위한 최신 연구], 414−19}

목회서신을 읽는(해석하는) 것은 그것을 어떤 관점에서 보느냐에 따라 달라질 수 있다. 목회서신의 해석과 관련한 중요한 이슈들은 "편지들의 기원", "위명사용의 수용?", "언어와 신학적 스타일의 문제", "대서자 이론들", "비기만적인 바울 이후의 작품", "목회서신의 신학의 본질" 등을 포함한다. 이 이슈들은 많이 논의되어 왔고 또 어떤 해결책들이 제안되어 왔다. 그러나 목회서신의 이 여러 이슈들의 핵심은 저작권("편지들의 기원 문제")에 있으며, 저작권에 대한 견해에 따라 목회서신을 보는 관점이 달라진다.

전통적 견해

목회서신을 바울이 썼다는 것은 초대 교회 때 말시온(Marcion, 주후 약 100 - 165년)을 예외로 하고는 교회 역사 1800년 동안 의문시된 적이 없었다.

비평적 견해

그러나 1804년 슈미트(J. E. C. Schmidt)가 디모데전서의 진정성에 대해 의심을 나타낸 후로, 1807년 쉴라이에르마허(F. Schleiermacher)는 디모데전서의 용어와 전기적 내용을 근거로 하여 바울 저작권을 논박하고, 1812년에 아이흐호른(J. G. Eichhorn)은 종교적 용어의 차이점을 들어 목회서신 세 편지 모두 바울 저작권을 반대하는 것으로 확대하였다. 1835년 바우르(F. C. Baur)는 목회서신을 제2세기의 영지주의와 연관된 것으로 논증함으로써 진정성(authenticity) 곧 편지가 주장하는 대로 저자를 바울로 보는 문제를 일축해 버렸다. 홀츠만(H. J. Holtzmann)은 그동안 논의되었던 목회서신의 위명성에 대한 모든 이유들을 취합해서 제시하였는데, 이로써 목회서신의 위명성이 보편화되기 시작했고, 그 이후로 많은 학자들이 목회서신의 바울 저작권은 불가능하다는 견해를 견지하게 되었다.

다시 전통적 견해로

목회서신의 저작권은 그의 다른 어떤 편지들에 대해서보다 더 많은 공격을 받고, 진정성에 의문이 제기되기 시작한 이후 150년 동안은 목회서신의 진정성에 대한 반대가 주류를 이루어 온 것이 사실이다. 그러나 바울의 저작권은 정말 옹호할 수 없는 견해인가? 그렇지 않다. 충분히 옹호할 수 있는 견해라고 본다. 1957년에 특히 영국의 거스리(Donald Guthrie)는 당시의 학문적 분위기를 거슬러 전통적인 바울 저작권을 강력하게 옹호했다. 또한 지난 20년간 바울 저작권을 고수하는 "의미 있는 수"의 영어 주석들이 나오고(Guthrie, Kelly, Johnson, Fee, Oden, Knight III, Towner, Liefeld, Mounce 등), 신약학계 일반에서도 바울 저작권을 하나의 가능성으로 대접하는 변화들이 감지되고 있다. 예를 들면, 1996년 미국의 성서학회인 SBL(The Society of Biblical Literature) 연례 전국 대회의 "이의가 제기되는 바울 서신들의 신학 그룹"(Theology of the Disputed Paulines Group)에서 목회서신의 바울 저작권을 일축하지 않고 하나의 가능성으로 대접하였다.

5.14/2 바울 저작권을 반대하는 이유

{자료: Schnelle, *The History and Theology of the New Testament Writings*, 326-48; 김경희 외 12인, [신약성서 개론: 한국인을 위한 최신 연구], 414-19}

목회서신의 바울 저작설을 반대하는 이유나 논거는 무엇인가? 세 편지들이 바울의 저작으로 받아들일 수 없게 만드는 역사적, 교회적, 교리적, 언어적 문제를 제기한다는 것이다.

역사적 문제

목회서신의 세 편지는 모두 바울과 그의 동역자들의 생애에 대한 역사적 암시들을 담고 있다(딤전 1:3; 딛 1:5; 3:12; 딤후 1:16-17; 1:8, 16; 4:16; 4:13, 20). 그런데 문제는 이러한 역사적 언급들을 사도행전 기사와 어떻게 관련짓느냐 하는 것이다. 이 증거를 사도행전 기사와 관련짓는 이론에는 네 가지 유형이 있다. 첫째, 이 편지들을 사도행전 기사에 맞추어 넣을 수 있다는 이론이다. 둘째, 역사적 언급들은 진정한 것들이지만 사도행전 역사 밖의 기간에 속하는 것으로 간주하는 이론이다. 여기서는 바울의 석방, 장기적인 선교 여행, 두 번째 로마 투옥을 상정할 필요가 있다. 이는 전통적인 견해이다. 셋째, 이 세 편의 편지들은 모두 어떤 허구 작가의 작품이며, 정말인 것처럼 보이도록 하기 위해서 이 역사적 암시들을 만들어 냈다는 이론이다. 이런 종류의 허구설을 수용하는 학자들은 목회서신의 위명적 기원을 제안한다. 넷째, 이 역사적 암시들 가운데 적어도 얼마는 분명히 진정성의 특성이 있기 때문에 또 하나의 설명이 상정되었는데 곧 진정한 바울의 수기들이 대부분 후대의 바울 흠모자의 작품인 편지들 속에 편입되었다는 이론이다. 이 가운데 셋째와 넷째 이론에서는 목회서신의 바울 저작권을 거부하게 된다.

교회적 문제

목회서신에는 어떤 교회 제도에 대하여 바울 시대에 비하면 너무 발전한 모습을 보여 주는 언급들이 있다는 것이다. 예를 들어 보자. 첫째, 바울은 교회를 조직하는 일에 관심이 없었으며, 목회서신은 각 교회가 그 자체의 직분들을 가지며 직분을 세우는 전 과정이 주의 깊게 통제된 후대의 기간에 속하는 것이다. 둘째, 목회서신의 교회 기구에 반영된 장로들은 본질적으로 전승을 전하는 임무를 맡은 자들인데, 바울 시대에는 아직 전승이 형성되지 않았다. 셋째, 목회서신에 반영된 상황은 발전하는 데 상당한 시간을 요한다(딤전 3:6 참조). 넷째, 디모데와 디도 자신의 지위가 2세기 초엽의 군주적 감독직에 가까웠는데, 그들은 장로들을 임명하게 되어 있었다.

교회적인 문제와 관련하여 또 하나의 반대 이유는 목회서신에 반영된 이단들로부터 이끌어 낸 것인데, 목회서신은 2세기에 절정에 달한 영지주의 이단이 바울 시대보다 훨씬 더 발전된 시대에 속한다는 것이다. 더 설명을 하자면, 첫째, 골로새 이단과 비교할 때 목회서신에 나타난 것은 더 조직적이며, 바울이 골로새 이단을 다룬 방법, 즉 건설적인 그리스도교적 답변을 제공한 것과 목회서신에서 채용한 방법, 즉 책망하고 그들과 상관하지 말 것을 명하는 것이 구별된다. 둘째, 목회서신의 이단이 2세기 영지주의와 다음과 같은 점들에서 일치하는데, 엄중한 금욕주의와 방종, 그리스도의 부활에 대한 부인, 구약에 대한 사변적 접근, 및 하나님과 인간 간의 중보가 필요하다고 주장하는 것 등이다. 셋째, 목회서신은 반말시온파 논쟁을 나타낸다고 주장하는 사람들이 여전히 있다(딤전 6:20 참조). 말시온은 2세기에 이단적인 사람으로 정죄를 받았는데, 그렇다면 목회서신은 그때나 그 이후에 기록되었을 터이니, 바울의 것이 아니라는 이야기이다.

교리적 문제

목회서신의 가르침과 관련하여 여기서 실제의 문제는 바울적인 것과 바울적인 것이 아니라고 주장되는 것이 혼합되어 있다는 것이다. 다음과 같은 것들을 거론할 수 있다. 첫째, 목회서신에 바울신학의 많은 특색들이 있다는 것을 인정하지만, 그것들은 종종 바울의 진정한 편지에서 긁어모은 바울적 어구들을 반영하는 것에 지나지 않는다. 둘째, 주된 반대는 특징적인 바울적 교리들, 예를 들면, 하나님의 부성, 신자의 그리스도와의 신비적인 연합, 성령의 사역이 목회서신에 나타나지 않고, 그리스도교 교리에 대한 보다 더 판에 박힌 접근방식이라 말할 수 있는 것이 나타난다는 것이다. 예를 들면, "그 믿음", "맡은 것(맡기신 것)", "바른 교훈"과 같은 어구들이 반복해서 나오는데, 이는 그리스도 교리의 전승이 이제 고정되었음을 시사하며, 더 이상 더할 것이 없다는 것이다. 또한 "미쁜 말, 미쁘다 이 말이여"(딤전 1:15; 3:1; 4:9; 딤후 2:11; 딛 3:8), 수용된 교리들을 요약하는 그리스도교 찬송들(딤전 3:16; 딛 2:11 – 14)이 나타나는데, 이는 바울 같은 창조적인 마음을 가지고 있는 사도가 이러한 판에 박힌 수준으로 내려갈 수가 없다는 것이다. 그래서 목회서신의 상황은 1세기 말의 교회에 더 적합하다고 주장한다.

언어적 문제

신약성서에서 독특한 많은 수의 낱말들과 바울의 저작이 아닌 신약성서의 다른 책들에 나오지만 바울의 저작 다른 곳에서는 발견되지 않는 수많은 낱말들이 목회서신에 나온다는 것은 목회서신의 진정성을 반대하는 데 주요 요인이 되어 왔다. 바꾸어 말하면, 신약에서 목회서신에만 나오는 175개의 하팍스(*hapax*)들과 바울의 진정한 편지들에서 나오지 않지만 다른 신약 저자들이 목회서신과 공유하는 130개의 낱말들은 목회서신의 진정성에 대한 반대의 주요 요인이 되어 온 것이다. 이 언어적 특이성들이 바울의 다른 편지들에는 나타나지 않으므로 목회서신을 바울의 서신으로 볼 수 없다는 것이다. 이의 대표적인 학자는 해리슨이다(P. N. Harrison, *The Problem of the Pastoral Epistles*, 1921). 그는 목회서신의 언어적 특이성들은 바울의 다른 저작들에서 그 유례를 찾을 수 없고, 목회서신의 언어는 2세기의 언어임을 시사한다고 주장한다. 또한 바울의 다른 편지들에 나오지만 목회서신에 나오지 않는 112개의 불변사, 대명사, 및 전치사 집단이 있다는 것을 지적한다. 그러나 이런 종류의 언어적 논증은 유효성이 있는지 의문이다. 2세기 초엽에 후대의 바울주의자가 자신의 시대의 필요를 충족시키기 위해서 진정한 바울의 수기를 편입하고 바울의 다른 편지들에서 어구들을 끌어모아 이 편지들을 저작했다는 이론이 해답이 될 수 있는지 의심스럽다.

5.14/3 제시된 대안들

{자료: Mounce, *Pastoral Epistles*, cxviii－cxxix; Liefeld, *NIV Application Commentary: 1 and 2 Timothy, Titus*, 19－28; Philip H. Towner, *1－2 Timothy & Titus*(IVPNTCS 14; Downers Grove: IVP, 1994) 30－33; Marshall, *The Pastoral Epistles*(1999) 57－92}

목회서신이 바울에 의해 직접 기록되었다는 주장을 받아들일 수 없는 사람들은 그에 대한 대안들을 제시할 수밖에 없는데, 이 대안들은 목회서신이 제기하는 것으로 주장되는 문제들을 다루고 해결하려는 시도에서 나온 이론이나 가설들에 다름 아니다. 이에는 허구설(虛構說, Fiction Hypothesis) 또는 위작설(僞作說, 위명사용설, Pseudonymity), 단편설(斷片說, Fragment Hypothesis), 비기만성(非欺瞞性)의 바울 직후 작품설(Non－Deceptive Post－Pauline Composition), 대서설(代書說, Amanuensis Hypothesis) 등이 있다.

허구설 또는 위작(위명사용)설

이는 바울의 메시지를 통상적으로 2세기로 보는 편지들의 실제 저자의 시대와 교회에 관련성을 맺게 하려고, 예를 들면, 말시온이나 혹은 2세기 영지주의 이단에 반대하기 위하여, 속일 의도를 갖고 전적으로 날조한 위작(僞作)으로 보는 가설이다. 위작설을 지지하는 대표적인 논증은 디벨리우스－콘첼만(Dibelius

─ Conzelmann)에 의해 제시되었다(1972). 첫째, 목회서신의 진정성을 나타내는 외증이 그렇게 강하지 않다. 말시온 정경과 체스터 베티 파피루스에 포함되지 않았고, 초대 교부들이 목회서신을 알았다는 상당한 증거가 없다. 둘째, 목회서신에 나타난 이단에 대한 논쟁의 스타일이 이전의 진정한 바울 저작들의 그것과 같지 않다. 셋째, 목회서신에 반영된 상황은 사도행전과 이의가 제기되지 않는 바울 저작들에 기록된 바울의 생애에 들어맞는 것 같지 않다. 넷째, 목회서신에 반영되어 있는 교회 조직의 발전은 제1세기 말이나 혹은 그 이후에 놓는 것이 가장 좋다. 다섯째, 일반적으로, 목회서신은 진정한 바울 사상과 조화될 수가 없고, 세상과의 평화스러운 공존에 주로 관심을 갖는 "브루주아" 중산층 기독교를 묘사한다. 여섯째, 목회서신은 다른 바울 서신들에 없는 어휘를 상당히 많이 포함한다. 그러나 이러한 주장에 문제가 있는데, 만일 디모데서와 디도서가 문학적 허구의 일부라면 기만의 흔적을 피할 수 없을 것인바, "사도의 이름으로 저술된 위명의 글들은 거부되어야 한다."는 안디옥 감독의 말(주후 211년 이전)을 진지하게 받아들인다면, 수용하기 어려운 이론이 된다.

단편설

이는 바울의 사후 어떤 사람이 바울이 직접 쓴 몇 개의 진정한 단편들, 특히 목회서신 내의 개인적인 언급들과 역사적인 언급들(딤전 1:11, 12−16; 딤후 1:3, 11−12, 15−18; 3:10; 4:6−8, 9−21 등)을 수집하여 단편들을 보존하고 후대의 교회에 바울의 메시지를 적실성(的實性) 혹은 상관성(相關性) 있게 하려는 시도로 그 단편들을 세 개의 날조된 편지들 속에 짜 넣었다는 가설이다. 이의 대표적 논증은 다음과 같이 전개된다(P. N. Harrison, 1921). 첫째, 바울은 사도행전 28장에 기록된 로마 감옥(가택연금)에서 풀려나지 않았다. 둘째, 위명사용은 관행으로 받아들일 수 없는 것이다(딤전 1:15; 5:23; 딤후 4 참조). 셋째, 많은 바울의 편지들이 유실되었고, 사적(私的)인 편지들이 궁극적으로 소멸되었으나(예외, 빌레몬서), 후일에 어떤 그리스도인 선생이 바울의 편지의 단편들을 소유하게 되었다. 넷째, 이 그리스도인 선생이 에베소에서 그 시대와 장소의 교회가 사방으로 위협을 당하는 것(목회서신에 나타난 여러 문제들)을 보고, 짧고 단편적인 바울의 글들을 확대하여 그 자신의 상황에 상관성이 있게 만들어 교회로 내보냈다. 그러나 이 이론의 문제는 목회서신의 어느 부분이 진정한 단편들인지를 구별하는 데 의견의 일치가 없다는 것이다. 단편설은 단지 바울의 것으로 인정되는 사적인 논평과 역사적 논평의 얼마를 다루려는 것으로, 허구설의 약간 변형된 형태에 지나지 않는다.

비기만성의 바울 직후 작품설

이는 위작설의 기만성을 배제하면서 편지들은 실제로 바울의 사망 이후에 기록되었으나 바울이 실제의 저자라고 정당하게 고려될 수 있는 이유가 있다는 이론이다. 이 편지들은 바울이 디모데와 디도에게 준 실제 교훈들을 담고 있고, 바울이 그의 생애 마지막에 가르치고 있던 실제의 신학적 교훈들을 전달한다고 주장한다. 여기서는 대서설을 거부한다. 이 이론의 대표적 논증은 이렇다(Marshall). 첫째, 목회서신에서 반대를 당하는 이단적 가르침의 본질과 목회서신에 반영된 교회적 배경은 바울의 생애의 마지막 무렵과 바울의 생애 직후의 기간에 편안하게 들어맞는다. 둘째, 편지들이 바울의 실제의 어법과 가르침을 담고 있고 따라서 바울의 권위를 지닌다고 믿게끔 독자들을 기만하기 위하여 기록되었다는 의미에서 위명을 사용한 문서들이라는 지배적인 가설을 무비판적으로 수용하는 것은 위험하다. 셋째, 저작권 문제에 관련된 요인들, 즉 언어와 스타일, 문학적 의존의 문제, 저자의 역사적 상황을 고려할 때, 바울의 직접적인 저작권은 비중이 다른 많은 반대의견들에 직면한다. 편지들의 교리적, 교회적 상황은 바울의 생전이나 그 직후의 저작과 양립할 수 있으나, 언어적으로 또 신학적으로 생각이 표현된 방식은 큰 문제를 제기한다. 넷째, 기독교 저술들의 저작과 기만하려는 의도는 양립할 수 없으며, 2세기 전통적 교회는 기만적인 위명사용의 부도덕성을 받아들이지 않았다. 다섯째, 위명사용에 대한 대안으로 속일 의도가 없이 다른 사람의 이름으로 저술하는 활동으로서 바울의 전승을 보존하려는 시도로 보아야 한다. 마샬(Marshall)은 이를 필명사용(筆名使用, allonymity, allepigraphy)으로 명한다. 따라서 목회서신은 바울의 사망 직후 기간에 속하는데, 진정한 바울 자료에 기반하고, 디모데와 디도가 포함된 집단에서 만들어졌을 것으로 본다. 이는 디모데후서 배후에 있는 진정한 편지로 인하여 자극을 받고, 디모데전서와 디도서의 저술을 하게 되었을 것이며, 이 편지들의 작성은 기만적이 아니라, 변하는 상황을 고려하여 바울의 가르침을 새롭게 형성한 것들이다. 그럼에도 불구하고, 시간이 지남에 따라 편지들의 기원들은 망각되고 바울 자신에게서 온 것으로 치부되었다고 주장하는 것이다. 그러나 이 주장의 문제는 디모데와 디도가 포함된 집단에서 바울 사후 바울의 재료들을 편집해서 현재의 형태로 출판했다는데, 그들 자신이 자신들에게 보낸 편지 형태로 편집을 했을까 하는 점이다. 차라리 목회서신의 특이한 점들은 대서자에 기인하고 디모데와 디도가 대서자였을 것이라는 것이 차라리 더 나은 추론일 것이다.

대서설

이는 목회서신을 바울의 저작으로 보면서 특히 어휘와 문체의 영역에서 나타나는 바울의 다른 편지들과의 차이에 대하여 대서자의 영향을 참작하는 이론이다. 이의 대표적 논증의 예는 이렇다(Mounce, 2000). 첫째, 바울은 목회서신을 기록할 때 대서자를 사용하였을 것이다. 대서자는 두기고, 누가 등이 거론된다. 둘째, 목회서신의 많은 어휘가 누가-행전의 어휘와 유사하다. 즉, 누가의 언어와 목회서신의 언어적 특이점들 간에 많은 유사성이 존재한다. 셋째, 대서자(혹은 저자)는 누가(Luke)일 것이다(딤전 4:11). 목회서신은 누가-행전으로 시작한 단일 작품의 세 번째 두루마리라는 주장까지 있다(Jerome D. Quinn, 1978). 넷째, 대서자 가설이 내증과 외증을 가장 잘 설명한다. 여기에도 문제가 없는 것은 아니다. 대서자에게 전적인 또는 매우 큰 재량권을 부여했다고 할 때 과연 바울의 저작으로 볼 수 있겠는가? 오히려 프라이어(M. Prior, 1989) 같은 학자는 바울의 다른 편지들과 달리 바울이 공동 저자와 대서자의 도움을 받지 않고 손수 디모데와 디도에게 편지를 썼다고까지 주장한다.

5.14/4 바울 저작권을 찬성하는 주장

{자료: D. Guthrie, *Introduction to the New Testament*, 607-49; Carson & Moo, *An Introduction to the New Testament*, 554-70; Blomberg, *From*

Pentecost to Patmos, 343-49; Mounce, Pastoral Epistles, cxviii-cxxix; Liefeld, NIV Application Commentary: 1 and 2 Timothy, Titus, 19-28; Linnemann, Biblical Criticism on Trial, 74-112, 128-32, 150-51, 153-54}

이러한 반대에도 불구하고 상당히 "적지 않은 수"의 학자들이 목회서신의 진정성, 즉 전통적인 바울 저작권을 지지해 왔다. 비진정성(非眞正性)을 증명할 책임은 도전자들에게 있어 보인다. 목회서신의 진정성은 옹호될 수 있으며, 대안들은 적절하게 답변할 수 없는 문제들을 내재하고 있다. 이제 목회서신의 저작권을 결정하는 데 고려해야 할 사항들을 고찰하고, 바울 저작권을 반대하는 이유들을 평가하고 반론을 제기한다.

고려할 사항들

목회서신의 저작권을 결정하는 데 고려하고 논의해야 할 사항들은 여러 가지가 있다. 통상적인 내증과 외증 외에도, 목회서신에 나타난 헬레니즘의 도덕적 규약들, 목회서신에 나타난 윤리에 대한 강조, 목회서신의 저자에 대한 디모데와 디도의 관계 등을 들 수 있다.

내증

세 편지는 인사말(문안)에서 편지를 써서 보내는 사람이 바울임을 밝히고 있다(딤전 1:1; 딤후 1:1; 딛 1:1). 바울의 저작권을 부인하는 학자들은 이것을 무시하고 이 편지들을 위명의 편지로 받아들인다. 그 당대의 세계에 널리 퍼진 관행으로서 이러한 관행을 교회도 받아들였음에 틀림없었다고 그들은 보기 때문에 어려움을 느끼지 않는다. 그러나 이러한 위명의 편지들에 대한 증거는 설득력이 없다(Guthrie). 대부분의 증거는 문학 장치의 모양을 가진 다른 저작들 속에 보존된 예들로 구성되어 있다. 신약에 들어 있는 것들 이외에 바울의 이름으로 발행된 편지는 단 두 편만이 전해지고 있는데, 이들은 모두 가짜로 판정된다(살후 2:2 참조). 하나는 "라오디게아인들에게 보낸 편지"인데, 이는 분명히 위명의 편지이다. 초기 헬라어 사본의 증거가 없고, 제4세기에 비로소 라틴 교회에 나타나기 때문이다. 또 하나는 이른바 "고린도인들에게 보낸 세 번째 편지"
인데, 이는 시리아 교회에서 한동안 별도로 유포되고, 성경으로 간주되기까지
했으나, 터툴리안이 위조 작품이라고 기록하는 "바울행전"에서 기원한 것으로
알려져 있다. 이것은 초대 기독교의 관행을 보여 주는 인상적인 증거가 되지 못
한다.

외증

초대 교회에서 목회서신의 바울 저작권을 지지하는 외증은 고린도전서와 로
마서를 제외한 바울의 다른 어떤 편지들만큼이나 강하다. 예를 들면, 첫째, 목회
서신과 "클레멘트의 고린도 서신"(클레멘트 1서) 사이에 언어상 많은 유사점이
있다. 둘째, 목회서신에 대한 언급/암시들이 폴리캅(주후 135년), 순교자 저스틴
(주후 140년경), 헬라클레온, 그리고 그 밖의 사람들에게 알려지고 사용되었다는
표시들이 있고, 이레네우스(주후 180년경) 때에 이르러서는 결정적으로 바울의
편지로 간주되었다. 셋째, 무라토리 정경(주후 170 – 180년경)에 수집된 바울의
편지들의 일부로 목회서신이 포함되어 있다. 넷째, "사도의 이름으로 된 위명
저술들은 거부되어야 한다."고 말한 안디옥의 감독 데오빌로(주후 211년경 이
전)는 목회서신의 영감을 언급한다.

목회서신의 바울 저작권을 부인하는 사람들은 초대교회에서 이 편지들을 수
용하는 것에 대하여 불확실성이 있었다고 주장한다. 예를 들면, 첫째, 말시온의
정경은 바울의 열 개의 편지만을 담고 있다. 하지만, 이는 말시온이 목회서신을
알지 못했음을 시사하는 것은 아닐 것이다. 그는 자신의 주장을 지지하지 않는
책은 어떤 것이든 거부했다. 둘째, 체스터 베티 파피루스(p^{46}, 바울서신 코덱스,
3세기 중엽)에는 목회서신이 들어 있지 않다. 그러나 이 사본은 온전하게 보존
되지 못했다. 이 사본의 연대보다 이른 초기 교부들은 목회서신들이 널리 사용
되었음을 증거한다. 교회 역사상 19세기에 와서야 비로소 목회서신의 바울 저
작권에 대한 의심들이 나타나기 시작했다. 그 이전에는 왜 아무도 의심의 문제
를 제기하지 않았을까?

목회서신에 나타난 헬레니즘의 도덕 규약들

헬레니즘 저술들에서 친숙한 도적 규약들이 목회서신에 나타나는 것은 저작권 이슈에도 관련성이 있으나, 그것 이상의 의미를 갖는다. 그녀의 주석에서, 배슬러(Bassler)는 "그 시대의 철학적 도덕 담론을 되울리는 '선한 싸움을 싸우라'는 권면", "경건"(*eusebeia*)과 "위엄"(*semnotes*)이라는 용어와 사상, 종교적 의무로서의 부모를 위한 부양, 에픽테투스(Epictetus)의 저술들에서 견유파 철학자들에게 적용되고 디모데후서 2장에서 선한 군사들에게 적용된 "마음이 산만해지지 않도록 하라."는 요청, 그리고 디모데후서 2장에서 도덕적 "경주자"로서 덕을 얻으려고 몸부림치는 것의 중요성과 "부정적으로 돋보이게 하는 사람으로서 적대자들을 제시하는 수사학적 장치"를 인용하여 목회서신의 바울 저작권을 거부한다. 그러나 이러한 예들이 반드시 목회서신의 늦은 연대를 증명하는 것은 아니다. 바울의 편지로 인정된 것들에서 이러한 언급/암시들이 알려지지 않은 것도 아니다. 그리고 이들은 오히려 목회서신이 바울의 다른 이른 저술들보다 헬레니즘 도덕주의자들의 기대들을 능가하는 것에 더 많은 관심을 가짐을 나타내는 것으로 볼 수도 있다. 이러한 관심들과 인습적인 도덕성을 상기시키는 것들은 우리가 이미 알고 있는 바울과 일치하지 않는 것이 아니다.

목회서신에 나타난 윤리에 대한 강한 강조

목회서신에는 윤리에 대한 강조가 많이 나온다. 이것도 저작권의 쟁점에 관련성이 있다. 왜냐하면, 만일 이 편지들이 단지 바울이 가르쳤을 것 같은 것만을 전달하고, 사실은 그가 가르친 것을 전달하지 않는다면, 저자의 동기들이 아무리 고상할지라도 이러한 사람을 도덕 교사나 윤리 교사로 신뢰할 수 있겠는가? 아마도 불가능해 보인다. 따라서 목회서신이 바울 이후의 시대와 교회를 위한 바울이 아닌 다른 사람의 작품(위작)이라는 데에는 심각한 문제가 내재한다.

목회서신 저자에 대한 디모데와 디도의 관계

목회서신의 저자는 디모데를 그의 "믿음 안에서 참아들"(딤전 1:2)과 "사랑하는 아들"(딤후 1:2)이라 부르고, 디도를 "같은 믿음을 따라 된 믿음의 참아들"(딛 1:4)이라 부른다. 많은 학자들이 주장하는 것과 같이 이것은 가공의 수신인들에게 보낸 위명의 편지에 나타난 구성들인가? 아니다! 목회서신과 바울의 이전의 편지들과 사도행전에 기록된 이 사람들과 바울 사이의 관계에 대한 언급들을 고려할 때 목회서신의 저자가 수신자들(디모데, 디도)에게 말하는 것이 충분히 이해될 수 있는 것이다.

먼저, 디모데를 알아보자. 그가 언제 그리스도인이 되었는지 확실하게 말하는 곳은 없지만, 추론을 하건대 필시 바울의 1차 선교여행 때에 그에게 복음을 들었을 것이며, 그때에 회심을 했을 것이다. 디모데에 대한 구체적인 언급은 그가 2차 선교여행에 바울과 합류하는 사도행전 16:1－5에 나온다. 이 젊은 사람은 바울의 신임을 얻었으며, 때때로 개인적인 사명을 띠고 보냄을 받기도 했지만(살전 3:1－6), 두 사람은 종종 가까이서 함께 일을 했다(행 18:5; 19:22; 참조, 고후 1:1; 빌 1:1; 골 1:1; 살전 1:1; 살후 1:1). 바울의 편지들 속에는 디모데가 바울과 함께 봉사했다는 증거가 더 있다(고전 4:17; 16:10－11; 참조, 롬 16:21). 그리고 물론 목회서신 내에서 바울은 디모데에 관하여 따뜻하게 말한다.

그러면, 디도는? 그는 바울을 위하여 분쟁을 해결한 사람이었던 것으로 보인다. 바울과 고린도인들 간의 서신왕래와 방문들의 순서를 추적하는 것은 어려우나, 디도가 고린도에서 바울을 대표하는 데 중요한 역할을 한 것은 분명하다(고후 2:12－13; 7:5－7, 13－15; 8:5－6, 16－19; 12:14－18). 또한 디도는 갈라디아서 2장 1－5절에 묘사된 중요한 방문에서 바울과 함께 예루살렘에 갔다. 디도서에서 말하는 대로 바울이 그를 그레데에 남겨 두었을 때 디도에게 또 하나의 어려운 과제가 주어졌다는 것이 분명하다. 목회서신에 묘사된 기간 동안 바울은 디도에게 니고볼리에 있는 그에게 오기를 바랐다(딛 3:12). 마지막으로, 목회서신 가운데 가장 늦게 기록되었을 것 같은 편지 곧 디모데후서의 끝에서, 디도는 필경 바울을 위하여 또 하나의 임무를 띠고 달마디아로 가는 중이었다(딤후 4:10).

디모데와 디도에 관하여 위에서 요약한 것은 특히 두 가지 사실을 보여 준다 (Mounce). 첫째, 디모데와 디도에 대한 개인적인 언급들을 목회서신에서 분리하기 어렵고 또 목회서신을 이 두 사람과 바울 간의 계속적인 "실시간" 관계라고 부를 수 있을 것에서 분리하기 어렵다. 둘째, 목회서신에 기록된 관련 내용을 역사적으로 일어난 일들이라고 가정하는 우리는 에베소와 그레데의 뒤얽힌 문제들과 적대적인 사람들을 다루기 위해서 바울은 경험이 많고 가까운 동료인 두 사람을 택했다는 것을 알게 된다. 디모데와 디도가 직면한 상황들은 처음에 보기보다 더 심각하다. 거짓된 가르침은 특히 에베소에서 이미 공격적으로 진행되고 있었다(딤전 1:3, 4).

제기된 문제들에 대한 반론

목회서신의 바울 저작권을 반대하는 주장들은 결정적이지 않다. 그들이 제기하는 역사적, 교회적, 교리적, 언어적 문제들에 대하여 반론을 펴면서 우리는 바울의 저작권을 충분히 옹호할 수 있다고 보는 것이다.

역사적 문제

바울의 석방과 2차 로마 투옥

우리는 바울이 사도행전 28장에 기록된 로마 투옥에서 일단 석방되어 활동을 계속하다가 다시 투옥되었다는 입장을 취한다. 그러나 바울의 2차 로마투옥을 받아들이기 어려운 학자들은 목회서신의 허구설과 단편설을 제시했다. 엄밀하게 말하면, 사실 사도행전에는 바울이 활동을 재개했다는 것에 대한 암시와 2차 로마 투옥에 대한 기사가 없다. 바울의 2차 로마 투옥설을 반대하는 것은 이렇게 침묵으로부터의 논증이다. 그러나 바울의 생애에는 사도행전이 기록하지 않은 많은 세부내용들이 있다. 예를 들어, 고린도후서 11:23 – 27를 보라.

증거가 없다?

바울이 서방의 "경계"까지 전파하였다고 암시하는 클레멘트 1서 5장 5−7절과 바울의 스페인 방문을 암시하는 무라토리 정경은 석방이론의 근거이다. 그러나 반대자들은 바울의 추가적인 활동에 대한 전승의 초기 외증이 없고, 설사 있다 해도 그것은 견고한 근거가 없는 추론에 불과하다고 말한다. 그러나 초기 외증을 통하여 바울이 석방되었을 가능성을 말한다 하여도, 가능성에서 개연성으로 나아갈 수 있는지를 더 고찰하여야 하는 것이 좋을 것이다. 이를 위해서 우리는 바울이 죄수로서 로마에 보내진 근거를 연구해야 한다. 그는 왜 로마로 보내졌는가? 사도행전 26장 32절 및 25장 18−21절에서 말하는 것에 의하면, 바울이 로마로 보내진 것은 그에게 죄가 있어서가 아니라 그의 상소 때문이었다. 또한 로마에서 빌립보서를 쓸 때 바울은 적어도 조기 석방의 가능성을 염두에 두었다는 점을 고려해야 한다(빌 1:25). 또 하나 고려할 것은 사도행전이 이상하게도 돌연하게 종결했다는 점이다.

석방 후의 바울의 활동

2차 로마 투옥 이론의 가능성을 인정한다면, 자료의 부족으로 인하여 여정을 추정하기 어렵고 따라서 잠정적인 제시일 수밖에 없지만, 이제 바울이 포함된 사건들의 과정을 제시하는 일이 남는다. 석방 후 바울의 여정을 구성하여 보도록 하자. 첫째, 바울은 아시아를 다시 방문했다(딤후 4:13, 20; 참조, 딤전 1:3). 둘째, 바울은 마게도냐로 가는 길에, 디모데를 에베소에 머물도록 강권했다. 셋째, 확실하지는 않으나 언젠가 바울은 그레데를 방문했을 것이고, 거기에 디도를 남겨 두었다(딛 1:5). 그 이후 디도로 하여금 그레데를 떠나 니고볼리에서 바울과 합류하도록 했다(딛 3:12). 넷째, 바울의 활동은 주로 마게도냐와 그리스에서 있었던 것으로 보인다. 다섯째, 필시 바울은 그레데를 방문 한 후에 스페인으로 갔고 로마제국의 서부에 있는 동안 다시 체포되고 투옥되었거나, 아니면 마게도냐나 에피루스(Epirus)의 서방 지역에서 다시 체포되어 로마로 이송되었다. 다섯째, 어떤 시점에서 바울은 디도를 달마디아로 보냈다(딤후 4:10). 그리고 여섯째, 네로 황제 때 순교하였다.

바울이 줌 직한 종류의 교훈인가?

우리가 잘 아는 대로 목회서신은 장로들과 감독들과 집사들과 과부들에 대한 언급을 담고 있으며 이러한 직분을 보유하는 자들에게 요구되는 도덕적인 종류의 자격들을 좀 자세하게 말한다. 이 직분들에 관한 교훈은 바울이 줌 직한 종류의 교훈인가? 우리의 대답은 그렇다는 것인데, 그 근거는 다음과 같다. 첫째, 사도행전 14장 23절은 바울 자신이 선교활동 초기부터 장로들을 임명했음을 보여 준다. 둘째, 바울 저작권에 대해 반대하는 데 있어 이 난점을 뛰어넘는 유일한 길은 사도행전의 언급을 시대착오적인 것으로 간주하는 것이다. 그러나 받아들일 수 없는 증거를 이런 방식으로 다루는 것은 바람직하지 않다. 바울이 선교활동의 시초에 장로들을 임명했다는 사실은 그가 질서정연한 교회정치에 대한 관심을 가졌다는 것에 대한 강한 증거가 된다(빌 1:1 참조). 셋째, 바울이 직접 임명을 하지 않았다 해도 에베소 교회의 장로 임명을 재가했다는 간접적인 증거가 있다(행 20:17). 에베소와 루코스 계곡의 교회들에게 보낸 에베소서에서 바울은 교회에 "목사와 교사"의 존재를 언급한다(엡 4:11). 필경 이들은 목회적이며 교훈적인 기능을 지닌 장로 직분에 가까웠을 것이다.

바울 시대에 비해 너무 진보한 장로 체계?

목회서신에 등장하는 장로 체계는 바울 시대에 비하여 너무 진보한 것이라는 비판은 두 가지 오해에 근거한다. 첫째, 장로들의 주된 기능은 전승을 전수하는 것이며, 이것은 어느 정도 교회 발전의 후대 단계들에서 일어난 일이었다고 가정하는 것이다. 둘째, 생애의 마지막까지 바울은 전수되어야 할 교리의 통일체에 대한 개념을 가지고 있지 않았다는 견해에서 오해가 발생하는 것이다. 바울 자신은 초기사도전승을 받았으므로 고정된 교리형태에 대한 생각을 가졌을 것이다.

세워진 지 오래된 교회의 상황?

목회서신에 반영된 상황은 바울의 때에는 존재할 수 없는 세워진 지 오래된 교회를 시사하는가? 바울이 디모데에게 편지를 쓸 때에 이르러서는 에베소 교회가 세워진 지 9, 10년이 되었으며, 이러한 교회에 대하여 "새로 입교한 자"(딤전 3:6)를 임명하지 말라는 조언은 의미가 없지 않다. 세워진 지 정말 얼마 되지 않는 교회에서는 직분자들을 선정하는 일에 여유를 부릴 수 없어 "새로 입교한 자"라도 세울 수밖에 없었지만, 바울이 3년이나 사역한 에베소 크기의 교회에 "새로 입교한 자를 임명하지 마라."는 교훈을 주는 것은 실제적인 의미가 있는 것이다. 또한 이 특정한 요구가 에베소에 국한되고 그레데에는 주어지지 않았다는 것도 중요하다. 그리고 갈라디아 교회들과 에베소 교회에서 처음에는 최근에 회심한 자들을 직분자로 선정할 수밖에 없었지만, 몇 년이 지난 뒤에도 그렇게 하는 것은 바람직하지 못하다.

디모데와 디도는 이그나티우스와 그 시대의 감독들?

디모데와 디도는 이그나티우스(Ignatius)와 그의 시대에 존재한 유형의 감독들을 대표한다는 견해는 유지될 수 없다. 그 이유는 다음과 같다. 첫째, 모든 사실을 설명하는 데 필요한 것은 그들이 사도적 대리자들 곧 이방인들에게 사도를 대표하는 자들이었다는 것이다. 둘째, 만일 편지들이 기록될 당시에 군주적 감독들이 존재했다면, 디모데전서와 디도서의 감독들에 관한 교훈은 정말 이상할 것이다. 각 교회에 단 하나의 감독만 임명해야 한다는 시사가 없고(딛 1:5 이하), 감독 직분의 승계를 위한 규정이 없기 때문이다. 제기된 교회적 문제는 바울의 시대를 벗어나지 않는다고 우리는 결론을 내린다.

목회서신에 암시된 이단들의 문제는?

목회서신 안에 암시된 이단들은 2세기의 이단들을 반영하는가? 그렇지 않아 보인다. 먼저 목회서신 자체에서 얻을 수 있는 자료를 모아 보자. 첫째, 목회서신이 보여 주는 가르침의 주된 특성은 가르침의 그릇됨(내용)보다는 관련성(결과)이다(딤전 1:3 - 7; 6:3 - 5; 6:20). 바울은 거짓 선생들의 가르침을 논박할 가치를 느끼지 못한 빈 상투어들로 본 것 같다. 둘째, 그들의 가르침은 많은 유대적 특성을 가지고 있었다(딤전 1:7; 딛 1:10, 14; 3:9). 셋째, 그들의 가르침에는 바울이 "귀신의 가르침"과 연결하는 금욕주의적 경향이 있었다(딤전 4;1 - 5; 5:22). 넷째, 바울이 이 편지들 속에서 명확하게 언급하는 유일한 교리적 오류는 부활 소망을 부인하는 것이다(딤후 2:16 - 18; 참조, 딤전 1:20). 이제 생각해 보자. 이단에 대한 목회서신의 이러한 자료는 일관성이 있고 강력한 이단을 가리키지 않는다. 오히려 그 반대이다. 바울의 주된 관심은 디모데와 디도가 암시된 이단적 가르침들에 대하여 시간을 낭비하지 말아야 한다는 것이다. 바울은 골로새 이단과는 달리 그들의 주장들을 논박할 가치가 없다고 생각하는 것이다. 바울이 논박을 하는 대신에 비난을 하는 또 하나의 이유는 다시 한 번 더 골로새 교회와는 달리 그들 스스로 필요한 곳에서 논박할 만큼 그리스도교 교리에 정통하고 있는 자들(디모데와 디도)에게 편지를 쓰고 있기 때문이다. 목회서신의 바울 저작권을 부인하는 사람들은 만족할 만한 저작 동기에 대한 하나의 돌파구를 찾기 위하여 2세기 영지주의와 목회서신을 연결하지 않을 수 없게 되는 것이다.

교리적 문제

바울의 위대한 주제들이 생략되었다?

목회서신과 바울의 다른 서신들 사이에 교리적 차이점들이 있는데, 바울이 그의 특징적인 교리를 소개하지 않고 과연 목회서신을 쓸 수 있었는가? 쓸 수 없었다고 하는 것에 대하여 우리는 무엇을 말할 수 있는가? 목회서신에 바울의 위대한 교리(주제)들이 생략되었다는 주장에 대하여 우리는 적절한 설명을 통하여 목회서신에도 바울의 다른 편지들에 나오는 위대한 주제들이 확연하게 드러나지 않아 보여도 거기에 들어 있다는 것을 보여 줄 수 있다. 첫째, 목회서신에 하나님의 부성(父性)이 부재하다고 하나, 목회서신에 나타나는 하나님의 개념은 결코 저 멀리 떨어져 계신 하나님이 아니다. 목회서신에는 하나님의 위대하심과 장엄하심이 나타나며(딤전 1:17; 6:15−16), 하나님의 아버지 같은 선하심과 하나님 자신이 사람에게 다가오신다는 확신이 표현된다(딤전 1:1, 2; 2:3, 4; 4:10; 6:7; 딛 1:3; 2:10, 11−14; 3:4; 딤후 1:1, 6−7; 3:16). 둘째, 바울은 "그리스도 안에"라는 어구를 통상적으로 사람들에게 적용하나, 목회서신에서는 9회 등장하는 그 어구가 그리스도 안에 있는 특질들에 대하여 적용된다고 하나, 이것을 지나치게 세밀하게 구별할 수는 없다. 더군다나 목회서신과 바울의 이전의 편지들 양자 간에 "신자의 그리스도와의 신비적 연합"이라는 의미로 동일하게 사용된 경우도 있다(딤후 1:1; 3:12; 롬 6:11; 8:2). 셋째, 성령에 대하여 많이 언급하지 않는다는 것에 대해서는, 그렇다고 해서 목회서신의 저자가 성령의 활동에 대하여 관심을 갖지 않았다고 할 수 없다. 골로새서와 데살로니가후서도 성령을 단 한 번만 언급한다. 목회서신에 나타나는 성령의 활동에 대한 언급들은 모두 바울이 쉽게 인정할 수 있는 부류의 것들이다(딤전 4:1; 딤후 1:14; 딛 3:5).

중요한 술어들이 다른 의미로 사용되었다?

목회서신에서는 정말로 바울의 다른 서신들에 나오는 술어들이 다른 의미로 사용되어 바울의 저작권을 부인하게 만드는가? 그렇지 않다. 첫째, 우리는 "의롭다 하심을 입은", "은혜"와 같은 바울적 낱말들이 달라진 의미로 사용되었다는 주장에 대하여 큰 무게를 둘 수 없다. 목회서신에 나오는 "우리로 그의 은혜를 힘입어 의롭다 하심을 얻어 영생의 소망을 따라 상속자가 되게 하려 하심이라."(딛 3:7)는 말은 바울이 이전에 로마서에서 강해한 것과 일치하지 않는 것이 없다. 둘째, 더 크게 중요한 것은 목회서신의 저자는 교리가 형식화된 시대 곧 바울의 역동적인 "믿음"의 개념이 "전수받은 가르침의 통일체"를 나타내는 "그 믿음"으로 고정된 시대에 살고 있다는 비난이다. 이에 대하여 우리는 바울이 이미 그 이전의 편지들에서도 목회서신에서 발견되는 것과 동일한 방식으로 "그 믿음"에 관하여 이야기하는 데 충분히 익숙해 있었다고 말할 수 있다(빌 1:27; 골 2:7; 엡 4:5 참조). 셋째, 목회서신에 편입된 다섯 개의 "미쁜 말씀"과 디모데전서 3:16의 그리스도교 찬송은 교인들에게 교리문답용으로 개발된 후대의 형태로만 볼 이유는 없다. 아주 이른 시기, 즉 초기원시교회 혹은 사도시대에 교리를 형식화하여 진술해 놓을 필요성을 느꼈다는 것에 의문을 제기할 수 없다. 문제는 바울이 목회서신에서 그것들을 인용했겠는지 하는 것인데, 이는 별로 문제될 것이 없다. 바울은 다른 편지들에서 그 당시에 통용되던 교리 진술들 혹은 신앙고백들을 인용했을 개연성이 인정되기 때문이다(롬 1:2-4; 빌 2:5-11; 골 1:15-20; 엡 5:14).

언어적 문제

{자료: Linnemann, *Biblical Criticism on Trial*, 74-112, 128-32, 150-51, 153-54; Donald Guthrie, *The Pastoral Epistles and the Mind of Paul*(1956); ___, *The Pastoral Epistles*(TNT; 1990)}

언어에 근거한 바울 저작권 반대는 많은 문제점을 안고 있다. 먼저 일반적인 문제점을 몇 가지 들어 보자. 첫째, "하팍스"(*hapax*, 단 한 번 사용된 단어)들은 바울이 그의 각 서신에서 사용하는 상이한 단어들의 총수의 맥락에서 조사하도록 하여야 한다. 둘째, 특히 해리슨(P. N. Harrison)에 의해 지배된 더 낡은 연구들은 바울의 나머지 편지들에는 합리적인 언어의 일관성이 있다는 가정에 근거하나, 이러한 가정은 증명할 수 없다. 셋째, 통계학적 낱말 연구로 목회서신의 언어가 비(非)바울적임을 입증하려는 여러 시도가 있으나, 목회서신이 만족스러운 표본을 제공할 충분한 본문을 담고 있는지 의심스럽다. 넷째, 통계적으로 스타일 곧 문체를 계산하려고 하는 모든 시도들의 주된 약점은 그런 시도들이 주제, 상황 또는 수신자들의 차이점들을 충분히 고려할 수 없다는 것이다. 이런 요인들이 모두 새 단어, 즉 하팍스들을 도입하는 데 책임이 있을 것이다.

구체적으로 해리슨의 주장의 문제점을 다루어 보자. 그는 대체로 주후 2세기 동안의 하팍스들의 사용에 대한 연구에 기초하여, 목회서신의 저자는 2세기의 언어를 말한다고 주장하는데, 이러한 그의 주장은 유지될 수 없다. 첫째, 문제되는 거의 모든 단어가 1세기 중엽까지는 그리스 문헌에 알려져 있었다. 둘째, 그 중 거의 반은 구약 헬라어 성경(70인역, LXX)에 나오는데, 바울이 그 단어들을 잘 알고 있었다는 것이 이치에 맞는 가정일 것이다. 셋째, 사도적 교부들과 변증론자들의 저술에 나오는 하팍스들 가운데 많은 것이 바로 그 저술들에만 한 번 나오며, 그 당시에 통용하고 있는 용법을 증거하는 것이라고 공정하게 주장할 수 없다. 넷째, 일반(세속) 저자들을 포함하여, 2세기 저자들에게 호소하여 목회서신이 그때에 나왔다고 시사하는 것은 그 낱말들이 1세기에는 사용될 수 없었다는 것을 보여 주어야 유효하지만, 이것은 확증할 수 없다.

언어적 문제와 관련하여 언급하여야 할 사항들이 좀 더 남아 있다. 첫째, 바울의 다른 편지들에서 발견되지 않으나 신약의 나머지 부분에 나오는 목회서신의 상당히 많은 단어들은 목회서신의 언어가 바울보다 더 늦다는 것을 보여 준다는 주장은 설득력이 없다. 오히려 그 증거는 목회서신의 언어가 바울 자신의 때에 통용되고 있는 언어가 아니었다고 가정할 이유가 없음을 보여 주는 것이다. 둘째, 바울의 특징적인 단어들 또는 단어 집단들이 목회서신에 나오지 않는 것은 목회서신에서 그것들을 사용할 게재가 아니었을 뿐이다. 이미 바울의 두 동료인 디모데와 디도는 그것들을 잘 알고 있었다. 셋째, 바울 자신이 표현 양식을 변화시키는 습관이 있었다는 것을 고려하면, 바울이 사용한 단어들을 목회서신에서 사용하면서 다른 의미로 사용했다는 것은 큰 문제가 아니다. 넷째, 바울의 다른 편지들에서 수집할 수 있는 많은 수의 불변사(不變詞)들과 대명사들과 전치사들이 목회서신에 없다는 것은 목회서신이 바울이 아닌 다른 손에 의해서 기록되었음을 나타내는 것으로 보인다는 주장은 처음에 보이는 것처럼 그렇게 인상적이지 못하다. 예를 들어, 골로새서와 데살로니가후서에는 다른 바울의 편지들에서 수집할 수 있으나 목회서신에는 없는 불변사들, 대명사들, 및 전치사들이 얼마 안 된다(20개 미만). 목회서신과 다른 바울서신들은 사용된 단어들의 유형에 있어 일반적으로 생각하는 것보다 그렇게 다르지 않다. 다섯째, 문체를 통계적으로 계산하려는 가장 최근의 시도들은 성공적이지 못했다. 저자의 개인적 문체와 같은 무형의 사물을 수학 공식화할 수 있는 것인지 의문이다.

대안 이론들에 대한 반론

바울의 저작권을 옹호하는 사람들의 임무는 반대의견에 답변하는 것에 머물지 않고 대안 이론들의 약점을 노출시켜 저작권을 확증하는 지지를 얻도록 하는 것이다. 대안 이론들의 문제는 무엇인가? 여기서는 특히 단편설과 허구설에 초점을 맞추어 논한다.

편찬의 문제들

단편설에 있어서

목회서신 저자가 바울 자신의 단편을 사용하였다는 단편설(斷片說) 또는 바울의 진정한 수기를 사용하였다는 수기설(手記說)에서, 소위 바울주의자인 저자가 단편들을 편입하는 데 채용한 절차는 이상하다. 해리슨(P. N. Harrison)의 주장에 의하면, 목회서신 저자는 디모데후서에 바울의 진정한 대부분의 재료를, 디도서에 바울의 진정한 짧은 수기를, 그리고 디모데전서에 진정한 재료를 전혀 아무것도 넣지 않았다고 하는데, 왜 그랬을까? 그의 계산에 의하면 세 개의 수기가 있었다고 하는데, 각 서신에 하나씩 넣는 것이 자명한 선택이 아니었을까?

목회서신에 바울의 단편이나 수기가 삽입되었다는 주장은 목회서신의 각 편지가 발행된 순서에 의존하는데, 이에 대하여 상당한 의견의 차이가 있다. 가장 널리 유지되는 주장은 더 많은 양의 바울 재료가 있는 디모데후서가 제일 먼저 기록되고, 이의 즉각적인 성공으로 인하여 나머지 두 권을 기록하게 되었다는 것이다. 그러나 바울의 특징이 더 강력하게 인증되지 않은 디모데전서가 마지막으로 나타나고 나서 아무런 의심이 제기되지 않았을까? 하지만, 디모데전서가 먼저 나왔다고 해도 설명이 더 쉽지는 않다. 편찬자가 최상의 진정한 수기를 끝까지, 즉 디모데후서를 쓸 때까지 감추고 있었거나, 아니면 디모데전서를 출판할 때까지 그것을 얻지 못했다는 이야기가 될 수 있는데 이는 개연성이 없다.

디모데후서에 바울의 진정한 수기가 편입되었다는데, 편찬자는 왜 디모데후서에 들어 있는 그런 방식으로 두 개의 진정한 수기를 짜 넣었을까? 해리슨의 이론에 의하면, 첫째 진정한 수기는 세 부분에 편입되고(딤후 4:9 – 15; 4:20 – 21a; 4:22b), 둘째 수기는 연합된 후기와 축도(4:21b – 22a)와 더불어 다섯 개의 개별적 문단에 분산되었다(1:16 – 18; 3:10 – 11; 4:1 – 2a; 4:5b – 8; 4:16 – 19). 이 분산된 재료와 더불어 편집자 자신이 작성한 네 개의 단락이 있다. 그러나 이러한 이상한 상호혼합이 심리학적으로 정당화되겠는가? 정당화되기 힘들다. 또한 어떻게 이러한 이론이 가정하는 방식으로 진정한 수기들이 보전되게 되었는가 하는 문제가 있다. 이에 대하여 두 가지 가능한 대안을 생각할 수 있는데, 수기들이 완전한 단위들로 보존되었든지, 아니면 흩어진 단편들로 보존되어 왔든지 하는 것이다. 전자의 경우라면 나중에 분산되어 편입된 것이 문제이고, 후자의 경우라면 보존 과정의 난점을 극복할 수 없다. 즉, 위대한 사도의 단편적인 유물들을 보존하였다가 자신의 저작에 편입하고, 그 완성된 작품을 전부 바울에게 돌리려는 생각을 품은 헌신적인 제자를 상정하는 것은 별로 설득력이 없다.

허구설에 있어서

단편설은 이와 같이 편찬의 문제가 있는데, 허구설(虛構設)은 저자의 편찬 방법을 설명하는 데 더 신빙성이 있는가? 그렇지 않아 보인다. 허구설에서는 세 개의 서신이 출현한 것에 대하여 진지하게 설명하려는 시도를 하지 않고, 다만 하나의 원(原)전집(全集)을 제안하는 것으로 만족한다. 그러나 이것은 세 개의 편지가 나오게 된 과정을 설명하지 못한다. 하나의 서신으로도 목적을 이루지 않았겠는가? 이 이론의 옹호자들은 초기에 나온 이러한 허구적 전집 출판의 유례들을 하나도 제시하지 못한다. 세 서신의 출현 이유를 설명하지 못하는 것이다. 이 난점은 목회서신의 진정성을 받아들이게 만든다(Gordon D. Fee).

역사적 문제들

사도행전과의 관계에 있어서

바울의 진정한 수기/단편과 사도행전의 문제가 있다. 단편설의 큰 유익 가운데 하나는 나누어진 단편들을 여기저기 역사적 상황들에 할당함으로써 자서전적인 자료를 사도행전의 골격에 맞추어 넣을 수 있다는 것이다. 디모데후서의 하나의 수기는 세 번째 선교여행 기간에 속하고, 다른 것은 바울의 생애의 마지막 주간들에 속하는 것으로 여겨진다. 그러나 여기에 난점이 많다. 주된 문제들은 디모데후서의 첫째 수기와 디도서의 수기를 중심으로 생기는데, 이 두 개의 수기는 바울이 에베소를 떠남과 고린도후서를 집필함 사이에 니고볼리에서 보내겼다고 한다. 그러나 이것을 지지하기 어렵다. 왜 어려운가? 첫째, 디도서 3장 12절은 바울이 니고볼리에서 겨울을 났다는 것을 함의하나, 사도행전 행 20장 1-6절은 바울이 마게도냐에서 얼마 동안 선교사역을 한 후에 그리스에서 겨울철을 보냈다고 시사한다. 둘째, 디도의 이동들을 이해할 수 없게 만든다. 디도가 니고볼리로 갔다가(딛 3:12), 달마이아로 보냄을 받았다가(딤후 4:10), 또 고린도로 돌아왔다는 여정은 이해하기 어렵다(행 20:3 참조). 셋째, 디도의 이동들을 이해할 수 없다면, 디모데의 이동들은 뚜렷하게 모순이 된다. 비록 디모데후서 4장 21절a는 이 가설에 의하면 디도에게 보낸 수기 이후에 기록되었지만, 디모데는 겨울이 오기 전에 그리고 디도가 이미 달마디아로 떠난 후에 바울에게 오라는 재촉을 받는데, 디도는 겨울이 이미 시작되어서야 비로소 달마디아로 떠난 것이 분명하다. 넷째, 두기고의 이동들이라고 해서 더 나은 처지에 있지 않다(골 4:7; 딤후 4:9-11, 12; 딛 3:12). 해리슨의 재구성에 의하면, 그는 루코스 계곡의 골로새 교회에 갔다가 니고볼리 혹은 그 근처로 돌아와서 아마도 고린도로 보냄을 받고, 또 디도와 디모데가 바울에게 오기 전에 에베소로 보냄을 받았을 터인데, 이 여정은 너무 분잡(紛雜)하다.

거짓 선생들에 대하여

거짓 선생들에 대한 난점도 있다. 적어도 목회서신이 2세기에 저술되었다는 형태로 나타난 단편설과 허구설에 대한 또 하나의 비평은 목회서신의 그릇된 가르침들에 대한 암시를 2세기 영지주의와 연결하는 난점이다. 저자는 바울을 모방한다면 바울이 했던 것처럼 왜 발전된 영지주의의 근본적인 위험들을 언급하지 않았을까? 목회서신의 영지주의 암시들은 모호하다. 그것은 단지 2세기 이전의 초기 영지주의였을 것이다. 골로새서에서와는 달리 저자는 논박을 하지 않았다.

교리적 난점들

목회서신의 저자가 바울의 편지들을 아주 잘 알고 있어서 바울의 말씨를 상당히 많이 재현했다는 가정은 목회서신에서 식별할 수 있는 바울주의의 강한 맛을 적절하게 설명함과 동시에 바울의 주요 주제들 가운데 빠진 것들이 있음을 설명하지 못한다. 저자가 바울을 모방하는 자라고 한다면, 그는 바울을 이해하지 못했거나, 아니면 바울의 위대한 교리들을 반영할 만큼 충분히 밀접하게 편지들을 알지 못했다는 이야기이다. 다른 각도에서 말하면, 목회서신의 신학이 바울의 이전의 편지들의 신학보다 열등하다는 것, 즉 목회서신에 바울의 위대한 교리들이 생략되었다는 것을 설명함에 있어서 다른 사람에 의한 "바울 모방"으로 설명하기보다는, 친밀한 조력자들에게 편지를 쓸 때 바울 자신이 이전의 편지들에서 충분히 표현된 교리들을 생략했다고 하는 것이 더 쉽다. 한 가지 더, 만일 이 바울주의자가 속사도 교부들 기간에 살았다면 이 교부들의 저술에 대한 목회서신의 우월성은 일반적으로 인정되므로, 그는 교부들 가운데 걸물이었음에 틀림없다. 사실, 우리는 이 기간 동안에 바울 사상에 대하여 그처럼 크게 몰두한 사람을 어디에서도 발견하지 못한다.

언어적 난점들

단편설에 있어서

목회서신에는 바울의 말투를 분명 사용하지 않는 여러 문절들이 있다. 단편설에서는 통상적으로 이 지점들에서 편찬자가 단순히 자신의 배경에서 이끌어 온 자신의 재료를 구성하고 있는 것이라고 설명하는데, 이는 편찬자가 바울의 가르침을 상관성 있게 만들려는 그의 진정한 목적을 망각하고 자주 잘못에 빠졌음을 의미하는 것이다. 그는 바울의 문체에 자신의 문체를 일치시키려는 생각이 없었는가? 또 자신의 문체와 진정한 단편들의 문체 간에 불일치를 알아채지 못했는가? 그러나 이상하게도 편찬자 자신의 부분들에 바울의 어휘가 되풀이되어 나타난다. 디모데후서 1장 1-15절에는 바울주의자의 마음을 드러내는 이질적인 색채와 배열이 적고, 거의 바울 자신의 정확한 말이 들어 있으며, 디모데후서 2장 15절-3장 6절, 디모데전서 5장 1-19절, 6장 7-21절, 디도서 1장 13절-2장 15절에도 드문드문 바울을 반영하고 있다. 이러한 현상은 바울을 모방하려는 미지의 저자를 상정하는 것보다 차라리 바울 자신이 언어적 일탈을 보여 주는 편지를 썼다는 것이 더 이치에 맞게 들린다.

허구설에 있어서

단편설의 이 난점들은 허구설에 똑같이 적용된다. 목회서신의 모든 위작설(僞作說)에 있어서 진정으로 문제가 되는 것은 헬라어를 말하는 그리스도인들이 목회서신의 비(非)바울적 언어와 문체에 대하여 아무런 불평들을 제기하지 않은 것 같다는 사실이다. 단편설이나 허구설은 이 사실을 설명하여야 한다.

동기의 문제들

단편설에 있어서

도대체 바울주의자가 왜 이 저술들을 저작했는가? 단편설에서는 두 가지 대답을 할 것으로 보인다. 첫째, 그는 어떻게 해서 얻은 진정한 수기들을 보존하기를 원했고 그의 저술 목적은 그러므로 진정한 수기들을 맞추어 넣을 수 있는 교묘한 역사적 골격을 제공하는 것이었다. 둘째, 그는 바울을 그 자신의 시대의 중대한 문제들 특히 교회 제도의 문제에 적용하기를 원했다. 이 가운데 어느 동기가 더 우선할까? 결정하기 어렵다. 또 이 두 가지 저술 목적은 설득력이 없다.

허구설에 있어서

허구설은 어떤 후대의 저자가 자신의 시대에 바울 역을 맡기로 했다고 가정한다는 점에서 단편설보다 난점들이 적으며, 단편적인 수기들을 끼어 넣을 필요성에 의해 제약을 받지 않는다. 허구설을 옹호하는 자들은 목회서신들은 말시온 다음의 시대에 속하며 그러므로 말시온파의 교리를 위한 도구로 바울이 사용되지 못하도록 하는 정통적인 시도라는 제안을 할 수 있는 것이 고작이다. 하지만, 이 이론은 여러 이유로 지지할 수 없다. 특히 둘만을 들면, 첫째, 목회서신은 말시온에 대항하여 싸운 반(反)말시온 편지라는 억지 주장에 반대하여 강조해야 할 것은 목회서신에는 발전된 영지주의에 대한 분명한 언급이 없다는 것이다(딤전 6:20 참조). 둘째, 외증은 이 이론에 불리하게 작용한다. 목회서신의 연대를 주후 140년 이후로 보는 이 이론의 옹호자들은 말시온 시대 이전에 나타난 목회서신의 초기 자취들을 모두 부인할 필요가 있다는 것을 안다. 그리고 폴리캅의 증거를 아주 만족스럽지 못하게 다룬다. 이는 이 이론이 역사적으로 진실성이 희박하다는 것을 보여 주는 것이다. 그런데 허구설에 있어 위명사용은 어떻게 되는 것인가? 그것은 정당화되는가? 그렇지 않다. 첫째, 초기 기독교 문학적 관행에는 이런 유례가 없다. 둘째, 자신의 이름을 사용하지 않고 위명을 사용한 저자의 겸양을 초대교회가 너그럽게 보아 주었는지 의심스럽다. 셋째, 위명사용을 상정하는 것 자체가 하나의 가설이라는 점이다.

목회서신의 저자 문제에 대한 결론

전통적인 견해는 불가능하다고 말할 수 없다. 대안 이론들에는 더 큰 문제들이 있다. 초대교회가 목회서신을 바울의 편지로 받아들인 것은 옳았다. 누가의 언어와 목회서신의 언어적 특이점들 간에 많은 유사성이 존재하므로 누가가 대서자이거나 혹 "저자"였으리라는 제안을 이미 언급한 바 있다. 여러 난점이 있음에도 불구하고 목회서신을 바울의 저술로 보는 전통적인 견해는 여전히 유효하다.

5.14/5 저술 연대와 편지들의 순서

목회서신의 바울 저작권을 받아들인다면, 사도행전에 기록된 1차 로마 투옥에서 석방된 62년 이후 바울이 순교한 65년(?) 사이에 기록되었다. 목회서신의 순서를 특정하기 어려우나, 디모데전서와 디도서는 거의 같은 시기에, 그리고 디모데후서는 바울의 마지막 편지로 기록되었을 것이다.

5.14/6 저술 목적

{자료: Guthrie, *New Testament Introduction*, 649-51; Gordon D. Fee, *1 and*

2 Timothy, Titus(NIBC; Peabody: Hendrickson, 1984) 5-14}

목회서신을 저술한 목적은 무엇인가? 목회서신의 저술 계기와 목적을 결정하는 것은 목회서신을 이해하는 데 결정적인 문제이다. "실로, 이것은 모든 목회서신 해석을 위해 결정적인 문제이며, 바로 이 점에서 위명사용 이론들이 가장 큰 문제들에 직면하는 것이다."(Fee) 서신을 해석/석의할 때에 서신은 *특별한 목적을 위한* 문서, 즉 수신자 편에서든지 송신자 편에서든지, 아니면 양자에게서 발생한 특정한 역사적 환경에 의해서 우발된 것임을 우리는 가정한다. 그런데, 위명사용이론들은 목회서신이 저술되었다는 주후 90-110년경의 역사적 상황을 재구성하여야 하는데 여기에 큰 어려움이 생긴다.

목회서신의 진정성을 부인하는 경우

목회서신의 진정성을 부인하는 사람들이 가장 흔하게 재구성하는 것은 저자가 이 편지들을 쓰게 된 세 가지 요인들을 조합하는 것이다. 세 가지 요인들은 바울의 영향력이 교회에서 감퇴한다는 것, "영지주의" 형태의 거짓된 가르침이 교회를 위협하고 있다는 것, 그리고 교회의 리더십이 카리스마적 리더십에서 성직자가 있는 더 정규적인 리더십으로 전환하는 동안 일어나는 조직적인 구조가 필요하게 되었다는 것 등이다. 대부분의 경우에 학자들은 이 마지막 항목을 목회서신을 저술하게 만든 긴급한 필요로 받아들인다. 바꾸어 말하면, 목회서신의 진정성을 부인하는 사람들은 목회서신이 원형 영지주의 혹은 더 발전된 영지주의, 혹은 말시온주의라 불리는 이단과 대항하여 싸우기 위하여, 교회 지도자의 교훈용 편람을 제공하기 위하여, 그리고 바울을 최신의 모습으로 제시하기 위하여, 즉 바울을 사도와 순교자로 당대인(當代人)들에게 제시하기 위하여 저술되었다고 설명한다. 그러나 이러한 재구성이 지닌 문제들은 여러 가지인데, 예를 들면, 확인이 가능한 "특정한" 역사적 맥락 안에 목회서신을 놓지 못한다는 것이다. 좀 더 말하면, 그들은 제1세기 말의 에베소와 그레데에 목회서신을 두는 데 거의 전적으로 실패한다. 그리고 가장 중요하게는, 어째서 세 개의 편지인가 하는 질문에 대하여 적절한 대답을 제공하지 못하는 것이다.

바울의 저작권을 받아들이는 경우

바울의 저작권을 받아들이면 세 서신의 목적은 자명하여진다. 디모데전서와 디도서는 각각 일시적으로 책임을 지고 있는 각자의 교회에서의 절차의 방법들에 관하여 기록된 교훈을 주는 것이다. 디모데후서의 경우는 이와 좀 다른데, 디모데와 그에게 위탁된 임무에 집중을 한다. 좀 더 구체적으로 말하여, 우리는 위명사용 이론들과 대조하여 이 편지들의 역사적 상황을 재구성할 수 있다고 본다. 이 편지들은 이 기간에서 회복할 수 있는 다른 데이터와 일치한다는 것과 전체로서 또 모든 세부사항에 있어서도 그들의 역사적 상황에 부합한다는 것을 보여 줄 수 있다.

디모데전서

디모데전서는 바울이 디모데를 에베소에 남겨 두어 에베소의 거짓 선생들의 영향력을 막으려는 계기로 쓰였다. 바로 이것이야말로 편지 자체에서 특정하게 진술된 한 가지 이유이다(1:3). 그러나 2-3장은 공예배와 교회 지도자들의 인격에 대한 관심들을 다루고, 편지를 쓰게 된 목적을 진술하는 것으로 끝난다 (3:14-15). 그래서 많은 사람들이 거짓 선생들을 디모데전서의 저술 계기로 보고, 거짓 선생들에 대한 올바른 해독제로서 교회질서(church order, 敎職)를 교훈하는 것을 전반적인 목적으로 본다. 디모데전서 1장 3절을 편지의 모든 것과 관계가 있고, 편지의 저술 계기와 목적을 다 표현하는 것으로 보는 사람도 있다. 여하튼, 디모데전서를 기록할 계기를 제공한 거짓 선생들은 누구인가? 그들은 에베소 교회 내부의 사람들이며, 사도행전 20장 30절에 기록된 에베소 교회의 감독-장로들에게 말한 예언이 실제로 성취된 것으로 볼 때에 편지 전체의 의미가 통하게 된다. 문제는 교회 자체의 몇몇 장로들에 의해서 교회가 미혹을 당하고 있다는 것이다(딤전 1:3, 7, 19-20; 3:1-13; 5:17-25; 6:3). 이들의 거짓 가르침의 본질은 정확하게 정의하기 어려우나, 편지에 기록된 특징을 수집하여 정리할 수는 있다. 편지에 나타난 자료는 유대적 요소(딤전 1:3-7; 3:1-13; 6:3-10)와 헬라적 요소(딤전 1:6-10; 4:3; 6:20-21)를 시사한다. 그러면 디모데전서는 단지 디모데만을 위한 것인가? 아니다. 디모데전서는 디모데 개인을 넘어 교회 자체를 위하여 저술된 것이다. 다만, 에베소 교회의 리더십의 결함 때문에 바울은 직접 교회를 향하여 쓰지 않고 디모데를 통하여 교회에 말하는 것이다(딤전 6:21 참조).

디도서

디도서는 디모데전서와 계기가 다르며, 또 디도 자신의 환경이 디모데와 다르다. 디모데는 기존 교회의 개혁을 위해서 남겨졌지만(딤전 1:3), 디도는 아직 성취되지 않은 일 곧 장로들을 임명하도록 하기 위하여 그레데에 남겨졌다(딛 1:5). 디도서의 취지는 거짓 선생들에 대하여 경고하고 세상이 매력을 느낄 수 있는 그리스도인의 행동을 격려하기 위한 것이라 할 수 있겠다(1:5 – 9; 1:10 – 16; 2:5, 7 – 8, 10 – 11, 14; 3;1, 8).

디모데후서

디모데후서를 이해하는 열쇠는 바울의 달라진 환경을 인식하는 것이다. 그는 지금 갇혀 있다(1:15 – 18; 2:9, 17 – 18; 4:6 – 8, 10, 12, 16 – 18). 이런 상황에서 바울은 디모데에게 두 번째 편지를 써서 보냈다. 이 편지는 일종의 유언이다 (1:6 – 14; 2:1 – 13; 2:14 – 3:9; 3:10 – 4:5; 4:9, 11, 21). 바울은 디모데를 그의 곁으로 부르기 위해서, 그리고 디모데의 충성을 호소하기 위해서 썼다. 디모데후서의 기본적인 취지는 디모데에게 바울의 사후 복음의 사역을 수행하도록 호소하는 것이다(1:5, 8, 14).

5.14/7 목회서신의 종합적 내용

{자료: Oden, *First and Second Timothy, and Titus*(1989)}

1. 제1부: 사도적 전승의 권위
   가. 사도의 인사(딤전 1:1 – 2; 딤후 1:1 – 2; 딛 1:1 – 4)

나. 성경의 권위와 전통 잇기(딤후 3:14−17; 딤후 1:3−7)

2. 제2부: 기독교 설교의 심장
가. 케리그마(딛 3:3−8a; 딤전 1:8−11; 딤전 1:12−17)
나. 중보자 예수 그리스도(딤전 3:14−16; 딤전 2:3−7; 딤후 2:8−10; 딤후 2:11−13; 딛 2:11−14)
다. 거짓된 가르침과 참된 가르침(딤전 1:3−7; 딤전 4:1−5; 딛 1:10−16; 딤후 2:14−19; 딤후 2:20−26; 딤후 3:1−9)
다. 건전한 교리와 바른 삶(딤전 4:6−10; 딤전 62b−6; 딤전 6:11−16; 딛 3:8b−11; 딛 3:1−2)

3. 제3부: 목회적 돌봄
가. 교회에서의 예배와 질서(딤전 2:1−2; 딤전 2:8; 딤전 2:9−10; 딤전 2:11−15)
나. 박해하는 자들과 박해받는 자들을 위한 훈계(딤전 6:17−19; 딤전 6:17−19; 딤전 6:1−2a; 딛 2:9−10)
다. 목회상담, 징계, 및 훈계(딛 2:15; 딛 2:1−6; 딛 2:7−8; 딤전 5:1−2; 딤전 5:24−25)

4. 제4부: 사역의 바른 질서
가. 사역의 부탁(딤전 1:18−20; 딤전 4:11−16; 딤전 6:20−21b; 딤후 1:8−14; 딤후 4:1−5)
나. 교회 리더십 자격(딤전 3:1−7; 딛 1:7−9; 딛 1:5−6; 딤전 3:8−13; 딤전 5:17−22; 딤전 5:23; 딤전 5:3−16)
다. 확고부동하게 사역을 해 나가라는 권고(딤후 1:15−18; 딤후 2:1−7; 딤후 3:10−13)

5. 제5부: 바울이 디모데와 디도에게 보낸 편지의 결론을 내리다
가. 개인적인 메시지와 축도(딛 3:12−14; 딤후 4:6−8; 딤후 4:9−18; 딤

후 4:19021; 딤후 4:22)

5.14/8 목회서신의 가치와 현대적 관련성

{자료: Oden, *First and Second Timothy and Titus*(1989); Liefeld, *NIV
Application Commentary: 1 and 2 Timothy, Titus*(1999) 16; Douglas J. W.
Milne, *1 Timothy, 2 Timothy, Titus*(Guernsey: Christian Focus, 1996) 11-13}

목회서신은 바울의 다른 편지들에 비해서 상대적으로 평가 절하되는 것으로
보이나, 그 가치에 대한 정당한 평가는 우리 신앙과 삶을 더 풍성하게 만든다.
목회서신에서 우리는 다음과 같은 가치와 현대적 관련성(적실성)을 발견한다.

가치

첫째, 신약의 가장 중요한 교리 본문들 가운데 많은 것이 목회서신에 나온다
(딤전 2:5-6; 딤후 2:8-14; 딛 2:11-14; 3:4-7). 둘째, 어려운 주제들을 피하
지 않는다(예배에서 여자들의 역할, 가난한 자와 부유한 자의 문제, 종들과 그들
이 섬기는 주인 간의 관계, 나이 많은 과부들을 부양하는 것에 관한 정책들, 교
회를 혼란시키는 것들을 다루는 방법 등). 셋째, 초대 교회 예배의 생생한 편린
들을 제공한다(딤전 1:17; 3:16; 딤후 2:11-13; 딛 3:4-7). 넷째, 목회서신에는
신약의 다른 곳에 없는 것 곧 교회에서 어떻게 관리(행정)하고 가르쳐야 하는지
에 대한 가치 있는 조언이 들어 있다. 다섯째, 우리의 현대적 상황을 조명하는
거울 역할을 할 수 있을 것이다. 우리는 역사적 정보를 얻기 위하여 이 편지들
을 연구하는 것이 아니라 하나님의 말씀을 듣기 위하여 연구하는 것이다.

현대적 관련성

첫째, 무엇보다도, 목회서신은 바른 그리스도인의 신앙과 바른 그리스도인의
삶과 같은 것이 있으며, 이 둘 사이에는 깨뜨릴 수 없는 결속이 존재한다는 것
을 분명히 한다. 이 편지들은 사도들로부터 교회들을 통하여 전수되어 내려오는

일단의 가르침 곧 "그 믿음", "그 진리", "바른말의 형태", "교훈"이라 하는 것의 존재에 계속적으로 호소한다. 이 일단의 교리는 한 묶음의 신학적 확언들일 뿐 아니라, 목회서신이 동등하게 확언하는 윤리적 함의와 실천적 함의를 결정적으로 전달한다.

둘째, 목회서신에는 로마서나 갈라디아서에서와 같은 신학적 논의는 없다. 목회서신은 어느 하나의 신앙 조목보다는 그리스도교 교훈(가르침)의 전체적인 몸통(몸체)을 주장하기 때문이다. 목회서신에서 진리는 실천의 토대가 되며, 그래서 사도적 가르침은 교회 자체에서와 세상에서의 경건한 삶을 위하여 상술(詳述)되고, 주장되고, 또 굳게 고수되는 것이다.

셋째, 목회서신의 신학적 자세는 신현현(神顯現)적이다. 이는 목회서신의 가르침들과 호소들이 예수 그리스도의 두 번의 큰 신현현/나타남 곧 탄생과 재림 안에 굳게 짜 맞추어져 있다는 뜻이다(딤전 3:16; 6:14; 딤후 1:10; 4:1, 8; 딛 2:11, 13; 3:4). 이 예수의 두 번의 나타남은 그리스도인의 믿음과 소망과 삶의 종착점이다. 그래서 이 편지들은 윤리적 관심들을 전형적인 바울의 스타일과 신약 스타일에 종말론적으로 또 구속적으로 세우고 묶는다. 이것은 우리에게 복음적인 교리와 경건한 삶은 영구적으로 결속되어 있음을 가르친다.

넷째, 바울의 사도직의 마지막 여러 해 동안에 그는 바른 행동을 가져오는 바른 가르침이 그 당시 세계의 그 부분에 위치한 교회들에게 긴급하게 필요하다는 것을 알았다. 교회들은 교회들이 이전에 향유했던 진리와 구원 가르침에 대한 배타적인 주장들에 도전하는 분파들과 새로운 종교 집단들에 의해 위협을 받고 침투를 당하고 있었다. 이 새로운 운동들은 그리스도교의 신성한 글들에서 빌려 왔으며, 유대인과 그리스도인의 신앙들과 실천들을 철학적 자료와 신화적 자료들의 잡동사니에서 취한 이질적인 요소들과 혼합시켰다. 그 결과, 그리스도인의 도덕성의 표준들이 도전을 받고 타협을 당하고 있는 동안 그리스도의 복음의 순전한 말은 그 윤리적 단언들과 함께 모호해지고 시야를 잃어 가고 있었다.

다섯째, 바울이 살던 시대와 우리 자신이 사는 시대 사이에는 어떤 유사점들이 있다. 세상에서 새롭고 대안적인 영성들과 종교들이 발흥함으로 인하여 바울 시대와 우리 시대는 둘 다 불확실성의 시대가 되었다. 그 결과 그리스도인의 사회적 가치와 도덕적 가치가 실제로 무너지고 버려지고 있다. 많은 명목상의 그리스도인들은 더 이상 그들이 무엇을 믿는지 알지 못하고 그리스도교 이후 세계에서 어떻게 살아야 하는지도 알지 못한다.

여섯째, 구체적으로 디모데와 디도가 직면한 문제들에는 주목할 만하게 현대적인 가락이 있다. 우리가 영구적인 가치에서 이미 언급했지만 교회에서 여자의 역할, 예배의 행위(행동, 지도, 진행), 교회의 기능, 그리스도인 리더십의 자격들, 사역의 형태들, 그리스도교 신앙의 내용, 그리고 그리스도교 도덕성의 본질은 오늘 우리 현대의 그리스도인들에게 끊임없이 제기되는 문제들이다.

일곱째, 목회서신은 현대의 그리스도인들과 교회들과 그들의 지도자들이 필수적으로 읽어야 한다. 지난 200년의 문화적 패러다임과 형이상학적 패러다임이 점점 도전을 받고 거부당하고 있는 이 전환기에 그리스도인들은 그들의 종교적 유산을 상기하고, 사도적 전승에 있는 그들의 뿌리를 재발견할 필요가 있다.

5.14/9 최근의 연구

목회서신의 서론적인 문제들, 교회의 제도화, 목회서신의 구조 문제, 목회서신의 신학, 디모데전서 2장 9-15절에 대한 해석 등이 계속 연구되고 있다.

5.15 디모데전서

{자료: Brown, *An Introduction to the New Testament*, 653-671; Achtemeier, Green and Thompson, *Introducing the NEW TESTAMENT*, 447-453; Carson & Moo, and Morris, *An Introduction to the New Testament*, 571-77; Guthrie, *New Testament Introduction*, 660-67; Gorman, *Apostle of the Crucified Lord*, 551-70; Blomberg, *From Pentecost to Patmos*, 359-73}

5.15/1 정황

편지 자체에서 우리가 알 수 있는 것은 바울 자신은 마게도냐로 계속 여행을 하는 동안 디모데를 에베소에 남겨 두어 교회를 맡도록 했다는 것이다(1:3). 바울은 에베소 회중을 괴롭히는 일단의 거짓 선생들을 반대하고, 사태를 정상화시켜 놓으라고 디모데에게 지시했다. 이런 이유로 디모데전서는 작은 "교직서"(교회 질서의 책)라고 묘사할 수 있을 것이다. 이런 종류로는 디모데전서가 기독교 역사상 최초이다. 바울의 말을 빌리면, 그는 디모데로 하여금 "하나님의 집에서 어떻게 행하여야 할지를 알게 하려"고 그에게 편지를 쓰고 있는 것이다(3:14－15). 바울은 또한 디모데가 어떤 유의 사람인지를 고려하면서, 그에게 적합하게 편지 전체를 통하여 개인적 조언과 격려의 말을 써서 보낸다. 이 편지는 첫째로 디모데에게 보낸 것이나, 그 내용은 교회에도 읽어 주도록 의도되었다(6:21). 그래서 디모데전서는 교회의 젊은 지도자에게 주는 상당한 양의 전문적인 조언과 회중이 흡수하고 실천해야 할 가르침이 결합된 편지이다.

5.15/2 수신지

디모데전서는 로마 속주 아시아의 수도인 에베소에 있는 교회에 써서 보낸 편지이다. 에베소는 천연적인 항구요, 극장들과 목욕탕들과 도서관들이 유명한 사업과 연예의 중심지였다. 무엇보다도 에베소는 고대 세계의 불가사의 가운데 하나인 다산의 여신 아데미의 거대한 신전을 자랑했다(행 19:35 참조). 에베소 교회는 바울이 아굴라와 브리스길라와 함께 여행을 하는 동안 주후 52년경에 거기에 잠깐 들렀을 때 바울에 의해서 설립된 것으로 보인다(행 18:18－19). 바울은 3차 선교여행 때 3년간 머물면서 이 토대 위에 교회를 세웠다(행 19:1－20:38). 에베소는 안디옥과 더불어 지중해 선교지의 모교회가 되었다. 에베소 교회의 영적 역사는 신약 전체를 통하여 추적할 수 있다(행 20:29－30; 계 2:1－7). 디모데전서를 쓸 때에 바울은 에베소 교회를 디모데에게 맡겨 놓고 있었다. 디모데는 복음과 및 교회의 몇몇 회원들과 그들의 가정의 믿음을 왜곡하고 있는 거짓 선생들의 미혹하며 부패시키는 영향력들과 대항하여 싸워야 했다. 디모데에 대해서는 이 책의 다른 곳에서 이미 기술(記述)한 바 있다.

5.15/3 주제들

교회론

디모데전서의 화두는 조직신학적인 용어를 사용하면 "교회론"이다(3:14－15). 그러나 교회를 다룸에 있어서 지체들, 그들의 그룹 다이내믹스, 징계의 문제들, 성령의 은사와 은사의 통제, 거룩함과 부활과 같은 그리스도교 교리에 대한 오해 등을 다루는 고린도전서와 다르다. 디모데전서에서는 교회의 제도적 본질이 전면에 나오고, 직분을 맡는 것에 대한 자격들이 논의되고, 다른 사회적 집단들을 대하여 말하고, 집합적 예배에서의 쟁점들이 다루어진다. 교회에 대하여 구조적이며, 실천적이며, 예전적이며, 행동적인 접근을 하는 것이다. 고린도전서는 교회를 역동적으로 또 대단히 인간적 방식으로 보며, 에베소서는 교회를 역사 안에서 하나님의 전반적인 계획에 두는 데 반하여, 디모데전서는 질서와 신앙의 표준들과 실천의 관점에서 교회를 본다. 우리가 교회에 대하여 균형 있는 이해와 응답을 하기 위해서는 이 세 가지 접근이 모두 필요하다.

세 가지 주제

디모데전서에는 세 가지 주제가 편지 전체를 관통하고, 이 주제들을 중심으로 해서 편지의 주된 메시지가 전개된다.

첫째, 바른 가르침이다. 교회는 신앙의 다원주의적 체계들이 존재하는 시대에 바른 가르침을 필요로 한다. 그 시대는 하나님과 구원과 영성의 의미에 대한 새로운 개념들이 교회에 침투해 들어오는 시기이다. 바른 가르침은 디모데와 같은 사람들이 교회 안에 있는 사람들을 위해 충성스럽게 옹호하고 해석해야만 하는 사도적 복음에서 발견되어야 한다. 교회는 세상에서 하나님의 진리의 기둥이요 받침이다.

둘째, 바른 지도자이다. 교회는 교회의 문들을 탕탕 두들기고 교회의 회원들의 믿음과 도덕을 타파하는 이교 세계의 문화 충격에서 살아남으려면 바른 지도자들을 필요로 한다. 교회의 지도자들은 가정생활에서 또 직장생활에서 입증된 행적 기록이 있으며, 또 그리스도인의 인격이 모범과 경건한 행동으로 나타나는 사람들이어야 한다. 그들은 하나님의 말씀을 가르치고 믿음을 방어하는 데 은사가 있어야 한다.

셋째, 바른 구조와 직분이다. 교회는 교회 자체의 일들을 관리하고 세상에 하나 되고 질서 있는 얼굴을 제시하려면 건전한 구조들과 직분들을 필요로 한다. 올바른 종류의 조직적 구조들 곧 실제로 복음을 증진시키고 개인적인 모범과 공적인 교훈과 징계 절차들을 통하여 교회에 속하는 자들의 믿음을 강화시키는 구조들이 있어야 하는 것이다.

바른 가르침, 바른 지도자들, 바른 구조들, 이 세 가지 모두 현대 세계에서 교회의 작업 모델을 위하여 필수적이다. 건전한 가르침이 없으면 교회는 짠맛을 잃어버리고 사회 속에서 제구실을 하지 못할 것이다. 건전한 지도자가 없으면 교회는 순전성을 상실하고 다른 여느 기관들과 같이 될 것이다. 건전한 구조가 없으면 교회는 파당으로 분열되고 하나 됨과 효과성을 상실하게 될 것이다. 세 겹 줄은 쉽게 끊어지지 않는다(전 4:12).

5.15/4 내용/개요/구조

1. 문안(1:1 — 2)
2. 에베소의 문제(1:3 — 20)
3. 에베소 교회의 문제들에 대한 교정(2:1 — 4:5)
4. 디모데에게 주는 개인적 조언들(4:6 — 16)
5. 교회 안의 다른 집단들을 대하는 법(5:1 — 6:2a)
6. 마지막 교훈들(6:2b — 21)

5.16 디도서

〔자료: Brown, *An Introduction to the New Testament*, 638 — 652; Achtemeier, Green and Thompson, *Introducing the NEW TESTAMENT*, 459 — 61; Carson & Moo, *An Introduction to the New Testament*, 581 — 84; Guthrie, *New Testament Introduction*, 660 — 67; Gorman, *Apostle of the Crucified Lord*, 571 — 79;

Blomberg, *From Pentecost to Patmos*, 351-57}

5.16/1 정황

바울은 디도에게 그리스 본토의 북서쪽 해안에 위치한(에피루스의) 작은 읍인 니고볼리에 있는 자기에게 오라고 요청한다(3:2). 이는 바울 자신의 마음이 로마를 향하여 서쪽으로, 그리고 로마를 넘어서 스페인으로 가서 선교하고자 하는 탐험으로 기울고 있었다는 것으로 이해되기도 한다(롬 15:23-28). 그렇다면, 아마도 무심코 한 이 언급은 디도서가 로마제국 서부에 대한 바울의 선교 전야에 기록되었음을 시사(示唆)할 수 있다. 이 경우에 우리는 디도서를 바울과 서방교회 생애의 중대한 사건들과 연결 짓게 된다. 그렇지 않으면, 바울 자신은 이 편지를 쓸 때 그의 행방에 관하여 어떤 실마리도 제공하지 않는다. 디도서의 저술 시기는 디모데전서 이후 바로, 그러나 디모데후서 이전으로 보거나, 혹은 디모데전서와 디도서가 동시에 저술되었다고 보기도 한다. 확인할 길은 없다.

5.16/2 수신지

디도에게 보낸 편지는 바울이 전에 일한 적이 있던 그레데(Crete) 섬에 있는 교회에 관한 것이다(1:5). 그레데는 에게해(海) 남부 지중해 중앙에 있다. 그 섬은 모양이 가늘고 길며 동서로 약 250㎞이며, 폭은 약 11㎞에서 56㎞까지 다양하다. 역사적으로 그레데는 기원전 제2 천 년의 중엽 동안에 고도의 문화를 구가하였다. 이후에 문화는 쇠퇴하였고, 경쟁 도시들 간의 지역적 반목이 일어났다. 주전 67년에 그레데 섬은 로마인들에 의해 점령을 당하고 정착이 되었다. 바울이 디도서를 쓸 때에 이르러서, 그레데인들은 방종하고 부정직하다고 온 세상에 알려졌다(1:12). 이 정보는 디도가 그레데에서 교회를 재조직하려 할 때 어려움을 당하였으리라는 것을 짐작하게 한다. 그레데 교회의 역사는 불확실하다. 그레데인들은 오순절 날에 예루살렘에 참석하였다(행 2:11). 그들 중에 혹 회심한 사람들이 있었다면, 아마도 그들이 돌아가서 그레데에 교회를 개척해 놓았을 것이다. 바울은 죄수로서 로마를 향해 폭풍우 속에서 바다 여행을 하는 동안에 그 섬에 상륙한 적이 있으나, 거기서 어떠한 복음전도 사역을 하거나 그 지역의 그리스도인들을 만나지는 않았다(행 27:7 – 13, 21).

5.16/3 주제들/메시지

디도서의 주된 메시지는 "범사에 우리 구주 하나님의 교훈을 빛나게(헬, 단장하게) 하려 함이라."(2:10)는 말로 요약을 할 수 있다. 디도는 교회에서의 건전한(바른) 가르침에 대한 디모데전서의 관심을 공유하지만, 선행(善行)에 대하여 유별나게 많이 언급한다(1:16; 2:7, 14; 3:1, 8, 14). 그렇게 하여 디도서는 그리스도인들이 경건한 삶을 살아야 할 필요성을 훨씬 더 크게 강조한다. 이는 결코 선행이 구원의 길을 열어 준다는 의미가 아니라, 오히려 이미 소유하고 있는 믿음이 자연적으로 선행으로 발로되어야 함을 의미한다. 이 선행들은 교회와 사회의 모든 분야로부터 신자들에게 요구된다. 선행은 세상에 살고 있는 그리스도인들의 배지이다. 선행은 이교도 이웃들로부터 그리스도인들을 식별하는 데 도움이 될 뿐 아니라, 또한 기독교에 대한 이웃들의 부당한 비판들을 침묵시키는 데 도움이 된다. 그리스도인들의 모범적인 삶은 그들의 말보다 종종 더 큰 소리를 내며, "그 믿음"(복음)에 대하여 이웃들의 마음에 호의를 갖게 하고, 그들의 마음이 열리게 한다. 선행은 복음을 듣게 하는 데 중요한 도구이며, 또한 사람들의 삶과 사회적 관계들을 변화시키는 복음의 도덕적 능력을 가시적으로 증명하는 것이다.

5.16/4 특징

디도서의 구도와 내용은 디모데후서보다 디모데전서에 더 가깝다. 디모데전서와 디도서는 얼마간의 동일한 교회 이슈들을 다룬다. 즉, 장로들의 자격(1:5 – 9), 거짓 선생들과 그들의 사상을 다루는 법(1:10 – 16). 회중의 상이한 집단들을 바르게 다룸에 대한 조언(2:1 – 15; 3:9 – 11), 그리고 교회의 공적인 증거에 있어 선행의 위치(3:1 – 2; 3:14) 등이다. 그러나 디도서에는 자체의 특징들도 있어서, 목회서신에서뿐 아니라 신약 전체 안에서 튀게 만든다. 디도서는 신약성경 어느 곳에서 찾아보아도 삼위일체(三位一體)적인 복음 메시지를 가장 훌륭하게 요약해 주고 있논 것들 가운데 하나를 담고 있다(3:4 – 7). 이 문절은 홀로 있는 것도 아니다. 디도서에서 이미 비견할 만한 질의 복음 메시지가 그 문절 이전에 나와 있기 때문이다(2:11 - 14). 이 두 문절만으로도 사도 시대의 기독교에서 나온 대표적인 신학적 문서로서 이 편지를 연구할 가치가 있다. 디도서가 신약에서 다른 것들에 비해 더 짧은 글들 가운데 하나라는 사실은 이 신앙 고백적 단락들을 더욱 주목할 만한 것으로 만든다. 디도서는 디모데전·후서에 비하여 제대로 대접을 받지 못한 감이 있다. 그래서 마샬(I. Howard Marshall)은 목회서신 주석에서 디도서를 제일 먼저 다룬다.

5.16/5 내용/구조/개요

1. 문안(1:1 - 4)
2. 교회 지도자들에게 필요한 자질들(1:5 - 9)
3. 그레데의 문제에 대한 묘사(1:10 - 16)
4. 경건한 삶을 위한 교훈과 신학적 기반(2:1 - 3:11)
5. 개인적인 논평과 마지막 문안(3:12 - 15)

5.17 디모데후서

{자료: Brown, *An Introduction to the New Testament*, 672 - 680; Achtemeier, Green and Thompson, *Introducing the NEW TESTAMENT*, 453 - 58; Carson & Moo, *An Introduction to the New Testament*, 577 - 81; Guthrie, *New Testament Introduction*, 660 - 67; Gorman, *Apostle of the Crucified Lord*, 532 - 50; Blomberg, *From Pentecost to Patmos*, 375 - 83}

5.17/1 정황

디모데에게 보낸 두 번째 편지는 바울이 주후 65년경(?) 로마에서 순교하기 직전에 쓴 마지막 편지이다. 그는 디모데에게 조언과 격려의 말들을 담고 있는 사적인 서신을 통하여 그를 격려하고 지원하는 것이 필요하다는 것을 알았다. 바울이 처한 개인적인 옥중 환경으로 인하여(딤후 1:17) 편지에는 특별한 파토스가 흐르는데, 이 파토스는 이제 나이 들고(바울의 정확한 나이는 알 길이 없으나 추정하건대 아마 60대 초가 되었을 것이다.) 죽음이 임박한 바울이 그리스도 복음 사역의 젊은 동료요 후계자인 디모데에게 나누는 말들을 통하여 독자에게 아주 강하게 전달된다(창 49장; 삼하 23:1-7; 눅 2:25-35 참조). 그 결과 우리는 이 편지를 "바울의 마지막 유지와 유언"이라 부를 수 있겠는데, 바울은 이 편지에서 작별을 고하고, 마지막 시간을 준비하는 그의 믿음을 고백하며, 또 미래의 교회 생활과 증거를 위한 관리 지침들을 준다. 디모데후서는 바울의 긴 고별연설이다. 디모데후서의 내용은 대단히 감동적이며 오래오래 우리의 기억에 남을 수 있게 한다.

5.17/2 수신자

우리는 이미 바울과 디모데의 관계에 대하여 목회서신 저자 문제 단락에서 이야기한 적이 있다. 디모데가 디모데후서를 받았을 때, 그는 바울 사도가 선교 사역을 위해 처음 그를 택하고 훈련을 시킨 때로부터 약 15년간 사도와 더불어 사역을 해 오고 있는 중이었다(행 16:1-3). 어떤 개인적인 약점들이 있음에도 불구하고 디모데는 자기를 부인하고 그리스도를 중하게 여기는 정신으로 말미암아 바울이 가장 귀중하게 여기는 조력자였다(빌 2:19-24; 행 20:1-4; 롬 16:21; 빌 1:1; 골 1:1; 고전 4:17; 살전 3:2; 빌 2:19). 사도 바울과 더불어 사역을 하면서 디모데는 선교 현장의 복잡한 상황 속에서 사도의 메시지를 듣고 방법들과 동기들을 직접 지켜봄으로써 바울이 보여 주는 본을 통하여 배웠다(딤후 3:10-17). 두 사람 간의 관계는 애정과 상호 존경과 신뢰가 가득한 아버지와 아들의 파트너십과 같았다(딤후 1:3-4; 고전 4:17; 빌 2:22; 딤전 1:2). 디모데는 건강이 나쁜 적이 있었다(딤전 5:23). 기질적으로도 어려움이나 약함이 있었던 것으로 보인다(고전 16:10-11). 그러나 에베소 교회의 어려운 사역을 감당할 정도로 강함도 있었다.

그런데 여기서 마음에 일어나는 질문이 있으니, 곧 이 편지를 받을 때 디모데는 어디에 있었는가 하는 것이다. 그는 여전히 에베소에 있었는가(딤전 1:20; 딤후 2:17-18 참조), 아니면 이미 그곳을 떠나 소아시아의 여러 지역에서 사역을 하고 있었는가? 아마도 디모데전서와 후서의 상이한 목적은 바울의 환경이 바뀌었을 뿐만 아니라, 디모데의 환경도 바뀌었음을 반영하는 것일 가능성이 있다. 디모데전서는 거의 전적으로 에베소의 거짓 선생들과 그들의 영향에 관심이 있으나, 이 관심은 좀 더 일반적인 방식으로 표현되어 있으며, 편지에 언급된 이단자들이 에베소 교회와 연관된 자들이라 할지라도(딤후 2:17), 문맥으로 보면 교회는 이제 더 넓은 의미의 교회이다(딤후 2:19 - 20, 3:1). 디모데후서의 더 큰 관심은 돌봄을 필요로 하는 디모데 자신의 영적 상태에 있다. 또한 이단과의 싸움이 디모데의 현재의 상태를 조명하는 데 도움이 되는 배경이 되며, 여기서 디모데전서와 접촉이 됨은 디모데전서가 디모데후서의 배경이라는 설명을 가능하게 한다. 디모데가 여전히 에베소에 있었다고 하면, 디모데전서는 그 목적을 성취하지 못하였고, 디모데와 에베소에 있는 교회는 심하게 패배하였으며 여전히 동일한 공격을 받고 있는 중이었다고 할 수 있다. 디모데후서에 나타나는 유일한 에베소 언급은 회상하는 것이므로(1:18) 디모데는 에베소에 머물러 있는 대신에 소아시아의 다른 지역들로 계속 이동을 했다고 할 수 있다. 만일 이단의 주요 인물들이 출교를 당하여 에베소를 떠났으나(딤전 1:20), 이 조치로도 그들이 회개하지 않았다고 가정하면(딤후 2:17), 필경 디모데후서는 무언가 그들의 유독한 영향이 에베소를 넘어서서 교회들에게 퍼지는 것에 관하여 무언가를 말한다고 또한 가정하여야 할 것 같다. 바울의 두 번째 편지를 받는 시점에서 디모데는 더 이상 특정하게 에베소에 위치해 있지 않고, 소아시아에서 더 넓게 사역을 하고 있는 중이었다. 그러나 디모데가 처음에 에베소에서 다루어야 했던 지역적 이단운동은 중지되지 않았다. 에베소 교회에서 추방당한 후에 어떤 주도자들은 필경 길거리로 나서서 그들의 주장을 펼쳤던 것으로 보인다.

5.17/3 주제들/메시지

바울의 죽음에 대한 확실한 전망은 이방인 교회들에게 위험이 내포한 순간이었다. 30년 동안 산전수전 다 겪은 사도는 헬라어를 말하는 세계의 교회들에 그의 독특한 리더십 스타일의 표지들을 각인시켰다. 그러나 그의 죽음은 파수꾼을 교체하는 것 곧 바울 생전의 저 교회들의 리더십이, 사도 이후 시대의 그리스도교 교회들을 세워 나갈 엄숙한 책임을 지니는 새 세대의 리더십으로 넘어가는 전화의 순간을 의미했다. 이 미래의 지도자들 가운데 두드러진 사람이 디모데였는데, 그는 바울의 지도를 받으며 훈련을 받아 왔기 때문에 기독교의 미래에 대한 바울의 비전을 알고 있었다. 이 편지에서 바울은 마지막 작별 인사를 할 수 있는 한 번의 마지막 만남과 교제의 행위를 하기 위하여 디모데를 부른다. 그러나 편지의 마지막 목표는, 디모데의 로마 도착 이외에, 복음의 모든 적대자들에 대항하여 믿음을 굳게 잡으라고 강하게 권함으로써 복음 사역의 미래를 위하여 디모데의 결심을 단단하게 하는 것이다. 바울은 고난과 전파와 리더십에 있어 자신의 모범을 언급하고, 또 죽음에 직면하여 그의 믿음을 고백함으로써 디모데에게 하는 호소를 강화시킨다.

디모데후서의 영구적인 메시지는 "바른말을 본받아 지키라."(딤후 1:13)는 것으로 요약할 수 있다. 이것은 예수의 생애와 가르침을 중심으로 해서 축적되어 오고, 교회들 안에서 의식적으로 보존되어 온 사도적 가르침을 가리키는 것이다. 그것은 신적인 가르침의 완성품이었는데, 마침내 신약의 신성한 글들 속에 전수되어 오고 있는 것이다(눅 1:1－4; 엡 3:1－7). 이것은 다음 세대의 충성된 자들에게 가르침을 주기 위하여 디모데가 지키고 전수해야만 하는 진리의 "맡겨진 것"이다(딤후 2:2). 그 시대의 휘몰아침과 불확실성이 안전한 복음전수를 죽음이 임박한 사도에게 깊은 관심의 문제로 만들었다.

5.17/4 내용/개요/구조

1. 문안(1:1－2)
2. 감사(1:3－5)
3. 디모데에게 주는 격려(1:6－2:13)
4. 디모데와 적대자들을 위한 교훈(2:14－4:18)
5. 디모데에게 주는 마지막 말들(4:19－22)

히브리서는 한때 바울전집(全集)의 일부로 대우를 받았으나, 지금은 그것을 바울의 저술로 보는 사람이 거의 없다. 그리고 신약성서에서 히브리서 뒤에 이어서 나오는 7권의 '책' 곧 야고보서, 베드로전서, 베드로후서, 요한1서, 요한2서, 요한3서, 그리고 유다서는 보통 '일반서신' 혹은 '공회서신'으로 총칭된다. 이렇게 부르는 주된 이유는 이 편지들이 특정한 목적지나 수신자에게 보내진 것이 아니기 때문이다(요한 2, 3서는 예외적임). 이 일곱 개의 편지는 본문 안에서 밝혀지거나(야고보서, 베드로 전·후서, 유다서) 혹은 전통적으로 편지와 연관된 "저자"의 이름을 따라서 명명되었다(요한 1, 2, 3서). 요한 1, 2, 3서의 경우 요한복음과 요한계시록과 더불어 요한문헌으로 묶이기도 한다.

6.1 히브리서

{자료: William L. Lane, *Call to Commitment: Responding to the Message of Hebrews*(Nashville/Camden/New York: Thomas Nelson Publishers, 1985); Andrew H. Trotter, Jr., *Interpreting the Epistle to the Hebrews*(Grand Rapids: Baker Books, 1997); Elwell and Yarbrough, *Encountering the New Testament*, 347–53; Brown, *An Introduction to the New Testament*, 683–704; Lea, *The New Testament*, 501–17; Achtemeier, Green and Thompson, *Introducing the NEW TESTAMENT*, 465–90; Carson & Moo, *An Introduction to the New Testament*, 596–618; Guthrie, *New Testament Introduction*, 660–721; Blomberg, *From Pentecost to Patmos*, 409–39; Schnelle, *The History and Theology of the New Testament Writings*, 365–82; 김경희 외 12인, [신약성서 개론: 한국인을 위한 최신 연구], 475–85}

6.1/1 저자

{자료: Trotter, Jr., *Interpreting the Epistle to the Hebrews*, 42−47; Lea, *The New Testament*, 502−5; 레이먼드, [바울의 생애와 신학] 318−56, 특히 339−47 (히브리서의 저자 문제)}

히브리서는 저자가 이름을 밝히지 않기 때문에 엄밀하게 말하여 익명의 편지이다. 히브리서의 독자들은 저자가 누구인지 알았음이 분명할 터인데(2:1−4; 4:14−16; 6:9−11; 10:25, 32−34; 13:19, 23 참조), 우리를 위하여 그 이름이 보존되지는 않았다. 초대 교회는 이 익명의 편지의 저자에 관하여 분명하게 알지 못했다. 초기에는 이에 대한 확고한 전승이 없었다. 보통 동방교회는 바울을 저자로 간주했으나, 서방교회는 바울 저작권을 의심하고, 처음에는 이 불확실성으로 인하여 히브리서를 정경에서 제외(除外)하였다. 나중에 제롬(Jerome, 주후 347−420년?)과 어거스틴(Augustine, 주후 354−430년)과 같은 서방교회의 지도자들이 바울 저작권을 받아들임으로써 이들의 영향으로 말미암아 서방교회도 히브리서를 정경에 포함시켰다.

바울?

아무래도 히브리서의 저자로 제일 강력하게 대두되는 인물은 바울이다. 초대 교회의 일부 전통이 그랬고, 또 바울이 히브리서의 저자라고 주장할 수 있는 특징들이 있기도 하다. 첫째, 히브리서와 바울 서신들 간에 교리적 유사점들이 있다(히 1:2, 골 1:16; 히 2:14−17, 빌 2:5−8; 히 8:6, 고후 3:4−11; 히 2:4, 고전 12:11; 히 3:7−11, 4:6−11, 고전 10:1−11). 둘째, 히브리서의 결말은 바울의 저작권을 시사하는 여러 가지 요소들이 있다(히 13:18; 롬 15:30; 행 23:1; 히 13:20; 살전 5:23; 히 13:23). 그러나 이러한 유사점에도 불구하고 바울과 히브리서 사이에는 차이점들이 있음도 분명하다. 첫째, 이스라엘의 행위에 대한 성격의 묘사가 다르다(히 3:19; 고전 10:7−8). 둘째, 바울의 다른 편지는 익명으로 된 것이 하나도 없으나, 히브리서는 익명이다. 셋째, 히브리서는 예수의 사역의 목격자들에게 권위를 호소하나(히 2:3), 바울은 다른 사람에게서 그의 복음을 얻지 않았다고 주장한다(갈 1:1, 11 – 12). 넷째, 히브리서의 헬라어는 고전적 문체이나, 바울은 히브리서에 나오는 것보다 더 단순한 형태의 헬라어를 사용한다. 다섯째, 히브리서에서 강조하는 우리의 큰 제사장이신 예수가 바울의 저술에는 없다(히 4:14 – 16). 여섯째, 히브리서의 구약 인용들은 규칙적으로 70인역(LXX)에서 취하는 데 반하여 바울은 항상 그렇게 하지는 않는다.

누가, 바나바, 아볼로?

바울이 히브리서의 저자가 아니라면 누가 그것을 썼는가? 여러 사람이 후보자로 등장하였다. 종교 개혁 시대에 칼빈은 로마의 클레멘트 혹은 누가가 히브리서를 썼다고 주장하고, 루터는 아볼로를 저자로 제안하였다(행 18:24 – 28; 고전 16:12 참조). 초대 교회에서 터툴리안은 바나바를 히브리서의 저자로 제시한 적이 있다(행 4:36 참조). 현대의 하르낙은 브리스길라를 히브리서 저자로 제안하였다. 그 밖에 실라, 디모데, 에바브라, 빌립 집사, 예수의 어머니 마리아 등도 히브리서의 저자로 천거되나, 이를 뒷받침할 만한 증거가 없다.

결론

히브리서는 한때 바울의 편지로 믿어지기도 했으나, 바울의 편지가 아니며, 저자를 알 수 없다는 것이 정설(定說)이다. 히브리서의 저자가 누구인지는 "정말 하나님이 아신다."는 오리겐(주후 185 – 253/4년경)의 견해가 일반적으로 받아들여지고 있다. 아주 극소수의 몇 사람(Robert L. Reymond 등)을 제외하고는 오늘날 히브리서의 바울 저작권을 옹호하려고 노력하지 않는다. 바울 저작권을 받아들이지 않는다고 해서 바울과의 어떤 연관성 자체를 부인하기는 어렵다. 바울의 흔적이 여기저기서 만져지기도 하기 때문이다.

히브리서의 저자에 대한 일반적 묘사

우리는 히브리서 저자가 누구인지 알지 못한다. 다만 히브리서에서 저자 자신에 관하여 말하는 것들을 찾아내어 그가 어떤 인물인지 어느 정도 알아낼 수 있을 것이다.

1인칭으로 하는 말들

먼저, 히브리서에는 1인칭으로 말하는 부분들이 있다. 저자는 그리스도의 직접적인 열두 제자가 아니라 한 다리 거쳐서 간접적으로 복음 메시지를 들은 사람이다(2:3-4; 참조, 갈 1:11-12; 벧전 1:12; 벧후 1:16-18). 그는 디모데를 잘 알 뿐 아니라 곧 만나게 될 것이다(13:23). 그는 이태리에서 온 사람들과 함께 거하고 있다(13:24). 그는 독자들에게 짤막한 편지 곧 권면의 말을 썼다(13:22). 이는 그가 설교자였음을 함의한다. 저자는 또한 감옥에 갇혀 있었을 가능성이 있다(13:19).

추론을 가능하게 하는 말들

히브리서에는 이러한 직접적인 언급 이외에도 그의 글을 통하여 저자에 대하여 추론할 수 있는 내용들이 있다. 그의 글 솜씨(문법, 어휘, 문체, 수사학 사용)와 철학적 지식(필로와 스토아)으로 미루어 보아 그는 교육을 잘 받은 사람이다. 구약성경의 사용에 대하여 말하자면 그는 뛰어난 학자이다. 구약성경의 내용을 아주 잘 알 뿐 아니라(11장), 다양한 성경 해석 방법을 사용할 줄 안다. 그의 헬라어 지식은 70인역(LXX) 구약을 사용한 데서 잘 드러난다. 또한 그리스도의 우월성을 주장하는 그의 논증에서 나타나듯이 그는 독창적으로 신학을 한다. 그는 또한 종교의 상징들과 제의(祭儀) 행동들에 강렬한 관심을 나타낸다. 그는 제사장직, 희생 제사, 성막, 절기, 그리고 무엇이든 이스라엘 백성의 종교 생활과 관계있는 것과 그것이 어떻게 그리스도를 가리키는지 등에 저술의 상당한 분량을 할애한다. 히브리서 저자는 또한 분명히 목회자의 마음을 지닌 설교자이다. 그는 단호함(경고)과 부드러움(교훈)을 동시에 나타낸다(6:1, 4-6, 9, 12; 10:26-39).

독자(수신자)와의 관계

히브리서 저자는 그의 저술에서 자신에 관하여 말할 뿐 아니라, 또한 그의 독자와의 관계에 대하여 무엇인가를 말한다. 그는 그의 말이 권위 있게 받아들여질 것임을 함의한다. 그는 공동체 안에서 일어나는 문제를 잘 알고 있었다(5:11−6:3; 10:25−39; 12:15, 25; 13:4, 17). 그는 독자들을 "형제"(3:1, 12; 10:19; 13:22) 혹은 "친구"(6:9)라고 부른다. 그는 수신자 각 사람에게 말한다(6:11). 그는 그들에게 돌아가기를 기대한다(13:19). 그는 디모데를 가리켜 "우리" 형제라고 말하기도 한다(13:23).

6.1/2 수신자/독자/수신지

{자료: Lea, *The New Testament*, 505−6}

히브리서의 표제(標題)는 헬라어로 "히브리인들에게"(ΠΡΟΣ ΕΒΡΑΙΟΥΣ)이다. 어떻게 해서 그 표제가 붙게 되었든지 간에, 일찍이 그렇게 되었다는 것은 히브리서가 "유대인"들에게 보내진 것으로 이해하였음을 반영하는 것이다(고후 11:22; 빌 3:5; 참조, 행 6:1). 물론 히브리서가 원래 이방인들에게 보내진 것이라는 주장이 없는 것은 아니다(히 3:12 참조).

유대인 그리스도인 수신자

히브리서가 유대인 그리스도인들에게 쓴 편지라 생각하는 것이 더 타당해 보이는 이유는 다음과 같다. 첫째, 저자는 히브리서에서 빈번하게 구약에 호소한다. 이는 유대인을 독자로 상정할 때 더 의미 있다. 둘째, 저자는 독자들이 유대인의 제사의식(祭祀儀式)을 잘 알고 있다고 전제한다(히브리서 9장). 셋째, 저자는 독자들이 유대교로 되돌아가려는 것에 대하여 경고한다(히 6:1−2). 히브리서 6:1의 "초보적 교리"는 유대교 배경을 전제한다. 넷째, 저자가 모세의 리더십 아래에 있는 이스라엘 세대를 언급하는 것으로 보아(3:12), 1세기 유대인들에게 경고하는 것으로 해석하는 것이 더 좋다. 다섯째, 새 언약이 옛 언약을 능가한다는 히브리서의 주장(8장)은 유대인 수신자들에게 적용할 때 더 의미가 통한다.

수신지/목적지

히브리서의 수신자들은 어디에 살았는가? 팔레스타인인가, 다른 어느 곳인가? 예를 들어 로마인가? 아마도 독자들은 팔레스타인에 살지 않은 것으로 보인다. 그 이유는 첫째, 히브리서에 성전에 대한 언급이 없다. 둘째, 히브리서는 70인역(LXX) 곧 헬라어 구약성경에서 인용한다. 셋째, 독자들은 예수께서 지상에서 사역을 하는 동안에 그를 보거나 듣지 못한 듯하다(히 2:3). 넷째, 그들은 성도들을 섬기는 일, 즉 가난한 예루살렘 성도들을 돕는 일에 동참하였다(히 6:10; 참조, 행 11:27−30; 롬 15:26; 고후 8−9). 다섯째, 히브리서 13장 24절의 "이탈리아에서 온 사람들이 여러분에게 문안합니다."(표준 새 번역 개정판)라는 말은 고향 이탈리아를 떠난 사람들이 고향 사람들에게 문안을 도로 보내는 것임을 함의한다. 여섯째, 히브리서에 대한 지식이 로마에서 처음으로 나타났다. 즉, 로마의 클레멘트의 저작인 '클레멘트 1서'에서 히브리서에 대한 암시가 등장한다(*1 Clement*, 36). 따라서 히브리서의 독자들은 로마에 있는 유대인 그리스도인들(하나나 그 이상의 유대인−그리스도인 가정 교회들)이었다는 것이 가장 그럴듯한 추측이다. 만일 로마가 아니라, 팔레스타인 혹은 예루살렘의 유대인 그리스도인들을 상정하면(이 경우 히브리서 저자는 로마에서 써서 보내는 것으로 보기도 한다.), 회심한 유대인 제사장들(행 6:7) 혹은 쿰란 공동체 이전 회원들이라는 제안이 있으나, 확정하기는 어렵다.

6.1/3 저술의 계기/목적

{자료: Lea, *The New Testament*, 506−7; Trotter, Jr., *Interpreting the Epistle to the Hebrews*, 37−38}

히브리서 저자는 수신자(독자들)에 관하여 잘 알고 있음을 나타낸다. 그 사실 가운데 하나는 그들이 박해를 받고 있었다는 것이다(10:32−34; 12:4). 그러면서 동시에 신앙적으로 미숙한 구석이 있기도 하였다(5:11 – 6:12). 그들 가운데 모이는 일을 폐지하려는 사람들도 있었다(10:25). 아마도 수신자들의 지역에 있는 그리스도인들 단체에서 갈라져 나와서 그들과 더 이상 함께 만나지 않는 일단의 유대인 그리스도인들이 있었음을 유추하게 만든다. 히브리서 저자는 그러한 사람들에게 썼으리라는 추론이 가능하다. 그들은 박해와 괴롭힘을 피하기 위하여 갈라져 나와서 유대교로 다시 돌아갈 생각을 하고 있었을 것이다. 히브리서의 논증 가운데 다섯 개의 경고 문절이 등장한다(2:1 – 4; 3:7 – 4:13; 5:11 – 6:20; 10:26 – 39; 12:15 – 29). 이 가운데 특히 배교에 대하여 경고하는 것이 눈에 띈다(10:26 – 31). 히브리서 저자는 또한 처음 믿을 때에 가졌던 확신을 끝까지 가지고 있도록 독자들에게 권면한다(히 3:6, 14). 히브리서 저자는 기독교를 버리고 유대교로 돌아가는 자들은 우월한 이익과 약속을 제공하는 종교를 버리는 것이며, 또 기독교를 무익한 종교 곧 소망이 없고, 깊은 하나님 지식으로 인도하지 못하고, 또 거룩한 삶의 능력을 제공할 수 없는 종교와 교환하는 것이라는 것을 독자들에게 경고함으로써, 그들이 정통 기독교를 떠나지 않도록 하기 위하여 히브리서를 썼다.

6.1/4 저술 연대

히브리서의 저술 연대를 정확하게 결정하는 것은 불가능하다. 그러나 히브리서가 주후 70년 이전에는 기록되었으리라는 표지들이 있다. 예를 들어 보자. 첫째, 히브리서에서는 예루살렘의 멸망을 언급하고 있지 않기 때문에, 저술의 때는 거의 확실하게 70년 이전이다. 둘째, 히브리서는 디모데에 대하여 언급한다(13:23). 그가 언제 어디서 갇혔다 놓였는지 확실하지 않으나, 신약에서 알려진 그의 마지막 행적은 70년 이전임이 틀림없다(딤후 4:9). 셋째, 히브리서 10장 1 – 2절은 성전에서 여전히 제사가 드려지고 있음을 함의한다. 또한 다른 곳에서 희생 제사를 묘사할 때에 현재시상의 동사를 사용한다(7:8; 9:6 – 7, 9, 13; 13:10). 넷째, 히브리서는 주후 95년 이전에는 기록되었어야 한다. 앞에서도 이미 언급한 대로, 히브리서를 사용한 로마의 클레멘트의 '클레멘트 1서'는 주후 95년경에 저술되었다. 다섯째, 히브리서의 수신자는 필경 로마에 있는 사람들일 것인데(15:24), 그들이 "아직 피 흘리기까지는 대항치 아니하였다."(12:4)라는 말은 아마도 주후 65년경 네로의 박해가 발발하기 바로 얼마 전에 히브리서가 기록되었음을 시사하는 것으로 보인다.

6.1/5 장르

히브리서는 어떤 '책'인가? 히브리서는 보통 편지로 분류되어 온 것이 사실이다. 그러나 최근에 이르러 히브리서를 "설교"로 보아야 한다는 주장이 강력하게 제기되었다.

편지

{자료: Trotter, Jr., *Interpreting the Epistle to the Hebrews*, 75–80; Lea, *The New Testament*, 508}

신약성서 '책들'의 배열에서 히브리서는 편지들과 함께 묶인다. 우리는 "히브리인들에게 보낸 편지(서신)"라는 말을 하는데, 신약 문서의 정경 순서는 바로 이러한 이해를 반영한다. 바울의 열세 편지 뒤에 히브리서가 나오고, 다음에 야고보, 베드로, 요한, 유다의 편지들이 나오고, 마지막으로 계시록이 나온다. 계시록은 편지의 형태를 가질 뿐 아니라, 교회들에게 보내는 일곱 개의 편지를 담고 있기도 하다. 히브리서가 편지들 가운데 놓임으로 인하여 우리는 바울의 편지들에서 발견하는 친숙한 것들을 발견하리라는 기대를 하게 된다.

히브리서에서 발견할 수 있는 편지의 요소들은 다음과 같다. 첫째, 일반적으로 신약의 편지들이 지니는 일차적인 목적은 신학적·윤리적 가르침을 전달하는 것인바, 히브리서는 이에 예외가 아니다. 히브리서는 교훈적인 문체로 기록된 편지로서 신학(교리)과 윤리교훈을 번갈아 제시한다. 둘째, 히브리서를 편지로 특징지을 수 있는 가장 유력한 요소는 마지막 부분이 편지 형태로 끝나는 것이다. 히브리서는 수사학적 화려함으로 시작함에도 불구하고 곧 어떤 종류의 문제에 직면하는 공동체에 조언을 하는 초대 기독교 "편지"의 전통적인 과제를 수행한다(편지의 우발적 성격). 직접 갈 수 있는 형편이 아니어서 써서 보낸다

(13:19, 22). 그러나 히브리서가 편지로 의도되었다는 것을 가장 잘 보여 주는 것은 결말 부분이다. 즉, 히브리서(13:22 – 25)는 신약서신의 표준 요소들을 담은 전형적인 서신 결말 형태를 나타낸다. 그러나 히브리서를 편지로 볼 때에 서두 부분이 문제를 일으킨다. 히브리서는 첫 부분에서 고대 편지의 형태를 소유하지 않는 것이다. 히브리서는 하나님이 그를 통하여 마지막 말을 하신 하나님의 아들의 위엄을 축하하는 문장으로 시작하는데(1:1 – 3), 이런 식으로 시작하는 편지가 신약에 없다. 히브리서는 복합적 문학 형태를 지니고 있음을 시사하는 대목이다.

설교

{자료: Lane, *Call to Commitment*, 17 – 20; Trotter, Jr., *Interpreting the Epistle to the Hebrews*, 19("a sermon with an epistolary twist"), 66 – 75, 163 – 84}

히브리서를 하나의 설교로 보아야 할 가장 유력한 근거도 히브리서 자체에서 나온다. 히브리서 저자는 히브리서의 마지막 부분에서 "형제들아 내가 너희를 권하노니 권면의 말을 용납하라. 내가 간단히 너희에게 썼느니라."(13:22)라는 말을 적는다. 여기 나오는 "권면의 말"(*로고스 테스 파라클레세오스*)이라는 표현은 유일하게 신약의 다른 곳에서 사도행전 13장 15절에도 나오는데, 거기서 "권할 말"(*로고스 파라클레세오스*, "권면의 말")은 회당 예배에서 성경을 읽은 후에 전달하는 설교를 가리킨다. 따라서 히브리서에서 저자는 독자들에게 무엇인가 "설교"를 쓰고 있는 것이다. 히브리서 13장 22절 이외에 히브리서를 설교로 볼 수 있는 더 많은 특징들은 다음과 같다. 첫째, 히브리서는 우리가 기대할 수 있는 설교시작의 형식으로 시작한다(1:1 – 2). 히브리서는 또한 말씀하시는 하나님에 관심을 가지며, 하나님의 목소리를 들으라는 것(3:7 – 9; 3:15; 4:7; 4:12 – 13; 12:25)과 '말하고 듣는 행위들'을 강조한다(2:1, 5; 5:11; 6:9; 8:1; 9:5; 11:32). 둘째, 히브리서는 듣는 사람이 기억을 잘할 수 있도록 돕는 수사학적 장치들을 많이 사용하여, 구두(口頭)적 특성을 반영한다. 히브리서에 나타나는 수사학적 장치에는 다음과 같은 것들이 있다. 즉, 두운법(頭韻, 1:1), 수구반복(首句反復, 11장의 "믿음으로"), 대조법(對照法, 7:18－21, 28; 10:11－12), 유운(類韻, 10:26－27), 연사생략(連詞省略, 11:33－34, 37), 간약법(簡約法, 12:24), 교차대구법(交叉對句法, 7:23－24; 2:17), 대화법(對話法, *diatribe*, 3:16－18), 생략(省略, 12:25), 중언법(重言法, 5:2), 도치법(倒置法, 2:9), 동등균형평행(同等均衡平行, *isocolon*, 1:3), 곡언법(曲言法, 4:15), 어근언어유희(語根言語遊戲, *paranomasia*, 5:8), 리듬(*rhythm*, 1:1; 1:6; 2:1; 12:8) 등이다. 셋째, 주제에 대한 강해와 메시지의 적용을 교대하는 히브리서의 문학적 구조는 또한 히브리서가 설교임을 입증하는 데도 사용될 수 있다.

결론

히브리서에는 분명 구두(口頭, 말함)와 기록(記錄, 씀)의 양면적 특성, 이중적 본질이 혼재한다. 이를 부인할 수 없다(13:22). 히브리서의 저자는 아마도 수신자들을 만났을 경우에 그들에게 들려주고 싶은 설교를 글(편지)에 담은 것으로 보인다. 히브리서는 "편지 모양을 지닌 설교"라 할 수 있다.

6.1/6 히브리서의 내용/구조/개요

{자료: Trotter, Jr., *Interpreting the Epistle to the Hebrews*, 81－94, 특히 93－94; Lea, *The New Testament*, 509－16}

히브리서의 핵심적인 내용은 구약의 사물, 인물, 제도 등과 비교하여 그리스도의 우월성을 논증하고, 이에 근거하여 다시 옛날("유대교")로 돌아가지 않도록 하는 것이다. 저자는 책 전체를 통하여 그리스도의 우월성에 초점을 맞추었는데, 그리스도가 구약 예언자들(1:1－3), 천사들(1:4－14), 모세와 여호수아(3:1－6; 4:1－8), 그리고 구약 제사장직과 언약과 제사(4:14－5:10; 7:1－28; 8:1－13; 9:1－10:18)보다 더 나음(우월함)을 보여 준다. 히브리서의 주된 주제는 최고의 독특한 하나님의 아들이시요 우리 믿음의 제사장이신 예수 그리스도에 대한 믿음을 가지라는 것이라 할 수 있다. 히브리서의 대략적인 구조/개요는 다음과 같다.

구조/개요 1

{자료: J. C. Fenton, "The Argument in Hebrews", *SE* 7(1982) 175-6}

1. 서론(1:1-4)
2. 강해(1:5-14)와 권면(2:1-14)(경고문절: 2:1-4)
3. 강해(2:5-18)와 권면(3:1-4:16)(경고문절: 3:7-4:13)
4. 강해(5:1-10)와 권면(5:11-6:20)(경고문절: 5:11-6:12)
5. 강해(7:1-10:18)와 권면(10:19-39)(경고문절: 10:19-39)
6. 강해(11:1-40)와 권면(12:1-29)(경고문절: 12:14-29)
7. 결론(13:1-25)

구조/개요 2

{자료: Blomberg, *From Pentecost to Patmos*, 414}

1. 서언(1:1-4)
2. 중심명제: 그리스도의 우월성을 주장함(1:5-12:29)
   가. 천사들보다(1:5-2:18)
   나. 모세보다(3:1-4:13)
   다. 다른 제사장들보다(4:14-7:28)
   라. 옛 언약보다(8:1-10:39)
   마. 보배로운 "믿음의 영웅들"보다(11:1-12:29)
3. 끝맺는 권면들(13:1-21)
4. 편지 마감(13:22-25)

6.1/7 주요 신학적 주제들

히브리서의 가장 중요한 신학적 주제는 "기독론"이다. 이는 믿을 수 없을 정도로 풍부하고 다양하다. 특히 유대교의 인물과 제도에 비교하여 그리스도의 우월성을 강조한다. 히브리서에서 20개 이상의 칭호나 이름이 그리스도에게 사용되는데, 히브리서는 그리스도의 인성과 신성을 아울러 다 강조한다(1:3; 5:7 - 9; 7:28). 예수 그리스도의 우월성과 관련하여, 그리스도의 속죄의 제사("구원론")도 중요한 주제이다(2:17; 9:28). 그리스도의 사역과 하나님께 대한 우리의 응답 곧 "믿음"도 강조된다(11장). 이 모든 것의 중심에 크신 하나님과 그의 은혜가 자리한다(1:2; 2:9; 3:4; 11:3; 12;15). 또한 히브리서에 나타나는 두 가지 특징적인 사상은 예수 그리스도의 제사장직 사상과 하나님의 백성의 순례 사상이다.

6.1/8 최근의 연구

히브리서의 출처, 수신지(독자), 저술의 정황과 환경, 히브리서의 특이한 기독론적 강조들, 히브리서에서 멜기세덱에 대하여 말하는 것, 히브리서의 구약 인용, 배회하는 순례자 주제, 그리고 완전, 믿음, 안식, 새 언약 등의 주제들에 대한 연구가 계속된다.

6.1/9 히브리서를 배우는 목표

우리가 무엇을 위하여 히브리서를 배우는가? 첫째, 무엇보다도 그리스도의 우월성과 궁극성에 대한 확신을 갖도록 하여야 한다. 둘째, 구약역사와 예배형태에 대한 기독교적인 해석의 지식을 얻도록 하여야 한다. 셋째, 신앙고백을 곧게 잡고 끝까지 믿음의 경주를 달려가도록 하여야 한다. 넷째, 우리의 신앙고백의 사도요 대제사장이신 그리스도의 성육과 자기희생과 승귀(높이심)에서 나타난 하나님의 은혜에 대하여 풍성한 이해를 하도록 한다. 다섯째, 기독교인은 신앙과 생활이 함께 동행하여야 한다는 것을 실감하도록 한다.

6.2 야고보서

{자료: Lea, *The New Testament*, 519 - 32; Elwell and Yarbrough, *Encountering the New Testament*, 353 - 58; Brown, *An Introduction to the New Testament*, 725 - 47; Achtemeier, Green and Thompson, *Introducing the NEW*

TESTAMENT, 491−512; Carson & Moo, *An Introduction to the New Testament*, 619−35; Guthrie, *New Testament Introduction*, 722−59; Blomberg, *From Pentecost to Patmos*, 387−408; Schnelle, *The History and Theology of the New Testament Writings*, 383−98; 김경희 외 12인, [신약성서 개론: 한국인을 위한 최신 연구], 485−92}

야고보서는 기독교의 실천적 측면을 강조하며, 누구든지 믿음으로 예수 그리스도에게 위탁하는 사람은 위탁의 도덕적 증거를 제시하여야 함을 보여 준다.

6.2/1 저자 문제

야고보서는 전통적으로 주의 형제 야고보의 편지로 여겨져 왔다. 그러나 최근에 야고보서의 주의 형제 야고보 저작권이 거부당하고 있다.

야고보서 1장 1절

야고보서 저자는 자신을 가리켜 "하나님과 주 예수 그리스도의 종인 야고보"(1:1)라고 말한다. 여기에 두 가지 요소가 나타난다. 첫째, 그는 자신에 대하여 무언가 수식하는 말을 덧붙이지 않고, 단지 이름만을 소개한다. 이는 그가 저명하고 잘 알려진 지도자임에 틀림없음을 함의한다. 둘째, 그는 자신을 "종"으로 밝힘으로써 그리스도인의 겸손을 반영한다. 그러면, 이 야고보는 도대체 누구인가?

다섯 명의 야고보

신약에는 야고보가 다섯 사람 등장한다. 세배대의 아들로 요한의 형제요 열두 사도 가운데 하나인 야고보(막 1:19; 5:37; 9:2; 10:35; 행 12:2), 알패오의 아들이요 열두 사도 가운데 하나인 야고보(막 3:18), 작은 야고보(막 15:40), 유다의 아버지나 형제인 야고보(눅 6:16; 행 1:13), 그리고 주의 형제인 야고보(갈 1:19; 행 12:17; 15:13; 21:18) 등이다. 이 가운데 세 사람은 비교적 그다지 중요하지 않고, 나머지 둘 중 한 사람은 일찍 주후 44년경에 헤롯 아그립바 1세에 의해

순교를 당하였기 때문에(행 12:1 - 2), 가장 그럴듯한 야고보서 저자의 후보자로
주의 형제인 야고보가 남는다.

주의 형제 야고보

야고보서의 여러 특징은 저자가 주의 형제 야고보라는 것을 뒷받침한다. 첫
째, 야고보서는 예수의 가르침 특히 산상설교에서 온 영향을 반영하는 여러 말
씀들을 담고 있다(약 4:11/마 7:1 - 2; 약 1:22/마 7:24 - 27). 둘째, 야고보서의
일반적인 유대적 분위기와 빈번한 구약 언급은 유대 배경 출신의 누군가에 의
해서 저술되었을 가능성을 제기한다(2:8, 19; 4:6; 5:4, 11, 17). 셋째, 초대 교회
는 일반적으로 주의 형제 야고보를 야고보서의 저자로 확인했다. 넷째, 야고보
서와 사도행전 15장의 야고보의 연설 간에는 평행과 유사점들이 발견된다(행
15:23/약 1:1; 행 15:13/약 2:5).

야고보는 예수의 어린 형제였다. 예수의 형제 명단에서 그의 이름이 처음에
나타나는 사실 은 그가 형제 중 가장 나이가 많음을 시사한다(마 13:55; 막
6:3). 그는 예수의 생전에 예수를 따르지 아니하였으나(막 3:31 - 34; 6:3; 요 7:1
- 5), 예수가 부활한 후에 그에게 나타남으로써 믿게 되었다(고전 15:7). 그는
오순절 날 성령을 기다리는 사람들과 함께했다(행 1:14). 그는 예루살렘 장로들
가운데 영향력 있는 지도자(장로)가 되었고(행 12:17), 마침내 적어도 주후 49년
에 이르러서는 예루살렘에 있는 교회의 우두머리가 되었다(행 15:13). 그는 유
대 율법의 요구들을 주의 깊게 준수하였다(갈 2:12;; 행 21:17 - 26 참조). 하지
만, 예루살렘 회의에서 그는 율법의 준수가 이방인들의 구원을 위한 조건이 아
니라는 바울의 입장을 지지하였다(행 15:12 - 21). 바울이 제3차 선교여행을 마
치고 예루살렘으로 돌아온 주후 57년에도 여전히 예루살렘 교회 지도자의 위치
를 지키고 있던 것으로 보인다. 그는 유다서의 저자인 유다의 형제이다(유 1;
막 6:3). 그는 아주 경건한 사람이었고, 주후 62년경에 순교한 것으로 전해진다.
교회사가 유세비우스(Eusebius)는 야고보의 순교(주후 62년경) 이야기를 기록하
고, 야고보가 무릎을 꿇고 너무 많은 시간 동안 기도를 하여 무릎이 낙타 무릎
과 같이 되었다는 전승을 전해 준다. 21세기 초에 그의 납골함이 예루살렘에서

발견되었다.

'야고보'라는 위명 사용?

{자료: J. N. Sevenster, *Do You Know Greek?*(NovTSup 19; Leiden: E. J. Brill, 1968) 191; Linnemann, *Biblical Criticism on Trial*, 100−12, 132−34, 154−56}

오늘날 대다수의 학자들은 야고보서를 위명서신으로 본다. "야고보"라는 이름이 위명이라는 것이다. 알려지지 않은 어떤 초대 그리스도인(미지의 헬라파 유대인 그리스도인?)이 야고보라는 이름으로 편지를 썼다는 것이다. 위명에 의한 위작설을 주장하는 사람들은 세 가지 사실이 그들의 주장을 지지한다고 본다. 첫째, 주의 형제가 이 편지를 썼다면, 예수에 대한 그의 관계를 언급했을 것이다. 그러나 야고보를 주의 형제로 확인하는 것은 항상 야고보 자신 이외의 누군가에 의해서 이루어졌으며(마 13:55; 막 6:3; 갈 1:19), 이 사실은 예수에 대한 관계가 야고보 자신에게 중요한 문제가 아니었음을 나타낸다. 둘째, 야고보서의 믿음과 행위에 대한 논의가 둘 사이의 관계에 대한 바울의 견해를 오해한 데서 나온 것으로 보이는데, 주의 형제라면 바울의 의미를 그렇게 모르지 않았을 것이다(약 2:14−26). 그러나 만일 야고보가 이 편지를 아주 일찍 그러니까 바울을 만나기 전에 썼다면 바울의 가르침을 완전히 파악하지 못했다 해도 이해할 수 있는 일이다. 셋째, 단순한 갈릴리 시골 사람인 주의 형제 야고보가 야고보서에 사용된 고품질의 문학적인 문체의 헬라어를 쓸 수 없었을 것이다. 그러나 팔레스타인 유대인들 특히 갈릴리의 유대인들은 이중 언어 지역에서 살았고, 히브리어는 물론 헬라어도 알 필요가 있었던 사람들이다.

6.2/2 편지의 기록 장소/출처

추론이기는 하나, 주의 형제 야고보가 야고보서를 썼다고 할 때, 예루살렘에서 썼을 것이다. 야고보는 예루살렘 교회의 지도자가 되었으며(행 15:12−21; 갈 2:9), 또 이 편지에서 가정하는 사회 조건들은 예루살렘이나 팔레스타인 기원을 시사한다(2:5 – 7; 4:13 – 17; 5:1 – 6).

6.2/3 수신자/독자

이 편지는 수신자나 독자로 어느 특정한 교회나 개인을 지목하지 않는다. 하지만, 야고보서는 일반적으로 유대인인 청중에게 쓴 것임을 나타내는 여러 특징이 있다. 첫째, 야고보는 그리스도인들의 모임 장소를 묘사하는 데 회당(會堂)이라는 말을 사용했다(2:2). 둘째, 그는 또한 구약을 사용하고, 다른 유대인 풍속을 빈번하게 언급했다(4:6; 5:11, 17). 셋째, 야고보는 그의 편지를 "세계에 흩어져 사는 열두 지파에게" 보냈다(1:1). 이는 아주 일반적인 말이어서 수신자들의 장소를 특정하지 못하나, 팔레스타인 밖의 유대인 – 그리스도인 독자를 함의하는 것으로 읽힌다. 필경 야고보는 예루살렘에서 일어난 초기 박해를 피하여 흩어진 유대인 그리스도인들에게 편지를 썼을 것이다(행 11:19). 혹은 "흩어져 사는"(디아스포라)이라는 말이 제1세기에는 팔레스타인 밖에 사는 유대인들을 가리켰으므로, 조금 더 특정하여 야고보서의 독자는 아마도 '시리아'에 있는 가난하고 착취당하는 유대인 그리스도인 일용 노동자들이었을 것으로 생각하는 사람도 있다(약 2:6 – 7; 5:1 – 7).

6.2/4 저술 연대

유대인 역사가 요세푸스는 야고보의 순교를 주후 62년으로 잡는다. 따라서 최소한 그 이전에는 편지가 기록되었다고 보아야 한다. 그런데 야고보서가 일찍 기록되었음을 가리키는 특징들이 있다. 첫째, 야고보는 로마에 대항하는 유대인 전쟁이 발발한 주후 66년 이후에 존재하지 않게 된 팔레스타인의 경제적 조건들을 묘사하였다(2:5 – 7, 5:1 – 6). 둘째, 교회 지도자들의 명칭으로서 "장로들"이라는 술어만을 언급하는 것은 단순한 초기의 교회 조직을 시사한다(5:14). 셋째, 그리스도인들의 모임 장소를 묘사하는 데 "회당"이라는 술어를 사용하는 것은 "교회"라는 술어를 사용하기 이전의 시기를 시사한다(2:2). 예수의 형제 야고보가 야보고서를 썼다고 생각하는 복음주의자들 간에도 이른 연대와 늦은 연대로 의견이 양분된다. 하지만, 바울의 편지들이 아직 나타나지 않은 이른 연대에 야고보가 편지를 썼다고 보는 것이 더 좋다. 야고보가 바울과는 독자적으로 주후 44년과 49년 사이에 기록하였다면, 야고보서는 신약성서에서 가장 이른 "책"이 된다.

6.2/5 특징/내용/개요/구조

{자료: Lea, *The New Testament*, 531; Blomberg, *From Pentecost to Patmos*, 390 – 92}

특징

야고보서의 내용은 한 주제에서 다른 주제로 빠르게 이동한다. 연결되지 않는 여러 가지 도덕적 쟁점들, 화두들을 다루는 스타일은 구약의 잠언을 방불케 한다. 야고보는 편지를 닮은 서론으로 시작하나, 그 당시에 통상적으로 편지에 수반하는 결말을 생략한다. 야고보서에는 또한 개인들에 대한 언급과 기도 요청과 여행 계획이 없다. 야고보는 큰 지역에 흩어진 여러 그리스도인 집단을 위하여 편지를 썼기에 그렇게 했을 것이다. 야고보는 자주 책망과 권면을 사용하여 독자들의 특정한 행동을 격려한다(2:1 – 4; 3:9 – 12; 4:1 – 6). 이러한 특징으로 인하여 야고보서를 "윤리 교훈집", 조직이 되지 않은 도덕적 훈계 모음집이라고 명명하는 사람들이 있다. 그러나 보다 더 최근에는 야고보서에서 전반적인 구조를 발견할 수 있다고 보는 학자도 있다.

내용/구조

1. 문안(1:1)
2. 세 주요 주제의 진술(1:2 – 11)
   가. 그리스도인의 삶에서 만나는 시련들(1:2 – 4)
   나. 지혜(1:5 – 8)
   다. 부와 빈곤(1:9 – 11)

3. 세 주제의 재(再)진술(1:12 – 27)

　가. 하나님에 대하여 당하는 시련/유혹(1:12 – 18)

　나. 말의 영역에서의 지혜(1:19 – 26)

　다. "갖지 못한 자들" 및 "가진 자들"의 책임(1:27)

4. 세 주제의 확장(2:1 – 5:18)

　가. 부와 빈곤(2:1 – 26)

　나. 지혜와 말(3:1 – 4:17)

　다. 시련과 유혹(5:1 – 18)

5. 끝맺음(5:19 – 20)

6.2/6 주요 신학적 주제들

빌레몬서를 제외하고 가장 신학적이 아닌 신약의 한 책이 야고보서이다. 그렇다고 해서 야고보서가 신학적 가치가 없다는 것은 아니다. 세 가지 신학적 주제(교리)가 다른 어떤 것보다 자주 나타난다. 하나님에 관한 교리(1:5, 13, 17; 2:19; 3:9, 4:15; 5:4, 11), 죄에 관한 교리(1:14 – 15, 20, 21; 2:7, 9 – 11; 3:2; 4:1 – 3, 4, 6; 5:4), 그리고 종말론(1:12; 2:5, 12; 3:1; 5:7 – 8)이다. 또한, 고난과 시험의 주제가 눈에 띈다(1:2 – 4, 12 – 18; 4:1 – 10, 17; 5:7, 19 – 20). 믿음과 행위에 대하여 특징적으로 강조하기도 한다(2:14 – 26).

6.3 베드로전서

{자료: Lea, *The New Testament*, 533 – 47; Elwell and Yarbrough, *Encountering the New Testament*, 361 – 66(베드로후서 포함); Brown, *An Introduction to the New Testament*, 705 – 24; Achtemeier, Green and Thompson, *Introducing the NEW TESTAMENT*, 515 – 27; Carson & Moo, *An Introduction to the New Testament*, 636 – 53; Guthrie, *New Testament Introduction*, 760 – 804; Blomberg, *From Pentecost to Patmos*, 441 – 60; Schnelle, *The History and Theology of the New Testament Writings*, 398 – 415; 김경희 외 12인, [신약성서 개론: 한국인을 위한 최신 연구], 492 – 99}

많은 초대 그리스도인들이 직면한 두 가지 문제는 박해와 거짓된 가르침의 유해한 전파였다. 베드로 전서와 후서는 이 두 문제에 대항한다. 베드로전서는 믿을 수 없는 반대와 박해에 직면한 북부 소아시아의 그리스도인들을 위하여 격려의 메시지를 제공한다. 베드로후서는 공격적인 거짓된 가르침의 침입을 받은 아마도 전서와 동일한 지역에 있는 그리스도인들에게 경고하고 교훈한다.

6.3/1 저자 문제

베드로전서의 저자는 전통적으로 사도 베드로라는 것이 별로 의문시되지 않고 받아들여져 왔다.

사도 베드로

베드로전서의 사도 베드로 저작권의 근거에는 다음과 같은 것들이 있다. 첫째, 베드로전서는 저자가 베드로임을 밝히는 것으로 시작한다(1:1). 이 단언은 편지에 나타난 다른 주장들에 의해 뒷받침된다(2:21 − 24; 5:1). 둘째, 초대 교회에서 이레네우스, 터툴리안, 알렉산드리아의 클레멘트와 같은 지도자들은 베드로전서의 부분들을 사도 베드로의 저작이라고 말하였다. 셋째, 베드로전서의 여러 주제들이 사도행전에서 베드로에게 돌려진 연설들에서도 나타난다(행 10:34/벧전 1:7; 행 4:10 − 11/벧전 2:7 − 8; 행 3:6, 16; 4:10, 12; 5:14/벧전 4:14, 16). 넷째, 베드로 전서에는 복음서에 연결 지을 수 있는 정보를 담고 있는데, 이는 베드로와 같은 "내부의 사람"에 의해 기록된 편지에서나 그렇게 할 수 있는 유의 정보이다(요 21장, 벧전 5:2 − 4; 요 10:14, 벧전 5:4; 요 13:2 − 17, 벧전 5:5).

위명서신?

{자료: Lea, *The New Testament*, 534 − 38; Linnemann, *Biblical Criticism on Trial*, 100 − 12, 134 − 36, 156 − 57}

오늘날 많은 신약 학자들이 베드로 저작권을 의문시하거나 거부한다. 그들은 베드로전서를 위작(僞作, 위명 저술)으로 본다. 그렇게 보는 근거는 무엇인가? 적어도 베드로전서의 네 가지 특징을 근거로 제시한다. 첫째, 베드로전서의 헬라어는 "배우지 못한"/"배운 것이 없는" 갈릴리 어부의 손으로 썼다고 보기에는 너무 세련되어 있다(행 4:13). 그러나 베드로전서가 적어도 예수의 생애 이후 30년이 지난 뒤에 기록되었다면, 베드로에게는 그동안 헬라어 사용 능력이 크게 진보했을 것이며, 또 1세기 팔레스타인 사람들은 헬라어를 사용했고, 베드로는 어부로서 그가 잡은 고기를 매입하는 헬라어를 사용하는 사업가들과 접촉하였을 것이다. 대안적으로는 실루아노(실라)가 대서자로 거명이 되나, 그가 편지를 쓰는 데 베드로를 얼마나 도왔는지는 알 길이 없다(벧전 5:12). 둘째, 베드로전서의 저자는 지나치게 바울에게 의존하는데(벧전 2:13－17; 롬 13:1－7), 베드로와 바울이 가깝게 지냈다는 증거가 없고, 사실 베드로와 바울은 상이한 신학 체계를 지지하였다(갈 2:11－14). 그러나 베드로와 바울 사이에 유사점이 있기는 하나, 베드로는 바울의 많은 주제들을 다루지 않았고, 또 자기 나름의 독특한 공헌을 한다(벧전 3:19). 베드로 전서 2장 13－17절에 표현된 견해는 바울에 의존했다기보다 바울과 베드로가 함께 예수의 가르침과 초대 교회의 공통적인 교리 전승을 반영하는 것으로 보는 것이 더 타당할 것이다(마 22:15－22). 혹은, 베드로와 바울이 실라의 도움을 받은 데서 유사점이 기인할 가능성도 있다(살전 1:1, 2; 살후 1:1; 벧전 5:12). 셋째, 만일 베드로가 저자라면, 베드로전서의 저자가 예수의 가르침을 별로 언급을 하지 않는 것을 받아들이기 어렵다. 그러나 예수의 가르침에 대한 언급이 없다는 것은 과장되었으며(벧전 2:12, 마 5:16; 벧전 3:13, 마 5:10－12), 고난당하는 그리스도인들을 격려하려고 쓴 편지에서 예수의 가르침이 두드러지게 나타나리라고 기대하지 않는 것이 좋다. 넷째, 베드로전서는 주후 2세기에서나 발전된 공식적 로마의 박해를 반영한다(벧전 4:12－16). 그러나 베드로전서에 묘사된 박해들은 로마 정부의 의도적인 정책의 결과로 나온 것이라고 보기 어렵고, 오히려 그리스도인들의 믿지 아니하는 이웃들 곧 그리스도인들에 대하여 증오와 분노를 가지고 그들을 희생양으로 삼으려는 이웃들에게서 온 것으로 보는 것이 더 좋다(3:15; 4:15－16). 이러한 박해는 베드로 생전에 얼마든지 가능한 것이었다.

베드로는 "내가 신실한 형제로 아는 실루아노로 말미암아 너희에게 간단히 써서 권고한다."고 말한다(벧전 5:12). 이 실루아노는 바울의 2차 선교여행에 동행한 실라와 동일인일 개연성이 있다(행 15:40). '실라'라는 이름은 '실루아노'라는 라틴어 이름의 아람어 이름에 해당한다. 실루아노(실라)는 베드로전서의 대서자 역할을 했거나, 혹은 목적지에 편지를 전달한 사람이었을 것이다. 대서자(代書者)였다면, 그는 단어들을 선택하는 데 베드로에게 도움을 주었을 가능성이 크다.

6.3/2 출처/기원

베드로전서의 저자가 사도 베드로라면, 그는 어디에서 편지를 써서 보냈는가? 베드로는 "바빌론"으로부터 편지를 쓰고 있다고 밝힌다(5:13). 바빌론이라 불리는 곳이 여러 군데 있다. 저 유명한 메소포타미아의 구약 바빌론은 이 시기에는 폐허로 버려졌다. 또 하나의 바빌론이 북부 이집트에 있었으나, 이는 베드로전서의 기원의 장소가 될 가능성이 없는 미미한 로마 군사전초기지였다. 이에 가장 그럴듯한 제안은 바빌론이라는 술어가 상징적으로 사용되어 성서의 바빌론을 특징지은 오만한 우상숭배와 권력욕을 가리킨다는 것이다(계 17:5). 아마도 베드로는 로마를 가리키는 은밀한 명칭으로 이 술어를 사용했을 것이다. 왜 베드로가 로마에 대하여 이 상징적인 술어를 사용할 필요를 느꼈는지는 확실하게 알 수 없다.

6.3/3 수신자/독자

베드로전서의 독자들은 1:1에서 "본도와 갈라디아와 갑바도기아와 아시아와 비두니아에 흩어져서 사는 나그네들인, 택하심을 입은 이들"이라고 밝혀졌다. 그들은 토러스(Taurus) 산맥 북쪽의 소아시아 지역에 살았다.

복음의 전달

베드로전서에는 저자가 독자들 가운데서 사역하였음을 시사하는 내용이 없다. 사실, 1:12의 말은 수신자들의 지역에서 복음을 전파한 사람들과 베드로가 다르다는 것으로 읽힌다. 이 지역의 사람들이 처음에 어떻게 복음을 들었는지 우리는 알지 못한다. 아마도 오순절 때에 회심한 사람들 가운데 고향으로 돌아가서 복음 메시지를 전한 사람들이 있지 않았을까 한다(행 2:9 - 10).

이방인 그리스도인들

베드로의 주된 사역은 유대인들 가운데서 이루어졌지만, 편지에서 묘사된 독자들의 과거의 모습은 이 편지가 주로 이방인 그리스도인들에게 기록한 것임을 시사한다(벧전 1:14; 1:18; 2:9 - 10; 4:3). 베드로는 편지를 시작할 때부터 편지가 여러 지역의 교회들에서 회람되기를 의도하였다(1:1 - 2).

6.3/4 저술 연대

이 편지가 기록된 것은 주후 64년의 네로(Nero)의 박해와 연결된 고난의 폭풍의 기세가 심해지기 시작하고 있었을 때일 것이다. 필경 네로가 추구하고 있는 정책에서 나오는 파장들로 인하여, 북부 소아시아의 이교도들이 담대함을 얻어 그들 가운데 있는 그리스도인들의 삶을 비참하게 만들었다. 고난의 주제가 베드로전서의 모든 장에 나타난다. 다섯 장 가운데 넉 장에서 수신자들이 고난을 당하는 것으로 나온다. 가장 개연성이 있는 베드로전서의 저술 연대는 주후 64년 직전이다. 베드로전서에 박해의 염려가 나타나는 것으로 보아 베드로 사도가 로마("바벨론", 5:13)에서 네로의 박해 바로 얼마 전이나, 혹은 박해 동안(주후 62 - 65년경) 이 편지를 쓰고 있음을 시사한다. 베드로 저작권을 부인하는 사람들은 도미티안(Domitian, 주후 81 - 96년) 시대의 늦은 1세기나, 혹은 트라얀(Trajan, 주후 98 - 117년) 시대의 이른 2세기를 제시한다.

6.3/5 양식/통일성/목적

{자료: F. L. Cross, *1 Peter: A Paschal Liturgy*(London: Mowbray, Imprint of Cassell PLC, 1954); E. G. Selwyn, *The First Epistle of St. Peter*(New York: St. Martin's Press, 1964)}

베드로전서를 세례식 때에 사용된 설교나, 혹은 예전으로 해석하는 학자들이 있다. 이들은 고난 중의 신자들을 격려하는 것이 목적이 아니라고 보며, 4장 11 절에서 편지의 논증에 단절이 생긴다고 지적한다. 4장 11절 이전에는 고난이 잠재적인 것으로 보이나, 4장 12절 이후에는 실제적인 것이 됨을 주목한다. 3장 13절에서 예상되는 고난은 미래시제로 묘사되나, 4장 12절에서 고난은 현재시제로 이야기된다. 이 학자들은 또 1장 21절 후에 세례를 두고, 1장 22절에서 과거의 사건으로 언급된 "정결하게 함"을 경험한 행위에 대한 언급으로 본다.

그러나 베드로전서가 세례를 위한 설교나 예전이라는 주장을 받아들이기 어렵게 하는 고려 사항들이 있다. 첫째, 1장 1절-4장 11절 전체가 고난을 미래의 경험으로 보는 것은 아니다. 1장 6-9절에서는 독자들이 이미 고난을 당하고 있다. 둘째, 베드로전서에서 세례 행위가 3장 21절에서만 언급되어 있다. 만일 세례의 주제가 편지의 핵심이라면, 세례에 관하여 그렇게 드물게 언급하는 것이 이상하다. 그리고 다른 편지들에서 세례를 언급한다고 해서(롬 6:3-4; 고전 1:13-17; 골 2:12), 신약 학자들이 그것을 곧 세례 예식과 연결시키지는 않는다. 셋째, 1장 22절에 나타난 과거시제(완료 형태)를 강조하는 사람들은 일찍이 1장 3절에서 중생의 행위가 과거의 사건으로 묘사되어 있음을 주목해야 한다.

베드로전서의 가르침이 얼마간 세례와 연결되었을 가능성이 있다 해도, 베드로전서가 세례 설교나 예전으로 의도되었다는 주장은 지나치다. 베드로 전서의 세례 국면은 주변적인 것이고, 베드로 전서는 일차적으로 박해를 받고 고난을 당하는 그리스도인들을 격려하기 위하여 저술되었다고 보는 것이 타당하다 (2:21; 4:19).

6.3/6 내용/개요/구조

{자료: Lea, *The New Testament*, 546 – 47}

베드로는 믿음 때문에 박해를 겪고 있는 소아시아 북부 지역의 그리스도인들에게 편지를 썼다. 그는 그들이 적대와 박해에 직면했을 때 보여 주어야 할 행위를 묘사한다. 편지는 교리적 진리를 가르치는 단락들과 그리스도인의 신실함과 헌신을 권하고 격려(설교)하는 단락들을 교대로 사용한다.

1. 인사(1:1 – 2)
2. 첫째 가르침 단락: 구원의 방법과 본질(1:3 – 12)
3. 첫째 설교 단락: 거룩함에 대한 요구(1:13 – 2:3)
4. 둘째 가르침 단락: 하나님의 백성에 대한 묘사(2:4 – 10)
5. 둘째 설교 단락: 세상에서의 그리스도인의 증거(2:11 – 3:12)
6. 셋째 가르침 단락: 박해를 당하는 자들에게 주는 호소와 약속(3:13 – 4:19)
7. 셋째 설교 단락: 신실한 종들을 위한 확신(5:1 – 11)
8. 마지막 문안과 끝맺음(5:12 – 14)

6.4 베드로후서

{자료: Lea, *The New Testament*, 547 – 57; Brown, *An Introduction to the New Testament*, 761 – 72; Achtemeier, Green and Thompson, *Introducing the NEW TESTAMENT*, 527 – 31; Carson & Moo, *An Introduction to the New Testament*, 654 – 68; Guthrie, *New Testament Introduction*, 805 – 57; Blomberg, *From Pentecost to Patmos*, 473 – 83; Schnelle, *The History and Theology of the New Testament Writings*, 424 – 33; 김경희 외 12인, [신약성서 개론: 한국인을 위한 최신 연구], 499 – 503}

6.4/1 저자 문제

{자료: Eusebius, *Church History* 6.25.8; 3.3.1; A. M. Helmbold, *The Nag Hammadi Gnostic Texts and the Bible*(Grand Rapids: Baker, 1967) 90 – 91;

Michael Green, *The Second Epistle General of Peter and the General Epistle of Jude*(TNTC; Grand Rapids: Eerdmans, 1968) 54; Everett Harrison, *Introduction to the New Testament*(Grand Rapids: Eerdmans, 1964) 424−25; Linnemann, *Biblical Criticism on Trial*, 100−12, 122−25, 136−37}

베드로후서는 전통적으로 사도 베드로의 편지로 수용되어 왔다. 하지만, 최근에 신약의 책들 가운데 베드로후서보다 더 저작권 문제가 심각하게 의문시된 것은 없다.

베드로 저작권 부인

베드로 저작권을 부인하는 사람들이 내세우는 이유들이 있다. 첫째, 외증과 관련하여 그들은 베드로후서의 베드로 저작권에 대한 증언이 약하다고 주장한다. 둘째, 그들은 편지에서 말하는 것들(내증)에 대하여 베드로 저작권을 부인하는 방향으로 달리 해석한다. 예를 들면, 그들은 베드로후서에 나오는 개인적인 암시/언급들은 실제로는 위명을 사용한 문서에서 진정성의 겉모양을 나타내려는 문학 장치에 지나지 않는다고 주장한다. 셋째, 베드로후서와 유다서와의 관계이다. 그토록 유사한 두 개의 편지는 위작(僞作)들이라는 것이다.

베드로 저작권 옹호

외증

초대교회의 전승은 교회가 베드로 후서를 진정한 것으로 받아들이는 데 주저했음을 보여 주나, 교회에서 베드로후서를 가짜라고 거부했다는 증거는 없다. 베드로후서를 베드로의 작품이라고 본 최초의 기독교 지도자는 오리겐이었다. 유세비우스는 이 편지를 "논란의 여지가 있는" 저술들 가운데 포함시켰다. 하지만, 제롬과 어거스틴은 진정한 것으로 받아들였다.

내증

베드로 저작권에 대하여 내증은 무엇을 말하는가? 첫째, 편지에서 베드로에 대한 개인적인 암시들이 있다(1:1; 1:12－18; 3:15). 이 모든 것들은 사도 베드로를 저자로 지목한다. 둘째, 베드로후서에는 베드로의 저작권을 지지하는 것으로 보이는 몇 가지 독특한 어휘 사용이 나타난다. 예를 들어, 1장 15절에서 베드로의 죽음을 가리키는 데 사용된 헬라어 단어 *엑소도스*(*exodos*)는 베드로 자신이 목격한 예수 변화 장면의 누가복음 9장 31절에서 그리스도의 죽음을 가리키는 데 사용된 술어이고, 1장 3, 6, 7절, 그리고 3장 11절 등에 나오는 "경건"(*eusebeia*)이라는 술어는 사도행전 3장 12절의 베드로의 설교에서도 나타난다. 셋째, 베드로는 바울의 "모든 편지"와 바울과 "다른 성경"에 대하여 언급하는데(벧후 3:15－16), 이는 베드로 저작권을 부인하는 논증에 사용되기도 하나, 반드시 그렇게 할 필요는 없다. 더 좋은 다른 해석이 얼마든지 가능하다. "바울의 모든 편지들"은 베드로가 읽었거나 본 편지들을 언급하는 것에 다름 아닐 수 있으며, 또 바울의 편지들을 "성경"이라고 언급한 것에 대해서는, 그 의미를 약화시키면 "성경"으로 번역된 말은 "글"로 번역하는 것이 더 좋겠다는 제안을 할 수 있고, 이와는 달리 '그라파이'라는 헬라 단어의 통상적인 해석을 따른다면, 베드로는 아마도 바울의 글을 권위 있는 구약의 수준에 올려놓고 있는 것이었다. 이는 사도시대에도 불가능하지 않았다. 예를 들어, 바울은 친히 자신의 글을 영감 된 것으로 보았고(고전 7:40; 14:37; 참조, 딤후 3:16), 독자들이 그의 말의 권위를 인정할 것을 기대하였다(살후 3:14; 고전 7:17).

베드로후서와 유다서와의 관계

이 두 편지는 유사한 내용을 공유한다(벧후//유＝2:3//4; 2:1//4; 2:4//6; 2:6//7; 2:10//8; 2:11//9; 2:13//12; 2:17//12; 3:3//18; see Carson & Moo, 655－56). 대부분의 신약 학자들은 베드로가 유다서를 베꼈거나, 적어도 그것을 사용했다고 생각한다. 이럴 경우 유다서가 사도 베드로의 사후에 기록되었다면, 베드로후서의 베드로 저작권은 자연스레 배제된다. 그러나 다른 가능성들도 있다. 오히려 교회 교부들이 일반적으로 주장한 대로 유다가 베드로후서를 베꼈거나, 혹은 유다와 베드로가 공동자료를 사용했다는 것이다.

베드로후서가 유다서보다 먼저 기록되었을 가능성을 선호함은 거짓 선생들의 출현에 대하여 베드로는 미래로 말하고, 유다는 현재로 말한다는 것에 근거한다(벧후 2:1; 유 4). 하지만 그 반대도 있다(유 8; 벧후 2:12). 유다서의 언어가 단순하고 더 직접적이어서 베드로후서보다 먼저 기록되었다고 보는 사람도 있다. 그러나 유다서 12-13절의 말이 베드로후서 2:17의 말보다 더 단순하고 직접적임을 증명하기 어렵다.

만일 유다가 베드로후서를 사용했다면, 유다는 베드로에게서 대부분의 말을 취하고 자신의 말은 몇 마디만 첨가했을 뿐이므로, 유다서의 존재를 설명하기 어렵다고 보는 사람도 있다. 그러나 유다는 매우 급하게 썼음을 함의하는데, 그에게 베드로의 재료를 사용함이 적절했을 것이다.

베드로와 유다가 공관 복음 문제에서의 Q와 같은 공동자료를 사용했을 가능성을 더 탐구하는 것이 유용할는지 모르겠다. 그러나 공동자료의 증거가 없다는 것이 문제다. 베드로후서와 유다서의 의존관계, 공동자료 사용 문제를 확실하게 결정할 수 있는 충분한 증거가 없다. 따라서 베드로후서와 유다서의 유사성을 이용하여 베드로후서의 저작권을 거부하지 않도록 하는 것이 더 현명한 길이다.

결론

베드로후서는 사도 베드로의 편지이다.

6.4/2 기원(출처)/연대/수신자

기원/출처

베드로후서는 특정한 저술 장소를 지지할 증거를 담고 있지 않다. 베드로가 편지를 썼다면 로마에서 그렇게 하였을 것이다. 교회 전승에 의하면 베드로는 말년에 로마에 있었다.

연대

사도는 그의 죽음이 가깝다고 말한다(1:14). 이는 그의 순교 직전에 편지를 썼음을 시사한다. 베드로후서는 베드로전서 뒤에 저술되었다(벧후 3:1). 베드로가 순교한 해가 언제인지 불확실하나, 아마 주후 65년(?)으로 추정한다.

수신자

베드로후서는 베드로전서 1장 1절과 같은 특정한 목적지를 말하지 않는다. 베드로후서 3장에서 말하는 첫 번째 편지가 베드로전서라면, 베드로가 동일한 그룹을 위하여 편지를 썼다는 결론을 내릴 수 있다. 첫 번째 편지가 수신자로 무엇을 가리키는지 알 수 없다면, 두 번째 편지에서 베드로가 의도한 목적지가 어디인지 우리는 결정할 수 없다.

6.4/3 내용/개요

{자료: Lea, *The New Testament*, 555-56}

베드로는 이단적 교리를 팔고 부도덕한 생활양식을 실천하는 거짓 선생들에 대하여 경고한다. 그는 독자들에게 그리스도인의 성장을 부지런히 배양하도록 권하고, 그리스도의 재림을 부인하는 것에 대하여 경고하고, 또 이단자들의 거짓된 가르침을 따르는 것의 결과를 드러낸다.

1. 인사(1:1 - 2)
2. 열매 맺는 그리스도인 되기(1:3 - 11)
3. 거짓 선생들에 대한 경고(2:1 - 22)
4. 그리스도의 재림의 확실성(3:1 - 10)
5. 경건한 삶에의 격려(3:11 - 18)

6.4/4 최근의 연구

가장 최근의 베드로후서 연구들은 베드로후서가 위명 작품이라고 전제한다. 위명 사용을 옹호하는 사람들 가운데 계획적인 위조로 간주하지 않는 사람들이 많다. 이런 견해 가운데 하나는 베드로후서를 "유언", 즉 바야흐로 임종을 맞으려는 사람의 작별강화로 보는 것이다. 이들은 베드로후서에, 그의 사후에 사도의 추종자들 가운데 한 사람 또는 두 사람 이상이 유언 형태로 결합한 베드로에게서 나온 진정한 재료가 있다고 시사하며, 편지에 들어 있는 전승은 진정으로 베드로의 것이므로 베드로의 이름으로 사후에 출판한 것에 속일 의도가 전혀 없다고 주장한다. 그러나 이러한 입장은 사도 베드로나 그의 동료에 의해 기록되었음을 주장하는 초대교회의 역사적 증거와 모순을 일으킨다. 알려지지 않은 베드로의 제자가 베드로후서를 기록했을 가능성은 있으나, 이러한 주장은 가설에 지나지 않으며 입증을 할 수 없다.

6.5 요한1서

{자료: Lea, *The New Testament*, 559−73; Ehrman, *The New Testament*, 154−70; Elwell and Yarbrough, *Encountering the New Testament*, 366−70(요한1, 2, 3서); Brown, *An Introduction to the New Testament*, 383−94; Achtemeier, Green and Thompson, *Introducing the NEW TESTAMENT*, 535−47; Carson & Moo, *An Introduction to the New Testament*, 669−87(요한 1, 2, 3서); Guthrie, *New Testament Introduction*, 858−900(요한1, 2, 3서); Blomberg, *From Pentecost to Patmos*, 485−507(요한1, 2, 3서); Schnelle, *The History and Theology of the New Testament Writings*, 453−69; 김경희 외 12인, [신약성서 개론: 한국인을 위한 최신 연구], 440−50(요한1, 2, 3서)}

신약은 전통적으로 사도 요한에게 저작권을 돌리는 다섯 권의 책을 담고 있다. 이 가운데 셋을 "편지"라 부르며, 일반서신으로 분류한다. 이 세 편지가 일반서신으로 불리고는 있지만, 각 편지는 특정한 상황을 언급하며, 그중에 둘은 수신자를 명명한다. 요한서신들은 요한문헌에 묶여 함께 다루어지기도 한다. 요한서신 가운데 가장 중요한 것은 요한1서이다. 이 편지는 특정한 수신자의 이름은 없으나, 저자가 지역의 환경을 알고 있다는 증거를 담고 있다(요일 2:19; 5:13－14, 21). 제1세기 그리스도인들은 거짓으로부터 진리를 구별하고 정통으로부터 이단을 구별하는 데 상당한 안내를 받을 필요가 있었다. 요한은 진정한 기독교 신앙고백의 증거로서 올바른 삶, 사랑의 증명, 및 바른 기독론을 포함하여 몇 가지 시금석을 공식화한다.

6.5/1 저자

사도 요한

요한서신은 사도 요한의 자술로 인정되어 온다.

외증

요한1서의 저작권에 대한 외증은 일관되게 사도 요한을 가리킨다. 이레네우스는 요한1서와 요한2서를 사도 요한에게 돌리고, 오리겐은 최초로 세 서신을 모두 사도 요한에게 돌렸다.

내증

편지가 저자의 이름을 말하지는 않으나, 내증도 사도 요한 저작권을 지지하는 방향으로 움직인다. 이는 요한복음이 사도 요한의 저술이라는 것에 부분적으로 의존한다. 첫째, 요한1서는 요한복음과 많은 유사점이 있다. 두 저술은 "빛과 어둠", "생명과 사망", "사랑과 미움"의 대조를 사용한다. 둘째, 요한1서와 요한복음은 상대적으로 단순한 헬라어를 사용한다. 셋째, 요한1서는 저자가 예수의 지상 사역 동안 예수와 더불어 밀접한 개인적 접촉을 가졌음을 시사하는 단락으로 시작한다(1:1－4). 이 진술은 요한1서의 저자로서 요한의 제자를 배제한다. 넷째, 편지에 표현된 권위적인 어조도 사도적 저작권을 지지한다.

사도적 저작권을 반대하는 사람들이 있다. 그들은 요한복음과 요한1서 간의 미묘한 차이들을 주목한다. 예를 들면, 복음서는 '로고스'라는 헬라어 술어를 인격적으로 예수를 가리키는 것으로 사용하는 데 반하여(요 1:1, 14), 요한1서는 생명을 가져다주는 메시지나 말씀을 가리키는 것으로 사용한다고 그들은 본다. 그러나 요한복음도 '로고스'라는 말을 "메시지"라는 의미로 사용하기도 하고(요 8:31), 요한1서 1:1의 '로고스'("생명의 말씀")도 때때로 사람들이 인정하는 것보다 더 깊은 인격적 언급을 담고 있다.

6.5/2 문학 양식

요한1서는 "편지"의 특징적인 요소들(저자, 수신자, 개인적 문안)이 없다. 그래서 대안으로 요한1서를 "설교"(훈계)라고 부르는 사람들이 있다. 그러나 이 문서는 저술 행위에 대한 언급들을 포함하는 것이 사실이다(요일 2:1, 12 – 14). 더군다나, "나의 자녀들아"(2:1)라는 표현은 저자가 그들과 더불어 밀접한 관계를 가지고 있는 그리스도인들 동아리를 가리킨다. 초대 교회 전승은 요한이 말년에 에베소에서 살았다고 전한다. 그는 이 편지의 수신자들이 직면하고 있는 특별한 위기와 도전에 대하여 얼마간 알고 있었다(요일 2:19; 5:13 – 14, 21). 이 편지는 필경 요한이 알고 있는, 에베소 근처 지역의 그리스도인들에게 쓴 일반적인 편지였다.

6.5/3 기원/출처

요한1서는 편지가 어디서 기록되었는지를 밝히지 않는다. 다만 교회 전승은 요한이 에베소에 거주한 기간을 시사한다. 아마 에베소에서 편지가 나왔으리라고 생각되지만, 확실하게 단언할 수는 없다.

6.5/4 연대

요한1서와 요한복음이 동일한 사람의 작품이라고 볼 때, 요한1서의 저술연대
는 요한복음의 저술연대와 연계된다. 둘 중에 어느 것이 먼저인지에 대한 답변
은 요한복음과 요한1서의 목적에 대한 견해에 따라 결정된다. 요한1서는 초기
영지주의 가르침의 도전에 직면한 신자들의 믿음을 굳게 하려고 기록된 것으로
보인다. 늦은 1세기에 초기 영지주의가 발전한 것으로 미루어, 요한1서는 이때
에 기록되었을 것이다. 영지주의자들 가운데 요한복음을 이용한 사람들이 있었
다. 요한복음이 저술된 이후, 요한1서가 기록되기 전까지 얼마간의 시간이 흘렀
을 것이다. 요한1, 2, 3서는 요한복음에 대한 지식을 전제하며, 제1세기의 마지
막 30여 년의 특징인 거짓된 가르침에 대하여 싸우는 것으로 보인다. 따라서 이
들의 저술 연대는 주후 90－95년경으로 본다.

6.5/5 목적

요한은 요한1서를 저술하는 목적을 몇 군데 진술한다(1:3－4; 4:1－3; 5:13).
성장하는 영지주의 운동이 나중에 기독교에 아주 골칫거리가 되었는데 상이한
영지주의 그룹들은 다양한 나름의 신념들을 주장했다. 가현설이라고 알려진 한
영지주의자들 그룹에서는 그리스도의 성육을 거부했다. 육체는 본래 악하다고
생각하고, 전적으로 선하신 그리스도가 조금이라도 악이 현존하는 본성을 취할
수 없다는 생각에 성육을 거부했다. 이러한 가현설적 영지주의 가르침에 대항하
여 요한은 그리스도의 성육을 단언한다(요일 1:1－2; 4:1－3). 같은 맥락에서 영
지주의자 케린투스는 비물질적인 신적 그리스도(영)와 육체적 몸을 지닌 인간
예수를 구별하고. 신적 그리스도(영)는 세례 때에 인간 예수 위에 임하였으나
십자가 위에서 고난을 당하기 직전에 그를 떠났다고 주장했다. 요한1서 5장 6
절의 진술은 케린투스의 영지주의에 대항해서 하는 말이 아닌가 한다. 따라서
요한은 가현설이나 케린투스의 영지주의 요소들에 의해 영향을 받은 다양한 영
지주의 가르침에 대항하여 기록하고 있는 것으로 보인다. 요한은 예수께서 육체
로 오셨고, 예수 그리스도를 따르는 자들은 하나님의 계명에 순종하며 다른 신
자들을 사랑함으로써 성육을 증명할 것을 주장했다.

6.5/6 내용/개요

{자료: Lea, *The New Testament*, 568}

요한은 세 가지 시험 곧 올바른 신앙(4:1－3), 올바른 행동(2:29), 올바른 태도(3:11)의 시험들을 사용하여 하나님에게 속한 사람들을 확인했다. 요한1서에서 사도는 반복해서 이 시험들을 도입하여 독자들이 하나님에 대한 관계에 관하여 확신을 얻도록 도왔다. 개인은 진정한 그리스도인 신앙고백을 보이기 위하여 이 세 분야 모두에서 실재를 경험하고 증명해야 한다고 요한은 주장했다.

1. 서언: 친교의 토대(1:1－4)
2. 생명이 있음을 시험하는 것들의 첫 번째 적용(1:5－2:27)
3. 생명이 있음을 시험하는 것들의 두 번째 적용(2:28－4:6)
4. 생명이 있음을 시험하는 것들의 세 번째 적용(4:7－5:5)
5. 하나님께 대한 우리의 관계의 완전한 확신(5:6－17)
6. 세 가지 그리스도인의 확실성(5:18－21)

6.6 요한2서

{자료: Lea, *The New Testament*, 569－73; Brown, *An Introduction to the New Testament*, 395－400; Achtemeier, Green and Thompson, *Introducing the NEW TESTAMENT*, 547－550; Schnelle, *The History and Theology of the New Testament Writings*, 439－47}

6.6/1 저자

요한2서에 대한 외증은 1서에 대한 것만큼 강하지 않다. 그러나 초기 저술가들 가운데 요한2서의 저작권을 사도 요한 이외의 다른 인물에게 돌린 사람은 없다. 요한1서와 2서 간에 어휘와 일반적 주제의 유사점이 있어 공동 저작권을 시사한다. 요한1서와 2서는 그리스도에 대하여 "육체로 오셨다"고 이야기한다

(요일 4:2; 요이 7). 요한2서에서 저자는 자신을 가리켜 "장로"라고 부른다. 여기서 "장로"라 이름 하는 또 하나의 요한을 가리키는 것으로 보는 사람이 있으나, 반드시 그렇게 해석할 필요는 없다. 사도가 자신을 장로라고 부르는 것이 흔하지 않은 것은 아니었다(벧전 5:1). 사도 요한이 이 술어를 사용하여 자신을 나이 든 늙은 사람으로 묘사하는 것이 적절했을 것이다.

6.6/2 목적

요한은 거짓 선생들에게 환대를 베푸는 것에 대하여 경고하기 위하여 요한2서를 기록했다(10절). 그는 또한 요한1서 4장 1－3절에 있는 사람들과 유사한 것으로 보이는 초기 영지주의 집단의 거짓된 가르침이 퍼지는 것에 대하여 경고했다(7절). 요한이 손 대접을 금하였는데, 그렇다고 해서 배고프거나 궁핍한 사람들에게 음식을 제공하거나 친절을 베푸는 것을 반대한 것이 아니었다. 오히려, 이단자들이 그릇된 견해들을 퍼뜨리는 데 도움을 줄지도 모르는 환대, 즉 예를 들어 재워 주는 것 같은 어떤 종류의 도움도 제공하지 말라는 것이었다.

6.6/3 수신자

요한2서는 "택하심을 받은 부녀와 그의 자녀들에게" 보내졌다(1a). 이 어구는 어느 지역 회중을 가리키는 말일 개연성이 있다. 혹은 사도의 개인적인 친구들로 보는 사람들도 있다. 택하심을 받은 부녀와 그의 자녀들은 "진리를 아는 모든 자"의 사랑을 받았다(1b). 하나의 가족이 그리스도인들 가운데 이렇게 잘 알려졌다기보다, 하나의 회중이 이러한 명성을 얻었을 것이다. 회중이 어디에 위치했는지 알지 못하나, 에베소 근처였을 것이다.

6.6/4 연대

요한의 편지들은 복음서보다 나중에 기록된 것으로 연대를 보는 것이 가장 좋다. 그러나 요한 1, 2, 3서의 저술 순서를 결정하는 것은 어렵다. 요한2서는 7절에서 "적그리스도"라는 말을 사용하는데, 이는 요한1서 2장 18－23절에서 말한 것을 명확하게 설명할 필요성에서 기인한 것으로 보인다. 요한2서는 90년대 초나 90년대 중엽의 어느 미정의 때에 기록되었을 것이다.

6.6/5 내용/개요

요한2서는 신약에서 가장 짧은 저술들 가운데 하나이다. 한 장의 파피루스에 기록할 수 있는 분량이다. 요한1서에서 언급된 주제들이 나타나기도 하나, 요한 2서는 더 분명하게 지역 교회의 특정한 상황과 필요들을 다룬다.

1. 서론(1 - 3절)
2. 편지의 목적(4 - 11절)
3. 결론(12 - 13절)

6.7 요한3서

{자료: Brown, *An Introduction to the New Testament*, 401 - 5; Achtemeier, Green and Thompson, *Introducing the NEW TESTAMENT*, 551 - 553; Schnelle, *The History and Theology of the New Testament Writings*, 447 - 53}

6.7/1 저자

요한3서의 저작권에 대하여 우리는 요한2서에서 한 것과 같은 말을 할 수 있을 것이다. 요한3서에 대한 외증은 1서에 대한 것만큼 강하지 않다. 그러나 초기 저술가들 가운데 요한3서의 저작권을 사도 요한 이외의 다른 인물에게 돌린 사람은 없다. 요한1서와 3서 간에 어휘와 일반적 주제의 유사점이 있어 공동 저작권을 시사한다. 요한1서와 3서는 선을 행하는 자들은 하나님의 자녀임을 보여 준다고 말한다(요일 3:10; 요삼 11). 요한3서에서 저자는 2서에서와 마찬가지로 자신을 가리켜 "장로"라고 부른다.

6.7/2 목적

요한3서에서 "장로"는 교회에서 일어난 논쟁과 맞섰다. 그는 순회 선교사들에게 베푼 환대와 친절에 대하여 가이오를 칭찬했다(5 - 6절). 반면에 그는 디오드리베의 자기 본위의 행동들을 책망했다(9 - 10절). 그는 또한 데메드리오도 칭찬했다. 그는 아마 편지를 목적지에 전달한 사람이 아니었을까 한다(12절).

6.7/3 수신자

요한3서에서 편지의 수신자는 가이오이다(1절). 가이오가 어느 도시에서 살았는지 알려지지 않았으나, 에베소 근처였을 가능성이 있다.

6.7/4 연대

요한3서는 1, 2서와 마찬가지로 주후 90년대 초나 90년대 중엽의 어느 미정의 때에 기록되었을 것이다.

6.7/5 내용/개요

{자료: Lea, *The New Testament*, 572}

요한3서에서 "장로"는 지역 교회의 저명한 회원에게 편지를 썼다. 그는 또한 교회의 회원인 다른 사람 두 명을 언급하였다. 요한3서에서 여행하는 그리스도인들에게 대접을 잘하라는 교훈(5 - 8)과 요한2서에서 거짓 선생들에게 이러한 대접을 금하는 교훈을 대조하는 것은 흥미롭다(7 - 11).

1. 가이오에 대한 칭찬(1 - 8절)
2. 디오드리베에 대한 경고(9 - 10절)
3. 데메드리오에 대한 칭찬(11 - 12절)
4. 결론(13 - 14절)

6.8 유다서

{자료: Lea, *The New Testament*, 575-83; Elwell and Yarbrough, *Encountering the New Testament*, 370-72; Brown, *An Introduction to the New Testament*, 748-60; Achtemeier, Green and Thompson, *Introducing the NEW TESTAMENT*, 532-34; Carson & Moo, *An Introduction to the New Testament*, 688-96; Guthrie, *New Testament Introduction*, 901-28; Blomberg, *From Pentecost to Patmos*, 461-71; Schnelle, *The History and Theology of the New Testament Writings*, 416-24; 김경희 외 12인, [신약성서 개론: 한국인을 위한 최신 연구], 503-6}

6.8/1 저자 문제

유다서는 주의 형제 유다가 쓴 편지이다. 이는 전통적으로 교회가 지지해 온 견해이다.

전통적 견해

유다는 신약에 적어도 8명이 나오는데(마 1:2-3; 눅 3:30; 행 5:37; 9:1; 눅 6:16; 마 10:4; 행15:11; 마 13:55), 유다서에서 저자는 자신을 "예수 그리스도의 종이요 야고보의 형제"(1절)라고 밝힌다. 야고보라는 사람이 신약에 적어도 5명 인데(마 4:21; 10:3; 13:55; 27:56; 눅 6:16), 이 중에 유다의 형제는 어느 야고보 인가? 세베대의 아들 야고보는 아닐 것이다. 그는 일찍이 주후 44년에 순교당했 기 때문에 그를 가리킬 가능성은 없다(행 12:1-2). 유다가 그의 편지에서 "야 고보의 형제인 유다"로 소개함으로써 친척 관계에 있다고 주장하는 야고보는 예루살렘 교회의 지도자 야고보일 것이다(행 15:13-21; 갈 2:9). 사도행전 15장 13-29절의 야고보의 연설과 야고보서의 어휘가 유사하다는 것도 의미가 있다. 이 야고보는 예수의 아버지 다른 형제였다(막 6:3). 유다도 역시 예수의 형제였 으나, 자신을 "종"으로 묘사하여 겸손을 나타냈다. 야고보와 유다는 주님과의 친척 관계보다 예수 그리스도의 종으로 자신들을 제시하기 좋아했다.

신약이나 초대교회 역사는 유다에 관하여 많은 정보를 제공하지 않는다. 유다는 초대교회에서 잘 알려진 인물이 아니었다. 아마도 그보다 더 잘 알려진 형제의 명성에 빗대어 사람들에게 자신을 천거하기 위하여 야고보와의 관계를 언급한 것으로 보인다. 그는 예수의 부활 이전에 불신자였다(요 7:5; 행 1:14). 바울은 그를 여행길에 아내를 동반한 순회 선교사로 묘사했다(고전 9:5). 유다가 유다서를 쓰기 전에 다른 주제에 관하여 또 하나의 편지를 쓰려고 생각했었다는 것은 독자를 잘 알았음을 시사한다(3절).

위명의 편지?

{자료: Linnemann, *Biblical Criticism on Trial*, 100 – 12, 137 – 38}

오늘날 "유다"라는 이름은 위명이라고 말하는 것이 학자들에게 있어 아주 흔한 일이 되어 버렸다. 그러나 이 견해를 옹호하는 사람들은 이 편지의 위명성에 대하여 수용할 수 있는 설명을 제공하지 못하였다. 편지의 저자가 "유다"라는 위명을 차용한 것이라면 예수의 형제 유다는 초대 교회에서 저명한 인물이 아니었는데, 그보다 더 유명한 사람의 이름을 채용하지 않고, 왜 하필 그의 이름을 사용했는지 설명하기 어렵다.

유다가 집필하기에는 너무 늦은 편지?

유다서는 예수의 친척 중 한 사람이 기록하기에는 너무 늦은 것으로 보인다고 주장함으로써 유다의 저작권을 거부하는 사람들이 있다. 유다의 손자들이 로마 황제 도미티안(주후 81-96년) 앞에 출두하였다는 기록이 있기 때문이다. 이는 헤게시푸스(Hegesippus)로부터 얻은 증거를 유세비우스가 기록한 것이다. 이 사실을 가지고 유다가 이 편지를 쓰기 전에 죽었을 것이라고 생각하는 사람들이 있으나, 이 정보는 유다가 죽었다는 것을 확실하게 증명하지 않는다. 도미티안 통치 초에 유다가 살아 있었고, 70대의 나이에 들어섰다고 추정하는 것에 적어도 가능성이 있다.

유다서를 90년대 이전에 저술된 것으로 볼 수 있다면, 주의 형제요 야고보의 형제인 유다가 저자일 가능성이 크다. 서신의 저술 연대와 관련하여, 유다서에는 주의 형제가 기록했다는 것을 의문시하는 근거로 종종 사용된 특징이 세 가지 있다. 반론을 곁들여 간단히 설명한다.

첫째, 유다는 "성도에게 …… 주신 믿음"(3절)을 언급하는데, 유다 저작권을 의문하는 사람들은 이것을 고정된 교리(신앙) 조직체에 의해 옳은 신앙을 측정하는 때, 아마도 유다가 죽은 이후의 때를 가리키는 것으로 본다. 그러나 "믿음"이 어떤 "고정된 교리(신앙) 조직체"를 가리킨다고 해도, 반드시 긴 기간의 시간이 지난 것으로 가정할 필요는 없다. 바울이 로마서 16장 17절에서 "교훈"(교리)에 대하여 언급하는데, 이는 그의 생전에 로마 신자들이 의탁한 신앙의 표준에 관하여 이미 알고 있음을 나타내는 것이다.

둘째, 유다가 저자라는 것을 부인하는 데 사용되는 또 하나의 반대는 17절에 언급된 "사도들이 …… 한 …… 말"(17절)에 의거한다. 이 말은 사도 시대가 지나간 것을 나타낸다고 해석하는 사람들이 있다. 그러나 유다의 말은 교회에 조롱하는 자들이 생기리라는 것을 사도들이 미리 예고했다는 것으로 이해할 수 있다.

셋째, 유다가 편지를 보내는 회중에 침투한 거짓 선생들의 정체에 대하여(4절), 그들을 영지주의자로 보는 사람들이 있다. 이들은 유다서의 연대를 2세기로 잡는다. 그러나 유다서 5-16절에 나타난 거짓 선생들에 대한 묘사는 부도덕을 두드러진 특징으로 삼는 어떤 가르침에도 해당될 수 있다. 유다서의 내용에 2세기의 발달된 영지주의 가르침을 가리키는 것은 없다. 만일 주의 형제 유다가 이 편지를 쓰지 않았다고 주장하면, 우리는 이 편지를 쓴 유다의 정체에 대하여 알 길이 없다.

6.8/2 수신자

유다는 편지의 수신자(독자)를 "부르심을 받은 자 곧 하나님 아버지 안에서 사랑을 얻고 예수 그리스도를 위하여 지키심을 받은 자들"이라고 부른다(1절). 너무 일반적이어서 이들이 누구를 가리키는지 특정할 수 없다.

6.8/3 저술 연대

유다서는 저술 연대를 결정하는 데 도움이 되는 내증이 거의 없다. 주의 형제 유다를 저자로 보는 사람들은 그의 생전으로 연대를 잡아야 한다. 편지는 또한 거짓된 가르침들이 발전할 만큼의 시간을 줄 정도로 늦게 저술되었다. 유다서는 필경 베드로후서에 의존하며(Carson & Moo, 692), 저자가 예루살렘 교회의 지도 자 야고보의 형제였다면, 주후 65년에서부터 가장 늦게는 80년경이 가능성 있 는 저술 연대로 등장한다.

6.8/4 베드로후서와의 관계

유다서의 대부분은 베드로후서에 포함되어 있다. 그러나 축어적인 일치는 사 상과 어휘의 일반적인 일치보다 덜 흔하다. 만일 베드로후서가 유다서를 사용했 고, 유다서의 연대를 65－80년으로 잡는다면, 베드로후서의 저자는 사도 베드로 가 될 수 없다. 만일 유다서가 베드로후서를 사용했다면, 유다를 예수의 형제로 보는 데 연대기적인 어려움이 없을 것이다. 그럼에도 불구하고 어느 저자가 다 른 저자에게서 빌렸는지, 혹은 두 사람이 제3의 공동자료를 이용했는지는 사실 상 결정하기 어렵다.

6.8/5 위경 자료의 사용

유다는 편지에서 '에녹'을 하나의 자료라고 밝히는데, 에녹1서(*1 Enoch*) 1:9를 인용하고 있다(14－15절). 9절에서 유다는 또 하나의 위경 책 '모세의 승천'(*The Assumption of Moses*)에 나오는 사건을 언급한다. 이 두 책은 에녹이나 모세가 쓴 게 아니라는 것이 정설이다. 유다가 이러한 저술들을 언급했기 때문에 초대 그 리스도인 저자들은 유다서에 의심의 눈초리를 던지고, 흔쾌하게 받아들이지 않 았다. 초대 기독교 지도자들이 일반적으로 거부하지는 않았으나, 유다서에 관하여 약간의 주저함을 표현하였던 것이다. 그러나 우리는 그리스도인 저자들이 비(非)정경 재료를 언급했다고 해서 놀라지 말아야 한다. 바울은 이방 시인을 인용한 바 있고(행 17:28), 또 성경의 내용을 상세하게 설명하는 유대 미드라쉬를 언급하여 그가 말하고자 하는 요점을 예증했다(고전 10:4). 유다가 비정경 재료를 사용했다고 해서 유다가 그것을 영감된 것으로 보았음을 함의하지는 않는다. 유다가 위경 자료에 들어 있는 사건들을 실제로 역사에서 일어난 일로 보았는지는 의심스럽다. 유다는 독자들이 그것들을 잘 알고 있었음을 인식하고 자기의 요점을 말하는 데 도움이 됨을 알았을 것이다. 바울과 같이, 유다는 실제로 그렇게 일어났음을 시사하지 않은 채, 그 사건들을 자기 목적에 적절한 예증으로 사용하였을 것이다.

6.8/6 내용/개요

{자료: Lea, *The New Testament*, 583}

유다서의 내용은 대체로 교회에 침투하고 있는 거짓 선생들에 대한 경고라는 점에서 베드로후서와 유사하다. 유다는 오류를 아주 설득력 있게 퍼뜨리는 이단자들에 대하여 독자들에게 경고했다. 그는 거짓의 확산에 대한 효과적인 해독제로서 그리스도교 신앙에 "자신을 세우라."고 독자들에게 권했다(20절). 유다서의 주요 부분은 그리스도인들의 집단에 침투한 거짓 선생들을 책망하는 데 할애되었다. 유다서가 주로 의도하는 것은 그리스도인들을 불러 모아서 믿음을 위하여 이단자들과 대항하여 싸우고 이단자들의 기만적인 오류가 흘러들어 오지 못하게 막도록 영적인 준비를 하게 하는 것이다.

1. 서론(1 – 2절)
2. 편지의 목적(3 – 4절)
3. 이단자들을 저항하는 것의 긴급성(5 – 19절)
4. 믿음을 위하여 싸우기(20 – 23절)
5. 송영(24 – 25절)

VII. 요한 계시록

{자료: Lea, *The New Testament*, 585-613; Elwell and Yarbrough, *Encountering the New Testament*, 375-85; Brown, *An Introduction to the New Testament*, 773-813; Achtemeier, Green and Thompson, *Introducing the NEW TESTAMENT*, 555-87; McDonald and Porter, *Early Christianity and Its Sacred Literature*, 551-61; Carson & Moo, *An Introduction to the New Testament*, 697-725; Guthrie, *New Testament Introduction*, 929-85; Blomberg, *From Pentecost to Patmos*, 509-60; Schnelle, *The History and Theology of the New Testament Writings*, 517-38; 김경희 외 12인, [신약성서 개론: 한국인을 위한 최신 연구], 451-74}

요한 계시록 또는 묵시록은 신약성경 및 성경전서의 마지막 책이다. 지금까지 복음서, 사도행전, 및 바울과 일반 편지들을 다루어 온 우리는 이제 계시록이라는 새로운 형태의 작품을 대하게 된다. 대부분의 사람들에게 있어서 계시록은 닫힌 책이다. 잘 읽지도 않을뿐더러 읽어도 쉽게 이해가 되지 않는다는 의미에서 하는 말이다. 계시록은 사실에 대한 단순한 진술이나 명령보다는 천사, 나팔, 지진, 짐승, 용, 밑바닥이 없는 구덩이, 그리고 풍부하고 다양한 상징으로 가득차 있다. 이런 측면에서 요한 계시록은 이해하기 어려운 것이 사실이다. 그렇다고 이해하려는 노력을 포기할 필요는 없을 것 같다. 처음에는 어려워 보이지만 노력을 하면 뜻이 분명해지는 것들이 많이 있기 때문이다. 계시록도 그중 하나라 할 것이다. 계시록은 이해할 수 있는 책이다. 이해하려는 노력의 일환으로 우리는 이 마지막 장에서 먼저 요한 계시록의 본질과 해석의 방법을 설명하고, 다음 요한 계시록의 서론적인 문제들을 다룬 뒤 책의 내용을 살펴보도록 하고자 한다.

7.1 저자 문제

계시록(啓示錄) 또는 묵시록(黙示錄)은 저자를 '요한'이라고 밝힌다(1:1 - 2, 4, 9; 22:8). 그는 예언자(선지자)요(22:9) 예수 그리스도의 종(1:1)이었다. 계시록은 요한을 "사도"라고 밝히지 않지만, 초대 교회는 일반적으로 "사도" 요한을 저자로 받아들였다. 예를 들면, 저스틴, 이레네우스, 터툴리안, 그리고 오리겐 등이 사도 요한을 계시록의 저자로 보았다. 반면에, 말시온은 신약의 대부분의 책과 함께 계시록을 거부하였다. 초대 교회에서 계시록의 사도 요한 저작권을 거부한 가장 중요한 주장은 3세기 알렉산드리아의 주교 디오니시우스(Dionysius)에게서 나왔다.

디오니시우스의 반대

디오니시우스가 계시록의 저자가 요한복음과 요한서신을 기록한 세배대의 아들이요 야고보의 형제인 사도 요한이라는 것을 받아들이지 못한 이유는 무엇인가? 세 가지 이유를 들었다. 첫째, 저자는 결코 자신을 사도라고 부르지 않았다. 둘째, 계시록의 사상, 말, 그리고 내용의 배열은 복음서와 요한1서의 사상, 말, 그리고 내용의 배열과 달랐다. 셋째, 계시록의 헬라어는 다른 요한 저술들에서 발견되지 않는 야만적인 언어와 파격어법들을 담았다. 디오니시우스에게 사도 요한이 아니라면 어떤 요한인가? 그는 고대 에베소에 요한이라는 이름을 지닌 두 개의 그리스도교 지도자 무덤이 있었다는 유세비우스의 보도에 근거하여 그 중 사도 요한이 아닌 다른 요한을 계시록의 저자로 지목한 것이다. 이러한 이유는 지금도 여전히 계시록의 사도 요한 저작권 부인의 근거로 제시되고는 한다.

디오니시우스의 반대에 대한 해명

디오니시우스의 요한 저작권 반대는 무엇보다도 신학적인 편견에서 출발했다. 초대 기독교 지도자들 가운데 저스틴, 이레네우스, 그리고 터툴리안과 같은 이들은 계시록 20장 1 - 6절의 해석으로 그리스도의 지상 천년왕국을 지지하는데,

디오니시우스는 이에 대하여 격렬하게 반대했다. 그는 계시록 20장 1-6절에 의거하여 천년왕국을 가르침의 평판을 훼손하기 위하여 계시록의 사도 저작권을 거부하게 되었다. 그렇다고 해서 계시록의 저작권에 관한 그의 주장이 무의미하다는 이야기는 아니다. 우리의 해명을 요구한다.

첫째, 계시록의 저자가 자신에 대하여 사도라고 밝히지 않은 것은 사실이다. 그러나 독자들이 아무런 칭호를 붙이지 않은 이름에만 의거하여 가르침을 받아들일 것이라고 요한이 기대하였다면, 이는 자연스럽게 사도를 가리킨다. 요한이 사도임을 밝히지 않은 것은 그렇게 하지 않아도 독자들은 저자가 누구인지 알았다는 사실에 기인하지 않았겠는가?

둘째, 사도 요한이 복음서와 서신들을 저술했다는 입장을 취하는 사람들은 계시록의 신학적 내용이 여러 중요한 분야에서 요한의 다른 저술들과 다름을 지적한다. 그들은 계시록이 위엄과 심판의 하나님을 보여 주나, 복음서와 서신들은 사랑의 하나님을 제시함을 주목한다. 그러나 이러한 차이점들을 지나치게 확대 해석하지 않도록 하여야 한다. 복음서와 계시록은 하나님의 사랑과 심판을 동시에 가르치기 때문이다(요 3:16, 36; 계 3:9; 14:7; 16:7). 복음서와 계시록에서 그리스도는 구속자와 통치자로 제시된다(요 8:31-36; 17:1-2; 계 1:5; 19:11-21). 계시록의 신학이 복음서와 서신들의 신학과 다른 것은 각각의 저술 목적이 다름에 기인한다는 것으로 설명이 가능하다.

셋째, 복음서와 서신들의 헬라어는 분명하고 올바르다. 그러나 계시록의 헬라어는 종종 불규칙하다(1:4). 이에 대하여 다른 두 저자를 상정할 수 있으나, 반드시 그래야 하는 것은 아니라고 본다. 이 헬라어의 차이점들은 다른 저자가 계시록을 집필하였음을 함의하기보다, 투옥(1:9)이나, 혹은 환상 경험(4:1-2)의 흥분으로 인하여 영향을 받았을 가능성이 있음을 시사한다고 생각할 수 있다. 혹은 계시록의 저자가 히브리어를 말하는 사람의 스타일로 기록했다고 주장하는 학자들도 있다.

유사점들

계시록의 사도 요한 저작권을 옹호함에 있어서 계시록과 사도 요한이 저자라고 하는 다른 요한 저술들과의 유사점들을 인식하는 것도 중요하다. 몇 가지 예를 들면, 복음서(1:1)와 계시록(19:13)은 예수를 "말씀"으로 밝히는 신약의 유일한 책들이고, 다른 헬라어 단어를 사용하기는 하지만 요한복음 1:29와 계시록 5:6은 예수를 "어린양"으로 묘사하며, 또 계시록과 복음서에서 예수는 "나는 …… 이다."(*에고 에이미*)라는 어록으로 자신의 정체를 밝힌다(계 1:8, 17; 21:6; 22:13, 16; 요 6:35; 8:12; 10:7, 11).

결론

계시록의 사도 저작권을 거부한다면, 계시록은 초대 교회에서 잘 알려진 또 하나의 요한에 의해서 기록되었다 할 것이다. 파피아스가 언급하는 "장로 요한"이 계시록을 썼으리라고 생각하는 사람들이 있으나, 그의 존재에 대한 증거는 불확실하다. 계시록이 요한 추종자들 동아리의 알려지지 않은 회원이나, 혹은 "요한 학파"에 의해 기록되었으리라고 시사하는 사람들도 있다. 그러나 이러한 제안은 계시록의 요한 저작권을 받아들이는 것보다 더 정교하고 어려운 가정들을 만들어야 한다. 사도 요한 저작권을 받아들이는 것이 더 복잡한 "학파" 이론보다 더 단순한 선택이다.

계시록의 요한

{자료: John R. W. Stott and Stephen Motyer, *Men with a Message: An Introduction to the New Testament and Its Writers*(Grand Rapids: Eerdmans, 1994) 142−46; G. K. Beale, *John's Use of the Old Testament in Revelation*(JSNTSupp 166; Sheffield: Sheffield Academic Press, 1998) 60−128}

계시록은 "요한"에 의해서 기록되었다(계 1:1−2, 4, 9). 전통적으로 사도 요한으로 보았다. 그는 계시록에서 다음과 같은 모습을 보여 준다.

구약성경을 아주 잘 알고 있는 사람

그는 격식을 갖추어 구약성경에서 인용한 적은 없지만, 구약 본문, 사람, 또는 사건들에 대하여 400가지 이상 언급을 하고 있는 것을 알아볼 수 있다. 시편과 선지자에 가장 정통하고, 선지자 가운데 특히 이사야, 에스겔, 다니엘 및 스가랴를 언급하지만, 그는 구약의 모든 부분을 언급한다. 많은 경우에 구약의 언어를 재사용하고, 더 중요한 것은 구약의 사상들과 사건들을 의존한다. 이스라엘의 출애굽, 이스라엘의 바빌론 포로와 하나님의 이스라엘 해방 등을 요한은 염두에 두었고, 하나님이 이스라엘과의 맺은 언약이라는 주제는 요한에게 결정적이다. 책 전체를 통하여 우리는 성전과 성전 가구와 성전 예배에 대한 언급을 발견한다. 그리고 요한의 마음과 생각 깊은 곳에 자리 잡은 것은 시편 기자의 신앙이다. 그는 하나님을 알지 못하는 이방 세계를 바라보며, "주께서 다스리신다.", "여호와께서 통치하시나니"(시 99:1)라고 선언한다.

예언자적 계시를 받은 사람

요한은 구약 본문들이나 사상들을 단순히 재생산한 것이 아니라 그것들을 발전시키고 그것에서 무언가 새로운 것을 만들어 내었다. 요한에게 임한 예언자적 계시는 주의 날에 영감을 주시는 성령께서 그를 사로잡을 때 시작되었다(1:10). 큰 음성이 그에게 본 것을 써서 아시아의 일곱 교회에 보내라고 말했다(1:11). 그가 돌아서서 일곱 금 촛대 가운데 계신 "인자 같은 이"를 보았다(1:13). 요한은 인자라는 말로 두 가지를 분명히 한다. 요한이 본 사람은 바로 예수였다는 것을 그가 알았다는 것이요, 또 그는 다니엘이 전에 본 적이 있는 것같이(단 7:9－14) 그를 보고 있는 중이었다는 것을 알았다는 것이다. 다음에 요한은 그가 본 것을 묘사하면서 구약의 여러 곳에서 가져온 언어를 사용한다(계 1:12－16; 단 7:9; 10:5－6; 겔 1:24; 사 49:2; 레 8:7; 출 25:37을 보라.). 성령에 감동되어 요한은 영광 중에 계신 부활하신 그리스도의 환상을 묘사하면서 이 모든 주제들을 묶어서 짠다. 이렇게 함으로써 요한은 무언가 새로운 것을 말하기 위해 옛 주제들을 이용하는 것이다. 이 상이한 본문들과 주제들을 모아서 예수 그리스도에게 수렴시킨다. 계시록 전체를 통하여 이 과정이 자꾸자꾸 반복되어 감에 따라 결국 예수는 전체 구약을 이해하는 데 열쇠가 된다.

교회에 대한 세상의 미움을 경험한 사람

그는 그리스도를 증거함으로 인하여 밧모 섬에 갇혀 있었다(계 1:9). 편지를 받게 될 일곱 교회 중 몇 교회는 이미 박해를 경험했고(2:3, 13), 다른 교회들도 곧 박해를 받으리라는 것을 그는 알았다(2:10; 3:10). 이 박해는 대체로 그리스도인들이 로마황제예배에 동참하기를 거부한 데서 비롯된 것으로 보인다. 황제제의는 꾸준히 성장하고 있었다. 율리우스 시저는 주전 29년 사후에 신(神)으로 선언되었으며, 에베소에는 그에게 경의를 표하는 신전이 있었다. 그 다음 황제 아구스도(아우구스투스)가 아직 살아 있을 때 그에게와 그의 후계자 디베료(티베리우스)에게 신전들이 세워졌다. 제1세기 동안 황제제의는 제국 전역에서 탄력을 얻었다.

뒤에서 더 이야기하겠지만, 계시록은 보통 도미티안 통치 기간(주후 81-96년) 중에 저술되었다고 생각된다. 그는 실제로 사람들에게 그를 직접 "우리 주와 하나님"이라 부르도록 고취한 것으로 보인다(계 11:17; 15:3; 16:7; 19:6 참조). 특히 아시아에서 황제제의가 많이 퍼져 있었는데, 일곱 도시 중 두아디라를 제외하고는 각 도시에 현직 황제나, 또는 여신(女神) "로마"에게 바쳐진 신전이 하나나, 또는 그 이상이 있었다. 사람들은 황제제의에 참석하여 로마에 대한 충성을 보여 주었다. 그러나 그리스도인들은 동참할 수 없었다. 이는 곧 로마에 충성하지 아니하는 것으로 비쳐졌고, 사람들에게서 압력을 받았다. 니골라당은 압력에 굴복한 것으로 보이며 그리스도인들에게 타협하도록 조언한 것 같다. 그러나 "예수는 주시다."(고전 12:3)라고 고백하는 그리스도인들은 황제상(像) 앞에서 타는 불에 향을 뿌리며 "시저는 주시다."라고 말을 할 수가 없었다. 요한은 이러한 교회들의 직접적인 환경을 알뿐더러 이 지구상에서 로마 제국에서 사는 삶이 어떠한 것인가를 잘 알았다(13:16, 17; 17:3, 6; 18:).

7.2 저술 연대

계시록의 내용을 통하여 대체로 두 개의 상이한 저술 연대 곧 더 이른 연대
와 더 늦은 연대가 제시된다.

더 이른 연대

더 이른 연대는 네로 황제 때에 일어난 일로 인하여 계시록을 기록하게 되었
다고 본다. 즉, 로마의 대화제 이후 주후 64년에 네로가 그리스도인들을 박해하
자 계시록을 기록하여 이 어려운 시기 동안 그리스도인들을 격려했다는 것이다.
이 기간을 선호하는 사람들은 보통 주후 68년 또는 69년경의 연대를 제시한다.
이 입장을 지지하는 이유들로 다음과 같은 것이 있다.

첫째, 히브리 수비학(*gematria*) 관행을 사용하여 계시록 13장 18절의 666이라
는 숫자를 네로 가이사를 나타내는 상징으로 변환할 수 있다. 네로 가이사라는
이름을 히브리어로 쓰고 철자를 약간 변경하면 666이라는 수가(數價)를 얻는다.

둘째, 계시록의 투박한 헬라어는 요한이 복음서와 서신들의 원만한 헬라어를
배우기 전에 나온 것이라고 볼 수 있다. 그러나 계시록의 거친 헬라어 스타일은
다른 방식으로 설명이 가능하다. 더군다나, 1세기 팔레스타인에서는 헬라어가
널리 사용되었다.

셋째, 계시록 17장 9−11절에서 묘사되는 짐승을 "살아난 네로"(*Nero −
redivivus*) 신화와 관련지어 해석하는 사람들도 있다. 그러나 네로가 죽었으나 다
시 나타나서 권력을 주장할 것이라는 "살아난 네로" 신화는 계시록의 짐승의
묘사와 닮지 않았다.

더 늦은 연대

더 늦은 연대는 도미티안 황제 통치 기간(주후 81−96년)에 일어난 일로 인
하여 계시록을 기록하게 되었다고 본다. 이 기간을 지지하는 사람들은 저술 연
대를 대체로 90년대로 제시한다. 이 주장의 근거는 다음과 같은 것들이 있다.

첫째, 외증이 이 견해를 지지한다. 이레네우스는 계시록의 저술 시기를 "도미티안 통치가 끝날 무렵"이라고 이야기하고, 교회사가 유세비우스는 이 견해를 승인하여 인용한다.

둘째, 이 연대는 바울 당시에 교회들을 설립한 것과 계시록 2-3장에서 이 동일한 교회들이 쇠하여지는 것 사이의 간격을 허용한다. 에베소는 처음 사랑을 잃어버렸고, 라오디게아는 미적지근하였다.

셋째, 통치하는 기간 동안 도미티안은 황제숭배를 장려했다. 광범위한 규모로 그리스도인들을 박해했다는 것을 증명할 수 없으나, 그가 황제 숭배를 고취하고자 시도하는 것은 박해가 오리라는 것을 경고하는 것에 다름 아니었다. 계시록은 이 다가오는 위협에 저항하도록 그리스도인들을 준비시켰다(3:10).

결론

두 연대 사이에서 결정하는 것이 쉬운 것은 아니나, 초대 교회 지도자들이 도미티안이 살아 있는 동안의 연대를 분명히 지지한 것에 의거할 때, 계시록은 도미티안 통치 기간 중 아마도 90년대에 기록되었다고 본다.

7.3 기원/출처

요한은 에베소 남서쪽으로 64㎞ 에게해(海)에 위치하며 울퉁불퉁하고 바위투성이의 밧모섬에서 기록한다고 말한다. 로마 당국은 이 섬을 범죄자들과 범인들의 추방 장소로 사용했다. 요한은 복음을 충성스럽게 증거하였기 때문에 밧모섬에 갇혀 있다고 분명히 말한다(1:9).

7.4 수신자

요한은 로마 속주 아시아의 일곱 교회들에게 편지를 썼다(계 2-3장). 그는 그 지역, 아마도 에베소에서 사역하는 동안 교회들을 알았던 듯하다. 이 단락에서 언급하는 도시들은 각각 커뮤니케이션의 중심지였다. 일곱 도시에 계시록을 전달하는 메신저는 에베소에 도착하여, 북쪽으로 서머나와 버가모, 다음에 동쪽으로 두아디라, 사데, 빌라델비아, 그리고 라오디게아로 여행했을 것이다.

7.5 목적

계시록은 교회를 강하게 만들고, 시련에 직면하여 인내를 하게 하고, 또 고난 당하는 신자들을 격려하기 위하여 기록하였다. 이는 미래의 사건들에 대한 폭넓고 전면적인 그림을 제시함으로써 성취된다(1:3). 요한은 단지 미래에 관한 호기심을 만족시키려 하는 것이 아니었다. 독자들 가운데 도덕적 진지함이 스며들게 하기를 원했고, 또 독자들이 예언의 말씀에 순종하도록 권했다(22:11-12).

7.6 장르/양식

{자료: Lea, *The New Testament*, 592; E. F. Harrison, *Introduction to the New Testament*, 458; Fee and Stuart, *How To Read the Bible for All Its Worth*(1982) 206-9; J. Ramsey Michaels, *Interpreting the Book of Revelation*(Guides to New Testament Exegesis 7; Grand Rapids: Baker Book, 1992) 21-33; Richard Bauckham, *The Theology of the Book of Revelation*(Cambridge: CUP, 1993) 1-17}

요한 계시록은 도대체 어떤 종류의 책인가? 묵시인가, 편지인가, 예언인가? 계시록 내에 세 가지 상이한 문학 장르 또는 스타일이 나타난다. 묵시(계시), 예언, 그리고 편지 등이다(1:1, 3, 4; 22:7, 10, 18, 19). 계시록은 묵시, 예언, 및 편지 등 세 가지 별개의 문학 유형이 훌륭하게 아우러져 있는 책이다.

묵시

계시록의 문학 유형은 '묵시'이다. 묵시라는 문학 장르는 특히 주전 200년에서 주후 200년 사이에 유대인들에 널리 유포되었는데, 요한 계시록은 이 묵시 유형에 속한다. '요한 계시록'은 '묵시'(apocalypse, 1:1)라는 제목을 달고 나온 최초의 헬라어 책이다. 묵시 문학 양식은 박해를 당하는 하나님 추종자들을 격려하는 데 사용되었다. 그러면, 묵시문학이란 무엇인가? 다양한 종류의 '묵시록들'이 존재하지만 그들 가운데 몇 가지 공통적인 특징이 있다.

첫째, 묵시문학은 다가오는 심판과 구원에 관심을 가졌는데, 박해 중에 또는 큰 압제의 때에 산출된 묵시의 특성상, 역사 안에서의 하나님의 활동에 관심을 갖지 않고 오히려 하나님이 역사에 과격하고 급진적인 종말을 가져오실 때를 바라다보았다.

둘째, 대부분의 예언서들과는 달리 묵시록들은 처음부터 문학 작품들이다. 예언자들은 기본적으로 하나님의 대변인들로서, 그들이 전한 말들이 나중에 글로 기록되어 책에 수집되었지만, 묵시록은 문학의 한 형태이다. 예언자들은 듣거나 본 것을 "말"해야 했지만, 요한은 본 것을 "기록"하여야 했다(계 1:19).

셋째, 아주 흔하게 묵시의 내용은 환상과 꿈의 형태로 제시되고, 또 그 언어는 뜻이 숨겨져 있고 상징적이다. 따라서 대부분의 묵시록들은 그 책이 아주 오래된 것이라는 감(感)을 주려는 문학 장치들을 담고 있는데, 가장 중요한 것은 거짓 저자의 이름을 사용하는 것이다. 즉, "에녹"이나 "바룩" 같은 유명한 옛날 사람이 기록한 것인 양 말을 한다.

넷째, 묵시의 형상들은 종종 실제의 형태가 아닌 공상의 형태이다. 비묵시적 예언자들과 예수는 정규적으로 상징적 언어를 사용했으나 아주 흔하게 소금(마 5:13), 주검과 독수리(눅 17:37), 어리석은 비둘기(호 7:11), 뒤집지 않은 전병(호 7:8) 등과 같은 실제의 형상들을 포함했다. 그러나 대부분의 묵시의 형상들은 공상에 속한다. 예를 들면, 열 뿔과 일곱 머리를 가진 짐승(계 13:1), 해(태양)를 입은 여자(계 12:1), 전갈 같은 꼬리와 사람 같은 얼굴을 지닌 황충(메뚜기) 등 이다(계 9:10).

다섯째, 그들은 문학적이기 때문에 대부분의 묵시록들은 매우 형식적으로 일정한 양식에 맞추어져 있다. 예를 들면, 시간과 사건들을 깔끔하게 꾸러미로 나누는 경향이 강하고, 숫자를 상징적으로 사용하는 것을 대단히 좋아한다. 그래서 묵시록들은 환상들을 용의주도하게 세트로 배열하고 종종 번호를 붙이기까지 한다. 이 세트들은 한데 묶어서 볼 때 각각의 별개 그림들이 연속적인 사건을 묘사하는 것이 아니라, 예를 들어, 심판과 같은 하나의 무엇인가를 표현하는 것이다.

요한 계시록은 한 가지를 제외하고는 묵시의 모든 특징을 공유한다. 그 예외 한 가지는 거짓 저자의 이름을 사용하지 않는다는 것이다. 요한은 독자들에게 자신을 알리고(1:1－4), 일곱 개의 편지를 통하여 아시아의 교회들에게 이야기한다(2－3장). 또 그는 "이 책의 예언의 말씀을 인봉하지 마라. 때가 가까우니라."(계 22:10)는 명령을 받는다. 또한 대부분의 묵시록들이 하나님께서 미래에 역사 안으로 들어오는 것에 대한 언급들로 그들의 희망을 지지하는 데 반하여, 요한 계시록은 예수의 다시 오심뿐 아니라 예수의 희생적 죽음의 과거 사건에 희망을 입각(立脚)시킨다.

예언

계시록은 예언의 요소들을 분명히 담고 있다. 요한 계시록은 묵시의 틀에 뜬 것이어서 그리스도와 그의 교회의 승리가 있을 종말에 관해서 이야기하지만, 또한 교회에 주는 예언적 말씀이기도 하다. 계시록의 저자는 초기 그리스도교 선지자로서 그의 선지자적 권위를 알고 존중하는 일단의 교회들에게 말하고 있다(1:3). '예언'이라는 말은 '하나님의 말씀을 대변함'과 '미래를 예언함'이라는 두 가지 의미를 갖는데, 일차적인 의미는 전자라 할 것이다. 요한 계시록은 미래를 위해 인봉되어야 할 것이 아니라 교회들의 현재 상황을 위해 하나님으로부터 나오는 말씀이다. 특히 요한 계시록 2－3장에 나오는 일곱 편지들은 안팎으로부터 박해를 겪고 있는 제1세기 후반부의 어떤 교회들에게 하시는 하나님의 예언적 말씀이다. 그러나 예언으로서의 계시록은 그 당시의 교회와 오늘의 우리를 위한 말씀일 뿐 아니라, 또한 더 나아가서는 미래의 마지막 때에 성취될 말씀을 포함한다. 예언은 미래에 대한 예고라는 좁은 뜻이 아니라, 과거와 현재 또는 미래 사건들에 관하여 하나님으로부터 오는 직접적인 계시라는 더 넓은 의미를 가지고 있지만 말이다.

편지

요한 계시록은 묵시와 예언 요소들의 조합을 편지 형태로 주조해 놓았다. 예를 들어, 요한 계시록의 처음 부분과 마지막 부분을 보면 1장 4－7절과 22장 21절에서 편지의 모든 특징들이 나타난다. 1장 4절은 바울의 모든 편지들과 같은 양식의 편지 특징들을 나타낸다. "요한은 아시아에 있는 일곱 교회에 …… 은혜와 평강이." 그리고 감사나 축복 부분에는 송영이 등장한다. 편지 양식은 내내 잊히다가 끝에 가서 다시 바울 편지의 관례대로 축도를 한다(22:21). 더욱이, 요한은 1인칭과 2인칭(내가 …… 너희에게) 공식으로 독자들에게 이야기를 건넨다. 요한 계시록은 요한이 소아시아의 일곱 교회에 보내는 편지의 형식으로 되어 있다. 이는 요한 계시록에 그것을 기록하게 만든 우발적인 국면이 있음을 의미한다. 그리하여 계시록을 이해하는 데는 계시록의 원래의 역사적 상황에 대한 지식이 필요하다. 계시록은 소아시아의 일곱 교회를 통하여 전하려는 회람 편지이다. 편지라면 계시록은 신약에서 가장 긴 편지이다. 계시록은 예언적 편지(1:1－3) 또는 내용상 묵시적 편지이다.

결론

요한 계시록은 그 내용에 관하여 묵시록이며, 그 본질적 정신과 메시지에 있어 예언이며, 또 그 형태에 있어 서신이라 할 수 있다.

7.7 계시록의 해석

{자료: Lea, *The New Testament*, 593－97; Geroge Eldon Ladd, *A Theology of the New Testament*(Grand Rapids: Eerdmans, 1974) 621－24; Robert G. Clouse, ed., *The Meaning of the Millennium: Four Views*(Downers Grove: IVP, 1977); Elwell and Yarbrough, *Encountering the New Testament*, 380－81; Guthrie, *New Testament Introduction*, 970－77; Merill C. Tenney, *Interpreting Revelation*(Grand Rapids: Eerdmans, 1957) 135－46; C. Marvin Pate, ed., *Four Views on the Book of Revelation*(Counterpoints; Grand Rapids: Zondervan,

1998) 17-34; *The ESV Study Bible, English Standard Version*(Wheaton:
Crossway Bibles, 2008) 2456-60}

계시록에 묘사된 많은 상징과 행동들을 이해하는 것의 어려움으로 인하여 네
가지 주요 계시록 해석학파가 발전했다. 이 견해들 가운데 셋은 계시록의 사건
들에 대한 시간의 관점이 다르다(과거? 역사? 혹은 미래?). 네 번째 견해는 계시
록의 내용을 대체로 상징적인 것으로, 그리하여 실제의 역사적 사건들과 관련이
거의 없는 것으로 간주한다. 여기서 사용된 차트들은 *ESV Study Bible*(2456-58쪽)
에서 얻은 것이다.

과거주의적 해석

과거주의적 해석을 따르는 사람들은, 계시록은 일차적으로 계시록이 기록된
시간의 기간에 관계가 있다고 확언한다. 즉, 요한은 교회와 로마 정부 간의 다
가오는 투쟁을 묘사했다고 과거주의적 해석자들은 주장한다. 그들은 계시록에
나오는 역사적 언급들을 1세기에 국한한다. 과거주의적 해석은 요한 계시록 1
-3장을 현실의 교회들에 대한 것으로, 4-19장을 1세기의 조건들에 대한 상징
으로, 또 20-22장을 천국과 승리의 상징으로 해석한다. 이 접근방식의 강점은
계시록의 메시지를 초대 교회의 삶의 정황에 관련성이 있게 만드는 것이다. 이

부분적 과거주의 학파(들)

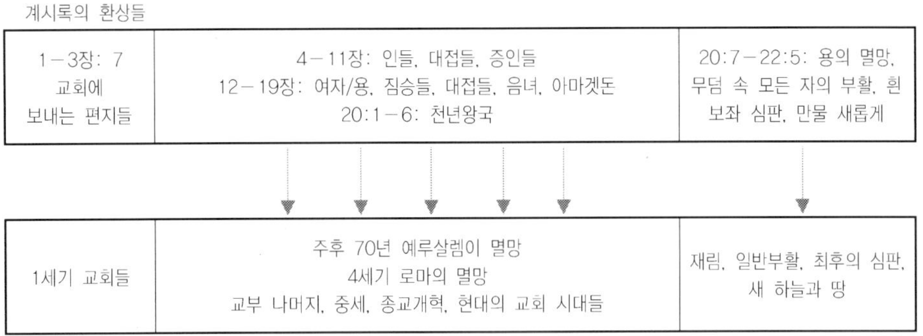

해석의 한계는 1세기의 교회에서 하신 하나님의 행동들을 훑어보고 하나님이 당대의 교회에서 동일한 패턴을 반복하실는지 모른다고 가정함으로써 의미 있는 메시지를 찾는 것 이외는, 1세기를 넘어선 교회를 위한 유의미한 메시지를 찾을 수 없다는 점이다. 이는 학자들 가운데 지배적인 견해이다.

역사주의적 해석

역사주의적 해석자들은 계시록을 사도 시대로부터 그리스도의 재림까지의 교회 역사의 연속적인 연대기로 간주한다. 이 관점에서 계시록을 해석하는 사람들은 인들을 떼고, 나팔들을 불고, 또 대접들을 쏟아붓는 것은 세계와 교회 역사에서의 다른 사건들을 대표한다고 믿는다. 역사주의자들은 요한 계시록 1-3장을 현실의 교회들에 대한 것으로, 4-19장을 역사적 사건들에 대한 상징 곧 로마의 멸망, 교황제도, 종교개혁 등으로, 그리고 20-22장을 최후의 심판과 영원한 상태에 대한 것으로 본다. 이 견해의 강점은 독자에게 세계 사건들에서 하나님의 주권에 대한 강한 인상을 준다는 것이다. 약점은 해석의 주관성과 이 해석자들 가운데 광범위한 의견의 불일치가 있다는 것이다. 이 견해를 지지하는 사람들은 계시록의 상징들을 세계 사건들에 관계시키려는 노력에서 아주 다양한 해석을 전시한다. 이 해석은 한때 널리 퍼졌으나, 지금은 거의 사라졌다.

계시록의 환상들

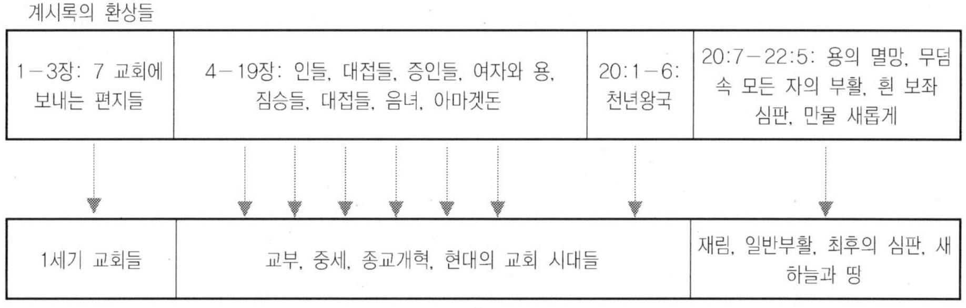

역사적 관련들과 사건들

미래주의적 해석

미래주의적 견해를 따르는 사람들은 계시록의 대부분의 내용은 역사에서 행하실 하나님의 미래의 행동을 가리킨다는 이해를 가지고 계시록에 접근한다. 미래주의자들은 계시록이 1세기의 압력에서 나왔다는 사실을 받아들이나, 계시록 4－22장은 그리스도의 재림, 그리스도의 나라의 임함, 최후의 심판, 그리고 영원한 상태로까지 이르는 사건들을 가리킨다고 주장한다. 미래주의자들 가운데 여러 해석 접근방식이 나타난다. 미래주의자들 자신은 "휴거"로 알려진 그리스도의 "은밀한" 돌아오심 동안에 지상에서 교회가 제거될 것인지(세대주의) 혹은 지상에 남겨져서 환난의 심판들에 맞설 것인지(역사적 전천년설)에 관하여 의견이 일치하지 않는다. 미래주의자들은 요한 계시록 1－3장을 교회 역사의 단계들로, 4－19장을 미래의 환난으로, 그리고 20－22장을 천년왕국, 최후의 심판, 영원한 상태에 대한 것으로 본다. 미래주의적 접근 방식의 강점은 세계 역사에서 하나님께서 점진적으로 활동하심을 강조하는 것이다. 주요 한계는 계시록의 원청취자들에게 제한된 격려 메시지를 남긴다는 것이다. 어떻게 원독자들이 적어도 2000년 이후의 미래에 있을 그리스도의 재림에 관한 정보를 가지고서 많은 격려를 받을 수 있겠는가?

미래주의 1(역사적 전천년설)

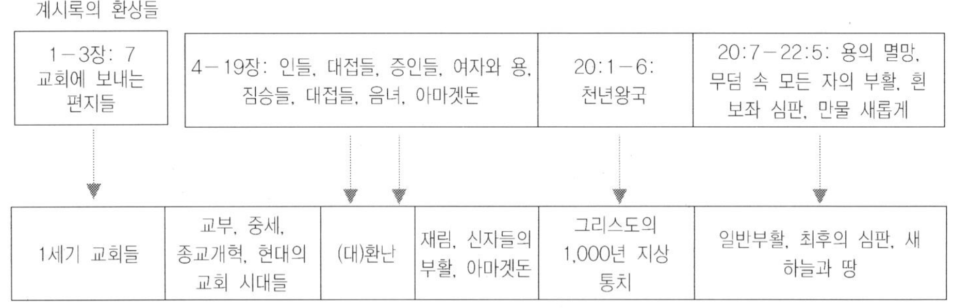

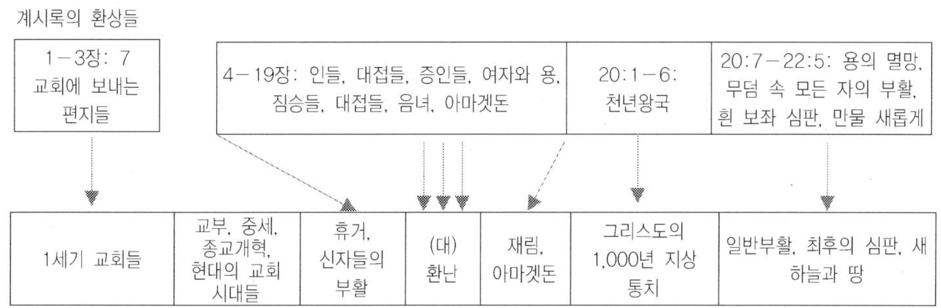

이상주의적 해석

계시록에 대한 네 번째 접근 방식은 하나님의 활동의 특정한 초점으로서 역사와 시간에 대하여 언급하지 않는다. 이 접근방식은 이상주의적 해석 또는 영적 해석이라 한다. 이 관점을 따르는 사람들은 계시록의 언어가 미래의 사건들을 예언하지 않고 교회에서 또 세계의 역사에서 선과 악 간의 연속적인 투쟁을 묘사한다고 느낀다. 이 해석은 특정한 사건들보다 역사 속에서 활동하시는 하나님의 기본 원리들을 강조한다. 이상주의적 해석자들은 요한 계시록 1-3장을 현실의 교회에 대한 것으로, 4-19장을 선과 악의 투쟁의 상징으로, 그리고 20-22장을 의의 승리의 상징으로 본다. 이 접근 방식을 따르는 사람들은 하나님이 시간에서의 특정한 사건들에 대하여 언급하기보다, 궁극적 승리의 약속으로 교회를 강하게 하고 계셨다고 주장한다. 이 견해의 한 가지 유익은 계시록에 많은 상징이 들어 있음을 인식하는 것이다. 약점은 이 해석을 따르는 사람들이 예언적 예언에 대하여 종종 회의적 태도를 취하며, 역사 속에서 하시는 하나님의 행동에 대한 관점을 발전시키지 못하는 것이다.

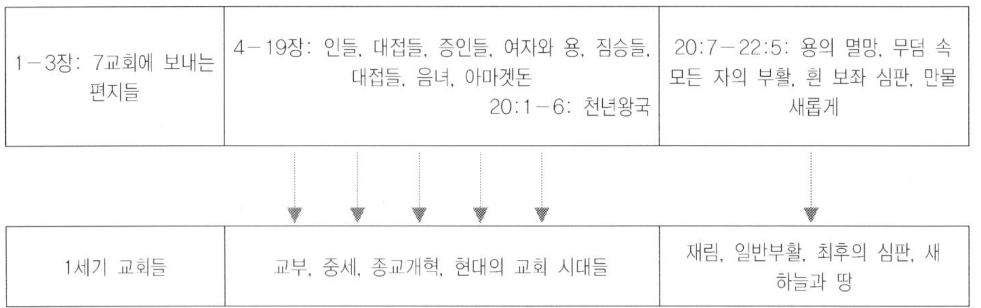

결론

어느 해석 방식이 옳은가? 각 접근 방식에 진리의 요소가 있다. 사실 계시록 전체를 통하여 일관성 있게 한 가지의 해석 방식을 유지하는 것이 가능하지 않다. 계시록의 특정한 본문이 요구하는 방식을 사용하는 것이 가장 현명하다. 예를 들면, 계시록 2, 3장의 메시지를 원독자의 관점에서 읽는 것이 중요하고, 또 계시록 19장 11-21절에 언급된 그리스도의 미래의 재림의 소망을 붙잡는 것이 중요하다.

7.8 계시록의 천년왕국 관점들

{자료: Lea, *The New Testament*, 596-97; Tenney, *Interpreting Revelation*, 147-67; Pate, ed., *Four Views on the Book of Revelation*, 28-34, 135-75, 179-229}

관점을 달리해서 보면 천년왕국설에 따라서 계시록의 해석이 갈라지는데, 우리는 여기서 천년왕국설의 관점에서 네 가지의 계시록 해석 이론을 설명하고자 한다. 전(前)천년설, 후(後)천년설, 및 무(無)천년설이라는 술어들은 계시록 20장 1-6절에 언급된 그리스도의 천년 통치의 천년왕국에 대한 그리스도의 재림의 관계를 묘사한다.

역사적 전천년설

이 견해는 초대 교회 교부들인 파피아스, 이레네우스, 순교자 저스틴, 및 히폴리투스에게까지 거슬러 올라가는데, 계시록은 교회의 삶에 관계가 있다고 주장한다. 다양한 박해들은 신자들이 종말의 때까지 경험해야 할 것들이며, 종말의 때에 그리스도께서 돌아오심(계시록 19장에 묘사됨)으로 말미암아 신자들은 적그리스도의 권세에서 해방될 것이다. 그리스도께서 오실 때 신자들이 부활하고, 천년왕국이 뒤따르고, 그 다음(계 20:11−15에 묘사된) "크고 흰 보좌" 앞에서 불신자들의 심판이 있을 것이다. 그 이후, 새 하늘과 새 땅이 만들어지고, 영원한 날이 밝을 것이다. 전천년설적 견해는 요한 계시록 1−3장을 현실의 교회 또는 역사의 일곱 단계에 대한 것으로, 4−19장을 보통 미래주의적으로, 또 20−22장을 천년왕국 통치, 최후의 심판, 및 영원한 상태로 본다.

무천년설

무천년설 견해도 교회의 초기로까지 거슬러 올라가서 어거스틴과 오리겐에 의해 강렬하게 옹호되었다. 루터와 칼빈도 이 견해를 보유했고, 아마도 교회사 전체를 통하여 다수의 견해일 것이다. 이 견해는 이 시대의 종말에 그리스도께서 돌아오신 후 글자 그대로 천 년 동안 다스리실 것이라는 사상을 거부한다. 천년왕국은 이 현시대 동안에 교회의 사역에서 영적인 방식으로 성취되고 있는 것으로 본다. 계시록은 그리스도의 재림으로 끝이 날 박해받는 교회의 삶에 대한 묘사로 이해된다. 그리스도의 재림 때에 일반적으로 모든 자가 곧 구원받은 자들과 잃어버린 자들이 같이 부활할 것이다. 최후의 심판이 일어나고, 신자들의 집으로 새 하늘과 새 땅이 시작된다. 잃어버린 자들은 불 못에 던져진다. 무천년설적 관점에서는 요한 계시록 1−3장을 현실의 교회에 대한 것으로, 4−19장을 보통 역사주의적으로, 그리고 20−22장을 그리스도의 재림, 최후의 심판, 및 영원한 상태에 대한 것으로 본다.

후천년설

이 견해는 제18세기까지 거슬러 올라가며 복음 전파를 통하여 세상은 점차 그리스도에게로 설득되어 개종할 것이라고 가정한다. 이런 방식으로 천년왕국 사상이 성취된다. 교회 시대가 바로, 의와 정의가 다스리며 이 땅 어디에서나 선이 널리 행해지는 천년왕국이다. 지상명령은 성취되며, 물이 바다를 덮는 것 같이 주를 아는 지식이 땅을 덮는다. 세상이 그리하여 그리스도에게 합당하게 된 후에, 그는 그가 구원하신 세상으로 영광 중에 돌아오신다. "후천년설"이라는 이름은 그리스도께서 천년왕국 이후에 돌아오시기 때문에 붙은 것이다. 이 견해는 일반 부활, 일반 심판, 영원한 상태의 시작이 그리스도의 재림에 동반한다는 점에서 무천년설과 유사하다. 계시록은 과거주의적 방식으로 해석된다. 즉, 미래에 대하여 예언하는 것이 아니라, 요한 당시의 사건들을 가리키는 것으로 이해된다. 후천년설적 관점에서는, 요한 계시록 1-3장을 현실의 교회에 대한 것으로, 4-19장을 보통 역사주의적으로, 또 20-22장을 세계(세상)에 대한 기독교의 승리의 상징으로 본다.

고전적 세대주의 전천년설

이 견해는 비교적 최근에 대두된 것으로서 앞의 역사적 전천년설 견해와 무천년설 견해보다 좀 더 복잡하다. 이 견해에서는, 전형적으로, 계시록의 처음 석 장은 교회(또는, 교회 시대)를 다루며, 그 후에 성도들은 이 땅에서 휴거(제거)된다. 이것은 보통 4장 1, 2절에서 이루어지는 것으로 본다. "이리로 올라오라." 하는 말은 휴거를 가리키는 것으로 이해한다. 책의 중간 부분(4-19장)은 7년 대환난 기간 동안의 지상에 있는 이스라엘을 다룬다. 교회는 그리스도와 함께 하늘에 있기 때문에 대환난은 교회에 영향을 끼치지 않는다. 19장의 아마겟돈 전투 때에 그리스도는 휴거된 그리스도인들을 데려오시며, 구약 예언들의 성취로 유대인 천년왕국을 세우신다. 그리스도인 성도들은 이 천 년 기간 동안 그리스도와 함께 다스린다. 이때가 끝날 즈음에, 사탄이 최후의 반역을 가하기 위해 감금에서 풀려나고, 크고 흰 보좌 앞에서 심판을 받고 사탄과 그의 사자들과 모든 잃어버린 자들이 불 못에 던져진다. 새 하늘과 새 땅이 창조되고 우리는 영원한 상태에 들어간다.

이 견해는 때때로, 교회가 대환난 전에 지상에서 제거되기 때문에 "환난 전 휴거설", 또는 성도들의 휴거가 어떤 순간에도 경고 없이 이루어질 수 있다고 가정하기 때문에 "하시(何時) 휴거설"이라 불리기도 한다. 이 견해에는 교회의 환난 중 휴거 또는 환난 후 휴거를 가정하는 여러 가지 변형들이 있다.

진보적 세대주의 전천년설

가장 최근에 발전된 견해로서, 1980년대에 일부 세대주의 신학자들이 전통적인 또는 고전적인 세대주의 신학 체계에 대하여 재고하기 시작하여 "진보적", 또는 "수정적" 세대주의를 발전시켰다. 이 해석의 우산 개념은 "이미/그러나 아직은"이라는 해석학을 고수하는 것이다. 이들은 "이미/그러나 아직은"이라는 해석학을 계시록의 시간 골격에 다음과 같이 적용한다. "이미"의 국면은 황제 숭배와 유대인들의 그리스도인들 박해에 반하는, 주후 제1세기에서 역사적 성취로 표면화된다. 계시록의 "그러나 아직은"의 국면은 주의 강림 때에 실현될 예언들에서 발견하게 된다(대환란, 적그리스도, 재림, 천년왕국). 계시록 1장 19절을 책의 구조의 열쇠로 삼는다. 그러나 과거, 현재, 미래를 묘사하는 것으로 생각하지 않고, 두 기간 즉 현재의 일들(현시대)과 장차 있을 일들(장차 올 시대)로 나누어 본다. 요한에게 있어서 그 시대의 교회는 현시대에 살지만(1－3장), 하늘에서는, 예수의 죽음과 부활에 의해서, 장차 올 시대가 이미 동텄다(4－5장). 미래에, 장차 올 시대가 땅으로 내려와서, 적그리스도를 패배시키고(6－19장), 일시적인 메시아 왕국을 지상에 세우고(20장), 그리고 이어서 영원한 상태가 올 것(21－22장)으로 본다. 6－18장의 해석에서 "이미"와 "그러나 아직은"의 국면을 고려한다.

7.9 개요/내용

{자료: Elwell and Yarbrough, *Encountering the New Testament,* 377−80; Wilfrid J. Harrington, *Revelation*(Sacra Pagina Series 16; Collegeville: Liturgical Press, 1993) 17−23; Lea, *The New Testament,* 598−611}

한 번 앉은자리에서 계시록을 통독했을 때, 그 책을 통하여 얻은 메시지는 무엇인가? "예수 안에 있는 승리"라는 말로 표현할 수 있지 않을까? 계시록은 악의 모든 우주적 세력들에 대한 예수의 궁극적인 승리를 묘사한다.

개요

{자료: Lea, *The New Testament,* 609−11; Richard Bauckham, *The Climax of Prophecy: Studies on the Book of Revelation*(Edinburgh: T & T Clark, 1993) 1−37("Structure and Composition")}

1. 서론(1:1−8)
2. 첫째 환상(1:9−3:22)
3. 둘째 환상(4:1−16:21)
4. 셋째 환상(17:1−21:8)
5. 넷째 환상(21:9−22:5)
6. 에필로그(22:6−21)

내용

요한 계시록의 내용은 복잡하고 좀 혼란을 가져다주기도 한다. 그러나 서론과 편지들(1−3장), 그리스도의 돌아오심까지의 역사의 전개(4−19장), 그리스도의 천년왕국 통치와 영원한 새 질서(20−22장) 등 세 개의 기본적인 부분으로 나누어진다.

서론(1:1-8)

계시록은 하나님이 그리스도에게 드러내신 것을 천사를 통하여 그의 종 요한에게 주신 계시이다(1:1-3). 인사말 문구(1:4-5a)는 저자와 수신자들을 밝히고, 삼위일체 하나님에게서 오는 신학적으로 인상적인 인사를 제공한다. 요한은 그리스도에게 송영을 드리고(1:5b-6) 그리스도의 재림과 관계된 사건들을 책의 주제로 밝힌다(1:7-8).

영광을 받으신 그리스도의 환상(1:9-20)

계시록은 별개의 네 가지 환상을 담고 있다. 첫째 환상은 1장 9-20절에서 시작하며, 3장 22절까지 연장된다. 요한은 밧모 섬에 갇혀 있으면서 주의 날에 그에게 오신, 높임을 받으시고 영광을 받으신 그리스도의 환상을 본다(1:9-10). 이 환상은 그리스도의 제사장적 위엄(1:13)과 신성(1:14)과 힘(1:15)과 교회들을 돌보심(1:16)을 나타냈다. 인간의 형태로 나타나신, 영광을 받으신 그리스도는 오른손에 일곱 별(교회의 "천사들")을 붙잡고 일곱 촛대("교회") 사이를 거니신다. 그는 교회를 주장하시는 분이시다. 요한은 주의 나타나심에 대하여 그리스도 앞에 엎드림으로써 응답했다(1:17-18). 주는 두려움에 떨고 있는 요한에게 아시아의 일곱 교회에 환상의 메시지를 보낼 사명을 주신다(1:19-20).

아시아의 일곱 교회에 보내는 편지들(2:1-3:22)

{자료: Colin J. Hemer, *The Letters To the Seven Churches of Asia in Their Local Setting*(JSNTSupp 11; Sheffield: JSOT Press, 1986)}

이제 에베소(2:1-7), 서머나(2:8-11), 버가모(2:12-17), 두아디라(2:18-29), 사데(3:1-6), 빌라델비아(3:7-13), 라오디게아(3:14-22) 교회들에 보내는 메시지들을 담고 있는 편지들이 나온다. 각 편지는, 몇 가지 사소한 예외 말고는, 동일한 요소들 곧 기록하라는 명령, 그리스도에 대한 묘사, 긍정적인 성취의 인정,

격려, 책망, 상담(조언), 또는 경고의 말들, 들으라는 권면, 그리고 이기는 자에게 주는 약속을 담고 있다. 각 교회들은 그 교회의 외적 영적 상황에 대한 정확한 지식에 근거한 평결을 듣는다. 칭찬과 책망이 있는데, 통상적으로는 칭찬과 책망이 섞여 있다. 빌라델비아 교회에 주는 메시지에는 책망이 없다. 라오디게아 교회에는 좋게 말할 만한 것이 하나도 없었다.

니골라 당(2:6)의 정체에 관하여 우리는 거의 알지 못한다. 서머나 교회가 열흘 동안(2:10) 환난을 당하리라는 것은 짧은 기간 동안 박해를 당하리라는 것을 상징한다. "사탄의 보좌"(2:13)라는 말은 버가모 시를 황제 숭배의 중심지로 가리키든지 혹은 그 도시의 다른 이교 관행들을 가리킨다. 이사벨이라는 여자(2:20−23)는 그녀의 권위 있는 가르침으로 많은 사람을 도덕적 타협에 빠뜨린, 교회의 여성 회원을 가리킨다. 사데 교회는 영적으로 축 늘어져 있었다(3:1−6).

빌라델비아 교회의 회원들에게 "온 세상에 닥쳐올 시험을 받을 때에, 나도 너를 지켜 주겠다."(3:10, 표준 새 번역 개정판)고 하신 그리스도의 약속은 그것을 해석하는 사람의 천년왕국설에 대한 관점에 따라 해석되어 왔다. 세대주의적 전천년설주의자들은 교회가 지상에서 휴거되는 것을 포함한다고 이해하고, 역사적 전천년설주의자들은 교회가 지상에 있으나 환난 기간 중에 하나님의 진노에서 보존된다고 이해한다. 라오디게아의 경제적 번영으로 인하여 라오디게아 신자들로 그들의 영적 빈곤에 대하여 눈이 멀었다(3:15−18). 이 일곱 교회들을 교회사의 기간들에 있어 기독교의 특성을 각각 예언하는 것이라고 해석하는 것은, 사데 교회가 종교개혁을 대표한다고 할 때 문제에 부딪힌다. 사데 교회는 계시록에서 거의 칭찬을 받지 못했는데, 종교 개혁 시대의 교회는 사데 교회가 받은 것보다 더 많은 칭찬을 받기에 합당한 교회이기 때문이다.

하늘 보좌에 앉으신 분의 환상(4:1−11)

일곱 개의 편지가 모두 그 뒤에 나오는 환상들에 대한 기사와 더불어 각 회중에게 보내진다. 이제 교회들 가운에 있는 그리스도의 환상은 역사 속에서 심판을 수행하시며 하늘 보좌 위에 앉으신 하나님의 환상으로 대체된다. 이 환상은 16장 21절까지 이어지며, 하나님을 반대하는 모든 것의 멸망으로 끝을 맺는다.

4장의 환상은 "누가 역사를 맡고 있는가?" 하는 물음에 대한 대답이다. 전능하신 주 하나님이 역사를 떠맡고 계신다. 4장에는 보좌에 앉으신 하나님의 환상(1－6a절)과 그 앞에서 경배하는 네 생물(6b－8절)과 스물네 장로들(4, 10－14절)이 나온다. 하나님의 보좌의 환상(4장)은 특히 에스겔의 취임 환상을 비롯한 여러 예언서 본문들에 의해 영감을 받은 것이다. 보좌 앞의 "이십사 장로"는 땅에 있는 하나님의 백성에 대한 하늘의 대응자이다. "네 생물"은 창조된 생명의 모든 국면들을 나타낸다. 장엄한 예전으로 온 피조물이 창조주를 찬양하는 노래를 부른다.

4장 1절에서 요한은 하늘로 올라오라는 말을 듣는다. 이 말을 교회의 휴거에 대한 상징으로 해석하기도 한다. 요한에게 있어서, 이 경험은 하나님 앞에서 계시의 새로운 문이 열린 것을 나타낸다. 스물네 장로들은 우주에서 하나님의 통치를 수행하는 일꾼의 천사들을 대표한다. 네 생물은 구약의 스랍들을 닮았으며(사 6:1－3), 우주를 통하여 하나님의 통치를 확장하는 일을 돕는, 또 하나의 천사들의 계급을 상징한다. 장로들은 하나님의 품성을 찬양한다. 생물들은 하나님의 하신 일들을 찬양한다.

두루마리와 어린양(5:1－14)

5장에는 운명의 두루마리(책)(1－5절), 승리하시는 어린양으로서의 그리스도(6－10절), 하나님과 어린양께 드리는 전 세계적인 경배(11－14절)가 나온다. 5장에서는 보좌에 앉으신 이가 어린양에게 두루마리(책)를 넘겨준다. 두루마리에는 세상을 위한 하나님의 구속 계획이 담겨 있다. 즉, 두루마리는 그리스도의 사역에 의해서 완성될 역사의 마지막 사건들을 상징한다. 어린양은 그리스도를 상징하는 것이 분명하다. 그가 하나님의 손에서 두루마리를 받는 것은 종말의 예언을 완성시킬 그리스도의 헌신을 나타낸다. 즉 이 구속 계획은 죽임을 당한 어린양이 수행하게 될 것이다. 9－14절의 찬송은 하나님의 모든 피조물들(네 생물과 스물네 장로와 수많은 천사들)이 그리스도를 위하여 부르는 떠오르는 찬양의 합창을 담고 있다. 이 환상의 내용은 "누가 역사 속에서 하나님의 계획을 수행할 것인가?" 하는 질문에 대한 응답이다.

운명의 두루마리(책)를 봉한 인들을 뗌(6:1-17)

계시록 6-16장은 인을 떼는 것, 나팔을 부는 것, 그리고 대접을 붓는 것과 관계가 있는 일곱 재앙 또는 심판으로 이루어진 세 개의 시리즈를 담고 있다. 해석자들은 재앙들의 관계에 대하여 설명을 다르게 한다. 재앙들은 서로 연속적으로, 즉 인(봉인)에 이어 나팔로, 나팔에 이어 대접으로, 그리고 마지막 심판 후에 그리스도의 돌아오심과 최후의 사건들이 일어나는 것이라고 해석하는 사람들이 있다. 이 경우에 나팔들은 일곱째 인을, 대접들은 일곱째 나팔을, 그리고 그리스도의 오심과 다른 최후의 사건들은 일곱째 대접을 나타내는 것으로 본다. 이에 반하여, 인들과 나팔들과 대접들의 각 시리즈에서 마지막 요소들(인, 나팔, 대접)이 거의 동일한 결과를 가져옴을 관찰하고, 이 사실에 근거하여 인들과 나팔들과 대접들은 그들이 성취하는 것에 있어 좀 중첩된다고 해석하는 사람들도 있다. 이 접근 방식에서는, 인의 심판은 세계 역사에 두루 퍼지고, 대환난으로 알려진 큰 재난을 얼마간 포함하며, 나팔 심판은 세계 역사의 말세에 퍼지고, 대체로 대환난 동안에 걸치며, 또 대접 심판은 종말(끝)에 일어나고, 대접 심판이 끝나면 그리스도의 돌아오심과 그 밖의 다른 최후의 사건들이 일어날 것이라고 본다.

하나님의 어린양 그리스도께서 첫째 인(1-2절), 둘째 인(3-4절), 셋째 인(5-6절), 넷째 인(7-8절), 다섯째 인(9-11절), 여섯째 인(12-17절)을 차례로 뗀다. 인을 뗌에 따라 공관복음의 묵시록(막 13장; 마 24장; 눅 21장)의 사건들의 모형(전쟁, 민족들 가운데 다툼, 기근, 악역, 박해, 우주적 현상)을 따르는 일련의 재앙들이 풀려난다. 처음의 네 인(1-8절)은 유명한 "묵시록의 네 말 탄 자" 곧 전쟁과 전쟁에 따르는 악들이다. 다섯째와 여섯째 인은 하늘의 제단 밑에서 안식하는 순교자들(9-11절)과 종말의 전조가 되는 전통적인 우주적 표적들을 소개한다(12-17절; 참조, 막 13:24-26; 마 24:29-31; 눅 21:25-27).

일곱째 인을 떼기 전의 막간(7:1-17)

어린양이 일곱째 곧 마지막 인을 떼기 전에, 천사들이 이스라엘의 14만 4,000

명을 인치는 이야기가 나온다(7:1−8). 요한은 또 땅의 구속받은 큰 무리의 환상을 보며(7:9−11), 큰 무리에 대한 설명을 제공한다(7:12−17). 역사적 전천년주의자들은 보통 이 14만 4,000명의 이스라엘인들을 교회를 상징하는 것으로 간주한다. 그들은 7:1−8이 대환난에 들어가자마자 교회에 주어진 영적 보호를 보여 주며, 또 7:9−17은 교회가 대환난에서 나올 때에 하나님 앞에서 교회의 승리를 묘사한다고 주장한다. 세대주의적 전천년주의자들은 14만 4,000을 대환난 동안에 세계에 복음을 전파하는 유대인 전도자들로 간주한다. 그들은 7:9−11에 언급된 큰 무리를, 유대인 선노자들의 메시지에 응답하고 회심한 이방인들로 해석한다.

일곱째 인과 일곱 나팔들(8:1−9:21)

이제 일곱째 인을 떼심(8:1−2)과 향로의 환상이 나오는데(8:3−5), 이 일곱째 인은(나팔 재앙의) 시작이기도 한(인 심판의) 끝을 표한다. 즉, 그것은 일련의 새로운 재앙들을 알린다. 나팔 심판들은 하나님을 거부한 문명에 대한 하나님의 진노의 시작을 신호한다. 이 심판들 가운데 나타나는 사건들은 역사 속에서 실제로 일어나나, 그러나 각 심판이 어떤 식으로 일어날 것인지 정확하게 이해하기는 어렵다.

나팔들은 이집트의 재앙들을 본으로 삼는데 인과 상당히 동일한 방식으로 제시된다. 일차적으로 땅에, 그리고 천체들에 영향을 미치는 것으로 보이는, 처음의 네 나팔은 몇 절로 묘사하고(8:6−7, 8−9, 10−11, 12−13), 하나님의 진노를 인간에게까지 연장하는, 나머지 세 나팔들은 아주 더 길게 전개하는데, 군데군데 다른 환상들을 집어넣는다. 다섯째 나팔("첫째 화")은 마귀 같은 황충의 재앙을 묘사한다(9:1−12). 여섯째 나팔("둘째 화")은 유브라데 너머에서 건너오는 광대한 마귀 같은 세력들을 보여 준다(9:13−21).

막간과 일곱째 나팔(10:1−11:19)

막간으로 힘센 천사와 두루마리(책)의 환상(10:1−11)과 두 증인의 환상(11:1

－14)이 나타나고, 연후에 일곱째 나팔이 울린다(11:15－19). 10장의 막간에서 요한은 하나님의 구원 계획을 인간에게 전달하라는 위임을 새롭게 받는다. 전할 메시지를 받는 하나님과의 영교는 요한에게 있어서 달콤한 친밀함의 경험이었으나, 그가 전해야 할 박해와 어려움에 대한 경고의 메시지는 요한에게 있어 쓴 맛이었다(10:9－11). 힘센 천사가 가지고 있는 두루마리는 펼쳐져 있었는데, 이는 기다림의 시간이 끝났음을 뜻한다. 아침이 오기 전에, 동트기 전의 마지막 환난의 어두움이 온다.

이교도들이 거룩한 도성을 1,260일 동안 짓밟을 것이나, 성전과 그 안에서 예배하는 자들은 살아남을 것이며, 환난의 때 내내 두 증인이 예언적 사역을 수행할 것이다(11:1－14). 두 증인은 악의 세력에 의해 죽임을 당하나, 하나님이 그들을 변호하실 것이며, 다시 살아날 것이다. 성전을 측량하는 것(11:1)은 하나님의 진노에서 신자들을 보호하는 것을 상징한다. 마흔두 달(또는 1,260일, 3년 반)은 악의 지배가 정점에 이를 환난의 기간을 나타낸다. 두 증인(11:3)은 복음을 증거하는 교회의 능력을 상징하든지, 또는 모세와 엘리야가 예언의 능력을 나타내며 실제로 다시 출현하는 것을 상징한다. 두 증인의 부활(11:11－12)은 박해를 통하여 인내하는 교회의 능력을 상징하든지, 혹은 하나님 백성의 원수들을 두려움과 공포에 떨게 할, 두 증인의 실제의 부활을 가리킨다.

일곱째 나팔이 불 때에 세상의 나라들은, 번개가 치고, 천둥이 치고, 지진이 일어나고, 큰 우박이 쏟아지는 가운데, 그리스도의 나라들이 된다(11:15－19).

계시록 11장의 해석에 대하여 신약 학자들은 다양한 해석을 발전시켰다. 세대주의자들은 시대의 종말에 예루살렘에서 유대인의 성전이 회복될 것을 강조한다. 역사적 전천년주의자들은 보통 계시록 11장을 반역하는 세계 질서의 손에서 교회가 겪을 운명에 대한 예언으로 이해한다. 그들은 신자들이 대환난 동안에 박해와 순교를 당할 것이나, 하나님이 그의 백성에게 궁극적 승리를 확신시키심을 의미하는 것으로 해석한다.

선과 악의 우주적 투쟁(12:1－17)

12장 1절－14장 20절은 나팔 심판과 대접 심판 사이의 막간이며, 사탄과 하나님의 백성 간의 끊임없는 투쟁으로 이끄는 하늘의 전투를 보여 준다(12:7-9). 비록 사탄이 그의 앞잡이들을 통하여 미증유의 박해를 교회에 가하려고 노력할지라도, 그리스도인들은 사탄이 정복을 당하였다는 확신을 받는다(13:9-10). 요한은 승리를 보증하는 환상들을 묘사함으로써 독자들을 격려했다(14장).

계시록 12장은 해를 입은 임신한 여인과 용 사이의 대결을 묘사하는 내러티브(1-6, 13-17절)를 하늘에서의 전투를 묘사하는 내러티브(7-9, 10-12절)와 결합시킨다. 12장의 용(2-4, 9절)은 창세기 3장의 "옛 뱀"이며, 사탄을 나타내는 상징이다. 여인은 하나님의 백성, 교회, 또는 마리아를 상징한다. 여자에게 태어난 아기는 메시아이다(4-5절). 여인의 아이는 용이 그를 죽이려고 하자 하나님의 보좌로 잡아채어 갔다. 바로 예수께서 죽으심으로 용을 패배시키고, 하나님의 오른손으로 높임을 받으신 것이다(5절). 여자가 광야로 도망을 친 것은 하나님의 백성, 교회가 마귀의 진노로부터 영적인 보호를 받는 것을 상징한다(6절). 하늘의 전투(7-9절)는 사탄의 세력들과 하나님의 세력들 간의 굽힘 없는 전쟁을 묘사한다. 사탄이 하늘에서 추방된 것은 그의 패배를 의미하는데, 이는 지상에서 그리스도의 승리의 결과이다. 궁극적으로 사탄의 패배는 갈보리에서 일어났다(히 2:14). 그리스도인들은 그리스도의 죽음과 부활에서 나온 권능의 힘으로만 사탄을 극복할 수 있음을 안다(10-12절). 하늘에서 패배했지만 악은 여전히 지상에서 활동 영역을 발견한다(13-18절).

짐승들, 신자들, 그리고 땅의 심판(13:1-14:20)

계시록 13장에 나오는 두 짐승은 용 곧 사탄의 도구들이다. 사탄은 그의 두 대리자를 통하여 교회를 파괴하려는 노력을 계속한다. 바다에서 올라온 첫째 짐승(13:1-10)은 어린양의 패러디이며, 성경 해석자들은 그를 가리켜 '적그리스도'라 부른다. 이 '적그리스도'에 대하여, 로마 제국의 박해하는 권세에 대한 상징으로 보는 사람들이 있고, 대환난의 악한 날들 동안에 정치적인 권력을 사용하여 그리스도인들에 대한 압제를 주도할 악한 인물을 가리키는 것으로 이해하는 사람들도 있다. 용은 그에게 전 세계적으로 신자들을 박해할 수 있는 능력과 권세를 주었다(13:7).

땅에서 나온 둘째 짐승(13:11-18)은 첫째 짐승의 종이며, 종교적인 설득, 기적적인 표징(13:13-15), 그리고 경제적인 위협(13:16-17)을 사용하여, 땅에 사는 사람들(신자들)을 유혹하여 그리스도에 대한 충성을 버리고 첫째 짐승을 경배하게 한다. 666이라는 숫자(13:18)는 둘째 짐승에 대한 상징인데, 악의 정점을 나타낸다. 666이라는 당혹시키는 숫자가 무엇을 의미하는지 알기 어려우나, 6이라는 숫자는 악을 나타내며, 6을 세 번 중복한 것(6의 삼총사)은 악의 완전함을 함의하고, 따라서 666이라는 숫자는 그리스도인들을 불순종하게 하려고 노력함에 악의 완전한 발전을 가리킨다고 제안하는 해석이 있다.

14장은 일련의 짧은 환상들을 담고 있다. 이 환상들은 모두 박해를 당하는 신자들에게 확신과 격려를 제공한다. 짐승과 그를 따르는 자들과 현저하게 대조를 이루는, 어린양과 그를 따르는 사람들이 있다(14:1-5). 만일 144,000명이 하나님의 백성의 총숫자를 나타낸다면, 14장 1-5절의 환상은 심한 박해를 견디는 신자들이 하나님으로부터 구원을 받으리라는 것을 보여 준다. 다음에 날아다니는 세 천사들이 하나님의 백성들에게 회개를 호소하고, 13장의 짐승을 따르는 자들에게 심판의 시간을 선언한다(14:6-13). 심판의 시간을 선포하는 것은 역설적으로 영원한 복음을 선포하는 것이기도 하다. 그리고 예상되는 땅의 추수 환상은 구원을 위하여 의인들을 모아드리는 것을 보여 주고(14:14-16), 포도 수확의 환상은 사악한 자들에 대한 정죄를 보여 준다(14:17-20).

하나님의 진노의 마지막 일곱 개의 잔(15:1-16:21)

이제 마지막 일곱 재앙이 선언되고(15장), 또 그 재앙이 실행된다(16장). 즉, 모세와 어린양의 노래에 이어(15:1-4), 일곱 천사가 나타나서 마지막 일곱 가지 재앙을 알리고(15:5-8), 하나님의 진노가 담긴 일곱 대접을 쏟는다(16:1-2, 3, 4-7, 8-9, 10-11, 12-16, 17-21). 이 대접 심판들은 믿지 아니하는 세계에 대한 하나님의 진노를 완전히 증명한다. 짐승을 따른 모든 자들이 결정적으로 타격을 입는다. 나팔 심판들이 종종 부분적임에 반하여("삼분의 일"), 대접 심판들은 보편적이다. 나팔 심판들은 일차적으로 땅에 먼저 영향을 미치고, 다음에 인간에게 영향을 미쳤다. 대접 심판들은 애초부터 인간에게 영향을 미친다. 심판들은 단지 보복을 위한 것이 아니라, 심판을 받는 자들 가운데 회개가 일어나게 하려는 의도가 있는 것이다(16:11). 일곱째 대접의 재앙은 짐승의 권력이 자리하는 바빌론에 대한 하나님의 심판을 예상한 묘사이다. 바빌론의 몰락과 심판은 17-18장에서 자세하게 설명된다.

바빌론(=로마)의 멸망에 대한 예언(17:1-18:24)

바빌론("로마")의 무너짐이 14:8에서 선언되고, 16:19에서 짧게 묘사되었지만, 이 도성의 멸망을 그렇게 불쑥 취급하고 말 것은 아니었다. 따라서 17장 전체를 바빌론 묘사에, 18장을 바빌론 멸망에 할애한다. 17장은 계시록의 세 번째 환상을 시작하며, 그것은 21장 8절까지 계속된다. 세 번째 환상(17:1-21:8)에서 요한은 하나님의 구속 목적의 완성을 기록한다. 이 단락(17:1-18:24)은 16장 19절에 언급된 바빌론의 멸망의 결과들을 보여 준다. 짐승을 탄 여인은 멸망할 것이다(17:1-18). 짐승은 13장의 짐승이다. 바빌론의 무너짐이 18장 1-8절에서 엄숙하게 선언되고, 이어서 로마에 대한 일련의 만가가 뒤따른다(18:9-24). 바빌론은 하나님에 반대하여 조직된 사회를 상징했다. 1세기에 이 반대는 로마를 중심으로 이루어졌으나, 요한은 바빌론이라는 술어를 사용하여 일차적으로 종말론적 멸망을 묘사했다. 17장은 무너짐의 종교적 이유를 보여 주고, 18장은 상업주의와 물질주의가 무너짐에 공헌한 것을 강조한다.

요한은 바빌론을 인간을 유혹하여 하나님을 버리게 하는 모든 노력의 원천으로 묘사했다(17:5). 바빌론이 조장한 악한 사회로부터 온 땅에 퍼진 모든 종류의 지겨운 행위들이 왔다. 바빌론은 순교자들을 낸 박해를 조장했다(17:6). 바빌론이 발전시킨 문명은 궁극적으로 사탄에 의거한 원리들 위에 건설되었다(17:7). 바빌론이 만들어 낸 악은 궁극적으로 바빌론 자체의 멸망을 가져오게 될 것이다(17:16). 이러한 내부적 멸망은, 하나님을 의지하지 않고 사는, 교만하고, 자기 중심적인 인간 사회를 멸망시키는 데 하나님이 사용하실 방법이다(17:17).

바빌론의 몰락은 이교 사회의 경제적 무용을 완전히 파괴시킨다. 요한은 그들의 재정 생계 수단이 파괴된 정치 지도자들(18:9), 상인들(18:11), 그리고 뱃사람들(18:17)의 한탄을 묘사했다. 바빌론의 의미 있는 모든 사회생활은 사라질 것이다(18:22 - 23). 바빌론의 탐욕, 사치 사랑, 교만, 그리고 부도덕은 자체의 무너짐에 이바지할 것이다.

영광 가운데 그리스도의 돌아오심(19:1 - 21)

19장은 바빌론의 멸망에 대한 감사의 외침으로 시작하고(1 - 5절), 하늘의 큰 무리가 하나님의 변호를 인하여 기뻐한다. 요한은 결혼의 심상을 사용하여 신자들이 곧 그리스도와 더불어 누리기 시작할 새로운 친밀감을 예증했다(6 - 10절). 어린양은 그리스도이다. 신부는 교회(성도들)이다. 혼인 잔치에 초대를 받은 손님(9절)은 교회, 성도들에 대한 또 하나의 상징이다.

흰말을 탄 자(者)가 악을 멸망시킨다(19:11 - 21). 이는 그리스도의 영광스러운 돌아오심을 가리킨다(11 - 16절). 그리스도를 수행하는 "군대"는 하늘의 천사들이다(14절). 그리스도의 돌아오심의 위엄이 그에 대한 반대를 효과적으로 파괴할 것이다(15 - 16절). 종말론적 아마겟돈 전투가 17 - 21절에 묘사되었다. 전투 자체를 묘사하기보다, 요한은 그리스도의 군대가 파죽지세로 승리하는 전투의 결과를 묘사했다. 그리스도와 그를 따르는 자들이 짐승, 거짓 선지자, 이 땅의 임금들에 대하여 승리한다. 이 승리는 완전하다. 두 짐승은 불 못에 던져지고 그들을 따른 자들은 죽임을 당한다. 이제 사탄만 남았다.

그리스도의 천년왕국 통치(20:1 - 15)

그리스도와 그의 충성스러운 자들이 천 년 동안 다스리는 동안(20:1 - 6), 사탄은 그들에 대하여 아무런 힘을 발휘하지 못한다(20:1 - 6; 참조, 12:7 - 12). 계시록 20장 1 - 6절에 대하여 다양한 기독교적 해석이 존재한다. 전천년주의자들은 이 단락을, 그리스도께서 지상에서의 천년왕국을 통치하시는 데 신자들이 참여하는 동안에, 사탄을 천 년간 묶는 것을 묘사하는 것으로 본다. 후천년주의자들은 이 문절을, 인간사에서 이루어지는 그리스도의 승리에 대한 상징적 묘사로 본다. 무천년주의자들은 이 문절을, 그리스도의 부활과 그의 재림 간의 이 현시대에 대한 상징적 묘사로 본다.

천 년 통치에 뒤이어서 사탄(악의 화신)의 최후의 멸망이 기술된다(20:7 – 10). 패배한 사탄은 두 짐승과 함께 불 못에 던져진다. 하나님께 대적하는 모든 세력들을 정복한 후에 죽은 자의 일반 부활과 크고 흰 보좌 앞에서의 최후의 심판이 뒤따른다(20:11 – 15). 악의 전적인 소멸과 더불어 현재의 세상은 종언을 고한다. "생명의 책"은 믿음으로 그리스도에게 응답한 사람들을 기록한 책이다. 최후의 심판에 이어 불신자들은 두 번째 죽음을 경험할 것이다. 그들의 첫 번째 죽음은 육체적인 것이었으나, 불 못에서 당하는 두 번째 죽음은 하나님으로부터의 영원한 분리를 나타낸다.

영원한 새 질서와 그리스도의 돌아오심의 약속(21:1 – 22:21)

이제 하나님의 계획의 마지막 국면이 등장한다. 계시록은 신자들이 최종적인 복된 상태를 누리게 될, 새 하늘과 새 땅(21:1 – 8), 새 예루살렘, 어린양의 아내(21:9 – 27), 생명의 강과 나무(22:1 – 5) 등의 장엄한 환상으로 마감한다. 21장 9절 – 22장 5절은 계시록의 네 번째 환상을 구성하며, 하늘의 예루살렘에 집중하고, 영원한 상태에서의 삶을 자세하게 묘사한다.

요한은 그의 책을 초대 그리스도인들의 기도인 "마라나다"("우리 주여, 오시옵소서!")와 모든 이들에게 하는 작별 축복으로 끝낸다(22:6 – 21). 요한은 결어(에 필로그)에서 네 가지 목적을 성취한다(22:7; 22:10 – 13, 20; 22:17; 22:18 – 19).

7.10 주요 신학적 주제들

{자료: Elwell and Yarbrough, *Encountering the New Testament*, 381 – 4; Richard Bauckham, *The Theology of the Book of Revelation*(Cambridge: CUP, 1993); Michaels, *Interpreting the Book of Revelation*, 129 – 47; Lea, *The New Testament*, 597 – 98}

계시록은 역사 속에서의 하나님의 주권에 대한 심오한 인식(4 – 5장), 그리스도의 인격에 대한 고상한 견해(2:18; 5:6; 19:13, 16), 및 세계 역사를 완성하실 종말론적 사건들(그리스도의 재림, 최후의 심판 등)에서의 하나님의 행동들에 대한 분명한 인식을 강조한다. 요한 계시록은 어떤 의미에서의 난해성을 갖고 있음에도 불구하고 우리에게 중요한 신학적 가르침을 제공한다. 계시록은 신학적으로 심오하다. 많은 사상들이 그 안에서 전개되어 있지만, 나름대로 중요하다고 생각되는 것 네 가지를 살펴보기로 하겠다.

하나님

요한 계시록을 이해하는 열쇠 가운데 하나는 하나님의 세상에 대한 관계의 사상을 파악하는 것이다. 우리가 그 안에서 사는 두 가지의 실재가 있다. 하나는 하나님이 만유 가운데 만유가 되시는 초자연적인 질서가 있고, 또 하나는 하나님이 그의 지상의 계획들을 이루어 가시는 세상이 있다. 요한 계시록은 계속적으로 이 두 차원 사이를 교차해 가면서, 비록 그 세상은 하나님께 적대적이지만, 우리 주변의 세상에서 일하시는 하나님의 손길을 보도록 도전한다. 하나님은 최고의 실재이시며, 이 세상은 그에게 종속되며, 지나가고 있는 중이다. 사태가 어떻게 보이든지 간에 세상은 하나님께서 지정하신 종말을 행해서 움직이고 있다.

요한 계시록의 중심적인 사실은 하나님이 존재하시고, 우주를 창조하셨고, 악을 이기셨고, 또 그 자신의 좋은 때에 모든 것을 승리롭게 결론 맺으시리라는 것이다. 계시록은 수많은 구약의 이미지들을 짜서 하나님을 풍요롭게 묘사한다. 4, 5장의 환상은 모든 천군과 땅의 구속함을 받은 자들이 그 앞에 허리를 굽힌 가운데 그의 보좌 위에서 우주를 다스리시는 하나님을 묘사한다. 계시록이 미래의 역사의 과정을 펼치기 시작할 때에 "하늘 위에와 땅 위에와 땅 아래와 바다 위에와 또 그 가운데 모든 만물"이 만물을 창조하신 하나님께 또 어린양께 드리는 결론적인 송영에 동참한다는 것은 의미심장하다(4:11; 5:13). 모든 창조물, 하나님의 뜻을 거슬러 싸우고 존재들도 실은 자체의 방식으로 하나님을 찬송하고 있는 것이다.

하나님은 1장 1-5절에서 삼위일체적 방식으로 소개된다. 첫째, "이제도 계시고 전에도 계시고 장차 오실 이"로, 둘째, "그 보좌 앞에 일곱 영"으로, 그리고 셋째, "충성된 증인으로 죽은 자들 가운데서 먼저 나시고 땅의 임금들의 머리가 되신 예수 그리스도"로 소개된다. 계시록에서는 성령과 그의 사역에 대한 강조가 좀 제한되어 있으며(2:7; 3:1; 4;2; 5; 14:13; 17:3; 21:10; 22:17), 반면에 아들의 신적인 영광을 가장 크게 강조한다.

하나님의 아들

신약성경의 책들 가운데 계시록만큼 예수 그리스도, 하나님의 아들에 대해서 그렇게 존귀한 방식으로 이야기하는 책이 없다. 책 첫 부분(1:12-18)에 나오는 압도적인 환상으로부터 만왕의 왕, 만주의 주로서 예수께서 돌아오심에 이르기까지(22:13) 그는 바로 하나님보다 못하지 않은 존재로 그려진다(1:18; 3:7; 22:13). 계시록의 송영들은 하나님에게도 그리스도에게도 돌려지며, 아버지와 아들은 동일한 신적 특성들을 가졌다(4:11; 5:12-13; 7:12). 하나님은 자신을 "알파와 오메가요 처음과 나중"이라 부르고(1:8; 21:5-6) 예수는 자신을 동일한 방식으로 언급한다(22:12-13).

요한이 예수를 묘사하는 데 즐겨 사용하는 표현은 "어린양"이다(28회 사용). 이는 복음서에서 그리스도 안에 있는 하나님의 구속의 역사를 회상하게 만드는 것이다(요 1:29). 예수는 최고의 세상의 구세주이시다. 어린양은 성도들로부터 예배와(5:8) 영광과 존귀를(5:13) 영원토록 받으신다. 그는 하나님의 구원을 가져오신다(7:9-10). 성도들은 어린양의 피로 말미암아 이기며, 어린양은 하늘의 영원한 도성에서 하나님의 영광이다(21:23). 이 어린양은 오셔서 만국을 분쇄하시고 철장으로 다스리시는 유다 지파의 사자이시다(5:5; 19:15).

하나님의 백성

구속함을 받은 하나님의 백성은 계시록에서 두드러진 역할을 한다. 개별적인 교회들로서는 강점과 약점을 갖고 있지만(계 2-3장을 보라.), 하나님의 구속함을 받은 자로서, 사탄과 세상을 대항하여 싸우는 하나님의 백성은 목숨을 잃기도 하지만 "짐승과 그의 우상과 그의 이름의 수를 이기고 벗어난"(15:2) 자들이다.

신자들은 계시록에서 하나님의 종들(7:3), 나라(1:6; 5:10), 제사장(1:6; 5:10; 20:6), 성도들(18:20), 흠이 없는 자들(14:5), 부르심을 입고 빼내심을 얻은 자들(17:14), 어린양의 아내(19:7; 21:9), 어린양이 어디로 인도하든지 따라가는 자요 구속을 받아 처음 익은 열매로 하나님께 속한 자(14:4) 등으로 다양하게 묘사된다. 신자들의 임무는 예수의 증거와 하나님의 말씀을 굳게 잡는 것이다(6:9; 11:7; 12:11, 17; 19:10; 20:4). 그들이 이것을 행하는 길은 깨어 있고(16:15), 하나님의 명령을 지키고(3:8, 10; 12:17; 14:12), 자신들을 깨끗하게 유지하며(14:4), 하나님이 그들에게 맡기신 일을 행하는 것이다(2:2, 13, 19; 3:1, 8; 14:13). 이 모든 것은 "성도들의 인내와 믿음"이라 요약될 수 있다(13:10).

종말론: 새 하늘과 새 땅

종말론은 개인의 종말론과 우주의 종말론으로 나뉘는데, 이 둘이 다 계시록에서 풍부하게 발견된다. 사후 생명의 확실성(6:9－11), 하나님과 그리스도의 면전에 있는 신자의 위로(7:9－17), 성도들의 부활과 상급(20:4－6), 성도들의 영광스러운 영원한 상태(21:6－8), 그리스도의 재림(6:12－17; 19:11－21), 천년왕국과 모든 자들에게 주어지는 그들의 영원한 장소(20:1－15), 새 하늘과 새 땅의 창조(21:1－17), 우리가 얼굴을 맞대고 개인적으로 하나님을 보며, 그와 더불어 영원히 다스릴 것이라는 약속이 묘사되어 있다(22:1－6). 요한 계시록은 모든 진지한 그리스도인의 마음에서 우러나오는 기도로 끝난다. "아멘 주 예수여 오시옵소서."(22:20). 요한 계시록이 우리에게 주는 가장 큰 위로와 소망은 다름이 아니라 현재는 성도들이 세상에서 환난을 당하나 결국은 하나님께서 악을 물리치시며 성도들을 변호해 주시리라는 것이다. 그날은 곧 우리 주 예수 그리스도께서 다시 오시는 날이다.

맺는말

신약성경이 요한 계시록으로 끝나는 것에는 상당한 이유가 있다. 그 안에는 하나님이 모든 우주와 특히 인간사의 과정을 다스리시는 뛰어나신 분임을 보여 주는 역사철학이 전개되어 있다. 또한 계시록은 놀랍고, 상징적인 방식으로 그리스도의 메시아 사역의 두 요소 곧 고난당하는 종(어린양)과 다스리시는 주관자(사자)의 요소를 보여 준다. 구약은 오시는 메시아에 관하여 이 두 가지 방식으로 이야기했다. 예수는 초림 때에 그 자신의 백성들에게 배척을 당하였다. 이는 그들이 예수를 왕으로 삼아 그와 더불어 세상을 다스릴 수 있기를 원했기 때문이었다. 그러나 그들은 면류관에 앞서서 십자가가 있어야 하며 죄인들이 종의 역할을 받아들인 연후에나 영광이 따르리라는 것을 깨닫지 못했었다. 예수는 이것이 사실임을 보여 주었고 그를 따르는 자들에게 십자가를 지고 그를 위하여 살라고 명령했다(막 8:34). 요한 계시록은 여기 우리의 삶이 섬김과 큰 시련의 삶이 되리라는 것을 우리에게 보여 준다. 그러나 예수께서 승리하신 것같이 우리도 그와 함께 승리할 것이다.

7.11 최근의 연구

{자료: Lea, *The New Testament,* 592−93; Adela Yarbro Collins, *Crisis and Catharsis*(Philadelphia: Westminster, 1984); Hemer, *The Letters to the Seven Churches of Asia in Their Local Setting*(1986); G. K. Beale, *John's Use of the Old Testament in Revelation*(JSNTSupp 166; Sheffield: Sheffield Academic Press, 1998)}

최근의 계시록 연구로는 계시록의 사회적 환경에 대한 연구, 계시록 2, 3장을 해석하는 데 유용한 자료를 제공하는 배경에 대한 연구, 요한 계시록에 나타나는 구약에 대한 연구 등이 특히 눈에 띈다.

서인선 (Dr. Insawn Saw)

▌학 력

인천중학교(1964)

경기공업고등전문학교(1969)

성결교신학교(현, 성결대학교, B.A. 학력인정, 1977)

서울신학대학원(현, 서울신학대학교, M.A., 1979)

싱가포르, Haggai Institute, Singapore 리더십 과정 수료(1982)

미국, Trinity Evangelical Divinity School(M.Div., 1986)

미국, Lutheran School of Theology at Chicago(Th.M., 1988; Ph.D., 1993)

▌저서:

Paul's Rhetoric in 1 Corinthians 15: An Analysis Utilizing the Theories of Classical Rhetoric(1994)

[알기 쉬운 신약의 이해](공저, 2001)

[복음서 입문](2003)

[성결교회의 성서이해와 해석](2004)

[성경종합시험문제집](편저, 2008)

[성결교회는 성경을 어떻게 읽는가?](2008)

▌역서:

[신약에 나타난 부활](1995)

[성결에의 초대](1996)

[신약 헬라어 교본](1997)

[현대 웨슬리 신학 Ⅱ](공역, 1999)

[신약성서의 형성](2004)

[신약성경의 탐험](공역, 2007)

▌논문:

"Unity and Diversity of the New Testament: An Evangelical Perspective"(2004)

"종교 다원주의 논쟁에 있어 예수의 유일성"(2005)

"한국 신학교육, 이대로 좋은가?: 신약신학과목의 교육 방법론과 커리큘럼을 중심으로"(2006) 외(外) 다수(多數)

▌특기사항:

인터넷 서점 amazon.com의 search 창에서 서인선 교수의 영문 이름 Insawn Saw를 치면, 그의 출판된 학위 논문 *Paul's Rhetoric in 1 Corinthians 15: An Analysis Utilizing the Theories of Classical Rhetoric*(1994)를 인용한 책들이 소개된다. 그 외에도 저명한 학자들에 의해 다수의 책과 논문에서 인용되었다.

신약의 문을 여는 마음

초판인쇄 | 2009년 11월 18일
초판발행 | 2009년 11월 18일

지은이 | 서인선
펴낸이 | 채종준
펴낸곳 | 한국학술정보㈜
주　소 | 경기도 파주시 교하읍 문발리 파주출판문화정보산업단지 513-5
전　화 | 031) 908-3181(대표)
팩　스 | 031) 908-3189
홈페이지 | http://www.kstudy.com
E-mail | 출판사업부　publish@kstudy.com
등　록 | 제일산-115호(2000. 6. 19)

ISBN　978-89-268-0555-8 93230 (Paper Book)
　　　　978-89-268-0556-5 98230 (e-Book)

은 시대와 시대의 지식을 이어 갑니다.